Egon Fein

Hitlers Weg nach Nürnberg

Verführer. Täuscher. Massenmörder.

Eine Spurensuche in Franken
mit hundert Bilddokumenten

Verlag Nürnberger Presse

© 2002 Verlag Nürnberger Presse,
Druckhaus Nürnberg GmbH & Co.

1. Auflage

Grafische Gestaltung/Umschlag:
gf medien-werkstatt, Grasbrunn b. München

Satz und Lithos:
gf medien-werkstatt, Grafing b. München

Gesamtherstellung:
Verlag Nürnberger Presse,
Druckhaus Nürnberg GmbH & Co.

ISBN: 3-931683-11-7

Dieses Buch bedient sich der „alten" Rechtschreibung.

Inhalt

Vorwort 5

Kapitel I: 1889 bis 1918 9
Richard Wagner: Hitlers Lebenslotse aus Franken

- 1900: Nürnberg am Beginn des 20. Jahrhunderts
- 1905: Hitlers platonische Jugendliebe
- 1906: Sehnsucht nach Bayreuth. „Rienzi" und die Nacht, als alles begann
- 1914: Erster Weltkrieg. Wie die Vorsehung den Gefreiten Hitler beschützte
- 1918: Ein freundlicher Major, ein hilfreicher jüdischer Leutnant, das Gefälligkeits-EK und ein verschwiegener Diensturlaub in Nürnberg
- 1918: Kriegskamerad aus Franken rettet Hitler das Leben

Kapitel II : 1919 bis 1925 61
Hitler und Streicher: Rivalen und Kumpane

- 1919: Freikorps aus Franken kämpfen in München gegen die Räterepublik, der „rote" Kasernenrat Hitler kneift
- 1919: Die Reichswehr macht Hitler zum Politiker
- 1920: „Kamerad" Hitlers erste Rede in Nürnberg
- 1921: Gauleiter Streicher und seine Machtintrigen
- 1922/1923: „Deutsche Tage" in Coburg, Nürnberg und Bayreuth
- 1923: Schicksalhafter Besuch im Hause Wahnfried. Wagners Schwiegersohn Chamberlain „salbt" Adolf Hitler zum „Messias"
- 1923: Der Hitler-Putsch und die Wagners
- 1925: Führer-Hymne auf dem Gralshügel

Kapitel III: 1926 bis 1932 145
Nürnberg: „Tempelstadt der Bewegung"

- 1926: Die Entscheidung von Bamberg. Hitler schaltet seine Gegner aus
- 1927: Nürnberg, Schauplatz der NSDAP-Reichsparteitage „für alle Zeiten"
- 1927: „Herr Wolf" und seine Mizzi
- 1928: Immer Ärger mit Streicher
- 1929: Hitler fordert die Euthanasie
- 1930: Bei Verkehrsunfall in Nürnberg kommt der „Führer" beinahe ums Leben

Inhalt

- 1931: Schock nach dem Tod der „Geliebten"
- 1931: Die Affäre Stegmann und Hitlers Verrat an der SA. Es gärt in Nazikreisen

Kapitel IV : 1933 bis 1939   **233**
Der Vollstrecker und seine Helfer

- 1933: „Machtergreifung" in Franken, erster Terror und „Juden-Boykott"
- 1934: Röhm und 77 Morde, aber Frankens SA-Führer entgeht dem Standgericht
- 1934: Reichsparteitagsgelände – Deutschlands größte Baustelle
- 1935: Schmachvolle „Judengesetze" zum „Reichsparteitag der Freiheit"
- 1936: „Deutscher Hof" wird zum „Führer-Hotel"
- 1936: Goebbels' Liebesaffäre beginnt in Nürnberg
- 1937: Hitlers jüdischer Leutnant von der Gestapo verhaftet
- 1938: „Kristallnacht" und Arisierungsverbrechen
- 1938: „Onkel Wolf" will nicht heiraten
- 1939: Der befohlene Tod des SA-Führers Hanns König
- 1939: Des Ministers Ehedrama bei „Tristan und Isolde"

Kapitel V : 1940 bis 1945   **419**
Triumph und Götterdämmerung

- 1940: Streicher wird verbannt
- 1941: Erste Juden-Deportationen, Todeszüge rollen nach Osten
- 1941: Rußland-Feldzug und Parteitags-Träume
- 1942: Blutjustiz in Nürnberg
- 1943: „Ex-OB lenkt englische Bomber nach Nürnberg"
- 1944: Hitler will Streicher wiederhaben
- 1945: Des „Führers" letztes Opfer: Ein Franke
- 1945: Untergang im Bombenhagel

Register: Namen   **447**
            Orte
            Sachbegriffe
            Quellen

Vorwort

Hitler und kein Ende? Wissen wir nicht alles über Hitler? Fast scheint es so, aber es ist nicht so. Trotz einer Flut von Hitler-Literatur sind nicht alle Schatten aufgehellt, die das Leben des großdeutschen Massenschlächters auch nach mehr als einem halben Jahrhundert im Zwielicht festhalten.

Immer neue „Erkenntnisse", Deutungen und Vermutungen kreisen um den Mann, der sich am 30. April 1945 selbst gerichtet hat. Es wird geschrieben, diskutiert und „enthüllt", wieder und wieder, um das unbegreifliche Phänomen Hitler begreiflich zu machen. Aber noch sind wir nicht am Ende der Spurensuche. Bei aller Akribie wird in scheinbaren Nebensachen mitunter die Hauptsache übersehen.

Viele dieser Spuren, die entscheidenden vielleicht, führen nach Franken – Spuren, die zum Ursprung des Rätsels weisen. Der Autor hat diese Fährten verfolgt.

Hitlers „Lebenslotse" kam aus Franken: Der völkische Antisemit Richard Wagner. Seine Botschaft hat der durch alldeutsche Einflüsse vorbelastete Hitler schon in früher Jugend willfährig aufgenommen. Die mit Gewalt und Mystik erfüllten Sagen in Wagners Opernwerken – sie wurden zu seiner Welt. Sie haben seine Phantasie beflügelt, seinen Charakter geprägt – Adolf Hitler wurde zum Vollstrecker des „Sehers" aus Bayreuth. Hitler selbst hat es so gesagt, als er, im November 1906, mit 17 Jahren Wagners Oper „Rienzi" sah: „In jener Nacht hat alles begonnen." Rienzi, der letzte der Tribunen, wollte das Volk befreien von der Herrschaft der „Nobili", des unangreifbaren Adels, und in Rom die alte Größe wieder herstellen.

Adolf Hitler fühlte sich berufen, in seinem selbstgewählten Vaterland, das er „über alles zu lieben" vorgab, das Unvollendete zu vollenden. Deutschland wollte er „befreien", die Welt „reinigen", das Reich zu „neuer Größe" führen.

Daß im Ersten Weltkrieg viele Offiziere und Soldaten aus Franken Hitlers Weg begleitet haben, daß seine Beziehungen zu dem jüdischen Leutnant Hugo Gutmann aus Nürnberg und zu dem Major Anton von Tubeuf aus dem unterfränkischen Amorbach weitgehend unbeachtet blieben, das mag Zufall sein. Zufall auch, daß der Rothenburger Hermann Heer ihm das Leben gerettet hat und der Letzte, dem er das Leben nahm, der Ansbacher Hermann Fegelein war.

Aber es kann kein Zufall sein, daß Hitler zwei bestimmende Ereignisse in seinem Leben hartnäckig verschwiegen hat: Eine Reise im August 1918 nach Nürnberg und die Verdienste des Nürnberger Juden Hugo Gutmann, dem allein er seinen hohen Orden, das Eiserne Kreuz I. Klasse, zu verdanken hatte. Es ist auch kein

Zufall, daß Hitler im Oktober 1923 in Bayreuth mit seiner „Mission" betraut wurde, die den Erdball in Flammen setzen sollte:

Wagners Schwiegersohn, der englische Philosoph und Rassenprediger Houston Stewart Chamberlain, hat Adolf Hitler zum „Auserwählten" gesalbt. Der Geisteserbe des großen Meisters hat der von Hitler ein Leben lang bemühten „Vorsehung" erfolgreich nachgeholfen. Der „Messias" wurde geboren. „Höhere Mächte" haben Hitler im fränkischen Bayreuth in Marsch gesetzt zur „nationalen Revolution" in München, zur Feldherrnhalle, wo am 9. November 1923 sich „zufällig" auch die fränkische Familie Wagner aufhielt.

In Franken, Quell der Prophetie und NS-Mustergau, schuf der Bierhallen-Prediger aus München sich den „Brückenkopf" zur Eroberung des ganzen Reichs.

Mit Julius Streicher fand Hitler dabei einen kongenialen Kumpan und Kampfgefährten, der als Gauleiter von Franken mit einer haßerfüllten, brutalen und pathologisch antisemitischen Schreckensherrschaft die schlimmsten Nazis übertraf. In dem mittelalterlichen Nürnberg fand Adolf Hitler aber auch den idealen Schauplatz für seine Reichsparteitage, die alljährlich wiederkehrende bombastische Selbstdarstellung der NSDAP. Hier wurde mit den „Nürnberger Judengesetzen" der grausamste Völkermord der Geschichte vorbereitet. Hier schien Wagner auferstanden. Hier erhob Hitler Richard Wagners „Meistersinger von Nürnberg" zur „eigentlichen deutschen Volksoper" und zum kulturellen Höhepunkt seiner Parteitage, die ohne das Vorbild des Bayreuther Meisters so gar nicht denkbar gewesen wären.

Mit nur wenigen Landstrichen fühlte Hitler sich so eng verbunden wie mit Franken. Nicht grundlos gehörte Nürnberg, die „Tempelstadt der Bewegung", zu den fünf „Führerstädten", für deren Zukunft er persönlich sorgen wollte. Aber als sie in Schutt und Asche lag, die „Führerstadt", als das Denkmal von Wagners Volkssänger Hans Sachs allein und verlassen inmitten der verwüsteten Altstadt stand, da wollte der Weltenvernichter Adolf Hitler die „deutscheste der deutschen Städte" nicht mehr sehen. Sein Traum, mit „Rienzi" begonnen und wie „Rienzi" im Feuer verglüht, endete nicht zuletzt auch in den Ruinen von Nürnberg und Franken, dem „Bollwerk" des Nationalsozialismus.

Dieses Buch erhellt, vor dem Hintergrund lokaler Zeitgeschichte und mit mehr als hundert Fotodokumenten, Hitlers verhängnisvoll enge Verbindung zu Franken und Nürnberg in bisher nicht gezeigter Deutlichkeit: Aus Bayreuth „Rienzis" Sirenenklänge, in

Bayreuth die „Berufung", aus Nürnberg der Ordenshelfer, aus Rothenburg o. T. der Lebensretter, aus Ansbach das letzte Opfer des „Großdeutschen Führers", in Nürnberg die Reichsparteitage, NS-Götzendienst und höchster Feiertag aller Nazis.

Der Weg des Verführers, des Täuschers und Massenmörders Adolf Hitler nach Nürnberg führte geradewegs in die Hölle, riß eine ganze Welt in den Abgrund und kostete Millionen Menschen das Leben.

I
1889 – 1918
Richard Wagner: Hitlers Lebenslotse aus Franken

Nürnberg begrüßt das 20. Jahrhundert. Die Menge jubelt, und der „Krieg" findet im Saal statt. Auf dem Hauptmarkt stimmt am Abend des 31. Dezember 1899 eine bewegte Menschenmenge, unterstützt von 200 Damen und Herren der „Nürnberger Sängerschaft", bei Wind und Wetter hymnisch das Lied an „ Nun danket alle Gott". Bürgermeister von Schuh bringt ein „dreifach Hoch" auf 1900 aus und die Bürger schließen sich euphorisch an, „voll glühender Vaterlandsliebe". Die Häuser sind festlich illuminiert, uniformierte Schutz- und Feuerwehrleute beleuchten die erhebende Szene mit Fackeln.

Alles sieht so rosig aus:

Der Arbeitsmarkt blüht, es werden Bader, Bildhauer, Möbelschreiner, Schneider, Schuhmacher zuhauf gesucht; in Nürnberg fehlen 55 Handwerkslehrlinge. Die Flasche Cognac kostet 75 Pfennig, und sie enthält keine „ungehörigen Bestandteile", ein Pfund Karpfen 65 bis 75 Pfennig und ein Schock Eier 3,60 Mark; das sind 60 Stück.

Die Nürnberg-Fürther Straßenbahn freut sich über neue, moderne Wagen und 190.000 Mark Mehreinnahmen. Das eben eingeführte Bürgerliche Gesetzbuch gibt dem Rechtsgestrüpp mehr Transparenz. Fortschritt trotz unverhüllten Obrigkeitsdenkens. Geborgen wähnt der Bürger sich in der Gewißheit, daß Gott und Kaiser es schon richten werden.

Frieden landauf, landab, seit fast 30 Jahren kein Krieg, und wer einen haben will, der holt ihn sich ins Haus. Weil's eine Gaudi ist, ein Silvesterscherz nur.

Das „Apollo-Theater" in der Pfannenschmiedsgasse lädt für den 31. Dezember 1899 zu einer „lustigen Burenschlacht in sechs humoristischen Bildern".

Zum besseren Verständnis: In Südafrika tobt der ungleiche Kampf zwischen 160.000 eingedrungenen Engländern und 96 000 Mann der Burenstaaten Transvaal und Oranje, die – weil in die Rolle der Vaterlandsverteidiger gezwungen – nicht nur in Deutschland die größeren Sympathien genießen. Für die wackeren Buren werden auch in Nürnberg Sammlungen organisiert.

Die „Schlachtenmusik" der „Burenkapelle" dröhnt durchs Theater wie Donnerhall, und dem verehrten Publikum werden „burische Nationaltänze" verordnet; Waffen und Munition gibt's in den aufgestellten „Arsenalen". Eine ganze Nacht lang Jubel, Trubel, Heiterkeit und Schlachtenlärm:

Zylinder statt Pickelhaube, Bartheke statt Schützengraben, Sekt und Kaviar statt MG und Handgranate. So schön kann Krieg sein, wenn er nur weit genug weg ist.

Daß dieses Jahrhundert ausreichend „echte Kriege" bereithält, daß die eigene Heimat vom Feuer zweier Weltkriege verzehrt wird und die größte Tragödie der Menschheit – in zwei Akten – nicht lang auf sich warten läßt, das kann niemand ahnen.

Der Mann, der den zweiten Akt des Weltendramas in seiner schauerlichsten Form inszenieren und damit die Welt endgültig aus den Angeln heben wird, der alle Regeln der Menschlichkeit und Zivilisation außer Kraft setzt und das Glück der Völker mit Stiefeln tritt, bis alles in Scherben fällt, dieser Mann ist schon da, noch aber steckt er in den Kinderschuhen:

Adolf Hitler, am 20. April 1889, einem Ostersamstag, um 17.30 Uhr in Braunau am Inn geboren, lebt in Leonding bei Linz, liebt seine Mutter, fürchtet den Vater, verachtet die Habsburger Monarchie seiner k. und k. Heimat Österreich-Ungarn – und spielt Burenkrieg, wenn er aus der Schule kommt. Oder er schmökert in der zweibändigen Volksausgabe „Der deutsch-französische Krieg 1870/71", lieber noch in dem Buch „Götter und Helden", das vor lauter altgermanischen Sagen nur so wimmelt. Am mythischen Zauber der Götter und Helden aus grauer Vorzeit kann er sich berauschen. Das ist seine Welt.

Zu Hitlers Geburt gibt es eine abenteuerliche Version, die der Kapuziner-Pater Amman aus Vorarlberg ausgestreut hat. Der Kirchenmann behauptet, Hitler sei gar nicht in Österreich geboren, sondern auf der bayerischen Seite des Inns. An jenem Ostersamstag habe Vater Alois Dienst gehabt in der Zollstation. Die hochschwangere Mutter wollte ihrem Mann das Essen bringen, habe ihn aber nicht auf der österreichischen Seite angetroffen, sondern jenseits des Inns, in Bayern. Dort, vor Simbach, sei Mutter Klara niedergekommen. Rasch habe man sie zurück über die Grenze gebracht, die Hebamme Franziska Pointecker aus der Braunauer Löwengasse geholt und zuhause „offiziell" entbunden. Der Kapuziner-Pater hat diese Behauptung bis zu seinem Tod aufrecht erhalten. Beweise dafür gibt es nirgendwo, in keinem überlieferten Dokument ist die Rede davon. Der Pater aber schwört Stein und Bein, er habe darüber einen Bericht gefunden, der später verschwunden sei. Hitler verliert dazu nie ein Wort. Er schweigt.

Das erste Jahr des neuen Jahrhunderts bringt entscheidende Einschnitte in das noch junge Leben des Adolf Hitler. Am 29. Juni 1900 stirbt sein sechsjähriger Bruder Edmund, vermutlich an Diphterie oder Masern, der erste Tod in der Familie Hitler, den Adolf erlebt, nachdem drei seiner sechs Geschwister gestorben sind, ehe er zur Welt kommt. Nur er und seine sieben Jahre jüngere Schwester Paula bleiben am Leben. Dann ist da noch seine Stiefschwester Angela aus einer früheren Ehe seines Vaters, inzwischen verheiratet mit einem Leo Raubal, den Adolf überhaupt nicht mag.

Später, in den vierziger Jahren, wird Hitler daran zweifeln, daß sein Bruder Edmund tatsächlich an Diphterie oder Masern gestorben ist. Es könnte auch Enzephalitis gewesen sein, eine Hirnhautentzündung, oder gar eine sogenannte Erbkrankheit, deutet der Hypochonder Hitler, weil er nach einer genetisch bedingten Ursache für die Parkinsonsche Krankheit sucht, unter der er in den vierziger Jahren leidet.

In diesem Jahr 1900 hat der junge Hitler die Volksschule als braver und folgsamer Schüler mit guten Noten, besonders in Geschichte, nach fünf Jahren hinter sich gebracht.

1900: „Völkische Schulung" in Linz

Unangenehm aufgefallen ist er nur im Benediktinerstift von Lambach. Dort fliegt er aus dem Sängerinstitut, weil er im Klostergarten verbotenerweise geraucht hat. Dann tritt er im fernen Linz in die k. und k. Staatsrealschule ein. Damit beginnt die für sein Leben so bedeutsame „völkische Schulung" durch den von ihm sehr verehrten Geschichtsprofessor Dr. Leopold Pötsch, einem sogenannten „Alldeutschen", der einen Zwicker im bärtigen Gesicht trägt, eine Fliege auf dem gestärkten Hemd und im Gemeinderat als deutsch-nationaler Abgeordneter sitzt. Die Stadt ist um die Jahrhundertwende ein Zentrum nationalistischer Gruppierungen.

Adolf lebt nach dem Tod des Vaters mit seiner Mutter Klara und Schwester Paula in Linz, Humboldstraße 31, dritter Stock, in einer bescheidenen Zweizimmer-Wohnung mit Küche und grün gestrichenen Möbeln. Der im niederösterreichischen Waldviertel unehelich zur Welt gekommene Zolloberamtsoffizial Alois Hitler ist am 3. Januar 1903 gestorben, mit 65 Jahren beim Frühschoppen friedlich vom Wirtshausstuhl gekippt. Die Ehe mit Klara ist seine dritte gewesen, eine sogenannte „Verwandtschaftsehe", die nicht ganz frei ist von inzestuösem Verdacht: Klara eine Nichte zweiten Grades, mit der Sippe der Hiedlers, Hüttlers und späteren Hitlers um ein paar Ecken verwandt.

Alois' Mutter war die Bauerntochter Maria Anna Schicklgruber, die erst durch ihre Heirat mit dem Müllergesellen Johann Georg Hiedler zu dem später in Hitler verwandelten Familiennamen gekommen ist. Ob der auch tatsächlich der leibliche Vater des Alois war, wird oft bezweifelt. Großmutter Schicklgruber soll bei einem jüdischen Metzgermeister tschechischer Herkunft mit dem Namen Leopold Frankenreiter Köchin gewesen und von ihm geschwängert worden sein. Möglicherweise stammt auch der Name Hitler aus dem Tschechischen, kommt von Hidlarcek und ist unter Juden gebräuchlich. Auf dem Budapester Judenfriedhof soll ein Adolf Hitler begraben sein. Inzest jedenfalls ist bei den Waldviertlern keine Seltenheit. Adolf Hitler weiß das, und es wird ihn sein Leben lang belasten. Konditionell schwächlich und gesundheitlich anfällig, wird er ständig mit der Furcht leben, früh sterben zu müssen.

Geschichtsprofessor Pötsch beflügelt die Phantasie seiner Schüler durch bunte Öldrucke mit Abbildungen aus der Zeit der Vorväter. Der junge Hitler, ein bleicher und schmächtiger Junge, ein Sonderling schon jetzt, zeigt sich tief beeindruckt. Für solche Lehren ist er empfänglich.

Gern läßt er sich von den „Alldeutschen" verführen. Sie gelten als streng antisemitisch, treten ein für den Anschluß Deutsch-Österreichs an das Deutsche Reich, für einen „rassereinen" Bund aller Deutschen. Österreich-Ungarn, dieses „Rassengemisch", lehnen sie entschieden ab, sie betrachten sich als Deutsche.

Gründer und Führer dieser Bewegung ist Georg Ritter von Schönerer. Seine satirische Zeitschrift „Der Scherer. Illustrierte Tiroler Monatsschrift für Politik und Laune in Kunst und Leben" greift die Juden scharf an, das Parlament, den Sittenverfall, die Frauenemanzipation, und sie schmückt sich schon in ihrer ersten Nummer 1899 mit einem Hakenkreuz, dem Symbol der germanischen Frühlingsgöttin Ostara.

Im Zeichen der Hakenkreuzfahne, die er 1907 auf seiner „Ordensburg" Werfenstein in Niederösterreich zum ersten Mal hißt, agiert auch der selbsternannte Adelige Jörg Lanz von Liebenfels, entlaufener Mönch und Rassenphilosoph von eigenen Gnaden. Der Ordensburgbesitzer verkündet noch radikalere Lehren. Sein arisch-heroischer Männerbund (abgeleitet davon der spätere SS-Orden) predigt rigorosen Rassenkampf, gnadenlose Rassenhygiene, die vor

Deportation, Sterilisierung und Liquidierung des „Tiermenschen" nicht zurückschreckt. „Tiermensch" ist jeder Nichtgermane, jeder Fremdrassige, jeder Jude. Zeitschriften dieser Wirrköpfe, wie etwa das „Alldeutsche Tageblatt", der „Südmark-Kalender", die „Linzer Fliegenden Blätter" verschlingt der Jüngling Hitler höchst interessiert, begierig saugt er diese aggressiven, verquasten Ideen auf und macht sie zu seinen eigenen. Unter diesem Einfluß bastelt Hitler sich ein eigenes Welt- und Feindbild. Hier erhält die Persönlichkeit Hitlers ihre ersten Prägungen und Verformungen.

Je größer seine Mißerfolge in der Schule, je demütigender seine späteren Niederlagen bei der unsteten, wenig ernsthaften Suche nach einem Beruf, desto gefährlicher bildet sich seine starre Unversöhnlichkeit bis hin zum Haß gegen alles und jeden. Flucht vor einer dunklen, unklaren Herkunft, inzestbelastet, rassisch unrein zu sein? „Reinigung" finden durch totale Hinwendung zum radikal Gegensätzlichen?

Über seinen Geschichtsprofessor Dr. Pötsch schreibt Hitler 1924 in „Mein Kampf":

„Es wurde vielleicht bestimmend für mein ganzes Leben, daß mir das Glück einst gerade für Geschichte (diesen) Lehrer gab ... Unser kleiner nationaler Fanatismus ward ihm ein Mittel zu unserer Erziehung ... Öfter als einmal an das nationale Ehrgefühl appellierend ... hat dieser Lehrer (mir) Geschichte zum Lieblingsfach gemacht. Freilich wurde ich, wohl ungewollt von ihm, auch damals schon zum Revolutionär ... ich wurde Nationalist."

Damit ist dem Geschichtsprofessor Pötsch die Gnade widerfahren, als einziger Wegbegleiter seiner Schulzeit in Hitlers „Mein Kampf" positiv erwähnt zu werden. Als er 1938 den alten Mann in Klagenfurt noch einmal sieht, unterhält er sich mehr als eine Stunde lang unter vier Augen mit ihm. Danach sagt er zu seinen Begleitern: „Sie ahnen nicht, was ich diesem alten Mann danke."

1901: Richard Wagner „erscheint"

Schönerer, Liebenfels, Pötsch – schon ein Jahr später, 1901, kommt ein Name hinzu, ein viel größerer noch, und der soll sein „Seelenführer" werden: Richard Wagner, der hochverehrte Meister aus Bayreuth – Hitlers erste „Berührung" mit Franken.

Der zwölfjährige Junge erlebt im kleinen, bescheidenen „Linzer landschaftlichen Theater" zwischen den Stützsäulen des Stehparketts, das – zu seiner Freude – den Männern vorbehalten bleibt, die Wagner-Oper „Lohengrin". Die Geschichte des mit göttlicher Wunderkraft ausgestatteten, silbergerüsteten Gralsritter aus dem

10. Jahrhundert, dieses erhabene Epos „aus grauer Vorzeit" entreißt den mit unausgegorenen Flausen vollgestopften Jüngling der Realität. Von dieser Stunde an verfällt er dem Genius Wagner, bringt Traum und Wirklichkeit durcheinander und taucht ein in die Sagenwelt des Meisters, der Adolfs Knabenträume (die ihn ein Leben lang nicht verlassen werden) in Musik und Dichtung verwandelt.

Wagners großartige Musik, in der Macht, Sehnsucht und Tragödie sich ausdrücken, versetzt Hitler in einen „außergewöhnlichen Zustand", wie sein Freund August „Gustl" Kubizek berichtet. „Die Unruhe schwand aus seinem Blick. Was ihn tagsüber bewegte, versank im Nichts. Das eigene Schicksal ... wurde ausgelöscht. Wie ein Rausch kam es über ihn. Willig ließ er sich in jene mythische Welt emportragen, die für ihn viel wirklicher war als die reale Welt ... entrückt in die seligen Gefilde der germanischen Vorzeit, in jene für ihn ideale Welt, die ihm bei seinen Bemühungen als höchstes Ziel vorschwebte."

Der junge Hitler liest alles, was er von und über Wagner findet, seine Aufzeichnungen, sein antisemitisches Werk „Das Judentum in der Musik", seine Tagebücher und Briefe, Literatur über den sächsischen Feuerkopf aus Bayreuth. Aus dem Vorbild wird mehr: Adolf Hitler schlüpft schon in jungen Jahren in die Persönlichkeit Richard Wagners. Wagners Welt wird seine Welt.

Der zwölfjährige Adolf Hitler träumt davon, einmal nach Franken zu fahren, Bayreuth zu erleben, den nationalen Wallfahrtsort aller Deutschen, das Haus Wahnfried zu sehen, am Grab des Meisters zu knien. Dank Wagner wird dem pubertätsgeschädigten Jüngling Franken zum Land seiner Sehnsucht. Schon damals wähnt er sich so sehr in der Rolle Wagners, daß er zu seinem Freund Kubizek sagt: „Siehst du, Gustl, auch Richard Wagner ist es so ergangen wie mir, Zeit seines Lebens mußte er gegen die Verständnislosigkeit seiner Umwelt ankämpfen." Anmaßung eines jungen Mannes, der noch nichts weiß vom Leben, nur zu erklären mit Selbsttäuschung und Wunschdenken.

In „Mein Kampf" schreibt er: „War ich frühzeitig zum Revolutionär geworden, so nicht minder früh auch zum künstlerischen ... Mit zwölf Jahren sah ich als erste Oper meines Lebens ‚Lohengrin'. Mit einem Schlage war ich gefesselt. Die jugendliche Begeisterung für den Bayreuther Meister kannte keine Grenzen. Immer wieder zog es mich zu seinen Werken."

Vier Jahre nach „Lohengrin" schmeißt Adolf Hitler die Realschule. Seine Noten werden immer miserabler, die Versetzung auf eine andere Schule in Steyr fruchtet nicht, und im Herbst 1905 nutzt er eine schwere Krankheit, vermutlich an der Lunge, um endgültig aufzugeben. Von nun an liegt er seiner Mutter auf der Tasche. Die gutmütige, willensschwache Klara Hitler hat nicht die Kraft, ihrem unbotmäßigen Sohn zu widersprechen. Sie sagt nur die prophetischen Worte: „Du hast keine Ordnung, keinen Gehorsam. Deshalb bist du auch in der Schule nicht weitergekommen und deshalb hast du auch kein Glück im Leben!" und läßt Adolf gewähren. Er tritt dem „Volksbildungsverein" bei, dem „Musealverein" und der Volksbücherei, und er ist zuversichtlich, daß er es als „Autodidakt" auch allein zu etwas bringen wird.

Im Mai 1906 darf der junge Mann für vier Wochen nach Wien reisen, „sich selbst ausbilden", wie er das nennt. Die Architektur der Kaiserstadt beeindruckt ihn mächtig, aber er mag die Wiener nicht und ihren Dialekt erst recht nicht. Mit ihrem Völkergemisch aus Tschechen, Ungarn, Kroaten, Polen, Italienern, Slowaken, Ruthenen und galizischen Juden sei diese Stadt die „verkörperte Blutschande", sagt der junge Hitler.

Er sieht „Tristan und Isolde" und den „Fliegenden Holländer" in der Hofoper. Wagner, wohin Hitler auch geht. Er sucht Wagner, und Wagner zieht ihn an – wie er es später beschreiben wird.

Ende des Jahres ziehen die drei Hitlers nach Urfahr vor Linz, Blütengasse 9. Dort ist das Leben billiger, es gibt, zum Beispiel, keine Verzehrsteuer. Klara Hitler bekommt 140 Kronen Pension, 90 für sich, je 25 für Paula und Adolf.

1906: „Rienzi" und die Nacht, „als alles begann"

Im November 1906 will der 17jährige Adolf Hitler seine Zukunft erkannt haben. An einem nebelverhangenen, kalten Novemberabend sieht er in Linz die Wagner-Oper „Rienzi". Sein Freund Gustl Kubizek begleitet ihn. Mit heißen Wangen erleben sie die tragische Geschichte des „Letzten der Tribunen" aus dem Jahr 1347, der das gepeinigte Volk Roms von der Unterdrückung durch die skrupellosen Adeligen zu befreien versucht, um am Ende in den Flammen des brennenden Kapitols unterzugehen.

Das Schicksal der Heldenfigur Rienzi erschüttert den jungen Hitler noch mehr als „Lohengrin". Er steigert sich in einen ekstatischen Anfall. Adolf Hitler sieht sich in Rienzi wieder. Er wird Rienzi. Rienzis Mission soll auch seine Mission werden. Er wird die Welt heilen – Hitlers Vision.

August Kubizek schildert minutiös, was in dieser Novembernacht 1906 in Linz geschieht.

„Schweigend verließen wir das Theater. Es war Mitternacht geworden. Doch mein Freund ging, ernst und verschlossen, die Hände tief in die Manteltasche vergraben, die Straße weiter, aus der Stadt fort ... Obwohl er sonst nach einem künstlerischen Erlebnis gewohnt war, gleich zu sprechen und mit scharfem Urteil ... zu kritisieren, schwieg Adolf noch lange. Ich fragte ihn nach seinem Urteil über die Aufführung. Er sah mich fremd, fast feindselig an. ‚Schweig‘, rief er herrisch."

Sie biegen von der Straße ab, gehen hinauf zum Freinberg am Rand der Stadt, Hitler, wie getrieben, vorneweg. Am Gipfel des Berges haben sie den Nebel hinter sich gelassen, sternenklar der Himmel jetzt. Hitler hält an, wendet sich seinem Freund zu, ergreift dessen Hände, hält sie fest. Seine Augen fiebern vor Erregung, seine Stimme wird rauh und heiser. Nie zuvor und nie mehr danach will Kubizek seinen Freund Hitler so erlebt haben.

„Es war, als würde ein anderes Ich aus ihm sprechen ... es war ein Zustand völliger Entrückung, in welchem er, was er an Rienzi erlebt hatte ... auf eine andere, ihm gemäße Ebene stellte ... In ... mitreißenden Bildern entwickelte er mir seine Zukunft und die seines Volkes ... Er sprach von einem Auftrag, den er einst vom Volk empfangen würde, um es aus der Knechtschaft emporzuführen zu den Höhen der Freiheit ... Er sprach von einer besonderen Mission, die ihm einst zuteil werden würde."

Dann schweigt Hitler. Morgens um drei gehen sie hinunter zur Stadt, verabschieden sich vor Kubizeks Haus. Hitler drückt seinem Freund wieder lang die Hand, sagt: „Ich will allein sein", und verschwindet in der Nacht.

Vielleicht hat Kubizek etwas übertrieben, aber er kommt der Wahrheit gewiß sehr nahe. Hitler wird sich immer zwischen Traum, Wunsch und, am wenigsten, Wirklichkeit bewegen. Seine rückwärts gewandte Phantasie dominiert.

Dreiunddreißig Jahre später, im Juli 1939, ist Kubizek Hitlers Gast bei den Wagner-Festspielen in Bayreuth. An Wagners Grab im Garten der Villa Wahnfried sagt er: „In jener Nacht begann es." Die Novembernacht von 1906 meint er.

Schon 1938 gesteht Hitler seinem Lieblings-Architekt und späteren Rüstungsminister, Albert Speer, bei der „gottbegnadeten Musik" von Richard Wagners „Rienzi" die „Eingebung" empfangen zu haben, daß er das deutsche Volk einigen und groß machen müsse. Gleiches sagt er auch seinem „Reichsorganisationsleiter" Robert Ley.

Selbst mitten im Krieg noch, 1942, im sogenannten Führerhauptquartier „Wolfsschanze", das er sein „Nibelungen-Heldenschiff" nennt, monologisiert der Diktator: Bei der „Rienzi"-Oper 1906 in Linz sei ihm der Gedanke gekommen, auch einmal so ein Volkstribun oder Politiker zu werden.

„Rienzi" ist zum Lehrstück für Hitlers Politik geworden, der Agitator Rienzi zum Vorbild.

Hat also wirklich „alles" mit Richard Wagner begonnen, „in jener Nacht" im November 1906 in Linz?

Vieles spricht dafür, zum Beispiel diese beiden Entwicklungsmerkmale:

- Hitler hat in Wagner seinen „Lebenslotsen" gefunden, dessen Ideen und Theorien er bedingungslos folgt, dessen musikalische Dramen seine Phantasien entscheidend steuern. Der große Magier aus Bayreuth konnte, so meint Hitler, „das deutsche Wesen symbolhaft deuten" und die geliebte altgermanische Sagenwelt in die Gegenwart versetzen. Hier glaubt Hitler, die „geheiligten Rhythmen der Vorwelt" zu hören. Hier öffnet sich ihm der Weg in eine reinrassige, völkisch-nationale, deutsche Zukunft. Hier wird der aufmüpfige, ziellose und mit einer unklaren Herkunft kämpfende junge Mann aus Linz friedlich und fügsam. Gläubig lauscht er der Stimme seines Herrn. Hitler findet seine „Volksreligion der Zukunft", Wagner hat sie ihm gegeben. Wagner hat ihm eine heroische Ahnenwelt geschaffen, und die macht er sich zu eigen, wenn seine eigene schon nichts taugt. Die Anbetung des Meisters nimmt religiöse Züge an.

- Hitlers spätere Reichsparteitags-Inszenierungen in Nürnberg sind ohne das Vorbild der Wagner-Opern und ihren inbrünstigen Theater-Pathos so gar nicht möglich. Zur Eröffnung die „Rienzi"-Ouvertüre oder das Vorspiel zu den „Meistersingern von Nürnberg", als Höhepunkt die Oper selbst, von Hitler schließlich zur „National-Oper" erhoben.

Hitler will „Tristan und Isolde" 30 bis 40 mal gesehen haben, die „Meistersinger von Nürnberg" wohl hundertmal. Viele Partituren kennt er auswendig, und wenn die Wagnersche Musik ihn der Wirklichkeit entrückt, sieht er sich in seiner fiebrigen Phantasie als Siegfried, als Rienzi, als Lohengrin und Walter von Stolzing.

„Für mich ist Wagner etwas Göttliches, seine Musik ist meine Religion. Ich gehe zu den Aufführungen wie andere in die Kirche", sagt er dem amerikanischen Journalisten Frederick Oechsner.

Hitler sieht in Wagner „den deutschen Geist" schlechthin, „den deutschesten Menschen" überhaupt. Schon 1865 hat Richard Wagner sich so oder ähnlich gesehen.

In diesem Jahr 1865 schreibt er einen glühenden Brief an seinen Mäzen, den schwärmerischen jungen König Ludwig II. von Bayern, den „Held seines Lebens", der ihn ein Jahr zuvor nach München berufen hat. Darin vergleicht er die Juden mit Parasiten, die über den „sterbenden Leib der deutschen Kultur hergefallen" seien und mit „ihrer entarteten Kunst und zersetzendem Geist die ahnungslosen Germanen um Verstand und Erbe" brächten. Und 1881, wieder an König Ludwig: „...daß ich die jüdische Rasse für den geborenen Feind der reinen Menschheit und alles Edlen halte".

Am Schluß seines Werkes „Das Judentum in der Musik" schreibt Wagner 1850: „Aber bedenkt, daß nur eines euere Erlösung von dem auf euch lastenden Fluche sein kann: die Erlösung Ahasvers – der Untergang."

Mit Ahasver, auf hebräisch ‚Fürst', war im alten Testament der Name des Perserkönigs Xerxes umschrieben, in der Volkssage aber der „ewige Jude" gemeint.

Als Kenner der Biographie Wagners kennt Hitler auch die Geschichte der Festspiele. Hier kommt Franken gleich zweimal vor. Nachdem die hochfliegenden Pläne des Meisters und seines königlichen Geldgebers, die Festspiele in München abzuhalten, an der Verschwendungssucht Ludwig II. scheitern, suchen die beiden in der Kunst vereinten Akteure nach einem anderen Spielplatz.

Bewerberstädte wie Leipzig, die Geburtsstadt des Meisters, und das ferne Chicago werden aussortiert, aber da ist Nürnberg, das schon 1866 bei den Planungen eine bevorzugte Rolle spielt. Die alte Kaiserstadt scheint der geeignete Platz für die geplante nationale Weihestätte zu sein. Sogleich reimt der feinsinnige König für seinen Musikerfreund: „Von hier aus wollen Deutschland wir erlösen ... in Trümmer sinkt das nichtige Werk des Bösen." Worauf Wagner antwortet: „Dort – ist Deutschland zu retten." Von Nürnberg aus müsse es geschehen, meint er, denn sonst laufe man Gefahr, es – Deutschland – „gänzlich zu verlieren".

In Nürnberg sollen beide Wagnerschen Kunst- und Kultstätten entstehen, das Festspieltheater und die Musikschule. Nach einigem Hin und Her aber, vielleicht nach Abwägung der finanziellen Risiken, vielleicht aber auch, weil Richard Wagner Gefallen gefunden hat an dem verträumten Städtchen Bayreuth und seiner romantischen Umgebung, bekommt Bayreuth den Vorzug. Hier ist man etwas weiter entfernt vom Fiskus der bayerischen Regierung, die mit Argusaugen darüber wacht, was ihr versponnener König wieder anstellen wird. Hier entsteht auch die Wohnstätte der Wagner-Familie, die ein wenig überdimensional geratene Villa Wahnfried, wo Richard Wagners „Wähnen" seinen Frieden finden soll. Es bleibt bei Franken als dem Sitz des Tempels, der – nach einem Baustopp – 1876 erst fertiggestellt werden kann, als Ludwig aus seiner Schatulle doch noch einen Kredit gewährt. Zur Eröffnung aber kommt der königliche Freund nicht, weil der deutsche Kaiser Wilhelm I. sich angesagt hat, und dem will der Wittelsbacher nicht begegnen.

Nürnberg wird der Diktator Hitler sich für seine späteren Festspiele aufbewahren, für seine ganz persönlichen, für die Reichsparteitage. Er sagt es zwar nie so deutlich, aber es darf als gesichert angenommen werden, daß auch mit dieser Entscheidung der einst selbst an Nürnberg interessierte Richard Wagner sehr viel zu tun hat. Schließlich liegt die Stadt in beruhigender Nähe des Gralsbezirks Bayreuth, und außerdem bietet die alte Kaiserbastion mit ihrer „kerndeutschen Tradition" sich geradezu an für die Festveranstaltungen einer nationalen Partei. Die Stadt wird für würdig befunden.

Nürnberg, von 1163 bis 1543 mindestens elfmal durch kaiserliche Reichstage geehrt und jahrhundertelang Hort der Reichsinsignien, der Symbole des „Heiligen Römischen Reiches Deutscher Nation", ist als erste Reichsstadt zum lutherischen Glauben übergetreten und hat zweimal in seiner Geschichte die Juden aus seinen Mauern vertrieben: 1298 und 1349. Das erste Mal wurden 628 Juden erschlagen und verbrannt, beim zweiten Mal 562. Sowas zählt bei den Nazis.

Die Stadt ist „der Inbegriff des unverfälschten Deutschtums", sagt Hitler, und was den Kaisern Friedrich Barbarossa und Karl V. recht war, kann dem braunen Diktator nur billig sein: Die hielten hier ihre Reichstage ab, er zelebriert hier seine Reichsparteitage.

Nürnberg, der Stadt „in Deutschlands Mitten", hat Richard Wagner seine „Meistersinger" gewidmet, uraufgeführt 1868 leider in der falschen Stadt, in München, und von Hitler später als „eigentliche deutsche Volksoper" bezeichnet. Sieben Jahre lang hat Wagner daran gearbeitet, zu Ehren des deutschen Handwerker-Dichters Hans Sachs diese Oper zu komponieren – der „letzten Erscheinung des künstlerisch produktiven Volksgeistes".

Diese Stadt, so preist er Nürnberg vor seinem Märchenkönig, sei als „Stätte des Kunstwerks der Zukunft der Archimedespunkt, auf welchem wir die träge Welt des versumpften deutschen Geistes aus der Achse heben wollen". Und Nürnberg damit der ideale Schauplatz für eine deutsche Oper, mit der er „das Edelste aus der Gemeinheit rette", um „auf Trümmern eine neue Welt deutscher Herrlichkeit aufzubauen".

An Trümmern soll es 1945, am Ende des Hitler-Albtraums, nicht mangeln, aber leider ist's dann auch vorbei mit der „neuen Welt deutscher Herrlichkeit".

Wen wundert's, daß beim Opern-Wettsingen um die Gunst des Goldschmiedstöchterleins Eva von zwei recht unterschiedlichen Bewerbern der Arier über den „Unreinen" siegt. Hier der strahlende, urdeutsch-fränkische Ritter von Stolzing, dort der intrigante Schreiberling Beckmesser, der leicht als infames Jüdlein durchgehen könnt'!

„Reichspropagandaminister" Dr. Goebbels nennt das Werk „die Inkarnation unseres Deutschtums schlechthin", alles sei darin enthalten, „was die deutsche Kulturseele bedingt und erfüllt".

Bei einem Besuch 1877 bekommt Wagners Bewunderung für Nürnberg einen Dämpfer. Am Pegnitz-Ufer, gleich neben dem altdeutschwürdigen Hans-Sachs-Platz, hat eine Synagoge sich breit gemacht, im maurischen Stil 1874 errichtet. Das irritiert den völkischen Meister sehr. Nur das Hans-Sachs-Denkmal, von Nürnberger Bürgern schon kurz nach der Einweihung der Synagoge in deren Sichtweite trotzig aufgestellt und mit nationalem Getöse auf den Sockel gehoben, kann ihn versöhnen, Stolzing hier, Beckmesser dort, versteinert in Symbolen.

Sechzig Jahre später sorgt Wagner-Anbeter Hitler dafür, daß die „insolent protzige Judenkirche" verschwindet. Den Befehl zum Abriß im August 1938 gibt der „Frankenführer", NS-Gauleiter Julius Streicher, mit den Meistersinger-Worten: „Fanget an!"

Sein Denken in Wagner-Dimensionen, seine Traumtänze zwischen Siegfried und Rienzi, machen Hitler alltagsuntauglich. Er kann Wunsch und Wirklichkeit immer weniger auseinander halten.

1908: Das Ende einer platonischen Liebe

Ein treffliches Beispiel gibt er zwischen seinem 16. und 19. Lebensjahr: Die unerfüllte Liebe zu Stefanie Richter aus Urfahr bei Linz, die genauso aussieht, wie ein echtes, reinrassiges deutsches Mädchen auszusehen hat: Groß, blond, blauäugig, und hübsch natürlich. Deshalb liebt der junge Adolf sie auch sehr, allerdings auf seine absonderliche Art, und die muß – logisch – erfolglos bleiben. Stefanie erfährt nämlich nie davon. Der total verknallte, total gehemmte jugendliche Liebhaber spricht sie niemals an, in drei Jahren nicht.

Fast täglich, gegen Abend, promeniert die schöne Stefanie am Arm ihrer Mutter durch die Straßen der Stadt zum Hauptplatz. Im Frühsommer 1905 sieht der scheue Adolf sie zum ersten Mal. Er ist 16, sie 18. Der kleine, schmächtige Jüngling und die große, stattliche Jungfrau.

Adolf postiert sich am sogenannten Schmiedtoreck: Adrett gekleidet, strenge Bügelfalte in der Hose, weil er sie nachts unter die

Matratze legt, dunkler, weicher Hut, in der Hand einen schwarzen Ebenholz-Spazierstock. Der Junge verfolgt das Mädchen mit den Augen. Nur mit den Augen. Dabei bleibt's, er geht nicht auf sie zu, er sagt kein Wort. Lächelt Stefanie ihn an, vielleicht aus purer Verlegenheit, ist Adolf restlos glücklich.

Erwischt er sie aber dabei, daß sie mit jungen Offizieren turtelt, wird er fuchsteufelswild, nennt alle Leutnants dieser Welt in ihren frisch gebügelten Uniformen „eitle Hohlköpfe" und „Nichtstuer", die nur mit Hilfe steifer Korsetts zum aufrechten Gang fähig seien und sich parfümierten wie männliche Dirnen.

Er verfaßt immer neue Liebesgedichte für Stefanie, eines heißt „Hymnus an die Geliebte". Er trägt die Verse in ein kleines schwarzes Buch ein, aber Stefanie bekommt es nie zu lesen.

Adolf ist überzeugt davon, daß Stefanie ebenso für ihn fühle wie er für sie, sie warte nur darauf, daß er sie bitte, seine Frau zu werden. Er glaubt ganz fest daran, daß Stefanie sofort „Ja" sagen wird. Gewiß werde sie sich für ihn „aufbewahren".

Adolfs glücklichster Tag kommt im Juni 1906. Ein Blumenkorso zieht durch die Stadt. Stefanie steht im duftigen Seidenkleid auf einem geschmückten Wagen und wirft dem sehnsuchtsvoll hochblickenden Adolf eine Blüte zu.

„Ich habe Adolf nie im Leben mehr so glücklich gesehen", berichtet sein Freund August Kubizek, „ergriffen betrachtet er die Blume, dieses für ihn sichtbare Unterpfand ihrer Liebe... ,Sie ist mir zugetan, sie ist mir zugetan', sagt er immer wieder. Dann verwahrt er die Blume in einem Medaillon, das er stets mit sich trägt."

Sofort plant der inzwischen 17jährige („unumstößlich") ein Leben mit Stefanie. „Nun ist es entschieden", sagt er, „ich werde das Haus für Stefanie im Stil der Renaissance bauen." Daß Stefanie mit dieser Wahl einverstanden sein wird, setzt Adolf voraus.

Der schüchterne Einwand seines Freundes, woher er denn das Geld für dieses Haus nehmen wolle, macht den Liebhaber ungehalten. „Ach was, Geld!" tut er diese engstirnige Bemerkung mit einer Handbewegung ab. Was schere ihn schon das schnöde Geld!

Auch die ahnungslose Stefanie ist vor seinem Wagner-Wahn nicht sicher. Er stilisiert das arme Mädchen hoch bis in die lichten Sphären seiner Götterwelt, damit sie auch den Vorstellungen des großen Meisters entspreche. Sie bekommt einen würdigen Platz in Wagners Gesangsgarde: Stefanie, so entscheidet er, sei die ideale Besetzung der Elsa in „Lohengrin". Es ist das höchste Lob, das Jung-Hitler zu vergeben hat. Er beschließt, Stefanie wird Elsa und dann seine Frau.

Zuvor möge er sich dem Mädchen doch erst mal erklären, gibt Gustl zu bedenken, er soll sie endlich ansprechen, damit sie sich kennenlernen. Adolf verschiebt diesen Schritt immer wieder auf den nächsten Tag. „Was soll ich sagen, wenn die Mama mich nach meinem Beruf fragt? ... Am besten, ich füge ihn gleich dem Namen an: ‚Adolf Hitler, akademischer Kunstmaler' oder so ähnlich. Aber das bin ich noch nicht. Erst muß ich das sein, dann kann ich mich vorstellen."

Aber so etwas ist gar nicht wichtig, befindet der junge Verehrer, außergewöhnliche Menschen wie er und Stefanie verstehen sich auch so, das sei eine Frage der Intuition. „Das begreifst du nicht", erklärt er seinem Freund, „weil du den Sinn einer außergewöhnlichen Liebe nicht verstehen kannst... In Stefanie ist alles, was in mir ist."

‚Seine' Stefanie, die gern tanzt, werde auch diese Verrücktheit ihm zuliebe aufgeben. Adolf weigert sich, tanzen zu lernen. Dieses Gehopse sei lächerlich. Nein, ‚seine' Stefanie tanze ja nur, weil die Gesellschaft, von der sie leider abhängig sei, sie dazu zwinge. „Sobald sie meine Frau geworden ist", sagt er aus tiefster Überzeugung, „wird sie nicht mehr das geringste Bedürfnis haben, zu tanzen."

Es kann aber auch passieren, daß der eingebildete Liebhaber in Depressionen verfällt, wenn Stefanie ihn für längere Zeit gar nicht beachtet. Dann will er sie entführen oder sich umbringen, samt Stefanie in die Donau springen. „Ich mach' Schluß", verkündet er und spielt den Schwermütigen.

Natürlich geschieht nichts dergleichen, und eines schönen Tages „verzichtet" der Adolf plötzlich auf ‚seine' Stefanie. Daß sie nie ‚die seine' war und vermutlich auch nie sein würde, muß er nach vier Jahren wohl eingesehen haben.

Er wird nie mehr darüber sprechen, aber es ist anzunehmen, daß diese vergebliche Liebe – ein Traumgebilde – ihn beeinflussen wird. Dieser Liebes-„Verzicht", besser gesagt: diese fehlende Erfüllung eines Wunschgedankens, kann durchaus zu seinem gestörten Verhältnis gegenüber Frauen beigetragen haben – vielleicht der ausschlaggebende Grund.

Bekommt Hitler nicht, was in seiner Phantasie schon fest umrissen existiert, reagiert sein explosives Ego mit Haß. Haß ist die Wurzel seines Wesens. Haß sitzt tief in seiner unerklärbaren Seele. Haß ist die mächtigste Antriebskraft seines Handelns.

Stefanie heiratet einen höheren Offizier. Sicher eine „gute Partie mit gesichertem Pensionsanspruch, wie von der blasierten Frau Mama gewünscht", lästert Hitler später.

Noch einmal „baut" der Phantast Hitler ein Zuhause, diesesmal für sich und seinen Freund Gustl. Sie kaufen ein Los und investieren dafür stolze zehn Kronen. Adolf glaubt unerschütterlich daran, daß sie den Hauptgewinn ziehen werden. In Urfahr will er von diesem Geld die zweite Etage des Hauses Kirchengasse 2 ausbauen, nahe der Donau. Die größere Hälfte wird er bekommen, die kleinere der Gustl. Adolf skizziert Zimmer und Möbel bis ins letzte Detail. Für das restliche Geld wollen sie nach Bayreuth reisen, Wagner auf dem Hügel hören.

Leider erweist sich das Los als Niete. Kein Gewinn. Der enttäuschte Spieler Hitler ist fassungslos, er will es einfach nicht glauben. Er tobt, schimpft auf die korrupte Lotterieverwaltung und auf sämtliche Habsburger samt ihrem verlotterten Staat. „Alles nur Betrug", wettert er.

Auch wenn eine Entwicklung unabwendbar ist, will Adolf Hitler sie nicht wahrhaben. Seine Mutter hat Brustkrebs, im November 1907 geben die Ärzte sie auf, hoffnungslos. Adolf, der sich rührend um sie kümmert, ist nicht bereit, dieses Urteil zu akzeptieren. „Unheilbar, was heißt das?" schreit er, „nicht, daß das Leiden unheilbar ist, sondern nur, daß die Ärzte es nicht zu heilen vermögen." Er will selbst mit dem Tod noch diskutieren.

Klara Hitler stirbt am 21. Dezember 1907. Im Februar 1908 zieht Adolf Hitler, 19jährig, endgültig nach Wien.

Auf seinen ergebenen Freund Gustl Kubizek will er auch dort nicht verzichten. Er überredet ihn, nachzukommen. Hitler braucht Publikum, wenn es auch nur ein Freund ist, der die Geduld aufbringt, seinen stundenlangen Monologen zuzuhören und seinen fixen Ideen zuzustimmen. Dafür eignet Gustl sich vorzüglich.

Die Wiener Jahre werden ein einziges Fiasko. Hitler lebt in den Tag hinein, hängt seinen Träumen und Phantastereien nach. Ein Müßiggänger, der die ernsthafte Absicht nie erkennen läßt, eine Arbeit zu suchen. Schnöder Broterwerb, das ist nicht seine Sache. Er ist Künstler, und deshalb nach Wien gekommen. Aber seine großartigen Pläne platzen gleich zu Anfang: Zweimal wird er von den Professoren der Malklasse an der Wiener Kunstakademie abgewiesen. Nichts ist's mit dem akademischen Kunstmaler, nichts mit dem Baumeister und Architekten. Verbittert klagt der Unverstandene Gott und die Welt an, beschimpft die „verzopften Staatsdiener", die „stupiden Beamtenkreaturen" und die „alten, verständnislosen Bürokraten", denen man „ihre ganze Akademie in die Luft sprengen sollte".

23

Dieser triebhafte Wunsch, zu zerstören, „alles in die Luft zu sprengen", dieser Aufschrei ist nicht neu. So hat auch der Schuldner und Revoluzzer Richard Wagner gesprochen, als er quer durch Europa flüchtet: 1839 gejagt von seinen Gläubigern, weil er immerfort zu bezahlen „vergißt"; 1849 gejagt von königlichen Büttel, weil er in Dresden erfolglos am 48er Volksaufstand beteiligt war. Vorher schon Schule und Militär entflohen, hungert der Meister in Paris und Zürich, enttäuscht, verkannt und verbannt, um am Ende zu „Weltruhmesglanz" zu gelangen, wie Hitler sagt, die Welt zu erlösen, wie es nur dem Genie gegeben sei.

In der von ihm gesuchten Übereinstimmung mit der Lichtgestalt aus Bayreuth liegt Hitlers Folgerung nahe, daß auch in ihm das Genie des großen Künstlers stecke, der imstande ist, die Welt aus dem Geist der Kunst zu erneuern: Nur dem begnadeten Künstler ist das Recht vorbehalten, sich für unfehlbar zu halten und die „Diktatur des Genies" zu errichten.

Der jugendliche Eigenbrötler aus Linz glaubt sich auf diesem Weg. In Wien dilettiert er in alle möglichen Richtungen. Er bewundert die Bauwerke der Stadt, aber am liebsten will er gleich alles umbauen, das Bestehende verändern; selbst die Hofburg verschont er nicht. Fragt man ihn, was er eigentlich treibe, antwortet er: „Ich arbeite an der Lösung des Wohnbauelends in Wien." Tatsächlich besorgt er sich Stadtpläne von Wien, reißt in seiner Einbildung ganze Straßenzüge alter Zinskasernen ein und ersetzt sie durch „helle und lichte Arbeiterwohnungen mit Badezimmern" für die Armen, in Stockerau, zum Beispiel. Hirngespinste, unausgegoren und undurchführbar, wenn auch löbliche Ideen. Die Armen jedoch, denen er zu helfen vorgibt, diese Armen meidet er, nie sucht er den Kontakt zu ihnen.

Nennt sein Freund Gustl, mit dem er in der Stumpergasse 29 ein Zimmer teilt, seine Pläne „reine Utopie", dann macht ihn dies zornig: „Ich kann erst bauen, wenn die politischen Voraussetzungen dafür geschaffen sind ... das wird alles im Sturm der Revolution gelöst". Dann faselt er vom „kommenden Reich aller Deutschen", vom „deutschen Sozialstaat", von „Sozialreformen", von der „nationalen und sozialen Zukunft". Eine seiner Lieblingsfloskeln heißt: „Das ganze Deutschland soll es sein."

Er „reformiert" grundsätzlich alles. Er krempelt den Staat um, schafft das Parlament ab, führt andere Strukturen ein. Er denkt darüber nach, wie man ein alkoholfreies Volksgetränk herstellen könne, oder einen Ersatzstoff für Tabak. Er mag ja keinen Alkohol, und das Rauchen hat er sich abgewöhnt.

Wie es dazu kommt, erklärt er Jahre später, in einem nächtlichen Monolog am 12. März 1942 in seinem Hauptquartier so: „Mir ist es doch so schlecht gegangen lange Zeit in Wien. Durch Monate habe ich kein warmes Essen gehabt. Ich habe von Milch und trockenem Brot gelebt. Dreizehn Kreuzer aber habe ich jeden Tag für Zigaretten ausgegeben, 25 bis 40 Stück habe ich geraucht am Tag. Ein Kreuzer war für mich damals mehr wert als heute zehntausend Mark. Da ist mir einmal der Gedanke gekommen: Wie, wenn du statt für 13 Kreuzer Zigaretten zu kaufen, dir Butter kaufen würdest für das Brot, das macht fünf Kreuzer, und du hast noch etwas übrig! Ich habe meine Zigaretten in die Donau geworfen und habe nie mehr danach gegriffen."

Später habe ein Nürnberger ihn auf die Idee gebracht, wie er Raucher von seinem Haus fernhalten könne. Möckel habe der Mann geheißen, ein Kaufmann aus Nürnberg, und kennengelernt habe er ihn in Bayreuth. Auf Möckels Einladung sei er nach Nürnberg gekommen und habe dort an dessen Haus ein Schild entdeckt: ‚Raucher werden gebeten, diesem Haus fern zu bleiben'. Hitler ergänzt: „Das habe ich dann in meinem Haus genauso gehalten."

In Wien liest er nächtelang, häufig wahllos und willkürlich, was ihm in den Bibliotheken in die Hände fällt: Von griechischen Klassikern, von Konfuzius und Shakespeare bis zu Goethe und Schiller, von Herder bis Scheffel, von Treitschke, Ranke und Marx bis zu Bismarck, aber auch Peter Rosegger und Karl May. Selbststudium nennt er das, Lehrer habe er nicht nötig.

Ein Wunder, daß er sich überhaupt merken kann, was er gelesen hat. Hier kommt ihm sein phänomenales Gedächtnis zu Hilfe, in seinem Gehirn scheint Platz für eine halbe Bibliothek. Hitler ist ein sogenannter Eidetiker, der bildhaft speichern kann, was sein Auge einmal aufgenommen hat (griechisch: eidos = Bild). Trotzdem muß vieles unverdaut und ungeordnet bleiben.

Er malt Aquarelle, zeichnet Skizzen und verkauft selbstgefertigte Postkarten. Er gestaltet Werbe-Plakate für Haar-Brillantine, für das Schweißpuder „Teddy" und für ein Bettfedern-Geschäft in der Schmalzhofgasse. Damit bessert er seine Waisenrente von 25 Kronen auf, seinen Anteil am Erbe des Vaters und die Hinterlassenschaft der Mutter. Manchmal kommt er auf 80 bis 100 Kronen im Monat. Allerdings schwanken die Einkünfte, meist eher nach unten als nach oben. Hitler malt nur soviel, wie er braucht, um über die Runden zu kommen. Hat er keine Lust, bleibt er bis Mittag im Bett liegen und bummelt dann ziellos durch die Stadt.

Er schreibt und dichtet aber auch, mitunter gibt er als Beruf „Schriftsteller" an. Dabei ist seine Orthographie sehr mangelhaft. Zum Beispiel schreibt er „getrofen", „teater", „Erlaubniß", „nähmlich" oder „Cartarr". Dramen, Novellen, auch Gedichte fließen aus seiner widerspenstigen Feder.

Eine Weile arbeitet er an einem düsteren Schauspiel, das zur Zeit der Christianisierung im Land der Voralpen spielt. Grimmige alte Männer kommen darin vor, riesenhafte Priester in langen Hemden und christliche Sendboten, die leider erschlagen werden und wegen dieses allzu frühen Todes am Christianisieren gehindert werden. Fertig wird das Werk zum Glück nie.

Hitler kompensiert seine Bedeutungslosigkeit durch fortwährende Klugschwätzerei. Stundenlang doziert er über Dinge, von denen er nichts versteht, oder er vertritt wirre Thesen und Theorien, die er aus dem Ärmel schüttelt. Er fordert, Grund und Boden der privaten Spekulation zu entziehen, die Blindenfürsorge und den Tierschutzverein staatlicher Regie zu unterstellen und die Wirtshäuser zu schließen. Er will ein mobiles „Reichsorchester" gründen, das unbedingt drei Pedalharfen haben müsse.

Er erläutert langatmig, wie eine gesunde Ehe zu führen sei und die Familie glücklich werde – obgleich er beide Einrichtungen weder kennt noch ihnen näher zu treten gedenkt, stattdessen allen Mädchen aus dem Weg geht und deren körperliche Nähe meidet.

Auf Liebschaften läßt er sich nicht ein, und das verlangt er auch von seinem Freund Gustl. Als der im gemeinsamen Zimmer einer Klavierschülerin Unterricht geben will, wird Adolf wütend – und eifersüchtig. Diese „musikalische Weiberzucht" habe in ihrem Männerzimmer nichts verloren, und studieren sollten Frauen sowieso nicht, das sei sinnlos.

Bei Opernbesuchen bevorzugt er auch in Wien das Stehparkett, weil Frauen dort, wie in Linz, nicht zugelassen sind. Sie stören ihn, wenn er Wagner genießen will, sagt er. Von den gleichfalls billigen Stehplätzen in der vierten Galerie hält er sich fern, denn dorthin dürfen auch Frauen. Womöglich wird er hier auf „Judenpärchen" treffen, und schon der Gedanke daran läßt ihn schaudern. Seine Abneigung gegen Frauen wird durch seinen Ekel vor Juden noch übertroffen.

Dirnen sind ein „Schandmal der Zeit", urteilt Hitler und läßt sich nur deshalb zu einem einmaligen Bordellbesuch hinreißen, weil er den „Pfuhl des Lasters" mit eigenen Augen sehen will. Ein stundenlanger, pseudoakademischer Vortrag über die käufliche Liebe und wie man sie abschaffen könne, ist die unmittelbare Folge.

Unterdrückte homoerotische Züge sagt man Hitler sein ganzes Leben lang nach, und das wohl zu Recht, doch Kubizek will an seinem Freund keine „handfesten homosexuellen Neigungen" festgestellt haben. Auch von Selbstbefriedigung wolle Adolf nichts wissen, stattdessen habe er sich „strengen Lebensregeln" unterworfen, berichtet Kubizek.

Bei der gemeinsamen Zimmersuche mit Freund Gustl in der Zollergasse werden sie von einer „eleganten Dame" empfangen, die unter ihrem Morgenmantel nur ein Höschen trägt. Adolf wird puterrot, dreht sich abrupt um und läuft davon. „So eine Potiphar!" sagt er schockiert, womit er Bibelkenntnis verrät. Die Geschichte des ägyptischen Beamten Potiphar und seiner wollüstigen Frau, die den keuschen Joseph verführen wollte, ist im Alten Testament bei Moses nachzulesen.

Dem Meister aus Bayreuth, dem er mit Rücksicht auf seine genialische Persönlichkeit sexuelle wie finanzielle Entgleisungen ausnahmsweise nachsieht, bleibt er auch in Wien nahe. Er versäumt keine Wagner-Oper. Den sanftmütigen Gustl, der auf dem Konservatorium Musik studiert, schleppt er mit – was dieser schon aus Interesse an der Musik gern über sich ergehen läßt. Adolf ist ein mittelmäßig gespielter Wagner in der Volksoper lieber als ein erstklassiger Verdi in der Hofoper.

1910: „Opernkomponist" Adolf Hitler

Die Grenzen peinlicher Komik überschreitet sein ernstgemeinter Versuch, eine Oper nach dem Vorbild der großen Wagnerschen Musikdramen zu komponieren.

Gustl hat ihm von einem vergessenen Wagner-Entwurf mit dem Titel „Wieland, der Schmied" erzählt. Außer einem flüchtig skizzierten Text sei aber nichts überliefert.

Sofort blättert Hitler in seinem Lieblingsbuch „Götter und Helden", findet die Wieland-Sage und ist begeistert. Es stört ihn überhaupt nicht, daß der Wieland ein Wüstling war, der die eigene Tochter vergewaltigt hat und seine Söhne köpfen ließ, damit er aus den Schädeln Met trinken konnte.

„Gustl, aus dem Wieland mach' ich eine Oper!"

Gustl ist einigermaßen entsetzt. Wie er sich denn dies vorstelle, fragt er Adolf, der vom Notensetzen keine Ahnung hat und vom Klavierspielen nicht viel. Die wenigen Unterrichtsstunden beim Klavierlehrer Josef Prewratzky in Linz sind völlig nutzlos geblieben, weil der junge Adolf das „Fingerexerzieren" haßt. Aber er kennt die Lösung:

„Wie das gehen soll? Ganz einfach: Ich komponiere und du schreibst es auf."

Eine echte Hitler-Lösung: Was in seiner Phantasie Gestalt annimmt, das sieht er bereits fix und fertig vor sich. Die Umsetzung interessiert ihn nicht, sowas überläßt er anderen. Die Welt hat so zu sein, wie er sie haben will. Sonst wird er zornig.

Hitler setzt sich ans Klavier und klimpert. Es hört sich scheußlich an, er nennt dies seine „musikalischen Gedanken". Gustl soll die Noten dazu schreiben. Unendlich geduldig, wie er nun mal ist, will er seinem ungestümen Komponisten-Freund erstmal das theoretische Rüstzeug, die Grundbegriffe des Tonsetzens erklären. Vergeblich.

„Bin ich der Komponist oder du?" schreit Adolf ihn an, „ich spiele und du schreibst es auf!"

Damit sind die Kompetenzen abgesteckt: Der Dilettant Hitler gibt den Ton an, manchmal hat er auch gepfiffen, was er sich unter seiner Musik vorstellt. Der Musiker Kubizek hat nur den Befehl des Genies auszuführen.

So geht das Nacht für Nacht. Tagsüber studiert Gustl am Konservatorium, der Müßiggänger Hitler hat genügend Zeit, die Entwürfe zu seiner „Oper" voranzutreiben. Fanatisch tut er dies, als habe Bayreuth für nächste Woche eine Oper bestellt. Der ewige Bummelant hat sich kurzfristig in einen Besessenen verwandelt.

Kubizek erinnert sich: „Er wird niemals müde ... es gibt keinen Schlaf für ihn. Er ißt nichts, er trinkt kaum etwas, höchstens, daß er einmal zwischendurch nach der am Fenster stehenden Milchflasche greift und einen hastigen Schluck macht."

Schläft Gustl vor Übermüdung ein, rüttelt sein Freund ihn wach und liest „mit ... in der Erregung sich überstürzenden Worten" vor, welchen Text er inzwischen geschrieben hat und wie der zu vertonen sei. Für witzige Bemerkungen hat er nichts übrig. Humor und Fröhlichkeit sind ohnehin nicht seine Sache. In der düsteren Welt der Germanen-Götter gibt's nichts zu lachen, da ist kein Platz für irdische Sinnlichkeit.

Die Szenen der Handlung zeichnet Hitler zuerst mit Feder und Stift, dann mit Kohle: Peitschender Sturm, dunkle Felsen, glitzerndes Gletschereis, loderndes Feuer der Vulkane. Auf Island soll seine Oper spielen, denn dort sehe die Welt noch urgermanisch aus. Wagner läßt grüßen!

An den Ufern des Wolfsees fischt Wieland mit seinen Brüdern Egil und Slaghid, als drei Walküren in blinkender Rüstung und strahlendem Helm erscheinen. Sie tragen weiße, flatternde Hemden, Zauberhemden, wie der „Komponist" beschlossen hat. Damit können sie fliegen. Auch Wieland muß im letzten Akt auf selbst geschmiedeten Schwingen durch die Luft schweben. Es wird überhaupt viel geflogen in dieser Oper, aber das muß wohl so sein, sonst können die Gebrüder Wieland sich nicht vermählen mit den ständig umherschwirrenden Walküren.

Bezeichnend, daß Hitler den See „Wolfsee" nennt. Wolf – dies wird in den zwanziger und dreißiger Jahren sein selbstgewählter Deckname sein. Wolf – in der germanischen Mythologie das Tier des Untergangs. Unterbewußte Ahnung, daß Hitler sich ausgerechnet Wolf nennt? Mit diesem Namen unterschreibt er viele Briefe. Die Wagner-Kinder aus Bayreuth nennen ihn nur „Onkel Wolf".

Was immer auch Gustl vertont, sein Freund weiß alles besser. Nur schwer ist er davon abzubringen, das Opernorchester mit frühgermanischen Instrumenten auszurüsten, damit sie „den musikalischen Ausdrucksmöglichkeiten jener Zeit" entsprechen, in der die Handlung spielt – mit Trommeln, Rasseln, Flöten aus Knochen, und Luren, das sind zwei Meter lange Blasinstrumente aus Bronze.

Nach vier Wochen nutzloser Arbeit verliert Adolf plötzlich die Lust. „Neue Aufgaben" beschäftigen ihn, er will anderswo die Welt verändern. Die Oper wird nie fertig, das Fragment zum Glück rasch vergessen.

Als Hitler auf dem Wiener Ring eine Arbeiter-Demonstration sieht, beginnt er zu politisieren – ohne politisch aktiv zu werden oder gar einer Partei beizutreten. Er vertritt die Sache der Demonstranten, verdammt aber deren Anführer. Seine Meinung ist sozialistisch gefärbt, doch er beläßt es bei verbalen Ausbrüchen.

Verbal bleibt zunächst auch seine Abneigung gegen Juden. Hat er sich schon in Linz über die Synagoge in der Bethlehemstraße mokiert („Das gehört nicht nach Linz"), wird er in Wien deutlicher. Viel Sympathie bringt er dem christlich-demokratischen Wiener Bürgermeister Karl Lueger entgegen, einem erfolgreich lavierenden Antisemiten und Junggesellen, vermutlich mit homoerotischer Neigung.

Freund Gustl will Adolf helfen, eine von ihm über Nacht verfaßte Novelle mit dem Titel „Der nächste Morgen" möglichst am nächsten Morgen beim „Wiener Tagblatt" loszuwerden. Er kennt dort einen jungen Journalisten. Aber Adolf gibt sein Manuskript gar nicht erst ab, als er den Journalisten sieht, der es prüfen will. Noch in der Tür dreht er sich um und schreit Gustl an, der eigens mitgekommen ist: „Du Trottel, hast du nicht gesehen, daß das ein Jude ist?"

1910/1913

Vor dem Kaufhaus Gerngroß in der Mariahilfer Straße sieht Hitler einen bettelnden galizischen Juden im Kaftan. Betteln ist verboten, und der Mann im Kaftan beteuert denn auch, er habe nicht gebettelt, sondern Schuhbänder, Knöpfe und Hosenträger verkauft. Ein Polizist sucht Zeugen unter den Umstehenden. Hitler meldet sich. Er will gesehen haben, wie der Wachtmeister dem Mann 3.000 Kronen aus dem Kaftan gezogen habe. Für Hitler der schlagende Beweis, daß „alle Juden, besonders die Ostjuden, Wien ausbeuten".

Hitler mag für sein Leben gern Nußstrudel, und der ist in der Mensa des Konservatoriums gut und billig. Gustl ißt dort meist zu Mittag, Adolf kommt oft vorbei – wegen des Nußstrudels. Aber als er eines Tages mehrere jüdische Studenten am Nebentisch sitzen sieht, geht er nicht mehr hin.

Inkonsequent in ihrem Verhalten zu Juden sind sie beide geblieben, Adolf Hitler und sein Vorbild Richard Wagner: Brauchen sie Hilfe oder Geld, ist ihnen jeder Jude recht, der Hilfe oder Geld anzubieten hat.

Auf der erwähnten Flucht vor lästigen Gläubigern 1839 wendet Wagner sich, auf dem Weg nach Paris, in Boulogne hilfesuchend an den damals als allmächtig eingeschätzten „Diktator der großen französischen Oper", Giacomo Meyerbeer. Der aus Berlin stammende Komponist heißt eigentlich Jakob Liebmann Beer und ist der Sohn eines jüdischen Bankiers. Wagner bittet ihn inständig um Hilfe, sonst müsse er samt seinem Weib Minna und einem riesigen Bernhardinerhund verhungern. Meyerbeer hilft, vermittelt ihm die Unterstützung des einflußreichen Musikalienhändlers Schlesinger in Paris, auch ein Jude, und trägt somit dazu bei, daß Wagner in Paris seinen „Rienzi" vollenden und den „Fliegenden Holländer" schreiben kann.

Meyerbeer greift dem unbekannten deutschen Landsmann nochmals unter die Arme. Wagner findet keine Bühne, die seine Werke aufführen will. Meyerbeer überredet die Intendanten von zwei der größten deutschen Hofbühnen, „Rienzi" wird in Dresden, der „Holländer" in Berlin uraufgeführt. Wagner ist gerettet, 1842 kann er nach Deutschland zurückkehren – der Jude Meyerbeer hat es möglich gemacht.

Der malende Künstler Hitler ist heilfroh, wenn der jüdische Rahmentischler Morgenstern in Wien seine Postkarten kauft. Der bleibt nicht der einzige Jude, mit dem Hitler handelt. Oft helfen ihm die Juden Neumann und Löffner dabei. Sie beschwatzen irgendwelche jüdischen Händler so lange, bis sie Hitlers Kunstwerke abnehmen.

Neumann bezahlt manchmal auch kleinere Schulden für Hitler. Den gleichen Gefallen erweist ihm der Jude Robinson. Alle drei lernt er im Männerheim an der Meldemannstraße kennen. Dort wohnt Hitler, nachdem er grußlos aus dem Zimmer in der Stumpergasse ausgezogen ist, das er mit Kubizek geteilt hat. Dazwischen liegt ein Intermezzo im Meidlinger Obdachlosenheim.

Unfähig zu einer echten Freundschaft, beendet Adolf nach vier Jahren die Verbindung zu Gustl Kubizek, seinem einzigen, ihm treu ergebenen Jugendfreund, auf seine Weise. Er läßt ihn zurück ohne Abschied. Gustl fährt nach Semesterschluß im Juli 1908 für ein paar Wochen zu seinen Eltern nach Linz, um anschließend zu einer achtwöchigen Ausbildung beim 2. k. und k. Landwehrregiment einzurücken. Im November, so haben es Adolf und er verabredet, wollen sie sich in Wien wiedersehen. Aber Adolf hat sich aus dem Staub gemacht.

Die Zimmerwirtin Maria Zackreys ist verlegen, als Kubizek im November 1908 vor der Tür steht und sein Zimmer wieder beziehen will. Das sei doch längst an einen anderen Mieter vergeben, sagt sie.

„Ja, und Adolf, mein Freund?" fragt Kubizek überrascht.

„Wissen Sie denn nicht, daß der Herr Hitler ausgezogen ist?"

Kubizek weiß gar nichts. Adolf hat ihm in keinem seiner Briefe auch nur eine Zeile davon geschrieben.

„Aber er muß doch eine Nachricht für mich hinterlassen haben, einen Brief vielleicht oder eine kurze Notiz. Wie soll ich ihn denn finden?"

Die Zimmerwirtin bedauert: „Nein, der Herr Hitler hat nichts hinterlassen."

„Auch keinen Gruß?"

„Er hat nichts gesagt."

Adolf hat noch seinen Anteil an der Miete bezahlt, dann ist er gegangen, untergetaucht in der großen Stadt Wien. Auch seine Schwester Paula und seine Stiefschwester Angela Raubal hören nichts von ihm. Ebensowenig sein Vormund Joseph Meyrhofer aus Leonding, der aus Hitler einen Bäckermeister machen will und schon eine Lehrstelle besorgt hat.

Hitler ist eine Stufe weiter abgerutscht, bricht alle Brücken hinter sich ab, gibt sich mit der unverbindlichen Kumpanei entgleister Existenzen zufrieden, die ihn von nun an begleiten. Er lebt weiter in den Tag hinein.

1913: Mit einem Männerheim-Freund nach München
Am 25. Mai 1913, einem Sonntag, taucht Hitler in München auf, in seinem Schlepptau der Männerheim-Freund Rudolf Häusler, ein 20jähriger österreichischer Drogerielehrling. Beim Schneidermei-

ster Joseph Popp in der Schleißheimer Straße 34 mieten Adi und Rudi, wie sie sich gegenseitig nennen, ein winziges Zimmer. Hitler kann sich das jetzt leisten: Zu seinem 24. Geburtstag, am 20. April 1913, hat der ewige Gammler 819 Kronen und 98 Heller ausbezahlt bekommen, seinen Anteil am väterlichen Erbe.

Daß er wieder einen jüngeren Mann dazu überredet hat, mit ihm zu kommen und das Zimmer zu teilen, läßt erneut den Verdacht auf homoerotische Neigungen aufkommen. Allein, „handgreifliche" Beweise liefert Hitler nicht.

Nun ist Adolf Hitler dem verhaßten österreich-ungarischen Militär entgangen und seinem Idol in Bayreuth ein ganzes Stück näher gerückt. Dorthin zu reisen, die Opern des Meisters an der Weihestätte zu hören, das bleibt noch immer sein größter Wunsch. Doch erstmal lauscht er Wagner an der Münchner Oper, so oft er Gelegenheit dazu findet. Nur knapp hat er die Festaufführung zu Wagners 100. Geburtstag in der Hofoper verpaßt. Am 22. Mai 1913 wäre der Bayreuther 100 geworden und am 24. Mai hat Bruno Walter „Tristan und Isolde" dirigiert.

Sein Tageslauf in München unterscheidet sich nicht viel von dem in Wien. Er malt, aber er hat diesmal mehr Erfolg, der Verkauf läuft besser. Motive für seine Aquarelle findet er an jeder Ecke. Zwei bis drei Tage arbeitet er an einem Bild, zehn bis zwölf Mark bekommt er dafür. Das ergibt im Monat etwa 100 bis 120 Mark, mehr als ein Arbeiter nach Hause bringt. Er kommt ganz gut zurecht, denn für sein Zimmer bezahlt er 20 Mark und für's Essen kommt er mit einer Mark pro Tag aus.

Freilich malt er – wie schon in Wien – immer nur soviel, „daß ich gerade das Notwendigste zum Leben hatte", gibt er später, am 12. März 1944, beim Mittagessen auf dem Obersalzberg zu.

Seine Kunden halten ihn für einen Studenten, der sein Studium mit Aquarellen finanziert, und diesen Eindruck will er auch erwecken. Er gibt sich höflich und zurückhaltend, fast schon schüchtern. Auch sein „Selbststudium" setzt er fort. Nächtelang liest er beim schwachen Schein einer Petroleumlampe und fällt seinem Zimmerkumpan Häusler damit gehörig auf die Nerven.

Aber Freund Adi raubt ihm nicht nur den Schlaf, Rudi mag auch Hitlers feuchte Aussprache bei seinen endlosen Monologen nicht mehr ertragen. „Geh', hör' endlich mit dem Spucken auf, sonst hol' ich einen Schirm", versucht er sich scherzhaft zu wehren.

Nach einem dreiviertel Jahr hält Rudi das nicht mehr aus, und diesmal ist es nicht Hitler, der die Gemeinsamkeit beendet, der um vier Jahre jüngere Freund sucht sich ein anderes Zimmer.

Wenn Hitler später behauptet, er habe sich so seine weitere Fortbildung ermöglichen und auf seinen Beruf vorbereiten wollen, so muß man fragen: auf welchen Beruf? Ein ernsthaftes Interesse an geregelter Arbeit läßt er auch jetzt nicht erkennen, er bewirbt sich nirgendwo, er will gar keinen Beruf.

Seine Münchner Zeit bezeichnet er als „die glücklichste und weitaus zufriedenste meines Lebens". In „Mein Kampf" schreibt er: „Eine deutsche Stadt! Welch ein Unterschied zu Wien". Hitler ist tatsächlich begeistert von München, aber er schlägt auch hier keine Wurzeln, er findet weder Freunde noch gesellschaftlichen Anschluß. Er bleibt wie eh und je ein Sonderling, jederzeit zu unerwarteten Alleingängen fähig.

In dieses Bild fügt sich seine überraschende Reise am 5. Februar 1914 nach Salzburg, wo er sich – entgegen allen bisherigen Beteuerungen – einer Untersuchungskommission des österreichischungarischen Militärs stellt.

Woher er die Gewißheit nimmt, nach seiner jahrelangen Militärflucht nicht verhaftet zu werden, bleibt rätselhaft. Das Ergebnis jedenfalls stellt ihn zufrieden: Adolf Hitler wird als „waffenunfähig" eingestuft, für „Waffen- und Hilfsdienst untauglich und zu schwach".

Daß die, wie von dem Kapuzinerpater behauptet, diffuse „bayerische Geburtsstätte" Hitlers dabei eine Rolle spielt, ist höchst unwahrscheinlich. Doch in Hitlers Leben gibt es so viele Unklarheiten, daß man selbst die absurdesten Vermutungen anstellen muß.

Fünfeinhalb Monate später bricht der erste Weltkrieg aus. Für Hitler kommt er wie gerufen, für die Völker Europas überraschend. Nicht einmal die Regierungen der beteiligten Länder. Deutschland und Österreich-Ungarn auf der einen, England, Frankreich und Rußland auf der anderen Seite, haben ihn in diesem Ausmaß erwartet oder gar gewollt. Wenn nun auch über alle Völker der nationalpatriotische Wahnsinn hereinbricht, so hat doch im Grunde jeder geglaubt, der Frieden – seit 1871 – würde ewig halten.

In Nürnberg, zum Beispiel, deutet nichts auf einen Krieg hin. Der Magistrat läßt die Stadt friedensmäßig beleuchten: In der Pirckheimer Straße, in Gibitzenhof und in der Allersberger Straße wird die Gasbeleuchtung verbessert, in der Tetzelgasse, in der Sulzbacher-, Bahnhof-, Marien- und Rothenburger Straße neumodische elektrische Beleuchtung eingerichtet. Die Tageszeitungen sind gefüllt mit wohlfeilen Verkaufs- und Vermietungsanzeigen, viele Stellenangebote spiegeln einen gesunden Arbeitsmarkt wider.

Eine heizbare 5-Zimmer-Wohnung in der Schlüsselfelder Straße kostet für's ganze Jahr, samt elektrischer Stiegenbeleuchtung, 650

Mark, im Kaufhaus Grand-Bazar eine Portion Gansbraten mit Spargelsalat und einem Glas Bier 95 Pfennig. Speyers „Wintergarten" in der Luitpoldstraße, das „eleganteste und vornehmste Vergnügungslokal am Platz" preist ein „phänomenales" Juliprogramm an, zu dem zwei Salonkapellen die ganze Nacht spielen. Im LuLi nebenan läuft das rührselige, aber stumme Kinostück „Ein Frauenherz".

Aber Mitte Juli schleichen Gerüchte durch die Stadt. Ungewißheit macht sich breit, eine Spannung, wie sie immer dann entsteht, wenn Unerklärbares sich ankündigt. Die Nachrichten vom Balkan, dem Unruheherd, werden bedrohlich. Am 28. Juli marschieren die Österreicher in Serbien ein, weil sie ihren Vielvölkerstaat bedroht sehen. Die Russen stehen den Serben bei, die Deutschen den Österreichern, die Bündnissysteme entwickeln ihre verhängnisvolle Automatik, die Dämme brechen, die Katastrophe ist nicht mehr aufzuhalten: Krieg, seit 43 Jahren wieder Krieg, und diese Zeitspanne scheint das Gedächtnis getrübt zu haben. Kaum jemand kann sich vorstellen, was Krieg bedeutet, kaum jemand denkt an die grauenhaften Folgen.

Die patriotische Begeisterung schlägt immer höhere Wellen. Schon am Wochenende 25. und 26. Juli ziehen in Nürnberg die ganze Nacht hindurch Menschen durch die Königs- und Karolinenstraße. Kaffeehäuser und Restaurants sind überfüllt, an den Wänden kleben Extrablätter, die Musik spielt patriotische Lieder, „zündende Reden" werden gehalten. Am Egidienberg, neben dem Kaiser-Wilhelm-Denkmal, singt die Menge „Die Wacht am Rhein" und das Deutschlandlied, „wozu das Haupt entblößt wird". Vor dem österreichisch-ungarischen Konsulat brausen donnernde Hochrufe, Hüte fliegen in die Luft. Im Café „Monopol" klingt es aus „tausend Kehlen gläubig und stark": „Lieb Vaterland, magst ruhig sein."

Obgleich Magistrat und Regierung betonen, die Lebensmittelversorgung sei gesichert, kaufen die Nürnberger Mehl, Reis, Zucker und Kartoffeln auf Vorrat. Die Beförderung von Privatgut und Vieh auf der Bahn wird bis auf weiteres eingestellt, die Briefzustellung auf dreimal und die Briefkasten-Entleerung auf achtmal am Tag eingeschränkt.

Am 1. August, dem Tag des offiziellen Kriegsbeginns, titelt die „Nürnberger Zeitung" auf der ersten Seite: „Kriegszustand über Nürnberg", und der Leitartikler schreibt: „Wie schwer haben es die Frauen, die Mütter in diesen Tagen. Sie sehen sich plötzlich vor ihnen völlig fremde und unverständliche Ereignisse gestellt, fühlen sich herausgerissen aus ihrer Welt der Häuslichkeit ... und hören zitternden Herzens das Wort Krieg von allen Lippen fallen."

Und dann, auf druckfrischen Extrablättern, die Worte Kaiser Wilhelm II., die er am 1. August vom Balkon des Berliner Schlosses spricht: „Eine schwere Stunde ist heute über Deutschland hereingebrochen. Neider überall zwingen uns zur gerechten Verteidigung. Man drückt uns das Schwert in die Hand ... Ich kenne keine Parteien mehr, ich kenne nur Deutsche."

Der Nürnberger Oberbürgermeister Dr. Geßler und der 1. Vorstand des Gemeindekollegiums, Hans Müller, wenden sich am 2. August mit einem Aufruf zur Sammlung für die Familien „unserer ins Feld ziehenden Soldaten" an die Bevölkerung: „Nürnberger Väter, Nürnberger Frauen! Zeigt Euch tapfer! Es werden schwarze Tage der Sorge und des Leids kommen. Haltet aus! Verliert nicht Ruhe und Besonnenheit. Wir sind auch zuhause ein einig Volk von Brüdern ... Nürnberg voran!"

Die Damen Geßler und Müller appellieren an „Frauen und Mädchen aller Stände": „...zunächst soll die Abgabe von kräftiger Kost an die Familien der zum Kriege Einberufenen durchgeführt werden." 20 Pfennig kostet das Essen in rasch eingerichteten Volksküchen, 10 Pfennig für die Kinder.

Die Arbeitgeber werden aufgerufen, ihr Personal weiter zu beschäftigen, keine voreiligen Kündigungen auszusprechen, nicht die Existenzen ganzer Familien zu gefährden, sondern „eine patriotische Tat" zu vollbringen. In der Sebalduskirche, in der Zionskirche am Maxtor und in der Synagoge werden Gottesdienste für Soldaten und deren Angehörige abgehalten.

Die Deutsche Bank, Filiale Nürnberg, garantiert – trotz Marschtritts und Kanonendonners – bis auf weiteres auf Bareinlagen bei täglicher Kündigung 4 1/2 Prozent Zinsen, bei längeren Anlagen 5 Prozent. Die Firma Erlenbach, Kaiserstraße 5, Kgl. Bayr. Hof-, Wäsche- und Bettenfabrik, offeriert „zur Mobilmachung" in „reichhaltigster Auswahl" Uniformhemden, Marschsocken, Militärwesten, Triko-Unterzeug, Gamaschen, Ohrenschützer und Schlafsäcke.

Eine unbekannte Nürnbergerin spricht in der „Nürnberger Zeitung" die deutschen Frauen an: „Die Tapferen ziehen hin, ohne mit der Wimper zu zucken – jeder ist ein Held! Wollen wir Frauen wie Schwestern zusammenhalten, daß wir alle für unsere Kinder ... sorgen werden ... Als unsere Vorfahren, die Germanen, im Kampf gegen die Übermacht der Römer zu ermatten drohten, da waren es die Frauen, die sie durch Rufe anfeuerten ... Unser Volk ... möge es von nun an wahrhaft werden, ein einig Volk von Brüdern und Schwestern."

1914

Kampf der Germanen ... das ist Musik in Hitlers Ohren – Wagners Musik. Ist da nicht der Geist der heldischen Epen Richard Wagners erwacht? Steigen da nicht die Siegfrieds und Wotans geradewegs von der Nibelungenbühne herab, Deutschland zu retten, Europa zu kurieren? Glaubt er nicht, die Gralsburg auf dem Berg Montsalvat zu sehen, Parsifal persönlich? Klingen da nicht die patriotischen „Hochs" wie die Heilrufe aus „Rienzi"? Tod den Alberichs und Klingsors – jetzt ist die Zeit der „auserlesenen Ritter" gekommen, der „sittlich reinen Männer!" Jetzt ist der Meister aus Bayreuth gegenwärtig.

Was Hitler, seit mehr als einem Jahr wohnhaft in München, der Hauptstadt des Königreichs Bayern, den „dekadenten Habsburgern" verweigert hat – dem bayerischen König, dem deutschen Kaiser, dem Reich, von dem er träumt, will er es opfern: Das Leben für's Vaterland. Man darf ihm seine Begeisterung abnehmen, wenn er am Sonntag, 2. August, inmitten der Menschenmenge auf dem Münchner Odeonsplatz ergriffen das Deutschlandlied und die „Wacht am Rhein" singt und willig sich den Massen anschließt, die „im Hochgefühl der vaterländischen Begeisterung" durch die Straßen ziehen, vor dem Wittelsbacher Palais dem König zujubeln und in den Cafés, wie in Nürnberg, patriotische Lieder singen. Im Café Fahrig am Karlstor geht das Mobiliar zu Bruch, weil die Menge – erzürnt darüber, daß die Kapelle erschöpft die Instrumente weglegt und damit den nötigen Patriotismus vermissen läßt – alles kurz und klein schlägt.

Zehn Jahre später schreibt Hitler in „Mein Kampf": „Ich schäme mich auch heute nicht, es zu sagen, daß ich, überwältigt von stürmischer Begeisterung, in die Knie gesunken war und dem Himmel aus übervollem Herzen dankte, daß er mir das Glück geschenkt, in dieser Zeit leben zu dürfen ... Ich hatte so oft das ‚Deutschland über alles' gesungen und aus voller Kehle Heil gerufen." Jetzt kann Hitler den deutschen Patrioten in ihm richtig austoben.

Tatsächlich geht eine Wandlung vor in dem nun 25 jährigen Adolf Hitler: Aus dem arbeitsscheuen Müßiggänger, der in den Tag hinein lebte, wird ein pflichtbewußter, tapferer Soldat. Er geht schnurstracks zur nächsten Meldestelle in die Kaserne des 2. Bayerischen Infanterie-Regiments und meldet sich freiwillig.

Wie es ihm gelungen ist, als Ausländer sofort angenommen zu werden, läßt sich nie mehr feststellen. Hitler schweigt.

Später behauptet er, ein sogenanntes „Immediat-Gesuch" an den Bayerischen König Ludwig III. gerichtet und schon am nächsten Tag eine positive Antwort erhalten zu haben. Das ist unwahrscheinlich.

Erstens ist das königliche Palais die falsche Adresse und zweitens kein königlicher Beamter in der Lage, schon am nächsten Tag ein Gesuch zu beantworten, erst recht nicht im Trubel der Kriegsvorbereitungen. Vermutlich ist es nur der Schlamperei eines Feldwebels beim 2. Infanterie-Regiment zuzuschreiben, daß Hitler ohne viel Federlesens in die Bayerische Armee aufgenommen wird. Der gute Mann hat bei der Aufnahme der Personalien entweder nicht aufgepaßt oder den Geburtsort Braunau für eine bayerische Stadt gehalten. Eine Order des Bayerischen Kriegsministeriums erlaubt zwar die Einstellung ausländischer Kriegsfreiwilliger, versieht sie aber mit etlichen bürokratischen Hürden. Wie auch immer: Der Österreicher Hitler umgeht diese Hürden und rückt schon am 16. August 1914 ins Rekruten-Depot VI beim 2. Ersatzbataillon des 2. Bayerischen Infanterie-Regiments in die zur Kaserne umfunktionierte Elisabethenschule ein.

Jetzt hat der ziellose Adolf Hitler zum ersten Mal in seinem Leben eine Ziel. Das Militär, der Krieg, das ist der Ausweg nach all den Jahren, die ihm nur Fehlschläge und Enttäuschungen gebracht haben. Keine Arbeit, keine Familie, keine Freunde, immer an den Rand der Gesellschaft gedrängt – jetzt hat er eine Heimat: Sein Regiment. Dort findet er Kameraden, eine regelmäßige Beschäftigung, Ordnung (der er sich bisher widersetzt hat), das Gefühl der Zugehörigkeit, der Geborgenheit. Hitler ist zufrieden. Es wird „die unvergeßlichste und größte Zeit meines irdischen Lebens", schreibt er in „Mein Kampf". „Ich hatte keine Sorgen, Kost, Logis und Kleidung wurden gestellt", sagt er 1941 über seine Kriegsjahre von 1914 bis 1918.

Am 1. September 1914 kommt er zur 1. Kompanie des I. Bataillons beim 16. Infanterie-Regiment, das neu aufgestellt und – nach seinem Kommandeur, Oberst Julius List, – auch „Regiment List" genannt wird. Eine Truppe aus unerfahrenen, ungedienten und nur kurz ausgebildeten Soldaten, obendrein schlecht ausgerüstet. Die beim Heer üblichen Pickelhauben sind ausgegangen. Stattdessen verpaßt man den 16ern schwarze Landsturmmützen aus Wachstuch, überzogen mit schilfgrünem Segeltuch, und statt Marschtornistern alte Rucksäcke. Das soll ihnen bald zum Verhängnis werden.

Am 10. Oktober 1914 zieht das Freiwilligen-Regiment aus, am 27. Oktober treffen die Soldaten in Flandern ein, zwei Tage später werden sie ins erste Gefecht geworfen, elf Kilometer von Ypern entfernt. Sie sollen die Ortschaft Gheluvelt angreifen. Gegenüber liegt das englische Regiment York, gut ausgebildete, altgediente Solda-

37

ten, die zum Teil schon den Burenkrieg mitgemacht haben. Die 16er erobern die Ortschaft trotzdem, aber erst nach dem fünften Angriff. Die Verluste sind erschreckend hoch, am schlimmsten durch das MG-Feuer eigener Truppen. Die Soldaten eines württembergischen und eines sächsischen Regiments halten ihre bayerischen Kameraden, die zwischen ihnen im Nebel vorgehen, wegen ihrer altertümlichen Landsturmmützen für Engländer und nehmen sie unter Feuer. Sie schießen so „gut", daß 110 deutsche Soldaten durch deutsche Maschinengewehre getötet werden.

Auch Hitlers Bataillons-Kommandeur, Major Graf von Zech, und der Kommandeur des Regiments, Oberst List, fallen. Dem Bataillon bleiben von tausend Mann gerade mal 250 kampffähige Soldaten, dem Regiment ganze 750 Mann.

1914: Von der „Vorsehung" beschützt

Das ist Hitlers Feuertaufe, und er hat unwahrscheinliches Glück. Ein Schuß zerfetzt seinen rechten Rockärmel, reißt ihn regelrecht weg – Hitler passiert nichts. „Wie durch ein Wunder blieb ich gesund und heil", schreibt er an seine ehemaligen Zimmervermieter Anna und Joseph Popp in München.

Diese „Wunder" bleiben ihm treu bis in den Tod. Immer wieder entkommt er auf wundersame Weise den gefährlichsten Situationen – bis hin zu den Attentaten vom 8. November 1939 und 20. Juli 1944. Verständlich, daß er an die von ihm so oft zitierte „Vorsehung" glaubt, an göttliche Fügung, die ihn am Leben erhält. Der Herrgott halte die Hand schützend über ihn, weil er noch Großes vorhabe mit ihm. Davon ist er überzeugt. Nicht zuletzt wird dieses Bewußtsein den Glauben an seine „Bestimmung" in ihm stärken.

In der Nacht zum 13. November darf Hitler, inzwischen zum Gefreiten befördert und als Gefechtsordonnanz und Meldegänger beim Regimentsstab, sich wieder auf die „Vorsehung" berufen.

Er und sein Meldegänger-Kamerad Anton Bachmann, Unterfranke aus Schweinheim bei Aschaffenburg, begleiten ihren neuen Regiments-Kommandeur, Oberstleutnant Philipp Engelhardt, und dessen Adjutanten, Leutnant Georg Eichelsdörfer, Oberfranke aus Unterhaid bei Bamberg, durch einen Hohlweg zur vordersten Linie. Sie geraten unter heftigen Beschuß. „Fast hätte Engelhardt", so berichtet Eichelsdörfer, „seine Tollkühnheit mit dem Leben bezahlt ... Aber Hitler und Bachmann springen vor, stellen sich schützend vor ihn ... und drängen ihn in ein nahes Erdloch. Zum Dank drückt er den beiden stumm die Hand."

Die Kugeln pfeifen, dem Gefreiten Hitler krümmen sie kein Haar. Er rettet seinem Kommandeur das Leben und verewigt später den Hohlweg auf seinem Zeichenblock.

Vier Tage später das nächste „Wunder". Am 17. November, 14.30 Uhr, Lagebesprechung im Regiments-Gefechtsstand, untergebracht in einem Zelt. Weil es drinnen zu eng wird, müssen die vier Meldegänger draußen warten. Hitler in einem Brief an Assessor Ernst Hepp, einen Bekannten in München, der ihm vor Monaten zwei Aquarelle abgekauft hat:

„Wir waren kaum fünf Minuten draußen, als eine Granate in das Zelt schlug, die Herrn Oberstleutnant Engelhardt schwer verwundete und den gesamten sonstigen Stab teils tötete, teils verwundete. Es war der furchtbarste Anblick meines Lebens."

Andere sind tot oder schwer gezeichnet, Hitler überlebt ohne einen Kratzer – gerettet von der „Vorsehung".

Am 2. Dezember 1914 bekommt er das Eiserne Kreuz II. Klasse, zusammen mit 60 Mann des Regiments. Der Franke Eichelsdörfer hat ihn vorgeschlagen. „Es war der glücklichste Tag meines Lebens", sagt er wieder mal.

Tatsächlich gilt der Gefreite Adolf Hitler als tapfer, kaltblütig und unerschrocken. Sein zeitweiliger Kamerad Johann Sperl aus München berichtet später, Hitler sei als Meldegänger öfter für ihn eingesprungen, habe seine Meldegänge übernommen, wenn es besonders brenzlig wurde, „weil ich verheiratet war und fünf Kinder hatte."

Oberstleutnant Friedrich Petz, 1915 und 1916 Regimentskommandeur der 16er, bescheinigt seinem Gefreiten und Meldegänger:

„Hitler war ein äußerst fleißiger, williger, gewissenhafter und pflichtgetreuer Soldat, dabei unbedingt zuverlässig und seinen Vorgesetzten treu ergeben. Er zeigte sich geistig sehr geweckt und körperlich frisch, gewandt und ausdauernd. Besonders hervorzuheben ist sein persönlicher Schneid und der rückhaltlose Mut, mit dem er in gefährlichen Lagen und im Gefecht allen Gefahren entgegengetreten ist. Niemals hat ihn seine eiserne Ruhe und Kaltblütigkeit verlassen. Wenn die Lage am gefährlichsten war, hat er sich freiwillig zu Ordonnanzgängen in die vorderste Linie gemeldet und sie mit bestem Erfolg durchgeführt."

Der spätere Regiments-Kommandeur, Major Anton Freiherr von Tubeuf, geborener Unterfranke aus Amorbach, der Hitler offensichtlich schätzt, haut in die selbe Kerbe:

„Adolf Hitler hat sich in der Zeit von April 1917 bis August 1918 in meinem Regimentsstab als Ordonnanz außergewöhnlich bewährt. Unermüdlich hilfs- und dienstbereit, gab es keinen Grund

und keine Lage, in der er sich nicht stets freiwillig gemeldet hätte zu den schwierigsten, mühevollsten und gefährlichsten Aufträgen, immer bereit, für andere und für sein Vaterland Ruhe und Leben zu opfern. Er ist mir von den Mannschaften auch menschlich am meisten nahe gekommen, und ich freute mich im Privatgespräch über seine von hervorragender Vaterlandsliebe und anständigster, ehrbarster Gesinnung zeugenden Absichten."

Daß der Major und Regimentskommandeur dem kleinen Gefreiten „menschlich am meisten nahe kommt" und im Unterstand das persönliche „Privatgespräch" sucht, ist zumindest ungewöhnlich. Hat dies mit gegenseitigen homoerotischen Sympathien zu tun?

Trotz allen Lobs, Hitler wird nicht befördert, er bleibt kleiner Gefreiter bis zum Ende des Kriegs. Seine Offiziere trauen ihm, bei aller Wertschätzung, keine Führungsqualitäten zu. Er lehnt es aber auch selbst entschieden ab, Unteroffizier zu werden. Oberleutnant Friedrich Wiedemann, vom 1. Januar 1916 bis 16. August 1917 Regiments-Adjutant bei den 16ern:

„Hitler hatte damals nach militärischer Auffassung wirklich nicht das Zeug zum Vorgesetzten ... daß er ... keine besonders gute Figur machte; seine Haltung war nachlässig und seine Antwort, wenn man ihn fragte, alles andere als militärisch kurz. Den Kopf hielt er meist etwas schief auf die linke Schulter geneigt ... irgendwie muß ein Mann schließlich zum ‚Anführer' geeignet sein ... Wohl haben wir beim Regimentsstab tatsächlich einmal überlegt, ob wir ihn nicht doch zum Unteroffizier machen sollten, und zwar nur, um ihn auszuzeichnen. Wir sind jedoch nicht zuletzt deshalb davon abgekommen, weil Hitler selbst nicht zur Beförderung vorgeschlagen werden wollte ... Er war das Muster des unbekannten Soldaten, der still und ruhig seine Pflicht tat."

Diese Beurteilungen stehen, zumindest teilweise, im krassen Gegensatz sowohl zum „früheren" als auch zum „späteren" Hitler. Weder in Linz noch in Wien oder in München erweist er sich als „willig, pflichtgetreu, zuverlässig und treu ergeben", und den brutalen Diktator des „Großdeutschen Reichs" der dreißiger und vierziger Jahre kann niemand „still und ruhig" nennen. Das „Zeug zum Vorgesetzten" wird er sich selbst nehmen, und dabei geht er über Leichen. Zum „Anführer" steigt der Ellenbogenmensch Hitler mit Gewalt, Terror und Intrigen auf. Zutreffend am ehesten noch die Bemerkung, „daß er keine besonders gute Figur" macht. Das gilt wohl für sein ganzes Leben.

Max Amann, Vizefeldwebel und Hitlers direkter Vorgesetzter, ergänzt: „...eines schönen Tages schlug ich ihn zum Unteroffizier vor ... Er sah mich ganz entsetzt an und sagte: ‚Ich bitte, davon abzusehen.' Er war immer devot, immer ergeben. Jeder andere wäre stolz gewesen." Der Gefreite Hitler hat eine geradezu panische Angst davor, das Regiment verlassen zu müssen. Bei einer Beförderung wäre dies möglich gewesen. Viele Ordonnanzen wechseln zu anderen Einheiten, wenn sie einen Rang höher rücken. Hitler bleibt. Das will er so. Das Regiment ist sein Zuhause. Zum Regimentsstab stößt 1916 ein weiterer Franke, Hermann Heer aus Rothenburg ob der Tauber; er bleibt bis 1918 Meldegänger neben Hitler.

Der Sonderling Hitler will auch keine Briefe und schon gar keine Pakete annehmen. Seine letzte Münchner Zimmerwirtin Anna Popp erzählt: „Als wir einmal meinten, ihm ein Paket zu Weihnachten zu senden, war er direkt böse. Er schrieb zurück, er hätte genug zu essen." Und der Bäckermeister Heilmann aus München, bei dem er oft eingekauft hat, erlebt die selbe Ablehnung: „... der schrieb uns, er danke für das Paket, aber er bäte, ihm auf keinen Fall noch etwas zu schicken – merkwürdig, dabei hatte er doch immer solchen Hunger gehabt."

Hitler läßt sich auch nichts schenken. Sein Kamerad Balthasar Brandmayer aus Götting bei Bad Aibling will an Weihnachten 1915 mit ihm eine Liebesgabe aus der Heimat teilen, weil Hitler nichts bekommen hat. Der lehnt „herrisch" ab. Seine Rauchwaren verteilt er, weil er nicht mehr raucht. Er trinkt auch so gut wie keinen Alkohol.

Aus den Kantinenüberschüssen wollen seine Vorgesetzten Wiedemann und Amann ihm einmal 20 Mark, ein anderes Mal 10 Mark zustecken, weil sie ihn für „den ärmsten Soldaten des Regiments" halten. Aber Hitler nimmt nichts. Er sagt: „Geben Sie es den Ärmeren, es gibt noch Ärmere."

Sie rufen ihn Adi, nennen ihn „Maler" oder „Kunstmaler", und das hat einen guten Grund. Adi malt und zeichnet auch an der Front. Ruhige Tage nutzt er für sein Hobby. Der Nachwelt bleiben aus dieser Zeit zahlreiche Aquarelle, Bleistift- und Federzeichnungen erhalten. Seine Motive sind umkämpfte Ortschaften und ihre Ruinen, seine Quartiere, Landschaften, aber auch Porträts von Kameraden, unter anderem von Karl Lippert aus Miltenberg in Unterfranken, vier Monate lang sein vorgesetzter Unteroffizier.

Offensichtlich hofft er noch immer darauf, später vielleicht doch Maler oder Baumeister zu werden. Zu seinem Kamerad Ignaz Westenrieder sagt er 1915, daß er sich nach dem Krieg in München niederlassen und dort als Architekt und Baumeister arbeiten werde.

„Um bis zum Examen leben zu können, werde ich wieder meine Bilder verkaufen".

Auch an seinem zweiten Hobby, dem Lesen, hält Hitler fest. Er liest, wann immer er Gelegenheit dazu findet. „Ich habe stets Bücher mit mir herumgeschleppt, sogar Schopenhauer und Nietzsche", behauptet er.

Im Unterstand hockt er oft abseits, an der Unterhaltung beteiligt er sich wenig. Brandmayer schildert so einen Tag, den 30. Mai 1915 in Fromelles, als er Hitler kennenlernt:

„Hitler war bis auf's Skelett abgemagert, seine Gesichtsfarbe fahl und bleich. In den tiefen Höhlen staken zwei durchdringende Augen ... sein Schnurrbart war stark und wenig gepflegt. Er saß in einer Ecke und hatte sich in eine Zeitung vertieft. Währenddessen schlürfte er aus seinem Feldkessel den heißen Tee. Ab und zu machte er einen Einwurf in die fröhliche Unterhaltung, mit dem wir meist nichts anzufangen wußten."

An Weihnachten 1914 kommt es in Hitlers Frontabschnitt zu einem Verbrüderungs-Spektakel zwischen Bayern und Engländern. Erst winken drüben ein paar Tommys mit ihren Taschentüchern aus den Schützengräben, dann tauchen auf beiden Seiten Köpfe aus den Deckungslöchern, Soldaten steigen heraus, gehen aufeinander zu, ohne Waffen, schütteln sich die Hände, unterhalten sich, soweit sie sich verstehen, singen Weihnachtslieder, zuerst die Engländer, die Deutschen stimmen „Stille Nacht" an, ein Engländer spielt auf der Mundharmonika eines Bayern, ein anderer setzt eine deutsche Pickelhaube auf – für eine kurze Weile hat der Tod Pause. Schon wenig später sind sie wieder Feinde, hocken ängstlich lauernd in ihren Gräben, aus denen jeden Augenblick Gräber werden können.

Diese halbe Stunde offenbart den ganzen Wahnsinn des Krieges – Hitler aber mißbilligt so ein friedliches Intermezzo. Das dürfe es im Kampf nicht geben, doziert er, mit dem Feind paktieren, sei es auch nur durch Händeschütteln, das widerspreche ganz und gar seiner Vorstellung von Kriegführung und Nationalstolz.

Auf diesen Stolz pocht er auch, wenn seine Kameraden ihn frotzeln, ob er sich nicht einmal nach einem französischen Mädchen umsehen wolle. Hitler ist empört. Er würde sich zu Tod schämen, bei einer Französin „die Lieb' zu suchen". Lachen die anderen ihn aus, nennen ihn einen Klosterbruder, dann wird Hitler todernst, richtig böse und sagt: „Habt ihr denn kein deutsches Ehrgefühl mehr in euch?"

Fragen sie ihn weiter, was er denn überhaupt so von Frauen halte, ob er noch nie ein Mädchen gern gehabt habe, dann antwortet er, wie Brandmayer sich erinnert: „Für ein solches Ding hat mir noch immer die Zeit gefehlt und ich werd' auch nie dazu kommen."

Feind ist nun mal Feind, Feinde sind Fremde, und Fremde mag er nicht. Bei Tieren macht er eine Ausnahme.

Im Januar 1915 kommt Adi zu einem weißen Terrier, der seinem englischen Herrn quer übers Niemandsland entlaufen ist. Hitler nennt ihn „Foxl", und er dressiert ihn, bis die halbe Kompanie den „Zirkushund" kennt. „Foxl" bleibt stets in Hitlers Nähe, bekommt von seiner Ration ab, schläft neben ihm, gehorcht nur ihm. Ist Hitler auf Meldegang, bindet er ihn fest im Unterstand. „Foxl" macht die ganze Somme- und Arrasschlacht mit, bei Stellungswechsel läuft er hinterher. Hitler liebt diese hündische Ergebenheit. Im Oktober 1917 wird „Foxl" gestohlen. „Ich hab' ihn immer gern gehabt ... Dieser Schweinehund, der ihn mir genommen hat, weiß gar nicht, was er mir angetan hat", erzählt Hitler später.

Am 5. Oktober 1916 wird Hitler zum ersten Mal verwundet. Das 16. Infanterie-Regiment hat während der Somme-Schlacht Stellung bezogen zwischen Bapaume und Le Barque, der Stab mit den Meldegängern ist eingepfercht in einem engen Unterstand. Oberleutnant Wiedemann berichtet:

„Die ... Stollen waren zu eng, um richtig schlafen zu können. So hockten also die Melder eng aneinander gelehnt im Gang ... und schliefen dort todmüde trotz dieser unbequemen Lage. Eine englische Granate traf den Unterstand. Sie krepierte so, daß die Splitter den Gang entlang flogen ... Sechs Meldegänger wurden verwundet ... Unter ihnen auch ... Adolf Hitler ... Als ich mich zu ihm niederbeugte, sagte er: ‚Es ist nicht so schlimm, Herr Oberleutnant, gelt, ich bleib bei Euch, bleib' beim Regiment'."

Da ist sie wieder, diese Angst, seine „Heimat" zu verlieren.

Aber es bleibt ihm gar nichts anderes übrig. Hitler wird nach Deutschland geschafft und am 9. Oktober 1916 ins Preußische Vereinslazarett Beelitz bei Berlin eingeliefert. Dort trifft er auf seinen fränkischen Freund Anton Bachmann. Nach siebeneinhalb Wochen wird er entlassen und nach München kommandiert, zum 2. Infanterie Regiment. An Weihnachten 1916 landet er wieder in der Elisabethenschule, wo er mehr als zwei Jahre zuvor, im September 1914, auf den Marsch zur Front gewartet hat.

Hitler ist enttäuscht über seine Lieblingsstadt München. „Ärger, Mißmut und Geschimpfe, wohin man nur kam", schreibt er in „Mein Kampf". „Beim Ersatz-Bataillon selber war die Stimmung unter jeder Kritik ... Die Drückebergerei galt fast schon als ein Zeichen höherer Klugheit, das treue Ausharren aber als Merkmal innerer

Schwäche und Borniertheit. Die Kanzleien waren mit Juden besetzt. Fast jeder Schreiber ein Jude ... Ich ... war froh, wieder an die Front zu kommen, zu der ich mich sofort nach meiner Ankunft in München von neuem meldete."

Tatsächlich schreibt er einen Brief an Oberleutnant Wiedemann: „Herr Oberleutnant werden verstehen, daß mein dringendster Wunsch ist, wieder zusammen mit meinem alten Regiment und meinen alten Kameraden zu kommen. Ich bitte Herrn Oberleutnant sehr, mich wieder zum 16. Reserve-Infanterie-Regiment anzufordern."

Sein Wunsch wird erfüllt. Am 5. März 1917 ist er zurück bei seinem „Haufen", gerade rechtzeitig zur Schlacht bei Arras. Dann, im Juli, die „Schlacht in Flandern" – immer noch auf den selben Todesfeldern wie 1914. In drei Jahren hat sich die Front kaum bewegt. Stellungskrieg: Heute hundert Meter vor, morgen hundert Meter zurück. Die 16er machen zum ersten Mal Bekanntschaft mit Giftgas und Tanks. Am 17. September erhält Hitler das Militär-Verdienstkreuz III. Klasse.

Knapp zwei Wochen später fährt der inzwischen 28jährige mit einem Kameraden aus der Meldegänger-Gruppe, Ernst Schmidt, auf Urlaub nach Berlin. Bei den Eltern ihres Freundes Richard Arendt dürfen sie wohnen.

Bezeichnend, daß der Österreicher Adolf Hitler in seinem Urlaub Österreich meidet. Er besucht weder seine Schwester Paula noch seine Stiefschwester Angela Raubal, auch seinen Vormund Josef Mayerhofer in Leonding nicht. Hat er Angst, vom österreichischen Militär doch noch „kassiert" und dafür bestraft zu werden, daß er in Deutschland dient, für Deutschland kämpft und sich als Deutscher fühlt? Im Februar 1914 haben ihn die Österreicher ja nicht haben wollen, „waffenunfähig" hatten sie gesagt, zu schwach. Jetzt beweist er ihnen, daß er doch ein guter Soldat ist, und da will er vielleicht nichts riskieren.

Das letzte Aufbäumen des deutschen Heeres, die Frühjahrsoffensive im April und Mai 1918 gegen die Übermacht der Alliierten, zu denen nun auch die Amerikaner gehören, schlägt fehl. Die 16er verlieren 23 Offiziere und 1123 Männer, fast die Hälfte des Regiments. Noch im Mai haben sie in fünftägigem, verlustreichem Kampf 23 Kilometer feindlicher Stellungen aufgerollt – zu spät, die Soldaten sind nach mehr als dreieinhalb Jahren Krieg erschöpft, die Ausfälle erschreckend hoch, die Reserven aufgebraucht.

Im Mai bekommt Hitler ein Regiments-Diplom wegen hervorragender Tapferkeit vor dem Feind und das Verwundetenabzeichen, am 4. August 1918 das Eiserne Kreuz I. Klasse, eine seltene Auszeichnung für einen einfachen Soldaten. Regiments-Kommandeur Major Anton Freiherr von Tubeuf, der Unterfranke, heftet es ihm an die Brust. Offiziell wird Tubeuf schon am 27. Juli als Kommandeur abgelöst, hält sich aber noch in der Stellung auf und wird am 6. August wegen eines Magenleidens in ein Reserve Lazarett eingeliefert. Da Tubeuf, wie schon erwähnt, den Gefreiten Adolf Hitler aus unerfindlichen, vielleicht aber auch recht naheliegenden Gründen persönlich besonders gut leiden kann und sich gern mit ihm unterhält, läßt er es sich nicht nehmen, ihn kurz vor seinem Abschied vom Regiment noch persönlich auszuzeichnen.

1918: War es ein „Gefälligkeits-Orden"?

Zu verdanken jedoch hat Hitler diese hohe Auszeichnung einem anderen Franken, dem Leutnant der Reserve Hugo Gutmann aus der Vorderen Sterngasse 3 in Nürnberg – einem Juden. Er hat Hitler zum EK I vorgeschlagen. Gutmann trägt diesen Orden schon seit dem 4. September 1915. Jetzt dient er als Regiments-Adjutant beim 16. Infanterie Regiment.

Die Auszeichnung Hitlers gilt nur bedingt einer einzelnen Tat, es ist eher die Belohnung für seinen mehrfach anerkannten, tapferen Einsatz als Meldegänger seit 1914, aktueller Anlaß ist jedoch ein Gefecht im Mai 1918.

Gutmann schildert später einem Bekannten in Nürnberg den Verlauf dieser Kampfhandlung und Hitlers Rolle so:

Im Abschnitt des List-Regiments fällt ein Waldstück in die Hände der Franzosen. Die Division befiehlt den Gegenangriff für 23 Uhr, der Wald muß zurückerobert werden, vorbereitet durch starkes Artilleriefeuer. Eine Viertelstunde vorher kommt die Nachricht, die Franzosen seien abgezogen, deutsche Truppen nachgerückt und in dem Waldstück bereits wieder in Stellung gegangen. Die feuerbereite Artillerie muß sofort verständigt werden, sonst schießt sie die eigenen Soldaten zusammen. Aber alle Telefonverbindungen sind zerstört. Meldegänger werden gesucht, Hitler und sein Kamerad Jakob Weiß melden sich.

Gutmann verspricht den beiden: „Wenn Ihr es schafft, rechtzeitig die Artillerie zu verständigen und damit den Beschuß verhindert, bekommt ihr das EK I." Hitler und Weiß kommen durch, die Katastrophe wird verhindert.

Das Gesuch Gutmanns wird vom damaligen stellvertretenden Regiments-Kommandeur, Michael Freiherr von Godin, befürwortet. Er schreibt am 31. Juli 1918 an das Kommando der 12. Reserve Infanterie Brigade:

„Hitler ist seit Ausmarsch beim Regiment und hat sich in allen mitgemachten Gefechten glänzend bewährt. Als Meldegänger leistete er ... Vorbildliches an Kaltblütigkeit und Schneid und war stets freiwillig bereit, Meldungen in schwierigsten Lagen unter größter Lebensgefahr durchzubringen ... Ich halte Hitler für vollends würdig zur Auszeichnung mit dem EK I."

Erst nach mehr als zwei Monaten wird die Verleihung genehmigt. Im Divisionsstab hat es Widerstand gegeben, der nächtliche Einsatz von Hitler und Weiß wird als „alltäglich" bezeichnet; jeder andere Soldat hätte die Meldung auch überbringen können, so eine Tat verdiene diese Auszeichnung nicht. Eine „Gefälligkeit" wird unterstellt, da der Leutnant Gutmann dem Hitler und seinem Kameraden Weiß die Auszeichnung nur in einer momentanen Verlegenheitssituation, die zu bereinigen gar nicht so gefahrvoll gewesen sei, versprochen habe. Aber Gutmann besteht darauf; er will sein Versprechen halten, und schließlich bekommen Hitler und Weiß am 4. August 1918 das EK I doch überreicht.

Eine „Ente" ist die in der Nazizeit gern verbreitete und in Schulbüchern abgedruckte Legende, der „Führer" habe ganz allein 15 Franzosen gefangengenommen und dafür das Eiserne Kreuz I. Klasse bekommen. Dieses Heldenstück hat sich offensichtlich ein parteiamtlicher Wichtigtuer ausgedacht, der seinen „Führer" zum Überhelden stilisieren will. Dazu hat er wohl in einschlägigen Kriegstagebüchern nach passenden Husarenstreichen gesucht, alles in einen Topf geworfen und so die Legende geboren. Tatsächlich hat es einige verwegene Bravourstücke im Sommer und Herbst 1918 im Abschnitt der 16er gegeben.

Am 22. Juli durchkämmt die 10. Kompanie bei anbrechender Dunkelheit das nördliche Marne-Ufer und bringt 15 Gefangene ein. Hitler ist nicht dabei, aber die Zahl der Gefangenen stimmt mit der Hitler-Legende überein.

Am 12. Oktober gelingt es einem Zugführer, einem Unteroffizier und einem Gefreiten von der 1. Kompanie des II. Bataillons der 16er, in einem überraschenden Coup, hinter dem Fluß Lys, 18 Engländer gefangen zu nehmen. Hitler ist nicht dabei.

Stattdessen hat er zwei amerikanische Soldaten hinter die Front gebracht und bei der Brigade abgeliefert, wie Oberleutnant Wiedemann am 17. Juli 1918 auf einem Notizzettel vermerkt. Hitler hat die Amis nicht selbst gefangen genommen.

Im August 1918 erreicht die Abwehrschlacht ihren blutigen Höhepunkt. Englische Truppen drücken mit großer Übermacht gegen die deutschen Stellungen, sie kommen mit ihren neuen Tanks. Von den Strapazen der gescheiterten Frühjahrsoffensive ausgelaugt, zeigen die deutschen Einheiten da und dort Auflösungserscheinungen, auch bei den 16ern. Die demoralisierten Männer des III. Bataillons weigern sich, vorzugehen. Das Bataillon ist bis auf fünf einsatzfähige Offiziere, zehn Unteroffiziere und 82 Mann dezimiert, die 10. Kompanie besteht gerade noch aus einem Offizier und sieben Mann, die 11. aus einem Offizier und acht Mann, die MG-Kompanie hat keine 3000 Schuß mehr. Der Bataillonskommandeur meldet: „Kann es nicht verantworten, kampfunfähige Leute vollständig nutzlos zu opfern. Die Truppe hat nicht den geringsten Kampfwert."

Am 23. August um 5 Uhr morgens beginnt ein verheerendes Trommelfeuer, das stundenlang auf die deutschen Linien niedergeht. Die Nachrichtenverbindungen werden zerschossen. Die Meldegänger sind ununterbrochen im Einsatz, englische Truppen dringen in die Stellungen ein.

1918: Verschwiegener Urlaub in Nürnberg

Just an diesem Tag, dem 23. August 1918, mitten in der erbarmungslosen Schlacht, bei der um jeden Meter Boden verzweifelt gerungen und jeder Soldat gebraucht wird, fährt der Gefreite Hitler, wie seine Militärpapiere ausweisen, seelenruhig in einen sogenannten „Diensturlaub" nach Nürnberg – obgleich sein fälliger Heimaturlaub kurz bevorsteht und bereits bewilligt ist: vom 10. bis 27. September darf er nach Berlin reisen, zum zweiten Mal nach seinem Heimaturlaub vom Frühjahr 1917.

Wie ist das möglich? Aus welchem Grund? Zu einer Fernsprech-Ausbildung bis 30. August, die eine Version; um Papiere für ein aufgeriebenes Nürnberger Regiment abzuliefern, das angeblich mit den 16er zusammengelegt werden soll, die andere.

Beide Versionen klingen von Anfang an unglaubwürdig. Hitler wird zu keiner Zeit als Telefonist, in einer ähnlichen Funktion oder gar bei einer Fernmelde-Einheit eingesetzt. Darüber gibt es keinerlei Eintragungen in seinen Militärpapieren, er selbst hat niemals ähnliche Angaben gemacht, und seinen Kriegskameraden ist davon auch nichts bekannt geworden.

„Papiere für ein Nürnberger Regiment überbringen, das mit den 16ern zusammengelegt werden soll" – auch dafür findet sich nirgendwo ein offizieller Hinweis oder ein militärisches Dokument. Welches Nürnberger Regiment? Das 14te, weil Oberst von Baligand, seit August 1918 neuer Kommandeur der 16er, 1914 bei den Nürnbergern als Bataillonskommandeur gedient hat? Wohl kaum. Oder die 21er aus Fürth, die im Sommer 1916 bei Fromelles zufällig neben Hitlers Regiment gelegen haben? Unwahrscheinlich. Und das 8. Artillerie-Regiment aus Schweinau kommt für solche Spekulationen schon gar nicht in Frage.

Da liegt eine ganz andere Vermutung näher: Hitler führt wohl einen mehr privaten als dienstlichen „Befehl" aus, der womöglich nicht so ganz den Dienstvorschriften entspricht. Aber: Wer hat ihm diesen Auftrag oder Kurierdienst erteilt und damit Hitler einen „Ausflug" nach Nürnberg verschafft? Hitler kennt Nürnberg zu dieser Zeit überhaupt nicht, es gibt keine Kontakte. Eher hat hier jemand im Hintergrund die Fäden gezogen – ein Nürnberger womöglich. Oberst von Baligand? Regiments-Adjutant Gutmann?

Fragen, die niemals geklärt werden. Was ist das überhaupt: Ein Diensturlaub? Dahinter kann sich viel verbergen. Daß Ordonnanzen für Offiziere persönliche Aufträge oder Kurierdienste erledigen, die man getrost als „Diensturlaub" durchgehen lassen kann, das ist durchaus üblich. Als Meldegänger zählt Hitler zu den Ordonnanzen, zudem gilt er als ergeben und willig. Das heißt: Man kann ihm vertrauen.

Hitler hat später niemals über diesen Nürnberger „Diensturlaub" gesprochen. Dabei ist die Gelegenheit dazu nie günstiger gewesen, als bei den Reichsparteitagen in Nürnberg. Dort, wo er lauthals über alles mögliche schwadroniert, verliert er nie ein Wort über seine frühe Begegnung mit dieser Stadt, die er später zu einer seiner Lieblingsstädte und nicht ohne Grund zum Schauplatz seiner Reichsparteitage erhebt.

Seinem Wesen entsprechend, hätte er seinen jubelnden braunen Heerscharen voller Stolz zurufen müssen: „Schon als junger Soldat war ich in dieser alten deutschen Reichsstadt." Er sagt es nicht. Er verschweigt diesen Aufenthalt in Nürnberg bis zu seinem Tod. Auch in „Mein Kampf" findet sich kein Hinweis, in seinen Eintragungen klafft von den ersten Augusttagen bis zum Herbst 1918 eine bemerkenswerte Lücke.

Keine einzige Notiz darüber, was er in diesen Tagen getan hat. Viel später jedoch, am 29. Dezember 1944, erzählt er in seinem Hauptquartier „Adlerhorst": „Wir sind für die zweite Offensive im Jahr 1918 am 25. abends abmarschiert. Am 26. übernachteten wir in einem Wald und am 27. morgens traten wir an. Um 5 Uhr sind wir abmarschiert."

Meint er den August 1918, dann hat Hitler offensichtlich gelogen. An diesen Tagen war er in Nürnberg. Sind die Eintragungen über den „Diensturlaub" in seinen Militärpapieren falsch? Das ist so gut wie ausgeschlossen. Hätte Hitler am 23. August die Reise nicht angetreten, wäre dieser Vermerk mit Sicherheit später getilgt worden. Er wird jedoch nie korrigiert.

Seltsamerweise kann er sich an seinen Septemberurlaub in Berlin gut erinnern, den er kurz nach Nürnberg antritt. Noch 23 Jahre später, bei einem Gespräch mit dem Reichsführer SS, Heinrich Himmler, in der Nacht zum 22. Oktober 1941 in seinem Hauptquartier, schwärmt er von Berlin: „Berlin habe ich immer gern gehabt ... Während des Krieges hatte ich zweimal zehn Tage Urlaub. Ihn in München verleben? Das Treiben der Schwarzen hätte mir die Freude an der Stadt genommen. Beide Male ging ich nach Berlin."

Mit den „Schwarzen" meint er wohl die Klerikalen.

Daß er kurz vorher in Nürnberg war, unterschlägt er auch hier. Dieses Schweigen muß einen gewichtigen Grund haben. Hitlers unergründlicher Charakter läßt selten die ganze Wahrheit zu. Er sagt nur, was ihm nutzt. Hier aber ist offenbar etwas geschehen, das ihm geschadet hätte, wäre es aufgedeckt worden.

Hitler verschweigt auch die Tatsache, daß er dem jüdischen Leutnant Hugo Gutmann aus Nürnberg das Eiserne Kreuz I. Klasse zu verdanken hat. Da kommt nie ein Wort des Dankes über seine Lippen. Im Gegenteil: Er beschimpft seinen Leutnant aus Nürnberg in unflätiger Weise. In „Mein Kampf" schreibt er:

„Wir hatten einen Juden im Regiment, Gutmann, einen Feigling sondergleichen. Er hat das EK I getragen. Es war empörend und eine Schande. Ich habe das EK I erst angelegt, als ich zu Hause sah, wie die Roten die Truppe behandelt haben, aus Trotz."

Das ist doppelt gelogen. Hugo Gutmann, am 19. November 1880 in Nürnberg geboren, im Zivilberuf Mitinhaber einer Büromaschinenfirma in der Sterngasse 3, III. Stock, 1902/03 sogenannter Einjährig-Freiwilliger beim 8. Artillerie Regiment und seit 5. August 1914 an der Westfront, ist alles andere als ein Feigling.

Er gilt als vorbildlicher, mutiger Offizier, der sich sein EK I in der Schlacht bei La Bassée und Arras im September/Oktober 1915 redlich verdient hat. Gutmann wird von seinen Vorgesetzten glänzend beurteilt. So am 25. Oktober 1916 von seinem Bataillons-Kommandeur, Major Wilhelm von Lüneschloß:

„Leutnant Gutmann hat sich in den Gefechtslagen an der Somme vom 2. bis 13. Oktober 1916 in einer das gewöhnliche Maß weit überragenden Weise ausgezeichnet ... in vollkommener Weise während der schweren feindlichen Beschießung und selbst während des Trommelfeuers alle Verbindungen mit der vorderen Linie, den Nachbarabschnitten und den rückwärtigen Stellungen aufrecht

1918

erhalten ... hat Leutnant Gutmann freiwillig, bei jeder Gelegenheit ... ohne Rücksicht auf die Sicherheit seiner Person in der tatkräftigsten Weise eingegriffen und stets Beweise außergewöhnlicher Umsicht und größten Mutes gegeben."
Und am 1. Mai 1917: „Ein ganz ausgezeichneter Charakter. Seine Leistungen, namentlich auch in gefahrvoller und anstrengender Zeit, gehen weit über das normale Maß hinaus."
Am 9. Februar 1918 urteilt Generalmajor Georg Meier, Kommandeur der 6. Bayerischen Reserve Division, über Gutmann:
„... ist ein ganz hervorragender, tüchtiger Offizier, der mit hohem persönlichen Mut eine seltene Gewissenhaftigkeit verbindet. In den vielen schwierigen Lagen ... war er eine rastlose Stütze für den Kommandeur. Seine Sorge für Offiziere und Mannschaften ... muß besonders rühmend erwähnt werden. Seine Auffassung taktischer Lagen ist schnell und sicher ... Um die Pflege der Kameradschaft hat er sich große Verdienste erworben."
Was also hat Hitler bewogen, diesen tapferen Offizier aus Nürnberg zu beleidigen, gemeine Lügen über ihn zu verbreiten, ihn zu kränken und zu demütigen? Nur weil er Jude ist? Das allein kann es nicht gewesen sein. Im 16. Infanterie Regiment gibt es zahlreiche jüdische Offiziere, über die Hitler später nie ein Wort verliert: Hauptmann Ludwig Butterfaß, Leutnant Rosenthal, Leutnant Otto Rosenkranz, Leutnant Isidor Flieger, Assistenzarzt Dr. Georg Cohn, Feldwebel-Leutnant Isidor Neher.
Von den mehr als 100.000 deutschen Juden, die als feldgraue Soldaten am ersten Weltkrieg teilnehmen, kommen 1543 aus Nürnberg, 12.000 deutsche Juden sind gefallen, 178 aus Nürnberg. Allein 38 Nürnberger Juden erhalten das Eiserne Kreuz I. Klasse, 553 das EK II.
Warum dieser Haß Hitlers auf Gutmann und nur auf ihn? Will Hitler seinen Leutnant vorsorglich schlecht machen und als „unglaubwürdigen Juden" hinstellen, weil er befürchten muß, Gutmann könnte erzählen, wie der „Führer" zu seinem EK I in Wirklichkeit gekommen ist? Dann freilich würde Hitlers Heldentat erheblich schrumpfen; es war nämlich keine. Die Vermutung liegt nahe, denn Hitler spricht selbst nie über die Hintergründe seiner EK I-Verleihung, er schweigt oder er beläßt es bei dem Märchen mit den 15 Gefangenen. Das klingt gut. Auf einen Nenner gebracht: Hitler war ein tapferer Soldat im Ersten Weltkrieg, aber für ein Eisernes Kreuz I. Klasse hätte es wohl ohne die freundliche Mithilfe des jüdischen Leutnants aus Nürnberg nicht ganz gereicht.
Hat Hitler – wie er behauptet – das EK I tatsächlich an der Front

nicht mehr getragen, sondern erst nach seiner Rückkehr in der Heimat, dann könnte es dafür einen naheliegenden Grund geben: Der dekorierte kleine Gefreite war verlegen, weil seine Kameraden die Wahrheit wußten über das Zustandekommen dieser Auszeichnung; vor ihnen wollte er das EK I nicht öffentlich anstecken. Dafür war die Tat wohl nicht „heldenhaft" genug, vielleicht sogar nach seiner eigenen Einschätzung. Es könnte ihm peinlich gewesen sein, den Orden nur wegen des voreiligen Versprechens eines jüdischen Offiziers bekommen zu haben. Das Eiserne Kreuz deshalb nicht gezeigt zu haben, weil der angeblich „feige Offizier Gutmann" auch ein EK I hatte, diese Begründung ist recht fadenscheinig.

Gutmann kann im Mai 1940, buchstäblich im letzten Augenblick, in die USA emigrieren. Später wird er sagen: „... daß ich meine ‚Geschichte' (mit Hitler) hier (in den USA) sehr gut verwenden hätte können und daß ich damit eine Menge Geld verdienen hätte können. Aber ich wollte meine Ruhe haben und von all diesen Scheußlichkeiten nichts mehr hören. Deshalb habe ich auch sofort unsere Namen gesetzmäßig geändert." Bezieht sich dies nur auf den Leidensweg Gutmanns nach Hitlers „Machtergreifung", oder war da vorher, 1918, schon etwas?

Gutmann nennt sich fortan Henry Grant, obgleich der Name Gutmann (allerdings mit einem „n") in den USA durchaus üblich ist.

Diese Bemerkung und Hitlers Schweigen über seine Nürnberg-Reise im August 1918 machen nachdenklich. Warum wollen beide nicht darüber sprechen? Die Verschleierung führt zu dem Verdacht, daß hier tatsächlich etwas nicht mit rechten („offiziellen") Dingen zugegangen ist.

Die Mutmaßung sei erlaubt, daß Leutnant Gutmann tatsächlich dem Gefreiten Hitler die Gelegenheit zu diesem „Diensturlaub" verschafft hat. Warum? Daß Hitler eine Freundin besuchen will, wie schon mal behauptet wird, ist bei seiner Einstellung zu Frauen schwer vorstellbar. Hat die Ordonnanz Hitler, als devot bekannt, für den Vorgesetzten, den Leutnant Gutmann, eine persönliche „Besorgung" erledigt? Gutmann ist am 15. August 1918 aus einem Heimaturlaub zurückgekehrt. Gibt es hier einen Zusammenhang? Ist es wieder eine Gefälligkeit des als hilfsbereit bekannten Leutnants dem kleinen Gefreiten gegenüber, der aus irgendeinem (unbekannten) Grund nach Nürnberg oder Franken reisen will? Nach Bayreuth womöglich? Eine Anerkennung für die Auszeichnung?

Es darf nicht verwundern, wenn dieses ungelöste Rätsel zu ungewöhnlichen Kombinationen verführt. Eine, zugegebenermaßen, absonderlich anmutende Spekulation ist folgende:

Unterstellen wir, daß der „Kunstmaler" Hitler während seiner Münchner Zeit 1913/14 unerlaubt, das heißt, ohne amtliche Genehmigung, in öffentlichen Lokalen Bilder verkauft und dafür eine Geldstrafe bekommen hat. Die vergißt er zu bezahlen, und das macht ihm Gewissensbisse.

Grund zu diesem angenommenen Verdacht könnte eine Meldung in der „Nürnberger Zeitung" vom August 1918 sein, die einen Gnadenerlaß des Königlich Bayerischen Staatsministeriums für Justiz verbreitet. Demnach werden rückständige Geldstrafen erlassen, falls der Schuldner sich bis zum 30. August persönlich einfindet und den Betrag begleicht. Andernfalls drohen 14 Tage Haft, und der Delinquent gilt als vorbestraft.

Mutmaßen wir weiter, Gutmann weiß durch Hitler von dieser Geldstrafe, hat während seines Urlaubs die Meldung in der Zeitung gelesen und will seinem Gefreiten helfen.

Zurückgekehrt zum Regiment, sorgt Gutmann dafür, daß Hitler noch vor Ablauf der Gnadenfrist in Bayern seine Geldstrafe bezahlen kann. Somit gilt er nicht als vorbestraft, und das ist für den obrigkeitshörigen und in solchen Dingen ängstlichen Hitler sehr wichtig. Schließlich will er sich nach dem Krieg in Bayern niederlassen. Der Nürnberger Gutmann würde als Ziel des „Diensturlaubs" schon deshalb seine Heimatstadt wählen, weil er hier die notwendigen Verbindungen zu den Behörden hat.

Um es zu wiederholen: Dies ist eine reine Spekulation, nichts weiter als ein Gedankenspiel, durch keine Dokumente belegt und ohne jeglichen Anspruch auf historische Bewertung. Aber: So könnte es auch gewesen sein. Auffallend jedenfalls, daß Hitlers „Diensturlaub" ausgerechnet am 30. August endet – dem Tag, als die Frist für den Gnadenerlaß abläuft.

Was auch immer für die Nürnberger Reise des späteren „Führers" der Grund ist, es bleibt ein ungeklärter Punkt in Hitlers Biographie. Es kursiert selbst die Mutmaßung, Hitler habe bei Familie Gutmann gewohnt. Niemand kann dies beweisen, niemand bestreiten. Zeitzeugen leben nicht mehr.

Hitler trifft im August 1918 in Nürnberg auf Menschen, die den Krieg satt und Hunger haben. Geschwächt durch Unterernährung, sterben 1918 in Nürnberg 714 Menschen an Lungentuberkulose und 668 an Grippe.

Schon am 28. und 29. Januar 1918 ist es, wie überall im Reich, zu einem politischen Demonstrationsstreik der Munitionsarbeiter gekommen; der Streik in Nürnberg ist einer der größten. Organisiert von der Nürnberger USPD-Ortsgruppe (Unabhängige, von der

SPD abgefallene und mehr links orientierte Sozialdemokraten), treten mehr als 42.000 Rüstungsarbeiter und -arbeiterinnen in 120 Betrieben in den Ausstand, vorneweg bei den Rüstungsfabriken Bing, MAN, Siemens und bei den Süddeutschen Kabelwerken. Auf mehreren Massenversammlungen, etwa auf dem Egidienberg, dem Theresienplatz und im Herkulesvelodrom, fordern 20.000 Menschen ein Ende des Kriegs und Verfassungsreformen. Außer einem Handgemenge im Herkulesvelodrom, bleibt es weitgehend ruhig. Die 99 Nürnberger Polizisten sind ohnehin hilflos, und das Militär bleibt in den Kasernen. Auch in Fürth und Schweinfurt gibt es Streiks.

Die städtische Lebensmittelversorgung in Nürnberg erlaubt pro Tag 1/4 Liter Magermilch, um 7 Uhr morgens kann billige Freibank-Knochen ergattern, wer rechtzeitig zugreift. Die Tage vom 19. bis 26. August werden zur „fleischlosen Woche" erklärt, in Erlangen als Ersatz 1/2 Kilo Zucker und 1/2 Kilo Weizengrieß verteilt. Vom 25. bis 31. August gibt's in Nürnberg zwei Pfund Brot, 200 Gramm Mehl, sechs Pfund Kartoffeln, ein Ei und 1/8 Pfund Butter. Fronturlauber bekommen eine Brotzulage. Fische bleiben Fehlanzeige, Tabak wird – zu mehr als 50 Prozent – mit Ersatzstoffen gestreckt, die Honigernte im Reichswald ist ein glatter Ausfall. Das Rote Kreuz sammelt Obstkerne; 3.500 Zentner Kirschen, für Nürnberg bestimmt, verschwinden auf dem Schwarzen Markt. Überall machen Schleichhändler das große Geschäft. Das stellvertretende Generalkommando des 3. Armeekorps beschlagnahmt die letzten Hartgummireifen der verbliebenen Kraftfahrzeuge.

Die Preissteigerungen gegenüber 1914 betragen 1775 Prozent bei Seife, 1233 Prozent bei Frauenkleiderstoffen, 1066 Prozent bei Wäschestoffen, 400 Prozent bei Herrenanzügen und 150 Prozent bei Fleisch und Wurst – falls es überhaupt so etwas gibt.

In den Tageszeitungen häufen sich die Todesanzeigen verstorbener Kleinkinder. Opfer der Unterernährung. Daneben verteilt die Freiherrlich Tuchersche Brauerei AG für das abgelaufene Geschäftsjahr stolze 10 Prozent Dividende.

In der Synagoge begeht die jüdische Gemeinde Nürnbergs Gottesdienste zum Namensfest Seiner Majestät des Königs von Bayern. Am 12. und 13. Oktober geben die bayerischen Sozialdemokraten sich noch recht zahm auf ihrem 14. Parteitag in München. Nur die Vertreter des radikalen Nürnberger Oppositionsflügels unter Ernst Schneppenhorst werden aufmüpfig. Sie fordern, daß die Monarchie schnellstens beseitigt und der Kronprinz vor ein Kriegsgericht gestellt werden müsse.

Einen knappen Monat später, im November 1918, als der Krieg zu Ende ist, Kaiser Wilhelm II. abdankt, nach Holland flüchtet und die Republik ausgerufen wird, kommt die Revolution auf sehr leisen Sohlen nach Nürnberg und Franken.

In den Nürnberger Kasernen Großreuth, Fürther- und Ludwigstraße werden die Soldaten auf die neue, provisorische Regierung der „demokratischen und sozialistischen Republik Bayern" vereidigt; nur wenige Offiziere entziehen sich diesem Ergebenheitsakt vor einer unbekannten Regierung. Kokarden und Rangabzeichen werden von den Uniformen entfernt und durch eine rote Rosette ersetzt. Der kommandierende General von Könitz übergibt feierlich und, dem Ernst der Stunde angemessen, mit versteinertem Gesicht seinen Degen und damit die Befehlsgewalt. Dann verschwindet er ohne Abschied.

Die Soldaten des 1. Chevauxleger Regiments, nürnbergerisch „Schwolli" genannt, wählen einen Soldatenrat, der Kommandeur hat nichts dagegen. Das 8. Feldartillerie Regiment unter seinem neuen Kommandeur, dem Rechtsanwalt und Reserveleutnant Dr. Ewinger, stellt sich dem provisorischen, roten Arbeiter- und Soldatenrat ohne Widerstand zur Verfügung.

Mit der Eisenbahn treffen aus München rebellierende Soldaten ein, um die „Revolution" in Nürnberg zu organisieren. Doch da ist nicht viel zu organisieren. Es gibt kein Blutvergießen, keine große Schießerei. Die „Aufständischen", deren Aufstand sich in Grenzen hält, haben die Lage ganz locker in die Hand genommen.

Nur einmal kommt es zu einer Massendemonstration. Etwa 100.000 Menschen strömen in den Morgenstunden des 9. November zum Luitpoldhain. „Dort solle das Volk sein einmütiges Bekenntnis zur Republik ablegen", schreibt die sozialdemokratische „Fränkische Tagespost". Und weiter, etwas ideologisch-geschraubt: „Ernst und gelassen die Stimmung, nirgends eine Spur von Aufregung und Ausgelassenheit. Die junge Republik will ohne Gewalt das Volk dahin führen, wo seiner uralten Sehnsucht nach freiem und menschlichem Leben unter Brüdern Erfüllung werden soll." Ziemlich übergangslos folgt die Mahnung, Pflicht und Ordnung nicht zu vernachlässigen: „Daß von Montag an die Arbeit wieder aufzunehmen ist, stößt auf volles Verständnis der Arbeiterschaft." Revolution auf altfränkische Art: Immer korrekt.

Allgemein schlägt die Kurve des „Demonstrationsfiebers" keine Kapriolen. Der Übergang vom kaiserlich-königlichen Obrigkeitsstaat zum neuen, noch ziemlich ungeordneten „freien Volksstaat" vollzieht sich in Nürnberg überall recht reibungs- und geräuschlos.

Zwar werden Post, Telegraphenamt, Polizeidienststellen und der Hauptbahnhof von „aufständischen" Soldaten besetzt, politische Gefangene und Arrestanten frei gelassen. Doch diese Leute, die den Aufstand eher proben als daß sie ihn radikal und mit Waffengewalt durchsetzen, sind keine Meuterer – ein jeder bemüht, das Gesetz nicht zu verletzen. Selbst der Straßenbahnverkehr wird nicht behindert.

Die meisten Menschen jubeln, weil der Krieg endlich vorbei ist und das Sterben aufhört – weniger, um neuen Herren und einem neuen Regime zu huldigen. Darunter können die wenigsten sich etwas vorstellen.

Eine Abordnung der Arbeiter- und Soldatenräte zieht friedlich zum Rathaus, will dort aber nicht stören und läßt sich vom Hausmeister die Fahne der abgedankten Regierung aushändigen. Mehr „rebelliert" wird nicht.

Ebenso artig benimmt sich der Magistrat. Höflich ersucht er darum, ein Mitglied der Arbeiter- und Soldatenräte möge doch, bitte sehr, im Rathaus vorbeikommen, um eine Erklärung der Rechtsräte und des 2. Bürgermeisters abholen zu wollen. Darin heißt es, sehr zuvorkommend, man sei zwar bereit, die Amtsgeschäfte weiterzuführen, werde aber auch zurücktreten, falls gewünscht.

Eine „Revolution" ist das wohl nicht in Nürnberg. Eher ein bürokratisch abgewickelter Umbruch, genau nach „Fahrplan". Schließlich muß, nachdem es die Könige und Kaiser nicht mehr gibt, irgendjemand die Geschäfte in die Hand nehmen – aber möglichst ohne Gewalt und Blutvergießen.

Deshalb warnt die SPD den kommunistisch bestimmten Spartakusbund eindringlich vor blinder Gewalt und einer falsch verstandenen „Diktatur des Proletariats", die nicht zur Dauereinrichtung werden dürfe. Am 25. November nennt die „Fränkische Tagespost" die Politik des Spartakusbundes einen Versuch, den Bolschewismus nach Deutschland zu tragen und eine Diktatur durch eine andere zu ersetzen. Der Bolschewismus wolle keine Demokratie. „Er sucht mit Gewalt jeden Ausdruck des Volkswillens zu vernichten."

Das Leben in der Stadt verläuft weitgehend normal, soweit man in diesen Tagen von „normal" sprechen kann. Die Versorgungslage ist und bleibt katastrophal, die Menschen hungern, besonders Kartoffeln fehlen.

„Wir leben von der Hand in den Mund", gesteht der Magistrat, verspricht aber, die Lebensmittelversorgung zu sichern. Wie das funktionieren soll, sagt er nicht. Stattdessen appelliert er an die

Bevölkerung, Ruhe, Ordnung und Besonnenheit zu bewahren, zusammenzustehen und die Pflicht nicht zu vergessen. Was soll der Magistrat sonst sagen? In solchen Fällen „appelliert" man eben.

Wie Galgenhumor muten solche Anzeigen in den Tageszeitungen an: „Große humoristische Oberlandler-Kapelle" im Konzerthaus des „Nürnberger Platzl" am Hübnersplatz, das „berühmte Fr. Ludwig-Salon-Orchester" im Kaffee „Kasino" an der Fürther Straße, die Operetten-Posse „Hurra, der Pascha kommt" im Großen Saal der Rosenau, das heitere November-Programm im Kleinkunsttheater des Hotels „Wittelsbach" an der Pfannenschmiedsgasse. Humor ist eben, wenn man bei der Beerdigung auch noch lacht.

Eine Seite weiter stehen – trauriger Kontrast – die Todesanzeigen der letzten Gefallenen des großen Kriegs, sinnlos gestorben fünf nach zwölf. Ein Friseur, ein Schlosser, ein Metzger, ein Kohlenhändler, ein Kaufmann und ein Schriftsetzer aus Nürnberg lassen im allerletzten Augenblick ihr Leben für ein Vaterland, das es gar nicht mehr gibt.

1918: Lebensretter aus Franken

Kurz vor Kriegsschluß, am 14. Oktober 1918, wird Adolf Hitler Opfer eines englischen Gasangriffs. Mit ihm trifft es seine Kameraden vom Regimentsstab Johann Raab, Heinrich Lugauer und den Rothenburger Hermann Heer. Sie verlieren vorübergehend ihr Augenlicht. Lugauer sagt später: „... nur unserem Kameraden Hermann Heer aus Rothenburg haben wir es zu verdanken, daß wir noch leben." Heer führt die Gruppe umherirrender Meldegänger sicher aus dem Feuer.

Obgleich auch der Rothenburger sich nur schwer den Weg „nach hinten" ertasten kann, schärft er seinen Kameraden ein, sich festzuhalten am Uniformrock des Vordermanns. So folgen sie ihm in die sichere Etappe – auch Hitler. Bedankt hat er sich nie bei Heer. Der betreibt später einen Tabakhandel in Rothenburg ob der Tauber. Er hält nie große Stücke von seinem Frontkameraden Hitler und vermeidet tunlichst jedes Gespräch über den späteren „Führer".

Hitler kommt ins Reserve-Lazarett Pasewalk bei Stettin, wo er seine Sehfähigkeit wieder erlangt und „beschließt, Politiker zu werden". So behauptet er jedenfalls später in „Mein Kampf". In Wirklichkeit läßt er sich mit der Politik noch reichlich Zeit. Zwar ist er verbittert und enttäuscht über die für ihn unbegreifliche Niederlage, aber von einem politischen Ehrgeiz ist nichts zu erkennen. Die Revolution und die Revolutionäre habe er verachtet, wird er später weiter sagen, doch im November 1918 sind ihm Revolution und Revolutionäre ziemlich egal. Den Meuterern im Lazarett tritt er nicht entgegen, er rührt keinen Finger, er sieht dem Umsturz tatenlos zu. Der Krieg hat aus Hitler erstmal einen eher teilnahmslosen und zurückhaltenden Mann gemacht.

Am 18. November 1918 wird der Gefreite Adolf Hitler, neunundzwanzigeinhalb Jahre alt, aus dem Lazarett entlassen, nicht aber aus dem Militär. Diese Geborgenheit, seine einzige Zuflucht und Heimat, will er auf keinen Fall verlieren. Ohne Familie, ohne Beruf, ohne Zukunftsaussichten, setzt er alle Hebel in Bewegung, beim Militär bleiben zu dürfen.

Mit 15,30 Mark auf seinem Konto bei der Stadtsparkasse München kehrt Hitler am 21. November 1918, einem Donnerstag, nach München zurück. Er wird der 7. Kompanie des 1. Ersatzbataillons beim Infanterie Regiment 2 zugeteilt. Dort trifft er Kameraden vom Stab der 16er wieder, darunter seinen Meldegänger-Kameraden Ernst Schmidt.

Auch in den folgenden Wochen und Monaten schaut er untätig zu, wie die Revolution in München alles auf den Kopf stellt. In der Behelfskaserne Luisenschule, wo er gelangweilt herumlungert, unterwirft er sich widerspruchslos den „verachteten" roten Kasernenräten, macht manchmal sogar gemeinsame Sache mit ihnen.

Im Dezember 1918 wird Hitler mit 140 Mann nach Traunstein kommandiert, ein noch immer vorhandenes Kriegsgefangenenlager zu bewachen. Russen, Franzosen und Engländer warten dort auf ihren Heimtransport. Es heißt, die Russen, die zum Teil bei Bauern arbeiten, machen die Gegend unsicher. Aber die 140 Soldaten aus München sind der Bevölkerung auch keine große Hilfe. Die Traunsteiner nennen sie die „übelsten Elemente, die je nach Traunstein gekommen sind, zuchtlos und stinkfaul." Zum Dienst kommen sie, wenn sie Lust haben, oder auch gar nicht. Ein Haufen demoralisierter Soldaten, die den Herrgott einen guten Mann sein lassen und sich auf dem staatlich finanzierten Bärenfell suhlen.

Mittendrin Adolf Hitler, der mangels Beruf und Familie nichts anderes anzufangen weiß. Der „Politiker" aus Pasewalk hat die Politik noch nicht entdeckt.

*Streng und gefürchtet:
Hitlers Vater Alois*

*Gütig und vom Sohn
geliebt: Mutter Klara*

*Unerfüllter Jugendtraum
in Linz: Stephanie Richter*

*Verehrter Lebenslotse aus
Bayreuth: Richard Wagner*

Geduldiger Jugendfreund:
August „Gustl" Kubizek

Ärger in der Schule:
Adolf Hitler, zwölf Jahre alt

Judenmörder Hitler und sein jüdischer Gönner: Links (mit Helm) der Gefreite aus Braunau 1916 im Unterstand bei Riencourt in Frankreich, rechts Leutnant Hugo Gutmann aus Nürnberg

1915/1916

Granatsplitter im Oberschenkel: Hitler (Kreuz) zur Genesung im Lazarett Beelitz bei Berlin 1916

Gefreiter Adolf Hitler 1915 auf dem Weg zum Einsatz in Fournes

Frontsoldat Hitler (rechts), Kameraden und Zirkushund Foxl 1916

II
1919 – 1925
Hitler und Streicher: Rivalen und Kumpane

Frühjahr 1919. Die junge Republik, die eigentlich noch gar keine richtige ist, liegt in schmerzhaften Wehen. Daran ändern weder die ersten Nachkriegswahlen zur deutschen Nationalversammlung am 19. Januar etwas noch die Bildung eines reichsdeutschen Kabinetts am 3. Februar in Weimar. Zu viele Geburtshelfer oder solche, die sich dafür halten, stehen entweder zu weit links oder zu weit rechts. Dazwischen ein Vakuum. Erst rütteln Stürme von links am schwächelnden Kindbett der Republik, dann droht der Gegenwind von rechts, die Geburt gar nicht erst zuzulassen.

Wohin treibt das Land? Wie soll es weitergehen mit Bayern, wo die Uhren sowieso anders gehen, wohin mit dem Reich – oder was davon übrig geblieben ist? Evolution, Revolution, Bruderzwist, Bürgerkrieg, Chaos, Neubeginn? Eine Republik ohne willige Republikaner.

Die Menschen schauen ratlos zu, die meisten begreifen überhaupt nicht, was geschieht. Gewohnt an die ordnende Allmacht eines Herrschers, der die Sache schon richten wird, bleibt ihnen ein solcher Prozeß fremd. Erst mal abwarten.

Der Gefreite Adolf Hitler ist einer von ihnen. Angeblich wild entschlossen, Politiker zu werden, versteckt er sich dort, wo die Politik ihn nicht erreicht: In der Kaserne. Zurück von seinem ruhmlosen Bewachungs-Abenteuer in Traunstein, steckt man ihn zur 2. Demobilisierungskompanie. Wer hier landet, ist reif für die Entlassung.

Nicht ein Adolf Hitler. Er will nicht entlassen werden. Nichts schlimmer als das! Wohin soll er auch gehen? Zurück in die Heimat Österreich? Die hat er sich längst verscherzt, und außerdem betrachtet er Österreich nicht mehr als seine Heimat. Ins Elternhaus? Das gibt's nicht mehr. Ins Berufsleben? Beruf hat er keinen, gelernt auch nichts. Von seinen Plänen, Kunstmaler, Architekt oder Baumeister zu werden, ist nichts geblieben.

Hitlers ehemaliger Leutnant Hugo Gutmann aus Nürnberg, dem er das EK I verdankt und dem er später übel mitspielen wird, hat

all dies: Heimat, Familie, Beruf. Er kehrt am 8. Februar 1919 nach Nürnberg zurück.
Der Gefreite Adolf Hitler aber klammert sich ans Militär. Dort sucht er einen sicheren Unterschlupf. Aus dem nachweislich tapferen Weltkriegssoldaten wird ein opportunistischer Drückeberger aus Existenzangst. Rückfall in Vorkriegszeiten. Eine der vielen Schattierungen im Leben des Chamäleons Hitler. Bloß die Gunst des Heeres nicht verlieren, bloß nicht fortgeschickt werden! Dafür tut er alles.

1919: „Roter" Soldatenrat Hitler

Schlagen ihn die roten Soldatenräte im Februar zum „Vertrauensmann" beim Demobilisierungs-Bataillon des 2. Infanterie-Regiments vor, Hitler läßt sich wählen. Marschiert sein „rot verseuchtes" Regiment am 16. Februar 1919 zu einer vom „Revolutionären Arbeiterrat" organisierten Demonstration auf der Münchner Theresienwiese, Hitler marschiert mit. Als „rotverseucht" gelten die Münchner Regimenter bei der Heeresführung. Wird ihm befohlen, täglich von morgens um 8 bis nachmittags 5 Uhr in der Kaserne ausrangierte Gasmasken zu zählen, Hitler gehorcht und zählt für 3 Mark am Tag.

Am 26. Februar wird er zur berüchtigten Bahnhofswache im Münchner Hauptbahnhof befohlen. Hitler reiht sich willfährig ein in diesen wüsten Schlägerhaufen. Die 36 Mann einer wildgewordenen Soldateska beherrschen Hauptbahnhof und Umgebung mit brutaler Willkür. Sie schikanieren und verprügeln jeden, der ihnen irgendwie verdächtig vorkommt. Sie rauben ihre Gefangenen aus, Mißhandlungen gehören zum Tagesprogramm. Ob Hitler sich an diesen Ausschreitungen beteiligt, wird nie bekannt. Eher nicht, ihm geht es nur darum, dazu zu gehören.

Bei den Neuwahlen der roten Kasernenräte des Demobilisierungs-Bataillons wird er wieder als Kandidat nominiert. Er widerspricht nicht. Später wird er die Arbeiter- und Soldatenräte als „ein Werkzeug des Bolschewismus und der Juden" bezeichnen. Jetzt läßt er sich, am 15. April, zum Ersatz-Bataillonsrat küren. Damit begibt er sich – Voraussetzung, um Soldatenrat zu werden – „rückhaltlos auf den Boden der Räterepublik", die ein „provisorischer Rat der Volksbeauftragten" in Bayern ausgerufen hat.

Dies läßt nur einen Schluß zu: Adolf Hitler kämpft nicht gegen das kommunistische Räteregime, das sich einem sowjetähnlichen Modell verschrieben hat, er dient ihm. Zuvor noch hat er sich der „Mehrheitssozialdemokratischen" Regierung ohne Murren angepaßt – obgleich er auch diese angeblich verachtet.

Hitler und Streicher: Rivalen und Kumpane

Als das Bayerische Kabinett unter Ministerpräsident Hoffmann nach Bamberg flüchtet, Kommunisten und Anarchisten sich in München an die Macht putschen und am Marienplatz die ersten Schüsse fallen, verharrt der Gefreite Hitler unbeteiligt in der Kaserne, die inzwischen – zur Erinnerung an den ermordeten Kommunistenführer – „Karl Liebknecht-Kaserne" heißt. Hitler stört's nicht. Er läßt sich von einer Propaganda-Abteilung anheuern, um für künftige Aufklärungsarbeit „sozialistisch-demokratisch-republikanisch" geschult zu werden.

Nun hat der „nationale Patriot" die einmalige Chance, gegen seine „roten Todfeinde", die „elenden und verkommenen Verbrecher", wie er sie 1924 in seinem Buch „Mein Kampf" nennt, die Waffe zu erheben. Er tut es nicht, und später verschweigt er diese Zeit. Dazu müßte er sich ja von seinem „rot verseuchten" Regiment trennen und den Schoß des Militärs verlassen. Er verschließt die Augen und Ohren und wartet ab, wie der Kampf ausgeht.

Der erklärte Antibolschewist und Antisemit Hitler macht zu keiner Zeit den Versuch, München von dem „kommunistisch-jüdischen" Räteregime zu befreien. Gelegenheiten gibt's genug. In den Tageszeitungen aller bayerischen Städte wird jeden Tag um Freiwillige für den Kampf gegen Kommunisten und Anarchisten geworben, besonders in Franken, dem Sammelplatz vieler Freikorps und Bindeglied zwischen Bayern und dem Reich.

Zwar schwappt auch nach Franken die Welle revolutionärer Umtriebe, aber nirgendwo kommt es zu „Münchner Zuständen". In Nürnberg hat der Magistrat noch Zeit für andere Dinge und ein offenes Ohr für soziale Forderungen – selbst für die Putzfrauen von Sparkasse und Gaswerk. Sie verlangen mehr Lohn und bekommen ihn auch, egal, wie verdreht die Zeit sein mag. Am 17. Februar proben die Spartakisten den Aufstand. Sie sammeln sich auf der Deutschherrnwiese, besetzen das Generalkommando, die Räume der „Nürnberger Volkszeitung", des „Fränkischen Kuriers" und der „Fränkischen Tagespost", verbrennen Zeitungen und stellen auf den Straßen Maschinengewehre auf. Viel mehr passiert nicht, Straßenkämpfe bleiben zunächst aus.

Die gut organisierte SPD in Nürnberg, die schon im Dezember 1918 gegen die Politik des Spartakusbundes Stellung bezogen hat, mobilisiert die Arbeiter zum Gegenschlag. Schon am nächsten Tag befreit das 8. Artillerieregiment das Generalkommando, die Putschisten ziehen den Schwanz ein. Am 26. Februar 1919 wird aus dem Spartakusbund die Ortsgruppe Nürnberg der KPD.

In Nürnberg lehnen SPD und die Arbeiter- und Soldatenräte die Räterepublik vehement ab. Die SPD-Zeitung „Fränkische Tagespost" enthüllt die Lebensläufe der Münchner Anführer, die diktatorisch herrschen wollen: „Max Levien, Sohn einer reichen Kaufmannsfamilie aus Moskau; Ernst Toller, 24jähriger ‚General' der Roten Armee, vor dem Krieg noch zärtlicher Lyriker aus Posen; Gustav Klingerhofer, halbromantischer Lothringer, der die dritte Revolution will."

Selbst die neu gegründete Nürnberger KPD, die eine sofortige Verbindung zur russischen und ungarischen Räterepublik und ein „Revolutionsgericht" fordert, weiß nicht so recht, was sie ihren Anhängern raten soll. „Genossen, seid auf der Hut!" formuliert der Vorstand, „die kommunistische Revolution, die kommunistische Räterepublik kommen mit absoluter Sicherheit. Die KPD wird den richtigen Zeitpunkt zu erfahren wissen." Wann der kommt, ob er vielleicht schon da ist, darüber sind die Boten Moskaus sich offensichtlich selbst nicht einig.

Am 7. April marschieren 2.000 Siedlungsarbeiter von Ziegelstein zum Hauptmarkt und formieren sich dort zu einer Protestversammlung. Sie wollen die Räterepublik auch in Nürnberg und einen Generalstreik obendrein. Doch daraus wird nichts, niemand streikt. Stattdessen verhängt der Vollzugsausschuß des III. Armeekommandos den Kriegszustand über Nürnberg.

In Fürth drückt sich der Arbeiter- und Soldatenrat in einem Aufruf an „Arbeiter, Frauen und Soldaten" etwas gewunden aus: „In München ist die bayerische Räterepublik ausgerufen. Fürth hat sich mit einer Reihe anderer großer Städte auf den gegebenen Boden gestellt." Was ein „gegebener Boden" sein soll, wird zwar nicht erklärt, aber der nachfolgende Satz: „Damit ist die endgültige Befreiung des Proletariats Bayerns angebahnt", läßt darauf schließen, daß Fürth sich, im Gegensatz zur Nachbarstadt Nürnberg, zur Räterepublik bekannt hat. Es bleibt aber bei der Absichtserklärung. Folgen hat sie nicht.

Am Samstag, 26. April, kommt es in Nürnberg doch noch zu ernsthaften Unruhen. Wieder sind es die Arbeiter des Siedlungswerks Ziegelstein, die – diesmal unterstützt von der Belegschaft der Neumeyer'schen Fabrik – durch die Straßen ziehen. Etwa 4.000 Mann marschieren zum Egidienberg. In der Prechtelgasse dringen sie in die Büros der Deutschen Demokratischen Partei (DDP) ein, zerschneiden die Telefondrähte, stehlen Waffenscheine der Volkswehr aus den Schränken und nehmen vier Geiseln, die sie aber schon nach einer Viertelstunde wieder frei lassen. Soldaten und Polizisten sprengen die Versammlung auf dem Egidienberg.

Aus einem Haus am Theresienplatz fallen Schüsse, die Soldaten schießen zurück. Bis hinauf zum Paniersplatz zieht sich das Gefecht. Vor dem Schulhaus wird ein zehnjähriger Junge erschossen. Zehn Verletzte müssen abtransportiert werden, zwei sterben Stunden später.

Die Sozialdemokraten, fränkisch-national ausgerichtet, nennen die Nürnberger Putschisten gewissenlose Hetzer. Sie bleiben hart und vereiteln jeden Versuch, in Nürnberg den Sowjeträten zu folgen. Sie halten treu zu ihrer SPD/USPD-Regierung, die von Bamberg aus versucht, den Freistaat zu lenken. Ministerpräsident Hoffmann und sein aus der Nürnberger SPD gekommener Militärminister Ernst Schneppenhorst haben schon am 16. April zur Bildung von Freikorps aufgerufen: „In München rast der russische Terror, entfesselt von landfremden Elementen ... erhebt Euch wie ein Mann! Auf! Tretet an! Die Münchner Schmach muß verschwinden. Das ist bayerische Ehrenpflicht!"

Drei Tage später folgen die Parteien des bayerischen Landtags: „In der Landeshauptstadt München übt eine machthungrige, von land- und rassenfremden Führern irregeleitete und verhetzte Minderheit eine Gewaltherrschaft schlimmster Art aus. Durch die Schuld der Kommunisten ist das Blut unschuldiger Arbeiter und Bürger vergossen worden ... Die Regierung ruft Bayerns waffenfähige Männer auf zum sofortigen Kampf gegen die Gewalthaber im Süden. Alle Parteien des Landtags unterstützen das Vorgehen ... gegen die terroristische Räterepublik ... und fordern einmütig auf zu sofortigem Eintritt für die freiwillige bayerische Volkswehr! Das Vaterland ruft!"

Das Vaterland ruft aus Franken, den verdorbenen Süden zu retten, München zu befreien.

Täglich sind die Anzeigenseiten der Nürnberger Zeitungen gefüllt mit Werbeanzeigen von Freiwilligen-Verbänden der verschiedensten Art. Das „Bayerische Schützenkorps" bietet „mobile Besoldung", 5 Mark Tageszulage, freie Unterkunft, Verpflegung, Bekleidung und Versorgung wie in Kriegszeiten. Vorausgesetzt werden „Unterordnung und Gehorsam gegen die militärischen Führer, Anerkennung der Kriegsgesetze, soweit sie noch gelten."

Wer zum Freikorps Oberland will (Erkennungszeichen: Edelweiß am Kragen), soll sich im Hotel „Deutscher Kaiser" melden. Die Botschaft des Kommandeurs Major von Beckh malt ein grausiges Szenario: „Bürger, wenn ihr die Verhältnisse in München kennen würdet, Ihr würdet Frau und Kind verlassen und zu den Waffen eilen..."

Die Vaterlandsverteidiger aus Nürnberg, Bamberg, Erlangen, Bad Kissingen, Grafenwöhr und Würzburg firmieren unter vielen

Namen: „Bayerisches Jägerkorps", „Ehemalige des 2. Bayerischen Fußartillerie-Regiments", „Mobiles Freikorps Bamberg", „Eiserne Schar-Bayerisches Detachment Berthold", „Freiwilligen-Brigade Danner", die Freikorps Epp, Heiß, Meyer, Hübner, Brunner und Dittmar. Gegen München wollen sie alle marschieren, Infanteristen, Pioniere, Minen- und Flammenwerfer, sogar „feldfertige Flugzeugführer, Beobachter- und Fliegerschützen" mit ihren Maschinen, die es laut Versailler Vertrag gar nicht mehr geben darf. Die Lockrufe appellieren an tiefsitzende Beschützerinstinkte: „Die Ehre der deutschen Frau steht auf dem Spiel ... Es gilt, unsere Mütter, Schwestern und Bräute vor der Durchführung kommunistischer Wahnideen zu schützen."

Unter diesem nationalen Ansturm bleibt die Münchner Räteherrschaft ein Spuk, sie überlebt nicht einmal einen Monat. Aber die machtlose, nach Bamberg geflohene sozialdemokratische Regierung braucht dazu die Hilfe konservativer Militärs und nationaler Freikorps. Es sind die hauptsächlich in Franken, aber auch in Württemberg, Hessen und Thüringen zusammengetrommelten Freiwilligen-Verbände, die 5. Volkswehrkompanie aus Regensburg und preußische Truppen, die München von den Kommunisten „säubern". Die traurige Bilanz: 557 Tote, darunter 186 standrechtlich Erschossene und 184 „tödlich Verunglückte", Opfer politischer Morde beider Seiten.

Während der Kämpfe spielt die Münchner Garnison eine zweifelhafte Rolle. Noch am 15. April werden in den Kasernen, wo auch der Gefreite Hitler in Deckung geht, Handzettel verteilt: „Soldaten, die Garnison München steht hinter der Münchner Arbeiter- und Soldatenrepublik. Die ganze Garnison ... und die bewaffneten Arbeiter sind entschlossen, mit aller Kraft die Räterepublik zu verteidigen." Die Regimenter bleiben in ihren Kasernen, und außer einer regierungstreuen „Republikanischen Schutztruppe" leistet in der Stadt kaum jemand ernsthaften Widerstand gegen die „Rote Armee", das Militär eingeschlossen. Die Ritter und Retter kommen von draußen.

Wie sein Regiment verhält sich auch Hitler. Er tut noch immer nichts. Als eifrigem Zeitungsleser kann ihm nicht entgehen, was außerhalb der Kaserne passiert, daß Freiwillige zum Kampf gegen den Räteputsch gesucht werden. Es rührt ihn nicht. Es ist ihm bestimmt auch nicht verborgen geblieben, daß im Februar in Bamberg der von ihm sehr verehrte „Alldeutsche Verband" den „biologischen Antisemitismus" propagiert, dem er sich doch mit seiner ganzen Seele verschrieben hat und dessen Lehre er später grausam dogmatisch zu Ende führen wird. „Die Rassenfrage ist keine Glaubensfrage... Juden sind das zersetzende Ferment." Das ist die Kunde aus Bamberg. Hitler stellt sich taub. Die Regimentstreue zahlt sich aus. Am 9. Mai sitzt das Chamäleon Hitler, eben noch roter „Vertrauensmann" und „Ersatz-Bataillonsrat", plötzlich in der „Entlassungs- und Untersuchungskommission" des 2. Infanterie Regiments. Diese Kommission hat zu prüfen, ob Offiziere oder Soldaten des Regiments an dem Räteputsch beteiligt waren, ob sie gar der sogenannten „Roten Armee" angehört oder sich bolschewistisch, spartakistisch oder kommunistisch betätigt haben. Verkehrte Welt: Noch vor ein paar Wochen wollte das selbe Regiment die Räterepublik verteidigen! Da braucht man sich nicht zu wundern über Hitlers Wandlung. Er tut immer das, was das Regiment tut. Einmal linksrum, einmal rechtsrum, immer spielt er den ihm zugewiesenen Part. Und das rettet ihn erneut vor der Entlassung. Später schweigt Hitler dazu.

Als ergebener Befehlsempfänger verpfeift er jetzt zwei Kameraden, die sich als Bataillonsräte hervorgetan haben. Daß seine eigene, sehr ähnliche Rolle nicht aufkommt, ist ein Wunder. Da scheint wieder mal die „Vorsehung" die Hand im Spiel zu haben. Später schweigt er über diese Zeit, in der er fraglos eine zwielichtige Rolle spielt, oder er gibt nur dürre Erklärungen ab.

Hitler hat auf die richtige Karte gesetzt. Dank vorausgegangener „Lehre" in einer Propagandatruppe findet er im Juli 1919 den Weg zu Hauptmann Karl Mayr und seiner Aufklärungsabteilung beim Bayerischen Gruppenkommando 4 des sogenannten „Übergangsheeres". Adolf Hitler wird zum Agitator, politischen Redner, Propagandamann und Spion ausgebildet mit dem Ziel, die wankelmütige Truppe politisch aufzuklären und die Parteien zu überwachen. Mit einer antibolschewistischen Schulung vom 5. bis 12. Juni beginnt seine politische Ausbildung und damit seine Karriere. Der vormalige rote „Ersatz-Bataillonsrat" hat die Kehrtwendung vollzogen, und er macht sofort auf sich aufmerksam.

Der Münchner Professor Karl Alexander von Müller, der Geschichtsvorlesungen hält, beobachtet, wie der kleine Gefreite eine Diskutantengruppe beherrscht und sie von seinen Argumenten überzeugt. Der zugeknöpfte Duckmäuser von gestern, unbeteiligt, duldend, fast apathisch – jetzt spricht er leidenschaftlich, jetzt glüht er vor Eifer, jetzt ist er fanatisch. Müller sagt zu Hauptmann Mayr.: „Dieser Mann hat eine natürliche Rednerbegabung." Hitler wird zum Schützling seines Hauptmanns.

Ein anderer Redner, den Hitler bei diesem Kurs kennenlernt, ist der Franke Gottfried Feder aus Würzburg, Wirtschaftsexperte unter

den Alldeutschen und Mitglied der „Deutschen Arbeiterpartei". Feders stete Forderung, die Zinsknechtschaft zu brechen, beeindruckt Hitler.
Es ist also nicht Hitlers Initiative, und nicht sein Verdienst, daß er Politiker wird, wie er ein Leben lang behauptet. Das Militär macht ihn dazu, und Hauptmann Karl Mayr ist der Geburtshelfer des kommenden Politikers.
Hitler nimmt diese Einladung dankbar an. Rasch wird ihm klar, daß bei seinen Vorgesetzten jetzt der Wind von rechts weht. Bewußt wird ihm auch, daß diese Militärs die Macht im Land besitzen. So lang die bayerische Regierung im entfernten Bamberg residiert, und das tut sie bis zum 27. August, so lang liegt die Befehlsgewalt beim Militär, dem Hitler sich mit Haut und Haar verschrieben hat.
Ebenso schnell wie er diese Entwicklung begriffen hat, legt der nun 30jährige Hitler die Tarnung des roten Mitläufers ab. Oder ist es gar keine Tarnung gewesen? Diese Frage wird nie beantwortet. Hitler schweigt, wie immer, wenn er etwas verschweigen will – wie seine Reise nach Nürnberg im August 1918. Sein Gedächtnis selektiert sorgfältig. Nun ist er wieder der fanatische Völkisch-Nationale, der konsequente Antibolschewist, der Antisemit. Sein Haß auf alles Fremde ist wieder da, als er sieht (aber nicht bekämpft), was das Chaos des Räteregimes angerichtet hat. Natürlich konzentriert sich seine Empörung hauptsächlich auf die Fremden und Juden, die dieses Regime mit angezettelt haben, darunter Kurt Königsberger aus Fürth, der sich für drei Tage „provisorischer Kriegsminister" nennt.
Quatschen kann er ja, das hat er in seiner Jugend ausgiebig bewiesen, als er seinen Freunden Gustl Kubizek und Rudolf Häusler mit nächtelangen Tiraden auf die Nerven fällt. Den maulfaulen Soldaten hat er im Schützengraben zurückgelassen, die Zeit des Schweigens wie eine vorübergehende Krankheit überwunden. Er hat die Sprache wiedergefunden. Jetzt darf er, jetzt muß er reden, es ist seine Pflicht, immerfort zu reden. Hitler propagiert, predigt und missioniert, ungehemmt, leidenschaftlich, dogmatisch-verbissen, oft wie im Rausch. Seine Reden sind effektvoll, er hat Erfolg. Je mehr er redet, umso mehr gefällt er sich in dieser Rolle. Er hat eine Aufgabe gefunden, endlich ein Ziel.
Unwichtig ist, was er sagt, wichtig ist, wie er es sagt. Es ist meist nichts Neues, aber er serviert es seinem verunsicherten Publikum so, daß die Menschen es für neu halten. Sie saugen seine dumpfen, pseudoreligiösen Thesen auf und nehmen sie an wie ein neues Evan-

gelium. Er weckt Emotionen, entfesselt aufgestaute Aggressionen und versteckte Ängste. Seine kraftvolle Rhetorik reißt auch Zweifler mit, er spricht das rechte Wort zur rechten Zeit. Je öfter seine wilden Parolen sich wiederholen, desto sicherer kann er sein, daß auch der letzte Zuhörer ihn versteht. Er hat immer ein Patentrezept zur Hand, wie das Vaterland zu retten sei, er kennt stets den Schuldigen. Er appelliert erfolgreich an niedere Instinkte. Er hypnotisiert die Massen. So spricht Rienzi, Wagners Opern-Tribun – der letzte. Jetzt spricht ein neuer Tribun.

Sein erstes Referat im Auftrag des Militärs hält Hitler am 20. August 1919 im Durchgangslager Lechfeld, wo er heimkehrende Soldaten schulen, aufklären und auf den „rechten" Weg bringen soll. Mehr als 120.000 Mann werden durch dieses Lager geschleust. Hitlers Thema: „Die Kriegsschuld". Die Empörung über die nationale Demütigung durch den Versailler Vertrag, der – nie verhandelt, nur diktiert – am 28. Juni 1919 unterzeichnet wird, nutzt Hitler weidlich aus. Dann spricht er vor Soldaten in München, in Passau, in Regensburg. Seine einfache, volkstümliche Sprache kommt überall an.

Von Anfang an läßt er keinen Zweifel an seiner Überzeugung aufkommen, daß die Juden „der größte Feind des arbeitenden Deutschen" seien. Es gibt kaum eine Rede ohne antisemitische Anspielungen. In einem Brief vom September 1919 schreibt der inzwischen zum „Experten für die Judenfrage" aufgerückte Propagandaredner Hitler auf die Anfrage eines Soldaten: „...müsse ein Antisemitismus der Vernunft zur systematischen Entfernung aller Rechte der Juden führen. Sein letztes Ziel aber muß unverrückbar die Entfernung der Juden überhaupt sein." Dies ist seine erste schriftliche Stellungnahme zur Judenfrage.

Als sogenannter V-Mann, der die politische Szene zu beobachten hat, erhält Hitler von seinem Hauptmann Mayr den Befehl, am Freitag, 12. September 1919, sich eine Versammlung der am 5. Januar gegründeten „Deutschen Arbeiterpartei" in der schäbigen Wirtschaft „Altes Rosenbad" in der Münchner Herrenstraße anzuhören. Der kleine Verein erscheint Hitler genauso ärmlich wie das „Rosenbad", langweilig und unbedeutend. Aber mit dem sicheren Instinkt des Rattenfängers, der von einer eigenen Partei träumt, erkennt er seine Chance: Hier, in dieser winzigen Organisation mit nicht einmal 500 Mitgliedern, bietet sich ein Podium zur „politischen Entfaltung", hier kann er rasch Profil gewinnen, zumal da er mit den politischen Zielen der DAP übereinstimmt. Und die paar kleinen Vorstadt-Strategen wird er schnell an die Wand spielen. Womit er Recht behält.

Schon am ersten Abend beeindruckt er den örtlichen Parteivorsitzenden Anton Drexler, einen Münchner Eisenbahnschlosser, der bereits am 7. März 1918 einen „Freien Arbeiterausschuß für einen guten Frieden" gegründet hat. Erst spricht Gottfried Feder, den Hitler ja schon kennt. Er ist eingesprungen für den erkrankten Dietrich Eckart, einen Dichter und Publizist der äußerst rechten, antisemitischen Szene.

Dieser Eckart ist (fast) auch ein Franke. Geboren 1868 in Neumarkt in der Oberpfalz, also gar nicht weit von Nürnberg entfernt, kommt er aus dem „fränkischen Dunstkreis". Er wird zu Hitlers „Amme", für die nächsten drei Jahre eine Art Vaterfigur. Ein Mann ganz nach Hitlers Geschmack, derb, mit einem dicken, runden Schädel und einer unüberhörbaren Baß-Stimme. Er beschäftigt sich bevorzugt mit germanischer Mythologie und der Beseitigung aller Juden, und da fühlt Hitler sich in seine Jugend versetzt. 1918 gründet Eckart die Zeitschrift „Auf gut Deutsch – Wochenschrift für Ordnung und Recht". Eckart, der aus der germanischen Thule-Gesellschaft kommt, verfaßt eine „Deutsche Judenordnung". Darin gibt er Ratschläge wie diese: „Jüdinnen, die Unzucht treiben, werden gehängt." – „Juden und Jüdinnen, die des Landes verwiesen wurden und die Grenzen wieder überschreiten, werden gehängt." – „Juden, welche deutsche Mädchen verführen, werden mit Zuchthaus nicht unter drei Jahren bestraft". Am liebsten würde er die Juden in einen Zug setzen und ins Rote Meer fahren. Sie sind an allem schuld, auch an dem verlorenen Krieg, predigt er, und Hitler applaudiert: So ist's recht!

Dietrich Eckart, ein ausdauernder Trinker und nicht ganz rauschgiftfrei, beeinflußt Hitler ideologisch, er macht ihn alltagstauglich und umgangsfähig. Er bringt ihm Tischmanieren bei und ordentliches Benehmen in Bürgerkreisen, korrigiert seine zahlreichen grammatikalischen Fehler, überredet ihn, seinen häßlichen Schnurrbart zu stutzen und schenkt ihm einen Regenmantel. Später steckt er ihn in Maßanzüge. Er führt ihn ein in die Münchner Gesellschaft, wo Eckart Gott und die Welt kennt und sehr angesehen ist. Er kennt sich aber nicht nur in Salons aus, man akzeptiert ihn auch in Wirtshäusern und Cafés als eine Größe. Durch ihn lernt Hitler zum ersten Mal in seinem Leben einflußreiche Leute kennen. Eckart baut den kleinen Gefreiten zur Führerfigur auf, und er erfindet den NS-Schlachtruf: „Deutschland erwache!" Die Ähnlichkeit zum „Meistersinger"-Chor „Wach auf, es nahet gen dem Tag" ist unverkennbar.

An jenem 12. September 1919 kommt es im „Alten Rosenbad" nach den Referaten zu einer Diskussion. Professor Baumann, ein geladener Gast, plädiert für einen separaten bayerischen Staat. Das bringt Hitler auf die Palme. Er vergißt, daß er nur als Beobachter gekommen ist, der tunlichst seinen Mund halten soll, er mischt sich lauthals ein. Wie ein dressierter Kampfhahn geht er auf den verdutzten Professor los, deckt ihn ein mit einer wahren Suada reichstreuer und nationalistischer Kampfsprüche, daß dem guten Mann die Spucke wegbleibt. Er nimmt seinen Hut und geht. Hitler redet ungebremst weiter, ekstatisch und mit theatralischer Pose. Das gefällt Drexler, dem etwas unbedarften Vorstadt-Politiker. Einen Mann mit so einem Mundwerk könne seine Partei gut gebrauchen, meint er und drückt Hitler sein Pamphlet „Mein politisches Erwachen" in die Hand. Hitler fühlt in sich – wie er später beteuert – auch ein „politisches Erwachen", ähnlich dem „Erweckungsgefühl" von 1906 nach dem Besuch der Wagner-Oper „Rienzi". Knapp drei Wochen später tritt er der DAP bei, nachdem er seinen Hauptmann um Erlaubnis gefragt hat.

Nun ist Adolf Hitler tatsächlich Politiker geworden, das Militär hat ihm die Laufbahn eröffnet. Daß er sich der DAP anschließt, findet die Zustimmung der Herren Offiziere aus der Kommando-Etage. Diese Partei verfolgt die vom Heer gern gesehene Linie des strammen Nationalismus und Antisemitismus. Eine solche Kombination, die nach dem ersten Weltkrieg als Gegengewicht zu Marxismus und Bolschewismus beim deutschen Mittelstand auf zunehmende Akzeptanz stößt, soll das Reich retten und zur erhofften Wiedergeburt führen.

So denkt auch Hitler. Er mischt in diesen politischen Brei seine mythische Kindheits-Ideologie von der Wiederkehr germanisch-rassereiner Kultur mit einem Schuß Sozialdarwinismus und einer gehörigen Portion Wagner-Opern. Diese Misch-Botschaft schleudert er als redegewaltiger Missionar, mehr schreiend als predigend, unter das willig lauschende Volk. Er vereinnahmt die DAP mit Haut und Haaren, drückt die Parteiführer, die keine sind, mühelos an die Wand und tritt am 16. Oktober 1919 im „Hofbräukeller" zum ersten Mal als Redner der DAP auf.

1920: Hitlers Parteiprogramm

Er steigert sich. Unermüdlich und wild agierend zieht er von Bierkeller zu Bierkeller, sammelt Anhänger, sorgt für die erste halbwegs ordentliche Geschäftsstelle in einem Hinterzimmer des „Sterneckerbräu" und verkündet am 20. Februar 1920 im großen Saal des „Hofbräuhauses" vor 2.000 Menschen das 25-Punkte-Programm der NSDAP, wie die DAP von nun an heißen wird. Dieser

Name ist nicht seine Erfindung, wie er behauptet. Schon 1904 hat es in Trautenau im Sudetenland eine Partei dieses Namens gegeben. Dazu hat Hitler sich ein Dutzend seiner Ex-Kameraden aus der Kaserne mitgebracht, und er beeindruckt nicht nur sie, wenn er Regierung, Demokratie und Juden heftig beschimpft.

Noch gehört er nicht mal dem Vorstand der Partei an, er ist lediglich Propaganda-Obmann, aber de facto füllt er die Rolle des „Führers" längst aus. Die anderen haben nichts mehr zu sagen. Als ersten ekelt er den Sportjournalisten Karl Harrer, einen geborenen Beilngrieser, eiskalt hinaus. Harrer, Mitglied der Vorstandschaft, ist zeitweilig sogar Vorsitzender der Gesamtpartei gewesen. Hitler kann ihn nicht mehr brauchen.

Hitler ist die Zugnummer. Begeisterungsstürme einer euphorisch aufgeladenen Menge begleiten ihn. Bei jeder Rede schwitzt er sich ein paar Kilo vom Leib. „Ihm ist das Wasser heruntergelaufen, er war ganz naß", berichtet verwundert sein ehemaliger Feldwebel Max Amann, „ich hab' den Hitler gar nicht wiedererkannt ... er führt sich auf, ich hab' so etwas noch nie gesehen ..."

Zwar ist die lärmende NSDAP nur eine von vielen kleinen völkischen Parteien am rechten Rand, aber dank der Massenattraktion Adolf Hitler wird sie schon jetzt über München hinaus viel beachtet.

In Franken beschränkt sich die ultra-nationalistische Tümelei vorerst auf den am 18. Februar 1919 von Mitgliedern des „Alldeutschen Verbandes" gegründeten „Deutschvölkischen Schutz- und Trutzbund", der sich – mit dem Hakenkreuz als Symbol – radikal antisemitisch gebärdet („Der jüdische Materialismus hat unser Deutschtum vergiftet") und auf die „Deutschsozialistische Partei", die am 24. November 1919 in Nürnberg eine Ortsgruppe einrichtet, auch sie antijüdisch. Von einem Adolf Hitler weiß man zwar, aber zu Gesicht hat ihn noch niemand bekommen.

Viel mehr bewegt die Nürnberger im Herbst 1919 die Heimkehr erster deutscher Kriegsgefangener aus englischen und französischen Lagern. Im Wartesaal des Hauptbahnhofs werden sie mit Suppe, belegten Broten und Bier versorgt. Daß zur Begrüßung keine Militärkapelle aufmarschiert, wird nicht nur in nationalen Kreisen stark kritisiert. In Schweinfurt werden die Heimkehrer mit einem Volks- und Wohlfahrtsfest begrüßt, der Erlös fließt in die leeren Kassen der Ex-Soldaten.

Auf der politischen Bühne Frankens erscheint indes ein besonders übler Typ, der sich später zu einem der schlimmsten Weggefährten des „Führers" aufschwingen wird: Julius Streicher, 35 Jahre alt, Volksschullehrer und fanatischer Judenhasser. Seit 1909 lebt der Schwabe Streicher in Nürnberg, seit 1911 engagiert er sich als Wahlredner, tritt der „Fortschrittlichen Volkspartei" bei. Den Krieg 1914/18 erlebt er als Leutnant bei einer MG-Kompanie, sein vorgesetzter Offizier ist ein Nürnberger Jude, Dr. Leopold Landenberger. Eine erste Parallele zu Hitler. Gleich nach Kriegsende entdeckt Streicher – auch hier Hitler gleich – seine rhetorische Begabung. Streicher produziert sich Ende 1918 als Redner in Offiziers-Versammlungen, mischt für eine Weile bei den Schutz- und Trutzbündlern mit, um schließlich bei der „Deutschsozialistischen Partei" (DSP) den Ton anzugeben, ordinär und bedenkenlos.

Was Hitler für die NSDAP in München, Streicher ist es für die DSP in Nürnberg, beide von dem missionarischen Haßeifer besessen, die Welt nach ihrem Willen zu ordnen.

Noch aber hat Hitler fränkischen Boden nicht betreten, sieht man ab von seinem verheimlichten Besuch im August 1918. Erstmal überfliegt er seinen späteren Paradegau.

Am 16. März 1920 startet er, beauftragt von Hauptmann Mayr, zusammen mit Dietrich Eckart, in einer Reichswehrmaschine von Augsburg nach Berlin. Der Augsburger Apotheker, Fabrikbesitzer und Eckart-Freund Dr. Gottfried Grandel finanziert den konspirativen Ausflug. Sie suchen Kontakt zu dem preußischen Landschaftsdirektor Dr. Kapp, der drei Tage zuvor einen antirepublikanischen Putsch ausgerufen hat. Hitler und sein Mentor kommen leider zu spät, die Revolte ist schon zusammengebrochen, ein Generalstreik hat sie zum Scheitern verurteilt, Kapp ist nach Schweden geflohen.

Für Hitler jedoch, der das Geschaukel in der Luft nicht verträgt und sich mehrmals übergibt, wird der Flug trotzdem zu einem Erfolg: Eckart macht ihn mit führenden Männern der Rechtsbewegung bekannt: General Ludendorff und Graf Reventlow. Dessen Frau, eine geborene Gräfin D'Allemont, nennt Hitler – fast schon seherisch – den „kommenden Messias". Sie ist die Erste aus solch erhabenen Kreisen, die Hitler mit diesem Prädikat schmückt. Bald werden andere ihr folgen. Am Steuer der Reichswehrmaschine sitzt übrigens der aus Bayreuth gebürtige Leutnant Robert Ritter von Greim, späterer Flieger-General und von Hitler noch am 26. April 1945 in geistiger Umnachtung zum Generalfeldmarschall und Oberbefehlshaber einer Luftwaffe ernannt, die es gar nicht mehr gibt.

Der verunglückte Kapp-Putsch bringt Unruhe auch nach Nürnberg. Rund um den Hauptbahnhof kommt es zu Kämpfen, an denen sich Reichswehr, Einwohnerwehr und ein studentisches „Zeitfreiwilligen-Bataillon" aus Erlangen beteiligen. 27 Tote und 61 Verwundete bleiben zurück, nach anderen Berichten sogar 36 Tote und mehr als hundert Verwundete. Dies behauptet, unter anderem, der am 13. März in Nürnberg als Staatskommissar eingesetzte, 42jährige Regierungsrat Heinrich Gareis, ein gebürtiger Oberfranke aus Burgebrach. Gareis, vorher bei der Regierung von Mittelfranken beschäftigt, wird der NS-Bewegung in Franken noch sehr dienlich sein.

Der Stadt Nürnberg, die 352.649 Einwohner zählt und am 18. Januar mit dem aus Frankfurt gekommenen, 46jährigen, gebürtigen Kieler Verwaltungsfachmann Dr. Hermann Luppe von der „Deutschen Demokratischen Partei" (DDP) einen neuen Oberbürgermeister bekommen hat, geht es denkbar schlecht. Es wird geklagt über Wohnungsnot (kinderreiche Familien vegetieren in windschiefen Baracken und feuchten Notwohnungen), Mangel an Lebensmitteln (im Januar gibt's eine Woche lang keine Eier, in Bamberg geht das Brot aus), steigende Preise und Geldentwertung (über Nacht klettert der Kilopreis für Schwarzbrot von 72 auf 81 Pfennig), über die noch bestehende Zwangswirtschaft (die erst im August gelockert wird), über Wucher und Schleichhandel, über die Arbeitslosigkeit, von der vor allem Fürth und Hof stark betroffen sind. In Nürnberg gibt's 3.327 offene Stellen, aber 5.535 Erwerbslose. Vor dem Magistrat deklamieren tausend Arbeitslose: „Wir sind die Kriegsopfer ... Arbeit oder Brot!" Sie fordern mehr finanzielle Unterstützung.

Eine fünfköpfige Arbeiterfamilie braucht im Mai 1920 jeden Tag 35,61 Mark, um zu überleben, im April sind es noch 31,07 Mark gewesen, im Januar 1914, vor dem Krieg, waren es mal ganze 4,89 Mark.

Dem Bau des dringend benötigten Siedlungswerks in Ziegelstein droht das Ende, 270 Arbeitsplätze sind in Gefahr. Nach einer Demonstration der Arbeiter vor dem Rathaus übernimmt die Stadt den sogenannten „Baukosten-Verteuerungsanteil". Im gleichen Atemzug aber plant sie zwei neue Steuern: 300 Mark jährlich für Kraftfahrzeuge und 50 Mark „Dienstbotensteuer" für eine Hausangestellte. Immer mehr Geschäftsleute werden angezeigt, weil sie die gesetzlich festgelegten Höchstpreise überschreiten, allein im August sind es 23. Die Prozesse wegen Schleichhandels häufen sich. Die Stadtverwaltung veröffentlicht volle Namen und Adressen von Personen, die beim „Mißbrauch der Arbeitslosenfürsorge" ertappt werden.

Bei einer Frauenversammlung der „Deutschen Demokratischen Partei" in der Bäckerherberge schüttet eine verarmte Kriegerwitwe ihr Herz aus: „Ich weiß nicht mehr, wovon ich meinen Kindern etwas zum Essen kaufen soll." Spontan werden 340 Mark gesammelt. Wie Hohn klingt da eine Zeitungsanzeige: „Kapitalist mit einigen hundert Mille von erstklassigem Großhandelsunternehmen gesucht."

Eine Polarisierung, die Hitler in die Hände spielt. Noch mehr kommen ihm die Bedingungen des Versailler Vertrages zustatten, der am 10. Januar 1920 in Kraft tritt. Damit ist der Krieg zwar definitiv zu Ende, zum Jubeln und Glockenläuten aber besteht kein Anlaß.

Noch sitzen 400.000 deutsche Soldaten in Gefangenschaft, nur die Kranken und „Unbrauchbaren" werden heimgeschickt. Die Begründung für das Diktat und die unerfüllbaren Bedingungen kennt nur eine Formel: Deutschland ist allein schuld am Ersten Weltkrieg, sonst niemand. Deutsche Unterhändler werden nicht zugelassen, ihre Argumente nicht angehört. Sie müssen nur das fertige Vertragswerk unterzeichnen, und darin steht, unter anderem, daß Deutschland 226 Milliarden Goldmark bezahlen muß, 42 Jahre lang – bis 1962.

In Versailles wird zu keiner Sekunde darüber diskutiert, ob es nicht auch anderswo eine Mitschuld gegeben hat. Kein Wort davon, daß außer dem etwas einfältigen und eitlen Kaiser Wilhelm II. und seinem mitunter gefährlich auflodernden imperialen Streben, der dem überholten Vielvölkerstaat Österreich-Ungarn leichtsinnig und bedenkenlos den Rücken gestärkt hat, auch Russen, Franzosen und Engländer ihren Teil mitgestrickt haben, das Völkermorden vom Zaun zu brechen. Die Russen, weil sie aus panslawistischer Überzeugung ihren slawischen Brüdern in Serbien ohne lange nachzudenken die Stange gehalten und eine günstige Gelegenheit gewittert haben, über den Balkan nach Westen zu expandieren. Die Franzosen, weil die Revanchegelüste für den verlorenen Krieg 1870/71 sie sehr in der Säbelspitze juckten. Die Engländer, weil sie ihre Vormachtstellung wirtschaftlich wie militärisch durch das erstarkte Deutschland in Gefahr wähnten.

Zweifellos trägt Versailles zu Hitlers Erfolg bei. Da nutzt es auch nichts, wenn der englische Premier Lloyd George eindringlich vor den Folgen warnt und die Amerikaner sich weigern, den Vertrag zu ratifizieren.

Ganz Deutschland ist empört, und das geht quer durch alle Parteien. Proteste landauf, landab, auf Massenkundgebungen wird lautstark protestiert, auch in Nürnberg. Die Presse von links bis rechts nennt das Versailler Werk einen „Fron- und Schmachfrieden", ein „grausames Schriftstück", ein „entsetzliches Dokument ... voll von tausend Forderungen und Wünschen, die zu unbezahlbaren Summen führen."

Wenn es 1920 in Nürnberg und anderswo kaum Kohle gibt, dann hat das auch mit Versailles zu tun: Jeden Monat müssen zwei Millionen Tonnen Ruhrgebietskohle nach Frankreich und Belgien geliefert werden, für Süddeutschland bleibt minderwertige und spärlich fließende Kohle aus Böhmen.

Wie sehr die Deutschen auch zwei Jahre nach Kriegsende noch ausgegrenzt bleiben, dokumentiert ein Aufruf des Arbeitsamtes Nürnberg. „Auswanderungswillige Mädchen" werden gewarnt, sich als Dienstmädchen nach England, Frankreich, Belgien und Italien zu verdingen: „Dort haben deutschsprechende Mädchen keine Chance."

Unruhe, Angst, Unzufriedenheit und Unsicherheit spiegeln sich wider in den Reichstagswahlen vom 6. Juni 1920. Die Weimarer Koalition bricht schon nach einem Jahr auseinander. Die demokratische Mitte, bestehend aus SPD, DDP und Zentrum, im Januar 1919 noch hoffnungsfroh ans Werk gegangen, wird demontiert, die Wähler wandern ab zu radikalen Parteien am linken und rechten Rand. Die äußerst links angesiedelte USPD vervierfacht ihren Anteil, die Kommunisten ziehen mit vier Abgeordneten zum ersten Mal in den Reichstag ein. Die Rechten von der „Deutschnationalen Volkspartei" und der „Deutschen Volkspartei" verdoppeln ihren Stimmenanteil.

In Franken dominieren eindeutig die bürgerlich Rechten mit 2.865.840 Stimmen. Selbst Streichers „Deutschsozialistische Partei" (DSP) kann sich noch 0,5 Prozent vom Wählervotum abzwacken. Das linke Spektrum, einschließlich der eher zur Mäßigung neigenden SPD, sammelt gerade noch 369.618 Stimmen.

Öl ins Feuer des Haß-Trommlers Hitler. In diesem faulen Klima, einer Mischung aus kränkelnder Wirtschaft, politischer Irritation und fremder Bevormundung, wachsen Mißgunst, Haß und Verbitterung. Negative und irrationale Gefühle werden hochgespült. Sie zu wecken, ist Hitlers Ziel. Die Parolen werden ihm frei Haus geliefert. Auf diesem Boden geht seine Saat auf. Da ist es leicht, die Hatz auf die vermeintlich Schuldigen zu eröffnen: auf die „korrupte, unfähige Regierung", auf die „Mißgeburt" Demokratie, auf die „jüdischen Ausbeuter und Halsabschneider". Hitler beherrscht seine Klaviatur meisterhaft.

Als er – endlich – am 31. März 1920 aus der Reichswehr ausscheidet, „ohne Versorgungsansprüche zu stellen", nimmt er 50 Mark

Entlassungsgeld, eine Mark Marschgebühren, eine Feldmütze, einen Waffenrock, eine Tuchhose, eine Unterhose, ein Hemd, einen Mantel und ein paar Schnürschuhe mit – und das Selbstbewußtsein, ein begnadeter Redner zu sein. Seine Erfolge bei der Reichswehr haben es bewiesen, und jetzt hat er die Zeit, sich allein „seiner" Politik zu widmen. Die wird schon den Mann ernähren, Existenzangst ist jetzt nicht mehr angebracht.

Hitler mietet sich ein kleines Zimmer in der Münchner Thierschstraße 41, bleibt aber die meiste Zeit in der Parteigeschäftsstelle. Frau Reichart, seine Vermieterin, sagt über Hitler: „Wirklich ein feiner Mensch, ein idealer Untermieter, er bezahlt pünktlich seine Miete." Manchmal aber habe er seine Macken, und dann spreche er tagelang nicht mit ihr. Wenn er spätabends nachhause kommt, gekleidet wie ein Verschwörer, langer schwarzer Mantel, dunkler Schlapphut, dann schläft die gute Frau sowie schon.

In Franken hat die NSDAP noch immer nicht Fuß gefaßt. Den Platz Rechtsaußen nimmt Streichers „Deutschsozialistische Partei" ein, er wird in den Reichsvorstand berufen. Streicher hält nichts davon, sich der Münchner NSDAP zu nähern, er will nicht teilen, er beansprucht Nürnberg und Franken für sich allein, seine Partei hält er für stärker.

1920: Erste Rede in Nürnberg

Dieser Adolf Hitler kommt ihm auch nicht in die Quere, als er, am 1. August 1920, zum erstenmal in Nürnberg als Redner auftaucht – aber nicht als Abgesandter seiner Partei, sondern als „Kamerad Hitler", als ehemaliger Frontsoldat im Auftrag des „Bundes deutscher Kriegsteilnehmer", schlicht in Zivil.

Am 30. Juli kündigt der „Fränkische Kurier" an: „Der Bund deutscher Kriegsteilnehmer e.V., Sitz Nürnberg, hält am Sonntag, 1. August, vormittags 9 Uhr im großen Rosenausaal eine öffentliche Kriegsteilnehmerversammlung ab, in der Kamerad Hitler aus München über den ‚Schandfrieden von Versailles' sprechen wird. Derselbe hat seinen Vortrag in einer Reihe von Städten mit außerordentlichem Erfolg gehalten." Die NSDAP wird mit keinem Wort erwähnt.

Am 2. August zitiert die selbe bürgerliche, eher nach rechts tendierende Zeitung Hitler mit seiner Feststellung, daß dieser „Schandvertrag" das deutsche Volk in tiefe Knechtschaft gestürzt habe. Das wirtschaftliche Elend habe in der Hauptsache seinen Ursprung in diesem „Schanddokument". Tief bedauerlich sei, daß das deutsche Volk nicht geeint zusammenstehe, vielmehr Menschen, die in den Schützengräben Schulter an Schulter gekämpft und das letzte Stückchen Brot geteilt hätten, sich heute den Schädel einschlagen wollten. Die Ohnmacht des Reiches verhindere jeden gewaltsamen Versuch, die Ketten der Fremdherrschaft abzuschütteln. Es gelte, überall im Volk Aufklärung zu schaffen und den Leuten klar zu machen, daß alles Leid und Elend nur von der Fremdherrschaft herrühre. Auf diesem Weg werde man zu einer Erstarkung der Nationalgefühle gelangen und damit den ersten Schritt zur Wendung der Dinge getan haben. Am Ende habe es großen Beifall gegeben.

Ganz anders die Berichterstattung der „Fränkischen Tagespost", der SPD-Zeitung. Schon die Überschrift bezieht Stellung: „Kriegshetzer an der Arbeit." Hitler wird als „Münchner Deutschsozialist" bezeichnet, die „zahlreich erschienenen Zuhörer" nennt der Berichterstatter Antisemiten und Deutschvölkische. Der Redner habe versucht, den deutschen Militaristen ein Unschuldsmäntelchen umzuhängen, während er mit einem wahren Fanatismus die Entente-Staatsmänner angeprangert habe. Als er gar zu offen für den Revanchekrieg eintrat und erklärte, gegen England und Frankreich würde er sich nicht nur mit den Bolschewisten, nein, auch mit dem Teufel verbinden, „erhob sich ein echter Entrüstungssturm", und nur der nationalistische Klüngel habe sich an der Aussicht berauscht, wieder Hekatomben von Menschenleben hinschlachten zu lassen. „Die Versammlung nahm am Schluß einen tumultartigen Verlauf."

Wem immer man glauben mag, was Hitler tatsächlich gesagt und wie die Menge wirklich reagiert hat, erstaunlich ist, daß er weder seine Partei erwähnt noch auf die Juden eindrischt. Taktisch geschickt: Er appelliert an das gemeinsame Erleben ehemaliger Soldaten, weshalb er vermutlich auch nur als „Kamerad" und nicht als Parteiredner der NSDAP auftritt. Schütteln wir die Knechtschaft ab, ist auch die Not wie weggeblasen – eines seiner beliebten einfachen Rezepte, komplexe Probleme zu lösen. Seine Floskel von der „Erstarkung des Nationalgefühls" findet hier die richtige Adresse. Wenn er das Wort „gewaltsam" verwendet, dann zeigt er zumindest damit, wie seine Mittel heißen. Von „Gewalt, um unseren Kampf durchzusetzen", hat er schon am 15. Mai im Münchner Hofbräuhaus gesprochen, und er wird es immer wieder tun.

Gewalt bestimmt Hitlers Denken und Handeln, Gewalt ist sein Lebensprinzip.

Hitler benutzt das populäre Thema Versailles als Vehikel seiner Politik. Er schürt raffiniert den Volkszorn und verpackt darin kunstvoll sein eigentliches Ziel. Er etikettiert äußerst populär. Er deutet an, was er und seine Partei wollen, aber er nennt diese Partei nicht.

Erstaunlich, daß weder Freund noch Feind diese Identität lüften. Seit September 1919 ist bekannt, daß Hitler zur DAP gehört, seit Februar 1920, daß er mit der Verkündung des NSDAP-Programms zum Marktschreier dieser Partei geworden ist. Ihr Hauptziel: Beseitigung der Demokratie, Einführung der Diktatur, Entfernung der Juden. Niemand deckt diesen Zusammenhang auf. Niemand entlarvt ihn als parteipolitischen Agitator. Er darf Nürnberg als ehrlicher, halbwegs harmloser Frontkämpfer verlassen.

Ob Julius Streicher Hitlers Rede gehört hat, wird nicht bekannt. Durchaus möglich, denn auch er ist Frontkämpfer, auch er hat vor Frontkämpfern gesprochen. Warum sind die beiden National-Radikalen sich nicht schon hier begegnet?

Stattdessen bekämpfen sie sich. Sie sind Konkurrenten, die wohl von einander wissen, aber nicht zueinander finden wollen.

Einen anderen Nürnberger aber lernt Hitler dabei kennen, und der wird zu seinem treuen Anhänger: Johannes Klein, ehemaliger U-Bootfahrer, rechts orientiert und Pächter des Hotels „Deutscher Hof". Er lotst Hitler in sein Hotel, ihm ist es zu verdanken, daß der „Deutsche Hof" später zum „Führer-Hotel" wird.

Auch die nächste Gelegenheit nutzen Hitler und Streicher nicht, einander näher zu kommen. Am 7. und 8. August 1920 treffen sich „alle deutschsprachigen Nationalsozialisten" zu einer „zwischenstaatlichen Vertretertagung" in Salzburg. Hitler ist da, mit ihm Drexler. Streicher ist nicht zu sehen. Verwunderlich, denn unter den 284 Delegierten sind auch Nürnberger, dazu Münchner, Österreicher und Abgeordnete aus der Tschechoslowakei und aus Oberschlesien. Sie wollen eine gemeinsame Bewegung, aber auch ihre Einflußbereiche abstecken: Hitlers NSDAP gehört Deutschlands Süden bis zum Main, der Norden Streichers DSP. Nürnberg wird stillschweigend ausgespart, wer hier das Sagen hat, Hitler oder Streicher, bleibt offen. Drexler ist für die Aufteilung, Hitler dagegen.

Er spielt sich in den Vordergrund in Salzburg, hält zwei dröhnende Reden und zeigt zum ersten Mal die von ihm entworfene schwarz-weiß-rote Hakenkreuzfahne als offizielle Flagge der NSDAP. Streicher fehlt. Offensichtlich weicht er Hitler aus.

Der Kampf um Nürnberg und Franken geht nun richtig los. Streichers DSP beherrscht weiter den rechten Rand der völkischen Ultraszene. Seine radikal antisemitischen Parolen finden Widerhall. In Nürnberg kursiert ein hetzerischer Klebezettel: „Der Jude hat durch seine von ihm gekauften Zeitungen dafür gesorgt, daß wir heute das mißachtetste Volk auf Erden sind. Wer ist demnach unser ärgster Feind in der Maske des Freundes ... einzig und allein und für alle Zeit: Der Jude! Erfüllt deshalb die heute in unserer höchsten Not gebieterische und sittliche Pflicht jedes Einzelnen: Kauft nicht bei Juden! Nehmt keine jüdischen Ärzte! Lauft nicht zu jüdischen Rechtsanwälten! Verlangt judenfreie Zeitungen!"

Vor der bayerischen Landesregierung braucht Streicher keine Angst zu haben, wegen seiner Schmuddeleien Ärger zu bekommen. Seit März ist der im mittelfränkischen Weißenburg geborene Gustav Ritter von Kahr Ministerpräsident, nachdem die Regierung Hoffmann unter dem Eindruck des Kapp-Putsches aufgegeben hat. Kahr leitet eine bürgerliche Regierung, die auf dem rechten Auge weitgehend blind ist und den Nationalisten Spielraum läßt.

Auch für Hitler in München eine günstige Konstellation. Zwar noch immer nicht Vorsitzender der Partei, kennt er seinen Wert: Ohne ihn ist die NSDAP nichts, mit ihm alles. Sie bleibt im Aufwind. Warum also mit anderen völkischen Parteien fusionieren oder Annäherung suchen? Hitler blockt ab – Streicher in Nürnberg auch. Beide halten ihre Parteien für stark genug, allein bestehen zu können. Beide wollen nicht teilen. Beide wollen ihre brutalen Methoden sich nicht von anderen verwässern lassen. Hitlers NSDAP soll eine Hitler-Partei sein, die DSP eine Streicher-Partei.

Trotzdem: Der Gedanke einer Zusammenarbeit geistert weiter durch die Reihen. Im März 1921 debattieren Streicher von der DSP und Drexler von der NSDAP in der Stadt Zeitz mit dem österreichischen NS-Führer Jung wieder mal, wie sie das Reich vielleicht doch vereint erobern können. Eine gemeinsame Dachorganisation „Deutsche Nationalsozialistische Partei" wird erörtert mit dem Sitz in Berlin. Hitler ist nicht dabei.

Zwei Wochen später schaltet er sich ein. Er läßt den Plan platzen und kanzelt alle Teilnehmer des Zeitzer Treffens ab. Er findet den Namen unmöglich, eine gemeinsame Partei kann nur, wie seit Februar 1920, „Nationalsozialistische Deutsche Arbeiter Partei" heißen, und Berlin komme als Zentrale überhaupt nicht in Frage. Zu München gebe es keine Alternative. Wenn man nicht auf ihn hören wolle, dann werde er die Partei verlassen.

Keine Frage: In München ist Hitler die politische Attraktion, in Berlin eine Null. Von Süden will er das Reich aufrollen, und dazu braucht er Franken. Das übrige Reich und Berlin, das kommt später.

Aber in Franken steht Streicher im Weg. Der poltert zurück. Hitler sei ein „fanatischer Gernegroß", der seiner Hausfrau den Papagei gestohlen habe, weil der immerfort „Heil Hitler" schreie – was ein Witz sein soll. Der Hitler wolle Bayern vom Reich lösen und nur sich selbst in den Vordergrund stellen. Eine Rolle, die Streicher für sich beansprucht. Er hat sich einen Trick ausgedacht, ein Verwirrspiel.

In Augsburg hat soeben der Studienrat Dr. Otto Dickel einer „Werkgemeinschaft des Abendländischen Bundes" Leben eingehaucht und dafür unter den NSDAP-Mitgliedern eine Menge Leute eingesammelt. Schließlich gehört Dickel selbst zur Augsburger NS-Ortsgruppe. Er ist ein dynamischer Mann, missionarischer Redner und hat in München – ohne Hitler – auf Einladung der NSDAP eine erfolgreiche Rede gehalten. Dieser Dickel und sein neuer Politverein, der sich bald „Deutsche Werkgemeinschaft" nennt, könnte eine Speerspitze sein in der Auseinandersetzung mit Hitler. So denkt Streicher.

Im Juli findet Dickel in Drexler einen Befürworter seiner Idee, die Münchner, Nürnberger und Augsburger völkischen Gruppen zusammenzulegen. Hitler erfährt davon, rastet aus, wird wütend und pfeift seinen Vorsitzenden zurück. „Wir behalten die Führung. Wer sich nicht fügen will, der kann gehen. Das gilt für Nürnberg und Augsburg genauso."

1921: Pokerspiel mit der eigenen Partei

Aber nun geht er plötzlich selbst. Am 11. Juli 1921 erklärt Hitler seinen Austritt aus der Partei. Glatte Erpressung, wie sich bald herausstellt. Seinen Zorn über die von ihm mißbilligten Fusionsgespräche setzt er als taktisches Mittel ein. Spektakuläre Wutausbrüche allein reichen diesmal nicht. Er muß mit Kanonen schießen, denn die Herren Dickel und Streicher sind gefährliche Gegner, geschliffene Agitatoren und Propagandaredner wie er.

Hitlers Erpressungs-Posse funktioniert. Der Partei-Vorstand kuscht. Die Herren wissen genau, daß die NSDAP ohne den Starredner aufgeschmissen ist und sich womöglich spalten würde. Deshalb die unterwürfige Frage an Hitler, unter welchen Bedingungen er bereit sei, zurückzukehren.

Hitler läßt die Katze aus dem Sack. Sein (Schein-) Austritt hat den Schwächlingen im Parteipräsidium einen mächtigen Schrecken eingejagt, jetzt sind sie weichgekocht und bereit, seine im Geheimen schon lange gehegten Forderungen zu erfüllen.

Hitler, inzwischen mit einem Auto ausgestattet, seinem ersten, einem gebrauchten, offenen, graugrünen Tourenwagen der Marke

"Selve", Hitler will den Posten des 1. Vorsitzenden, aber nur mit „diktatorischer Machtbefugnis", er verlangt „Unabänderbarkeit" des Parteiprogramms, „unverrückbare" Festlegung auf den Standort München als Parteizentrale, sofortige Zusammensetzung eines Aktionsausschusses und das Ende aller Fusionsbestrebungen.

Der ängstliche Parteivorstand knickt ein und katapultiert sich selbst aus dem Amt. Er befriedigt Hitlers Begierde, er gesteht ihm alles zu, was er fordert. In Anerkennung seines „ungeheueren Wissens", der Verdienste um die Bewegung und seiner „seltenen Rednergabe" sei man bereit, ihm diktatorische Machtbefugnisse einzuräumen und ihm den Posten des 1. Parteivorsitzenden zu übergeben.

Der scheinbar verlorene Sohn kommt zurück. Als Mitglied 3680 tritt Adolf Hitler am 26. Juli 1921 der NSDAP wieder bei, am 29. Juli wird er als 1. Vorsitzender eingesetzt, mit allen gewünschten Vollmachten, und Anton Drexler zum Ehrenvorsitzenden weggelobt.

Hitler hat sein Ziel erreicht: Er ist Diktator, seine Partei eine „Führer-Partei", wie es sie noch nie gegeben hat. Er allein hat das Sagen, was er befiehlt, ist Evangelium, niemand hat das Recht, daran zu kratzen.

Der „Führer" ist geboren, der Führerkult erfunden, die Heroisierung Hitlers hat begonnen. Schuld daran ist nicht zuletzt der „Kampf um Franken", die Rivalität zu Streicher.

Der will die Segel nicht streichen, dem „Führer" nicht die Führung allein überlassen. Seine Aufspaltungsbemühungen gehen wenigstens teilweise auf. Die Augsburger Nazis trennen sich von Hitler, die Passauer drohen es an. Streichers eigene DSP jedoch will sich nicht geschlossen hinter ihn stellen und seine Spielchen decken.

Jetzt versucht er einen anderen Kunstgriff: er trennt sich von der DSP, sammelt seine Kumpane und schwenkt mit ihnen zur „Deutschen Werkgemeinschaft". Am 20. November wird er zum stellvertretenden Vorsitzenden der neu gegründeten Nürnberger Ortsgruppe gewählt und mit dem Prädikat „Bekanntester völkischer Propagandist Frankens" geschmückt. Seine Zeitung „Deutscher Sozialist" benennt er um in „Deutscher Volkswille", um auch auf dem flachen Land Anhänger zu mobilisieren. Das Wort „Sozialist" mögen die Bauern nicht.

Streicher beackert die Landgemeinden in Schwaben, Mittel- und Unterfranken mit einigem Erfolg, wenn auch die Hauptstützpunkte in Nürnberg und Augsburg bleiben. Mit Vorliebe spricht der Schreihals dort, wo am meisten Juden leben. Er sucht die Konfrontation in Neustadt/Aisch, Uffenheim, Ipsheim, Oberdorf und in Scheinfeld; dort unterhält die konkurrierende NSDAP bereits eine starke Ortsgruppe. In den von ihm gegründeten Ortsgruppen finden sich hauptsächlich Bauern, Junglehrer und Jugendliche ein. Bestürzt stellt das Bezirksamt Uffenheim fest, daß ganze Gemeinden auf Streicher eingeschworen seien, und – noch schlimmer – :„Auch die Sozialdemokraten stimmen ihm zu."

Wettert er, wie fast überall, gegen den internationalen Kapitalismus, der ausschließlich in jüdischen Händen liege, so warnt ihn wohl ein verbliebener Restverstand davor, das ganze Porzellan zu zerschlagen: Wenn er es den Juden heimzahle, so schränkt er beschwichtigend (und wahrheitswidrig) ein, dann meine er natürlich nicht die harmlosen Kleinstadt-Juden.

Das hilft wenig. In den Gebieten, die Streicher mit besonders ordinären Ausfällen markiert, häufen sich die antisemitischen Ausschreitungen und Schändungen jüdischer Friedhöfe. Der „Centralverein der Staatsbürger jüdischen Glaubens" beschwert sich bei der Regierung von Mittelfranken – mit wenig Erfolg.

Doch das antisemitische Rabaukentum Streichers hat auch andere, von ihm nicht erwartete (oder provozierte?) Folgen. Der Vorsitzende Dr. Dickel und sein Nürnberger Ortsgruppenleiter Dr. Beck sind nicht erbaut von Streichers Schmähungen, sie distanzieren sich und verlangen, daß die Judenfrage in den Hintergrund treten müsse. Andere sind weniger zimperlich. Schließlich streitet jeder mit jedem, die Organisation wird vernachlässigt, die Ortsgruppen verlieren das Vertrauen in die Leitung.

Daß der Schriftführer der „Deutschen Werkgemeinschaft", Rittmeister Georg W.C. von Schuh, Sohn des Nürnberger Oberbürgermeisters um die Jahrhundertwende, Streicher bezichtigt, jüdischer Abstammung zu sein, trifft den Glatzkopf wenig. Frech und zweideutig antwortet er: „Man muß schon selbst einen guten Schuß Judenblut in den Adern haben, um dieses Volk richtig zu hassen."

Schließlich setzt ihm die Reaktion der Parteioberen doch zu. Am 19. September 1922 verläßt er die „Deutsche Werkgemeinschaft". Er ist enttäuscht, daß er so wenig Verständnis findet für seinen Judenhaß – und verbittert, weil 30.000 Mark Schulden aus seinem lahmen „Deutschen Volkswillen" ihn drücken. Seine Finesse, Hitler mit Hilfe anderer und einem Rösselsprung durch die Parteien auszuhebeln, ist gescheitert. Jetzt sucht Streicher neuen Anschluß, seine antisemitische Führungsrolle in Franken will er nicht verlieren. Als Einzelgänger wird ihm das aber blühen. Und dann braucht er einen Zahlmeister, der seine Schulden übernimmt.

In diesen Tagen, da Streicher einen neuen Partner sucht, schließen sich, am 24. September 1922, in Nürnberg SPD und USPD zur „Vereinigten Sozialdemokratischen Partei Deutschlands" zusammen.

1922: Hitler und Streicher „erobern" Coburg

Der Franken-Rüpel zieht seine niedrige Stirn in Falten, wenn er mit ansehen muß, wie die Münchner Nazis Stück für Stück „seines" Frankenlands mit Ortsgruppen überziehen, die neuesten in Hof, Forchheim, Eichstätt, Kitzingen und Neustadt/Aisch. Streicher, schon immer ohne Skrupel und Bedenken, sucht Kontakt zu denen, die er gestern noch bekämpft hat. Am 8. Oktober 1922 schreibt er einen Brief an Adolf Hitler: „Ich unterstelle mich hiermit der Münchner Hauptleitung", baut aber Vorbehalte ein: „Über die Befehlsverhältnisse in Franken müssen wir uns noch aussprechen." Er bittet Hitler um Geld. Für 40.000 Mark kann die NSDAP den „Deutschen Volkswillen" haben.

Obgleich Streicher – ehrlich oder nicht – Hitler als den Stärkeren anerkennt und sich „unterstellt", glaubt er, in Franken auch weiterhin sein Süppchen kochen zu können. Sein Trumpf in der Hinterhand: Er, der „erfolgreichste Volksredner in Nürnberg und Franken", verfüge über eine eingeschworene und einflußreiche Hausmacht. Die werde er geschlossen einbringen, und damit könne die NSDAP in Franken die Nachfolge des „Deutschvölkischen Schutz- und Trutzbundes" der „Deutschsozialistischen Partei" und der „Deutschen Werkgemeinschaft" gleichzeitig antreten.

Dieses Argument, wenn auch falsch, da Streicher sich von diesen drei Parteien längst getrennt hat, sticht bei Hitler. Zwar zögert er kurz, aber dann lenkt er ein, will den fränkischen Rivalen akzeptieren. Die Popularität Streichers und seines Anhangs in Franken braucht er bei seinem Marsch nach Norden. Dieser Mann, der neben seiner Glatze ein Hitler-Oberlippen-Bärtchen als unverkennbares Merkmal wie einen Stempel im Gesicht trägt, weil er, wie Hitler, eine zu breite Nase hat, dieser „kleine Hitler" soll Franken erobern für ihn, die Brücke nach Norden schlagen.

In seinem Buch „Mein Kampf" schreibt Hitler:

„... hatte sich schon im Jahre 1920 die NSDAP als Siegerin langsam herauskristallisiert. Die grundsätzliche Redlichkeit jener einzelner Gründer ... konnte nun durch nichts glänzender bewiesen werden als durch den ... wahrhaft bewundernswerten Entschluß, der stärkeren Bewegung die eigene, ersichtlich weniger erfolgreiche zum Opfer zu bringen ... Dies gilt besonders für den Hauptkämp-

fer der damaligen DSP in Nürnberg, den Lehrer Julius Streicher ... Zunächst war auch er von der Mission und der Zukunft seiner Bewegung heilig überzeugt. Sowie er aber die größere Kraft ... der NSDAP klar ... erkennen konnte, stellte er seine Tätigkeit ein und forderte seine Anhänger auf, sich der aus dem gegenseitigen Ringen siegreich hervorgegangenen NSDAP einzuordnen. Ein persönlich ebenso schwerer als grundanständiger Entschluß."
Auch hier hat Hitler an der Wahrheit vorbeigeschrieben. So „grundanständig" ist Streichers Entschluß beileibe nicht, und „Anhänger" seiner Ex-Partei in die NSDAP einzuordnen, ist auch nicht so einfach.

Die Wahrheit: Streicher kommt zu Hitler, weil er keinen anderen Ausweg sieht. Hitler kommt zu Streicher, weil er ihn braucht. Ihr krankhafter Judenhaß schweißt sie zusammen. Ein Haß, der womöglich in einer ähnlichen Ahnentafel begründet liegt: Hitlers wahrer Großvater vielleicht ein Jude; Streicher nach eigenem Bekunden vielleicht mit einem „Schuß Judenblut" geboren? Ein Ursprung, den sie beide – weil dem germanischen Ariertum manisch verhaftet – durch krankhaft übersteigerten Judenhaß vertuschen wollen? Wie dem auch sein mag: Was keineswegs so freiwillig beginnt, wie beide es darstellen, wird zu einem Pakt zwischen zwei Teufeln.

Das taktische Spiel der beiden Wegbereiter aber geht weiter. Der „Führer" aus München schleicht um den „Führer" aus Nürnberg wie um den heißen Brei – und umgekehrt. Hat schon in Zeitz der eine, in Salzburg der andere gefehlt, ist es noch immer schwer, sie an einen Tisch zu bringen. Sie schicken andere vor, um ihnen anschließend den Kopf zu waschen. Hitler wie Streicher bluffen, düpieren ihre eigene Partei, um die persönlichen Befugnisse zu erweitern. Es ist die Klamotte zweier Giftmischer, die andere zum Narren halten, um ihre Macht zu stärken.

Nach seiner „Unterwerfung" hat Streicher es plötzlich eilig. Schon zwei Tage später, am 11. Oktober 1922, gründet er in Hersbruck eine Ortsgruppe der NSDAP. Nürnberg soll unmittelbar folgen, doch da kommt der „Deutsche Tag" in Coburg dazwischen, und der scheint Hitler im Augenblick ungleich wichtiger. Hier hat er die einmalige Chance, zum ersten Mal außerhalb Münchens im großen Stil aufzutreten. Hier kann er Freund und Feind zeigen, was eine Harke ist. Wozu hat er, seit Oktober 1921, seine eigene „Sturmabteilung", die SA?

Hitler mietet einen Sonderzug, verstaut 650 SA-Männer und eine Musikkapelle und dampft am 14. Oktober 1922, einem Samstag, gen Franken. In Hitlers Abteil der wohlbekannte Dietrich Eckart, sein ehemaliger Feldwebel Max Amann und Hermann Esser von der Münchner Parteileitung, sein Fahrer Julius Schreck, sein Leibwächter Ulrich Graf, Christian Weber, handfester Mitstreiter der ersten Stunde, und der NS-Ideologe Alfred Rosenberg – die alte Garde. In Nürnberg steigt Hitlers neuer „Freund" Julius Streicher mit seinen Leuten zu. Sie sind stolz, Franken nun gemeinsam zu erobern. Coburg besetzen sie wie Feindesland.

Ein wüster Ausflug, ein drittklassiger Ringverein könnte sich nicht schlimmer aufführen. Hitler schildert diesen ersten Vorstoß nach Franken mit der ihm eigenen Übertreibung später so:

„In Nürnberg schon gab es den ersten Zusammenstoß. Unser Zug war dekoriert, Juden in einem Zug gegenüber fanden, das sei eine Schande. Schreck sprang auf die Gruppe zu und hat gleich dreingeschlagen. In Coburg ... sie hätten mit den Gewerkschaften ein Abkommen getroffen, daß keine Fahnen im Zug getragen würden, daß man nicht in geschlossener Reihe marschiert und daß keine Musik spielen werde ... Ich: Das geht mich nichts an! Ich ließ sofort antreten: Fahnen und Musik, in geschlossener Reihe zum Quartier. Wie ich herauskomme, ein tausendköpfiger Schrei: Pfui, Banditen! Ein Mob ... Man führte uns nicht ins Quartier, sondern ins Hofbräuhaus; um uns eine kolossale Menschenmenge, die schrie, brüllte, tobte ... Ich sagte mir: Gnade Gott, wenn ich einen feige sehe, reiße ich ihm die Armbinde herunter! ... (dann) haben wir sie zusammengedroschen, daß nach zehn Minuten die ganze Straße frei war ... war alles übersät von laufenden Roten ... Ein paar hundert habe ich verprügeln lassen ... Am nächsten Tag ... wir sind zur Veste hinauf und wieder herunter. Ich habe den Männern gesagt, wenn einer blöd schaut, haut ihn gleich zusammen ... Wie wir herunterkamen, hat alles gewunken aus den Fenstern. Das Bürgertum hatte Mut bekommen. Der Abschluß: Sie wollen uns nicht abfahren lassen ... Ich lasse jetzt zusammenfangen, was ich an roten Bonzen erwische ... (sie) nehme ich mit, (sage ihnen) wenn etwas passiert, geht Ihr mit ins Jenseits hinüber ... Man mußte damals ganz barbarisch vorgehen, es war eine neue Zeit."

Hitler hält diesen Start in eine „neue Zeit" für einen großen Erfolg. Sein erster Sturm auf Franken ist gelungen, der Gegner niedergeknüppelt und blutig geschlagen, das Tor nach Norden aufgestoßen.

Dazu nochmals Hitler: „Der Name Coburg ist mehr als ein Name irgend einer anderen deutschen Stadt, er ist mit einem epochalen Ereignis des Kampfes der Frühzeit der nationalsozialistischen Bewegung verbunden. In dieser Stadt sind wir mit einer Methodik, die wir später noch oft anwandten, zum ersten Mal gekommen und haben uns zum ersten Mal in dieser Stadt durchgesetzt."

Das Bürgertum Nordbayerns glaubt die Nationalsozialisten als entschlossene Kampftruppe gegen Kommunisten und Bolschewisten erkannt zu haben, das ringt Bewunderung ab und macht Eindruck. In Coburg hat nun mal der Starke über den Schwachen gesiegt, wie Hitler dies predigt: „Alles Leben muß mit Blut erkauft werden."

Da gehört es wohl auch dazu, daß in dem nahen Ort Ketschendorf tatsächlich Blut fließt. Dort fallen Schüsse. Die Nazis sagen, ihre Leute seien von Sozis und Kommunisten überfallen worden, sie haben sich nur gewehrt. Die sozialistische Presse schreibt: „Der ganze Ort wurde von bewaffneten Abteilungen durchsucht. Unzählige Revolverschüsse knallten bei der Arbeiterjagd. Festgenommene Arbeiter werden ins alte Schießhaus nach Coburg geschleppt und bestialisch mißhandelt, bis sie zusammenbrechen."

Etwas Vorsicht freilich ist auch bei dieser Darstellung angebracht. Die linke Presse nennt grundsätzlich alle Gegner der Nazis „Arbeiter", das verschärft den Gegensatz, täuscht Klassenkampf vor und macht die Sozis sympathisch. In Wirklichkeit befinden sich auch unter den Nazis längst viele Arbeiter.

Durch die „Eroberung" von Coburg ist die NS-Bewegung zur wichtigsten völkischen Gruppierung in Franken geworden. Anfang 1921 zählt die NSDAP in Nordbayern noch 2.000 Mitglieder, Ende 1921 mehr als 20.000. Auch der Einbruch in die ländliche, vorwiegend evangelische Region ist gelungen.

In jenen Tagen steuert das Land unaufhaltsam der großen Inflation entgegen, das Geld ist jeden Tag weniger wert. Ein Pfund Butter kostet jetzt 420 Mark, ein Pfund Schweinefleisch 250 Mark, ein Liter Bier 70 Mark und ein Sarg 4.800 Mark, es sei denn, man gibt sich mit einem Leihsarg zufrieden. Ärzte verlangen 350 Prozent Teuerungszuschlag. Das Leben wird unbezahlbar, und selbst den Tod kann man sich nicht mehr leisten.

Die Menschen suchen nach einem Heilsbringer. Immer mehr Entmutigte glauben an Hitlers Parolen. Sie geben Hoffnung, sie versprechen bessere Tage. Es ist die Zeit der Rattenfänger.

Hitlers stiernackiger Kumpan in Nürnberg will keinen Tag verlieren, die noch immer weitgehend rote Stadt Nürnberg braun einzufärben. Vier Tage nach seiner Rückkehr aus Coburg, am 20. Oktober 1922, gründet Streicher – ohne Hitler – im Ludwigstorzwinger die Ortsgruppe Nürnberg der NSDAP. Seine Rede – holpriges Deutsch, ordinär-schneidende Stimme – läßt keinen Zweifel daran, wohin die Reise geht: „Das Ziel des Nationalsozialismus ist eine Umgestaltung Deutschlands von Grund auf, eine Revolution, nicht ein braver, frommstiller Aufbau. Uns geht der Kampf ums Letzte. Die Kernfrage dieses Kampfes aber ist und bleibt die Judenfrage. Die deutsche Frage ist nicht zu lösen ohne die Judenfrage."

In Fürth, Ansbach, Gunzenhausen, Schwabach, Weißenburg, Lichtenfels, Bayreuth, Kulmbach und Coburg entstehen weitere NS-Ortsgruppen. Meist nehmen Leute aus dem bürgerlichen Lager die Führung in die Hand. Von 15 Ortsgruppenleitern sind sechs Beamte, drei Kaufleute, zwei Bauern, ein Handwerker, zwei Arbeiter und ein Brauereibesitzer.

Streichers antisemitische Saat geht auf. Am 2. November 1922 wird der israelische Friedhof in Nürnberg zum ersten Mal geschändet. Auf offener Straße und in ihren Wohnungen werden Juden überfallen und geschlagen, in Schulen jüdische Kinder beschimpft. In Cafés der Innenstadt Gäste angepöbelt, weil sie jüdisch aussehen. In den Bezirken Scheinfeld und Gunzenhausen kommt es zu Übergriffen, jüdische Gemeinderäume werden demoliert.

Eine sogenannte völkische Rednerin namens Ellendt warnt davor, für die Opfer der Ruhrgebiets-Besetzung zu spenden, weil „die Juden doch den Rahm abschöpfen". In der Zeitung „Deutscher Volkswille" gipfelt ein antisemitischer Beitrag in der widersinnigen Behauptung, die 178 jüdischen Gefallenen aus Nürnberg im ersten Weltkrieg seien nicht für Deutschland gestorben: „Wenn auch hie und da einmal ein Jude gefallen ist, dann ist er für ein anderes Ziel gestorben, nämlich für die Errichtung der jüdischen Weltherrschaft und für ein weiteres Ziel der Juden, nämlich die Vernichtung Deutschlands."

1923: Der „Stürmer" erscheint

Im August 1923 erscheint Streichers antijüdisches, antisemitisches Gossenblatt „Stürmer" mit der ständig wiederkehrenden Zeile: „Die Juden sind unser Unglück" auf der Titelseite zum ersten Mal. Streicher schreckt vor keinem noch so widerlichen Angriff zurück. Die Sprache kommt aus der untersten Schublade, primitiv und schmutzig, zudem in einem gräßlichen Deutsch. Die Illustrationen, wenn man sie überhaupt so nennen kann, verzerren die Optik zu ekliger Pornographie. Ein Blatt, das nur einem geisteskranken Hirn entspringen kann. Hier führt die Hand eines Paranoiden die Feder, der unverkennbar unter rassistischen und sexuellen Zwangsvorstellungen leidet.

Womit diese Zeitung sich auch beschäftigt, jeder Artikel endet mit einem wütenden antijüdischen Haßausbruch. In seiner ersten Ausgabe setzt Streicher sich mit seinen parteipolitischen Gegnern auseinander. Er hat das Thema noch nicht zu Ende gedacht, schon ist er – ob es Sinn macht oder nicht – bei den „jüdischen Volksvergiftern" angekommen, und er speit seinen Haß aus mit Sätzen wie diesen: „So lange der Jude im deutschen Hause sitzt, sind wir des Juden Knechte. Darum muß er hinaus!"
Selbst in der NSDAP wird der „Stürmer" weitgehend abgelehnt, die meisten Parteimitglieder finden die Zeitung abstoßend. Hitler aber gefällt der „Stürmer".
Dem jüdischen Rechtsanwalt Rauh aus Fürth wirft der „Stürmer" vor, er habe zwei Arbeitermädchen vergewaltigt und getötet. Daraufhin veranstalten die Nazis antijüdische Protestversammlungen. Vom Sitz der paramilitärischen, rechtsradikalen Kampforganisation „Reichsflagge" am Sterntor ziehen aufgehetzte SA-Männer gröhlend durch die Straßen und verprügeln wahllos Leute, die sie für Juden halten. Es kommt zum Prozeß, die Vorwürfe sind haltlos, Rauh wird freigesprochen. Aber Streicher hetzt weiter.
Der „Führer" Adolf Hitler, eine verwandte Seele, akzeptiert solchen Schmuddelkram. Er, der „Volksbefreier", der das Volk von der „jüdischen Knechtschaft" befreien will, ist nicht mehr weit entfernt vom Messiaskomplex. Seit Mussolinis Marsch auf Rom am 28. Oktober 1922 verstärken sich die Symptome. Erst bezeichnet Hermann Esser ihn öffentlich als „Deutschlands Mussolini", dann versichert Hitler, leicht größenwahnsinnig: „So wird es auch bei uns sein!" und schließlich nennt Hermann Göring, frischgebackener SA-Führer, Adolf Hitler „den geliebten Führer der deutschen Freiheitsbewegung". Der Personenkult um den „einzig wahren Führer", die Verherrlichung des „Parteivorsitzenden mit diktatorischen Vollmachten" ist schon Anfang 1923 nicht mehr zu übersehen.
Hitler beschäftigt zu dieser Zeit, von 1922 bis 1923, einen jungen Nürnberger als Privatsekretär, den knapp 19jährigen Fritz Lauboeck, Sohn des Oberregierungsrats Theodor Lauboeck, 1921 Gründungsmitglied der NSDAP in Rosenheim. Der junge Privatsekretär wird jedoch nie Bedeutung erlangen und bald wieder in der Versenkung verschwinden. Doch Hitler umweht wieder mal der Geruch der Homoerotik. Er verschweigt dieses Intermezzo.
Das Jahr 1923 bringt ihm Höhepunkte, aber auch den tiefen Fall. Am 3. Januar lotst Streicher den „Führer" nach Nürnberg. Es ist sein zweiter offizieller Auftritt in der Stadt. Zur Gründung der Ortsgruppe am 20. Oktober 1922 ist er nicht gekommen, und nun holt

er mit einer Rede im sogenannten „Kolosseum", einem Saalbau am Maxtor, den versäumten Besuch nach.

Fast 3.000 Menschen hören Hitler, der sich das Thema „Wir sind völkisch ehrlos geworden" vorgenommen hat. Im Mittelpunkt, wie gewohnt, die Abrechnung mit dem „Schandvertrag von Versailles" und die Hetze gegen die Juden, beide sind ja, so Hitler, an unserer Ehrlosigkeit schuld. „Der Charakter des deutschen Volkes ist ideal", sagt er, und das will kein deutscher Zuhörer bestreiten, „sein Merkmal ist die Hoffnung. Der Charakter des Juden ist materiell", und da pflichten viele ihm bei, „seine Losung heißt Geld." Hitler sagt aber auch: „Höchster Sozialismus ist auch höchster Nationalismus." Das verwirrt manchen Anhänger, aber solche Sätze holen Leute aus dem linken Lager in die Reihen der Nazis.

Streicher trommelt eifrig weiter für Hitler und die NSDAP, aber sein angeblich so loyales Verhalten zu seinem „Führer" ist wieder einmal brüchig. Das wird deutlich beim ersten Parteitag der NSDAP vom 27. bis 29. Januar 1923 in München. Dort wird zwar die Standarte der Nürnberger Ortsgruppe von Hitler persönlich mit allem Brimborium geweiht, aber Streicher spielt nicht die Rolle, die er sich erhofft hat, und das reizt den Egomanen. Seine Machtgelüste, sein Geltungsdrang sind stärker als seine Ergebenheit. Streicher will die fränkischen Nazis auf seine Person einschwören und die Partei in seinem „Herrschaftsbereich" weitgehend unabhängig von Hitler führen. Manche Ortsgruppen-Neugründung in Franken meldet er der Münchner Zentrale nicht. Für Franken fühlt allein er sich zuständig.

Das führt zu Spannungen in der Partei und in der SA, die sich überall dort formiert, wo auch NS-Ortsgruppen aus dem Boden schießen. Streichers Feinde werden mehr, selbst treue Mitstreiter wenden sich gegen ihn. Sie werfen ihm brutalen Führungsstil vor, üble Machenschaften, persönliche Bereicherung und Korruption. In Ingolstadt soll er widerrechtlich 500 Mark für eine Rede kassiert haben.

Der Redakteur des „Deutschen Willen" in Nürnberg, Walter Kellerbauer, von der Münchner Zentrale in Franken als „Horchposten" eingesetzt, fordert schon 1923 Streichers Absetzung und Verhaftung. In der Nürnberger Ortsgruppe kriselt es, und schließlich legt Streicher sich auch noch mit der SA an, weil die zu Kellerbauer steht. In Nürnberg existieren bereits drei SA-Hundertschaften (mit einer schon am 11. November 1922 in München „geweihten" Fahne), und auch in Erlangen, Scheinfeld, Bayreuth, Kulmbach, Hof, Ipsheim, Eichstätt, Neustadt/Aisch, Ansbach, Forchheim, Lichtenfels und Coburg marschiert die SA „ruhig festen Schrittes".

Eine starke fränkische Abordnung nimmt im März 1923 an einer großen Felddienstübung der Vaterländischen Verbände in der Fröttmaninger Heide nördlich von München teil. Streicher ist wütend, er rügt die eigenmächtige „Wehrdienstreise" der fränkischen SA-Männer nach München. Er fürchtet, die Führung in Franken könne ihm entgleiten. Als dann auch noch die Nürnberger NSDAP-Ortsgruppe in kurzer Zeit 450 Mitglieder verliert, wackelt Streicher. Aber auch ihm kommt so etwas wie eine „Vorsehung" zu Hilfe.

Politische und wirtschaftliche Krisen wie die Ruhrgebietsbesetzung durch Franzosen und Belgier, die Weigerung der Siegermächte, die Reparationszahlungen zu stunden, und die Inflation mit all ihren Gefahren und Ängsten überlagern die Nürnberger Krise. Streichers Dilemma kocht auf kleiner Flamme – und er schlägt zurück. Beste Dreckschleuder für solche Zwecke ist sein Schmutzblatt „Stürmer", das er heimlich seine „persönliche Kampfwaffe" nennt, womit er gar nicht mal Unrecht hat. Wahrheitswidrig behauptet er, seine Feinde seien von Juden gekauft und zum Juden übergelaufen. Das Muster wiederholt sich: Alles Schlechte kommt vom Juden, und wenn seine Freunde „schlecht" werden, dann steckt ganz gewiß nur ein Jude dahinter. Kurzerhand schließt er seine internen Gegner aus der Partei aus. Eine selbstherrliche Maßnahme, zu der er gar nicht befugt ist, dafür ist die Zentrale in München zuständig.

Deshalb fordert die fränkische SA Hitler auf, umgehend nach Nürnberg zu kommen, den Streicherschen Augiasstall auszumisten. Was tut Hitler? Er tut nichts. Er kommt nicht nach Nürnberg, er stellt Streicher nicht zur Rede, er weicht aus, schickt andere vor. Die selbe Komödie wie vor einem Jahr. Warum? Hitler schweigt zu den Hintergründen. Er umtänzelt den Gegner wie ein Boxer in Wartestellung und läßt andere die Schläge austeilen. Hitler und Streicher: Schattenboxer, die einander nicht weh tun wollen, weil sie sich in Wahrheit mögen, geschnitzt aus dem selben wurmstichigen Holz.

Hitler sendet einen Vermittler: Dr. Helmuth Klotz, ehemals Vorsitzender der „Deutschvölkischen Freiheitspartei" in Frankfurt und zu den Nazis konvertiert. Klotz, von Hitler mit der politischen Leitung in Franken betraut, soll „untersuchen und schlichten". Er bleibt farblos und erreicht so gut wie nichts. Streicher und seine ihm ergebene Clique, darunter seine spätere rechte Hand, der städtische Kanzleisekretär Karl Holz, sind stärker.

Erst Hermann Göring haut mit der Faust auf den Tisch. Als oberster SA-Führer hat er die Nase voll von den Querelen in Franken. Er will nicht mehr mit ansehen, wie seine fränkische Truppe auseinanderdriftet. Die Nürnberger SA ist inzwischen auf magere 520 Mann zusammengeschmolzen. Göring macht kurzen Prozeß: Er löst die SA in Nürnberg auf, verpflichtet sie – an Streicher vorbei – auf die Münchner NS-Zentrale und vereint sie mit dem sogenannten „Landsturm", den Streicher-Gegner inzwischen gegründet haben. Als neuen SA-Häuptling in Franken setzt Göring den 40jährigen Hauptmann a.D. Walter Buch ein, NSDAP-Mitglied seit Dezember 1922, bei der SA seit Januar 1923, späterer Schwiegervater von Martin Bormann. Mit seiner Rückendeckung wagt jetzt auch Klotz zu handeln. Beide schaffen sie in Franken ein Gegengewicht zu Streicher in seiner selbstbestimmten Sonderrolle. Sie stutzen ihn zurecht auf die Position des NS-Propagandaleiters, der keine politischen Entscheidungen treffen darf. Seine Befehle bekommt Streicher nur noch über Klotz und Buch, nicht mehr direkt von Hitler und der Zentrale in München.

Hitler meidet Franken, er schneidet Streicher. Er bleibt auf Distanz und beschäftigt sich mit wichtigeren Dingen. Er will die zahlreichen zersplitterten vaterländischen Verbände mit ihren 20.000 Männern zu einer Arbeitsgemeinschaft bündeln und selbst so etwas ähnliches wie ein „Wehrkampfführer" werden. Er erreicht damit, daß die Völkischen immer mehr ins national-militaristische Fahrwasser gleiten.

Privat bekommt er Angst, ins Fadenkreuz seiner Gegner zu geraten. An seinem 34. Geburtstag, am 20. April 1923, quält ihn der Verfolgungswahn. Er fürchtet, vergiftet zu werden, als ihm – neben Blumen – Kuchen und Torten ins Haus geliefert werden. Noch schlimmer: Seine Feinde könnten Gift an den Wänden seines kleinen Zimmers herabrieseln lassen, denn das Haus gehört einem Juden. Freunde beruhigen ihn, und es passiert natürlich gar nichts. Kein Mensch hat Gift in die Torten gespritzt, niemand Gift an Zimmerwänden „herabrieseln" lassen, auch der jüdische Hausbesitzer nicht.

Makaber an diesem hysterischen Anfall ist etwas anderes: Zwanzig Jahre später wird in Konzentrationslagern tödliches Gift versprüht, Millionen Juden werden ausgelöscht. Es wird genau das geschehen, wovor Hitler am 20. April 1923 grundlos Angst hat. Ist ihm damals schon der Gedanke einer solch grausamen Todesart durch sein krankes Gehirn geistert?

Der parteiamtliche Flegel in Nürnberg läßt sich weder durch Überwachung noch durch Mißachtung beeindrucken. Streicher tut, als sei nichts geschehen, und sucht sich neue Feinde. Er nimmt Nürnbergs Oberbürgermeister Dr. Luppe aufs Korn. Die erste Gelegenheit findet er am 1. Mai 1923.

Die Nationalsozialisten planen einen Putsch in München, sie wollen die Regierung stürzen. Auch 600 Parteimitglieder und SA-Männer aus Nürnberg sind für diese Rebellion vorgesehen, sie sollen nach München aufbrechen. In ihrem Stammlokal „Beckengarten" haben sie Waffen gehortet, die in München gebraucht werden. Davon bekommt Luppe Wind. Aber er wendet sich nicht an seine bayerischen Vorgesetzten, er warnt telefonisch die Reichskanzlei in Berlin und bittet um preußische Truppen, wenn in Bayern eine nationalsozialistische Revolution ausbreche.

Das rechte Lager schäumt. Verrat, Hochverrat, tönt Streicher, weil Luppe die bayerische Regierung umgangen und im „Juden-Berlin" um Truppen gegen die „ehrlichen Absichten der Nationalen" nachgesucht hat. Die NSDAP fordert seinen Rücktritt – und sie glaubt, noch schlimmere Folgen der Luppeschen Aktion aufdecken zu können. Jetzt haben die Franzosen erfahren, lamentieren sie, daß es in Nürnberg versteckte Waffen gibt, und das ist laut Versailler Vertrag verboten.

Aus Frankreich droht den Nürnberger Nazis keine Gefahr, aber die einheimische Polizei findet in der Gaststätte „Beckengarten" drei schwere und zwei leichte Maschinengewehre, sowie andere Waffen samt Munition. 36 bewaffnete Männer und vier Frauen werden verhaftet.

Aus der Revolte wird nichts, in München bleibt es bei einem Aufmarsch auf dem Oberwiesenfeld, der mit der Entwaffnung der Teilnehmer entschärft wird. Auch die Nürnberger Hitler-Leute sind ihre Waffen los, ihr Ausflug nach München fällt ins Wasser. Die bayerische Regierung bleibt unangetastet, die Nazis blamieren sich bis auf die Knochen.

In Sickersheim bei Kitzingen jedoch fordert der Aufruhr das erste Todesopfer der Nazis in Franken. Der Führer der Sturmabteilung Kitzingen im SA-Regiment „Frankenland", Daniel Sauer, wird von Marxisten erschossen.

Aber die verunglückte Revolution hat auch andere Folgen. In Nürnberg bekommt der Oberbürgermeister tatsächlich ein Disziplinarverfahren der bayerischen Staatsregierung angehängt, das im Juni 1924 zu einer ernsthaften Verwarnung führen wird. Streicher jubelt. Er hat den Einstieg zu einem zehnjährigen „Kommunalkrieg" mit dem OB gefunden.

In München ermittelt die Staatsanwaltschaft nach dem vergeblichen Staatsstreich gegen die NSDAP, die Partei gerät ins Schlingern. Sie hat kein Geld mehr, kann die April-Gehälter ihrer Angestellten nicht bezahlen, die Mäzene werden sauer, weil sie in der

1923

NSDAP-Personalverwaltung eine ordnungsgemäße Buchführung vermissen und Hitler sich um die Finanzen nicht kümmere. Er lebe wie ein Bohemién, aber nicht wie ein verantwortungsbewußter Parteiführer.

Erst eine Bettelreise Hitlers durch Deutschland und die Schweiz (was er später bestreiten wird) und eine 500-Dollar-Spende des weltgewandten ehemaligen Kapitänleutnants Hellmuth von Mücke, der mit der NSDAP sympathisiert und Beziehungen nach allen Seiten unterhält, können diese Delle einigermaßen ausbügeln. Mücke hat die 500 Dollar bei Vorträgen in den USA zusammengeschnorrt, und 500 Dollar sind bei der fortgeschrittenen Inflation soviel wert wie 400 Millionen Papiermark.

In Franken konzentrieren Partei und SA sich darauf, das Land weiter zu missionieren und es sturmreif zu präparieren für Hitlers neue Pläne. Die Nazis sind sicher, daß es nicht bei dem vergeblichen Umsturzversuch vom 1. Mai bleiben wird. Und für weitere Szenarien braucht man das Volk, mehr Volk. Die Menschen müssen eingeschworen werden auf Hitlers Ideologie.

Die Nazis erfahren dabei gütige Unterstützung von den Ordnungshütern. Präsident der neugeschaffenen, inzwischen verstaatlichten Polizeidirektion Nürnberg-Fürth ist der vormalige Leiter des Staatspolizeiamtes, der zum Oberregierungsrat aufgestiegene Heinrich Gareis, dessen stramme nationale Gesinnung noch aus seiner Zeit als Staatskommissar hinreichend bekannt ist. Als Chef der politischen Polizei fungiert der 41 jährige Oberregierungsrat Friedrich Schachinger aus München, zwar auch etwas rechtslastig, aber von den Nazis eher als Opportunist eingestuft.

Gareis erklärt: „Nationalsozialistische und kommunistische Versammlungen können nicht gleich behandelt werden. Die NSDAP ist im Gegensatz zu der KPD eine nationale Partei, die zwar viel an der gegenwärtigen Regierung auszusetzen hat und manches anders haben möchte, die aber ihre Ziele nicht durch gewaltsamen Umsturz erreichen will ... trotz mancher unerfreulichen Erscheinungen in (ihren) Versammlungen haben sie bisher nie Anlaß zu strafrechtlichem Vorgehen geboten, da die Betätigung judenfeindlicher Gesinnung nicht strafbar ist."

Ein Zwischenfall in Feucht straft diese verharmlosende Darstellung des Polizeipräsidenten, der den Nazis allen Ernstes „Gewaltlosigkeit" attestiert, kurz darauf Lügen.

Am 27. und 29. Mai treffen sich Männer der „Reichsflagge", Ortsgruppe Feucht, im Wald beim Bahnhof zum Scharfschießen. Verirrte oder auch gezielte Kugeln treffen eine Siedlung hinter dem

Bahnhof. Die Bewohner beschweren sich, aber weil weder die Gemeinde noch die Polizei reagiert, rufen sie zu einer Protestversammlung auf, am Samstag, 2. Juni. Mehr als 350 Bürger erscheinen, darunter 50 Mitglieder der Feuchter „Reichsflagge", der SPD-Reichstagsabgeordnete Hans Vogel spricht. Alles bleibt ruhig – bis 22 Uhr.
Vogel bedankt sich in seinem Schlußwort für die faire Diskussion. Draußen auf dem Hof hält ein Lastwagen mit 40 „grünen" Landespolizisten aus Nürnberg. Niemand weiß, wer sie gerufen hat, Grund gibt es keinen. Aber überall ist bekannt, daß die „Grünen" mit den Rechten sympathisieren.
Die Polizisten stürmen den Saal. Am Eingang schlagen sie mit Gummiknüppeln und Säbeln auf einen Arbeiter ein, der nachhause gehen will. Dann schießen sie blindlings in den Saal. 15 Schüsse fallen, es können auch ein paar mehr sein. Mitten in die Menge. Panik bricht aus, Männer und Frauen kriechen unter die Tische. Dann nochmal eine Salve, schließlich das Kommando: „Hände hoch!"
Die verängstigten Feuchter werden in den Hof getrieben. Im Saal bleibt ein Toter zurück, der Arbeiter Joseph Meier, Mitglied der SPD. Neben ihm liegen zwölf bis 14 mehr oder weniger schwer Verletzte. Fünf Arbeiter aus Feucht und einer aus Nürnberg werden verhaftet. Und keiner weiß, warum. Weshalb der Feuerüberfall auf eine harmlose Versammlung, was die Polizei überhaupt hier sucht – niemand kann es sich erklären.
Später wird vermutet, daß der Feuchter Anführer der „Reichsflagge", ein Förster, falschen Alarm geschlagen hat, unter dem Vorwand, es drohe Gefahr von den versammelten Linken. Rache für den friedlichen Bürgerprotest gegen die Schießerei der „Reichsflagge". Die Frage, warum seine Leute grundlos geschossen haben, beantwortet der Polizei-Kommandoführer mit der Behauptung: „Wir sind von der Toilette aus zuerst beschossen worden." Dafür gibt es keine Zeugen. Aber viele im Saal haben gehört, wie der Reichsflaggen-Anführer die Polizisten aufgefordert hat: „Also jetzt!"
Gipfel des Zynismus ist die „persönliche Erklärung" Julius Streichers zu diesem unglaublichen Vorfall in seinem Hetzblatt „Stürmer":
„In Feucht bei Nürnberg provozierten sozialdemokratische Bonzen den staatlichen Ordnungsdienst, die grüne Polizei. Revolver gingen los und Joseph Meier, ein Beamter bei den Sozialdemokraten, blieb tot auf dem Kampfplatz. Ein krankes Weib und drei

Unmündige jammern um den Vater, um den Ernährer. Joseph Meier war der Mann, der vor gar nicht langer Zeit in die Häuser der Kinder ging, welche täglich friedsam und freudig vor mir, ihrem Lehrer, sitzen. Joseph Meier wollte haben, daß die Eltern sich weigern sollten, einem Judengegner Kinder in die Schule zu schicken. Er wollte meinem Weibe und meinen Kindern den Versorger, den Ernährer nehmen. Er wollte dem Juden zuliebe mich brotlos machen. Joseph Meier blieb tot auf dem Kampfplatz in Feucht bei Nürnberg. Weib und Kind haben den Versorger, den Ernährer verloren. Sonderbares Geschick! Er wollte mir eine Grube graben und fiel selbst hinein. Armes Weib! Arme Kinder!"

So verhöhnt der Lehrer (ein Wunder, daß er das überhaupt noch sein darf) Julius Streicher einen grundlos ermordeten Arbeiter, seine Frau und drei unschuldige Kinder. So treibt er gefühllos grausame „Scherze" mit dem Tod. Aus einer Versammlung macht er einen „Kampfplatz" und aus einem braven Familienvater einen „Judenknecht". Das gehört zum ABC Streicherscher Demagogie, das ist die Sprachebene des „Stürmer". Hier geifert die Zunge des Teufels.

Und dieser Krakeeler Streicher hechelt pausenlos durch Nordbayern, den Slogan „Franken voran!" auf den Lippen, zündelt mit radikalen Parolen und gießt Öl ins Feuer, wo immer er auftritt. Während Hitler nach dem 1.-Mai-Debakel sich vorübergehend in einem kleinen Berchtesgadener Hotel, zusammen mit Dietrich Eckart, die Wunden leckt, bereitet Streicher geschäftig den Boden für die nächste Revolution.

Sogenannte „Deutsche Tage", getreu dem Vorbild der erfolgreichen Coburger Inszenierung, „Treffen des völkischen Widerstands", sollen nationale Gefühle wecken und der NSDAP Mitglieder zutreiben. Frankens Städte packt der Ehrgeiz, jeder will sich mit der völkischen Elite schmücken. In Marktbreit erscheint Streicher mit großem Gefolge aus Nürnberg und Ansbach, in Hersbruck, Mainbernheim, Neustadt/Aisch, Kulmbach, Bamberg und auf dem oberfränkischen Döbraberg sammeln sich Zehntausende im Geist diffuser nationaler Ideologien.

Im Mittelpunkt stehen parademäßige Aufmärsche paramilitärischer Wehrverbände, voran die nationalsozialistische SA, und zackige Kundgebungen mit vielen markigen Worten, die den erträglichen Geräuschpegel weit überschreiten. Jede Rede ist ein Angriff auf die Regierung, auf die bestehende Ordnung, die Demokratie und auf das „alles verseuchende Judentum", eine Abrechnung mit Versailles und den „November-Verbrechern", die erst dem deutschen Heer den Dolchstoß gegeben und dann diesen Schandvertrag unterschrieben haben. Hat man eine Rede gehört, kennt man alle.

Die Braunen verstehen es, das Elend im Land zu nutzen, die immer weiter galoppierende Inflation, die Arbeitslosigkeit, die Armut und den Hunger. Sie reden den enttäuschten und verzweifelten Menschen ein, daß nur Hitler allein den Weg aus dem Jammertal kenne. Nur er werde die nationale Ehre wieder herstellen, die „blutsaugenden Juden" vertreiben und für Arbeit sorgen. Die Regierung in Berlin macht es ihm leicht, sie bringt wenig zustande, was natürlich viele Gründe hat. Aber darüber spricht Hitler nicht. Er macht nur Schuldige aus. Es ist nicht schwer in diesen Tagen, Glauben zu schüren und Hoffnungen zu wecken. Wer Hunger hat, wird irgendwann alles glauben, wenn es nur den Teller füllt, und er spürt den Sand nicht mehr, den Demagogen ihm in die Augen streuen.

Nach seiner Atempause in den Alpen rafft Hitler sich wieder auf, ins Land der Franken zu fahren. Er ist beeindruckt, wie umtriebig seine Partei sich hier in den vergangenen Monaten gezeigt hat, und deshalb ist er wieder mal ein Herz und eine Seele mit Streicher. Es ist sein Erfolg, und dafür ist Hitler dankbar – ein Wort, das ihm gewöhnlich nur schwer über die Lippen kommt.

Am 6. August erscheint der Partei-Diktator zum „Deutschen Tag" in Neustadt/Aisch. „Unser Volk muß aufgerüttelt werden", spektakelt er und spielt auf die noch immer brodelnde Wut über die Rheinland-Besetzung durch Franzosen und Belgier und ihre Folgen an, „wie lange noch will man auf diese Weise Schande über Schande auf uns häufen?" Und dann schlägt Hitler die beliebten Töne scheinbarer „Gleichheit" an, die dem latent vorhandenen Minderwertigkeitsgefühl des Kleinstädters schmeicheln: „ Wir kennen unter uns nur Deutsche, keine Klasse, keinen Stand, keinen Beruf, keine Gruppe." Sowas kommt an, wenn es auch nur eine Replik des Kaiser-Wilhelm-Spruchs vom 1. August 1914 ist: „Ich kenne keine Parteien mehr, ich kenne nur Deutsche."

Der braune Verführer wird noch deutlicher. Ohne Umschweife sagt er, was er will und was er von seinen Anhängern erwartet: „Nicht jeder hat das Recht, Politik zu machen, nur der hat, der bereit ist, auch mit seinem Leben für seine Politik einzutreten ... nur der, der bereit ist, auch die Waffen zur Hand zu nehmen und mit seinem Fleisch und Blut für das einzutreten, was er fordert."

Das klingt sehr nach einer neuen „nationalen Erhebung" – mit den Waffen in der Hand. Gewalt und ewiger Kampf, das hat er aus seinen Sagenbüchern gelernt, bleibt die Doktrin seines Lebens.

Stammesfehden wie bei den alten Germanen, solche Bräuche will er zeitgemäß aufleben lassen, Siegfrieds Schwert wieder schwingen. Nur wer durch Blut watet und jedem den Schädel einschlägt, der anders denkt, nur der wird gesegnet sein und am gefüllten Tisch des Herrn Platz nehmen dürfen. Wagner läßt grüßen...

1923: „Deutscher Tag" in Nürnberg

Höhepunkt der Deutschtags-Tümelei wird der „Deutsche Tag in Nürnberg" am 1. und 2. September 1923. Es hat seinen Grund, warum gerade an diesen Tagen der nationale Wahnsinn ausbrechen muß. Es ist wegen der Erinnerung: Am 1. September 1870 werden die Franzosen bei Sedan besiegt, Anfang September 1914 die Russen aus Ostpreußen vertrieben, nach den siegreichen Schlachten bei Tannenberg und an den Masurischen Seen.

Ein paar Tage zuvor deutet der Uffenheimer NS-Führer Wilhelm Holzwarth bei einer Versammlung in Scheinfeld an, was den Initiatoren im Hinterstübchen ihres revolutionären Gehirns vorschwebt: „Die NSDAP wird zum Schlag ausholen und die Regierung an sich reißen", sagt er und hat sich dabei wohl etwas im Datum geirrt. Diesen Versuch vertagen die Nazis auf den November, aber in Nürnberg machen sie Furore. Es wird Hitlers erstes großes und erfolgreiches Auftreten in Frankens Metropole.

In Nürnberg, wo – aus Inflationsgründen – eben ein sogenanntes „Stadtnotgeld" im Wert von hundert Milliarden Mark ausgegeben wird, weil ein Pfund Butter bereits drei Millionen Mark und ein Pfund Schweinefleisch zwei Millionen kostet, in der aufgeheizten Atmosphäre dieser Stadt sammeln sich 50.000 bis 60.000 Anhänger der vaterländischen Kampfverbände aus dem ganzen Reich, darunter etwa 9.000 Nationalsozialisten. Extrazüge kommen aus Berlin, aus Frankfurt, München und aus den besetzten und abgetretenen Gebieten im Rheinland und Ostoberschlesien. 3.000 SA-Männer aus München marschieren singend zwischen Hauptbahnhof und Königstraße ein paar Mal hin und her, weil sie offenbar den Weg zu ihrem Quartier nicht finden. In Cafés am Straßenrand zwingen sie jüdische Gäste, in ihre patriotischen Lieder einzustimmen.

Vor dem Hauptbahnhof ruft der Reisende Hans Bach aus der Schwabacher Straße übermütig „Heil Moskau". Das soll nur ein Scherz sein, denn Bach ist ein Brauner, der sich demnächst wegen des illegalen Waffenlagers vom 1. Mai vor Gericht verantworten muß. Aber einige seiner Gesinnungsgenossen, die ihn nicht kennen, verstehen keinen Spaß und verprügeln den armen Bach nach Strich und Faden. So gespannt sind die Nerven.

Am Sonntag paradieren die Vaterländischen am Hauptmarkt zwei Stunden lang wie Leibeigene an ihren Führern und Generälen vorbei, darunter Hitler, General Ludendorff, Prinz Ludwig Ferdinand von Bayern, Honoratioren von Reichswehr und Behörden und, natürlich, Julius Streicher. Es ist so ziemlich das ganze Spektrum der rechten, völkischen Szene, das – mit der SA – durch die Straßen marschiert. Studentische Korporationen, ehemalige Soldaten des Königlich-Bayerischen Leibregiments und Einheiten der Landespolizei schließen sich an und tragen damit ihre nationale Gesinnung offen zur Schau. Das ist ganz im Sinn ihres obersten Dienstherrn, des Polizeipräsidenten Heinrich Gareis, der Gegendemonstrationen des Sozialistischen Ordnungsdienstes der SPD und der Kommunisten eilig unterbinden läßt.

Die große Heerschau wird auf den Luitpoldhain verlegt. Kaplan Joseph Roth aus Indersdorf zelebriert einen Feldgottesdienst und sagt: „Unsere öffentliche und private Moral, unser deutsches Volkstum, der Teil unserer Jugend, der heute von uns nichts mehr wissen will, sie sind verseucht bis ins Mark vom herrschenden jüdischen Geist." Auch der Herr Kaplan hat Streicher schon verinnerlicht.

Der „Frankenführer" hält eine trotzige Ansprache. Streicher betont zwar – nicht so ganz in Hitlers Sinn – die „Eigenständigkeit" der völkischen Bewegung in Franken, freut sich aber „außerordentlich", daß er Hitler begrüßen darf.

Der allmächtige Führer aus München läßt sich keine Verstimmung anmerken. Im Bewußtsein, der wirkungsvollste Redner zu sein, setzt er sofort zum Rundumschlag an: „Die Uhr zeigt 5 Minuten vor zwölf", sagt er vor 2.000 Menschen mit heiserer Stimme, die nach 20 Minuten ganz versagt, „wir müssen nicht nur die äußeren Zustände mit Gewalt ändern, auch die inneren. Schwerste Kämpfe sind zu erwarten, und wir dürfen auch vor schwersten Blutopfern nicht zurückschrecken. Wer sich dieser Front nicht einfügt, über den schreiten wir hinweg. Wer diese Politik nicht mitmachen will, der muß mit Gewalt niedergeschlagen werden. Der Kampf wird auch dann geführt, wenn er keinen Erfolg verspricht. Rücksichtsloser Kampf ist die Parole unserer Partei."

Noch deutlicher geht es kaum noch. Es ist auch hier wieder dasselbe bedrohliche Wortgeklapper: Kampf, Gewalt, Blutopfer, Rücksichtslosigkeit, den Gegner niederschlagen – das sind die Wegweiser in eine brisante Zukunft, vor der man eigentlich nur Angst haben kann.

Streicher ist tief bewegt, sowas macht Eindruck auf den Rowdy. Zumal, da Hitler aus dem „Deutschen Tag" von Nürnberg, der sich zum Probelauf für die späteren Reichsparteitage entwickelt, gestärkt hervorgehen wird. Es gelingt ihm tatsächlich, aus seiner NSDAP und den Völkischen vom „Bund Oberland" und der „Reichsflagge" einen „Kampfbund" zu schmieden und dessen politische Führung zu übernehmen. Am 25. September wird er offiziell dazu ernannt. Damit kann er seinen im Mai arg ramponierten Ruf aufbessern. Im Hintergrund spielt dabei der 36jährige Berufsoffizier Ernst Röhm aus München eine entscheidende Rolle. Als Hauptmann aus dem Krieg zurückgekehrt, ist der einflußreiche Landsknecht Röhm nie richtig heimgekehrt. Er bleibt Soldat, schließt sich rechtsradikalen Gruppen an, wird Mitglied der „Deutschen Arbeiter Partei", lernt Hitler Ende 1919 kennen, unterstützt ihn nachhaltig und darf ihn duzen.

Um den Anschluß nicht zu verpassen, schickt Streicher seinem Führer anschließend mehrere Ergebenheits-Telegramme. Zum ersten Mal unterstellt er sich der NS-Zentrale in München „ohne Vorbehalte". Er schwört unbedingte Treue, und Hitler gesteht dem Paladin nun doch eine „gewisse Unabhängigkeit" in Franken zu – wenn auch nur rein theoretisch. Zu einem englischen Journalisten sagt er: „Lächerlich, anzunehmen, ich lasse Streicher fallen. Verrückt, wer sowas glaubt. Die Juden würden jubeln. Und wer soll denn Nürnberg für mich gewinnen?"

Indirekt unterstreicht er damit die Bedeutung Frankens, das tatsächlich zu einem der besten NS-Gaue des Reichs wird, wenn nicht der beste. Das ist Streichers Werk, und deshalb läßt Hitler einen lang gehegten Plan fallen, den Radaubruder nach Württemberg abzuschieben. Hitler hält Streicher für stärker, als seine Feinde es je sein können, also kann es in Franken gar keinen Ersatz geben für diesen Gefolgsmann.

Ob die innige Duz-Brüderschaft der beiden Seelenverwandten aus diesen Tagen rührt oder erst später entsteht, nach dem 9. November, bleibt belanglos.

Im September dreht Hitler wieder mal eine seiner parteipolitischen Pirouetten. Eben den vereinigten „Kampfbund" unter einen Hut und seine Führung gebracht, läßt er am 26. September das SA-Oberkommando erklären, daß NSDAP-Mitglieder nicht gleichzeitig einer anderen Organisation angehören dürfen. „Wer in anderen Verbänden bleibt, könnte sich Hitlers Politik entfremden", heißt es offiziell. Das schafft Konflikte und stürzt manchen Nazi, der geglaubt hat, der „Kampfbund" sei eine zusammengeschweißte völkische Einheit, in Gewissensnot und Verwirrung.

Abseits der rauschenden Feste, der Aufmärsche und glühenden Vaterlands-Bekenntnisse kommt es beim „Deutschen Tag" in Nürnberg, und nicht nur dort, zu blutigen Ausschreitungen, an denen Braun und Rot gleichermaßen beteiligt sind.
In der Nürnberger Tetzel- und Langengasse, in der Regensburger-, Schmausengarten- und Parkstraße fallen Schüsse. Unbeteiligte Passanten, die am Dutzenteich einen Zug der Nazis queren wollen, werden niedergeschlagen. In der Voltastraße wird der Monteur und Gewerkschaftsfunktionär Krämer durch einen Revolverschuß in den Rücken getötet. Zwei seiner SPD-Freunde müssen mit Lungen- bzw. Bauchschüssen schwer verletzt ins Krankenhaus gebracht werden. Krämer wird am 5. September auf dem Südfriedhof im Beisein einer großen Menschenmenge zu Grabe getragen.

Nach der Rückkehr vom „Deutschen Tag" fallen in Bamberg, Schweinfurt, Schwabach, Erlangen, Treuchtlingen, Marktredwitz und Neumarkt Nationalsozialisten und Kommunisten übereinander her, teilweise gibt es schwere Schlägereien. In Pegnitz wird einem Arbeiter, der lediglich seine Tochter vom Bahnhof abholen will, ein Messer in den Rücken gerammt; ein beinamputierter Kriegsbeschädigter, unbeteiligter Zuschauer nur, wird mit einem Knüppel niedergeschlagen. In Scheinfeld werden Leute verprügelt und Fenster eingeworfen.

Die Polizei gibt vorwiegend linken Provokateuren die Schuld. In der Voltastraße seien die Völkischen zuerst blutig geschlagen worden, ehe sie sich durch Schüsse zur Wehr setzten. In der Langengasse habe man die Nazis aus einer Wirtschaft beschossen, und in der Schmausengartenstraße marschierende NS-Trupps unter Feuer genommen. Friedlich nach Hause gehende Festteilnehmer wurden angeblich verprügelt und ihnen die Abzeichen abgerissen, ein Zollamtmann wurde durch einen Leberstich schwer verletzt. Bei einer Rotte von etwa 20 „den Linkskreisen angehörenden Burschen" seien 19 Waffen gefunden worden, Revolver, Totschläger und Messer. In großen Nürnberger Betrieben, MAN, Siemens-Schuckert, Bing, Scharlach-Werken und in den Bahnbetriebswerkstätten der Reichsbahn, seien „Hakenkreuzler" und Teilnehmer des „Deutschen Tags" terrorisiert, angepöbelt und mißhandelt worden.

Wie weit man diesem Bericht glauben darf, bleibt dahingestellt. Der Präsident des Staatspolizeiamts Nürnberg-Fürth, Heinrich Gareis, hat – wie bekannt – seine eigene rechte Sicht der Dinge. Am 18. September schreibt er in einem Bericht über den „Deutschen Tag" in Nürnberg:

1923

„Es darf mit Bestimmtheit angenommen werden, daß selbst auf der extrem rechts gerichteten Seite keine Neigung vorhanden war, das Fest zum Ausgangspunkt einer Umsturzbewegung zu machen ... Es muß festgestellt werden, daß die Teilnehmer außerordentliche Disziplin bewahrten ... Die Internationale ist dem völkischen Freiheitsgedanken unterlegen ... Durch den überwältigenden Verlauf ... und die ungeahnte Teilnahme der Bevölkerung ... hat das sozialdemokratische Machtbewußtsein einen tiefen Stoß erlitten ... Der ‚Deutsche Tag' hat seine Feste (Nürnberg) im Sturm genommen."

So ein „Deutscher Tag" bleibt auch weiterhin keine Einzelveranstaltung. Nach Nürnberg folgen ähnlich rabiate nationale Einsegnungen in Bamberg, Hof und Bayreuth. Sie heizen das politische Klima auf, und das will Hitler, er hat für 1923 noch allerhand vor, es wird immer deutlicher.

Am 16. September marschieren in Hof 75.000 Männer der Vaterländischen Kampfverbände auf. Hitler, angereist in einem blumengeschmückten roten Benz, schon eine Klasse besser als sein alter „Selve", hält die Hauptrede. Nach ihm spricht Admiral Scheer. Über zwei Stunden lang nehmen sie die Parade ab. Die Bevölkerung jubelt.

Die anschließende Fahrt nach Berlin unterbricht Hitler in Bayreuth, er legt einen Rasttag ein. Wagners Nähe beruhigt ihn.

In Ansbach erklärt Hitlers Vertreter Dr. Klotz: „Wir müssen bereit sein, ihm (Hitler) nachzufolgen, wenn er uns zur großen Tat aufrufen wird, zur Tat der Befreiung unseres Volkes." Auch im Aktionsprogramm des „Kampfbundes" ist von dieser „Befreiung" die Rede. Man munkelt, Hitler werde noch im September putschen.

Das Reich wird von Unruhen, Streiks und Demonstrationen erschüttert, die Angst vor einem Bürgerkrieg wächst. In Mitteldeutschland proben die Kommunisten den Aufstand, in Sachsen entstehen „Proletarische Hundertschaften" zum Kampf gegen Rechts. In Düsseldorf fordert eine Separatisten-Kundgebung 17 Tote, in Hamburg rumort es. Plünderungen sind an der Tagesordnung. In Bayern wird am 26. September der Ausnahmezustand verkündet, Ministerpräsident von Kahr wird bayerischer Staatskommissar, ausgestattet mit diktatorischen Vollmachten. 14 NS-Veranstaltungen werden verboten, der „Völkische Beobachter", die Zeitung der Nationalsozialisten, darf nicht mehr erscheinen. Hitler ist wütend, aber er weiß, die Zeit arbeitet für ihn, die Not ist sein bester Helfer.

Das Reich ist bankrott, die Wirtschaft steht vor dem Kollaps, die Inflation rast immer schneller, das Krankenkassenwesen bricht zusammen, die Menschen hungern, in Nürnberg suchen 13.242 Menschen vergeblich Arbeit. Betriebe zahlen die Löhne täglich aus, vor den Werkstoren warten die Frauen auf das Geld, denn es ist von Stunde zu Stunde weniger wert. Ein Dollar kostet inzwischen fast 200 Millionen Mark, ein Liter Milch jetzt 9.230.000 Mark und ein Pfund Brot viereinhalb Millionen. Das gilt für 12 Uhr mittags, abends ist schon wieder alles teurer.

Wasser auf die Mühlen Hitlers. Er hastet durch Franken, er redet und redet, und hinter seinem Redefluß verbirgt sich eiskalte Berechnung. Er putscht die verzweifelten Massen auf. In Bamberg droht er dem neuen Staatskommissar: „Marschiert von Kahr vorwärts, marschieren wir mit. Marschiert er rückwärts, stehen wir zur Seite."

Der „Stürmer" setzt, in gewohnt schlechtem Deutsch, noch eins drauf: „Wenn Herr von Kahr nicht bald Beweise dafür bringt, daß ihm mit der Hausreinigung ernst wird, dann wird er einmal über Nacht von einer Nürnberger Selbsthilfetat überrascht werden, die sich sehen lassen kann."

Dann kommt der 30. September, „Deutscher Tag" in Bayreuth. Angesichts der von Heil-Rufen umtosten und mit Blumen und Girlanden herausgeputzten Heerschau in der Wagnerstadt vergißt Hitler für einen Tag den Parteienstreit, die Welt versinkt. Die Reise nach Bayreuth wird für Hitler zur Entdeckungsreise. Er taucht ein in eine andere Welt. Er betritt das Ziel seiner Sehnsüchte, das Haus Wahnfried, die Heimstatt des von ihm vergötterten Richard Wagner. In der Aura des Meisters will er sich besinnen, denn das kann er nur dort.

Adolf Hitler muß nicht um Einlaß bitten. Erlauchte Kreise haben ihn avisiert. Dietrich Eckart steckt dahinter, der „alldeutsche" Dichter, Denker und Trinker mit besten Beziehungen zu „ersten Kreisen", und dies nicht nur in München. Hitlers Impresario und Mentor, bis März 1923 schreibgewaltiger Chefredakteur des „Völkischen Beobachters".

Aber nicht Dietrich Eckart allein spielt Türöffner im fränkischen Bayreuth. Viele seiner Glaubensbrüder, einflußreiche Wagnerianer des innersten Kreises wie er, verschaffen Adolf Hitler Zugang zum Gralstempel. Ihr Utopia heißt Thule. Dieser 1918 etablierte alldeutsch-völkische Orden, ebenso germanisch wie antisemitisch, Nachfolger des 1912 in Wagners Geburtsstadt Leipzig gegründeten, logenartigen und stets in strenge Geheimhaltung gehüllten „Germanen-Ordens", lenkt die Marschrichtung rechter Politik.

Hier hält man sich nicht auf mit der bloßen Beschwörung von Mysterien irgendwelcher Bühnengötter. Hier werden handfeste nationalistische Netzwerke geknüpft mit weitreichendem Einfluß und dem erklärten Ziel, die Macht im Staat zu gewinnen. Hier wird die judenfreie Zukunft Großdeutschlands unter dem Heilszeichen des Hakenkreuzes ebenso sorgfältig wie konspirativ geplant. Es fehlt nur noch der Vollstrecker.

Doch den haben diese Kreise schon ausgespäht und in ihre Obhut genommen: Adolf Hitler, den Trommler der völkischen Bewegung, von Dietrich Eckart im Vorgriff schon mit dem Führer-Mythos ausgestattet. Ein Werkzeug in ihren Händen – glauben sie. Die Münchner Verlegerfamilien Lehmann und Bruckmann gehören dazu, der Kunsthändler-Sohn Ernst Hanfstaengl schon seit Anfang 1922, der Berliner Pianohersteller Bechstein und seine Frau Helene. Julius Friedrich Lehmann, der das Marineschrifttum pflegt, unterhält auf der fränkischen Burg Hoheneck bei Ipsheim ein Ausbildungslager für Freikorps-Kämpfer.

Die Gesellschaftsdamen Helene Bechstein und Elsa Bruckmann, eine rumänische Prinzessin, vollenden Eckarts Werk. Sie geben Hitlers „Umerziehung" den Feinschliff, verwöhnen den Schützling wie ein Schoßhündchen in ihren Salons, stopfen ihm Geld in die ewig leeren Taschen und machen den Gefreiten vom 16. Regiment und Politneuling vollends parkettfähig. Diese Anhebung auf das gebotene Gesellschafts- und Benimmniveau vollzieht sich wie eine religiöse Handlung, angemessen der Rolle des „Erlösers", der Deutschland retten und befreien soll.

Chamäleon Hitler, in diesem Stadium folgsames und gelehriges Ziehkind einer feinen Gesellschaft, bemüht sich eifrig, dem Wunschbild des „Heilsbringers" zu entsprechen. Er zwängt sich willig in steife Hemden mit goldenen Manschettenknöpfen, in Smoking und Lackschuhe. Er lernt, was er bei den Habsburgern verabscheute, wie weit man sich zum Handkuß bückt. Mit dem Arbeiter freilich, der im Namen seiner Partei einen Vorzugsplatz einnimmt, hat er herzlich wenig zu tun, und ein „Selfmademan", der er stets zu sein vorgibt, ist er auch nicht. Dieser Hitler wird gemacht, und er läßt es willig zu.

Zwar hat Hitler schon im April 1923 mit seinem Begleiter Ernst Hanfstaengl Bayreuth und das Festspielhaus besucht und andächtig die seit 1914 unverändert gebliebenen, verstaubten Kulissen des „Fliegenden Holländers" bestaunt, doch den Wagners ist er nicht begegnet. Sie waren verreist, das Haus verschlossen.

1923, Bayreuth: Hitler wird „gesalbt"

Nun aber scheint es der Vorsehung zu gefallen, daß Hitler am Abend des 30. September im Bayreuther Hotel „Anker" Siegfried Wagner, den Sohn des Meisters, und seine Frau Winifred wirklich und leibhaftig kennenlernt. Natürlich hat nicht die Vorsehung die Hand im Spiel, Bechsteins Hände haben das fein eingefädelt und damit den Grundstock zu einer innigen Freundschaft gelegt. Das trifft besonders auf die 26jährige Winifred zu, eine geborene Engländerin namens Williams, in Berlin von einer Familie Klindworth erzogen, 28 Jahre jünger als ihr Ehemann Siegfried, aber nur acht Jahre von dem 34jährigen Hitler entfernt.

Am nächsten Tag wird er in der Villa Wahnfried herzlich aufgenommen, und dies trotz seiner ungewöhnlich-auffälligen Kleidung. Weil er von den populistischen Veranstaltungen des „Deutschen Tages" kommt, wo Smoking und Lackschuhe nichts zu suchen haben, somit auch die Kleidungsempfehlungen der Damen Bechstein und Bruckmann erfolglos bleiben müssen, trägt Hitler ausgerechnet an diesem für sein Leben so entscheidenden Tag Lederhosen, dicke Wollsocken, ein rotblau-kariertes Hemd und eine kurze, blaue Jacke, die schlecht sitzt. Aber das scheint man in diesen Kreisen für originell zu halten, und nicht einmal Cosima Wagner, die 86jährige Witwe des Meisters, nimmt Anstoß. Vielleicht meint sie, der „Retter Deutschlands", den sie in Hitler zu erkennen glaubt, müsse Lederhosen und Wollsocken anhaben, weil das Volk so gekleidet sei.

Tochter Eva führt den Gast zu ihrem bettlägrigen Ehemann, den 68jährigen englischen Philosophen, Judenhasser und rassistischen Literaten Houston Stewart Chamberlain, geistiges Oberhaupt der verehrten Familie und höchste Autorität der Bayreuther Gralsritter.

Adolf Hitler ist ergriffen. Darauf hat er seit seiner Jugend gewartet. „Adolf kannte keine größere Sehnsucht", erinnert sich sein Jugendfreund August Kubizek. Der große Führer wird ganz klein. „Ich war so bewegt", wird er 20 Jahre später in seinem Hauptquartier „Wolfsschanze" noch sagen. Auf Zehenspitzen geht er durch Salon, Musikzimmer und Bibliothek, wo seit des Meisters Zeiten alles unverändert geblieben ist. Stumm und ehrfürchtig betrachtet er jeden Gegenstand, „als besichtige er die Reliquien einer Kathedrale", wie Winifred feststellt. Einem schüchternen Erstklässler gleich, erzählt er mit leiser Stimme, daß er seit seinem ersten „Lohengrin"-Erlebnis den Meister tief verehre, als „größten Deutschen, der je gelebt hat".

Am Grab Richard Wagners im Garten der Villa, längst Wallfahrtsort aller Völkischen, bittet er seine Begleiter, allein sein zu dürfen. Lange steht er vor der efeuumrankten Granitplatte, und als er sich umwendet, hat er Tränen in den Augen.

Er will die „Parsifal-Frage" im Sinne des Wagnerschen Vermächtnisses lösen, sagt er wenig später sehr bestimmt, noch in

diesem Jahr werde er damit beginnen, einen Staatsstreich habe er im Sinn.
  In diesem Vorhaben bestärkt ihn der gebrechliche Chamberlain nachhaltig, er drängt ihn geradezu. Am Abend sitzen die beiden Männer im abgedunkelten Zimmer des Philosophen sich gegenüber. Nur Chamberlains Frau Eva ist dabei. Sie muß, wie eine Dolmetscherin, die Worte ihres stark sprachbehinderten Mannes verständlich machen. Darin ist sie geübt. Sie spricht leidenschaftlich, sie verdichtet die radikalen Thesen ihres Mannes in der ihr eigenen impulsiven Ausschließlichkeit zu einem aggressiven Konvolut. Die zarte, aber harte Frau ist unbeirrbar in ihrem Glauben an die Mission des Vaters Richard Wagner, die zur Mission des neuen „Erlösers" werden soll.
  Was detailliert zwischen Chamberlain und Hitler gesprochen wird, dringt nicht aus der Verschwiegenheit des düsteren Krankenzimmers. Die offizielle Version der NSDAP lautet: „Am Abend des Deutschen Tages kam es ganz in der Stille zu einer der denkwürdigsten Begegnungen der Bayreuther Geschichte und – man darf es auch sagen – der Geschichte der nationalsozialistischen Bewegung: Adolf Hitler und Houston Stewart Chamberlain reichten sich die Hände ... der geniale Seher und Künder des Dritten Reiches fühlte, daß sich in diesem einfachen Mann aus dem Volke das deutsche Schicksal beglückend erfüllen wird."
  Das ist nicht übertrieben, streicht man das Wort „beglückend". Zitate und Briefe überliefern das bestürzende Ergebnis dieses nächtlichen Gesprächs im fränkischen Bayreuth. Der „einfache Mann aus dem Volke" wird in dieser Nacht aus der dumpfen Masse dieses Volkes herausgehoben, er bekommt seine Weihe. Er wird gesalbt. Woran er in übersteigerter Selbsteinschätzung seit der Rienzi-Nacht von 1906 inbrünstig glaubt, ermutigt durch das stets wiederkehrende „Wunder der Vorsehung", jetzt wird es ihm bestätigt. Hitler hat sich seit Linz berufen gefühlt, nun, in Franken, wird er gerufen. Damals Vision, heute der Auftrag.
  Richard Wagner hat das Thema vorgegeben, der Verwalter seines Erbes und Hüter des Wagnerschen Gralstempels, Schwiegersohn Houston Stewart Chamberlain, überträgt dem berufslosen Ex-Gefreiten Adolf Hitler die Rolle des Vollstreckers, als habe der Meister es selbst so bestimmt. Hitler – Retter des deutschen Volkes aus seiner Not, Erlöser und Befreier, wie das Vermächtnis es befiehlt. Hitler – Rienzi, Parsifal, Ritter Stolzing, Drachentöter Siegfried in einer Person. Und der Drache ist das Judentum.
  Der Engländer Chamberlain hat es immer wieder gesagt: „Mit allen Kräften meiner Seele hasse ich es und hasse es und

hasse es." Das Judentum meint er, und es könnten auch Hitlers Worte sein.

Am 7. Oktober 1923 und am 1. Januar 1924 schreibt der vom völkischen Wahn befallene, todkranke Chamberlain, offensichtlich schon geistig umnachtet, erst in einem offenen Brief an Hitler, dann an ein Thule-Mitglied, verbreitet als Flugblatt der „Großdeutschen Zeitung": „Sie sind ja gar nicht, wie Sie mir geschildert worden sind, ein Fanatiker oder ein Gewaltsmensch ... Der Fanatiker erhitzt die Köpfe, Sie erwärmen die Herzen ... Ihr Auge ist gleichsam mit Händen begabt, es erfaßt den Menschen und hält ihn fest ... Daß Deutschland in der Stunde seiner höchsten Not sich einen Hitler gebiert, das bezeugt sein Lebendigsein ... Hitler liebt sein deutsches Volk mit inbrünstiger Leidenschaft ... Hitler ist eine der seltenen Lichtgestalten, die Gott uns geschenkt hat ... Das ist das Großartige an Hitler, sein Mut! Die Zivilcourage ... besitzt er in überschwenglichem Maße. In dieser Beziehung gemahnt er an Luther ... Erkennt man die Gefahr des Untergangs der deutschen Schöpferrasse, so müssen schleunigst Maßregeln gegen sie ergriffen werden ... Keiner wagt die Konsequenz von seinem Denken auf sein Handeln zu ziehen, keiner außer Adolf Hitler."

Der mit diesem verquasten, vom Irrsinn diktierten Wortschwall zum „Lichtheld" und „Reichsheld" Erkorene vernimmt die Botschaft wie eine heilige Verpflichtung. Er läßt sich nicht zweimal bitten. Seit dieser Herbstnacht in Bayreuth weiß er sich endgültig auf dem rechten Weg. Schleunigst will er die eingeforderten „Maßregeln" ergreifen. Der Putsch wird vorbereitet.

Am 14. Oktober beruft Hitler in Nürnberg eine außerordentliche Tagung aller Ortsgruppenleiter aus dem Reich ein. Er beteuert, jammert und droht: „Ich habe nur meinem deutschen Volk Treue geschworen. Diese Treue halte ich. Und wenn mich alles verläßt ... wenn einer nach dem anderen von Euch von mir abfällt, und wenn ich schließlich ganz allein dastehe, ich bleibe mir selbst treu und meinem deutschen Volk. Nur ein Revolutionär kann die Probleme meistern." Mit dem Revolutionär meint er natürlich sich allein. Er an der Spitze seiner Partei, dem jeglicher Führungsanspruch zustehe.

Das so häufig bemühte deutsche Volk müsse – wieder einmal – überzeugt werden, daß nur die nationale Bewegung in der Lage sei, den Staat zu retten. Er läßt keinen Zweifel daran, daß diese „Rettung" bevorstehe.

Großspurig verkündet Hitler: „Ein Titan hat sich niemals auf irgend eine Gefolgschaft gestürzt ... Unsere Bewegung, die Millionen einen Glauben gab, hat ihnen auch die Erfüllung zu geben. Es gibt kein Zurück, nur ein Vorwärts! Daß die Stunde gekommen, fühlen wir alle, und deshalb werden wir uns ihren Geboten nicht entziehen, sondern wie der Soldat im Felde dem Befehl folgen: Tritt gefaßt, deutsches Volk, und vorwärts marsch!"

Ende Oktober werden 3.000 SA-Männer in Mittel- und Oberfranken vorsorglich vereidigt, aber von „Tritt gefaßt" und „Vorwärts Marsch" steht nichts im Befehl. Der „Titan" zieht sich nach München zurück, seine kampfbereiten Streiter in Franken scharren mit den Hufen, sie verharren ungeduldig und voller Erwartung. Der Marsch nach Berlin sei beschlossene Sache, wird ihnen eingebleut, und auf dem Berliner Schloß werde bald die Hakenkreuz-Fahne wehen. Man munkelt, daß die fränkische Industrie sich an der Finanzierung des Putsches großzügig beteilige.

Der SA-Kommandeur Frankens, Ex-Major Walter Buch, nutzt die Atempause zu einem „originellen" Vorschlag: Man müsse sich die Juden nutzbar machen, empfiehlt er, und sie als Geiseln nehmen, wenn es zum Putsch kommt, um Druck auf das Ausland auszuüben. Das bleibt so ziemlich der einzige Beitrag der Nürnberger SA-Führung zur nationalen Erhebung. Ohne Polizei und Reichswehr habe die ganze Sache keinen Sinn, fällt dem Häuptling Buch gerade noch rechtzeitig ein. Die SA allein sei ja gar keine Truppe, „mit der man gegen eine organisierte und wohl bewaffnete Macht etwas ausrichten kann". Also: Schaun' wir mal und warten ab, schließlich brauchen wir ja erst mal Waffen und eine vernünftige Uniform. Deshalb fragt Buch in der Nürnberger Reichswehrkaserne an, wann er mit seiner SA zur Einkleidung kommen könne. Dort hat man keine Lust, die SA einzukleiden oder gar zu bewaffnen, und Buch verkrümelt sich nach Erlangen.

Er und sein Stab übergehen selbst das großzügige Angebot des 29jährigen Schweinfurters Theo Croneiß, Ex-Flieger und Freikorpskämpfer. Er hat in einer Scheune des Guts Schrammelhof bei Deuerling in der Oberpfalz neben Maschinengewehren und Karabinern ein ausgewachsenes Flugzeug aus dem ersten Weltkrieg eingemottet. Bricht der große Tag der nationalen Erhebung an, dann will er am Himmel über München die Lufthoheit erobern und die Feinde der Bewegung im Tiefflug niederhalten. Croneiß bleibt auf seinem Flugapparat sitzen. Niemand will ihn haben. Selbst Streicher, den Croneiß seit 1920 gut kennt, erinnert sich in der Stunde der Entscheidung nicht an seinen Kampfgenossen und seine womöglich kriegsentscheidende Waffe.

In Nürnberg bewegt sich überhaupt wenig, als die Bewegung am 8. und 9. November in München losschlägt. Oberbürgermeister Luppe versichert sich durch nächtliche Telefonate mit Reichswehrminister Geßler in Berlin, dem Standortältesten Oberst Freiherr von Löffelholz und Regiments-Kommandeur Oberstleutnant Beckh in Nürnberg der Loyalität der Reichswehr. Sie wird gegen Putschisten sofort vorgehen, versichern die Kommandeure. Aber das ist gar nicht nötig. Außer ein paar kleineren Ansammlungen am Hauptbahnhof und in der Königsstraße und der Räumung des NS-Lokals „Beckengarten" geschieht so gut wie nichts in Nürnberg. Selbst die möglicherweise als gefährlich eingeschätzten völkischen Führer verhalten sich ruhig. Ihre von Polizeipräsident Gareis halbherzig vorbereitete Verhaftung ist ohnehin ein Schlag ins Wasser, weil ein Polizeiwachtmeister die Bedrohten rechtzeitig warnt.

Mehr bewegt sich in den fränkischen Bezirken. Abteilungen der SA, der „Reichsflagge" und des Bundes „Bayern und Reich" machen sich abmarschbereit, werden aber überall von der Landespolizei aufgehalten. Besonders eifrig, aber ebenso erfolglos, bemühen sich die antisemitischen Ortsgruppen in Scheinfeld und Hof. In Burghaslach werden Richter „zur Aburteilung der Juden" ausgewählt, in der Umgebung von Coburg jüdische Wohnungen geplündert. In Bamberg entwaffnet die Polizei bereitstehende SA-Einheiten. In Würzburg verweigert der Präsident der Reichsbahndirektion den am Bahnhof versammelten Nazis einen Sonderzug nach München. In Bamberg, Coburg, Bayreuth und Hof werden potentielle völkische Putschisten verhaftet. In Aschaffenburg stellt sich die Reichswehr hinter die rechtmäßige Regierung.

In Nürnberg, in Franken überhaupt, glatte Fehlanzeige, und in München halten sich aus Franken nur Streicher, Klotz und Kellerbauer auf. Ein seltsames Trio, einer traut dem anderen nicht: Neben dem Wüterich Streicher zwei seiner Erzfeinde: Der nach Streichers Amokläufen in Nürnberg von Hitler als „Aufräumer" gegen Streicher eingesetzte ehemalige Deutschvölkische Dr. Helmuth Klotz und der ehemalige Seeoffizier und Redakteur des „Volkswillens", Walter Kellerbauer, der seit dem gemeinsamen Wirken bei der „Deutschen Werkgemeinschaft" mit Streicher fortwährend im Clinch liegt und seine Verhaftung gefordert hat.

Schon am Morgen des 8. November hat NSDAP- Geschäftsführer Max Amann sie nach München beordert, um „Organisationsfragen" zu besprechen. Streicher muß wohl etwas geahnt haben. Wegen „Organisationsfragen und politischen Geschichten" bekomme er als

Lehrer keine Unterrichtsbefreiung, bemängelt er. Deshalb gibt er bei seiner Schulbehörde eine „nationale Tat" als Grund seiner Reise an. Daß die „nationale Tat" von Anfang an jegliche vernünftige Tat vermissen läßt und auf wackligen Beinen steht, wird den drei Franken-Nazis zunächst nicht bewußt. Gemeinsam mit Geschäftsführer Amann requirieren sie in der „Siedlungs- und Landbank" einige Zimmer, richten dort ihr Büro ein und wollen den Putsch generalstabsmäßig vorbereiten. Doch für diese Art von Vorbereitung würde jeder Generalstab sich schämen. Heraus kommt nur blinder Aktionismus.

1923: Der Hitler-Putsch und die Wagners

Noch ein Besuch aus Franken hat sich in München einquartiert. Er fiebert ungeduldig dem großen völkischen Ereignis entgegen: Siegfried und Winifred Wagner, Hitlers neue Freunde aus Bayreuth, die Erben des Großmeisters persönlich. Seine Weihe, ferngesteuert aus Walhall und live vollzogen durch Chamberlain, trägt wesentlich dazu bei, daß Hitler seinen lang gehegten Revolutionsplan gerade jetzt umsetzt. Daß er ausgerechnet in diesen Tagen es wagt, Rienzi zu spielen, „das Volk aus der Knechtschaft zu führen".

Offiziell sind die Bayreuther wegen Siegfrieds neuem Konzertstück „Glück" gekommen, das am 10. November in München uraufgeführt werden soll, am Dirigentenpult der Komponist höchstselbst. Zwei Premieren auf einmal: der Künstler Siegfried Wagner mit dem Taktstock, der Tatmensch Adolf Hitler mit der Pistole, Marke Browning. Die Melodie ist ähnlich: Siegfrieds klangvolle Heldensage „Glück", glorios inszeniert nach bewährtem Wagner-Muster mit viel „Heil"-Rufen und lautem Trompetengeschmetter – Hitlers alles umwälzende nationale „Volks-Revolution" mit Trommelwirbel und Stiefelklang. Auch ein echtes Wagner-Drama mit tödlichem Ausgang.

Alles Zufall?

„Rein zufällig", so wird später in Bayreuth verlautbart, habe man bei einer Ausweiskontrolle in Münchens Innenstadt erfahren, was, nur ein paar hundert Meter weit entfernt, vorgefallen ist. Am 9. November, auf dem Weg zu Verwandten, will Winifred in eine Volksmenge geraten sein und „zufällig" vom Blutbad an der Feldherrnhalle gehört haben. Noch am Abend fährt sie zurück nach Bayreuth, angeblich ohne vom Ausgang der Hitler-Revolte zu wissen – obgleich sie ihren Freunden sogleich brühwarm erzählt, daß das Revolutions-Stück in München daneben gegangen ist.

Ehemann Siegfried reist weiter nach Innsbruck, wo er – rein zufällig – erfährt, daß Hermann Göring, nach seiner Flucht aus

München, dort im Krankenhaus liegt. Er besucht den durch einen Beinschuß verwundeten Gesinnungsgenossen. So Winifred Wagner. Ganz anders die Darstellung der Tochter Friedelind. Ihre Eltern, eingeweiht in die Putsch-Pläne, haben den Marsch zur Feldherrnhalle genau beobachtet, sagt sie: Hitler und Ludendorff an der Spitze einer Abteilung von SA-Männern in Windjacken – der schmächtige Hitler neben der aufrechten Gestalt des Generals wie ein Abziehbild, unmilitärisch und kläglich. An der Feldherrnhalle wird der Zug durch Maschinengewehrfeuer auseinandergetrieben. Ihre Mutter, entsetzt über das Blutbad, nimmt den nächsten Zug nach Bayreuth und informiert ihre Freunde. Ihr Vater reist zu Göring nach Innsbruck und hilft ihm mit Geld aus.

Das Glück haben sie beide nicht gepachtet, Siegfried Wagner nicht, und Adolf Hitler auch nicht: Das Konzertstück „Glück" wird glücklos abgesagt, das Revolutionsstück von der Polizei aus dem nationalen Zukunftsprogramm gestrichen und gnadenlos in Stücke geschossen, die NSDAP verboten.

Zurück zu den Ereignissen am 8. und 9. November 1923 in München.

Am Abend des 8. November, um 20.30 Uhr, dringt Hitler mit seiner Sturmabteilung und einem Maschinengewehr in den „Bürgerbräukeller" ein. Bayerns Staatskommissar Gustav Ritter von Kahr spricht zum fünften Jahrestag der November-Revolution vor der versammelten bayerischen Politik-Prominenz und 3.000 Menschen. Mit einem Schuß in die Decke aus seiner Browning verschafft Hitler sich Respekt und verkündet den Ausbruch der nationalen Revolution, die Absetzung der bayerischen Regierung und die bevorstehende Bildung einer neuen Reichsregierung mit ihm an der Spitze. Im Nebenzimmer schüchtert er Kahr, den Kommandeur der 7. Reichswehrdivision, General Otto Hermann von Lossow, und den Chef des Landespolizeiamtes, Hans Ritter von Seißer, mit der Pistole in der Hand ein und preßt ihnen das (scheinbare) Zugeständnis ab, sich am Putsch zu beteiligen. Euphorisch, mit geradezu kindlicher Begeisterung, ernennt er Kahr zum Landesverweser in Bayern, Lossow zum Reichswehrminister, Seißer zum Polizeiminister und sich selbst zum Kanzler der neuen nationalen Regierung. Nun, so glaubt Hitler, hat er Reichswehr und Polizei auf seiner Seite, Voraussetzung für das Gelingen des Putsches, zumindest in Bayern. Der Marsch auf Berlin – siehe Mussolinis Marsch auf Rom vor einem Jahr – werde die „Judenregierung" endgültig hinwegfegen.

Das bleibt Wunschdenken, eine von Hitlers Spezialitäten. Das Triumvirat Kahr, Lussow und Seißer denkt gar nicht daran, Hitlers schlecht organisierte Posse mitzuspielen. Kaum hat er sie laufen lassen, tun sie das Gegenteil. Sie fühlen sich an keine Zusagen gebunden, denn Hitler habe sie überrumpelt und, mit der Waffe in der Hand, schlichtweg erpreßt. Sie läuten die Gegenrevolution ein und bereiten alle Maßnahmen vor, den Putsch niederzuschlagen. Daß sie selbst schon lange den Plan in der Schublade haben, die Berliner Regierung zu stürzen, ist eine andere Sache. Aber nicht jetzt und nicht mit Hitler.

Von nun an geht alles schief. Ohne die Rückendeckung von Heer und Polizei kann aus dem Putsch nichts werden. Die Führung unter Hitler agiert falsch oder gar nicht. Die Braunen werden sich nicht einig, was nun als nächstes zu geschehen habe. Die „große Tat" der Machtübernahme versinkt im Chaos. Kopflos, mutlos, dilettantisch läßt die Führung ihre kampfbereiten Mannen stundenlang ohne Befehl. Im „Bürgerbräukeller", zum Beispiel, dösen die Sturmtruppler zwischen leeren Maßkrügen und vollen Aschenbechern stundenlang vor sich hin. Niemand sagt ihnen, was sie tun sollen.

Hitler, der große Trommler und Verführer, hat plötzlich das Trommeln und Verführen vergessen. Er spricht nicht zu den Menschen, er schweigt wie ein Heiliger, der nicht weiß, ob er gesteinigt oder gesalbt wird. Er läßt sich treiben, hoffnungslos und wankelmütig geworden. Vermutlich hat er schon in der Nacht erkannt, daß seine Sache verloren ist.

Dies ist die Stunde Streichers. Er versucht zu retten, was zu retten ist. Er bedrängt Hitler. Gerade jetzt, sagt er, in den letzten Stunden vor der Entscheidung, müsse man das Volk auf seine Seite ziehen, zu den Massen reden, trommeln und nochmals trommeln. Der ratlose „Führer", am Abend zuvor noch wild entschlossen, meint, dazu habe er jetzt keine Zeit mehr, er wisse sowieso nicht, wo ihm der Kopf stehe.

Frankens Abgesandter Julius Streicher drängt sich auf, diesen Part zu übernehmen. Er will das Steuer herumreißen, das andere schon aus der Hand gegeben haben. Hitler ist, nach einer nachdenklichen Minute, damit einverstanden. Auf einem Blatt Papier ernennt er seinen Rivalen von gestern, den Rabauken aus Nürnberg, zum Propaganda- und Organisationsleiter der „Nationalen Revolution". Alle Parteiredner werden ihm unterstellt.

Streicher zögert keine Sekunde. Schon in den frühen Morgenstunden zieht er mit dem II. Bataillon des SA-Regiments München durch die Straßen der Stadt. Von einem Lastwagen herab hält er aufpeitschende, fanatische Reden am Marien- und am Odeonsplatz.

Er brüllt, wie er in Nürnberg brüllt, und er sagt, was er in Nürnberg auch sagt: „Juden und christliche Schieber werden aufgehängt. Wer zum Juden will, der soll gehen. Die Tat rast bereits durch das Land!" Stürmischer Beifall läßt darauf schließen, daß Streicher mit seinen Haßtiraden in letzter Minute tatsächlich Erfolg hat und Schwankende überzeugen kann, sich dem Putsch anzuschließen oder zumindest mit den braunen Putschisten zu sympathisieren. Dann der Marsch zur Feldherrnhalle. Sie singen, etwa 2.000 Mann und die meisten bewaffnet, „O Deutschland hoch in Ehren" und Dietrich Eckarts „Sturmlied". Streicher marschiert im zweiten Glied hinter Hitler und Ludendorff, der mit zerknittertem Mantel und Schlapphut zur Revolution erscheint. Hitler, sehr schweigsam, hakt sich haltsuchend unter bei seinem Parteigänger, dem Ingenieur Dr. Scheubner-Richter. Der wird kurz darauf erschossen. Nicht auszudenken, wäre der Schuß nur 20, 30 Zentimeter weiter rechts eingeschlagen... Die „Vorsehung" hat's wieder mal gerichtet.

Für das, was in den folgenden Minuten geschieht, als der Zug Seißers Landespolizisten gegenübersteht, gibt es viele Versionen.

Streicher habe den ersten, den verhängnisvollen Schuß abgegeben, der zu der Schießerei mit 18 Toten führt, das ist eine Variante. Beweis gibt es keinen. Streicher sei vorgesprungen und habe den Polizisten zugerufen: „Nicht schießen, nicht schießen!", die andere. Schließlich die dritte, eine besonders abenteuerliche Lesart, die eher ins Märchenbuch fränkischer Nazigeschichte gehört: Streicher stellt sich wie ein menschliches Schutzschild vor seinen Führer Adolf Hitler, reißt das Hemd auf und schreit, mit entblößter Brust: „Schießt hierher, ihr Hunde!" Auch hierfür gibt's keinen Beweis, niemand hat Streicher mit nackter Brust vor der Feldherrnhalle gesehen.

Was auch immer Streicher an diesem 8. und 9. November getan hat oder nicht: Hitler ist beeindruckt von seinem fränkischen Kumpan, von diesem Tag an bleibt er ihm eng verbunden, und selbst fünfzehn, zwanzig Jahre später, als Streicher in der NSDAP untragbar wird, läßt er seinen Nürnberger Mafioso nicht fallen.

Nach dem kläglichen Scheitern der Revolution wird Hitler, zwei Tage später, in der Hanfstaengl-Villa in Uffing am Staffelsee verhaftet. Frau Helena Hanfstaengl, eine hübsche Amerikanerin, wird zeitlebens behaupten, Hitler habe sich in ihrem Haus umbringen wollen, was sie verhinderte. Sie habe ihm die Pistole weggenommen, als er auf der Empore des Hauses unkontrolliert damit herumfuchtelte und auf seine Schläfe zielen wollte.

Abwegig ist dieser Kurzkrimi nicht, denn Hitlers theatralische Vorliebe für Selbstmord-Drohung in ausweglosed Situation ist belegt. Schon vor dem verunglückten Putschisten-Marsch hat er angekündigt: „Ich habe vier Patronen in meiner Waffe, drei für meine Mitarbeiter, die letzte für mich". Und: „Entweder sind wir morgen an der Regierung oder tot." Am Ende zieht er in Uffing seinen weißen Bademantel aus, läßt sich ohne Widerstand festnehmen und in die Festung Landsberg bringen, wo er auch bleibt.

Vermutlich hat diese Episode dazu beigetragen, daß Helena Hanfstaengl den „Führer" stets als „Neutrum" bezeichnet, nicht aber als Mann...

Julius Streicher, nur sehr kurz Propaganda- und Organisationsleiter der „Nationalen Revolution", fährt noch am Abend des 9. November mit der Bahn nach Nürnberg. Am Hauptbahnhof empfängt ihn die Polizei. Er wird eingesperrt, aber schon einen Tag später wieder entlassen. Präsident Gareis hat eben das Herz auf dem Fleck rechts außen.

Am 12. November übergibt Winifred Wagner in Bayreuth der Presse einen offenen Brief „im Namen der ganzen Familie". Darin schreibt sie: „Ganz Bayreuth weiß, daß wir in freundschaftlichster Beziehung zu Adolf Hitler stehen. Wir waren in den verhängnisvollen Tagen gerade in München und sind die ersten gewesen, die von dort zurückkamen. Begreiflicherweise wandten sich Hitlers Anhänger an uns, um von Augenzeugen sich berichten zu lassen.."

Also doch: Die Wagners als Augenzeugen! Fränkische Gewährsleute der nationalen Katastrophe von München. Von „Zufall" kein Wort. Dafür die eindringliche Beteuerung, mit dem Putsch habe man nichts zu tun. Daß Ehemann Siegfried an Görings Krankenbett in Innsbruck eilt, bleibt unter Verschluß.

„Seit Jahren", so fährt der Brief fort, „verfolgen wir mit größter innerer Anteilnahme und Zustimmung die aufbauende Arbeit Adolf Hitlers ... der sein Leben seiner Idee eines geläuterten, einigen, nationalen Großdeutschland zum Opfer bringt ... mit Inbrunst und Demut einer göttlichen Bestimmung zu verwirklichen ... daß wir auch unter dem Banne dieser Persönlichkeit stehen, daß auch wir ... in den Tagen der Not ihm die Treue halten."

Wenn da nicht Chamberlain die Feder geführt hat! Er bietet sich der NS-Ortsgruppe in Bayreuth „mit seinem Rat und seinem Ansehen" an. Siegfried Wagner hilft Göring und Ludendorff mit Spenden. Zehntausend Bayreuther fordern in einer Unterschriften-Aktion die Freilassung ihres „Führers".

Der Geist aus Bayreuth ist auch nach dem 9. November 1923 hell wach – jetzt erst recht. Die Gralsritter lassen ihren Rienzi, ihren Parsifal nicht verkommen, vom Götterthron kommt Trost und-

Treueschwur: der Missionar hat seine Mission noch längst nicht beendet.

Dies ist auch die Überzeugung der fränkischen Nationalsozialisten, ihrer Führer und Sympathisanten. Sie wollen das inzwischen von Kahr ausgesprochene Verbot der NSDAP mit ihren 55.000 Mitgliedern nicht wahrhaben, die Auflösung des „Bundes Oberland" auch nicht. Franken kommt nach dem Putsch nicht zur Ruhe, Tage und Wochen lang nicht. Der 40jährige SA-Führer Walter Buch schickt zwei Kuriere von Nürnberg nach Würzburg und Bayreuth mit der wahnwitzigen Forderung, für Hitlerblut müsse nun Judenblut fließen. Wörtlich: „... es gibt nur noch eine Möglichkeit, uns zu rächen, und heute nacht um 12 Uhr müssen sämtliche Juden erschlagen werden. Hantieren nur mit Messer und Beil. Blut will wieder Blut."

Zum Glück nimmt niemand diesen Mordbefehl ernst, und Buch widerruft eilig. Aber es kommt zu antisemitischen Ausschreitungen, vor allem in Scheinfeld, und auch an Nürnberger Schulen. In einem Buch-Befehl vom 11. November, an dem auch Streicher mitwirkt, heißt es: „Der zweite Teil der nationalsozialistischen Revolution beginnt. In Hitlers Vertretung hat Streicher die politische Leitung Nordbayerns übernommen, ich habe die Führung der SA ... Sieg wird gewiß sein."

Halb Nürnberg versammelt sich am Sonntag, 11. November, zwischen Königs-, Karolinen- und Ludwigsstraße. Gerüchte schwirren, es wird kontrovers diskutiert, die Mehrheit schlägt sich auf die Seite des gescheiterten Hitler.

Das darf nicht verwundern. Die Menschen sind verbittert, sie hoffen auf „Rettung", wie Hitler sie verspricht. Obgleich am 15. November die Ausgabe der neuen Rentenmark beginnt, Not und Elend sind nicht beseitigt, die Inflation tobt weiter. Ein Liter Milch kostet jetzt 168 Milliarden, ein Pfund Brot 145 Milliarden und eine Straßenbahnfahrt 20 Milliarden. In Nürnberg leben 56 Prozent der 390.322 Einwohner von der öffentlichen Fürsorge.

Trotz Verbots marschieren braune Trupps in Uniform durch die Stadt. Sie verteilen Handzettel, unterzeichnet von der „deutschen nationalen Regierung Adolf Hitler", die es nicht gibt. Verfaßt werden diese Traktate in Tutzing am Starnberger See. Immer wieder taucht Streicher auf, mischt sich unter die Leute, ermahnt sie – scheinbar – zur Ruhe, versichert ihnen, daß der Nationalsozialismus noch lange nicht am Ende sei. Die Polizei hält sich zurück.

Am Montag geht der Lehrer Streicher nicht in die Schule, er läßt sich krank schreiben. Wegen „nervöser Erschöpfung" und „neuro-

tischen Zuständen", attestiert ihm ein Gutachten des Bezirksarztes. Aber Erschöpfung und Neurose hindern Streicher nicht daran, weiter für Hitler und die verbotene NS-Partei zu agieren.
Auch im fränkischen Land ebbt die Unruhe nicht ab. In Bamberg wollen 2.000 Menschen das Rathaus stürmen, es wird geschossen. In Hof demonstrieren tausende Nationalsozialisten, die Polizei fühlt sich zu schwach, um einzugreifen. Noch unter dem Eindruck des Buch'schen Wahnsinns-Befehls stürmen in Sugenheim bei Scheinfeld Nazis, mit Infanteriegewehren bewaffnet, ein jüdisches Haus und mißhandeln die Bewohner. Eine „NS-Ortswache" verlangt von allen Juden, ihre Waffen herauszugeben. Der Anführer warnt die jüdischen Lehrer davor, die Vorfälle der „jüdischen Presse" mitzuteilen. Bauern weigern sich, Milch und Butter an Juden abzugeben. In Burghaslach wird eine unbewohnte jüdische Villa ausgeräumt.

Die Bayreuther SA hält weiterhin „stille" Appelle ab. Die Coburger treffen sich in Privatwohnungen, sie veranstalten, gemeinsam mit der „Reichskriegsflagge", bewaffnete Wehrübungen. In Bamberg bezahlen die NSDAP-Mitglieder immer noch ihre Beiträge an eine Partei, die offiziell gar nicht mehr existiert. Die Scheinfelder Hitler-Anhänger beschließen: „Die Waffen werden auf alle Fälle gut versteckt gehalten, wir schließen uns noch enger und besser wie bisher zusammen und warten den Moment ab, wo unser Führer die Bewegung wieder ins Leben ruft."

Am 16. November versammeln sich im Hof der Höheren Technischen Lehranstalt in Nürnberg national gesinnte Studenten zu einer Trauerkundgebung für die nationalsozialistischen Toten des 9. November. Danach ziehen sie durch die Karolinen- und Königsstraße zum Frauentor.

Am 29. November sprengt Streicher mit seiner Kohorte eine Versammlung des „Freiwirtschaftsbundes" im Nürnberger Herkules-Velodrom, einem Saalbau beim Opernhaus. Sie verprügeln Zuhörer, zerren den Redner, einen Oberstudiendirektor Dr. Uhlemayr, vom Podium. Streicher besetzt das Rednerpult und spricht über das Thema: „Warum muß die Welt hungern?" Die Antwort hat er gleich parat: Weil die Juden uns hungern lassen, sie sind schuld daran. Am 7. Dezember hetzt Streichers Adjutant Raschbacher nach einem Standkonzert die Menschen auf; sie greifen die Polizei an.

Hitler sitzt, Frankens SA marschiert – allen Verboten zum Trotz.

Vom Tod seines Mentors und Türöffners Dietrich Eckart aus Neumarkt erfährt Hitler in seiner Luxuszelle Nr. 7. Er weint, sagen seine Häftlingsgenossen. Vermutlich Krokodilstränen, denn er hat Eckart längst abgeschrieben und auch als Herausgeber des

„Völkischen Beobachters" vor die Tür gesetzt. Eckarts Dienste sind nicht mehr gefragt.

Die „Frankfurter Zeitung" beschäftigt sich mit den ungewöhnlichen Verhältnissen in Nürnberg: „Von der durch den Generalkommissar verfügten Auflösung der NSDAP ist in Nürnberg nicht viel zu bemerken. Die Nationalsozialisten halten ihre regelmäßigen Versammlungen in ihrem Vereinslokal ab, veranstalten offizielle vaterländische Feiern und scheuen sich auch nicht, in geschlossenen Zügen und uniformiert zu demonstrieren."
Die Nazis tarnen sich, ihre Organisationen tragen neue Namen. In Ansbach und Neustadt bei Coburg erwecken sie den „Deutschvölkischen Schutz- und Trutzbund" wieder zum Leben, in Kronach kriechen sie beim „Jungdeutschen Orden" unter, in Lichtenfels verbrüdern sie sich mit einer „Völkischen Brigade Ehrhardt", in Coburg entstehen „Vereinigte vaterländische Verbände". In Bayreuth wird der „Völkische Bund Bayreuth" aus der Taufe gehoben – unter tätiger Mithilfe des Hauses Wahnfried. Ein treudeutsches Kaffekränzchen Hakenkreuz-gläubiger Frauen treibt Hitler-Kult.

In Nürnberg wird aus der verbotenen Organisation „Reichskriegsflagge" flugs eine „Altreichsflagge", die sich rasch über ganz Mittelfranken ausbreitet. Ein rechtslastiger Verein „Turnvater Jahn" etabliert sich. Am 18. Dezember 1923 holt Streicher die „Deutsche Arbeiterpartei" von 1919 aus der Mottenkiste und versieht sie mit dem Zusatz „Bund aller arbeitenden Hände". Sie wird zur größten Auffang-Organisation der fränkischen Nazis. Da Streicher selbst nicht auftreten darf, übernimmt ein Rechtsanwalt Dr. Kleber pro forma die Leitung. Die neue DAP überzieht alle mittelfränkischen Bezirke, die ersten Ortsgruppen tun sich auf in Pappenheim, Markt Bibart, Scheinfeld, Schwabach und Coburg.

Generalkommissar von Kahr quittiert die Entwicklung der völkischen Bewegung in Bayern mit der Feststellung: „Verschiedene Anzeichen sprechen dafür, daß die aufgelösten Verbände ihre Tätigkeit zur Zeit mehr nach Nordbayern verlegen. Als neuer Mittelpunkt wird Nürnberg genannt."

Das Bayerische Staatsministerium des Äußeren (auch sowas gibt es) erwähnt in einem Aktenvermerk: „Der Kampfbund verfügte und verfügt über ungeheure Geldsummen. Der Etat für die Truppen war in Franken aufgestellt ... Hier müssen die starken Quellen einiger weniger großer Geldgeber fließen."

Dem Nürnberger Oberbürgermeister Dr. Luppe wird Streichers dreistes Auftreten zu dumm. Er schreibt an den Regierungspräsidenten und fordert ihn auf, „diesen pathologischen Schädling" seines Amtes zu entheben, wenn die Regierung ihr eigenes Ansehen nicht verlieren wolle. Am 11. Dezember 1923 wird Streicher endlich vom Lehramt suspendiert, ein Drittel seiner Bezüge einbehalten.

Jetzt kann er sich ganz und gar seiner politischen Agitation widmen. Auch für die sogenannte „schriftstellerische Tätigkeit" bei seinem Schmutzblatt „Stürmer" hat er mehr Zeit. Doch als er sich an dem abstrusen Plan eines Dr. Weiß und eines Ex-Majors Ritter von Bolz beteiligt, von Franken aus eine „Nationalarmee" aufzustellen, greift der Generalstaatskommissar endlich ein. Er läßt die drei Herren am 12. Januar 1924 einsperren, Streicher hauptsächlich wegen seiner Versuche, die NSDAP unter anderem Namen wieder salonfähig zu machen. Aber auch – so kurios das klingen mag – wegen „national-kommunistischer Umtriebe". Der Grund: Streicher besinnt sich plötzlich seiner ehemals linken Parolen und einer gewissen Gemeinsamkeit mit kommunistischen Arbeitern.

Am 18. Januar 1924 wird er nach Landsberg gebracht – zu seinem Führer. Doch schon am 27. Februar kommt er wieder frei, weil er sich, im Auftrag Hitlers, um ein Landtagsmandat beworben hat. Das reicht merkwürdigerweise aus für eine Entlassung.

Hitler bleibt auch bei den alten Soldaten ein Held. Am 26. März 1924 fordert die „Vereinigung der ehemaligen Angehörigen der schweren Artillerie", Hitler sofort freizulassen: „Hitler und allein nur Hitler ist fähig, der sich die Volksgemeinschaft geschaffen hat, zu dem jeder wahre Deutsche sich hingezogen fühlt, ohne Rücksicht auf Rang und Stand, ob Kommerzienrat oder Steinträger".

Hitler muß nicht schmachten in Landsberg. Dafür sorgen ungezählte Anhänger, vorneweg die Wagners aus Bayreuth. Sie versorgen ihn mit vielen Päckchen. „Wir halten treu zu ihm ... meine Frau kämpft wie eine Löwin für Hitler", bekennt Siegfried Wagner stolz.

Die Wagners tun noch mehr. Gemeinsam mit dem SA-Führer Kurt Lüdecke fahren sie in die USA. Sie sammeln Spenden, offiziell für die Wiedereröffnung der Bayreuther Festspiele, geplant 1924, aber auch zur Finanzierung der zwar verbotenen, aber längst nicht toten Partei ihres Günstlings Hitler.

Der schreibt am 4. Januar 1924 aus der Haft einen Brief an seinen Vertrauensmann Lüdecke, dankt ihm für die Kontakte, die er zu Mussolini hergestellt hat, und beauftragt ihn, „für die Interessen der deutschen Freiheitsbewegung in Nordamerika zu werben und besonders finanzielle Mittel hierfür zu sammeln." Hitler denkt dabei ganz besonders an Henry Ford, gleich ihm ein erklärter Antisemit.

Diesen Lüdecke, Playboy, ehemaliger Glücksspieler und weltgewandter Geschäftsmann, kennt Hitler seit August 1922. Bei einer Versammlung der vaterländischen Verbände in München sind sie sich zum ersten Mal begegnet, und Lüdecke ist von der ersten Sekunde an fasziniert von der „Überzeugungskraft" Hitlers. Er hat seitdem für die NSDAP, dank seiner hochrangigen Beziehungen, immense Geldmittel eingesammelt, zumeist im Ausland. Sein eigenes Vermögen ist zum größten Teil in der Parteikasse verschwunden. Tatsächlich werden die Bittsteller Wagner und Lüdecke auf Fords Landsitz bei Detroit empfangen. Das Gespräch offenbart bald, daß „die Ideen Fords und Hitlers sehr ähnlich waren", wie Winifred sich erinnert. Ein Mann, der Deutschland von den Juden befreien wolle, könne natürlich auf seine, Fords, Hilfe rechnen. Ob und wieviel Geld der Autokönig locker macht, bleibt geheim. Ford will keinen Boykott seiner Autos riskieren, falls publik werden sollte, daß er den Judenfresser Hitler finanziell unterstützt.

Fest steht, daß Hitler dem Amerikaner Henry Ford zu seinem 75. Geburtstag 1938 das Großkreuz des Deutschen Adlerordens verleihen wird, die höchste deutsche Auszeichnung für einen Ausländer – und das bestimmt nicht grundlos.

Die Partei, die es nicht mehr gibt, hat noch immer ungezählte Mitglieder und Anhänger, die einen illegal, die anderen ganz offen. Sie marschieren weiter unter fremden Fahnen, sie nutzen falsche Etiketten. Wahlen stehen an, am 6. April 1924 für den bayerischen Landtag, am 4. Mai für den Reichstag. Selbstredend wollen die Nationalsozialisten daran teilnehmen, getarnt in neuen Kleidern.

Die wiedererweckte DAP sorgt immer mehr für Furore in ganz Franken. Neben der Zentrale in Nürnberg entstehen weitere Ortsgruppen in Ansbach, in Erlangen, Uffenheim, Ipsheim, Zirndorf, Bamberg, Kronach, Lichtenfels und in Bayreuth-St. Johannis. Während in Nürnberg angeblich nur 30 Prozent der Mitglieder aus der NSDAP kommen, jedoch – unter Streichers inoffizieller Führung – eindeutig den Ton angeben, treten bei der Gründung der Ansbacher Ortsgruppe alle prominenten Nationalsozialisten geschlossen wieder an, zwei von ihnen sitzen sofort im Vorstand.

Nur folgerichtig die Erklärung der Ortsgruppenleitung: „Möge recht bald der Tag kommen, wo unser Adolf Hitler wieder seine Freiheit erlangt und den Völkischen zurückgegeben wird als ihr Mahner, Verkünder und Prophet."

In München setzt sich die NSDAP als „Großdeutsche Volksgemeinschaft" fort. Alfred Rosenberg gründet sie, inzwischen neuer Chefredakteur des „Völkischen Beobachters". Ihm hat Hitler, nach dem November-Putsch, die Aufgabe übertragen, sich um die Partei zu kümmern. Aber Rosenberg, ein schwacher Mann und Phantast, der sich hauptsächlich der Nazi-Ideologie und – Philosophie verschrieben hat, darf und kann, schon wegen des Verbots, nichts daraus machen. Deshalb steht ihm jetzt, bei der „Großdeutschen Volksgemeinschaft", der noch nicht einmal 24jährige Hermann Esser zur Seite, NS-Propagandamann in München, Schriftleiter beim „Völkischen Beobachter" und – nach Hitler – der aggressivste NS-Redner. Nachdem in Bamberg alle Ultra-Nationalen sich zum „Völkischen Block" zusammengeschlossen haben, treten sie gemeinsam an zu den Wahlen, und dies mit Erfolg.

1924: Wahlerfolg trotz Verbots

In Franken erreicht der „Völkische Block" bei der Landtagswahl am 6. April 1924 einen Stimmenanteil von mehr als 25 Prozent, im gesamten Bayern mit 17,1 Prozent noch immer ein ansehnliches Stück vom Kuchen. Jetzt zeigt sich unübersehbar, wo das Zentrum der Völkischen zu suchen ist, besser gesagt: der „neuen" Nationalsozialisten, die das Programm der NSDAP in seinen Grundzügen getreulich weiter verfolgen – in Franken. An der Spitze Coburg mit 52,9 Prozent, Ansbach mit 51,3 Prozent und Weißenburg mit 40 Prozent. In Nürnberg votiert immerhin knapp ein Viertel aller Wähler für die völkische Liste.

Die verkappten Nazis schicken 23 Abgeordnete in den Bayerischen Landtag, darunter aus Nürnberg selbstredend Julius Streicher. Weitere Landtagsabgeordnete gleicher Couleur kommen aus Ansbach, Bayreuth, Scheinfeld, Coburg und aus Kronach; außerdem der auf der fränkischen Liste gesetzte Münchner Polizeipräsident und Nazi-Freund Dr. Ernst Pöhner, gebürtiger Hofer und früher mal Staatsanwalt in Nürnberg und Amberg.

Bei den Reichstagswahlen am 4. Mai 1924 ein ähnliches Bild, weit mehr Stimmen für die Rechten als im übrigen Reich, wo die Völkischen nur auf 6,6 Prozent kommen. Vier „rechte" Franken rücken in den Reichstag ein, allerdings nur Herren aus dem zweiten Glied, die prominenten Nazis aus Franken haben sich schon dem Bayerischen Landtag verdingt. Hitler will das so. Streicher, so verfügt er von seiner Zelle aus, soll sich zuerst auf Franken konzentrieren, dann auf Bayern, sich aber nicht durch ein Reichstags-Mandat verzetteln. Franken hat Vorrang.

Der Häftling in Landsberg kann stolz sein auf seine Franken. Zwar geraten die Platzhalter sich in unaufhörlichen Diadochen-Kämpfen in die Haare. Aber Hitler weiß genau, an wen er sich halten muß, um Franken als NS-Hochburg zu erhalten. Der Mann fürs Grobe ist sein Seelenschwager Julius Streicher. Auf diesen Kumpan ist inzwischen Verlaß. Er ist ausgestattet mit der nötigen Brutalität, Strapazierfähigkeit und Radikalität, um Hitlers Ziele in Franken durchzuboxen.

Die „Blutsbrüderschaft" bewährt sich schon bei der nächsten Zerreißprobe. In Nürnberg bahnt sich ein Konflikt in der Vorstandschaft der DAP an. Streicher wird wieder einmal mit seinen „nationalbolschewistischen Parolen" konfrontiert; sie schaden der Partei. Streicher wehrt sich auf seine Weise. Er fährt am 14. April nach Landsberg, besucht seinen Führer in der Zelle, die jedermann offen steht, den Hitler zu sehen wünscht. Streicher hat Erfolg: Hitler hält zu ihm, ernennt ihn zu seinem „Bevollmächtigten" für Nordbayern, obgleich andere an Streichers geistiger Zurechnungsfähigkeit zweifeln.

Mit diesem Trumpf im Ärmel stellt Streicher sich am 27. Mai 1924 vor eine außerordentliche Mitglieder-Versammlung der DAP und brüllt: „Wer ist für Hitler?" Alle springen auf, niemand ist gegen Hitler. Streicher fährt fort: „Dann müßt ihr auch für mich sein, denn Hitler hat mich hier eingesetzt." Natürlich sind jetzt fast alle auch für Streicher. Der hat nun freie Hand, kann schalten und walten wie er will. Er setzt den Vorstand ab, ernennt einen neuen.

Als er auch mit diesen Herren nicht auskommt, beginnt er ein Katz- und Mausspiel, in das selbst Hitler verwickelt wird. Zuerst sichert er seine Hausmacht durch ein ihm ergebenes „Wachkommando", den „Schlageterbund e.V.", benannt nach dem im Mai 1923 von den Franzosen wegen Sabotage und Spionage erschossenen Weltkriegsoffizier, Freikorpskämpfer und Mitglied der NSDAP-nahen „Großdeutschen Arbeiterpartei", Albert Leo Schlageter. Dann schützt Streicher sich durch eine sogenannte „Kriminalabteilung Streicher".

Das ist zuviel für die DAP-Vorstände. Sie fühlen sich beleidigt und brüskiert, werfen Streicher auch noch Handgreiflichkeiten vor, und wenden sich an den einsitzenden Hitler. Er möge dem machtbesessenen Streicher keine weiteren Vollmachten erteilen, sonst sei man gezwungen, einiges auszuplaudern über Streichers Lebenswandel und seine laxe Eheauffassung. Das sitzt, hier ist ein wunder Punkt, eine Schwachstelle in Hitlers Loyalitätsbemühen. Hitler weiß natürlich, daß sein fränkischer Schmuddelgenosse alles andere ist als ein Weihnachtsengel, und deshalb muß er die Form wahren. Er mißbilligt ja sonst auch jede Entgleisung in seiner Partei, gibt sich als Saubermann und Puritaner. Hitler macht offiziell einen Rückzieher und widerruft seine vorherigen „Erklärungen". Ob er damit auch Streichers Ernennung zum „Nordbayern-Bevollmächtigten" zurücknimmt, läßt er offen. Das kann jeder halten, wie er mag, Hitler schmeichelt Streicher schon bei nächster Gelegenheit wieder und spricht sich wärmstens für seinen „Freund Julius Streicher" aus. Mal so, mal so, fallen läßt Hitler seinen Kumpan in Nürnberg weder jetzt noch später.

Streicher beantwortet die Aktionen seiner Parteigenossen wieder mit einem faulen Trick. Obgleich er noch immer der DAP angehört, eröffnet er in Nürnberg eine Ortsgruppe der konkurrierenden südbayerischen „Großdeutschen Volksgemeinschaft". Jetzt ist das Durcheinander vollkommen.

Damit beweist Streicher wieder einmal seine Unfähigkeit, in seiner eigenen, von ihm gegründeten Parteiorganisation Kritik zu ertragen und sich fair auseinanderszusetzen. Ein Organisator ist er nicht. Er bleibt – wie sein Führer – der Trommler, der die Massen aufpeitschen und auf die Barrikaden treiben kann.

Streicher spielt den Alleinherrscher in „seinem Machtbereich": „In Nürnberg diktiere ich und lasse mir nicht dreinreden." Er hetzt einen gegen den anderen auf, zeigt sich unversöhnlich und herrschsüchtig und trägt dazu bei, daß die völkische Bewegung in Franken mehr und mehr auseinanderbricht. Alle beteuern sie, treu und fest zu Hitler zu stehen, aber jeder sucht seinen eigenen Weg. Immer mehr Parteien werden gegründet und wieder aufgegeben. Immer neue Namen, die den Tag nicht überstehen.

Keiner kennt sich mehr aus, niemand schaut mehr durch, wer nun wirklich für den ständig beschworenen Freiheitskampf zuständig ist. Persönliche Rivalitäten werden ausgetragen. Heute paktiert, morgen den Dolch im Rücken. Der Prophet aber sitzt in Landsberg, er fehlt an allen Ecken und Enden. Am 7. Juli verzichtet Hitler offiziell auf jegliche Führung. Kann er von seiner Zelle aus ungehindert agieren? Seine beschwörenden Auftritte, die den Massen das Ziel geben und sie zusammenschweißen, sie fehlen den Nazis. Das zerstrittene Parteienvolk hat den Kopf verloren.

Streicher macht sich immer unbeliebter. Feinde landauf, landab, und die zu ihm halten, sind von minderer Qualität. Sein Intimus Karl Steinberger, zum Beispiel, der Streichers Auto chauffiert, ist fünfzehnmal vorbestraft. Stets einig ist Streicher sich nur mit dem Münchner Hermann Esser. Ihre Intrigenspiele haben das gleiche perfide Format. Von ähnlichem Kaliber ist der Thüringer NS-Führer Dr. Artur Dienter, und so findet sich bald ein gefährliches Triumvirat Esser-Streicher-Dinter.

Wozu dieser ungeliebte Streicher fähig ist, schildert der spätere „Reichspropagandaminister" Dr. Joseph Goebbels in seinen Tagebüchern unter dem 22. August 1924:

„In Würzburg sprach ... vor einer Massenversammlung der wilde und fanatische Julius Streicher. In vierstündigen Ausführungen hatte er durch seine Leidenschaftlichkeit die Menge so fanatisiert, daß sie am Schluß spontan in den Gesang des Deutschlandlieds ausbrach. Nach der zweiten Strophe erschien an der Bühne ein alter Universitätsprofessor im langen, schwarzen, speckigen Rock und gebot mit erhobenen Händen Ruhe. Und dann stellte sich dieses alte, eisgraue Männchen auf einen Stuhl und sang mit seiner schleppenden, öligen Stimme die letzte Strophe allein ... So müssen wir, die Apostel des neuen Gedankens, das Volk aufwecken ... Wenn man so den Opfermut der Leute sieht und bemerkt, daß alles nur von der Aufklärung, dem Augenaufmachen abhängt, dann wünscht man sich wohl, daß wir in jeder Stadt einen Adolf Hitler hätten, der durch sein heiliges Feuer alles verbrennt, was noch lau und träge ist."

Das unaufhörliche Hauen und Stechen der „kleinen Hitlers" aber hat verheerende Folgen: Die Gräben werden tiefer, die Anhänger wenden sich ab, die Glaubwürdigkeit schwindet, die Ortsgruppen bezahlen ihre Beiträge nicht mehr, die DAP plagt eine Schuldenlast von 50.000 Goldmark. Die Wählerverluste werden über Nacht dramatisch. Die erneuten Reichstagswahlen am 7. Dezember 1924 – der erst im Mai gewählte Reichstag wird schon im Oktober wegen Beschlußunfähigkeit wieder aufgelöst –, diese zweite Reichstagswahl in einem Jahr beschert den Nationalen mit gerade mal drei Prozent und 14 Abgeordneten, darunter nur vier Nazis, schmerzhafte Verluste. Im Mai sind es noch 32 gewesen. Eine Million Wähler gehen verloren.

Selbst Nationalhelden wie General Ludendorff sind umstritten. Heute zum Führer der Nationalen erklärt, morgen ignoriert. Einmal steht er mit Hitler in einer Reihe, schickt ihm sogar eine Ergebenheitsadresse nach Landsberg, bei nächster Gelegenheit lehnt Hitler ihn ab.

Die Strasser-Brüder und der Landsknechts-Typ Ernst Röhm gewinnen an Bedeutung und Hausmacht. Der Apotheker Gregor Strasser und sein in Windsheim geborener Bruder Otto gehören dem linken Flügel der NS-Partei an, sie verfolgen einen streng sozialistischen, gewaltlosen, eher linken Kurs auf nationaler Basis. Röhm, zwar auch am Putsch vom 9. November 1923 beteiligt, aber nach kurzer Festungshaft am 1. April 1924 schon wieder entlassen und nun Reichstagsabgeordneter der Völkischen, will die NS-Partei wehrhaft machen. Er kommandiert die SA.

Allein Hitlers Auftreten bei seinem Prozeß im Februar und März 1924 in München, den er – mit gütiger Mithilfe des Gerichts – selbstherrlich zu einer Propagandaveranstaltung der NSDAP umfunktioniert, hält das Ansehen der „Bewegung" einigermaßen aufrecht. Er zitiert Richard Wagner in seinen stundenlangen Reden, die das Gericht ihm gestattet. „Erinnern Sie sich", sagt er beschwörend, „daß die Größten und Besten unseres Volkes fast alle einst als Flüchtlinge im Ausland bitter traurig leiden mußten, erinnern Sie sich der Worte, die Richard Wagner ausrief, als er zum ersten Mal wieder an den Rhein kam: ‚Mit hellen Tränen im Auge schwur ich meinem lieben Vaterland ewige Treue.'" Natürlich zählt auch der Österreicher Hitler sich zu diesen „Größten und Besten", zu den „leidenden Flüchtlingen im Ausland".

Solch schwülstige Predigten zeigen Wirkung, drinnen im Gericht und draußen auf der Straße. Sind seine Anhänger auch in ungezählten Splittergruppen wie vom Wind verweht, an die Mission des Adolf Hitler glauben sie alle noch, vielleicht mehr denn je, ungeachtet der Strafe von fünf Jahren Festungshaft, zu der er am 1. April 1924 verurteilt wird. Er spielt seine Rolle im Prozeß so überzeugend, daß sie jetzt erst recht in ihm den Mann sehen, der „den Freiheitsgedanken und das völkische Bewußtsein im deutschen Volke zur heutigen Flamme entzündet." So formuliert es eine Zeitung, die über eine Feier von 3.000 Nationalsozialisten am 23. April 1924 zu Hitlers Geburtstag im Münchner Bürgerbräukeller berichtet. Hitler liest's mit Wohlbehagen.

Seine Zelle ist ein großes Zimmer im ersten Stock der Landsberger Festung mit herrlichem Ausblick auf die bayerisch-schwäbische Landschaft. Er trägt seine Lederhose, sitzt im bequemen Schaukelstuhl und liest Zeitungen und Bücher, er treibt „Selbststudium" wie in seinen Wiener und Münchner Jugendjahren. Um ihn herum ein Hofstaat von vierzig Mithäftlingen, und täglich kommen Blumen, Liebesgaben und Briefe, körbeweise. Mehr als 500 Besucher pilgern nach Landsberg wie zu einem Wallfahrtsort. Schließlich fühlt er sich gezwungen, Besucherbeschränkungen zu erlassen. Er hat jegliche Freiheiten, wird höflich behandelt wie ein bevorzugter Hotelgast – nicht wie ein Festungshäftling.

An Freund Siegfried Wagner in Bayreuth schreibt er im Juli einen larmorianten Brief. Gerade jetzt, da nach zehn Jahren endlich wieder die Festspiele auf dem Hügel zelebriert werden, sei er zu seinem tiefsten Bedauern verhindert. Das schmerze ihn sehr. „Was mir seit meinem 13. Jahre schon als bisher unerfüllbarer Wunsch vorschwebte ... ein Besuch der Festspiele ... leider scheint mich das Schicksal noch nicht für würdig oder reif genug zu halten ..."

Seine Parteigänger in Bayreuth freilich haben den „verratenen und eingekerkerten" Erlöser in ihrem Programm als festen Bestandteil aufgenommen. Als sie sich auf dem Gralshügel versammeln, auch Ludendorff ist dabei, marschiert ihr Hoffnungsträger im Geiste mit. Die „Meistersinger von Nürnberg" stehen auf dem Spielplan. „Befestigungsspiele des deutschen Geistes" nennt der Festspielleiter die Oper von dem Nürnberger Schustermeister und Poet dazu.

Beim Bekenntnis des Hans Sachs, dem deutschesten Hans überhaupt, erhebt sich das Auditorium „wie ein Mann", Jubelrufe und Heilschreie brausen durch die Arena, zum Schluß das gemeinsam gesungene Deutschlandlied, erste Strophe. Die „Aufführung der deutschen Erlösungsspiele" wird zu einer „großartigen Kundgebung des neu erwachenden deutschen Geistes erhoben", schreibt später die NS-Presse.

Hitler in seiner Sanatoriums-Feste kann beruhigt sein. Fliegende Boten berichten ihm, was sich auf dem Gralshügel zuträgt. Er ist bei ihnen, und sie warten auf ihn, den Erlöser. Was sind da schon ein paar verlorene Wahlen, eine verwehte Anhängerschaft! Seine Mission, die Rettung Deutschlands, das ist ihm bestimmt, die „Vorsehung" wird's schon richten.

Die Zeit bis zu diesem gewiß nicht fernen Tag vertreibt Hitler sich mit Schreiben. „Mein Kampf" entsteht – obgleich er beteuert, kein Mann der Feder zu sein und nur schlecht schreibe (wo er sich doch selbst „Schriftsteller" nennt). Winifred hat ihn dazu ermuntert, weil alle Großen der Geschichte – wie auch ihr Schwiegervater Richard Wagner – ihrem Volk und der Nachwelt eine Selbstbeschreibung schuldig seien, auf daß die Nachkommen den rechten Weg finden.

Die Wagner-Schwiegertochter läßt dem Geschichte-fabulierenden „Genie" in seinem Luxuskerker – neben vielem anderen – alles zukommen, was Hitler zum Schreiben braucht: Manuskript- und Kohlepapier, Federn, Tinte, Bleistifte, Radiergummi. „Mein Kampf" aus Wagners fränkischer Truhe.

In Chamberlains dunklem Krankenzimmer zum Messias gekürt – jetzt gießt der Retter Deutschlands seine Erlösungs-Philosophie in Druckbuchstaben für die Ewigkeit.

Fünf Jahre können kurz sein. Für Hitler haben sie nur dreizehn Monate und zehn Tage. Am 20. Dezember 1924 um 12.15 Uhr wird

Hitler entlassen. Am Gefängnistor läßt er sich von seinem Leibfotografen Heinrich Hoffmann, einem geborenen Fürther, kurz ablichten, und zwei Stunden später betritt er sein blumengeschmücktes Zimmer in der Münchner Thierschstraße. Ein freier Mann, in der ruhigen Haft ein bißchen rundlicher geworden.

Zur Begrüßung springt sein Hund Wolf ihm auf die Schulter, die Freunde liegen ihm zu Füßen. Die ersten, die schon ungeduldig warten, sind Hermann Esser und Julius Streicher, das Intrigantenpaar aus München und Nürnberg. Streicher kann sich rühmen, jetzt auch im Nürnberger Stadtrat eine bedeutende Rolle zu spielen, gute Ausgangsbasis für die Wiedererweckung Nürnbergs nach den letzten Wahlschlappen.

Noch am selben Abend besucht Hitler seinen musikbeflissenen Freund Ernst Hanfstaengl, der ihm immer so schön am Klavier Wagner vorspielt. An diesem Abend bittet er um den „Liebestod".

Auch den Heiligen Abend verbringt Hitler bei den Hanfstaengls in ihrer neuen Villa im Münchner Herzogpark. Der Hausherr frotzelt Hitler, er sei in Landsberg nur deshalb dick geworden, weil er – entgegen Hanfstaengls Ratschlägen – keine Freiübungen gemacht und sich körperlich nicht trainiert habe. Hanfstaengl weiß, daß Hitler jede Art von Sport ablehnt. An diesem Abend läßt er sich den Truthahn und süßes Wiener Gebäck reichlich schmecken, den Wein aber rührt er nicht an. Schließlich meint er, er wolle sich auch in Zukunft von Fleisch und Alkohol fernhalten, das bekomme ihm nicht. Dann werde er schon wieder abnehmen.

Beim abendlichen Geplauder geht es um die Zukunft der NSDAP. Hitler gibt sich gelassen. Der gescheiterte Putsch habe der Partei vielleicht sogar genutzt, schätzt er. Jetzt sei er, Hitler, eine bekannte Größe, alle Welt kenne die nationalen Ziele seiner Partei, viele haben sich mit ihr solidarisiert. Das werde einen neuen Anlauf leichter machen.

1925: Hitler kehrt zurück

Hitler behält Recht. Schon zwei Wochen nach seiner Entlassung aus der Festungshaft findet er Kontakt zur Politik. Theodor Freiherr von Cramer-Klett, Sproß einer alten Nürnberger Industriellenfamilie, vermittelt ihm eine Vier-Augen-Unterredung mit dem bayerischen Ministerpräsidenten Heinrich Held. Hitler, das Chamäleon, spielt artig und ergeben den Botmäßigen. Er unterwirft sich, verbal geschickt, der staatlichen Autorität, schwört jeder Art von Gewalt und Umsturz ab und sagt der Regierung Unterstützung im Kampf gegen den Kommunismus zu – vermutlich die einzige Wahrheit. Helds distanzierte Haltung, die ausdrücken soll, daß er einen „Revolutionär" nicht als ebenbürtigen Partner anerkenne, beeindruckt Hitler wenig.

Sein nächstes Gespräch verläuft erfolgreicher. Münchens (inzwischen Ex-) Polizeipräsident, der Oberfranke Dr. Ernst Pöhner, besorgt Hitler einen Termin beim bayerischen Justizminister Franz Gürtner, ein Mann, der viel übrig hat für die NS-Partei. Hitler bewahrt die Fassade des geläuterten Politikers, und er erreicht, daß das Verbot der NSDAP in Bayern am 16. Februar 1925 aufgehoben wird.

Es ist der letzte Liebesdienst, den Pöhner seinem Günstling Hitler erweisen kann. Am 11. April verunglückt der Ex-Polizeipräsident bei Feldkirchen/Westerham in Oberbayern mit seinem Auto tödlich. Ein Vorderrad hat sich gelöst, und der Verdacht eines Attentats wird nie ausgeräumt. Ein Kuriosum, daß Pöhner erst zweieinhalb Jahre später, im Herbst 1927, auf der fränkischen Burg Hoheneck bei Ipsheim endgültig beigesetzt wird. Unbekannte „Schwierigkeiten wegen der Grabinschrift" auf einem Münchner Friedhof machen die Umbettung nötig.

Hitler hat sich den Weg zum „zweiten Anlauf" freigeräumt, aber er taktiert gemessen. Die Drecksarbeit übernimmt wieder mal Julius Streicher, sein verlängerter Arm in Franken. General Ludendorff, von vielen immer noch als der wahre Führer aller Völkischen anerkannt, soll vom Sockel gestürzt werden. In Hitlers Plänen hat Ludendorff keinen Platz mehr, obgleich er offiziell von einer „granitenen Freundschaft" zu dem General spricht. Streicher und Esser wissen von Hitlers Abservierungs-Plänen, und sie handeln in seinem Sinn. Wo sie können, setzen sie Ludendorff in ein schiefes Licht, werfen ihm Verbindungen zu Juden und Freimaurern vor. Streicher polemisiert in seinem Hetzblatt „Stürmer" gegen Ludendorff und völkische Zeitungen, die ihm nahestehen. Hitler schweigt und wartet ab.

Streicher macht sich auch anderswo die Hände schmutzig. Unaufhörlich bewirft er den Nürnberger Oberbürgermeister Dr. Luppe mit Dreck, dienstfertig unterstützt von Zuträger Karl Holz, wie Streicher inzwischen NSDAP-Stadtrat in Nürnberg, ein Mann von pubertärem Zuschnitt. Am 13. Januar 1925 bietet er sich Streicher auf einer offenen Postkarte mit diesen Worten an: „Lieber Herr Streicher, ich bitte Sie, haben Sie Geduld mit mir. Ich befinde mich in der Entwicklung und leide selbst darunter. Seien Sie versichert, ich werde entweder ein ganzer Mensch oder ich mache selbst Schluß mit mir." Holz, der Mann in der „Entwicklung", ist immerhin

1925

29 Jahre alt und noch städtischer Angestellter. Aber wegen seiner ständigen Pöbeleien gegen den OB wird er entlassen. Die gezielt böswilligen Verleumdungen sind Teil der Nazi-Taktik, lokale Politiker zu diffamieren, sie der Korruption zu beschuldigen und regelrecht „abzuschießen", um selbst in die kommunalen Verwaltungen einbrechen und frei gewordene Plätze übernehmen zu können. Streicher ist ein Meister dieses infamen Spiels, das Hitler duldet und, wenn er die Zeit für günstig hält, mit gleicher Intriganz unterstützt. Streicher sucht mögliche Schwachstellen. Findet er keine, erfindet er sie, bauscht Bagatellfälle zu schwerwiegenden Verfehlungen auf. Das Ekelblatt „Stürmer" ist die beste Dreckschleuder für seine Hetzjagden.

„Luppe, der Parteischutzbefohlene der Nürnberger Juden", schreibt Streicher. „Luppe, nur durch die Verhältnisse, die der Judenputsch 1918 geschaffen hat, von Frankfurt als Oberbürgermeister nach Nürnberg gekommen", sei unfähig und korrupt. Luppe habe sich bei der städtischen Altbekleidungsstelle für Bedürftige günstig einen Mantel besorgt (was Luppe später tatsächlich eine Verwarnung der bayerischen Regierung einbringt). Luppe habe sich der Begünstigung im Amt, der Rechtsbeugung und der Steuerhinterziehung schuldig gemacht, weil er dem Wirt vom „Goldenen Posthorn" Polizeistunden-Verlängerung ohne Gebühr erlaubt habe, damit die Gäste des Oberbürgermeisters noch spät am Abend essen konnten. Luppe habe bei einer Dienstfahrt nach Bamberg leichtfertig städtische Gelder verschwendet. Luppes Frau habe sich vom Wohlfahrtsamt billige Wolle geben lassen. Luppe habe einen Polizeiwachtmeister nur deshalb entlassen, weil er NSDAP-Mitglied sei. Luppe stehe an der Spitze eines jüdisch-sozialistischen Rathaus-Systems, werde von dem jüdischen Stadtrat Dr. Süßheim rechtlich vertreten, bevorzuge Juden in der Verwaltung und lasse zu, daß die Hälfte aller freiwerdenden Arztstellen im Städtischen Krankenhaus von „Israeliten" besetzt werden. Und so weiter.

Streicher verlangt von Luppe, er möge sich einer „Blutzusammensetzungs-Untersuchung" unterziehen, weil in seinen Adern jüdisches Blut fließe. Nur so finde man den Schlüssel zu seiner „Eigenart", die absolut nicht in die Stadt eines Albrecht Dürer und Hans Sachs passe. Schließlich muß Streicher von Polizeibeamten gewaltsam aus dem Sitzungssaal gebracht werden, weil er nicht aufhört, das Stadtratsgremium durch unflätige Zwischenrufe zu unterbrechen.

Der Oberbürgermeister verliert die Geduld. Er schlägt vor, Streichers Geisteszustand zu kontrollieren, denn schon der Landsberger Gefängnisarzt habe ihm „psychopathische Zustände" bescheinigt. Es kommt zum Verleumdungsprozeß gegen den amoklaufenden „Frankenführer" Julius Streicher, wie der sich nun selbst nennt.

Im Verhandlungssaal des Landgerichts Nürnberg lärmen Streichers Anhänger, und er hält eine fast zweistündige, haßerfüllte Rede, bekennt sich zum Antisemitismus und prophezeit der Welt, daß sie am Judentum zugrunde gehen werde. Das Gericht verurteilt Streicher „wegen des fortgesetzten Vergehens der üblen Nachrede in Tateinheit mit Beleidigung, begangen durch die Presse" zu zwei Monaten Gefängnis und 1.000 Goldmark Geldstrafe, zu bezahlen an die Nürnberger Kinderhilfe.

Solche „Taten" und solche Strafen, angeblich „wegen völkischer Überzeugung", sind ganz nach dem Geschmack Hitlers. Streicher bleibt nicht allein, Hitler steht hinter ihm. Er kommt am 3. Dezember 1925 nach Nürnberg, um im Revisionsverfahren Luppe-Streicher auszusagen. Einlaßkarten müssen für diesen Prozeßtag ausgegeben und zwei zusätzliche Stuhlreihen im Saal aufgestellt werden. Dort nehmen die neugierigen Ehefrauen der Richter und Staatsanwälte Platz. Sie wollen Hitler erleben.

„Wir sehen in Dr. Luppe den typischen Vertreter des neudeutschen Korruptions-Regiments in seiner schlimmsten Form", geifert Hitler. Und, als der Vorsitzende ihn fragt, ob Streicher einen persönlichen Konflikt mit Luppe austrage oder ob es dazu einen Befehl der Parteileitung gebe: „Wenn ein Parteiführer von uns den Kampf gegen eine Person konsequent führt, so geschieht dies immer nur mit der Erlaubnis der Partei. Für diesen Fall gilt das noch eher."

Hitler hat mit seiner Aussage bestätigt, daß die Kampagnen gegen führende Kommunalpolitiker tatsächlich von den Nazis zentral gesteuert werden und nicht nur persönliche Auseinandersetzungen sind. Aber auch Hitler kann nicht verhindern, daß das Urteil der ersten Instanz bestätigt wird und Streicher seine zwei Monate absitzen muß.

In den Stadtverwaltungen von Bamberg, Coburg, Forchheim und Windsbach kommt es zu ähnlich herbeigeredeten Konflikten.

Wenn Hitler sich persönlich in den Luppe-Streit einmischt und Streicher mit seiner ganzen Autorität unterstützt, ist dies auch ein Indiz für den inzwischen immer enger gewordenen Schulterschluß zu seinem fränkischen Partei-Verwalter. So sehr Differenzen in den gespaltenen völkischen Bewegungen sich an der Person Streichers entzünden, Hitler läßt sich nicht beeindrucken.

1925

Bei der abendlichen „Wiedergründungsfeier" der NSDAP am 27. Februar 1925 im Münchner Bürgerbräukeller (Augenzeugen wollen Winifred Wagner gesehen haben), fehlen Ludendorff, Gregor Strasser (er war beim vorangegangenen „Neugründungsakt" in der NSDAP-Geschäftsstelle an der Schellingstraße noch dabei) und Ernst Röhm. Der oberste SA-Führer hat sich überworfen mit Hitler, er legt am 1. Mai das Kommando über die SA nieder und geht als Militärberater nach Bolivien. Der Grund: Seine SA wird – wie vor 1923 – zurückgestuft zur Hilfs- und Ausbildungstruppe, statt, wie von Röhm verlangt, als paramilitärische Organisation ausgebaut zu werden. Röhms Nachfolger wird der ehemalige Hauptmann, Freikorpskämpfer und NS-Gauleiter von Westfalen, Franz Pfeffer von Salomon.

Auf der Bühne des Bürgerbräukellers steht Julius Streicher mit stolzer Brust und schwört Hitler „Treue um Treue bis in den Tod". Nach zwei Stunden Dauerrede erreicht Hitler eine mit viel Tam-Tam und Theatralik inszenierte Versöhnung zwischen dem Trio Streicher-Esser-Dinter und ihren Widersachern Dr. Frick, dem späteren Reichsinnenminister, und Gottfried Feder, dem NS-Wirtschaftsexperten aus Würzburg. Zum öffentlichen Bruderkuß kommt es zwar nicht, aber die Herren reichen sich vor versammelten 3.000 Mannen feierlich die Hände – wie Winnetou und Old Shatterhand bei Hitlers Lieblingsdichter Karl May.

Bemerkenswert das Tempo, mit dem fränkische Nazis ihrem „Führer" vorauseilen. Schon am 16. Februar etabliert der 23-jährige Bankkaufmann Albert Forster in Fürth eine neue NS-Ortsgruppe. Den harten Nazi-Kern braucht er nicht lang zu suchen, der hat die Verbotszeit unter der Tarnung eines Mandolinenclubs überstanden. Hitler nennt den Fürther Forster „einen der fähigsten Organisatoren" unter seinen jüngeren Mitarbeitern. Er mag ihn, Forster ist beredsam, blind gläubig, streitsüchtig und ohne eigene Meinung.

Am 17. Februar 1925 folgen die Erlanger, wo Ortsgruppenführer Rudolf Umlauf die „Nationalsozialistische Freiheitspartei" und die „Großdeutsche Volksgemeinschaft" mühelos unter dem Hut der allein seligmachenden NSDAP vereint. Auch in Bayreuth, Ansbach und Bamberg warten die ungeduldig gewordenen Nazis die offizielle Münchner Parteigründung nicht ab.

Als Hitler am Montag, 2. März 1925, in Nürnberg einzieht, kann er auf seine fränkischen Nationalsozialisten zählen. Er hat Nürnberg bewußt als ersten Auftrittsort nach der Wiedergründung der NSDAP ausgesucht. Nürnberg und Franken werden beim Wiederaufbau seiner Partei eine zentrale Rolle spielen. Wenn auch noch lange nicht alle Unstimmigkeiten unter den völkisch-nationalen Gruppierungen ausgeräumt sind, die noch immer, weit aufgefächert, unter verschiedenen Namen firmieren, in Franken steht die NS-Partei fester auf den Beinen als anderswo in Deutschland.

Streicher prahlt mit Hitlers Erklärung, er habe Nürnberg als künftigen Kampfort auserkoren, weil hier die „Quelle" sei, von hier aus könne man die Bewegung „weiter und ersprießlicher" ausbauen.

Nürnberg zählt 1925 mehr NS-Parteimitglieder als München, prozentual die meisten sogenannten „Ehrenzeichenträger" Deutschlands („Männer der ersten Stunde"), und der einflußreiche Esser benutzt Hitlers Worte, wenn er Nürnberg den „Kernpunkt der Bewegung" nennt.

Hitler darf sich unter Freunden fühlen. Gemeinsam mit Streicher und Esser spricht er vor 4.700 Menschen im Saalbau „Kolosseum", in der Gaststätte „Bäckerherberge", im „Leonhardspark" in Schweinau und im „Beckengarten", dem traditionellen NS-Lokal.

„Als anderswo die Bewegung nach dem 9. November 1923 zu zerfallen drohte", ruft er seinen Anhängern zu, „da war es in Franken Julius Streicher, der den Kampf für den Nationalsozialismus unerschrocken fortgesetzt hat. Der erste Mann, der mir nach meiner Haftentlassung entgegentrat, war Streicher. Er hat bedingungslos die Früchte seines bisherigen Wirkens mir zu Füßen gelegt und gelobt, dem alten Führer zu folgen, ohne jede Einschränkung. Der gleiche Mann tat dies, der am 9. November 1923 in München neben mir mit offener Brust im Feuer gestanden ... und wenn ich von einem sehe, daß er bereit ist, für seine Idee zu sterben, so ist das der Mann, den ich brauche. Sie werden sich wundern, daß ich diesen Mann besonders hervorhebe."

Es wundert sich niemand, denn von den Männern des 9. November ist in Nürnberg keiner dabei, der das Märchen von der offenen Brust widerlegen könnte. Hitler aber spinnt es immer weiter. Damit verklärt er nicht nur die Erinnerung, er stärkt Streichers Stellung so nachhaltig, daß seine Gegner vor dem „Frankenführer" kuschen, ob sie ihn mögen oder nicht.

Der Dank gelte aber auch allen Angehörigen der Bewegung, so Hitler, jetzt wolle er ihn abstatten „im Bewußtsein jener Werte, die ein sicherer Maßstab sind für den treuen Mann. Die Wiederbefreiung aus feindlichen Fesseln ist die Aufgabe der Bewegung ... Wir wollen vom heutigen Tag ab wieder mitarbeiten, dem deutschen Volk den Willen zu stählen, den Willen zur Freiheit, sodaß eines Tages keine Macht mehr imstande ist, dessen Willen zu brechen, sondern daß dieser Wille die Not des deutschen Volkes zerbricht."

1925

Die Menge tobt und bricht in begeisterte Heilrufe aus, weil ein jeder diesem Hitler glauben will. Zwei Mädchen überreichen Blumen. Streicher ist hingerissen, er dankt seinem Führer aus vollem Herzen „für die Würdigung seiner Person". Die Versammlung singt „Deutschland über alles", und am nächsten Tag schreibt die „Nürnberger Zeitung": „Bei außergewöhnlich großem Andrang wurden ...Versammlungen der NS-Partei abgehalten. Die Schutzmannschaft hatte alle Hände voll zu tun, dem übergroßen Gedränge Einhalt zu gebieten."

Hitler bleibt noch ein paar Tage in Nürnberg, wichtige Dinge sind zu besprechen, die beim zukünftigen Kampf um Deutschlands Norden auf die Franken zukommen. Daß Streicher am Tag der Abreise Hitlers im Nürnberger Stadtrat wieder einmal einen Mißtrauensantrag gegen Oberbürgermeister Luppe einbringt, ist gewiß kein Zufall; daß im „Weltkino" am Josephsplatz zur gleichen Zeit ein Film mit dem beziehungsreichen Titel „Seide und Lumpen" läuft, schon eher.

Der Streit um das Nürnberger Stadtoberhaupt eskaliert: NS-Stadtrat Karl Holz beantragt die Auflösung des Stadtrats, weil die SPD die Arbeiterschaft wegen des Juden Süßheim verraten und dem jüdischen Fabrikanten Bing Steuernachlaß gewährt habe. „In zehn Jahren wird ganz Nürnberg den Juden gehören", schnaubt Holz. Die Stadträte von SPD und DDP (Deutsche Demokratische Partei) verlassen den Saal, und Bürgermeister Treu stöhnt ob des Verlangens der Nazis: „Herr, vergib ihnen, denn sie wissen nicht, was sie tun."

Wie sehr die andauernde Hetze gegen die Stadtoberen das Bewußtsein der Bevölkerung beeinflußt, verdeutlicht dieser Zwischenfall: In der Schildgasse schimpft der 43jährige Galvaniseur Karl Besold beim Verlassen der Gastwirtschaft „Jammertal" auf den Oberbürgermeister mit den Worten: „... das ist der größte Lump, und wenn es darauf angekommen wäre, hätte er auch noch sein Dienstmädchen zum Meineid verleitet oder des Diebstahls bezichtigt." Besold spricht die leidige Mantel-Affäre des Oberbürgermeisters an. Ein Gericht verurteilt den Galvaniseur, der sein Wissen aus dem „Stürmer" bezogen habe, zu 45 Mark Strafe oder neun Tagen Haft wegen „einfacher Beleidigung".

Die wirtschaftliche Lage verschlechtert sich derweil täglich. In Nürnberg sind von 400.242 Einwohnern 22.000 arbeitslos, 14.000 leben von der Fürsorge. In Bayern werden zum Ende des Jahres etwa 120.000 Arbeitslose und 100.000 Kurzarbeiter gezählt. Ihre Lage ist erbärmlich, die Stimmung explosiv. Ein arbeitsloser Familienvater mit Frau und zwei Kindern bekommt in der Woche 17,70 Mark Unterstützung; um überleben zu können, bräuchte er 43,35 Mark.

Dem Mittelstand geht es auch nicht besser. Er verfügt kaum noch über Sparkapital, stellt Geheimrat Frisch von der Dresdner Bank fest. Eine der Folgen ist der Rückgang der Studierenden in Deutschland von 120.000 auf 93.000. Die Eltern haben kein Geld mehr, ihre Söhne und Töchter auf die Universitäten zu schicken.

Solche Nachrichten kommen dem Rattenfänger Hitler sehr gelegen. Diese Entwicklung braucht er, sie spielt dem Mann in die Hände, der das deutsche Volk aus seiner Not retten will.

Hitler tritt, kaum darf er mit seiner Partei wieder legal arbeiten, in den nächsten Fettnapf: Bei einer seiner hitzigen Reden sagt er, er werde auch über Leichen gehen, um seine Ziele zu erreichen. Da haben wir es wieder, schlagen Abgeordnete im bayerischen Landtag Alarm, der Hitler rücke, trotz aller Beteuerungen, nicht ab von seiner Vergangenheit, Gewalt bleibe sein Prinzip. Bayerns Innenminister Stützel zitiert Hitler zu sich und erteilt ihm Redeverbot für öffentliche Versammlungen. Verbote in anderen Ländern folgen. Jetzt darf Hitler nur noch in geschlossenen Parteiversammlungen zu seinen Mitgliedern sprechen. In der Öffentlichkeit gilt der Maulkorb.

Im Vorfeld der bevorstehenden Reichspräsidenten-Wahl am 29. März 1925, notwendig geworden durch den plötzlichen Tod von Reichspräsident Friedrich Ebert, schadet das Verbot den Nazis wenig. Sie haben kein Interesse an dieser Wahl und wollen keinen Lärm machen. Hitler-Reden braucht diese Wahl nicht, wenn der „Führer" dem prestigebedachten Ex-General Erich Ludendorff auch einredet, er müsse als Kandidat der Nationalen antreten. Eine hinterlistige Falle. Hitler weiß genau, daß Ludendorff keine Chance hat. Eine Niederlage des rivalisierenden Ex-Generals kann Hitler nur den Weg ebnen, dann ist er der einzige Führer des völkischen Lagers.

Hitlers Rechnung geht auf. Mit gerade mal 210.968 Stimmen im Reich, das ist ein Anteil von 0,7 Prozent, 32.267 in Franken (etwa vier Prozent), 9.509 in Nürnberg und 1.064 in Fürth erleidet Ludendorff eine katastrophale Schlappe, von der er sich nie mehr erholt. Er zieht sich zurück aus der Politik, und Hitler sagt in privatem Kreis verächtlich: „Jetzt haben wir ihn endlich erledigt."

Ein zweiter Urnengang wird notwendig, und diese Stichwahl am 26. April gewinnt der von einem sogenannten „Reichsblock" der Rechtsparteien neu ins Rennen geschickte und von den Nazis heftig unterstützte ehemalige Feldmarschall von Hindenburg knapp vor dem katholischen Zentrumsabgeordneten und ehemaligen Reichskanzler Wilhelm Marx. Aber dieser Erfolg wird zu einem Pyrrhussieg. Acht Jahre später soll er sich als verhängnisvoll erweisen.

Das Redeverbot versucht Hitler durch verstärkte Agitation wettzumachen. Zwar verfügt seine Partei in Mittel- und Oberfranken in kurzer Zeit wieder über 41 Ortsgruppen, manche mit mehreren hundert Mitgliedern, während im Reich die Ortsgruppen großer Städte kaum mehr als ein paar dutzend Mitglieder aufweisen, Hitlers Stimme jedoch dürfen nur die ohnehin überzeugten Anhänger hören. Das Volk, das ein- und umzustimmen er sich vorgenommen hat, erreicht er nur indirekt. Dabei gibt es viele Hitler-Anhänger, die zwar seine diktatorische Führerschaft nicht schätzen, aber an seine Idee glauben.

Doch Hitler läßt sich nicht beirren, auch nicht durch die Spannungen innerhalb der Partei, die – wie gewohnt – sehr häufig ihre Ursache haben in den anhaltenden Klagen über Streicher und seine Clique. Viele Ortsgruppen lehnen ihn ab, aber sie dringen bei Hitler nicht durch. Er setzt auf Streicher. Im Juni beauftragt er ihn, in Nürnberg eine Tagung aller fränkischen Vertrauensleute einzuberufen. 200 Repräsentanten kommen. Seinen Kritikern tritt der „Frankenführer" mit der befehlsmäßig abgefaßten Erklärung gegenüber, daß er, Streicher, auch diesmal „die alleinige Vollmacht Hitlers für ganz Nordbayern besitze und seine Anordnungen als solche Hitlers zu befolgen seien."

Damit stößt ein Antrag des Würzburger NS-Vertreters, Streicher abzusetzen, ins Leere. Die Ortsgruppenführer von Ansbach, Bamberg, Coburg und Kulmbach unterwerfen sich Streicher ohne Wenn und Aber, bis auch der Kreisverband Unterfranken resigniert. Schließlich spricht eine Entschließung Streicher und seinem Klüngel das Vertrauen aus. Wer sich dagegen stemmt, gilt als Verräter an Adolf Hitler.

Das sind keine bloßen Drohungen. Streicher gibt nur weiter, was Hitler ihm aufgetragen hat. In der Vollmacht vom 2. April 1925 heißt es: „Bis zur endgültigen Regelung der Organisationsfragen bevollmächtige ich Herrn Julius Streicher mit der Organisation in den Regierungsbezirken Mittel-, Ober- und Unterfranken. gez. Adolf Hitler."

Hitler ist inzwischen ein Staatenloser. Am 27. April stellt er einen Antrag auf Entlassung aus dem österreichischen Staatsverband. Drei Tage später genehmigt die oberösterreichische Landesregierung sein Auswanderungsgesuch. Ein Mann zwischen den Grenzen, ein Mann ohne Staatsangehörigkeit, der für kein deutsches Parlament kandidieren darf, will Deutschlands Retter sein und ein Großdeutsches Reich errichten.

Drei Jahre zuvor, im März 1922, hat die bayerische Regierung es versäumt, Hitler auszuweisen. Nach einer Verurteilung zu drei Monaten Gefängnis wegen Sprengung einer Versammlung des „Bayernbunds", lassen die Behörden es mit einem kurzen Aufenthalt im Stadelheimer Gefängnis vom 24. Juni bis 27. Juli 1922 bewenden. Ein tragischer Fehler, zumal da Hitler schon 1921 wegen übler Nachrede zu 1.000 Mark Geldstrafe oder hundert Tagen Gefängnis verdonnert worden war und nun das Land hätte verlassen müssen. „Ich bin kein Ausländer, ich bin Arier", sagt Hitler damals.

Der 29. Juli 1925 wird zu einem Glückstag für den Wagnerverliebten Hitler. Auf Einladung der Familie Bechstein reist er nach Bayreuth, zum ersten Mal sieht er die Festspiele auf dem Hügel. Endlich erfüllt sich sein größter Traum. Nach stürmischer Fahrt durch das Fichtelgebirge kommt er spätabends an. Am nächsten Morgen begrüßt ihn Winifred Wagner mit einem Blumenstrauß.

„Bayreuth war für mich von einer schimmernden Schönheit", erzählt Hitler 17 Jahre später, im Februar 1942 in seinem Hauptquartier. „Ich wollte eigentlich nicht hin, ich sagte mir, die Schwierigkeiten würden für Siegfried Wagner dadurch noch größer werden, er war ein bißchen in der Hand der Juden ... tagsüber ging ich in der kurzen Wichs, zu den Festspielen kam ich im Smoking oder Frack ... danach saßen wir im Festspielhaus oder im ‚Anker' mit den Künstlern zusammen... die freien Tage waren immer wunderbar. Wir sind ins Fichtelgebirge und in die Fränkische Schweiz gefahren, ein andernmal nach Bamberg, nach der Luisenburg, oft zur Eremitage ... Auch im übrigen war es ein fabelhaftes Leben dort, wenn ich zur ‚Eule' hin bin, habe bei allen Künstlerinnen und Künstlern sofort Kontakt gehabt ... Mein Mercedes-Kompressor war eine Freude für alle. Frau Bechstein meinte: Wolf, Sie müssen den schönsten Wagen haben, den es überhaupt gibt, Sie verdienen ihn. Sie dachte an einen Maybach."

1925: „Führer"-Hymne auf dem Gralshügel

Im Begleitheft der Festspiele schreibt der Chamberlain-Vertraute Hans Alfred Grunsky zur Oper Parsifal einen ziemlich eindeutigen Text. Er erklärt die Figur des „Parsifal" und meint Hitler. Beschrieben wird dort „der genial veranlagte Mensch, der zur überragenden Persönlichkeit" reife. Die Rede ist von „großer Willenskraft", „heldischem Geist", „ungewöhnlich starker seelischer Eindrucksfähigkeit, die ihn einst Großes vollbringen lasse", von „selbstloser Hingabe im Leiden für das Gute und den Kampf gegen das Böse", von „Erlösung des Heiligtums", von „dem von Gott Erkorenen", von „einem Sieg über das Werkzeug des Bösen".

Kein Wunder, daß Festspielgast Adolf Hitler sich glücklich fühlt. Er müßte blind und taub sein, würde er nicht erfassen, wer hier gemeint ist, daß dies eine „Führer-Hymne" ist, und von den Wagnerianern wohl auch so gedacht. Parsifal wird in der Oper die „Erlösung des Heiligtums" aufgetragen, in der Wirklichkeit ist dies jetzt Hitlers Mission. Chamberlain hat es ihm aufgetragen.

Hitler rast weiter durch Franken, der behördliche Maulkorb kann ihm den Mund nicht verbieten. Am 5. August spricht er in Bamberg bei einem „geschlossenen Familienabend" der Ortsgruppe. Am 3. September taucht er in Ansbach auf, wo der fränkische Schriftsteller und Verfasser der „Ipsheimer Heimatspiele", Stolzing-Cerny, ihm das Reden abnimmt. Der Heimatdichter spricht über „Wagner und der Nationalsozialismus", eines von Hitlers Lieblingsthemen.

Für den 19. und 20. September sind in Fürth NS-Massenkundgebungen vorgesehen, im „Schwarzen Kreuz", im Vereinshaus und im Geismannssaal. Sie werden abgesagt wegen des jüdischen Neujahrsfestes, auf den 26. und 27. September verschoben – und zu einer Pleite auf der ganzen Linie. Statt der erwarteten 15.000 Besucher kommen knapp 4.000, vermutlich, weil Hitler nicht spricht. Es ist wie im Zirkus: Kommt der Clown nicht, fehlen auch die Zuschauer. Hitlers Name macht neugierig, man erwartet ein Spektakel, ohne ihn fehlt das Interesse.

Hitler läßt sich die Enttäuschung nicht anmerken. Bei einer internen Mitgliederversammlung im Geismannssaal entwischt ihm ein entlarvender Satz: „Die Not wird uns zum Verbündeten werden. Das Licht, das diese Not uns angezündet, müssen wir weitertragen als Fackelträger der neuen Zukunft." Hier in Fürth gibt Hitler öffentlich zu, daß er die Not der Menschen braucht, um sein Ziel zu erreichen.

Nach Besuchen am 11. Oktober in Würzburg und am 21./22. November wieder ins Ansbach bei der mittelfränkischen NSDAP-Kreistagung, spricht Hitler am 3. Dezember, nach der erwähnten Zeugenaussage im Luppe-Verfahren, vor 1.500 Parteimitgliedern im Nürnberger Herkules-Saalbau. Weil die Ortsgruppe knapp bei Kasse ist, kostet der Eintritt eine Mark. Frauen werfen Hitler Blumen zu, und er beteuert schon wieder, wohl unter dem Eindruck des Streicher-Luppe-Streits, er stehe voll hinter Streicher, „und das sollten andere auch tun." Heilrufe sind die Antwort. Streicher wirft sich ihm an die Brust.

Mit diesem Streicher im Rücken, überwindet Hitler die Flaute seiner Partei in Franken, und nicht nur dort. Nun der alleinige Führer der völkischen Bewegung, verfolgt er einen Trend: Er koppelt die Partei ab von ihrer völkischen Vergangenheit, er profiliert sie zu einer eigenständigen Partei mit totalitärem Anspruch. Hitler verbietet seinen Anhängern, und diesmal endgültig, die Mitgliedschaft bei einer anderen vaterländischen Organisation, er will „keine Mitglieder in der Partei, die gleichzeitig einem anderen Verband angehören", und sei er noch so völkisch und artverwandt. Nicht mal die Veranstaltungen ihrer bisherigen Bundesgenossen dürfen die Nazis besuchen, nur ihre eigenen. Sie haben bloß einem „Führer" zu folgen: Adolf Hitler.

Das verprellt zwar die bislang Verbündeten im „Bund Oberland", in der „Reichsflagge" und „Altreichsflagge", deren Führer, der spätere Nürnberger Oberbürgermeister Willy Liebel, prompt aus der NSDAP austritt. Aber am Ende bekommt dieses Abrücken von den Freunden, die absolute Eigenständigkeit, der NS-Partei doch gut. Den Nazis gelingt es, diese „Anderen" zu sich herüberzuziehen und in ihre Reihen einzugliedern. Die Mitgliederzahlen steigen wieder, in Nürnberg-Fürth schätzt die Polizei 1.700 bis 1.800 eingeschriebene Parteigenossen, im Reich hat die NSDAP Ende 1925 etwa 27.000 Mitglieder.

Nun ist Hitler tatsächlich auf dem Sprung nach Norden, und dazu braucht er wieder Franken. Schon im März hat er den niederbayerischen SA-Führer, ersten Fraktionsvorsitzenden der NS-Partei im Bayerischen Landtag und gelernten Apotheker Gregor Strasser mit dem Aufbau der NS-Parteiorganisation in Nord- und Westdeutschland beauftragt. Während Hitler den Süden festigt und, mit Streichers Hilfe, Franken zu einem besonders zuverlässigen Gau ausbaut, leistet Strasser jenseits des Mains ganze Arbeit. Ende 1925 gibt es in Nord- und Westdeutschland 262 NS-Ortsgruppen.

Doch Strasser, zu dieser Zeit wohl der fähigste Kopf unter den Nazi-Führern und ein hervorragender Organisator, ist ein erklärter Gegner Streichers. Er will weder das Diktat der Münchner NS-Zentrale akzeptieren noch die Machtbefugnisse, die Hitler dem primitiven Schreihals Streicher einräumt.

Für Hitler aber auch diesmal kein Grund, von seinem fränkischen Schurken abzurücken. Er will nicht, er kann nicht anders, vorher nicht und jetzt schon gar nicht, da Franken als Brückenkopf gen Norden immer wichtiger wird. Und Franken ohne Streicher ist undenkbar. Ein Bruch mit Streicher könnte den Verlust Frankens bedeuten. Hitler sagt: „Ich tu, was ich für richtig halte und lasse mir nichts diktieren."

Wie wahr: Der Diktator Hitler, für unfehlbar erklärt, seine Entscheidungen unumstößlich, würde das Gesicht verlieren und seinen Führungsanspruch einbüßen, sollte er dem Drängen der Streicher-Feinde nachgeben. Das ist mehr als nur Taktik und eine Frage der Zweckmäßigkeit, hier geht es um den eigenen Kopf und um die Autorität des „Führers".

Hitler gründet am 9. November 1925 (dem zweiten Jahrestag des mißglückten Putsches) aus seinen sogenannten „SA-Stabswachen" heraus die „Schutzstaffel", kurz SS, für seine persönliche Bewachung. Noch untersteht die SS, die sich als „Führerelite" betrachtet, der Obersten SA-Führung. Für seine Ausflüge in Deutschlands Norden und Westen, die er selten ohne Streicher und Esser unternimmt, scheint er diesen Schutz nötiger zu haben als in Bayern.

Die Spannungen zwischen Nord und Süd werden nämlich nicht geringer. Am 24. Oktober 1925 schreibt Goebbels in seinem Tagebuch verächtlich über Streicher, den er bei einer Parteiversammlung in Essen trifft: „Julius Streicher war da, der ‚Held von Nürnberg'. Der typische bayerische Steißtrommler. ‚Ihr müßt in jeder Ortsgruppe eine Versammlungsglocke haben.' Das war die ganze Wahrheit von Julius. Armer Hitler!" An anderer Stelle: „Streicher, ein Fanatiker mit eingekniffenen Lippen. Berserker. Vielleicht etwas pathologisch ... auch die haben wir nötig."

Goebbels, Geschäftsführer des NS-Gaues Rheinland-Nord und Gefolgsmann Strassers, hat – noch – Vorbehalte gegen Hitler, den er, wie Streicher, für „etwas pathologisch" hält.

Nach der Gründung einer „Arbeitsgemeinschaft der nord- und westdeutschen Gaue" am 10. September in Hagen werden die Differenzen zum Süden offenkundig. Von einer Abspaltung oder gar Palastrevolution freilich kann keine Rede sein – noch nicht.

Aber Hitler ahnt die heraufziehende Gefahr. Er will den Riß kitten, bevor er irreparabel wird. Zum Schauplatz seiner Reparaturarbeit wählt er die oberfränkische Stadt Bamberg.

Wilder Schlägerhaufen: Münchens Bahnhofswache im Februar 1919. Hitler (zweite Reihe Mitte) ist froh, dabei zu sein

Freunde in Bayreuth: Siegfried und Winifred Wagner mit den Kindern Friedelind, Verena, Wieland, Wolfgang

1922/1923

Arbeitsplatz des „größten Deutschen":
Richard Wagners Flügel in der Villa
Wahnfried zu Bayreuth

14. Oktober 1922, „Deutscher Tag" in Coburg: „Wer blöd schaut,
wird verprügelt". Hitler zweiter von links (mit Hund)

1. September 1923, „Deutscher Tag" in Nürnberg: Parade vor Hitler und Kumpan Streicher auf dem Hauptmarkt...

... Großkundgebung auf der Deutschherrnwiese:
Die braune Masse lauscht andächtig, wenn Hitler spricht...

... und nationale Fahnen in Nürnbergs Straßen: Marschkolonnen auf der Fleischbrücke, Richtung Hauptmarkt

September 1923, „Deutscher Tag" in Bayreuth: Die Völkischen posieren stolz in Uniform und hoch zu Roß

16. September 1923, „Deutscher Tag" in Hof: Hitler (vorn mit Haube) im blumengeschmückten, neuen „Führer"-Benz

27. Februar 1925, München: Der „Führer" gründet die NSDAP zum zweiten Mal. Dabei (oben von links): Rosenberg, Buch, Schwarz, Hitler, G. Strasser, Himmler, Fiehler, Streicher

Anton Drexler

Gottfried Feder

Dietrich Eckart

Ernst Hanfstaengl

Houston Stewart Chamberlain

III
1926 – 1932
Nürnberg: „Tempelstadt der Bewegung"

Bamberg, 14. Februar 1926, ein Sonntag. Hitler lädt zur Reichstagung der NSDAP. Etwa 60 Parteiführer aus dem ganzen Reich werden zitiert, sehr kurzfristig eingeladen, und das mit Absicht. Die süddeutschen Gaue treffen auf die nord- und westdeutschen. Eine Entscheidung steht an.

Hitler hat die oberfränkische Stadt geschickt ausgesucht. Damit komme er seinen nordwestdeutschen Parteigenossen auf halbem Weg entgegen, will er höflich signalisieren. In Wirklichkeit zieht Hitler ein Heimspiel. Bamberg ist eine Hochburg der süddeutschen Nazis, Streicher treu ergeben und ganz auf Hitler eingeschworen. Erst vor wenigen Wochen hat der „Führer" mit seinen Bamberger Genossen Weihnachten gefeiert, seitdem sind sie ihm besonders eng verbunden. „Das oberfränkische Bamberg ist der Sitz einer unserer wirksamsten Ortsgruppen", schreibt das NS-Blatt „Völkischer Beobachter".

Die „Nordlichter" unter der Führung des Niederbayern Gregor Strasser und des gebürtigen Franken Otto Strasser kommen mit festen Vorsätzen und eigenem Programm, das sie sich am 24. Januar auf einer Tagung in Hannover nach langen Debatten ausgedacht haben. Es weicht ab von dem ursprünglichen Parteiprogramm der NSDAP aus dem Jahr 1920 und soll es – in Teilen – ersetzen. Der Entwurf enthält Vorstellungen, die Hitler gar nicht schmecken. Außerdem birgt es Kritik an dem Kritik-entwöhnten „Führer".

Der intelligente Jesuitenschüler und promovierte Germanist Dr. Joseph Goebbels, seit 1924 Parteimitglied, Sekretär der Strasser-Brüder und gewieftester Rhetoriker der Nordwestdeutschen, ist zuversichtlich. „Wir werden in Bamberg die spröde Schöne sein und Hitler auf unser Terrain locken ... unser, das heißt der sozialistische Geist marschiert."

Hitler stellt keine Tagesordnung auf. Er will seine wahren Absichten verbergen. Es seien nur einige wichtige Fragen zu besprechen, lenkt er ab. Sein Anhang ist zahlreich und prominent, seine dunkle Wagenkolonne protzig und laut. Aus Nürnberg kommen Streicher und Holz, zwei lärmende Gesellen. Bamberg hat sich herausgeputzt, überall hängen Hakenkreuzfahnen, Girlanden und Nazi-Plakate. Das hat die Ortsgruppe sauber vorbereitet. So liebt Hitler seinen Auftritt. Klein halten will er die Genossen von „droben", aufschauen sollen sie zu ihm. Macht demonstrieren, ein bißchen prahlen und Pomp auftragen, den Verfügungsanspruch auf seine alleinige Herrschaft herauskehren, das macht die mutmaßlichen Partei-„Erneuerer" um die Strassers zahm. Sein Imponiergehabe hat Erfolg. Die nordwestdeutschen Genossen haben den Mund vor lauter Staunen noch nicht ganz geschlossen, da redet Hitler schon. Er wartet erst gar nicht ab, was die anderen wollen, er legt einfach los und schwadroniert. Fünf Stunden lang spricht er, fast ohne Pause, „über die Stellung, welche der Nationalsozialismus zu den wichtigsten Gegenwartsfragen einnimmt". Diffus und unscharf, dieses Thema, aber damit kann er widerborstige Zuhörer einlullen und besoffen reden. Dann werden seine Vorwürfe immer heftiger. Die Nordwestdeutschen wollen die Fürstenhäuser enteignen, Hitler will das nicht. Eigentlich keine weltbewegende Frage, aber sie wird zum Zankapfel. Hitler bedient sich dieser, von den Strasser-Leuten zum Programm erhobenen Lappalie, um die außerbayerischen Genossen auszuheben. Besonders die revolutionären Radikal-Sozialisten will er treffen.

Er nennt ihre Forderungen verlogen, die jüdischen Bank- und Börsenhäuser würden ja auch nicht enteignet. „Für uns gibt es heute keine Fürsten, sondern nur Deutsche, wir stehen auf dem Standpunkt des Rechtes und geben nicht einem jüdischen Ausbeutungssystem einen Rechtsvorwand, unser Volk bis aufs letzte auszupressen", klopft Hitler falsche Sprüche, indem er das Problem, das keines ist, zum jüdischen Problem verdreht. In Wirklichkeit will er seine Gönner aus Industrie- und Adelskreisen nicht vergraulen. Ihre Geldsäcke braucht er, der „kleine Mann aus dem Volk".

Stück für Stück zerpflückt er das Strasser-Konzept. Hitler läßt nur sein Parteiprogramm von 1920 gelten. „Das ist die Gründungs-Urkunde unserer Religion, unserer Weltanschauung", predigt er, „wer daran rüttelt, verrät alle, die im Glauben an diese Idee gestorben sind."

1926: „England und Italien – natürliche Verbündete"

Schließlich haut der „Führer" den verblüfften Unterführern aus dem Norden sein außenpolitisches Konzept um die Ohren. Seine blaßrote Vergangenheit unter den Soldatenräten von 1919 hat er aus seiner Biographie gestrichen, jetzt, in Bamberg, schießt er aus allen Rohren gegen Kommunisten und Sowjets und schließt ein Bündnis mit Rußland kategorisch aus. Gerade das haben die Strasser-Leute sich in den Kopf gesetzt. „Das würde die Bolschewisierung Deutschlands und den nationalen Selbstmord bedeuten", sagt Hitler finster. England und Italien, die zum Erzfeind Frankreich auf Distanz gingen, das seien die natürlichen Verbündeten. Denn: „Bündnisse sind niemals ideal, sie sind eine reine Sache politischen Geschäfts." Hitler, der „Geschäftsmann", ein schlechter Geschäftsmann.

Die süddeutschen Parteigänger applaudieren immer lauter, sie sind das so gewohnt. Streicher macht sich wichtig in der Diskussion, er nutzt die Gelegenheit, sich eine einflußreiche Position in der Gesamtpartei zu sichern. Der Würzburger „Vordenker in Wirtschaftsfragen", Gottfried Feder, pocht, wie seit Jahren schon, auf seine publikumswirksame Forderung, die „Zinsknechtschaft" abzuschaffen: „Auf der einen Seite verarmen große Volksteile, auf der anderen Seite werden große Reichtümer angehäuft in den Händen kleiner und großer Schieber und Wucherer, die in einer Stunde soviel verdienen wie mancher arbeitende Mensch in seinem ganzen Leben." Zinsknechtschaft, ein Thema, das Hitler früher auch sehr unterstützt hat, heute aber nicht mehr hören will. Seine neuen Freunde mit den dicken Scheckbüchern, die nichts lieber haben als Zinsgeschäfte, mögen solche Töne nicht. Doch Feders Thesen klingen gut, und sie sind populär. Darum schweigt Hitler.

Die „Preußen" bleiben lange ruhig. Dann, sehr zögernd, stimmen da und dort einzelne zu, die Fronten bröckeln, Hitler hat seine Kontrahenten weich geredet. Viele der „Restaurierer" aus dem Norden warten auf den Protest ihrer Häuptlinge, besonders auf das intellektuell-geschliffene Rednertalent Goebbels. Doch zu ihrer Enttäuschung sagt der nichts und die anderen sagen auch nicht viel. Gerade mal, daß Gregor Strasser aufmuckt. Er weigert sich, sein Konzept zu widerrufen, er nennt den zementierten Antibolschewismus instinktlos. Aber am Ende wird der mitgebrachte Programmentwurf der „Nordlichter" nicht einmal zur Diskussion zugelassen.

Hitler hat gewonnen. Gespielt kumpelhaft legt er Strasser den Arm um die Schulter, markiert eine versöhnliche Geste. Doch die kann auch nichts daran ändern, daß die Abweichler aus dem Norden sich grob abgebürstet fühlen und in ihrer Hilflosigkeit bereit sind, ihre Arbeitsgemeinschaft Nord-West aufzulösen. Selbst Gregor Strasser resigniert, schließlich zieht er sein Papier aus dem Verkehr.

Wieder ist eingetreten, was Freunde und Feinde des „Führers" schlüssig nicht erklären können. Hitlers suggestive Gewalt hat auch die verführt und umgeformt, die mit entgegengesetzten Absichten gekommen sind. In stundenlangen Reden raubt er ihnen die Urteilskraft, verengt ihr Verantwortungsgefühl, knetet sie systemkonform, bis sie den „Führerwillen" verinnerlichen und sich dem „Gesetz des Führers" unterwerfen. Auf fränkischem Boden hat Hitler eine entscheidende Schlacht gewonnen. Die Bamberger Tagung stellt Weichen, die Partei ist geeint, Hitlers absolute Führungsmacht sichergestellt.

Zwar reagiert Goebbels entsetzt und verwirrt. Aber seine Anklage vertraut er nur seinem Tagebuch an: „Ich bin wie geschlagen. Welch ein Hitler? Ein Reaktionär? Russische Frage: vollkommen daneben. Italien und England naturgegebene Bundesgenossen: grauenhaft! Ach Gott, wie wenig sind wir diesen Schweinen da unten gewachsen! Wohl eine der großen Enttäuschungen meines Lebens."

Das klingt wie tiefer Abscheu. Aber es ist nur wie das Jaulen eines Hundes, der endlich seinen Herrn gefunden hat und nun erst mal mißtrauisch um ihn herumkriecht. Goebbels ist rasch gewendet, Hitlers Bamberger Auftritt hat ihn letztlich umgekrempelt, und das zeigt sich sehr bald. Wie in einem letzten Zornesausbruch schreibt Goebbels an Streicher einen bösen Brief und einen zweiten an Hitler; beide antworten nicht.

Goebbels nennt den „Frankenführer" wohl weiter einen Steißtrommler, einen Feldwebel, der auf Weiberjagd geht, aber er notiert auch: „Julius ist nicht der Schlechteste von allen." Und am 21. März 1926 trifft er sich mit Streicher in einem Nürnberger Café. Es kommt zur Versöhnung: „Lange Aussprache", schreibt Goebbels, „Julius ist wenigstens ehrlich."

Der schlaue Hitler kostet zwar seinen Triumph von Bamberg aus, aber er erspart sich – noch – die Abrechnung. Hitler spielt den großherzigen Führer. Seine Versöhnungsbereitschaft geht soweit, daß er am Landshuter Krankenbett von Gregor Strasser, der sich bei einem Motorradunfall verletzt hat, mit einem dicken Blumenstrauß erscheint, und Goebbels am 8. April zum Hauptredner einer Versammlung im Münchner Bürgerbräukeller ausruft. Goebbels, von Hitlers Auto am Hauptbahnhof abgeholt („Welch ein nobler Empfang"), vollendet seine Kehrtwendung. Er rückt ab von allen „links-sozialistischen Ideen" der Strasser-Brüder, und wirft sich inbrünstig Hitler an den Hals.

Der „Führer" wiederum umarmt Geobbels nach der Versammlung mit Tränen in den Augen, und der kleine Strasser-Sekretär kritzelt in sein Tagebuch: „Ich bin so etwas wie glücklich ... Hitler ist groß. Er gibt uns allen herzlich die Hand ... ich hab' ihn gern. Er ist beschämend gut zu uns." Und am 19. April: „Hitler sagt mir viel Lob. Ich glaube, er hat mich wie keinen ins Herz geschlossen." Ende 1926 ernennt Hitler seinen ergebenen Diener Goebbels zum Gauleiter von Berlin.

So hat der „Führer" im fränkischen Bamberg nicht nur gesiegt und die Partei geeint, er hat auch einen seiner wichtigsten Vasallen gewonnen, der erst Berlin für ihn erobert und dann ein ganzes Volk jahrelang an der Nase herumführt. Goebbels wird zum glühenden Anhänger, Hitler sklavisch ergeben, großer Verführer und genialer Verkäufer nationalsozialistischer Politik. Er erhöht den fast schon religiösen Führerkult zur Vollkommenheit, seine raffinierten Propagandamethoden tragen Hitler durch alle Katastrophen, er hypnotisiert und manipuliert die Deutschen bis zum Ende. Selbst das wird er 1945 mit Hitler teilen.

Nach dem Sieg von Bamberg betritt Hitler, am 28. Februar 1926, eine andere Welt. Im vornehmen Hamburger Hotel „Atlantic" spricht er vor den Mitgliedern des exklusiven „Hamburger Nationalclubs", einer erlesenen Schar des Hamburger Großbürgertums. Hitler, durch die Damen Bechstein und Bruckmann geschult fürs glatte Parkett, wechselt Ton und Thema. Hier spricht er gedämpft, schimpft nicht auf Juden, sondern auf das Schreckgespenst Marxismus. Sein fanatischer Wille, Deutschland vor dieser „tödlichen Bedrohung" zu bewahren, kommt in hanseatischen Geldkreisen, und nicht nur dort, gut an.

Zurück im Süden, erlebt Hitler, daß solche Erfolge ihn nicht befreien von den kleinkarierten Flügelkämpfen in seiner Partei. Jetzt wohl „Führer" der Gesamtpartei in Süd, Nord und West, ist Hitler nach wie vor beschäftigt mit dem Gerangel seiner fränkischen Genossen. Wie immer im Mittelpunkt: Julius Streicher. Völkische Gruppen, die in Opposition stehen zur NSDAP, machen ihm potentielle Anhänger streitig. Die Männer der „Reichsflagge", zum Beispiel. Sie wollen in der schwarz-weiß-roten Fahne nicht das Hakenkreuz sehen, sondern die gepanzerte Faust, das Symbol ihres völkischen Bundes. In der Gegend von Gunzenhausen und in Helmbrechts gehen den Braunen ganze Ortsgruppen verloren. Überall in Franken kämpft die Partei darum, Erreichtes zu sichern.

Hitler, nach der Chef-Entsagung während seiner Inhaftierung, nun, am 22. Mai 1926, wieder zum Vorsitzenden der Partei gewählt, aber noch immer unter dem Bannstrahl des Redeverbots, ist mächtig verstimmt. Sein „Mustergau" macht Schwierigkeiten. Eine kurze Erholungspause der Wirtschaft kommt seinem missionarischen

Rettungseifer in die Quere. Geht's den Menschen etwas besser, schon rufen sie nicht mehr so lautstark nach dem Nothelfer. Im Oktober will er mit einer sogenannten „Gaukundgebung" den Abwärtstrend stoppen. Eine herbe Enttäuschung. Ausgerechnet in der NS-Hochburg Bamberg, eben noch Schauplatz eines großen Sieges, kommen nur wenige Anhänger und mehr Neugierige. In der Öffentlichkeit darf Hitler nicht auftreten, die Massen kann er nicht bewegen, und internes Gelaber zieht nicht. Schließlich schrumpft die Anfang des Jahres noch so willige Ortsgruppe auf 25 Mitglieder zusammen. Wirte wollen den Nazis ihre Säle nicht mehr vermieten, Bauern mit der „Streicher-Partei" nichts zu tun haben.

Auch in Nürnberg, Altdorf und Forchheim bröckelt es. Dabei beherrscht Streicher diesen seinen engeren „Zuständigkeitsbereich" ohne Konkurrenz. Besonders Nürnberg, Fürth und Hersbruck läßt er nicht aus den Klauen. In Fürth kann er sich auf den leicht lenkbaren, beflissenen, 24 Jahre alten Albert Forster verlassen, kaufmännischer Angestellter und mit der NSDAP-Mitgliedsnummer 1924 ausgewiesener Nazi der „frühen Stunde". In Oberfranken jedoch pfuscht der ehrgeizige Bayreuther NS-Führer Hans Schemm ihm gehörig ins Handwerk. Schemm, wie Streicher ein Lehrer, ist auf Distanz zu Nürnberg bedacht. Er organisiert emsig Propagandaversammlungen nicht nur in seiner Heimatstadt, auch in Hof, Kronach, Kulmbach und Münchberg. Er meldet offen Führungsansprüche in Oberfranken an und nennt sich zum Entsetzen des „Frankenführers" Streicher auch „Frankenführer". Natürlich meint er damit nur „sein" Oberfranken, aber für Streicher ist das mehr als ein kosmetischer Kratzer an seinem Alleinanspruch.

Streicher büßt, dank seines Rückhalts bei Hitler, zwar nichts ein von seiner Allmacht in Franken, doch er kann nicht verhindern, daß sein „Führer" den jungen Lehrer Hans Schemm offiziell als Oberhaupt des Bezirks Bayreuth anerkennt. Somit hat Schemm sich in Oberfranken eine kleine Portion Eigenständigkeit erkämpft, mißtrauisch beobachtet von Streicher.

Massiv eingreifen muß Hitler, als es seiner Partei in Franken an den Geldbeutel geht, die Mitgliederbeiträge immer spärlicher fließen und teilweise ganz ausbleiben. Ortsgruppen in Fürth, Selb, Schillingsfürst, Burgbernheim, Berneck, Colmberg bei Ansbach und andere mahnt er energisch an wegen ihrer „Disziplinlosigkeit", Rothenburg ob der Tauber und Gunzenhausen wirft er in einem Wutanfall aus der Partei. Aber solche Entscheidungen haben bei Hitler keinen Ewigkeitswert.

Nürnberg: „Tempelstadt der Bewegung"

In einem einsamen, schwer verständlichen Entschluß ernennt Hitler seinen zeitweiligen fränkischen SA-Anführer, den Ex-Major Walter Buch, der nach dem gescheiterten Putsch vom 9. November 1923 am liebsten alle Juden mit Messer und Beil abgeschlachtet hätte, zum obersten Parteirichter. Buch wird Leiter des neugeschaffenen „Untersuchungs- und Schlichtungsausschusses" der NSDAP, genannt Uschla.

Seinem oberbayerischen Mitstreiter Karl Fiehler übergibt Hitler das „Amt für Kommunalpolitik bei der Obersten Leitung der Parteiorganisation" in München, eine Art Beschwerde- und Auskunftsbüro für ratlose Nazis. Zu solchen Auskunftsbedürftigen zählt auch Parteigenosse Gradl von der Nürnberger Ortsgruppe. Er fragt, ob das jüdische Kaufhaus Schocken sich auch in München niederlassen werde. Es sei eine Schande und nur dem „verjudeten" Nürnberger Stadtrat zuzuschreiben, empört Gradl sich, daß dem Juden Schocken dies in Nürnberg gelungen ist. Der oberste Kommunalpolitiker Fiehler weiß nichts von Münchner Plänen des Herrn Schocken. Gradl ist zufrieden. Mit solchen „Sorgen" wird Fiehler von nun an täglich angegangen, sehr viele kommen aus Franken.

Die fränkischen Quengler läßt Hitler hinter sich, als er im Juli 1926 zum zweiten NS-Parteitag nach Weimar aufbricht. Seinen Triumph von Bamberg will er bei dieser Gelegenheit zementieren, und dazu nimmt er Duzfreund Streicher samt tausend Nürnberger Nazis in einem Sonderzug mit.

Hitlers Reden sind eindeutig. In Weimar macht er auch dem kleinsten Parteigenossen im letzten Glied klar, daß nur er, der „Führer" Adolf Hitler allein, das Sagen hat. Debatten, Diskussionen, Dispute, „lange Reden einzelner Herren", kritische Regungen haben in der Partei zu unterbleiben. Anträge bei Parteiversammlungen werden nur zugelassen, wenn sie die Unterschrift des 1. Vorsitzenden tragen, Hitlers Signum. Paßt ihm der Antrag nicht, kommt er erst gar nicht auf die Tagesordnung. Reine Zeitverschwendung, sagt Hitler. Lange Reden hält nur er.

Die Unabhängigkeit des Individuums ist ausgeschaltet, die Autonomie des Einzelnen demontiert. Dies sei der einzig mögliche Weg, Kraft, Einigkeit und Entschlossenheit der Partei zu sichern – seiner Führer-Partei. Spätestens jetzt weiß jeder, was für die nächsten tausend Jahre gelten soll: „Führer befiehl, wir folgen." Nebenbei wird in Weimar die Hitlerjugend gegründet.

Nach der Versammlung nimmt Hitler, robust verpackt in Windjacke und Gamaschenhosen, vom offenen Auto aus den Vorbeimarsch von 5.000 Anhängern ab. Zum ersten Mal bei einer öffentlichen Großveranstaltung hält er den rechten Arm ausdauernd gestreckt, seit 1925 die offizielle Grußform der NS-Partei, abgeschaut den italienischen Faschisten. Die obligaten „Heil"-Rufe der hypnotisierten Masse, den Gruß mit erhobenem rechten Arm, haben zwar schon die alten Goten gekannt, doch ist stark anzunehmen, daß Hitler sich durch die „Heil-Rienzi"-Rufe aus Wagners Oper neu hat inspirieren lassen. Schon zu seiner Schulzeit zeichnet Adolf Hitler gern römische Feldherrn, die den rechten Arm zum Gruß, zum „Vivat", erheben.

Unter den Ehrengästen stolziert höchstpersönlich der Sohn des abgedankten deutschen Kaisers, Prinz August Wilhelm, genannt „Auwi", der gewendete Goebbels jubelt und der „linke" Gregor Strasser ist wenig erbaut; er spricht vom „toten Nationalsozialismus".

Bei solchen Anlässen, bei Paraden, Fahnenweihen oder beim Abschreiten der SA-Kolonnen, spielt der talentierte Schauspieler Hitler die Rolle des Hypnotiseurs. Minutenlang schaut er seinem Gegenüber starr in die Augen. Mit Suggestion und der magischen Wirkung seiner durchdringenden blauen Augen will er anderen seinen Willen aufzwingen und den seiner Jünger auslöschen. Viele Frauen rühmen diese Gabe Hitlers, der sie mit feuchten Augen erliegen. Verlangt es der Anlaß, kann Hitler auf Kommando auch weinen. Um dieses Talent, das vegetative Nervensystem so zu steuern, daß die Tränenproduktion auf Wunsch einsetzt, beneiden ihn viele Bühnenkünstler. Göring fordert in kritischen Situationen: „Der Hitler muß her und weinen." Otto Strasser stellt fest: „Hitler heult vorsätzlich und mit Übermaß."

Ehrlich gemeint sind seine Tränen wohl in Bayreuth. Er beugt sein Haupt vor dem toten Houston Stewart Chamberlain, der am 9. Januar 1927 stirbt und im Bayreuther Krematorium eingeäschert wird. Hitler kommt zum Trauerakt. Bewegt lauscht er dem Nachruf seines Parteigenossen Schemm, der Chamberlain ungeniert mit Christus vergleicht. Dem Erfinder der Messias- und Erlöser-Rolle hat der „Führer" die heilige Überzeugung zu verdanken, daß er Richard Wagners Vermächtnis erfülle, wenn er das deutsche Volk „reinige" und von der „Judenpest" befreie.

1927: „Herr Wolf" und seine Mizzi

Liebestränen verschwendet der mehr an Männergefolgschaft gewöhnte Hitler nicht häufig, und schon gar nicht emphatisch. Auf dem Obersalzberg schreibt er in dem seit Ende 1926 von der Buxtehuder NS-Parteigängerin Margarete Winter, geborene Wachenfeld,

Nürnberg: „Tempelstadt der Bewegung"

für monatlich hundert Mark gemieteten Haus Wachenfeld die letzten Kapitel von „Mein Kampf", Teil 2. Dabei lernt der 37jährige Parteiführer, der auch hier als „Herr Wolf" auftritt, die 16jährige Maria Reiter aus Berchtesgaden kennen. Er nennt sie „mein liebes Kind", „Mimi", „Mimilein", „Mizzi" oder „Mizzerl". Maria phantasiert von einer glühenden Liebesaffäre. Hitler, von der Liebe der Kindfrau in seiner Eitelkeit eher geschmeichelt als zur Leidenschaft getrieben, gibt ihr ein Exemplar von „Mein Kampf" und den Rat, sie möge besser auf ihren Vater hören. Dem schwant nichts Gutes, als er von dem Verhältnis des 21 Jahre älteren Mannes mit seiner minderjährigen Tochter erfährt. Er behält Recht. Das „liebe Kind" will sich das Leben nehmen, als Hitler zu seiner einzig wahren Liebe, der Politik, zurückkehrt. Zum Glück bleibt es beim Versuch, und Hitler verschweigt diese kleine „Liebelei".

Hitler, Meister der Selbstdarstellung und zur Massensuggestion eher tauglich als für die Liebe zu einem kleinen Mädchen, will nach dem zwar gelungenen, aber nur mäßig organisierten Cäsaren-Festspiel in Weimar seine Reichsparteitage nunmehr regelmäßig abhalten. Nächster Schauplatz soll, wie 1923 beim „Deutschen Tag", für die kommenden tausend Jahre das mittelalterliche Nürnberg sein. Die Stadt bringt, wie bekannt, alle Voraussetzungen mit: Sie liegt verkehrsgünstig, hat als Ort kaiserlicher Reichstage eine „urdeutsche" Tradition, mit Streicher und seiner fränkischen Kamerilla einen verläßlichen Gastgeber, eine tolerante Polizei und – dank Hans Sachs und den „Meistersingern" – die Aura eines Richard Wagner.

Der Reichsschatzmeister Schwarz bezeichnet Nürnberg, mehr noch das fränkische Umland, als „das nationalsozialistische Zentrum des Reichs". Hier gebe es, mehr als anderswo, ein engmaschiges Netz von Ortsgruppen. Deshalb sei keine Stadt in Deutschland „so würdig und so reif wie Nürnberg", schreibt die NS-Presse, „um in ihren Mauern eine solch großartige nationalsozialistische Kundgebung durchführen zu können."

Am 5. März 1927 wird Hitlers Redeverbot aufgehoben. Gefruchtet hat es nichts, Hitler führt sich genauso rabiat auf wie zuvor. „Jetzt kann der Braunauer wieder seine rollenden Donnerschläge loslassen," schreibt die „Fränkische Tagespost" ahnungsvoll. Diese Donnerschläge sollen im August Nürnberg treffen. Hitler bereitet seine „gesamtdeutsche Nazischau" ganz persönlich und sehr gründlich vor. Julius Streicher und der trotz vorübergehenden Parteiaustritts den Nazis stets eng verbundene Willy Liebel sind, mit 30 Männern der Nürnberger Ortsgruppe, wertvolle und willige Helfer.

Ohne Maulkorb bellt Hitler wieder bissig wie ehedem. Am 23. März 1927 im Nürnberger „Herkules"-Saalbau verkündigt er seine Definition der „deutschen Schicksalsfrage". „Freiheit hat ein Volk nur, wenn es geschlossen und einig ist ... wir sind jetzt eine Sklavenkolonie geworden ... und da hilft kein demokratischer Federwisch ... wir wollen nicht mehr kämpfen für Thron und Altar, sondern für Volk, Vaterland, Freiheit und Brot ... wir sind bereit, alles dafür zu opfern."

Drei Tage später zieht Hitler in die finanzgebeutelte Stadt Ansbach ein und steigt bei einem Pfarrer Sauerteig ab. Die Ansbacher haben, wie Amberg, in ihrer Geldnot die mittelalterliche Kopfsteuer von sechs Mark für jeden „selbständigen Einwohner" wieder eingeführt. Nicht ungeschickt von Hitler, gerade jetzt von Brot und Arbeit zu sprechen und wie man dazu komme. Mit Macht, nur mit Macht, sagt er. „Macht brauchen wir, um unser Sklavendasein abzuschütteln. Macht, um mehr Grund und Boden zu erobern. Macht, um Brot und Arbeit zu sichern und um nicht verhungern zu müssen. Wer aber Macht erringen will, der muß kämpfen. Wir sind überzeugt von der Notwendigkeit des Kampfes. Wir stehen auf der Erkenntnis des Wertes der Rasse. Die Menschen sind nicht alle gleich."

Ziemlich gleich in Worten und Gesten fallen Hitlers Reden aus, wo und wann er auch spricht. Am 9. Juni 1927 steht er schon wieder in Nürnberg hinterm Rednerpult. Diesmal verschafft der Mord an dem Münchner SA-Mann Hirschmann vom 25. Mai ihm die Gelegenheit, an alle deutschen Arbeiter zu appellieren. „Wer war Hirschmann?" fragt Hitler. „Ein Arbeiter, ein Schuhmachergehilfe. Wer waren seine Mörder? Auch Arbeiter." Nur der Marxismus habe die Arbeiter einander entfremdet, er sei das Übel.

Vom Marxismus zum Begriff der Vermassung braucht es nur eines Federstrichs im Manuskript, und hier fängt Hitlers Rede an, Kapriolen zu schlagen. „Niemals war die Mehrheit genial", doziert er. „Alles, was die Menschheit an Gütern besitzt, verdankt sein Bestehen nicht der Majorität, sondern dem Willen einzelner Köpfe." Ein paar Sätze weiter begrüßt er die eben noch verdammte „Volksherrschaft": „... nur aus ihr kommen die fähigsten Köpfe". Also doch aus der Majorität – oder was?

Kriegt er – wie gewohnt – die Kurve zum Antisemitismus, ist diese Majorität wieder ganz schlecht, denn: „Ein ganzes Volk wird verproletarisiert, und der Jude wird zum alleinigen Herrscher."

Das Brot-, Arbeits- und Hungerthema von Ansbach kommt tatsächlich zur rechten Zeit. Seit einem Jahr steigen die Preise unaufhörlich, Brot, Fleisch, Milch und die Mieten werden immer teurer. Als der Bierpreis für die Halbe Helles auf 50 Pfennig und für das Dunkle auf 48 Pfennig klettert, ruft der „Allgemeine Deutsche Gewerkschaftsbund" zum Bierboykott auf. Er fordert von seinen Mitgliedern: „Verzichtet auf Bier! Besucht keine Gaststätten!" Die Gewerkschaft beklagt „maßlose Profitgier der Unternehmer" und Zurückhaltung bei Lohnabschlüssen. Das führe zu Notständen der Arbeiter, Angestellten, Beamten, Kriegsopfer, Sozial- und Kleinrentner. Hitler und seine Bewegung leben nicht schlecht von solchen „Notständen". Sie bringen Mitglieder.

Im Vorfeld des Reichsparteitags noch „Deutscher Tag" genannt, sondieren die Nazis das Terrain sehr sorgsam. Nach allen möglichen Verboten immer wieder auferstanden und inzwischen im Reich auf 72.500 Mitglieder angewachsen, will die Partei nichts riskieren und möglichst wenig provozieren. Die „Reichsleitung" der NSDAP wird am 17. August in das Nürnberger Hotel „Deutscher Hof" verlegt, das Hitler seit seinem ersten Besuch im August 1920 vertraut geworden ist. Die Ortsgruppe Nürnberg befiehlt ihren etwa 2.000 Mitgliedern, in den Wochen vor dem Reichsparteitag weder Uniform noch Parteiabzeichen zu tragen. Auseinandersetzungen mit den Linksparteien müssen vermieden werden. Die Männer von SA und SS sollen der Nürnberger Polizei ohne Widerspruch Folge leisten. Am 12. und 13. August erscheint eine große Anzeige der NSDAP-Ortsgruppe in der „Nürnberger Zeitung": „An die Einwohnerschaft Nürnbergs. Zum ‚Deutschen Tag' am 19., 20. und 21. August der Hitlerpartei kommen aus allen Gauen Deutschlands Volksgenossen nach Nürnberg. Die uns bisher zur Verfügung gestellten Quartiere sind bereits vergeben. Da die Anmeldungen zum Deutschen Tag ins Ungeheure gewachsen sind, bitten wir die Bevölkerung Nürnbergs um weitere Überlassungen von Quartieren ... Nürnberger! Am 20. und 21. August Fahnen heraus!"

1927: Erster Parteitag in Nürnberg

Die NS-Fraktion im Nürnberger Stadtrat beantragt, daß die Stadtverwaltung das Gebäude des sogenannten „Wespennests" bei der Insel Schütt und die städtische Herberge an der Adam-Klein-Straße zur Übernachtung der Teilnehmer zur Verfügung stellt. Die Partei bezahlt 50 Pfennig pro Mann. Der Antrag wird mit 10:9 Stimmen knapp genehmigt. Die Stadt überläßt den Nazis zwei Wiesen im Luitpoldhain für 150 Mark am Tag, die dortige Festhalle aus dem Jahr 1906, und auf dem Hauptmarkt darf eine Tribüne aufgestellt werden.

Obgleich der Straßenbahnverkehr durch marschierende Kolonnen, einer Spezialität der Nazis, nicht eingeschränkt werden darf, leiten die Stadtwerke während des Vorbeimarsches am Sonntag, 21. August, auf dem Hauptmarkt die Linien 3 und 6 vorsichtshalber durch die Winklerstraße um die Sebalduskirche. Der Hauptmarkt, Mittelpunkt der Stadt, gehört an diesem Tag allein den Nazis. Die Zigarrengeschäfte dürfen am Sonntag von 10 bis 15 Uhr geöffnet bleiben, die Blumengeschäfte von 10 bis 12 Uhr. Das hat, nach vorausgehender Ablehnung durch Oberbürgermeister Luppe und den Stadtrat, die Regierung von Mittelfranken genehmigt. Allerdings nur, wenn die Angestellten freiwillig arbeiten. So gelingt es den Nazis als erster Partei, für ihre Tagung extra Zugeständnisse herauszuschlagen.

Am Freitag, 19. August, rollen 47 Sonderzüge und zahlreiche Lastwagen mit SA- und SS-Männern, Parteimitgliedern und Hitlerjungen zum ersten Parteitag in Nürnberg aus allen Himmelsrichtungen an. Dabei auch 600 Gesinnungsgenossen aus Österreich, etliche aus der Schweiz, aus Schweden, Finnland, Estland, der Tschechoslowakei und aus Danzig. Die Partei spricht von 30.000 Teilnehmern, der „Völkische Beobachter" gar von 100.000, die Behörden zählen zwischen 10.000 und 15.000. Mehr als letztes Jahr in Weimar sind es allemal. Zum großen Marsch durch die Stadt am Sonntag mit der Parade vor Hitler auf dem Hauptmarkt als Höhepunkt treten knapp 9.000 Männer an, samt und sonders in „Hitler-Uniform", streng militärisch ausgerichtet, von Blaskapellen lautstark auf Trab gebracht. Die Tribüne ist, trotz Regens und trotz des unverschämten Eintrittspreises von fünf Mark, mit etwa 2.000 Menschen gut gefüllt.

Hitler steht, den Rechtsscheitel sauber nach links gekämmt, die Haartolle verwegen in der Stirn, zwischendurch mal eine SA-Mütze auf dem Kopf, im offenen Auto, hält mehr als 90 Minuten lang den rechten Arm ausgestreckt zum „Faschisten-Gruß", gut einstudiert wie letztes Jahr in Weimar und jetzt schon „Hitler-Gruß" genannt. Zum erstenmal trägt er das aus alten Beständen der ehemaligen Kolonial-Schutztruppe übriggebliebene, von ihm als häßlich empfundene Braunhemd, das EK I auf der Brust und einen Schulterriemen um den alles andere als germanischen Leib. Dazu eine dreiviertellange Bundhose, schwarze, eng geschnürte Stiefel und quergestreifte, gemusterte Strümpfe. Sein Sekretär und späterer Stellvertreter Rudolf Heß, hinter Hitler, in dunkler, knielanger Lederhose, dunkler Mütze zum braunen Hemd mit Krawatte, Wadelstrümpfen und Trachtenschuhen.

Ohne Mantel, in derben Schaftstiefeln und mit Reitpeitsche, marschiert Streicher an der Spitze der fränkischen SA, biegt ruckartig nach rechts ab, als er Hitler erreicht hat, springt vor dessen blumengeschmückten Wagen, reißt die rechte Hand hoch und brüllt in die Menge: „Es lebe unser schönes Nürnberg! Es lebe Adolf Hitler! Es lebe das Deutschland der Zukunft!"

Vorher, am Samstag, eröffnet Gastgeber Streicher im „Kulturverein" am Frauentorgraben den von Gregor Strasser geleiteten Veranstaltungs-Marathon. Kurz der „Toten der Bewegung" gedacht, nimmt Streicher sich sofort das Thema „Rassenfrage" vor, sein Lieblingssujet, ohne das er bei keiner Rede auskommt. Der bayerische NS-Landtagsabgeordnete und spätere Gauleiter von Oberbayern, Adolf Wagner, darf eine Botschaft Hitlers verlesen. Diesen Brauch gibt es seit Weimar, als Hitler noch Redeverbot hat, und er wird für alle späteren Reichsparteitage zum festen Ritual. Vielleicht, weil Wagner einen ähnlichen Akzent spricht wie Hitler, vielleicht, um dem „Führer" wenigstens eine der vielen Reden zu ersparen, vielleicht aber auch, um die Spannung bis zu Hitlers Auftritt zu steigern.

Bei den zahlreichen Tagungen, die sich mit der Presse, mit Organisations-, Propaganda-, Gewerkschafts-, Beamten-, Frauen-, Studenten- und Jugendfragen beschäftigen, wird viel geredet und wenig erreicht. Die meisten Anträge fallen sowieso durchs Sieb, weil sie Hitler nicht gefallen. Wie in Weimar angekündigt, schmettert er sie ab mit „Begründungen" wie: „Antrag sinnlos", „Antrag unmöglich", „Antrag widerspricht unserem Grundsatz", „Antrag ist unzweckmäßig" oder „Antrag nicht durchführbar". Punktum. Zeigt Hitlers Daumen nach unten, wird erst gar nicht diskutiert.

Beachtenswert Hitlers Antwort auf ein Ansinnen der Berliner Parteigenossen, die weiblichen NSDAP-Mitglieder „in derselben Gliederung wie die SA in die Partei einzuordnen". Hitler sagt: „Die Frage ist: Soll sich die Frau an der politischen Leitung der Bewegung beteiligen, oder soll ihre Wesensart auch zu einem besonderen Wert für die Bewegung gehalten werden? Der erste Standpunkt ist der von Frauenrechtlerinnen; der zweite ist natürlich und damit für die Bewegung zweckmäßig. Als Nationalsozialisten wünschen wir, daß die Frau als Helferin im Kampfe des Mannes ist." Mit dieser geschwollenen Erklärung in einem schrecklichen Deutsch hat der Parteiführer (und Schriftsteller!!) Adolf Hitler allen klar gemacht, daß die NSDAP eine Männerpartei ist und bleibt. Selbst beim sonntäglichen Vorbeimarsch dürfen die wenigen angereisten Frauen und Mädchen nicht mitmachen, obgleich sie sich schon in braune Phantasiegewänder geworfen haben.

1927

Die Nürnberger Bevölkerung zeigt an den endlosen Kundgebungen anfangs kaum Interesse. Während Streicher im „Herkules-Saalbau" noch 700 Menschen locken kann, kommen zu weniger bekannten Rednern gerade mal 80 bis 100 Zuhörer. Sie verlieren sich hoffnungslos in den herausgeputzten Sälen. Die enttäuschte Parteiführung karrt nochmals 17 Sonderzüge mit auswärtigen Nazis heran. Jetzt füllen die Lokale sich wenigstens einigermaßen.

Am Samstagabend sammeln sich etwa 8.000 SA- und SS-Männer zum großen Fackelzug vom Celtistunnel zum Frauentorgraben, über den Plärrer, durch die Altstadt, vom Hauptmarkt durch die Laufer Gasse und den Marientorgraben zum Königstor. Diese mystischen Nachtveranstaltungen fehlen in keinem NS-Programm – stinkende, tropfende Fackeln, die jede Uniform versauen, aber die Zeremonie so verzaubern, daß sie der düsteren Dekoration einer Wagner-Oper nahe kommen. Die meisten der beleuchteten Braunhemden kommen aus dem Ruhrgebiet, aus dem Rheinland, aus Sachsen und aus Berlin. Eine sportliche 50-Mann-Truppe aus der Reichshauptstadt ist in zwei Wochen zu Fuß nach Nürnberg gepilgert, darunter der später ermordete Berliner SA-Führer Horst Wessel, Texter des im „Dritten Reich" zum Nationalsong erhobenen SA-Lieds „Die Fahne hoch". Wessel ist begeistert: „Nürnberg, das vergißt so leicht keiner."

Am Sonntagvormittag „weiht" Hitler im Luitpoldhain durch die Berührung mit der am 9. November 1923 von den Wunden des Hutmachers Bauriedl markierten „Blutfahne" zwölf SA-Standarten, eine davon aus Bayreuth. Schon morgens um acht stehen, wie befohlen, die SA-Männer leicht frierend, etwas unmilitärisch locker herum und warten auf ihren „Führer". Erst um halb zehn Uhr erscheint er mit großem Gefolge. Er kommt, wie immer, absichtlich zu spät, das macht seine Theateraufführungen besonders spannungsreich und ihn interessant.

Hitlers Reden vor den Delegierten, die drei Mark berappen müssen, weil die Partei nach wie vor unter chronischer Geldnot leidet, diese Reden haben den bekannten Inhalt: „Das Volk braucht Raum ... die Ernährungsgrundlage für die Zukunft nicht nur erhalten, sondern vergrößern ... Macht ist die Voraussetzung zur Erwerbung von Grund und Boden ... der Pazifismus ist ausgesprochene Feigheit ... mögen die Opfer für unsere Fahne noch größer sein als bisher ... die Freiheit des Blutes will verdient sein ... ich bin auch von denen, die unserem Volk den Frieden schenken werden." Und so weiter, und so weiter.

Wie er den versprochenen Frieden mit dem versprochenen „Erwerb von Boden" vereinbaren will, das sagt er nicht. Freiwillig wird wohl niemand Boden hergeben, dazu braucht es Macht. Das gibt er selbst zu. Also kann sein Vorhaben nur Krieg bedeuten.

Am Ende einer seiner Reden verlangt Hitler eine „einmalige Spende" von zwei Mark für die Parteikasse. Die treuen, aber „klammen" Mannen sind sauer, keiner hat Geld zu verschenken. Hitler muß seine ganze Überredungskunst aufbieten, damit die maulenden Nazis ihr Scherflein in die Hüte und Aktenmappen werfen, mit denen der Gauleiter von Thüringen, Dr. Artur Dinter, und der bayerische NS-Landtagsabgeordnete Dr. Rudolf Buttmann wie der Mesner in der Kirche mit dem Klingelbeutel durch die Stuhlreihen gehen.

In der Stadt werden 17 Standkonzerte angekündigt, um die Nürnberger aus der Reserve zu locken; die meisten fallen aus, entweder fehlen die Zuschauer oder es regnet. Ein „Altpreußischer Zapfenstreich" auf dem abendlichen Hauptmarkt wird abgesagt, weil die altpreußischen Musikanten aus Potsdam mit ihrem Lastwagen zwischen Plauen und Hof verunglückt sind. Die Bremsen des Anhängers haben versagt, er schießt rückwärts eine abhängige Straße hinab und prallt gegen einen Baum. Sieben SA-Musiker werden mehr oder minder schwer verletzt.

Das Ergebnis der „Fachtagungen" auf diesem ersten Reichsparteitag in Nürnberg ist mager bis ernüchternd. Eine NS-Korrespondenz wird gegründet, worüber Herr Goebbels sich freut, ebenso eine „Nationalsozialistische-wissenschaftliche Parteigesellschaft", damit die Partei auch bei den Intellektuellen Gehör findet. Ein „Opferring" soll der Partei aus der Finanzklemme helfen. Die Braunen wollen sich für das Berufsbeamtentum stark machen, denn dort werden potentielle Mitglieder vermutet. Die NS-Frauen, bei dem Parteitag schmählich vernachlässigt, mögen zusehen, daß mehr Krankenhäuser gebaut und Frauenschulen eingerichtet werden. Im Reichstag sollen die NS-Abgeordneten gegen das geplante Reichsschulgesetz stimmen. Das ist alles. Mehr kommt bei den zahlreichen „Fachtagungen" nicht heraus.

Der Besuch aller Veranstaltungen bleibt hinter den Erwartungen zurück, wenn auch der „Völkische Beobachter" anderes behauptet. Die finanzielle Einbuße von etwa 20.000 Mark trifft die Partei ins Mark. NS-Stadtrat Dr. Ertl hat die peinliche Pflicht, den Nürnberger Magistrat zu bitten, die Miete für die Tagungsräume zu stunden. Seinen Parteikollegen im Stadtrat legt Genosse Fritz Ertl dringend ans Herz, jeden Monat fünf Mark von ihren Diäten der Partei zu spenden. Streicher macht, wie immer, das Gegenteil. Er will sich mit fingierten Rechnungen 500 Mark unter den Nagel reißen.

Großzügig gehen die Nazis über alle Verluste hinweg. Sie erklären den 3. Reichsparteitag, den ersten in Nürnberg zu einem Erfolg. Haben sie auch den Durchbruch zur Massenpartei noch nicht erreicht, die Berichterstattung in den Medien verschafft ihnen zweifelsohne ein Stück mehr Popularität, der NSDAP fallen neue Mitglieder zu, besonders in Oberfranken. Hitlers Macht über „seine" Partei ist vollkommen, das Führerprinzip hat sich durchgesetzt. Selbstzufrieden weist er darauf hin, daß es keine ernsthaften Zwischenfälle gegeben habe, die SA diszipliniert aufgetreten sei, die Partei Geschlossenheit und Kampfbereitschaft gezeigt habe. Dies, und da hat Hitler Recht, habe die Massen beeindruckt, das nationalsozialistische Gedankengut sei ins Bewußtsein immer weiterer Kreise eingedrungen.

Im „Völkischen Beobachter" vom 1./2. Januar 1928 schreibt der „Führer": „Es war die bisher größte Heerschau nationalsozialistischen Geistes und nationalsozialistischer Organisation. Keine zweite völkische Partei vermag dem auch nur Ähnliches gegenüber zu stellen. Die Einheit der völkischen Bewegung ist bereits auf dem Marsch und in Nürnberg prangte die Stadt zwei Tage lang in ihrem Zeichen und Zehntausende marschierten unter ihren Fahnen und Standarten." Hitler vereinnahmt alle Völkischen in seine NSDAP. Andere nationalistische Parteien existieren nicht mehr für ihn.

Am 26. Januar 1928 flimmert im festlich geschmückten Saal des Münchner „Bürgerbräukellers" der Film vom Nürnberger Reichsparteitag über die Leinwand. Hitler, auf die Idee gebracht von seinem Fürther Leibfotografen Heinrich Hoffmann, hat zum erstenmal eine große NS-Veranstaltung filmen lassen, und er ist stolz auf diesen Zelluloidstreifen. Der Stummfilm trägt den markigen Titel „Eine Symphonie des Kampfwillens", gedreht wurde er auf dem Bahnhofvorplatz, im Luitpoldhain und auf dem Hauptmarkt; Zwischentitel erklären die Handlung. Die „Festveranstaltung" kostet 1.50 Mark Eintritt, wird von 60 Trommlern der Münchner SA umtost und mit der „Großen Fantasie" aus Wagners „Walküre" abgeschlossen. Juden sind nicht zugelassen. Sie seien am Verfall der deutschen Kunst schuld, sagt Hitler.

Julius Streicher klopft sich selbstgefällig auf die eigene Schulter. Für ihn war's ein großer Sieg. Er, der Gastgeber, hat sich als Zugnummer erwiesen, jetzt kennt jeder seinen Namen, seine Stellung in der Partei ist gefestigt. Seine Gegner kuschen, und er gewinnt jetzt häufiger auch dort die Oberhand, wo sich bisher noch Ablehnung oder gar Widerstand gegen seinen „Führungsstil" gezeigt hat.

Nürnberg: „Tempelstadt der Bewegung"

Von „Stil" kann bei Streicher keine Rede sein; er ist absolut stillos, im politischen Geschäft wie im persönlichen Leben. Er hat Frau und zwei Kinder, aber seine Weibergeschichten kennt Nürnberg besser als seine Familie. Der knapp 1.65 m kleine „Frankenführer" hat sich den Ruf eines brutalen, perversen, exhibitionistischen, mitleidlosen Machtmenschen eingehandelt. Seine Glatze läßt er sich nach Mussolini-Art noch glatter rasieren, als sie ohnehin schon ist, und wenn er ausgeht, dann möglichst im Ledermantel, mit Schlapphut, Schaftstiefeln samt Ledergamaschen und Reitpeitsche. „Streicher-Mode", sagt man in Nürnberg.

Streicher sieht zwar martialisch aus, aber er ist nicht immer kampfesmutig. Er zuckt zurück, schlägt der Gegner mit den gleichen Waffen zu. Von dem jüdischen Anwalt und Reserveoffizier Fritz Josephtal läßt er sich mit der Reitpeitsche schlagen und flüchtet – ohne Gegenwehr.

Hitler nimmt Streicher, wie er ist. Er schweigt und läßt seinen verlängerten Arm in Franken gewähren. „Wenn ich Streicher fallen lasse, ist das ein Triumph des Weltjudentums". Eine seiner oft geäußerten Entschuldigungen, wenn Streicher es gar zu toll treibt. Natürlich gibt es noch ganz andere Gründe für Hitlers „Nibelungentreue", nicht nur den verbindenden Judenhaß. Sie liegen vermutlich in der Gemeinsamkeit einer dunklen Vergangenheit begraben, und darüber sprechen beide nicht.

Streichers Vorzugsbehandlung durch den „Führer" und seine Vorzugsstellung als unumschränkter Herrscher aller Nazis im Gau Franken, der für Hitler zu den wichtigsten gehört, schützen Streicher vor allen Angriffen. Selbst über die Mitgliedsbeiträge verfügt er nach Gutdünken: „Was ich mit dem Geld mache, geht Euch einen Dreck an."

Den Gleichschritt mit Streicher verweigert jedoch die fränkische SA, neben München und Berlin die stärkste im Reich. Hier zeichnet sich schon bald die nächste Krise in der NSDAP ab. Im Schatten der rauhbeinigen Sturmabteilung versucht die Nürnberger Ortsgruppe den Aufstand gegen Streicher. Ludwig Käfer, von Beruf städtischer Vollzugssekretär, gründet eine von Streicher unabhängige Ortsgruppe Nürnberg-Mitte. Vorher informiert Käfer brav Hitler, aber der reagiert kühl: „Dies würde das Ende jeglicher Organisation bedeuten", teilt er aus „formalen Gründen" mit, ohne sich für eine der beiden Seiten zu entscheiden. Offensichtlich wartet Hitler – wie gewohnt – ab, wie der Kampf ausgeht. Es ist ihm nämlich zu Ohren gekommen, daß Streichers Kontrahenten überraschend stark geworden sind.

Streicher und die Opposition befetzen sich heftig. Käfer zeigt Streicher an, wirft ihm Unterschlagung und persönliche Bereicherung vor, ruft die Parteigenossen auf, sich von falschen Führern wie Streicher zu trennen und bezichtigt den „Frankenführer" der „Majestätsbeleidigung". Streicher kolportiere in Nürnberg, so Käfer, Hitler habe sich „Damen der Gesellschaft" unsittlich genähert und auf Parteikosten Sektgelage veranstaltet. „Ist es richtig", fragt die Opposition, „daß Herrn Hitler diese Schurkenstreiche Streichers bekannt sind, daß er aber nicht in der Lage ist, gegen Streicher vorzugehen, da Streicher das Privatleben des Herrn Hitler bekannt ist?"

Das ist starker Tobak. Aber Streicher wagt keine Verleumdungsklage, und Hitler dementiert nicht. Ein Hinweis darauf, daß Streicher tatsächlich „zu viel weiß" über Hitler? Diese Gerüchte werden nicht mehr verstummen, doch es gibt keine handfesten Beweise.

Um dem heiklen Problem aus dem Weg zu gehen, reagiert Streicher auf die ihm eigene, hinterhältige Art. Er sucht in der SS einen neuen Verbündeten. Zwar untersteht dieser NS-Eliteverein offiziell noch immer der SA-Führung, doch die Herren im schwarzen Tuch nutzen jede Gelegenheit, sich abzunabeln. Sie stärken dem verhaßten „Frankenführer" den Rücken, als er zu einer besonders niederträchtigen Lügenkampagne ausholt. Dazu steigt er wieder in die Niederungen des billigen Antisemitismus hinab. Streicher beruft sogenannte „Massenversammlungen" ein und giftet, seine Gegner würden nur mit infamen jüdischen Tricks arbeiten. Die Vorwürfe seien aus der Luft gegriffen, in Wahrheit habe man ihn mit mehreren hunderttausend Mark und einer Villa in der Schweiz zu bestechen versucht, falls er seinen Antisemitismus aufgebe. Ein jüdischer Rechtsanwalt habe einem gewissen Jonas Wolk 25.000 Mark versprochen, wenn er Streicher umbringe.

Eine unverschämte Lüge. In Wahrheit ist der ungetaufte Jude Jonas Wolk ein heimlicher Streicher-Spezi, den er später, von 1931 bis 1938, höchstpersönlich unter dem Decknamen Fritz Brandt als Journalist beim Judenvernichtungsblatt „Stürmer" beschäftigt – an sich schon ein unglaublicher Vorgang im Umfeld des Judenhassers Streicher. Und nun benutzt er diesen Namen auch noch als den seines potentiellen Mörders!

Doch sowas kommt an, mit solchen Tartaren-Meldungen befriedigt der tobende und angeblich nur auf seine Ehrenrettung bedachte „Frankenführer" die Sensationsgier der Zuhörer. Wer kennt schon die Wahrheit? Streicher ist ein Volkstribun, Käfer ist es nicht. Streicher ist ein Demagoge und Schreihals, Käfer ein ruhiger, sachlicher Parteigenosse. Streichers Versammlungen sind überfüllt, Käfers Veranstaltungen nur spärlich besucht. Streicher spürt Oberwasser, am 15. Februar 1928 schließt er seinen Kontrahenten Käfer und die gesamte Nürnberger Opposition eigenmächtig aus der NSDAP aus. Aber die lassen sich nicht beeindrucken. Sie fordern dazu auf, Streicher den Laufpaß zu geben, ihn zum Teufel zu jagen. Was macht Hitler? Nichts. Er reagiert nicht, er weicht aus. Für eine Weile meidet er Nürnberg, schleicht wieder mal um den heißen Brei und setzt auf das Prinzip „Selbstregulierung". Er spielt mit gezinkten Karten, wenn er sagt: „Führer, die es ehrlich mit der Sache meinen, werden sich letzten Endes immer durchsetzen." Damit läßt er alles offen. Schließlich will jeder ein „ehrlicher Parteigänger" sein.

1928: Hitlers Eiertanz um Streicher

Hitler geht noch einen Schritt weiter, um sich die Opposition gewogen zu halten, aber auch Streicher nicht zu verprellen. Am selben 15. Februar, da Streicher seine Gegner aus der Partei entläßt, teilt er den Gau Fanken in „Arbeitsbezirke" ein. Vermeintlich wird Streicher damit, zumindest teilweise, entmachtet, sein Einfluß auf Nürnberg und Mittelfranken beschränkt. Eine reine Augenwischerei Hitlers, denn solche „parteiamtlichen Organisationsmaßnahmen" stehen meist nur auf dem Papier.

Streicher läßt sich seinen Machtbezirk nicht aus der Hand nehmen, auch von Hitler nicht. Der spielt den Enttäuschten, weil Streicher das bei einem Vermittlungstreffen gegebene Versprechen, sich mit der Opposition zu versöhnen, nicht eingehalten hat. Und zur Opposition läßt Hitler die Verbindung nicht abreißen. Man kann ja nie wissen ...

Nur zweimal läßt Hitler sich während dieser Zeit in Nürnberg sehen, und beide Male wendet er sich nicht an das „gemeine Volk". Zuerst hält er im Hotel „Deutscher Hof" eine dreistündige Rede vor Akademikern und Vertretern wissenschaftlicher Berufe. „Wir kennen nur zwei Erfüllungen, für die wir unser Leben hingeben", sagt er, „Gott im Himmel und unser deutsches Vaterland." Wie sein Trabant Schemm versteigt auch er sich zu dem kühnen Vergleich mit Jesus, aber diesmal meint er sich selbst. Wie Jesus werde er, Hitler, verhöhnt und bespuckt. Im „Kolosseum" erntet Hitler vor einer Studentenversammlung tosenden Beifall, als er sich über das Thema „Kraftquelle des Volkes durch den Wert des Blutes" verbreitet.

Ansonsten umgeht er Nürnberg, den Quell des Ortsgruppen-Streits. In Neustadt/Aisch füllt er den Saal bis auf den letzten Platz. Ovationen und dumpfer Trommelwirbel begrüßen ihn. Wieder geht

es um Lebensraum und die Vorzüge der Arier. Ebenso in der Stadthalle von Amberg. Der „Amberger Anzeiger" schreibt: „Man mag zu Hitler und seinem Programm stehen wie man will, angesichts seiner Persönlichkeit wird der Wunsch rege, es möchte jeder Deutsche nur etwas von dieser glühenden Vaterlandsliebe, von diesem Verantwortungsbewußtsein gegenüber dem Höchsten bewegt werden, das diesen Mann erfüllt."
Er missioniert weiter quer durch Franken. In Erlangen agiert er vor dem „Nationalsozialistischen Studentenbund". In Kulmbach bebt die Realschul-Turnhalle („Eine Weltanschauung, die den Kampf ablehnt, ist widernatürlich und muß ein Volk, das nach ihr geleitet wird, zum Untergang führen"). Im überfüllten und polizeilich gesperrten Geismannssaal zu Fürth wird er „unter den Klängen eines Marsches auf das lebhafteste begrüßt" („Kampf um Freiheit und Brot", heißt das Thema). Mit dem „Wahnsinn des demokratischen Gedankens" rechnet er in Bayreuth ab (Der Polizeibericht: „Die Rede des Hitler hat manchen Besucher der NS-Kreise etwas enttäuscht, viele haben etwas anderes erwartet"). Im Bamberger Zentralsaal hämmert er tausend Besuchern ein: „Unter den heutigen Umständen ist das Leben eines Volkes unmöglich". Die Polizei ist zufrieden: „Redner hat weder eine Partei noch persönliche Namen oder Schimpfworte und dergleichen gebraucht". In der Turnhalle des oberfränkischen Erbendorf sitzen unter den tausend Zuhörern 300 Männer, die sich eigens Braunhemden angezogen haben; die örtliche Presse überschlägt sich: „Hitler ... getragen von dem Bewußtsein seiner zu bewältigenden hohen Aufgabe, durchdrungen bis in sein Innerstes von der Hingabe an eine große nationale Idee ..."

Die Täuschung gelingt an allen Orten, die Menschen glauben ihm blind, seine krankhaft fixierten Machtgelüste deuten sie als Vaterlandsliebe, die er ihnen vorgaukelt. Der „Führer" hat Franken fest in seiner Hand.

Indes hat er auch einige Auseinandersetzungen vor Gericht zu bestehen. Der Bamberger Domkapitular Sponsel behauptet, Hitler habe bei einer Kommunion die Hostie ausgespuckt. Hitler klagt, Sponsel wird verurteilt, nach Berufung und Revision jedoch freigesprochen. Dazu der „Fränkische Volksfreund": „Der wegen Beleidigung des Plakatmalers (!) Hitler verurteilte Domkapitular Sponsel wird vom Obersten Landesgericht freigesprochen. Alle Kosten soll Adolf Hitler tragen."

Vor dem Amtsgericht Neila in Oberfranken klagt Hitler gegen den Kaufmann Eduard Lang wegen dessen Behauptung, Hitler habe „von den Franzosen" Geld genommen. Lang kann nichts beweisen, er wird zu hundert Mark Geldstrafe oder 30 Tagen Haft verurteilt. Mit der selben Anschuldigung beschäftigt sich eine Privatklage Hitlers gegen den Lagerhalter Georg Firnschild aus Schweinfurt. Der zieht seine Aussage zurück. Hitler ist zufrieden und läßt die Sache auf sich beruhen, wenn der Schweinfurter 50 Mark an die Kriegsbeschädigtenfürsorge bezahlt.

Nach ein paar Monaten „Besuchspause" erscheint Hitler wieder in Nürnberg. Am 16. Mai 1928, kurz vor den Reichstags- und Landtagswahlen, schüttelt er seinem fränkischen Gauleiter in aller Öffentlichkeit freundschaftlich die Hand. Jetzt weiß jeder, für wen der beiden Rivalen in Nürnberg Hitler sich entschieden hat – ohne vorherige schriftliche oder mündliche Stellungnahme. Er kommt einfach, gibt Streicher wohlgewogen die Hand, und alles ist wieder gut. So einfach löst Hitler Probleme, die ihm lästig sind.

Käfer und seine Freunde fühlen sich brüskiert. Sie resignieren und dezimieren sich selbst. Käfer schreibt an seine Mitglieder: „Wenn unser Führer Adolf Hitler, für dessen vermeintlich reines Schild die Opposition den Kampf gegen die korrupte Ortsgruppenleitung der NSDAP in Nürnberg geführt hat, uns im letzten Augenblick in den Rücken gefallen ist, so enthalten wir uns vorläufig des Urteils über sein Tun." Sie brechen mit Hitler.

Streicher nutzt die Gunst der Stunde. Hitlers demonstrative Entscheidung durch freundschaftliches Händeschütteln bedeutet für ihn, daß sein Ausschlußverfahren gegen die Opposition nun auch Hitlers Segen hat. Streicher hat auch diesmal gewonnen. Hitler hat ihn wieder mal, wie üblich gegen jedes Recht und gegen jede Vernunft, gewinnen lassen. Als die Nürnberger SA mit Philipp Wurzbacher auch noch einen Streicher-Mann als Führer bekommt, sind die Würfel in Franken endgültig gefallen.

Hitlers Mann in Franken ist und bleibt Streicher. Da kann der anstellen, was er will, Hitler hält zu ihm, und er sorgt dafür, daß seine Autorität auf Streicher abstrahlt. Kumpane unter sich: „Saubermann" Hitler und Schmutzfink Streicher in Nürnberg sitzen wieder einträchtig in einem Boot. Franken wird seinen braunen Zaren nicht los.

Diesem Schulterschluß Hitler/Streicher verdanken die Nazis, daß sie bei der Reichstags-Wahl am 26. Mai 1928 in Nürnberg mit 10,7 Prozent ihren bisherigen Anteil einigermaßen halten. Das Vertrauen in Hitler ist größer als das Mißtrauen gegen Streicher. In den Bezirken Fürth, Erlangen, Ansbach und Weißenburg verliert die NSDAP etwa zwei Prozent; Uffenheim, Neustadt/Aisch und

Scheinfeld bleiben mit 12 bis 16 Prozent NS-Hochburgen. Im Reichsdurchschnitt jedoch werden die Wahlen zu einem Debakel für die NSDAP, die Partei muß sich mit bescheidenen 2,6 Prozent der Stimmen zufrieden geben. Sie steht damit an neunter Stelle. Der Wahlkreis 16, Franken, entsendet von insgesamt zwölf NS-Abgeordneten nur zwei in den Reichstag, Gregor Straßer und Ritter von Epp; drei kommen in den bayerischen Landtag, darunter wieder Julius Streicher und der 37jährige Hans Schemm aus Bayreuth.

Diese beiden bleiben auch in Zukunft die herausragenden Nazigrößen Frankens, Schemm profiliert sich als einzig ernstzunehmender Rivale des „Frankenführers". In einem Punkt unterscheiden sie sich: Der chaotische Streicher sieht sein Feindbild uneingeschränkt im „internationalen Judentum", der penible Arbeiter und sorgfältige Organisator Schemm bekämpft eher den Marxismus.

Den nur scheinbar beigelegten Ortsgruppen-Streit in Nürnberg bekommt auch die Münchner Parteikasse zu spüren. 1928 führen die Franken 2.000 Mark weniger ab an die Zentrale als 1927.

Zunächst wenig beachtet, später öffentlich ausgetragen, geht der Konflikt in der Nürnberger und fränkischen NSDAP munter weiter. Nur die Namen der Streicher-Gegner wechseln, die Reibereien um seine (Un-)Person werden nie enden, die SA läßt nicht locker. Hitler jedoch scheint „Entwarnung" zu spüren, er kommt wieder öfter nach Nürnberg. Anfang November brüllt er 4.000 Menschen im „Kolosseum" am Maxtor zu: „Die Schicksalsfrage ist es, ob es uns gelingt, zu verhindern, daß der artfremde Jude sich an die Spitze des Volkes setzt." Dann streut er plötzlich eine Prise Rührung unters Volk. Er beugt ehrfürchtig sein Haupt und fordert die Versammlung zu einem Gebet für die Gefallenen auf, die Toten der Bewegung vom 9. November 1923 im besonderen. Inzwischen sind die „Führer"-Reden grundsätzlich nicht mehr kostenlos. Wer Hitler hören will, muß bezahlen. Diesmal kostet der Eintritt 50 Pfennig, Erwerbslose mit Ausweis kommen mit 20 Pfennig davon. „Juden haben keinen Zutritt".

Bei seinem nächsten Nürnberg-Besuch jagt er seinen militanten Anhängern von der SA einen gehörigen Schrecken ein. Die Männer der Sturmabteilung, nach ihrem Verständnis die „braune Armee der Bewegung", zwar in ständigem Clinch mit den Bonzen der Parteiführung, aber eingeschworen auf Hitler, sie dürfen sich auf seinen Befehl hin nicht mehr „ungesetzlich bewaffnen" und auch keine militärischen Übungen abhalten. Allen Parteimitgliedern verbietet er, sich irgendwelchen Wehrverbänden anzu-

Nürnberg: „Tempelstadt der Bewegung"

schließen. Hitler will die Abgrenzung der NSDAP zu anderen nationalen Gruppierungen auch dadurch sichtbar machen.

„Nationalsozialisten, in erster Linie SA- und SS-Männer, haben keine Veranlassung, für den heutigen Staat, der kein Verständnis für unsere Ehrauffassung besitzt ... auch nur einen Finger zu krümmen. Der Kampf der NS-Bewegung heißt nicht Schutz der Republik, sondern Schutz dem deutschen Volk und Vaterland", begründet er sein Edikt sehr fadenscheinig und verprellt die Mannen der „braunen Armee". Sie fühlen sich den völkischen Wehrverbänden, gleich welchen Namens, näher als den „Goldfasanen" der Partei. Die Straßenkämpfer der SA sehen sich ihrer Aufgabe beraubt.

Hitlers Dekret hat einen anderen Grund. Er will sich die Gunst der Reichswehr nicht verscherzen, die eine bewaffnete SA und SS strikt ablehnt. Nicht nur, daß Hitler am 9. November 1923 die schmerzliche Erfahrung gemacht hat, ohne Reichswehr und Polizei werde jede Revolution nur eine halbe Sache bleiben, hier haben ihn seine neuen Freunde aus der Großindustrie beraten. Zu ihnen gehören die Thyssens und der Generaldirektor der Gelsenkirchener Bergwerks-AG, Emil Kirdorf, Gründer des deutschen Kohlensyndikats. Seit dem Nürnberger Reichsparteitag 1927 von Hitler tief beeindruckt, wirft er satte 100.000 Mark in die ewig klamme Parteikasse.

Hitler opfert die Haudegen seiner SA, die sich für ihn die Nase blutig geschlagen haben, dem Kapital und der Reichswehr. Für seine Ziele braucht er jetzt mächtigere Männer, Bosse, die Fäden ziehen. Mit diesem „Nürnberger Verbot" setzt Hitler einen ersten Schritt auf einem gefährlichen Weg, eine Gradwanderung zwischen Partei und SA. Er beschwört eine Entwicklung herauf, die in den folgenden Jahren dramatische Formen annehmen wird, dank Streicher in Franken ganz besonders.

Interessierte Polit- und Wirtschaftsspekulanten der höheren Etage finden sich auch unter den 700 geladenen Gästen, vor denen Hitler im Nürnberger Hotel „Deutscher Hof" am Abend seines „Waffenverbots" spricht. Über den Inhalt dringt nichts nach draußen. Klar wird nur, daß er neue Freunde sucht und findet und sich von seinen alten zu entfernen beginnt.

Am nächsten Tag macht Hitler in einer Hersbrucker Turnhalle 1.600 Zuhörern klar, daß nur der „Führergedanke" Deutschland helfe, nicht aber die Demokratie.

Klarer artikuliert er sich am 8. Dezember, wieder im „Deutschen Hof". Er bedauert, daß Deutschland nach dem gewonnenen Krieg gegen Frankreich 1871 nicht schon die „Lösung der Bodenfrage"

gesucht habe. „Deutschland hätte dazu übergehen müssen, irgendwo im Osten neuen Raum zu suchen, um Grund zu bekommen für deutsche Bauern, aber nicht, um etwa Polacken in Deutsche umzuwandeln ... Das Schwert schützt den Pflug und der Pflug ernährt das Schwert ... Soldatische Völker sind innerlich kraftvoller." Nur unter der „Autorität der Persönlichkeit" sei dies zu erreichen – womit er natürlich wieder sich meint.
Eindeutiger kann die Aufforderung zum „Kreuzzug gen Osten" gar nicht sein. Bedenken oder gar Proteste aus den sogenannten einflußreichen Kreisen bleiben gedämpft oder ganz aus, Warnungen werden überhört.
Einen Tag später will Hitler in Schweinfurt sprechen. Daraus wird erstmal nichts, weil das „Schweinfurter Tagblatt" die Inserate der NSDAP nicht veröffentlicht. Niemand erfährt von der geplanten Kundgebung. Die Nazis quittieren diesen Affront mit Umzügen durch die Stadt, sie tragen Plakate mit der Aufschrift „Deutsche – kauft nicht bei Juden" vor sich her. Die Polizei nimmt sie ihnen ab. Als Hitler am 14. Dezember doch noch auftreten kann, werden die Versammlungs-Teilnehmer auf der Straße von linken Demonstranten attackiert. Im Saal wachen 70 SS-Männer und 20 Polizisten. Ein SA-Mann fällt in Ohnmacht, als Hitler auf die „Andersrassigen" verbal heftig einschlägt. Die Juden besudeln Kunst und Literatur, sagt er, und die Neger sind kulturell sowieso minderwertig. Ansonsten greift er mehr seine völkischen Freunde an als seine linken Gegner. Ein Indiz, daß er wiedermal die Fronten abstecken will. Wer völkisch und national ist, das bestimmt er. Dazu tauge eben nur die NSDAP.
Einen Parteitag kann die NSDAP sich 1928 nicht leisten. Dazu fehlt das Geld. Stattdessen gibt Hitler sich Ende August/Anfang September mit einer Führertagung in München zufrieden. Nürnberg bleibt verschont in diesem Jahr.
Aber Hitler hat andere Trümpfe im Ärmel. Er macht aus dem Tod des Nürnberger Parteigenossen Heinrich Wölfel, der am 2. Mai bei einer Wirtshausschlägerei ums Leben kommt, ein Märtyrer-Schicksal und setzt Wölfels Namen auf die Totengedenktafel des 9. November 1923, wo er nichts verloren hat. Doch so etwas beeindruckt einfache Gemüter und gibt der Bewegung in Nürnberg neuen Auftrieb, sagt das sehr einfache Gemüt Karl Holz.
Hitlers Paladin Streicher organisiert auf dem Hesselberg den ersten seiner volkstümlichen „Frankentage", und der „Führer" kann – trotz der Wahlpleite vom Mai – mit Genugtuung die Häupter seiner Mit- und Hinterherläufer in Franken zählen. Dank wirtschaftlicher Schieflage und zunehmender Arbeitslosigkeit steigt

die Zahl der Parteigenossen wieder, erreicht 1928 im Reich 109.000 Mitglieder, 1929 schon 175.000.

Das hat auch mit dem veränderten Propagandastil der NSDAP zu tun. Die Partei nimmt die ländlichen Regionen stärker ins Visier. Tatsächlich gewinnt sie dort erheblich an Boden. Bäuerinnen und Bauern in ländlicher Einsamkeit lassen sich leichter zu einem Ausflug in die begrenzte Weite nationaler Blut- und Boden-Politik verleiten, sie stecken sich willig das Parteiabzeichen an. Sie vertrauen den Verheißungen, und die lassen doch Hoffnung aufkommen. Auch Studenten an den Universitäten finden Gefallen an Hitler und seinem völkischen Getöse.

Streicher und Schemm melden ihrem „Führer" Erfolge aus Franken, jeder auf seine Art. Streicher entdeckt eine neue Einnahmequelle, ein Inkasso-System, das Nürnberger Geschäftsleuten das Geld aus der Tsche zieht. „Deutsche Reklame" nennt sich das Unternehmen, einzigartig in der deutschen Parteienlandschaft. Ein ebenso raffinierter wie frecher Bubenstreich, erdacht von einem Nürnberger Geschäftsmann und organisiert von dem nationalsozialistischen Stadt- und Studienrat Fritz Ertl.

Das funktioniert wie ein Taschenspielertrick. Die Nürnberger Ortsgruppe wählt geeignete Kaufleute aus, die gewillt sind, die braune Beutelschneiderei mitzuspielen. Sie werden gegen eine Gebühr von 5 Mark in ein „Verzeichnis deutscher Geschäfte in Nürnberg" aufgenommen. Voraussetzung: Ihr Betrieb ist judenfrei. Dies sind auf Anhieb 37 Läden. Kauft nun ein Parteigenosse dort ein, führt der national gesinnte Geschäftsmann – gegen Vorlage des Kassenzettels – mindestens zwei, höchstens 15 Prozent des Einkaufspreises an die Parteikasse ab. Damit der Parteigenosse auch weiß, wo er einzukaufen hat, muß er zuerst die Liste mit den empfohlenen Geschäften kaufen; zehn Pfennig bezahlt er dafür – wieder an die Partei. Das gesamte Druckwerk der „Deutschen Reklame" produziert der im Herbst 1928 in den Schoß der Partei reumütig zurückgekehrte Parteigenosse und spätere Nürnberger Oberbürgermeister Willy Liebel in seinem Betrieb. Auch kein schlechtes Geschäft. Und Streichers „Stürmer" rührt nicht ganz uneigennützig eifrig die Werbetrommel.

Unterm Strich entpuppt sich die „Deutsche Reklame" rasch als eine ergiebige Abzocke. Bald gehen bei der Nürnberger Ortsgruppe mehr als 10.000 Mark ein. Die Partei behauptet, diese Aktion diene nur dem „Wirtschaftskampf gegen das Judentum", das Geld komme der notleidenden Partei zugute. Aber der korrupte Streicher hat seine Finger wieder mal im Spiel, wie immer, wo leichtes Geld fließt. Er allein ist verfügungsberechtigt, eine Kontrolle gibt es nicht. Auffallend eifrig treibt er die Parteigenossen an, ja nicht zu vergessen, ihre Kassenzettel abzugeben. Mit diesen Belegen kassieren Streicher und seine Kumpane bei den Händlern. Niemand weiß, wieviel an seinen klebrigen Fingern hängen bleibt. Hitler lobt den „in Nürnberg in die Tat umgesetzten nationalsozialistischen Wirtschaftskampf".

Wieder ein Goldesel für Streicher, der auch sonst kein armer Mann ist. Für ihn erweist die Partei sich als eine gut funktionierende Melkkuh. Neben seiner leicht gekürzten Lehrerpension kassiert er als Mitglied des bayerischen Landtags und des Nürnberger Stadtrats im Monat 450 Mark und aus dem Erlös seines Schandblatts „Stürmer" in der Woche etwa 800 Mark, wie eine Berechnung des Oberlandesgerichts Nürnberg nachweist. So kommt der „einfache Mann aus dem Volk" auf ein Monatseinkommen von mindestens 4.000 Mark – in den zwanziger Jahren eine unglaublich hohe Summe, von der mancher Generaldirektor nur träumen kann. Was der „Frankenführer" nebenher unerlaubt an Redner-Honoraren einstreicht, bleibt sein Geheimnis.

Verglichen damit ist Oberfrankens Parteiführer Hans Schemm eine ehrliche Haut. Statt Gelder einzutreiben, treibt er der NSDAP erbötiges Stimmvieh zu und eine ganze Stadt in die Arme. Ende Juni 1929 bekommt Coburg als erste deutsche Kommune eine nationalsozialistische Magistrats-Mehrheit und mit Franz Schwede, dem ehemaligen Leiter des „Völkischen Blocks", den ersten NS-Bürgermeister im Reich. Vom „Führer" in die „Richtlinien für die kommende Arbeit" eingewiesen, verkündet Schwede denn auch sofort, Coburg im nationalsozialistischen Sinn umzukrempeln, besonders die Finanzpolitik der Stadt. Später wird der Oberfranke sich Schwede-Coburg nennen und zum Gauleiter von Pommern aufsteigen.

Auch in den anderen oberfränkischen Städten legen die Nazis dank Schemm beträchtlich zu, so in Bayreuth, Kulmbach, Neila und in Neustadt bei Coburg. Außerdem liefert der Gau einen neuen „Märtyrer". In Schwarzenbach am Wald wird der SA-Mann Karl Rummer bei einer Saalschlacht mit SPD-Anhängern tödlich verletzt. Für die braunen Agitatoren, die ihrem „gefallenen Kameraden" auf dem Dorffriedhof sofort ein Denkmal setzen, ein willkommener Anlaß, sich selbst die Rolle der Verfolgten zuzuordnen und den politischen Gegner zum Totschläger herabzuwürdigen. Futter für die NS-Propaganda.

Anfang 1929 beginnt Hitler, den nächsten Parteitag vorzubereiten, der vom 1. bis 4. August in Nürnberg stattfinden soll. Der

"Führer" kommt am 22. März zu einer „Massenkundgebung" in den Nürnberger „Herkules"-Saalbau. Der ultranationale Pfarrer Münchmeyer aus Borkum, Vorzeige-Pastor der Nazis, SA-Chef Pfeffer von Salomon, Reichsschatzmeister Schwarz und Streicher-Freund Hermann Esser aus München begleiten ihn, und mehr als 2.000 Menschen hören ihm zu.

Eigentlich will Gastgeber Streicher eine große Rede abliefern, aber Hitler stiehlt ihm die Schau. Er schiebt den überraschten „Frankenführer" zur Seite, klemmt sich hinters Rednerpult, sorgt mit einer Schweigeminute zum Gedenken an die „Opfer der Bewegung" in bewährter Manier für rührselige Stimmung, die ihre Wirkung nie verfehlt, und spricht dann eine Stunde lang ohne Pause. Der nächste Parteitag soll kein Fest werden, sagt er zum Erstaunen der Nürnberger, die eigentlich ein Fest erwarten. Dazu gebe es, trotz der Mitgliedervermehrung, keinen Anlaß. Stattdessen werden die Braunhemden erstmal mit umso größerem Eifer weiterarbeiten, „bis sie sich vervielfacht haben". Eine Eröffnung, die darauf hindeutet, daß Hitler die Wahlschlappe vom Vorjahr noch nicht überwunden hat.

Die nächste Überraschung: Ansatzlos rechnet Hitler plötzlich mit seinen Kampfgenossen Otto und Gregor Strasser ab, weil sie sich von der ständigen Gewaltbereitschaft Hitlers distanzieren. „Sie wollen den Weg der Schwäche gehen", wettert er, aber es gebe keinen Kompromiß: „Der erste Hieb ist der beste." Es ist das erste Mal, daß der „Führer" öffentlich auf die Strasser-Brüder losgeht und von ihnen abzurücken beginnt. Nach der letztjährigen Verkündung des „SA-Waffenverbots" sucht Hitler sich wieder Nürnberg für eine Rede aus, die einen Blick in die von ihm erdachte Zukunft erlaubt. Das Wort vom „ersten Hieb" klingt nach Bürgerkrieg.

Glaubt man dem „Völkischen Beobachter", dann sind die Nürnberger von Hitlers Rede mitgerissen. Die Parteizeitung überschlägt sich geradezu. Sie berichtet: „Hitler sprach wie die Posaunen des letzten Gerichts ... ein einziger tausendstimmiger Ruf erschallt, ein Schwur aus tiefster Seele, Hände fliegen hoch ..."

1929: „Döbra-Schwur" unter fränkischen Tannen

Zu einem „heiligen Schwur" von 10.000 oberfränkischen Braunen, darunter 1.500 frisch uniformierten Nazis, kommt es am Sonntag, 16. Juni 1929, auf dem Döbraberg bei Schwarzenbach im nördlichen Franken, angeblich eine altgermanische Kultstätte. Diesen sogenannten „Döbra-Schwur", eine theatralisch inszenierte, vaterländische Germanen-Orgie, hat Hans Schemm sich ausgedacht. Er will nicht nachstehen hinter Streichers vorväterlichem Sinnenreiz auf dem Hesselberg.

Es wird eine Mischung aus altgermanischem Thing und altschweizer Rütlischwur, als der Lehrer Schemm vor seinem „Führer" die 10.000 zum Kampf angetretenen Nationalsozialisten auffordert, ihm nachzusprechen: „Wir geloben unter den heiligen Tannen des Frankenwalds, nicht zu rasten, bis Heimat und Vaterland wieder frei geworden sind."

Damit hat Schemm seinen mittelfränkischen Rivalen Streicher über- und Hitler ins Wagnersche Herz getroffen. Der beeilt sich, auf den Germanenzug aufzuspringen und verkündet feierlich, daß seine Weltanschauung eigentlicht „in ihren Grundelementen uralt ist." So alt wie die verehrten Germanen, will er damit sagen, was einer Verbeugung vor Richard Wagners Welt gleichkommt. Ein Volk, das sich dem Pazifismus verschrieben hat, habe auf der Welt nichts mehr verloren. Die alten Germanen seien ja auch keine Pazifisten gewesen. Daß ausgerechnet die Bayreuther Musikkapelle dazu aufspielt, hat Hitler feuchte Augen und dem nahen Gralshügel noch näher gebracht.

Die Oberfranken schon mal im Griff, greift Hitler ein paar Tage später, am 22. Juni, in Coburg nochmal zum Mikrofon, und er appelliert angesichts der bevorstehenden Stadtratswahl an die treudeutsche Gesinnung, die nur von den Nationalsozialisten am Leben erhalten werde. Der Appell verhallt nicht ungehört, der Stadtrat bekommt, wie schon erwähnt, eine nationalsozialistische Majorität.

Hitler bleibt in Franken, er will alle Wege ebnen für seinen nächsten Reichsparteitag. Ende Juni trifft er sich in Nürnberg mit Goebbels, der vor einer überfüllten Versammlung spricht und viel Beifall erhält. Hitler bringt seinen Chefpropagandisten vom „Deutschen Hof" persönlich zum nahen Hauptbahnhof. „Er ist rührend wie ein Vater. Ich habe ihn sehr gern. Von allen Männern am liebsten, weil er so gütig ist. Er hat viel Herz", schwärmt Goebbels.

Der Zeitpunkt für einen großen Parteitag ist günstig, nicht nur wegen der Aufwärtsentwicklung der NSDAP in Franken. Die Partei hat sich durch ihr Engagement bei der Kampagne gegen den Young-Plan profiliert und neue hochkarätige Freunde in der Großindustrie gefunden.

Zum besseren Verständnis: Eine alliierte Expertenkommission der Weltkriegs-Siegermächte unter dem Vorsitz des amerikanischen Bankiers und Chefs von General Electric, Owen D. Young, hat mit der deutschen Regierung leicht verbesserte Reparationsbedingungen ausgehandelt. Die Vereinbarung wird im Juni 1929 unter-

Nürnberg: „Tempelstadt der Bewegung"

zeichnet und von den nationalistischen Rechten vehement abgelehnt. Sie empfinden die Versailler Auflagen nach wie vor als weit überzogen. Deutschland müßte noch viele Jahre lang Reparationen bezahlen.

Im Juli gründet der Vorsitzende der „Deutschnationalen Volkspartei" und Medienzar Alfred Hugenberg einen „Reichsausschuß für das deutsche Volksbegehren" mit dem Ziel, den Young-Plan zu Fall zu bringen. Hitler schließt sich an mit seiner Partei. Auch wenn das Volksbegehren im Dezember scheitert, für Hitler ist die Aktion ein voller Erfolg. Die einflußreiche Hugenberg-Presse hat ihn und die NSDAP populär gemacht, jetzt kennt das ganze Reich die aus dem Süden gekommene Partei. Hitler findet Zugang zu Kreisen, die sich ihm bisher verschlossen haben. Er wird ebenbürtig.

Dieser Höhenflug kommt ihm auch in Nürnberg zustatten. Die Stadtverwaltung lehnt zwar einen erbetenen Zuschuß von 20.000 Mark zum Reichsparteitag ab, stellt der NSDAP aber den Luitpoldhain mit der Festhalle, das vor einem Jahr fertiggestellte, neue Stadion und mehrere Schulen als Mannschaftsunterkünfte zur Verfügung. Die meisten SA-Männer dürfen in Zelten auf dem Langwasser-Gelände kampieren, Essen und Trinken müssen sie mitbringen, ihre Führung spendiert nur Kaffee und Tee. Die Stadt schenkt den vom Marschieren müde gewordenen Kämpen Straßenbahn-Dauerkarten. Die Halle am Luitpoldhain dürfen die Braunen nach Belieben mit ihren Fahnen und Symbolen schmücken, nicht aber die Außenfassade. Hier besteht die Stadt auf Schwarz-Rot-Gold, Hitler will die schwarz-weiß-rote Fahne mit dem Hakenkreuz aufhängen. Einig wird man sich nicht.

Hitler, mit dem Nürnberger Oberbürgermeister wegen Streichers andauernder Pöbeleien nicht im besten Einvernehmen, kommt nicht umhin, Dr. Luppe in dessen Amtszimmer einen Antrittsbesuch abzustatten. Schließlich will er im August mit seinen braunen Kolonnen in die Stadt einrücken. In Hitlers Begleitung Ritter von Epp aus München, ehemaliger Freikorpsoffizier, seit einem Jahr Reichstagsabgeordneter der NSDAP und späterer Reichsstatthalter von Bayern. Luppe erinnert sich:

„Hitler sprach des langen und breiten über Sinn und Ziel seiner Bewegung, sodaß Herr von Epp etwas betreten auf dem Stuhl rutschte und ich ihn nach etwa fünf Minuten mit den Worten unterbrach: ‚So, Herr Hitler, nun lassen Sie mich auch mal zu Wort kommen, was wollen Sie eigentlich von mir?' Es stellte sich dann schnell heraus, daß er vor den zum Denkmalsplatz (im Luitpoldhain) führenden Stufen einen Katafalk aufstellen und von diesem aus sprechen

wollte; das konnte ich ihm natürlich ohne weiteres genehmigen, sodaß er dann bald mit einem Händedruck sich verabschieden konnte. Als meine Frau zuhause fragte, welchen Eindruck er auf mich gemacht habe, erwiderte ich: ‚Ein elender Schwätzer'; er war von seiner Idee fanatisch besessen."
Der Reichsparteitag 1929 wird voraussichtlich 200.000 Mark kosten. Eigentlich viel zu viel für eine Partei, die ständig über leere Kassen jammert. Hitler verpflichtet seine Anhänger zu Sammelaktionen: „Ich erwarte ... daß jeder einzelne Parteigenosse ... das gibt, was er geben kann. Und ich erwarte, daß, ganz gleich, ob dieser Betrag 50 Pfennig ist oder mehr, sich niemand deshalb dieser Ehrenpflicht entzieht..."
Die Geschäftsführung der NSDAP drückt ihren Mitgliedern haufenweise Festabzeichen in die Hand. Die gibt es in zwei Ausführungen: In Bronze für „Zivilisten", das Stück zu einer Mark, in Silber für SA- und SS-Männer, das Stück zu 60 Pfennigen. Die Überschüsse sollen „nur für Zwecke des Reichsparteitags" verwendet werden. „Es ist für jeden Parteigenossen Ehrenpflicht, sich das Festabzeichen zu beschaffen, auch dann, wenn er nicht die Möglichkeit hat, persönlich am Reichsparteitag teilzunehmen. Sorge jeder Parteigenosse dafür, daß darüber hinaus das Abzeichen auch von Nichtmitgliedern in weitestem Maße angeschafft und getragen wird."
Delegierten-Einlaßkarten zum Kongreß im „Kulturverein" am Frauentorgraben gibt es bei den Gauleitungen, sie müssen mit unverschämten zehn Mark bezahlt werden. Drei Mark wie noch 1927 reichen jetzt nicht mehr. Die Partei lockt: „Frühzeitige Bestellung und Bezahlung sichern gute Plätze." Eintrittspreise von 50 Pfennig bis zu fünf Mark für Standkonzerte, für ein „Giganten-Feuerwerk" unter dem Titel „Die Westfront" mit „Geschützsalven", „Gewehrfeuergeknatter", „platzenden Schrapnells" und, am Schluß, einem „Riesenfeuerbild in Form eines Hakenkreuzes" sowie für die Vorführung des Reichsparteitags-Stummfilms von 1927 sollen helfen, das Spektakel zu finanzieren.
Daß die Wahl auf die ersten Augusttage fällt, ist kein Zufall: Am 1. August 1914 brach der erste Weltkrieg aus. „... für uns die Stunden, in denen das deutsche Volk in die Zeit seines größten und unsterblichen Ruhmes eingetreten ist", sagt Hitler.
Wenn der kleine Parteigenosse sich womöglich einbildet, bei den Parteitagen auch mal den Mund aufmachen zu dürfen, ist er schief gewickelt. Solche Erwartungen dämpft Hitler, wie bei früheren NS-Tagungen, schon frühzeitig: „Die Parteitage der NSDAP sind keine Einrichtung zu unfruchtbaren Diskussionen – wie bei anderen

Nürnberg: „Tempelstadt der Bewegung"

Parteien – sondern allein allen verständliche Kundgebungen des Wollens und der Kraft dieser Idee ..."

Tatsächlich wird der Nürnberger Reichsparteitag 1929 trotz der Finanzklemme zur bis dahin bedeutsamsten Heerschau der NSDAP. Das Zeremoniell, in den Grundzügen durchorganisiert wie 1927, aber diesmal imposanter ausstaffiert mit mehr Glanz und Gloria, mehr Pomp, Schall und Rauch. Und mit mehr Braunhemden. Eine überzeugende Bekundung, eine Schaustellung der Geschlossenheit und des Selbstvertrauens soll es werden. „Die größte Demonstration des politisch-nationalen Deutschlands überhaupt", befindet Hitler.

Es kommen in 40 Sonderzügen, mit Lastwagen oder zu Fuß 23.000 SA- und SS-Männer sowie 40.000 Parteigenossen aus allen Ecken des Reichs, dazu wieder Hitler-Anhänger aus Österreich, der Tschechoslowakei, aus Schweden, England, Finnland, Italien, der Schweiz, aus Nord- und Südamerika und aus Afrika. Unter den Ehrengästen natürlich Winifred Wagner, stets in Hitlers Nähe oder, mit Sohn Wieland und Tochter Friedelind, auf Ehrentribühnen und in Ehrenlogen; dann wieder der Kaisersohn Prinz August Wilhelm und der Industrielle Emil Kirdorf. Hitler bringt seine Stiefschwester Angela Raubal, die inzwischen auf dem Obersalzberg bei Berchtesgaden seinen Haushalt führt, und deren Tochter Geli mit – eine der wenigen Frauen, die in seinem Leben eine ernsthafte Rolle spielen. „Schönes Kind", urteilt Goebbels, der mit beiden Frauen und Hitler auf dem Hotelzimmer zu Abend essen darf. „Wir haben viel gelacht".

Wie weit die Annäherung der „Deutschnationalen Volkspartei" und der „Deutschen Volkspartei" an die NSDAP schon fortgeschritten ist, gibt der Begrüßungsartikel im Nürnberger „Fränkischen Kurier" zu verstehen, der diesen Parteien nahesteht:

„Wenn der ‚Fränkische Kurier' als überparteilich-nationales Blatt auch nicht in allen Teilen mit (der NSDAP) einig geht, so kämpft er mit den Nationalsozialisten doch für ein nationales und wehrhaftes Deutschland, so erstreben wir mit ihnen die Freiheit Deutschlands."

Die braunen Scharen beherrschen Anfang August das Bild der Innenstadt. Der Hauptbahnhof gleicht einem Heerlager. Schon auf den Bahnsteigen blasen SA-Kappellen ihren Gesinnungsgenossen und den Reisenden den Badenweiler Marsch, Hitlers liebstes Paradestück. Die Hallen und der Vorplatz sind über und über mit Girlanden und Flaggen bepflastert: Schwarz-weiß-rote mit dem Hakenkreuz, das Nazi-Emblem; Blau-weiße für Bayern und Rotweiße, Nürnbergs Stadtfarben. Die Cafés und Wirtshäuser sind überfüllt. Ein Bombengeschäft für Nürnbergs Gastronomen, obgleich die SA-Führung ihre Braunhemden mit einem Alkohol-Verbot belegt hat. Ob sich jemand daran hält, ist nicht zu kontrollieren. Viele sind es sicher nicht.

Am Vorabend versammeln sich im „Kulturverein" nationalsozialistische Reichs-und Landtagabgeordnete, Kreis-, Bezirks- und Gemeindevertreter zur ersten der 19 „Sondertagungen". Diesmal geht es um Beamten-, Schul- und Jugendfragen und um Probleme der Bauern. Statt diskutiert wird referiert. Im Garten spielt eine SA-Kapelle.

Am Freitagmorgen eröffnet der vom „Führer" im März abgewatschte Gregor Strasser den Kongreß der 1.500 Delegierten, darunter 300 Frauen, wieder im „Kulturverein". „Zu lang, zu primitiv, zu demagogisch", urteilt der Demagoge Joseph Goebbels. Wie 1927 verliest Adolf Wagner aus München mit leicht guturaler Stimme Hitlers Manifest, eine Orgel moduliert das „Niederländische Dankgebet". Dann kommt Streichers großer Auftritt: Der Gastgeber darf die Begrüßungsrede halten. Dem Sowjetstern stehe jetzt das Deutsche Kreuz gegenüber, deklamiert er, der roten Front das braune Heer, dem Internationalismus die Vaterlandsliebe und der Wunsch zum eigenen Volkstum, der Demokratie der blinde Glaube an die Persönlichkeit (der Hitlers, natürlich) und dem Pazifismus der opferbereite Kampfesmut.

Hitler erscheint erst im Saal, als alle schon auf ihren Plätzen sitzen, die gewohnt wohldurchdachte Schauinszenierung, von ihm so gewollt. Es macht Eindruck, wenn er mit seinem Gefolge wie Cäsar in die Arena steigt.

Der kleine Goebbels, der nur mit Mühe hinter dem Podium hervorspitzt, macht mit großen, pathetischen Gesten die „pazifistisch-demokratische Regierungsform" für die „heutige Versklavungspolitik" verantwortlich. „Wir müssen der Regierung die Bearbeitung der Volksseele aus der Hand nehmen." Prophetische Worte, denn genau das wird er auch tun. Ausgekocht und durchtrieben, wird Goebbels diese Seelenmassage mit teuflischer Schläue millionenfach und höchst effektiv betreiben und ein ganzes Volk hinters Licht führen.

Es folgen drei Tage Kundgebungen, Kongresse, Tagungen, Reden, Vorbeimärsche. Am Samstag ziehen 16.000 SA-Männer, 500 SS-Männer und 1.100 Hitlerjungen mit Fackeln vom Hauptbahnhof entlang dem Frauentorgraben zum Plärrer, von dort über den Hauptmarkt zurück zur Königsstraße. 1.500 uniformierte Blasmusiker be-

Nürnberg: „Tempelstadt der Bewegung"

sorgen schneidig die martialische Untermalung: Stramme Märsche, laute Fanfaren, dumpfe Trommeln. Der Gleichschritt ist garantiert. Als die SA-Männer aus der Pfalz in weißen statt in braunen Hemden erscheinen, weil die französische Besatzungsmacht ihnen die braunen verboten hat, ruft Hitler ihnen zu: „Es kommt einmal die Zeit, da ziehen wir den Franzosen die Röcke aus."

Am Sonntag der Höhepunkt. Frühmorgens, zu einer für den Langschläfer Hitler ungewohnten Zeit, die Feierstunde mit düsterer Totenehrung im Luitpoldhain vor einem großen Sarkophag mit Stahlhelm und 300 Kränzen. Mehr als 23.000 SA- und SS-Männer, das ist fast die gesamte braune Streitmacht Deutschlands, und ungezählte Parteimitglieder sind angetreten, zusammen an die 60.000 Männer und nur wenige Frauen. Hitler schwingt sich mit leicht federnden Schritten zunächst auf die Empore und blickt zufrieden hinab auf seine braunen Legionen. Mit rudernden Armen und stetigen, oft ruckartigen Bewegungen seines Kopfes begleitet er seine Rede – ein nur unvollkommenes Hilfsmittel, sich auch den entfernt stehenden SA-Männern verständlich zu machen. Da es keine Lautsprecher gibt, sollen sie wenigstens erahnen, was ihr Führer meint. Er spricht von Lebensrecht und Volksgemeinschaft. Worte, die angesichts der tatsächlich demütigenden Auflagen des Versailler Vertrags auf fruchtbaren Boden fallen. Jubel, der die Ohren betäubt, und zehntausend heisere Heilrufe antworten.

„Der Hügel hier ist genauso dafür geschaffen, dieses Schauspiel zu erleben, wie der Hügel von Bayreuth für das Festspielhaus", vergleicht Winifred Wagner zutreffend den Parteitags-Donner mit dem Grollen der schwiegerväterlichen Germanen-Opern.

Mucksmäuschenstill wird's, als Hitler mit SA-Chef Pfeffer und einem SA-Führer, der einen riesigen Kranz trägt, durch die schier endlosen Reihen der Braunhemden schreitet, die ihm, wie von einem unhörbaren Befehl geleitet, eine breite Gasse frei machen. Vor dem Ehrendenkmal hebt er die Rechte, grüßt und sagt, laut genug, daß wenigstens die Umstehenden ihn verstehen: „Wir geloben den Toten des Weltkriegs, daß sie nicht umsonst gefallen sein sollen."

Dann „weiht" er mit finsterem Blick 25 neue Standarten und elf „Sturmfahnen", indem er sie, wie gehabt, mit der „Blutfahne" vom 9. November 1923 berührt. Danach marschieren die SA- und SS-Männer samt blumengeschmückten Hitlerjungen in kurzen Kniehosen sowie 1.000 österreichische Sympathisanten, immer zwölf Mann stramm in einer Reihe, zur großen Parade durch die Stadt, hinunter zum Hauptmarkt. An der Spitze, mit geschwellter Brust,

1929

Julius Streicher, dahinter die Reichs- und Gauleiter und SA-Boß Pfeffer vor seinen Kolonnen. Am Ende eine SS-Standarte mit ihrem Chef Heinrich Himmler. Hitler, er allein der Mittelpunkt, steht im offenen Wagen, nahe dem „Schönen Brunnen", und nimmt drei Stunden lang die „Parade" seiner ihm ergebenen braunen Armee ab. Blumen fliegen, auf einer Holztribüne staunen 1.700 Besucher und am Rand der Straßen tausende Menschen. Die Männer der SA-Kapellen, die sich – einander abwechselnd – Hitlers Wagen gegenüber aufbauen, blasen sich stundenlang die Lunge aus dem Leib. Immer wieder spielen sie für Hitler den „Badenweiler".

Hitlers Abschlußrede im „Kulturverein" wird immer wieder von Heilrufen, von Jubel und Beifall der elektrisierten Menge unterbrochen. Es sind auch hier seine bekannten Themen, die er in den Saal schleudert: Das sogenannte Raum- und Bodenproblem, die „Rassenhygiene", die Not des Volkes (und wie er sie beseitigen will), der Kampf gegen Versklavung und Untermenschentum, die sogenannte „Neuordnung der Kräfte", die Verachtung der Demokratie, die konsequente Verwirklichung des Führerprinzips, die „Ausrottung von Majoritätsbeschlüssen", die Mission der Nationalsozialisten und so weiter. Seltsamerweise vergißt er diesmal die Juden und ihren „teuflischen Einfluß" fast ganz.

1929: Hitler fordert Euthanasie

Aber er sagt etwas anderes, und das ist so ungeheuer, daß es wohl zwischen den brüllenden Heilrufen gar nicht so recht verstanden wird: „Würde Deutschland jährlich eine Million Kinder bekommen und 700.000 bis 800.000 der Schwächsten beseitigen, dann würde am Ende das Ergebnis vielleicht sogar eine Kräftesteigerung sein ... Durch unsere moderne Humanitätsduselei bemühen wir uns, das Schwache zu bewahren auf Kosten des Gesunden ... So züchten wir langsam die Schwachen groß und bringen die Starken um."

Was Hitler hier fordert, 1929 auf dem Reichsparteitag zu Nürnberg, das ist ein Aufruf zur Euthanasie. Er spricht von „Beseitigung" der Schwachen, 700.000 bis 800.000 jedes Jahr! Die von ihm so oft bemühte Darwinsche Zuchtwahllehre, daß der Stärkere sich sowieso durchsetze, genügt ihm nicht mehr. Er will nachhelfen. Jetzt, in Nürnberg, vor seinen Parteigenossen, überschreitet er endgültig die Grenzen der Menschlichkeit. Er will „beseitigen", was nicht ins Programm seines Rassenwahns paßt. Heute „Schwächliche", morgen Juden und „Volksschädlinge". Das ist Hitlers erstes öffentliches Bekenntnis zum Massenmord.

Nürnberg: „Tempelstadt der Bewegung"

Am Rand des Parteienglanzes toben aufgeheizte Parteigänger von rechts und links. Am Hallplatz in Fürth werden kommunistische Protestkundgebungen und Demonstrationen gegen den Krieg von der Polizei zerstreut. Vor dem „Kolosseum" am Maxtor prügeln Kommunisten und Nazis aufeinander ein. Ein SA-Mann bekommt Messerstiche ab. Die Polizei verhaftet 16 Mitglieder der KPD. Am Tafelfeldtunnel werden bei Messerstechereien drei SA-Leute verletzt, in der Nähe des Maxtors kommt ein uniformierter Brauner auf seinem Motorrad ums Leben, als ein Lastwagen ihn offensichtlich mit voller Absicht über den Haufen fährt. Der Fahrer sei ein Marxist gewesen, behaupten die Parteigenossen des Toten.

Auch in anderen Stadtvierteln herrschen das ganze Wochenende über chaotische Zustände. „...die Innenstadt in Nürnberg stand im Zeichen einer allgemeinen Anarchie. An allen Ecken und Enden kam es zu Zusammenstößen, Schägereien und Krawallen ...", schreibt das „Fränkische Volksblatt". Etwa zwanzig SA-Männer verlangen vom Hausmeister des Gewerkschaftshauses in der Karthäusergasse, die schwarz-rot-goldene Fahne vom Dach zu holen. Der Mann weigert sich. Er wird niedergeschlagen, die SA-Leute dringen in das Gebäude ein, zerschlagen Möbel und Fenster.

In der Königstraße geraten Männer der linken Reichsbanner-Bewegung mit drei Nazis aneinander. Es fallen Schüsse, der 19jährige Nürnberger Schlosser Fritz Maussner wird verletzt, Katharina Grünwald aus Lambertheim in Hessen, NS-Parteigenossin und zum Reichsparteitag angereist, vor dem Nassauer Haus bei der Lorenzkirche tödlich getroffen.

Das Café Merk in der Prechtelgasse, die Gastwirtschaften „Zum grünen Markt" am Hauptmarkt, „Zur Krone" an der Ecke Luisen- und Schloßstraße, „Kreuzer Emden" in der Humboldtstraße und die „Strobel'sche Wirtschaft" in der Lichtenhofstraße sind Schauplatz wüster Prügeleien, Schießereien und Messergefechte. Wirtshauseinrichtungen gehen zu Bruch. Bei einer Auseinandersetzung am Frauentorgraben bricht ein NS-Parteigenosse mit einer tödlichen Stichwunde zusammen. In der schon genannten „Strobel'schen Wirtschaft" trifft es einen Polizisten. Irgendjemand reißt ihm den gezückten Säbel aus der Hand und sticht den Beamten dreimal in den Rücken. Der Polizist zieht die Pistole. Ein SA-Mann muß mit einem Bauchschuß ins Krankenhaus eingeliefert werden.

Die schlimme Bilanz des 4. Reichsparteitags der NSDAP in Nürnberg: zwei Tote durch Schüsse und Messerstiche, zwei Tote bei Unfällen, alles Nationalsozialisten, vier Schwerverletzte mit Lungen- und Bauchschüssen; das Rote Kreuz muß 18 Menschen mit

Blessuren abtransportieren, darunter fünf Polizisten, 75mal Hilfe leisten und 35mal Verbände anlegen. Vor seinem Quartier im Bartholomäus-Schulhaus fällt ein SA-Mann so unglücklich von seinem Fahrrad, daß er kurz darauf stirbt. Auf der Heimfahrt stürzt ein Lastwagen mit 30 SA-Männern um, sieben Braune werden schwer, fünf leicht verletzt.

Mit diesem blutigen Ergebnis der Hitlerschen Heerschau beschäftigt sich der Nürnberger Stadtrat am 13. August. Der Verwaltungs- und Polizeisenat konstatiert, daß „die Gastfreundschaft der Stadt und ihrer Bürger von der NSDAP auf das Schändlichste mißbraucht und das Ansehen sowie der gute Ruf der Stadt auf das Schwerste geschädigt wurden."

Die NSDAP weist alle Schuld von sich. Sie sieht die Ursache in den Provokationen der Kommunisten, in der „marxistischen Angriffstaktik" und in dem „jüdischen Gesamtplan der Mordkommandos". Die Partei verweist auf den SA-Befehl vom 13. Juli, in dem zur allgemeinen Ruhe gemahnt wird, auf das Alkoholverbot, auf die Anordnung der SA-Führung, am „blutigen Sonntag" alle Braunhemden aus der Stadt abzuziehen, und auf ihre „friedfertigen Flugblätter". Auf den kommunistischen dagegen sei von „schärfstem Widerstand" die Rede gewesen.

Der Stadtrat jedoch bleibt dabei, die Ausschreitungen hätten die Nazis verschuldet. Die SPD-Fraktion erklärt: „ ... daß ... die Nationalsozialistische Arbeiterpartei die volle Verantwortung trägt, weil sie seit Jahren ihre Anhänger in unerhörter Weise aufgeputscht hat. Ja, wir halten nicht zurück, zu behaupten, daß dieses Verhalten von der Partei gewünscht und bewußt herbeigeführt wurde ... Worte wie ‚schießt sie nieder, die roten Hunde' ... müssen als gemeine Verhetzung aufgefaßt werden."

Hitler stilisiert die beiden Toten hoch zu Märtyrern der Bewegung, die Zwischenfälle bedauert er, aber auch nur in der Öffentlichkeit. Er muß fürchten, daß die Krawalle Folgen haben und die Pläne für seinen nächsten Parteitag gefährden könnten. Hier wird er Recht behalten. Der Reichsparteitag 1929 soll der letzte bleiben vor der „Machtergreifung" 1933.

Aber Franken hört auf Hitlers Stimme, jetzt, nach dem Nürnberger Partei-Festival, erst recht. Am 30. November lockt sein fränkischer Statthalter Streicher ihn wieder nach Hersbruck. Hier hat Streicher Heimrecht. Hitler spricht auch diesmal, wie im Vorjahr, in einer Turnhalle. Hier fühlt er sich wohl, hier braucht er sich nicht um Zurückhaltung zu bemühen. Streicher weiß das, und deshalb hat er Hitler hierher eingeladen. Und der will offenbar alles an Judenschmähe nachholen, was er auf dem Reichsparteitag versäumt hat. Hier, in dieser Provinz-Turnhalle, rollt er wieder schonungslos die „Rassenfrage" in ihrer ganzen erschreckenden Maßlosigkeit aus. Vollends in seinem Element, tobt Hitler: „In manchen Städten sind 92 Prozent aller Ärzte Juden, in Berlin 60 Prozent der Mittelschüler. Wer ist Träger der Geburtenbeschränkung und des Auswanderungsgedankens? Das internationale Judentum ... Die Kraft, die heute in der Welt thront, ist der internationale Jude ... das jüdische parlamentarische System ist das Sinnloseste, was es gibt."

Zurück vom Nürnberger Parteitag und seinen fränkischen Ausflügen, gibt Hitler sich nicht mehr zufrieden mit der kleinbürgerlichen Enge seines Zimmers in der Münchner Thierschstraße. Er bezieht eine hochherrschaftliche 9-Zimmerwohnung am Prinzregentenplatz 16, und sein Lebensstil nähert sich nun dem gehobenen Standard der neugewonnen Freunde aus Hochfinanz und Großindustrie. Nur einen Steinwurf weit entfernt steht das Prinzregenten-Theater, es wird „seine" Wagner-Bühne. Daß er in seiner Wohnung sofort eine mächtige Wagner-Büste aufstellt, ist keine Überraschung. Daß an eben diesem Platz eine Tochter des Bayreuther Meisters, Isolde Beidler, mit ihrer Familie gelebt hat, vielleicht nur ein Zufall.

Was auch immer 1929 passiert, Hitler profitiert davon. Am 3. Oktober stirbt Außenminister Gustav Stresemann, einer der wenigen international geachteten deutschen Staatsmänner, der die wacklige Regierung des schwachen SPD-Kanzlers Hermann Müller mühsam zusammengehalten hat. Am 24. Oktober stürzt der Börsencrash von New York die Weltwirtschaft in ihre bisher größte Krise. Politik und Wirtschaft werden instabil, die radikale Rechte wird stabiler. Die unzufriedenen Bürger sind aufnahmebereit für jede Hoffnungsparole.

Im Oktober und November 1929 legt die NSDAP bei Wahlen in Baden, in Lübeck, Berlin und Thüringen zu.

Erfolge, die auch der fränkischen Partei nach dem Nürnberger Parteitag Auftrieb geben. Sie geht resolut in die Offensive, überschwemmt das Land zwischen Main und Donau mit einer aufwendigen Propagandawelle, das Hakenkreuz ist allgegenwärtig. Die politischen Gegner werden aggressiv attackiert, ihre Versammlungen behindert oder gesprengt.

Nürnbergs SA verwandelt eine SPD-Kundgebung in eine wüste Saalschlacht, in Schney in Oberfranken gelingt am 30. September eine ähnliche Inszenierung, 29 Menschen werden verletzt. In Bayreuth, Coburg, Schillingsfürst, Feucht und Pappenheim tauschen politische Kontrahenten ihre „Argumente" mit Fäusten und Maßkrügen aus.

Auch 1930 gibt es keinen Frieden auf der politischen Kampfstätte. Siebzig Blessierte, zwei davon lebensgefährlich zugerichtet, kostet der Überfall auf eine kommunistische Massenversammlung in Nürnberg. Die Dramaturgen dieses bisher größten Saalgemetzels in Nordbayern: Streicher, Holz und Liebel. Der Antisemitismus bleibt Agitationsthema Nr. 1 der Nazis, wo Streicher das Sagen hat; Armut, wirtschaftliche Not, Marxismus und Politiker-Unfähigkeit dienen anderswo zur Brunnenvergiftung.

In Neustadt/Aisch gelingt es den NS-Magistrats-Deputierten, jüdische Geschäftsleute von städtischen Aufträgen auszuschließen. Wo immer die Nazis in Stadt- und Gemeinderäten mitreden, blockieren sie Haushaltspläne der Kommunen, unterstellen den Fraktionen anderer Parteien „korrupte Bonzenwirtschaft", „Finanzkatastrophen" und „Geldverschleuderung". Man muß es nur oft genug sagen, es bleibt immer etwas hängen. Die Menschen brauchen Schuldige, und die liefert ihnen die NSDAP reihenweise aus den Lagern der anderen.

So ist es nicht schwer, den Bürgern den Blick für die wahren Ursachen zu verstellen. Wer weiß schon, warum gerade jetzt eine Weltwirtschaftskrise Millionen das Brot raubt? Ist auch egal: Die Not hilft den Nazis. Ihre aktuelle Losung in Franken heißt: „Gegen Hunger und Verzweiflung" und „Millionen Männer ohne Arbeit, Millionen Kinder ohne Zukunft".

Auf Hitlers Geheiß stellt selbst Streicher nun die soziale Frage gleichrangig neben seinen geifernden Judenhass. Rührt man all diese Komponenten mit dem populären völkischen Gedanken geschickt zu einem Brei, wird daraus jene brisante Mischung, die Hitler sich wünscht. In dem fränkischen Nationalkampfblatt seines sonst von ihm nicht mehr sonderlich geliebten Wirtschaftsberaters Gottfried Feder, das den hitzigen Titel „Flamme" trägt, schürt Hitler die Angst der Massen:

„Entweder der Nationalsozialismus siegt und führt Deutschland neuer Größe entgegen oder die Zukunft sieht als Ergebnis des heutigen politischen Tuns das Vaterland endgültig im bolschewistischen Sumpf versinken."

Keine Perspektive, nur eine Alternative – so hofft die NSDAP das Potential ihrer Gefolgschaft im Rundumschlag zu vervielfachen. Von nun an arbeitet sie verstärkt mehrgleisig, verspricht jedem etwas, umgarnt trotz ihrer neuen Industriefreundlichkeit jetzt besonders heftig das Kleinbürgertum, aber diesmal noch intensiver, die Bauern, die Jugend und sogar die Kirchen. Mit dem stereotyp wiederholten Anspruch, einen starken, gesunden Mittelstand zu schaffen, tritt sie gegen den „jüdischen Warenhausmoloch" an, ein Zankapfel dieser Tage, da in den Großstädten immer neue Kaufhäuser entstehen. Damit schmeichelt sie den kleinen und mittleren Händlern, den Handwerkern und Angestellten.

Die Nazis sind auch für das Berufsbeamtentum. Sie sprechen genauso das Privateigentum heilig, ohne sich daran zu stören, daß im Namen ihrer Partei das Wort „sozialistisch" vorkommt. Und die Bauern, das sei überhaupt der „wichtigste Stand im Staat". Ihnen versprechen die Parteigenossen das Blaue vom Himmel: Umschuldungen für Bauern in Not, Schuldenübernahme durch den Staat, Verbot von Zwangsversteigerungen landwirtschaftlicher Anwesen, Streichung der Schulden bei jüdischen Gläubigern. Streicher nennt „Alljuda" den Totengräber des Landvolks. Er findet offene Landwirtsohren, denn die zahlreichen jüdischen Vieh- und Agrarhändler in Franken sind nicht überall beliebt.

„Wenn Ihr den deutschen Bauern retten wollt, dann enteignet die Juden", radikalisiert Streicher bei einer Rede in Roth die Parteiparolen im Kampf um bäuerliche Stimmen. Hitler bringt es bei einer Hesselberg-Kundgebung auf die einfache Formel. „Landwirte, tretet der NSDAP bei!" Viele Bauern tun ihm den Gefallen, selbst in Dörfern, die von den Nazis bislang nichts wissen wollten.

Monarchisten ködert der „Frankenführer" mit der schönen Geschichte von der Prinzessin Hermine von Reuß, der zweiten Frau des ehemaligen deutschen Kaisers Wilhelm II., die angeblich schon öfter zu Hitler-Versammlungen gekommen sei und sich – ganz im Sinn ihres im holländischen Exil lebenden exkaiserlichen Gatten – sehr positiv über die Nationalsozialisten geäußert habe. Prinz August Wilhelm, einer der sechs Kaiser-Söhne und regelmäßiger Parteitagsgast, reist von Berlin eigens nach Franken, um bei NS-Versammlungen die noch immer sehr zahlreichen Kaiser-Getreuen für die Nazis zu erwärmen.

Zwar sind Hitler monarchistische Ideen zuwider, seinen Parteimitgliedern verbietet er jeden Kontakt zum „Bayerischen Heimat- und Königsbund", aber das hindert ihn nicht, das vergangene Kaiserreich gegen die bestehende Republik auszuspielen, wenn es nur Wähler oder gar neue Parteimitglieder bringt. Schließlich besteht eine enge Verbindung zwischen dem Kaiserreich und der Schützengraben-Gemeinschaft ehemaliger Weltkriegskämpfer, in deren Tradition die NSDAP aufzutreten vorgibt. Erfolgreich schleichen Nazis sich in Krieger- und Veteranenvereine ein, sie gründen Beratungsstellen für Kriegsinvaliden und Kriegsopfer.

Bei ihrer Wiederentdeckung von Kirche und Christentum erinnern die Nationalsozialisten sich plötzlich des Paragraphen 24 ihres Parteiprogramms, in dem etwas von einem „positiven Christentum" steht, was immer damit auch gemeint sein mag. Ihre im Grunde antiklerikale und nicht gerade christliche Orientierung soll den Nazis nun kein Hindernis mehr sein, auch überzeugten Katholiken und Protestanten die Partei schmackhaft zu machen. Mit Schlagworten wie: „Nationalsozialisten! Hinein in die Kirche!" werden SA-Männer statt zum Frühschoppen zum gemeinsamen Kirchgang am Sonntag ermuntert. Der mit Hitler und Streicher befreundete evangelische Pfarrer Max Sauerteig aus Ansbach, dessen Gastfreundschaft der „Führer" längst zu schätzen weiß, läßt sich willig vor den Karren spannen.

Die Nürnberger NS-Stadträte verweigern jede Unterstützung israelitischer, kommunistischer und freireligiöser Jugendgruppen, sie fördern die christlichen Jugendbewegungen. Oberfrankens Obernazi Schemm fordert im Namen des parteiamtlich etwas unklar definierten „positiven Christentums" zum Protest gegen die „Gottlosenpropaganda" der Sozialdemokraten auf und läßt Freidenker-Versammlungen sprengen. Selbst der schmuddlige „Stürmer" bläst in die christliche Posaune, natürlich auf seine Art. Er warnt das „christlich-deutsche Volk": „Die Juden wollen das Christentum ausrotten!"

Die Nazi-Propaganda gleicht in diesen Tagen einem Rechen auf dem Feld: Jede Forke trifft eine Zielgruppe, in jeder Krume geht eine nationalsozialistische Saat auf. Zu dieser mehrgleisigen Taktik Hitlers in Franken gehören Flugblätter für jede Bevölkerungs- und Berufsgruppe. Die Titel lauten sehr spezifisch: „Arbeiter, Angestellter, Arbeitsloser!" Oder: „Du, deutscher Mittelstand!" Oder: „Bauern, Bauernjugend, Bauernfrauen!" Oder: „Frontkämpfer, Kriegsbeschädigte, Kriegerwitwen und Kriegereltern!"

Hitler verspricht jedem etwas, aber natürlich niemals auf Kosten anderer, sagt er. Er könne, so sein Balanceakt, „mit dem besten Willen dem einen Stand nicht das versprechen, was den anderen zugrunde richtet." Gleichzeitig schnürt er jedem Stand ein wohlfeiles Wunschpaket mit Extrawürsten, und da naturgemäß jeder erstmal seine eigenen Bedürfnisse im Auge hat, ist es ihm ziemlich egal, wenn dem anderen dadurch vielleicht doch etwas fehlen könnte.

So gelingt es Hitler, in alle Bevölkerungsschichten und Berufssparten einzudringen und jeden individuell gut zu behandeln. Doch gleich wirft er sie alle miteinander wieder in einen Topf, wenn er die Gemeinsamkeit der Volksgemeinschaft beschwört, die natürlich über allem stehe. Bei einer Parteiversammlung in Nürnberg formuliert er dieses heilige Bekenntnis: „An die Stelle der Begriffe Arbeiter, Bauer, Angestellter, Städter, Handwerker, Beamter, Hausbesitzer, Katholik, Protestant setzen wir wieder die Begriffe Deutschland und das deutsche Volk." Jedem das Seine, aber doch alle gleich. Die Formel geht auf. Die brüchig gewordene NSDAP konsolidiert sich in Franken. Hitler gewinnt tatsächlich neue Mitglieder und mehr Stimmen. Er ist zuversichtlich, in Nürnberg auch 1930 wieder seine Heerschau abzuhalten wie im Vorjahr. Schon Ende Februar will er an Ort und Stelle mit den Vorbereitungen zum nächsten Reichsparteitag beginnen. Doch Streicher, Hausherr und Organisator, hält sich auffallend zurück. Er ahnt wohl, daß die Nürnberger Stadtverwaltung sich querlegen wird. Sie hat noch genug vom August 1929.

Aber mit dieser Angst kann Streicher seinem „Führer" nicht kommen. Der würde ihn womöglich einen Versager und Feigling nennen. Bloß das nicht. Streicher spielt bei Hitler stets den König von Franken, der auch in Nürnberg alle im Sack hat. Er lenkt ab, spielt Differenzen mit den Strasser-Brüdern hoch. Er haßt sie. Ihren Einfluß sollte man erst mal stutzen, sagt er, damit sie mit ihren „linken sozialistischen Flausen" den Parteitag nicht vergiften.

Goebbels beschreibt den 22. Februar 1930 in Nürnberg: „Hitler war wieder ganz im Parteitag, der heuer wieder in Nürnberg sein soll. Streicher war davon nicht allzu begeistert ... Er ist überhaupt nicht so ... als allgemein angenommen wird. Nur seine Judenmanie. Hitler macht mir viel Sorge, er verspricht viel und hält wenig. Massenversammlung. Überfüllt. Ein Bombenerfolg. Ich rede gut. Die Nürnberger sind begeistert. Noch ein Stündchen mit Hitler zusammen. Er ist wieder obenauf ... Hitler ist doch sehr liebenswert. Voll von Charme. Ein Herrenmensch! Er geht mit auf die Bahn und verspricht mir goldene Berge."

Schon zwei Wochen später taucht der Herrenmensch wieder in Nürnberg auf. Der nächste Parteitag geht ihm nicht aus dem Sinn. Er soll noch bombastischer werden als der letzte. Am 11. März bittet die Partei den Nürnberger Stadtrat „um Überlassung sämtlicher Schulräume zu Massenquartierzwecken" für den Reichsparteitag vom 20. bis 25. August in Nürnberg.

Hitler fügt eine persönliche Erklärung bei, in der er sich für einen Ablauf ohne Zwischenfälle verbürgt. Er gibt „unbedingte Garantien", daß öffentliche Ordnung und Ruhe „unter allen Umständen ... in höchstem Umfang" gewährleistet seien und „keinerlei Belästigungen oder gar Bedrohungen irgendwelcher Personen stattfinden." In seinem Begleitschreiben geht er nochmal auf den Parteitag 1929 ein: „Gewisse Ereignisse, die die letzten Tage des vergangenen Reichsparteitags verdüsterten, hatten ihre Ursache nicht in irgendeiner Absicht der Parteileitung ... (Sie) hat sich deshalb entschlossen, für den diesmaligen Reichsparteitag Vorkehrungen zu treffen, die ähnliche Vorkommnisse von vornherein unmöglich machen."

Es hilft alles nichts. Der Nürnberger Stadtrat lehnt am 12. März das Gesuch der NSDAP mit 28 zu 19 Stimmen ab. Vergeblich der etwas hilflose Fingerzeig der NS-Stadträte, der Parteitag würde 1.500 Erwerbslosen Arbeit und der Stadt erkleckliche Einnahmen bringen. Auch Eingaben der Gastwirte-Innung, der Foto- und Schuhwarenhändler und der Kraftdroschkenbesitzer können den Magistrat und Oberbürgermeister Luppe nicht umstimmen.

Hitler sieht allein in Nürnberg die „Stadt der Reichsparteitage", eine andere Stadt als Ausweichort kommt für ihn nicht in Frage.

Deshalb trifft die städtische Abfuhr ihn besonders schmerzhaft. Er erlebt sie hautnah, denn er hält sich gerade in Nürnberg auf. Am Abend sieht er sich im Stadttheater, Parkett, Reihe 7, die Verdi-Oper „Die Macht des Schicksals" an. In Hitlers Begleitung Rudolf Heß und der gebürtige Badener Industrielle Otto Wagener; er gehört seit dem letztjährigen Parteitag zu Hitlers engen Vertrauten. Sie haben sich in Nürnberg kennengelernt. Eigentlich ein Wirtschaftsexperte, wird Wagener vorübergehend mit der Führung der SA, anschließend mit der Leitung der „Wirtschaftspolitischen Abteilung der NSDAP-Reichsleitung" betraut.

Hitler, Heß und Wagener diskutieren nach der Oper nebenan im Hotel „Deutscher Hof" bis in die späte Nacht. Thema: „Das schmarotzende Judentum." Nach Wageners Aufzeichnungen entwickelt Hitler ein überraschendes Planspiel, an das er sich später bestimmt nicht mehr erinnern will:

„Wenn wir ihn (den jüdischen Bolschewismus) als den primären Feind erkannt haben, dann müssen wir solange vermeiden, auch noch die übrigen Juden der Welt gegen uns aufzubringen, bis die bolschewistische Gefahr beseitigt ist. Deshalb dürfen wir die in Deutschland lebenden Juden nicht ausweisen, sie nicht enteignen, wir dürfen ihnen überhaupt kein Haar krümmen, und wir dürfen dann auch nicht mit unserer Sozialwirtschaft und mit anderen Problemen und Plänen in die Öffentlichkeit treten, mit denen wir das

Nürnberg: „Tempelstadt der Bewegung"

liberalistische Weltjudentum gegen uns aufbringen. Sondern wir müssen zunächst mit ihnen in Frieden leben. Wir können dem Liberalismus Zügel anlegen ... aber es muß ganz vorsichtig geschehen, vernünftig, wirtschaftlich, zweckmäßig. Und wenn wir zu einer planmäßigen Wirtschaftsleitung durch den Staat kommen ... dann müssen wir fertigbringen, daß der Privatbesitz auch der wirtschaftlichen Unternehmungen erhalten und daß die Privatinitative eingespannt wird in unsere Planungen. Damit brauchen wir unsere sozialistischen Ziele noch lange nicht aufzugeben oder gar zu verraten. Aber die Wege müssen geduldig ausgesucht und geführt werden nach Gesichtspunkten der Vernunft und der Zweckmäßigkeit."

Eine ökonomische Quadratur des Kreises, die Hitler da zu nächtlicher Stunde im Nürnberger Hotel „Deutscher Hof" versucht. Die Art und Weise seiner späteren „Judenbehandlung" freilich wird weder von Geduld noch von Vernunft geleitet sein.

Am nächsten Morgen, 13. März 1930, läßt Hitler sich in seinem 100-PS-Kompressor-Mercedes hinausfahren zum Luitpoldhain. Mit seinen Begleitern Heß, Wagener, dem Leibfotografen Heinrich Hoffmann und seinem Adjutanten Schaub fährt er kreuz und quer rund um den Dutzendteich. Sie gehen das Gelände ab, das Hitler für seine Reichsparteitage haben und ausbauen möchte. Euphorisch breitet er seine Pläne aus: „Für alle Zeiten soll dieses Gelände später einmal Zeuge und Denkmal einer unerhörten Gemeinschaftsleistung des deutschen Volkes sein ... eine freie Großtat, die jährlich immer wieder die Jugend Deutschlands ermahnen sollte, zu ihren Aufgaben und Pflichten für das ewige Weben und Leben ihres Volkstums ... Die Möglichkeiten sind gewaltig. Die Ideen und Pläne liegen in meiner Vorstellung bereit ... Was aus Quadern gebaut wird ... das kann noch nach Jahrtausenden zeugen von der Größe einer Zeit und ihrer Bedeutung."

Das sagt Adolf Hitler im März 1930 in Nürnberg, und da ist er noch lange nicht Herr über Deutschland. Aber er setzt es kühn voraus. Wie sonst sollen seine „Vorstellungen" sich verwirklichen lassen?

1930: Beinahe ist der „Führer" tot ...

Der Rückweg wird um Haaresbreite Hitlers letzte Fahrt – wenn da nicht wieder mal die so oft bemühte „Vorsehung" die Hand im Spiel gehabt hätte.

Der Fahrer, diesmal nicht Hitlers ständiger Chauffeur Schreck, sondern ein SS-Mann, ist offenbar ortskundig. Er lenkt den schweren Wagen von der Münchner Straße in die Wilhelm-Spaeth-

Straße, um möglichst rasch das Hotel zu erreichen; dort wartet Streicher. Schon an der nächsten Ecke passiert es.

Von rechts, aus der Hallerhüttenstraße, schiebt sich ein großer Lastwagen mit Anhänger in die Fahrbahn des Hitler-Autos. Der SS-Fahrer verschätzt sich, und er reagiert falsch. Zunächst gibt er richtigerweise Gas, dann bremst er unvermittelt, weil er glaubt, so könne er dem Lastwagen besser ausweichen. Dessen Fahrer, ein Anfänger ohne Führerschein, macht auch alles falsch. Er tritt vor lauter Angst gleichzeitig auf Gas- und Bremspedal, sein Beifahrer greift ins Steuer und zieht den schleudernden Lastzug nach links. Da der SS-Mann anfangs ja Gas gegeben hat, nimmt der Lastwagen-Lenker wohl an, der Mercedes werde weiterfahren, und so könne er den Zusammenstoß vermeiden. Doch der Hitler-Chauffeur zögert wieder, bleibt fast stehen und bietet dem Laster die volle Breitseite.

Der mächtige Kühler prallt mit voller Wucht in den Mercedes, schiebt ihn etwa 20 Meter vor sich her bis zur gegenüberliegenden Straßenseite. Die linken Räder des Mercedes stoßen schon gegen den Bordstein, der Wagen droht umzukippen, da kommt der Lkw doch noch zum Stehen. Nur einen halben Meter weiter, der Lastzug hätte Hitlers Mercedes überrollt.

So bleibt also ein kleines Verkehrsunglück im März 1930 im Südosten Nürnbergs, das die Weltgeschichte hätte verändern können, doch nur ein unbedeutender Zwischenfall, keine fünf Zeilen wert im Polizeibericht.

Hitler und seine Begleiter werden gründlich durchgeschüttelt. Für einen Augenblick sind sie starr vor Schreck. Hitler, er sitzt vorn neben dem Fahrer, findet als erster die Sprache wieder.

„Leben alle noch?" fragt er.

Heß, Wagener und Schaub beruhigen ihn: „Alles in Ordnung."

„Es konnte uns auch nichts passieren", meint Hitler mit leicht fatalistischem Unterton, „wir haben unsere Aufgabe noch nicht vollendet."

Hoffmann sagt leise: „Aber beinahe wäre sie vollendet gewesen."

Wie wahr: Der Lastwagen etwas schneller, das Lenkrad nur ein bißchen anders eingeschlagen – der Mercedes wäre zerquetscht worden, die Insassen hätten kaum eine Chance gehabt. Hitlers „Aufgabe" hätte sich wohl nie erfüllt, dem deutschen Volk und der Welt wäre die Katastrophe des Jahrhunderts vielleicht erspart geblieben.

Aber so: Hitler, fast unverletzt, springt wieder mal von der Schippe. Die „Vorsehung" – zum vierten Mal seit 1914 ist sie mit ihm: 1914 und 1915 an der Westfront, am 9. November 1923 vor der Münchner Feldherrnhalle und nun hier in Nürnberg. Es soll nicht das letzte Mal sein.

Heß und Wagener bluten stark, sie haben Abschürfungen, Prellungen und Quetschungen davongetragen. Auch Hoffmann, Schaub und der SS-Fahrer werden verletzt. Hitler beauftragt Heß, aus München einen anderen Wagen zu besorgen – mit Schreck als Fahrer. „Mit dem Zauderer von heute fahre ich nie wieder." Den Vorfall verschweigt er.

Einen Blitzbesuch mit elfköpfigem Hofstaat am 29. und 30. April im „Deutschen Hof" nutzt Hitler, um Streicher den Kopf zu waschen, weil der im Nürnberger Stadtrat den erwünschten Parteitag nicht durchsetzen kann. Für Hitler besonders ärgerlich, zumal das Gefallenen-Ehrenmal im Luitpoldhain, das er 1929 in sein Schauspiel zwar einbeziehen, nicht aber benutzen durfte, nun, im Juli, endlich eingeweiht wird. Es sei, mit seiner monumentalen Säulenhalle, das schönste in Deutschland und für seine nationale Totenbeschwörung bestens geeignet, gesteht er Nürnbergs Oberbürgermeister Dr. Luppe mit dem vorwurfsvollen Unterton der Enttäuschung, daß ihm 1930 dies verwehrt bleibe.

Am Gleichschritt der beiden NS-„Führer" jedoch ändert auch diese Fehlleistung Streichers nichts. Seelenverwandtschaft wurzelt tiefer, und Streicher wird nun mal gebraucht in Franken.

Auch die Abkehr des Dr. Otto Strasser verwindet Hitler rasch. Der gebürtige Windsheimer, Gregors jüngerer Bruder, ist tief enttäuscht über Hitlers neue kapitalistische Freunde, die Spenden der Geldmagnaten empfindet er als ehrenrührig, als einen Verrat am Ursprung der sozialistischen Idee. Otto Strasser zweifelt Hitlers Gabe nicht an, die Massen bewegen zu können, wohl aber die „unsozialistischen" Methoden. „Seine Rede schnellt wie ein Pfeil von der Sehne des Bogens, er trifft jeden einzelnen an seiner verwundbarsten Stelle", urteilt der „fränkische" Strasser-Bruder über Hitler, „er legt das Unterbewußtsein der Masse frei. Er sagt, was das Herz seiner Zuhörer hören will."

Gleichzeitig geht er auf Distanz, wenn er – zu Recht – Hitlers Politik mit einer Wagner-Oper vergleicht und von der „Systematisierung einer Illusion" spricht, die nur das Ziel habe, unbedingte Gefolgschaftstreue zu erzwingen. Diese Treue kündigt Otto Strasser auf, verläßt die NSDAP und gründet die Partei der „Revolutionären Nationalsozialisten".

Gregor Strasser will mit den Denkbildern seines Bruders nichts zu tun haben. Er verurteilt die Trennung scharf. „Ich stehe nach

1930

wie vor in vollster Loyalität hinter Herrn Adolf Hitler und der von ihm geführten NSDAP", erklärt er und folgt damit dem Beschluß der NS-Reichstagsfraktion. Für die nächsten zwei Jahre wird Gregor Strassers Schwur noch halten.

Die NSDAP in Franken bleibt von diesem parteiinternen Konflikt unberührt, eher sind die Gaue Berlin und Brandenburg betroffen. Dort ist der Einfluß des in Berlin ansässigen Strasserschen Kampfverlags nicht zu übersehen. Schließlich trägt auch dieser Streit um den Kampfverlag mit seiner von Hitler höchst unerwünschten Kritik an der Partei zum Zerwürfnis zwischen Hitler und Otto Strasser bei.

Im Juli 1930 leben in Nürnberg 416.154 Menschen, 39.000 suchen vergeblich Arbeit, nur knapp 13.000 erhalten Arbeitslosen- und 5.800 sogenannte Krisenunterstützung. Die Stadt hat kein Geld für Arbeitsbeschaffungsmaßnahmen. Zum Bau des neuen Flughafens am Marienberg fehlen zwei Millionen Mark, für die Verbreiterung und Asphaltierung des Frauentorgrabens 650.000 Mark.

Wieder driftet die Wirtschaft ab, und wieder nutzen die Nazis diesen Abschwung. Auf die Wahl am 14. September, notwendig geworden nach dem Scheitern der von der Regierung eingebrachten Notverordnung und der daraus resultierenden Reichstagsauflösung im Juli durch Reichspräsident Hindenburg, auf diesen Wahlgang bereitet die NSDAP sich intensiv vor. Sie überzieht Franken mit fast 2.000 Veranstaltungen. Auch das entlegenste Dorf lassen sie nicht aus, keine Klientel bleibt unbeachtet.

Den Frontsoldatengeist weckt Hitler, wenn er neben seinem Rednerpult alte Weltkriegshelden und -haudegen plaziert. Der 80jährige Infanteriegeneral Karl Litzmann ist so eine Ikone. Im November 1914 hat er an der Ostfront bei Lodz die Russen geschlagen, und jetzt will er Hitlers Feinde in die Flucht jagen. Einst im Dienstrang meilenweit von einander entfernt, der General und der Gefreite, sind sie heute einer Meinung, wenn Hitler bei einer NSDAP-Versammlung am 9. Juli in Nürnberg den „siegbringenden Geist des Nationalsozialismus" beschwört und kriegsschulmäßig die siegbringende Strategie verkündet: „Die heiße Liebe zum Vaterland und ein fester Wille, die Ehre zu erhalten, sind imstande, den Ring mehrfach überlegener Feinde zu durchbrechen und sich zur Freiheit durchzuschlagen."

Vermutlich ohne groß darüber nachzudenken, wohl eher aus Gründen verletzter Soldatenehre, verbreiten Veteranen des ersten Weltkriegs Hitlers Gedankengut. Zum Beispiel die ehemaligen Kanoniere der einstigen Königlich-Bayerischen schweren Artillerie, die am 13. Juli 1930 beim Totengedenken am Luitpoldhain drohend bekunden: „Die Geschütze haben unsere Feinde in sinnlosem Wahn zerstören können, nicht aber den Waffengeist, die Waffentreue und Waffenkameradschaft".

Der braune Messias besteigt am 13. Juli 1930 den Hesselberg in Mittelfranken, Streichers „heiligen Berg der Franken". Für 3.000 Mark hat die NSDAP den Hügel zu diesem „Volkstag" gemietet. Der Verkauf von Festabzeichen soll das Geld wieder einspielen. Es wird Hitler nicht leicht gemacht an diesem Sonntag, den großen Parteiführer herauszukehren. Er steht in „Räuberzivil" vor seinen Anhängern, die Uniform darf er nicht tragen. Die bayerische Regierung hat den Nazis wieder mal ein Verbot auferlegt: Es ist ihnen untersagt, das braune „Ordenskleid" anzulegen.

Die Polizei schickt jeden nach Hause, der ein Braunhemd anhat, einen Waffenrock oder eine uniformähnliche Windjacke der SA oder SS. Selbst Hakenkreuz-Armbinden konfisziert die Polizei. Viele Hitler-Leute zweckentfremden die Armbinden, benutzen sie als Einstecktuch. Auch das öffentliche Singen von NS-Kampfliedern ist nicht erlaubt. Die auf Lastwagen herangekarrten, auf das Singen ihrer Kampflieder eingestimmten SA-Männer werden zum Schweigen verdonnert. Hakenkreuzfahnen müssen eingezogen werden.

Auf dem Marktplatz von Gunzenhausen spricht Karl Holz. Dann bewegen sich 7.000 Menschen über Wassertrüdingen und Nördlingen zum Hesselberg. Mit drei Stunden Verspätung erscheint dort auch Hitler. Er trägt einen dunklen Mantel und Schlapphut, Streicher einen Regenmantel, darunter sieht man viel zu große Hosenträger, die seine Breeches halten.

„Nicht das Hemd macht die Bewegung", sagt der „Führer", sieht aber unter seinem schlaffen Schlapphut gar nicht aus wie ein Führer. „Was uns zusammenführt, sitzt ganz woanders, das tragen wir im Herzen. Unser Herz kann uns niemand ausreißen." Ein bißchen viel Wunschdenken streut Hitler in seine Versprechungen: „Wir wollen unseren Kindern Deutschland so hinterlassen, wie vor dem Krieg war."

Von Hektik getrieben, denn die Reichstagswahlen kommen näher, fährt Hitler am 24. Juli 1930 erneut nach Nürnberg. Um 20 Uhr wird der „Kolosseum-Saal" wegen Überfüllung geschlossen. In der nahen Gaststätte „Rose" muß eine „Ausweichversammlung" anberaumt werden, um die vielen Leute nicht zu verärgern, die vor den verschlossenen Türen des „Kolosseums" warten. Sie wollen den Hitler hören, der immer so laut redet und es allen besorgt. Hitler macht an diesem Abend, wie gewohnt, die Juden, den Marxismus, den Vertrag von Versailles und den Parlamentarismus für alles verantwortlich, was es an Schieflage im Land so gibt und den Leuten zu Recht nicht gefällt. Komme was immer da wolle, nichts werde den Nationalsozialismus zerstören, versichert er, und die Leute jubeln lange.

Kein Wort verliert er darüber, daß im Nürnberger „8-Uhr-Blatt" das Gerücht verbreitet wird, Streicher müsse abdanken. Der freilich ist empört, wettert gegen die Zeitung und dementiert heftig: „Davon hat Adolf Hitler mir nichts gesagt." Aber der in Anwesenheit zitierte Hitler sagt auch jetzt nichts.

Am 5. August 1930 wagt Hitler sich zum ersten Mal zu einer öffentlichen Versammlung in das katholische Würzburg. Die 5.000 Plätze in der „Frankenhalle" sind schon seit dem 1. August restlos ausverkauft, der Sitzplatz kostet eine Mark, der Stehplatz 50 Pfennig. 500 Karten werden an Arbeitslose und Minderbemittelte verschenkt. Die Unterfranken sind neugierig auf den Mann mit der Haarsträhne in der Stirn und dem Krakeelen in der Stimme, der Millionen elektrisiert.

Sein Auftritt wird, das ist man schon gewohnt, publikumswirksam inszeniert. Vom Residenzplatz ziehen 250 Mann zur Halle, vorneweg ein Spielmannszug und – das macht Eindruck – Erwerbslosen-Musiker. Jetzt weiß ganz Würzburg, daß der Hitler da ist.

Er kommt rasch auf den Kern. Leicht verständlich und parteiprogrammgetreu zieht er seine Parabel, Punkt für Punkt: 1. Das System hat versagt, womit er Regierung, Parlament und Demokratie meint; der Nationalsozialismus wird das Volk aus dem Morast ziehen. 2. Alle Regierungshandlungen dürfen nur noch von den fähigsten Köpfen ausgehen. 3. Voraussetzung sind die Blutzugehörigkeit, das nationale Bewußtsein, das Bekenntnis zum Lebenswillen und zur Wehrhaftigkeit. „Wir wollen unser Recht, wir wollen die Freiheit, das Reich der Macht und Einheit. Amen." Das „Amen" trefflich gesetzt, denn Würzburg hat einen katholischen Bischof.

Die Versammlung verläuft ohne Störung, die Polizei wird nicht gebraucht, es gibt nichts zu beanstanden. Also hat Hitlers Rede den Würzburgern offensichtlich gut gefallen. Freiheit, Einheit, fähige Köpfe sollen uns regieren – das hört sich doch gar nicht schlecht an. Den Würzburgern geht's wie allen andern auch: Sie glauben diesem Mann, weil er mundgerecht servieren kann.

Drei Wochen später, am 24. August, sind die Sporthallen der Turnvereine 61 und Jahn in Forchheim randvoll. Wieder beginnt es mit einem Marsch der Braunen durch die Stadt, vom Paradeplatz zu den

Turnhallen. Es geht recht militärisch zu, die SA führt das Kommando. Hitler spricht zweieinhalb Stunden lang, im fliegenden Wechsel in beiden Hallen. „Ich sage Euch nicht, wen Ihr wählen sollt", gibt er sich tolerant, um gleich darauf zu drohen, „sondern ich ermahne Euch an Euere Pflicht. Denkt an Euere Kinder!"
Am 3. September 1930 erweitert der „Führer" seine Macht. Der bisherige SA-Kommandeur Pfeffer von Salomon ist zurückgetreten, Hitler sucht nicht nach einem Nachfolger, er übernimmt gleich selbst. Die Entscheidung kostet ihn nur wenige Zeilen: „Ich übernehme mit dem heutigen Tag die oberste Führung der gesamten, einst von mir gegründeten SA und SS. gez. Adolf Hitler. Partei- und oberster SA-Führer." Kein Kommentar. Auch für die fränkische SA und NSDAP wird dies später Folgen haben.

Die SA allein ist es nicht, deren Fäden Hitler selbstherrlich in die Hand nimmt. Die Infiltration mittelständischer Interessengruppen durch die NSDAP spinnt Hitler mehr und mehr zu einem undurchlässigen Netzwerk, in dem alle sich finden: Arbeiter und Bauern, Beamte, Juristen, Lehrer, Apotheker, Studenten, kleine Kaufleute, Frauen und Jugendliche. Alles hört auf das Kommando des „Führers", und jeder glaubt, die Partei sei in erster Linie für ihn da.

Knapp eine Woche vor den Wahlen riskiert Hitler in Nürnberg einen Schritt, den vor ihm noch keine Partei gewagt hat, auch die mächtige SPD nicht: Er verlegt eine Kundgebung in die große Festhalle im Luitpoldhain. Wer kann schon so viele Menschen mobilisieren, um diesen Bau zu füllen? Hitler kann. 16.000 Nürnberger kommen zu dieser Premiere. Nach bewährtem Muster trommeln die Nazis die Menschen zusammen. SA marschiert durch die Straßen der Stadt, Musikkapellen bringen die Neugierigen auf Trab.

„Das Volk steht auf, der Sturm bricht los", deklamiert Hitler bühnenreif, und im selben Augenblick bricht draußen die Sonne durch die Wolken. Das schreibt der „Messias des 20. Jahrhunderts" selbstverständlich der „Vorsehung" zu, in jeder Situation durchdrungen von dem fanatischen Glauben an seinen Auftrag. „Es zieht ein neuer Geist in unser Volk ein ... die Einheit findet ihre Verkörperung in unserer nationalsozialistischen Bewegung", verkündet er prophetisch – um, zum Himmel aufschauend, gebetsartig den Beistand des lieben Gottes zu erflehen: „So wahr uns Gott helfe, werden wir nicht rasten, bis 60 Millionen deutsche Menschen in unseren Reihen sind, bis endgültig das ganze deutsche Volk diese Parole sein eigen nennt und in dieser Bewegung steht." Leider wird er damit Recht behalten.

Allein mit dieser Wahlversammlung gelingt Hitler das Kunststück einer ganzen Parteitags-Inszenierung, die ihm 1930 versagt bleibt. Der Funke des hitlerschen Fanatismus springt über, er wird zur magischen Kraft, der sich Millionen nicht entziehen können. Hitler fängt die Wähler mit einem noch nie gekannten pseudoreligiösen, operngleichen Brimborium, und diesem Mythos gottgesandter Unfehlbarkeit, genial ausgedacht und tausendmal geübt, erliegt die beschädigte Psyche der ratlos gewordenen Deutschen. Hitler sammelt Stimmen auch ohne Reichsparteitag.

1930: Nazi-Triumph bei der Reichstagswahl

Seine Rechnung geht auf, seine Propagandaschwemme zahlt sich aus. Das Ergebnis der Reichstagswahlen vom 14. September 1930 übertrifft alle Erwartungen der Nazis – zum blanken Entsetzen der demokratischen Parteien. Die NSDAP wird zum großen Wahlsieger, fast ein Viertel aller Wähler in Franken entscheiden sich für die Braunen, doppelt so viele wie bei der letzten Reichstagswahl 1928. Den Reichsparteitag verloren, Stimmen gewonnen – Hitlers fränkische Jahresbilanz 1930 fällt äußerst positiv aus:

In Mittelfranken 23,8 Prozent, in Oberfranken 23,9. Das sind 5,5 Prozent mehr als im übrigen Reich; dort erreicht die NS-Partei fast 6,5 Millionen Stimmen und damit 18,3 Prozent, 1928 wurden ganze 810.000 Wähler registriert. In Nürnberg vereinigt die NSDAP jetzt 24 Prozent auf sich, gegenüber 10,6 im Jahr 1928. Besonders anfällig sind die Stadtbezirke Luitpoldhain und Stadtpark mit jeweils 33,4 Prozent. Am wenigsten erreichen die Nazis in der Gartenstadt mit 3,2 Prozent, hier ist die SPD mit satten 71,3 Prozent zuhause.

Aus ganz Franken kommen Erfolgsmeldungen: Coburg 43 Prozent, Bayreuth 38,6, Kulmbach 38,1, Ansbach 33,9, in den Bezirken Neustadt/Aisch 35,5, Naila 34, Scheinfeld 30,5 und Rothenburg o.d.T. 33,6 Prozent. Hier macht sich der Einfluß des populären fränkischen SA-Führers Wilhelm Stegmann aus Schillingsfürst bemerkbar, der in den folgenden Jahren für Unruhe in der Partei sorgen wird.

In diesem September 1930 steigt die NSDAP in Nürnberg, in Franken und im ganzen Reich zur zweitstärksten Partei hinter der SPD auf, die erhebliche Einbußen erleidet. Die Nazis haben inzwischen 389.000 Mitglieder, sie entsenden 107 Abgeordnete in den Reichstag, 1928 waren es gerade mal zwölf. Franken ist vertreten durch Franz Ritter von Epp, Hans Schemm aus Bayreuth, dem Schillingsfürster Wilhelm Stegmann und Albert Forster aus Fürth. Zur Reichstagseröffnung am 13. Oktober ziehen die 107 NS-Abgeordnete geschlossen im Braunhemd ins Parlament.

Nürnberg: „Tempelstadt der Bewegung"

Auf seinen Fahrten von Nord nach Süd und umgekehrt hält Hitler gern im Fränkischen zum Mittag- oder Abendessen. Er mag die gemütlichen, kleinen Landgasthöfe. Im Herbst 1930 läßt er in einem kleinen Ort vor Eichstätt anhalten. Es gibt Erbsensuppe, Forellen mit Butter und Kartoffeln, anschließend Obstkuchen. Drei österreichische Handwerksburschen aus der Steiermark, während des Sommers in Deutschland beschäftigt gewesen und nun auf dem Heimweg, begrüßen Hitler.

„Was seid Ihr von Beruf?" fragt er.

„Maurer."

„So habe ich auch angefangen", antwortet Hitler.

Er war nie Maurer, er ist überhaupt nie Arbeiter gewesen.

Als die jungen Maurer ihn fragen: „Wann kommen sie einmal zu uns, Herr Hitler?" erwidert er hellsichtig:

„In die Steiermark? Dahin werde ich hoffentlich auch mal wieder kommen. Ganz bestimmt sogar. Und dann werden wir irgendwann einmal auch wieder zusammen ein einiges Reich bilden."

Sibyllinisch, diese Worte Hitlers an einem Herbsttag 1930 im fränkischen Altmühltal. Acht Jahre später ist er in Österreich, und freiwillig wird er nicht wieder gehen ...

Julius Streicher hat den Wahltriumph hinter Gefängnismauern erlebt. Wieder mal verurteilt, diesmal wegen eines sogenannten „Religionsvergehens durch die Presse", sitzt er seine Strafe im Nürnberger Gefängnis ab. Er hat in seinem „Stürmer" religiöse Empfindungen jüdischer Bürger verunglimpft. Am 25. Oktober entlassen, erwarten ihn seine Anhänger am Gefängnistor mit Pomp und Gloria. Sie schließen Streicher in die Arme wie den verlorenen Sohn, begleiten ihn im Triumphzug durch die Stadt. Alle sollen sehen, daß der „Frankenführer" wieder da ist.

Für den nächsten Tag ist ein Massenspektakel in der Kongreßhalle am Luitpoldhain angesetzt. Hitler wird erwartet. Auf Plakaten trommeln die Nazis: „Arbeiter der Stirn! Arbeiter der Faust! Auf zur Hitler-Kundgebung am Sonntag, 26, Oktober 1930! Sie beginnt nachmittags 1 Uhr mit einem Propagandamarsch der NS-Schutzstaffel und der Sturmabteilungen mit SA-Kapelle und Spielmannszug. Nachmittags 3 Uhr spricht in der geschmückten Riesen-Festhalle im Luitpoldhain der Führer der NS-Freiheitsbewegung Adolf Hitler über Staat und Nationalsozialismus. Außerdem wird anwesend sein und einige Begrüßungsworte sprechen unser aus dem Gefängnis gekommener Frankenführer."

In der Halle sind 17.000 in ganz Franken zusammengetrommelte Braunhemden versammelt – aus Nürnberg, Rothenburg, Schillingsfürst, Schwabach, Langenzenn, Fürth, Hersbruck, Erlangen, Ansbach, Weißenburg, Ottensoos, Gunzenhausen, Neustadt/Aisch und Feucht. Selbst der Kaisersohn Prinz August Wilhelm von Preußen ist wieder dabei, dazu ausländische Presseleute, die sich dieses Schauspiel nicht entgehen lassen wollen.

Ein verschüchtertes Mädchen trägt einen „poetischen Willkommensgruß" vor, die Kapelle spielt den von einem Nürnberger Musiker komponierten „Heil-Streicher-Marsch", Karl Holz überreicht seinem Chef einen Lorbeerkranz und noch ein paar Willkommensgeschenke, die gleich in Streichers Wohnung verfrachtet werden.

Hitler läßt die Katze aus dem Sack: „Nie werden wir mit irgend einer anderen Partei die Geschicke des Volkes teilen. Entweder wir schaffen es oder wir gehen unter." Übersetzt heißt das: Alleinherrschaft der NSDAP. Bei anderen Gelegenheiten und vor anderen Zuhörern spricht der doppelzüngige Hitler stets davon, daß er die Regierungsbank nur auf legalem Weg erklimmen will, und das ist ohne eine Koalition so gut wie unmöglich. Am Tag nach dem Wahlsieg, am 15. September, schwört er vor dem Reichsgericht Leipzig, daß die NSDAP die Legalität stets achten werde.

Um sein Image aufzupolieren, das durch die Haft vielleicht etwas angekratzt sein könnte, meint Streicher selbstgefällig mit napoleonischer Geste: „Unedle Motive sind es nie, weswegen unsere Parteigenossen eingesperrt werden." Endgültig zufrieden ist Streicher, als Hitler ihn in bemühter schöngeistiger Lobpreisung einen „Lichtstrahl der Bewegung" nennt.

Seine Anerkennung will Hitler am 13. November auch den Studenten der Erlanger Universität persönlich aussprechen. Dort spielt der „Nationalsozialistische Deutsche Studentenbund" im „Akademischen Studentenausschuß" der Uni die erste Geige. Von 25 Sitzen hat er 19 eingenommen.

Vor einer geschlossenen Gesellschaft von etwa 1.500 Professoren und Studenten spricht Hitler fast zwei Stunden lang. Er stellt sich im schlichten blauen Sonntagsanzug den Akademikern und ihrem Nachwuchs, weil er die Uniform noch immer nicht tragen darf. Ein Student, der Hitlers Lebensgewohnheiten offensichtlich studiert hat, bittet seine Kommilitonen, nicht zu rauchen, weil Hitler nicht raucht. Hitler verwirrt Geschichtskenner, als er „unsere Lage heute in vielen Dingen mit der Zeit nach dem 30jährigen Krieg" vergleicht. Zur Erklärung dieser etwas unverständlichen Analogie genügt ihm der nicht sehr beweiskräftige Satz: „Wir haben heute in Deutschland Millionen von Menschen, die es glatt ablehnen, für Deutschland zu kämpfen, die keinen Finger mehr rühren für die deutsche Nation." Deutlicher sind seine gebräuchlichen Lebensraumforderungen: „Wir sind gezwungen, unseren eigenen Lebensraum zu erweitern ... werden wir nur durch Machteinsatz in der Lage sein, diesen Anforderungen zu genügen." Das gefällt den Erlanger Studiosi, und die Metapher vom 30jährigen Krieg und der „heutigen Zeit" haben sie wohl auch geschluckt. Sie umjubeln den „Führer", der schließlich von ihnen fordert, „eine Keimzelle zu schaffen, die den Idealismus wieder an die Fahne schreibt."

Wer will jetzt noch kleinlich sein, lang nachdenken darüber, ob die Zeit nach dem 30jährigen Krieg zu unserer paßt oder nicht – das ist doch egal: Hitler ist groß geworden und erhaben über unwichtige Geschichtsdeutungen. Er führt keine Randpartei mehr, seine NSDAP schickt sich an, den Staat zu übernehmen. Die Welt nimmt ihn zur Kenntnis, ausländische Journalisten reißen sich um Interviews mit dem kommenden Staatsmann. Sie wollen ihn kennenlernen.

Der Besitzer des konservativen englischen Blattes „The Daily Mail", Lord Ruthermere, bewundert die NSDAP und nennt das Wahlergebnis vom 14. September 1930 „die Neugeburt der deutschen Nation". In Rothermeres Zeitung beschreibt der englische Journalist Rothey Reynolds den deutschen Politiker Hitler nach einem Interview so:

„Hitler sprach in sehr einfachen Worten und mit großem Ernst. Seine Art hatte nichts von jener Kunstfertigkeit, die politische Führer anzuwenden in der Lage sind, wenn sie einen beeindrucken wollen. Es war mir bewußt, daß ich mit einem Mann sprach, dessen Macht nicht, wie viele noch immer denken, in seiner Beredsamkeit und der Fähigkeit liegt, die Aufmerksamkeit des Mobs zu fesseln, sondern in seiner Überzeugungskraft ... Er spricht sehr schnell, und in seiner Stimme liegt eine nervöse Energie, die einen die intensive Überzeugung hinter seinen Worten spüren läßt."

So sieht ein Engländer den Mann, den wache deutsche Kritiker täglich von neuem erleben als listigen Blender und Schmierenkomödianten, der „sein Volk" nicht liebt, sondern vergewaltigt, um es seiner ganz persönlichen Macht zu unterwerfen. Als unkontrollierbaren Fanatiker, streitsüchtig, cholerisch, argwöhnisch, rechthaberisch und intrigant. Als unberechenbaren Lügner, treu, nur wenn es ihm nutzt, unpünktlich, kritikunfähig und unbrauchbar für systematische Arbeit. Als Hasardeur voll primitiver Instinkte, die hauchdünn unter der Oberfläche lauern. Als Demagogen, der die Masse sucht, ihren Verstand ausschaltet, ihre Emotionen aufwühlt und sie verachtet, wenn sie seinen Erwartungen nicht entspricht. Das Volk aber, das ihn nicht durchschaut, und dank seiner einfallsreichen Tricks weiß er dies geschickt zu verhindern, dieses getäuschte Volk vertraut ihm. Die Schar, die ihm hinterher läuft, wird auch in Franken immer zahlreicher. Sein Sieg vom 14. September 1930 hat Signalwirkung, jetzt scheinen alle Dämme zu brechen. Die Stimmung ist pro-nationalsozialistisch, und davon werden alle Kreise erfaßt. Der Halbmonatsbericht der Regierung von Mittelfranken stellt Ende 1930 fest:

„Nach übereinstimmenden ... Berichten ... sympathisieren die weitesten Kreise der Bevölkerung, und zwar auch ruhige, durchaus ernst zu nehmende Leute, mit der nationalsozialistischen Bewegung, da die alten Parteien infolge der Unfähigkeit des Parlamentarismus immer mehr an Vertrauen verlieren. Weitaus der größte Teil der Jugend ... sieht im Nationalismus die Rettung aus der schweren Notlage der Gegenwart."

In Mittelfranken treten 1930 allein in den letzten drei Monaten 1.245 Männer und Frauen der NSDAP bei, jetzt sind es schon fast 5.500 Mitglieder, 1929 waren es noch 2.700. Der Trend hält ungebrochen an, im November 1932 werden sich 13.347 Mittelfranken der NS-Partei anschließen.

Die NSDAP hat die alten vaterländischen Verbände regelrecht aufgefressen, sie verschwinden in der NS-Partei. Die Nazis knabbern mit großem Erfolg an den Rändern der bis dahin noch selbstbewußten Rechten. Bürgermeister und andere Repräsentanten bürgerlicher Parteien wechseln zur NSDAP. Viele Lehrer und Ärzte setzen sich für die Nazis ein, dank ihres Einflusses auf die Bevölkerung wirken sie wie Multiplikatoren der NS-Ideologie. 15 evangelische Pfarrer in Franken stellen sich der NSDAP als Werberedner zur Verfügung. In der Oberpfalz gründet die Partei elf neue Ortsgruppen.

1931: Schon 800.000 NSDAP-Mitglieder

Im gesamten Reich werden in nur drei Monaten 128.000 Neuaufnahmen gezählt. Von 400.000 im Jahr 1930 schnellt die Zahl der Parteigenossen 1931 hoch auf 800.000, 1932 werden es 1,4 Millionen sein.

Da schaden auch örtlich begrenzte Verbote von NS-Versammlungen im Dezember 1930, im Januar und Februar 1931 in Bayreuth, Weißenburg, Feucht und Coburg nicht. Werden ihnen Säle vorenthalten, versammeln die Braunhemden sich unter freiem Himmel –

Nürnberg: „Tempelstadt der Bewegung"

trotz Februarkälte in Neustadt bei Coburg, in Würzburg und in Röthenbach/Pegnitz. Um nicht zu provozieren, soll die Nürnberger SS nur noch als Polizeitruppe der Nationalsozialisten auftreten. Zum Versammlungsschutz gibt es eigene Stabskompanien, ihre Mitglieder müssen unverheiratet, mindestens 1.70 m groß und „gediente Leute" sein. SA-Führer Stegmann will das massenhafte, unübersichtliche Auftreten von Braunhemden eindämmen, die SA soll eine „zweckmäßige" Uniform bekommen, sich von den anderen unterscheiden, aber nicht unnötig auffallen.

Wo das ehrliche Bekenntnis der neuen Parteigenossen aufhört, wo es sich auf bloße Sympathie beschränkt oder der Opportunismus anfängt, das läßt sich kaum noch unterscheiden.

Auch der nächste Arrest eines NS-Funktionärs ist dem Ansehen der Partei nicht abträglich. Im Gegenteil: Die Genossen sind stolz auf ihre „Märtyrer". Begrüßungskomitees harren vor den Gefängnistoren, wird einer der ihren entlassen. So etwas wird gefeiert. Am 18. Februar 1931 allerdings warten sie zunächst vergeblich auf ihren Kumpan und Streicher-Freund Karl Holz, der wegen des gleichen Religionsvergehens wie sein Chef dreieinhalb Monate Haft „abbrummen" mußte. Holz und Streicher haben im „Stürmer" fälschlich behauptet, der jüdische Talmud, die hebräische Lehre, würde den sogenannten Ritualmord erlauben. Die Behörden haben Holz am Abend zuvor heimgeschickt, um Freudenkundgebungen zu verhindern.

Aber diese Vorsichtsmaßnahme kann den Triumph des Polit-Sträflings nicht vereiteln. Holz hört zuhause von der Ansammlung vor dem Gefängnistor, setzt sich ins Auto und fährt zu seinen enttäuscht wartenden Genossen. Großer Jubel, Holz will auf der Straße eine Ansprache halten, die Polizei läßt ihn nicht. Dann versucht die Gruppe, Holz in der Mitte, mit Schlachtgesang durch die Stadt zu ziehen. Wieder vereitelt die Polizei den Freudenmarsch.

Die Polizisten werden an diesem Tag nochmals gebraucht. Vor dem Phoebus-Filmpalast am Königstor wollen SA-Männer verhindern, daß die „Dreigroschenoper", das „schandbare jüdische Machwerk", über die Leinwand läuft. Die Nazis pfeifen, johlen und singen, sie werfen Stinkbomben ins Parkett. Vergeblich. Die Polizei vertreibt die braunen Demonstranten, der Film läuft weiter.

Angestachelt zu diesem Aufruhr hat wieder mal der „Frankenführer". In seinem „Stürmer" hetzt Streicher: „Volksgenossen, fangt endlich an, aus Eurer Reserve heraus zu gehen und zeigt auch bei Theaterbesuchen, daß Juden und Judenknechte nicht ungestraft Schindluder mit uns treiben."

1931

Bei solcher Begeisterung und Linientreue sieht Hitler sich vorübergehend nicht veranlaßt, seine fränkischen Parteigenossen zu kontrollieren, neue Mitläufer finden sich ganz von selbst ein. Er hält sich auffallend zurück, schränkt seine Franken-Reisen 1931 ein und verlegt sich auf „Führerbefehle". Er verbietet den Ortsgruppen, Faschingsbälle oder Trachtenfeste unter dem Hakenkreuz zu veranstalten. Über den tieferen Sinn solcher Verbote schweigt Hitler. Vielleicht will er verhindern, daß seine Mannen sich öffentlich besaufen und aus der vorgeschriebenen Stammrolle fallen, denn in solchen Fällen ist meist der Teufel los. Außerdem kann Hitler maskierte Menschen nicht leiden. Das findet er albern, zumal solche Masken auch noch tanzen, und das mochte er schon in seiner Jugend nicht. Was der Meister verachtet, müssen auch seine Knechte meiden.

Ein wieder aufgefrischtes Verbot treibt die SA auf die Barrikaden. Hitler und sein aus dem bolivianischen Exil heimgekehrter, eben vom „Führer" wieder in Amt und Würden eingeführter SA-Stabschef Ernst Röhm untersagen den Braunhemden ein weiteres Mal, Waffen zu tragen. „Das ist unerschütterliche Gesetzlichkeit", droht der vormalige „Schriftsteller" Hitler mit einer originellen Wortschöpfung. Seine erprobten Straßenkämpfer fühlen sich kastriert wie damals, 1928.

Dieser Ernst Röhm genießt das Privileg, Hitler mit „Du" ansprechen zu dürfen. Das ist nur wenigen erlaubt, Julius Streicher und Winifred Wagner, zum Beispiel. Röhm will keinen „legalen Kurs", er ist Landsknecht und ewiger Revolutionär, trägt Narben im Gesicht und Homosexualität in seiner Vita. Es stört Hitler überhaupt nicht, daß sein Duzfreund schwul ist, dafür hat er vollstes Verständnis, seine Gefühle – wenn auch nicht ausgelebt – sind nicht weit entfernt davon.

Der „Führer", ein bißchen satt geworden von seinem Erfolg im September 1930 und ziemlich sicher, die nächste Wahl als Kanzler zu erleben, geht davon aus, daß er seinen Parteitag 1931 endlich wieder in Nürnberg feiern wird. Schon im Februar macht Hitler, begleitet von seinem Adjutanten Brückner, Nürnbergs Oberbürgermeister Dr. Luppe zähneknirschend wieder eine Aufwartung. Er haßt es, bei diesem Stadtoberhaupt, das ihm schon im Vorjahr die Suppe versalzen hat, als Bittsteller aufzutreten. Schon als er das Amtszimmer betritt, ist sein Widerwillen spürbar. Er reicht Luppe nicht die Hand. Erst als der OB seine Rechte ausstreckt, schlägt Hitler ein. Beim letzten Mal 1929 noch verlegen, unsicher und bemüht, sich zu erklären, spielt Hitler jetzt seine neue Rolle von oben herab: Der große Parteiführer und der kleine Oberbürgermeister. Diesmal kommt er auch schneller zum Kern der Sache: Bitte um Überlassung der Festhalle im Luitpoldhain und mehrerer Schulräume für den Parteitag der NSDAP im August. Er legt größten Wert darauf, seine Parteitage nur noch in Nürnberg abzuhalten, sagt er. Dr. Luppe hält das nicht für eine Ehre. Er schweigt, keine Miene in seinem Gesicht verzieht sich.

Hitler schwadroniert weiter. Natürlich könne er auch anderswo hingehen, nach Chemnitz, zum Beispiel. Aber was sei schon Chemnitz! Für ihn kommen nur zwei Städte in Frage, Nürnberg und Weimar, wobei Nürnberg natürlich bei weitem den Vorzug genieße. „Nürnberg ist die deutscheste Stadt überhaupt", betont er nicht zum ersten Mal. Dann lobt er wieder das Gefallenen-Denkmal im Luitpoldhain als das schönste in Deutschland. Auch das hat er schon einmal gesagt. Daß die Stadt sehr zentral liege, von seinen vielen Anhängern in Österreich und in der Tschechoslowakei gut zu erreichen, brauche er ja nicht mehr groß zu erwähnen.

Dr. Luppe ist noch immer nicht beeindruckt, eher beängstigt. Wieder, wie schon 1930, weist er auf die schlimmen Vorfälle von 1929 hin. Hitler schiebt auch diesmal allein den Kommunisten die Schuld in die Schuhe und versichert hoch und heilig, daß so etwas nicht wieder vorkomme. Das nächste Mal werde das Alkoholverbot streng überwacht, und seine Leute dürfen nicht mehr einzeln, sondern nur noch in Gruppen in die Stadt gehen. Ob sie sich deshalb vom Saufen abhalten lassen? Viele Braunhemden kommen gerade deshalb nach Nürnberg, sie werden sich von einem Antialkoholiker das Biertrinken nicht vermiesen lassen. So denkt auch der Oberbürgermeister, doch er verspricht, die Angelegenheit dem Stadtrat vorzutragen.

Am Abend treffen Hitler und Dr. Luppe im Nürnberger Stadttheater nochmal aufeinander. Hitler, listig höflich und um gute Stimmung bemüht, behauptet, die Nürnberger Bühne sei besser als das Münchner Staatstheater. Der Oberbürgermeister lächelt, er glaubt Hitler seine Schmeicheleien nicht.

Der Rat der umworbenen Stadt befaßt sich am 25. Februar 1931 mit dem NS-Antrag. Stadtrat Liebel preist die Vorteile, die so ein Parteitag der Nazis für die Wirtschaft der Stadt bringe, und er macht eine Milchmädchen-Rechnung auf: Geben die erwarteten 200.000 Besucher pro Mann 30 Mark aus, so fließen sechs Millionen Mark in die Kassen von Handel und Gastronomie Nürnbergs. Einige Stadträte hören diese Kassen schon klingeln, aber die Mehrheit von SPD und KPD verschließt die Ohren, sie läßt sich nicht umstimmen: Ablehnung mit 24 gegen 21 Stimmen.

Die Nazis geben nicht auf. In einem neuen Antrag vom 25. März bitten sie um Luitpoldhain und Stadion, verzichten auf Schulgebäude. Jetzt wird's eng im Stadtrat. Mit Ach und Krach, mit einem Patt von 23 zu 23 Stimmen, fällt der Antrag wieder durch. Dieses knappe Ergebnis macht der NSDAP Mut. Die Partei versucht es ein drittes Mal. Diesmal greifen die Verweigerer im Stadtrat zu einem Trick. Sie genehmigen grundsätzlich alles, nur das Wichtigste nicht: die Anlage im Luitpoldhain vor dem Ehrenmal, der Platz hinter der Festhalle und der Rathaussaal bleiben den Nazis verschlossen. Aber wo soll dann die wichtigste Veranstaltung, der SA- und SS-Aufmarsch, stattfinden? Kein Platz dafür. Damit bleibt der Reichsparteitag 1931 eine Illusion. Die Nazis geben auf, die NSDAP-Ortsgruppe Nürnberg schreibt an die städtische Grundstücksverwaltung: „...da durch das unerhörte Verhalten der Marxisten und ihrer Freunde im Stadtrat Nürnberg die Abhaltung der Reichsparteitage in Nürnberg unmöglich gemacht wird."

In Nürnberg abgeblitzt, in München bewundert, Adolf Hitler rüstet gesellschaftlich auf. Zwar führt er seit 1929 eine hochherrschaftliche Wohnung am Prinzregentenplatz, aber zu Einladungen kann Hitler sich höchst selten entschließen, und wenn, dann geht es steif und förmlich zu. Lieber spielt er wieder die Rolle seiner frühen Jahre, der Bohemien erwacht in ihm – wie vor dem Krieg in Wien und München. Mit dem Unterschied, daß er keine Bilder mehr malen muß, um zu überleben.

Hitler ist meist nur Gast in seinem neuen Büro an der Brienner Straße, dem sogenannten „Braunen Haus". Erscheint er zu einer Stipvisite und die Parteibediensteten belagern ihn mit vollen Akten, die eine Entscheidung verlangen, winkt er ab, meint, solche Ratschlüssse müsse er überschlafen, und überhaupt habe er jetzt gleich wieder eine Besprechung „außer Haus".

Diese „Besprechungen" werden sehr einseitig geführt, es sind seine Monologe, die er vor gläubigen Jüngern absondert, und mit „außer Haus" meint er Caféhäuser. Dort hockt er stundenlang und redet und redet endlos zu einer ergebenen Gefolgschaft, die wie Klippschüler an seinen Lippen hängt. Von der Ordnung eines geregelten Bürobetriebs hält er nichts, das ist eines „Genies" unwürdig. Seine Zeit teilt er sich selbst ein, die anderen brauchen nur seine Befehle auszuführen.

Von den Damen Bruckmann und Bechstein gut geschult, fühlt er sich jetzt recht wohl auf dem Parkett der oberen Tausend. Damen der Hautevolee und des gelangweilten Adels umschwirren ihn, Damen mit klangvollen Namen wie Martha Dood, Tochter des amerikanischen Botschafters; die überspannte Lady Unity Valkyrie Mitford aus England, deren seltsame, von ihrem Wagner-besessenen Vater mit Bedacht gewählte Vornamen (Unity=Einheit und Valkyrie=Walküre) in Hitler sicher wohltuende Wagner-Assoziationen hervorrufen, Gretl Slezak, österreichische Sängerin und Schauspielerin, und Stephanie Prinzessin von Hohenlohe.

Nun ist es nicht etwa so, daß diese Damen samt und sonders unsterblich verliebt sind in den unscheinbaren, schmächtigen Mann vom Land. Der neue Stern am Polithimmel ist es, der sie in der Ereignislosigkeit ihres faden Alltags fasziniert. Die exzentrischen Ladies finden Gefallen an dem exzentrischen Machtmenschen. Er könnte ja der Kanzler von morgen sein, und in seiner Nähe sonnt man sich gern. Je mondäner, umso verrückter. Bis zu (gespielten) Selbstmordübungen reicht die Skala der Verzückung. Lady Mitford wird um ein Haar das Opfer ihrer „großen Liebe" – oder eher einer fehlgeleiteten hormonellen Reizüberflutung.

Hitler, sehr übertrieben unter der Hand als „König von München" gehandelt, ist geschmeichelt. Das bietet ihm nur München, die Hauptstadt seiner ganz persönlichen „Bewegung"; vielleicht noch Berlin. Im nüchternen Franken tummeln sich solche Ladies nicht. Vielleicht auch ein Grund, weshalb er mitunter seinen Lieblingsgau etwas vernachlässigt, wenn er gerade seine Gesellschaftsperiode hat. Dann zeigt der Polit-Macho sein zweites Gesicht. Das Chamäleon Hitler hat viele Gesichter, und es werden im Lauf seines Lebens immer mehr.

In erlauchten Kreisen zeigt der „Führer" das Gesicht des Kavaliers, da ist er zuvorkommend, höflich und charmant. Wie ein altösterreichischer Hofrat küßt er galant parfümierte Damenhände, tätschelt Jungfern die gepuderten Wangen, rückt älteren Ladies beflissen die Stühle. Viel weiter geht er wohl nicht, da spielen seine Hormone nicht mit. Die Beziehungen, wenn es überhaupt welche sind, bleiben an der Oberfläche. Von tieferen Empfindungen kann nicht die Rede sein. Von Handgreiflichkeiten auch nicht.

Dafür bürgen Zeugen, die genau hinschauen. Beobachter bis hinunter zu den Zimmermädchen, die Betten machen und Spuren lesen können. Die wissen es genau – wenn es etwas zu wissen gäbe. Sie aber sagen: Da ist nichts. Schaut euch doch den Hitler an, sagen sie, wenn er Hitlerjungen in kurzen Hosen sieht. Dann leuchten seine Augen.

1931

Über Frauen äußert Hitler sich im Kreis seiner Kamarilla nur geringschätzig. „Die Welt der Frau ist der Mann", meint er, und von der Ehe will er absolut nichts wissen. Er sei ja mit Deutschland verheiratet, begründet er seinen Standpunkt, doch wer ihn kennt, hält das für eine großdeutsche Ausrede.

Wenn es überhaupt ein Mädchen gibt, für das Hitler einigermaßen echte Gefühle aufzubringen und zu der er eine halbwegs normale emotionale Bindung zu entwickeln vermag, dann ist es seine Nichte Angelika Raubal, genannt Geli, die Tochter seiner Halbschwester. „Onkel Wolf", wie Hitler sich gern nennen läßt, hat die lebenslustige 23jährige Wienerin zu sich genommen. Sie soll Medizin studieren an der Universität München, aber sie singt lieber, die Gesangstunden bezahlt ihr Onkel. Er nimmt Geli in Besitz, er kontrolliert sie wie ein Schulmädchen, sie darf nicht allein ausgehen. Er führt sie in Restaurants, ins Theater, ins Kino, selbst wenn sie Kleider kauft, ist „Onkel Wolf" dabei. Manchmal sitzt sie sogar, als einzige Frau, am Stammtisch im Café Heck.

Dem temperamentvollen, koketten und etwas flüchtigen Mädchen reicht das nicht. Warum wohl? „Onkel Wolfs" offensichtlich platonische Art zu „lieben" scheint sie nicht zu befriedigen. Geli sucht Affären mit anderen Männern. Als sie sich mit Hitlers Privatchauffeur Emil Maurice einläßt, tobt der liebe Onkel. Rasend vor Eifersucht, will er gleich zur Pistole greifen – Maurice oder sich selbst erschießen. Der Homoerotiker Hitler eifersüchtig? Eher gekränkt in seinem Stolz.

Geli will zurück nach Wien, aber Hitler hält sie fest. Seinen „Besitz" will er nicht hergeben. Geli sitzt im goldenen Käfig, bewacht von ihrem Onkel – und weit und breit kein Mann, der ihr auch sexuell etwas bedeutet.

1931: Gelis Tod schockt Hitler

Am 18. September 1931 ruft er in Berchtesgaden an, wo Geli gerade ihre Mutter besucht. Sie soll sofort nach München kommen, er braucht sie. Geli kommt, aber Hitler geht. „Zum Mitagessen bin ich wieder da", sagt er, doch er taucht erst nachmittags um vier Uhr wieder auf, um dem überraschten Mädchen zu eröffnen, daß er jetzt gleich wegfahren müsse, zu einer Parteizusammenkunft in Erlangen. Geli ist enttäuscht. Weshalb hat er sie eilig aus Berchtesgaden herbeizitiert? Von wegen: Er brauche sie. Er hat nur seinen „Besitz" wieder um sich haben wollen. Wenn er schon nicht dableibe, bittet Geli, dann möge er sie wenigstens nach Wien fahren lassen, ihre Stimme zu prüfen. Schließlich will sie Sängerin werden. „Nein, kommt nicht in Frage", entscheidet der gestrenge Onkel, schwingt sich ins Auto und entschwebt gen Franken. So gehen sie im Streit auseinander. Geli bleibt allein zurück in der großen Wohnung am Prinzregentenplatz. Zur Haushälterin Winter sagt Geli: „Ich gehe heute abend ins Kino." Das tut sie aber nicht. Stattdessen verkriecht sie sich in ihr Zimmer und findet zu allem Überfluß in Hitlers Mantel einen heimlichen Brief einer Eva Braun. Das ist zu viel. Nun fühlt sich Geli von allen verlassen und von Hitler ausgenutzt. Am nächsten Morgen will Frau Winter das Frühstück bringen. Sie klopft an der Tür. Niemand öffnet, aber der Schlüssel steckt von innen. Die Haushälterin ruft ihren Mann. Er bricht die Tür auf. Auf dem Sofa liegt Geli Raubal. Sie hat sich mit Hitlers Pistole erschossen.

Hitler bekommt die Nachricht im „Deutschen Hof" in Nürnberg, er hat dort übernachtet. Er rast zurück nach München. Unterwegs stoppt die Polizei ihn wegen überhöhter Geschwindigkeit.

Die Gerüchte schießen ins Kraut. Hitler habe Geli geschlagen. Hitler habe sie ermorden lassen. Geli habe von einem jüdischen Freund ein Kind erwartet. Alles Vermutungen, Beweise für das letzte Detail hat niemand.

Adolf Hitler reagiert hysterisch wie ein betrogener Ehemann, er fällt in Depressionen. Der Schock über Gelis Tod habe ihn zum Vegetarier gemacht, behauptet er später. Dabei hat Otto Strasser schon vor Jahren gejammert, daß „dieser Mensch" nur Grünzeug esse, kein Bier trinke und keine Frauen anrühre – was könne man da schon erwarten! Die Frage, ob Hitlers persönliche Trauer wirklich so groß ist oder ob allein der Skandal schuld trägt an seinem desolaten Zustand, kann niemand beantworten. Wahrscheinlich ist es eher angeknackstes Selbstbewußtsein als verlorene Liebe, die ihn trauern läßt. Ein Mädchen aus der eigenen Familie, für das er Verantwortung übernommen hat, ist ihm entglitten. Das nagt, das macht ihn krank. Vielleicht hätte er sie geheiratet. Das bißerl Inzucht schadet doch nichts. Seine Mutter hat ja auch ihren Onkel geheiratet, seinen Vater, mit ihm Kinder gezeugt und ihn bis zu seinem Tod „Onkel Alois" genannt. Hitler fährt nicht zu Gelis Beerdigung nach Wien. Fremde, Neugierige sollen ihn nicht sehen. Erst Tage später besucht er heimlich das Grab.

Danach erwacht Hitler aus seiner Depression. Kurz darauf sitzt „zufällig" Eva Braun im Kino neben ihm. Er kennt sie seit Herbst 1929. Im Atelier seines Leibfotografen Hoffmann, bei dem sie arbeitet, hat er sie kennengelernt und auch einige Male getroffen ... trotz Geli. Hoffmann selbst hat dem Zufall die Hand geführt. Bei dem unscheinbaren 19jährigen Mädchen, so urteilt Hoffmann, würde Hitler lediglich Ruhe und Entspannung finden, die er sucht. „Weder ich noch sonst irgendjemand merkten ihm intensiveres Interesse an." Später sagt Hitler zu seiner Sekretärin Christa Schröder, die ihn bescheiden fragt, ob denn nicht eine Dame aus „höheren Kreisen" besser zu ihm passe als Eva Braun: „Die genügt mir." So wird er sich mit der „Ruhe und Entspannung" bis zu seinem Lebensende begnügen – was beweist, daß er sexuelle Annäherung an eine Frau nicht oder kaum sucht und seine homoerotische Neigung nie ablegen kann. Die kompensiert der verklemmte „Führer" durch sein Machtgehabe.

Von all diesen privaten, mehr oder weniger intimen Abläufen in seinem Leben dringt nichts oder nur sehr wenig nach Franken. Höchstens Streicher erfährt davon, und der behält das Wissen aus Berechnung für sich. Es ist wie Munition, die er sich aufhebt für den Fall, daß er mit Hitler wieder übers Kreuz geraten sollte.

Zunächst gibt es dafür keinen Grund. Hitler, beruhigt über die Entwicklung in Franken, reist in seinem Mercedes kreuz und quer durch Deutschland, bemüht, die Bedenken sogenannter „Industriekapitäne" und Wirtschaftsführer zu zerstreuen, die in den Nazis immer noch eine sozialistische Gefahr sehen, zumindest das Firmenschild der Partei läßt solche Vermutungen aufkommen. Nun, mit 6,5 Millionen Wählerstimmen im Rücken, fällt Hitler die Überzeugungsarbeit leichter. Er spricht im exklusiven Hamburger Nationalclub, im Mülheimer Privathaus des NS-Sympathisanten und Kohlemagnaten Emil Kirdorf parliert er mit Ruhrindustriellen, im Berliner Hotel „Kaiserhof" mit hochrangigen Wirtschaftlern.

1932: Die Arroganz des Siegers ...

Die NSDAP feiert weitere Wahlerfolge in Oldenburg, Hamburg und in Hessen. Hitler reibt sich die Hände über die Frechheit seiner nationalsozialistischen Abgeordneten, die am 6. März 1932 unter lautem Protest und mit der populistischen Parole: „Wir gehen aus dem Parlament heraus und ins Volk hinein" vorübergehend den Reichstag in Berlin verlassen. Zu den lautesten Schreiern gehören die fränkischen Abgeordneten Stegmann und Schemm.

Hitler legt die Arroganz des Siegers an den Tag, als er in Bad Harzburg bei der pompös aufgezogenen Demonstration der „Nationalen Front" erst den Vorbeimarsch der konkurrierenden „Stahlhelm"-Leute boykottiert und dann zum gemeinsamen Mittagessen

Nürnberg: „Tempelstadt der Bewegung"

der nationalen Führer nicht erscheint. Publikumswirksam bemerkt er, er könne sich nicht den Bauch vollschlagen, während tausende seiner Gefolgsleute „unter sehr großen persönlichen Opfern, ja zum Teil mit hungrigem Magen, Dienst tun". Ähnlich hochfahrend benimmt er sich beim Abendessen mit Reichsbankpräsident Hjalmar Schacht und dem Vorstandsvorsitzenden der „Vereinigten Stahlwerke", dem ihm sehr verbundenen Fritz Thyssen. Die anderen haben ihre Teller schon leergegessen, da kommt Hitler angestiefelt in voller Kriegsbemalung, die braune Parteiuniform frisch aufgebügelt. Trotzdem oder vielleicht gerade deshalb verschafft er sich Respekt. Er bestreitet das Gespräch fast allein, und Schacht ist beeindruckt:

„...wurde es mir klar, daß die propagandistische Kraft Hitlers ungeheuerliche Chancen bei der deutschen Bevölkerung haben mußte, falls es nicht gelang, die Wirtschaftskrise zu beheben und die Massen dem Radikalismus abspenstig zu machen. Hitler war besessen von dem, was er sagte, ein echter Fanatiker mit der stärksten Wirkung ... ein geborener Agitator."

Schließlich nimmt Hitler in Braunschweig den Vorbeimarsch von sage und schreibe 104.000 SA- und SS-Männern ab wie ein Triumphator. Inzwischen hat sein Duzfreund Röhm die SA zu einer Streitmacht von 260.000 Braunhemden hochgepuscht.

In Franken baut die NSDAP ihre Organisation weiter aus. Neue Ortsgruppen entstehen, in Nürnberg wird die Geschäftstelle vergrößert und in der Marienstraße ein sogenanntes „Hitlerhaus" gebaut. Die Partei richtet „Gaurundfunkstellen" ein und eine Institution mit dem seltsamen Namen „Gaulügenabwehrstellung", was immer damit gemeint sein soll. Die NSDAP macht sich Behörden zum Freund, hievt ihre Leute in einflußreiche Positionen und unterwandert ganze Betriebe. Viele Unternehmer in Franken beschäftigen nur noch eingetragene NSDAP-Mitglieder. Ein oberfränkischer Fabrikant entläßt alle Arbeiterinnen, die nicht der Partei angehören.

Streicher läßt die Zeitungen durch eigene „Pressewarte" bespitzeln. Der „Stürmer" bringt es fertig, daß eine Vereinsveranstaltung abgesetzt wird, weil dort französische und jiddische Lieder gesungen werden sollen. Parteigenossen fahren nachts Streife „zur Sicherung ihrer Parteiangehörigen". Selbst Bettler werden nicht ausgelassen. Bezirksleiter der NSDAP ermächtigen sich selbst, „Bettler-Ausweise" für Almosengänger auszustellen. Ohne Rücksicht auf das Gesetz, das Betteln bestraft, fühlt jeder Schnorrer sich damit zum Betteln berechtigt – mit dem Segen der NS-Partei, die nach ihrem Selbstverständnis das Betteln eigentlich als unwürdig und unsozial betrachtet.

Dreist nehmen die fränkischen Nazis das Gesetz nach Gutdünken in die Hand, ihre Loyalität dem Staat gegenüber haben sie abgelegt. Das nimmt groteske Formen an. Erhält ein SA- oder SS-Mann eine Strafe vom Gericht oder von sonst einer Behörde, ignoriert er sie und übergibt sie „zur Erledigung" seiner vorgesetzten NS-Dienststelle. Geschäftsleute lassen Schulden über die NSDAP eintreiben. Die Partei kümmert sich um den weiteren Fortgang vor Gericht. Prominente Nazis werden bei ihren Reisen durch Franken empfangen wie Potentaten und mit Blumen überschüttet. Falls vorhanden, tritt eine SA-Kapelle an und spielt das Horst-Wessel-Lied: „SA marschiert..."

Frankens Nationalsozialisten sind auf dem besten Weg, einen Staat im Staat zu bilden und, soweit es ihren Gau berührt, eifrig bemüht, die Regierungsübernahme für 1932 vorzubereiten. Jetzt legt auch Hitler selbst wieder Hand an, er läßt sich häufiger in Nürnberg sehen. Wahlen stehen an, Wahlen für den Sieg, überlebenswichtig ist die Reichstagswahl am 31. Juli 1932.

Hitler kann sich auf seine Bastion in Nordbayern verlassen. Der 33jährige Wilhelm Stegmann hat ihm eine starke SA-Streitmacht aufgebaut. Mehr als 11.000 Mann hören auf sein Kommando. Der Zwei-Meter-Mann aus Schillingsfürst bei Rothenburg ob der Tauber, seit 1923 in der Partei, eine Landsknechtsnatur, radikal, aber beliebt bei seinen Leuten, gilt als „fanatischer Idealist". Gebürtiger Münchner, im Weltkrieg Infanterie-Leutnant, danach beim Freikorps Epp, schließlich Landwirtschaftsstudium in München, wo er Heinrich Himmler kennenlernt. Im Gegensatz zu Streicher zockt Stegmann die Partei nicht ab, er opfert ihr fast sein ganzes Vermögen. Schließlich ist er so verschuldet, daß er Haus und Hof Vater und Schwiegervater übereignet. In seiner Stammwirtschaft Hail in Schillingsfürst steht er mit 1.500 Mark in der Kreide, weil er seinen SA-Kumpeln fortwährend Lokalrunden spendiert, die er nicht bezahlen kann. Aber seine Braunhemden in Mittel-, Ober- und Unterfranken gelten als eine der schlagkräftigsten SA-Truppen im ganzen Reich.

Die fränkischen Bauern halten große Stücke auf Stegmann, im Bezirk Rothenburg bewahrt er einen der ihren vor der Zwangsvollstreckung. Der gute Mann ist mit seinen Krankenkassen-Beiträgen in Rückstand geratene. Nun soll sein Jungbulle gepfändet werden. Doch noch ehe der Hammer des Gerichtsvollziehers fällt, kommt Stegmann mit 400 Bauern aus 30 Gemeinden anmarschiert.

Nürnberg: „Tempelstadt der Bewegung"

Solidarisch mit ihrem Standesgenossen, weigern sie sich, Gebote abzugeben, ihre Blockade läßt die Vollstreckung platzen. Stegmann geriert sich als moderner Robin Hood. Er bestimmt selbstherrlich, daß von nun an nur noch die Hälfte der Krankenkassen-Beiträge abzuführen ist. Das Bezirksamt wagt keinen Widerspruch. Die Presse schreibt ausführlich über Stegmanns Protestaktion, und wenn eine Zeitung redaktionell nicht berichten will, gibt Stegmann einfach eine bezahlte Anzeige mit dem gleichen Text auf. Die Rechnung begleicht er aus eigener Tasche.

Stegmann, nicht nur Frankens SA-Häuptling, auch „Landwirtschaftlicher Referent der obersten SA-Führung für die Östliche Reichshälfte", kann Streicher nicht leiden, er bewundert Hitler. Die Immunität, die er als Reichstagsabgeordneter genießt, nutzt Stegmann weidlich aus. Sein Ton wird schärfer, seine Maßnahmen werden rigoroser. Das Verbot einer NS-Kundgebung ignoriert er. Er werde sich „mit den ihm zur Verfügung stehenden Mitteln zu seinem Recht verhelfen", sagt er und meint die „Sprache" der Faust. Er hütet Waffenverstecke in ganz Franken und verpaßt seiner SA den militärischen Schliff einer Bürgerkriegsarmee, die sich auf den bewaffneten Konflik vorbereiten müsse. Er verurteilt die „Gottähnlichkeit" der NS-Gauleiter, was sich besonders gegen Streicher richtet, und er weigert sich, das Primat der Partei anzuerkennen. Er sieht die Reihenfolge umgekehrt: Im Ernstfall hat der politische Leiter sich dem SA-Führer unterzuordnen. Mit dieser Forderung zieht Stegmann sich den Unwillen des Taktikers Hitler zu, der seinen postulierten Legalitätskurs bedroht sieht.

Aber Stegmann bleibt stur. Bei den Wahlen 1932 kann es hart auf hart gehen, warnt er und hält seine SA in ständiger Alarmbereitschaft. „Der Tag, an dem wir marschieren, ist in greifbare Nähe gerückt, und dieser Tag soll und muß uns voll marschbereit finden", heißt es in einem Tagesbefehl.

Für die erste Wahl 1932, die Reichspräsidentenwahl am 13. März 1932, setzen die Nazis in Franken voll auf Hitler. Er kandidiert gegen Hindenburg, dessen Amtszeit abgelaufen ist. Neben Hitler der Kommunist Thälmann und als Mann der bürgerlich Rechten der ehemalige Oberstleutnant und Führer des völkischen „Stahlhelm"-Bundes, Theodor Düsterberg. Hitler, der ausgebürgerte Österreicher, wird in Braunschweig schleunigst zum Regierungsrat ernannt. Damit ist er deutscher Staatsbürger und kann sich zur Wahl stellen.

Hitlers Griff zur Macht läßt viele kleine SA- und SS-Führer überschnappen. Sie glauben die Zeit gekommen, um sich selbst an der

Macht zu vergreifen, dort, wo sie die kleinen Könige sind. Sie werden Städte besetzen, kündigen sie an, vielleicht werden sie endlich nach Berlin marschieren und all das nachholen, was 1923 versäumt wurde.

Hitler kommt vor dieser ersten Wahl 1932 nur einmal zu einer NSDAP-Versammlung nach Nordbayern. Am 7. März spricht er in der Festhalle auf dem Luitpoldhain, von den Nazis inzwischen zu „ihrer" Kongreßhalle erhoben. Göring und Streicher sind bei ihm.

„Unser einziger Befehlshaber ist unser Gewissen", sagt Hitler und will damit dem greisen Generalfeldmarschall Hindenburg, im Weltkrieg Chef der Obersten Heeresleitung, die Berechtigung absprechen, als „Befehlshaber" des ganzen deutschen Volkes aufzutreten. Er wird geschmacklos, wenn er Hindenburg zuruft: „Alter Mann, du trägst die Zukunft Deutschlands nicht mehr auf Deinen Schultern, wir müssen sie auf den unseren tragen. Tritt beiseite, gib den Weg frei. Wir sind Deutschland." Das deutsche Volk soll „die Größe des geschichtlichen Augenblicks erkennen."

Die Telefunken-Gesellschaft hat in der Festhalle eigens die modernste Lautsprecher-Anlage aufgebaut, „um Verständlichmachung der Reden auf allen Plätzen zu garantieren." Die Plätze sind nicht preiswert: der beste kostet 5 Mark, der billigste 1 Mark.

In Franken hätte es dieser harten Worte Hitlers nicht bedurft. Die meisten Wähler setzen ihr Kreuz brav neben den Namen „Adolf Hitler". Seine Anhänger machen Druck auf die Wähler Hindenburgs. Sie hindern die „Kameraden von der falschen Feldpostnummer" daran, Plakate anzuschlagen, Flugblätter zu verteilen oder Versammlungen abzuhalten. In Leutershausen bei Ansbach wird einem Hindenburg-Getreuen das Fenster eingeworfen. Die Nazis schleppen ihre Leute regelrecht in die Wahllokale. Angeblich geht Hitler im Nürnberger Frauentor-Schulhaus zur Wahl.

Es kommt zu sensationellen pro-Hitler-Ergebnissen. Im Bezirk Rothenburg ob der Tauber stimmen 80 Prozent für ihn – Stegmanns Verdienst. Die anderen ländlichen Gemeinden Mittelfrankens kommen auf 56 Prozent, von 17 Orten entscheiden sich elf mehrheitlich für Hitler, vor allem in rein evangelischen Gemeinden. In Wonsees bei Ebermannstadt, zum Beispiel, reicht der Einfluß des nationalsozialistisch gestimmten Pfarrers soweit, daß 261 von 279 Wähler für Hitler votieren.

In Coburg wollen 48,5 Prozent, in Dinkelsbühl 54,4, in Weißenburg 47,5, in Nürnberg und Fürth 34 Prozent den „Führer" als neuen Reichspräsidenten.

Nürnberg: „Tempelstadt der Bewegung"

Aber es reicht nicht, nicht überall wird abgestimmt wie in Franken. Die Mehrheit im Reich will Hindenburg, er erhält 49,6 Prozent, Hitler 30,1. Doch zum Sieg braucht es die absolute Mehrheit, und so kommt es am 10. April zu einer Stichwahl. Wieder entscheiden sich die Franken – mit Ausnahme von Nürnberg, Fürth, Erlangen und Schwabach – zu mehr als 47 Prozent für Hitler. Aber auch diesmal stimmen die anderen Deutschen anders als die Franken: Hindenburg bleibt mit 53 Prozent Reichspräsident. Doch mit 36,8 Prozent erreicht Hitler den höchsten Anteil, der ihm je bei einer freien Wahl zufällt.

Hat es auch zur Präsidentschaft nicht gereicht, Frankens NSDAP bucht das Abschneiden trotz vorheriger Siegeszuversicht als Erfolg. „Während die verbündeten Parteien der Judenknechte eine große Einbuße an Stimmen erlitten haben", heißt es in einem Aufruf, „gelang es der NSDAP, ihre Stimmenzahl nahezu zu verdoppeln. An dem errungenen Erfolg hat unser Frankengau hervorragenden Anteil." Eine kleine Delle hinterläßt die bayerische Landtagswahl am 25. April 1932, aber daran ist wohl eine gewisse Wahlmüdigkeit schuld, und mit 45 Prozent Stimmenanteil bleibt die NS-Partei in Franken 1932 weiter stärkste Kraft. Neun der 43 bayerischen NS-Abgeordneten kommen aus Mittelfranken, darunter Streicher, Holz und der spätere Oberbürgermeister Franz Jakob aus Fürth. Coburgs Nazi-Bürgermeister Franz Schwede wird Landtags-Vizepräsident.

Diesem Frohlocken folgt ein Hammer: Der wiedergewählte Reichspräsident verbietet SA, SS und HJ. Putschabsichten werden unterstellt, in Mittelfranken SA-Führer vorübergehend verhaftet und SA-Stützpunkte nach Waffen durchsucht. Meist vergeblich, die Parteigenossen sind rechtzeitig gewarnt, denn, so Stegmann: „Der Beamtenkörper ist ... mit überzeugten Nationalsozialisten besetzt." Die Polizei findet nur ein Dutzend Gewehre, ein Paar Pistolen, Brotbeutel und Tornister. In Dachsbach bei Neustadt/Aisch läßt die SA ihre Sturmfahne im Backofen, Akten und Kasse in einer Orgel verschwinden. Die fränkische SA-Führung verwahrt sich gegen die Behauptung, sie plane Aufruhr und Revolte.

In Stunden, da Hochstimmung und Depression einander ablösen, verlangt es Hitler nach Wagner und seiner Musik. Anfang Mai macht er mit seinem Troß, zu dem auch Goebbels gehört, auf dem Weg von Berlin nach Nürnberg und München, in Berneck im Fichtelgebirge Station. Er kommt gern nach Berneck, dort halten die Wagners sich häufig auf. Auch diesmal trifft Hitler auf Winifred Wagner und ihre Kinder. Gesprächsthema: Die Bayreuther Festspiele im kommenden Jahr 1933. Die „Meistersinger von Nürnberg" sind vorgesehen,

soviel steht jetzt schon fest. Hitler ist begeistert, und Goebbels schreibt in sein Tagebuch:
„Hoffentlich sind wir dann an der Macht. Wir können sie (die Festspiele) so ausgestalten, wie es unserem Geschmack und Empfinden entspricht ... Beim Abschied von Berneck steht das ganze Städtchen vor dem Hotel und jubelt Hitler zu. In Bayreuth sind die Straßen schwarz von Menschen ... wir fahren am Wagner-Haus vorbei. Hinten im Park ruht der Meister. Stummer Gruß und Dank ... Dann geht die Fahrt durch die Fränkische Schweiz. Man ist ganz eingehüllt in den Zauber deutscher Romantik."

Das Verbot von SA, SS und HJ ist nicht von langer Dauer. Die Nazis haben wieder mal Glück. Die häufigen Regierungswechsel in der labilen deutschen Demokratie gereichen ihnen zum Vorteil.

Nach dem Scheitern der Regierung des Zentrums-Politikers und Gewerkschafters Heinrich Brüning Ende Mai 1932 ernennt Hindenburg den erzkonservativen Ex-Offizier Franz von Papen, der mit den liberalen Zielen der Zentrumspartei bricht und die Republik zu untergraben beginnt, zum Reichskanzler. Doch ohne die Duldung der Nationalsozialisten kann Papen nicht regieren, und deshalb läßt er sich auf einen Kuhhandel ein: Wird das Verbot widerrufen, sind die Nazis bereit, Papen und sein Kabinett zu tolerieren. Es funktioniert, das Reichsgericht in Leipzig gibt seinen Segen. Am 4. Juni wird der Reichstag aufgelöst, zehn Tage später dürfen die Nazis wieder marschieren, und am 17. Juni erscheint die gesamte NS-Fraktion auch im bayerischen Landtag im Braunhemd. Vor den Reichstagswahlen posaunt Stegmann in einem Befehl an seine SA-Männer: „Von heute ab sind wir Soldaten des Dritten Reichs." Am 30. Juli, dem Tag vor der Reichstagswahl, ist in Nürnberg der Teufel los. Es kommt zu Überfällen und Schießereien zwischen links und rechts, Sanitäter müssen zahlreiche Schwerverletzte ins Krankenhaus bringen. Unbeeindruckt prophezeit Hitler vor 70.000 begeisterten Anhängern, die sich im Nürnberger Stadion versammeln: „Deutschland wird eine einzige Partei werden!" Die aufgeputschten SA-Trupps wollen am liebsten gleich ganz Nürnberg besetzen; Hitler kann sie gerade noch daran hindern.

1932: NSDAP stärkste Partei im Reich

Mit seiner Schreckensprognose, ganz Deutschland zu einer einzigen Partei zu machen, soll er leider Recht behalten. Aber noch ist es nicht soweit – trotz eines grandiosen Siegs der NSDAP bei der Reichstagswahl am 31. Juli 1932: Die Nazis bekommen im Reich 13.745.800 Stimmen, das sind 37,4 Prozent aller Wähler, sie gewinnen 230 von 680 Sitzen im Reichstag, sind damit die stärkste Fraktion und die erfolgreichste Partei. Schwere Straßenschlachten zwischen Nazis und Kommunisten in zahlreichen deutschen Städten sind die Folge. Franken bleibt weitgehend verschont von solchen Unruhen. Hier wird das Reichsergebnis auch diesmal wieder übertroffen: Mittelfranken meldet 47,7 Prozent der Wählerstimmen für die Nazis (das angeblich „judenfreie" Leutershausen erfreut mit 86 Prozent Hitler-Stimmen), Oberfranken 44,4, und nur das etwas laue Abschneiden im katholischen Unterfranken drückt das fränkische Gesamtergebnis auf 40 Prozent. Franken entsendet, statt wie bisher vier, jetzt neun NS-Abgeordnete nach Berlin, darunter Epp, Schemm, Stegmann, Forster und Streicher.

Hitler ist siegessicher. Als „Führer" der stärksten Partei will er Kanzler werden, die Schlüsselministerien und den Posten des preußischen Ministerpräsidenten besetzen. Aber es kommt anders: Papen bietet das Vizekanzleramt an. Hitler lehnt entrüstet ab. Alles oder nichts. Dann zeigt auch Hindenburg ihm die kalte Schulter. Er ist entschieden gegen einen totalen Machtanspruch der NSDAP. Nach einem kühlen Gespräch mit Hitler läßt der Reichspräsident in einem „regierungsoffiziellen Kommunique" verkünden, daß er es „vor Gott, seinem Gewissen und dem Vaterlande nicht verantworten könne, die gesamte Regierungsgewalt ausschließlich der nationalsozialistischen Bewegung zu übertragen, die einseitig gegen Andersdenkende eingestellt ist."

Die Nachricht erreicht Hitler auf dem Obersalzberg. Er, „Führer" der größten Partei mit den meisten Sitzen im Reichstag, er darf nicht regieren. Das ist eine Demütigung. Hitler ist niedergeschlagen und tief enttäuscht. Er braucht ein Ventil – die Musik, Wagners Musik. Nur sie kann die mentale Aufhellung bringen, nur der verehrte Meister aus Bayreuth kann ihm jetzt Trost spenden. Beim Abendspaziergang mit einem Bekannten schlägt er vor, zu den Wagner-Festspielen nach München zu fahren, im Prinzregenten-Theater werden die geliebten Helden-Opern aufgeführt.

Am Ende des Spaziergangs geht der Mond über den Bergen auf. Hitler bleibt stehen, fragt seinen Begleiter: „Welche Farbe zeigt Mondlicht, was meinen Sie? Denken Sie an die Meistersinger von Nürnberg, Schluß des zweiten Akts. Welches Licht muß der Beleuchter verwenden?" Der Gast antwortet: „Weißes." Hitler nickt heftig. „Ja, weißes. Man sieht nämlich im Theater mitunter grünliches oder bläuliches Licht, und das ist falsch, und außerdem Kitsch-Romantik."

1932

Um die Kanzlerschaft gebracht, vom Reichspräsidenten öffentlich erniedrigt, er und seine Partei vor einer ungewissen Zukunft – und was macht Hitler? Er beschäftigt sich mit dem Mondlicht im zweiten Akt von Wagners „Meistersingern". Am nächsten Tag sitzt er mit seinem Bekannten im Prinzregenten-Theater, Parkett Mitte, gleich neben seiner Wohnung.

Frankens SA nimmt solche Rückschläge wenig zur Kenntnis, von der seelischen Verfassung ihres „Führers" weiß sie nichts. Seit sie wieder ihre Braunhemden tragen dürfen, werden die „Straßenkämpfer des Dritten Reichs" übermütig. Sie weigern sich, die Waffen und Ausrüstungsstücke, die ihnen bei dem Verbot abgenommen wurden, bei der Polizei abzuholen. Man soll sie ihnen gefälligst zurückbringen. Staatliche Anweisungen oder gar Beschränkungen werden grundsätzlich mißachtet, denn – so Stegmann – die Führung des Reiches liege bereits in den Händen der SA. Wenn nötig, können die fränkischen Braunhemden auch mal gegen „die südbayerischen Separatisten und Reichsopponenten" marschieren, Bürgerkrieg inklusive.

Wie man weiß, behagen solche Töne dem trotz aller Erfolge zurückgestutzten „Führer" in dieser Situation nicht. Drohgebärden dieser Art passen nicht in die Zeit, sie könnten wie Zündholz am Pulverfaß sein, mögliche Verbündete abschrecken. Denn Hitler braucht Helfer, die ihn die Leiter hinaufschubsen zu Reichskanzler-Höhen. Helfer könnte die katholisch orientierte Zentrums-Partei sein, mit der Hitler verhandelt – sehr zum Ärger der protestantischen Nationalsozialisten in Franken.

Schlimmer noch: Ideologische Gegensätze innerhalb der Partei führen zu einem Schlingerkurs. Die fortgesetzt rebellische SA beginnt zu zweifeln, ob Hitler mit seiner „Legalitätsduselei" auf dem richtigen Weg zur Macht sei. Stegmann, bisher vorbehaltlos Bewunderer Hitlers, äußert offen Kritik, spricht schon wieder von Bürgerkrieg, ohne den das Ziel nie zu erreichen sei. In Schillingsfürst stößt er über Gebühr ins radikalsozialistische Horn, sodaß sogar die Kommunisten applaudieren. Von Gemeinsamkeiten der SA mit SPD und KPD wird gemunkelt.

Den bürgerlichen Nazis stößt dies sauer auf. Slogans wie: „Gegen Reaktion für Deutschland" und scharfe Angriffe gegen konservative Parteien schaffen böses Blut. Viele SA- und NSDAP-Mitglieder gehen von der Fahne.

Hitler, von Wagner wieder in Stimmung gebracht, muß sich seine fränkischen Abweichler zur Brust nehmen. Gauführer-Tagungen in Nürnberg und Bayreuth sollen die Parteigenossen auf Vordermann trimmen, Zuversicht und Siegesgewißheit verbreiten. Ohne Voranmeldung platzt Hitler auf dem Weg von Berlin nach München in die Nürnberger Tagung. Im Hotel „Deutscher Hof" trifft er auf eine Versammlung heftig hin und her diskutierender, ziemlich ratloser Parteigenossen.

„Am Anfang steht immer der Glaube ... Ich habe der Masse meinen Willen jahrelang eingeimpft, dieser Wille, dieses ganze Denken ist ihr zu eigen," schleudert er im Brustton der Überzeugung den Wankelmütigen entgegen. Doch mit seiner Bemerkung: „Ich fühle ... von 230 Abgeordneten unserer Partei denkt keiner anders als ich", begibt er sich auf den schwankenden Boden seiner Gefühle, und wenn er sich nur auf die 230 Bonzen verläßt, dann ist das kein Trost für die unruhige Masse der Sturmtruppen.

Hitler kann nur mit Mühe von beginnenden Widerständen in seiner eigenen „Bewegung" ablenken. Diese brisante Situation wird verschärft durch einen Mißtrauensantrag von SPD und KPD im Reichstag gegen Reichskanzler von Papen. Die Folge: Am 12. September wird der Reichstag schon wieder aufgelöst. Wie soll es weitergehen? Der nächste Wahlkampf, den sie gegen Papen führen, bereitet den Nazis Kopfzerbrechen und ihrem bürgerlichen Flügel Unbehagen.

Hitler geht in die Luft, vom 11. Oktober bis zum 4. November fliegt er wie ein Gehetzter von einer Stadt zur anderen. Er spricht in 50 Städten, am 13. Oktober wieder in der Nürnberger Kongreßhalle. Er ist enttäuscht, daß nur etwas mehr als 10.000 Zuhörer kommen, bei früheren Versammlungen hat er die Halle mühelos gefüllt. „Das Wort unterwerfen gibt es in meinem Lexikon nicht", sagt er deshalb beschwörend. Ein mahnendes Wort an die Zweifler. „Das Frankenland gehört Adolf Hitler", brüllt Reichsschatzmeister Schwarz in die Menge, und Hitlers Adjutant Brückner bittet, keine Blumen mehr auf seinen Chef zu werfen. Auch in Gunzenhausen, in Hof, Coburg, Nördlingen, Weiden, Würzburg und in Selb fleht er die Genossen an, der Partei die Treue zu halten. Neustadt und Hersbruck machen Hitler zum Ehrenbürger. In Marktbreit beschließt der Gemeinderat auf Antrag des Bürgermeisters einstimmig, den Platz an der Friedenslinde in „Adolf-Hitler-Platz" umzubenennen.

Die verunsicherten Nazis starren auf den 6. November, Tag der gefürchteten Reichstagswahl. Und tatsächlich: Sie verlieren zwei Millionen Wähler und 34 Reichstagssitze, sie rutschen von 37,4 auf 33,1 Prozent, aber sie bleiben stärkste Partei, die SPD mit ihren 20,4 Prozent folgt mit weitem Abstand, die Kommunisten legen etwas zu. Die Niederlage hält sich also in Grenzen, aber die Zeit der steten Vermehrung scheint vorbei.

In Franken freilich ist wieder mal alles anders. Hier braucht sich Hitler keine Sorgen zu machen. Die NSDAP behält 41 von 53 Stimmbezirken, in Mittelfranken verteidigt sie mit 53,6 Prozent die absolute Mehrheit. Auch die fränkischen Reichstagsabgeordneten behalten ihre Plätze.

Am 17. November wirft Papen das Handtuch, aber wieder verweigert Hindenburg dem „Führer" der NSDAP, Reichskanzler und damit auch der Führer aller Deutschen zu werden. Zu viele Vorbehalte des Reichspräsidenten lassen die Verhandlungen scheitern.

Goebbels notiert: „Der Führer bleibt in all diesen Auseinandersetzungen ruhig und stark. Er ist von einer bewundernswerten Nervenkraft. Zur Entspannung gehen wir abends (in Berlin) in die Oper und hören eine wunderbare Meistersinger-Aufführung. Das Orchester spielt schön und berückend wie nie. Die ewige Musik Wagners gibt uns allen neue Kraft und Spannstärke. Beim großen ‚Wachtauf!-Chor' wird uns allen sehr weit ums Herz."

Wieder Wagner, wieder seine Nürnberger Meistersinger! Hitlers Labsal in entscheidenden Stunden. Hier findet er, sein ganzes Leben lang, Ruhe und inneren Halt, hier kann er sich wieder sammeln, hier wird ihm „weit ums Herz". Franken und Nürnberg sind immer um ihn – ob es ihm ganz schlecht geht oder ganz gut.

Kanzler wird am 3. Dezember 1932 der Staatssekretär im Reichsministerium, General Kurt von Schleicher. Der versucht, den linken Flügel der NSDAP und den „Allgemeinen Deutschen Gewerkschaftsbund" einzubinden, bietet Gregor Strasser, dem Vertreter dieses linken NS-Flügels, den Part des Vizekanzlers an. Der NS-Partei droht die Spaltung. Hitler zieht sämtliche Register, dies muß er verhindern. Als Strasser am 8. Dezember 1932 den Büttel hinschmeißt, von allen Ämtern zurücktritt und sein Reichstagsmandat niederlegt, hat der „Führer" den internen Kampf gewonnen.

Strasser schreibt Hitler einen Brief. Als entschiedener Gegner der radikalen Richtung stimme er mit der heutigen staatspolitischen Grundlinie der NSDAP nicht mehr überein, die Praxis der Partei habe mit den ursprünglichen weltanschaulichen Ideen des Nationalsozialismus nichts mehr gemein. Jetzt schließt Gregor Strasser sich Meinung und Urteil seines „fränkischen" Bruders Otto an, der sich vor zwei Jahren schon von Hitler getrennt hat, als Gregor dem „Führer" noch die Treue schwor.

Nürnberg: „Tempelstadt der Bewegung"

Die Reichspressestelle der NSDAP teilt nüchtern (und falsch) mit, Strasser trete, mit Genehmigung des „Führers", einen dreiwöchigen Krankheitsurlaub an. Auch der Vorsitzende des Reichswirtschaftsrats der NSDAP, Gottfried Feder aus Würzburg, Hitlers Mitstreiter der ersten Stunde, bittet den „Führer" um einen mehrwöchigen Urlaub. Zu deutsch: Er geht und kehrt nicht wieder. Daran ändert auch sein Treuebekenntnis zu Hitler am 9. Dezember 1932, einen Tag nach Strassers Abgang, nichts: „... gebe ich die Erklärunq ab, daß ich auf Ehre und Gewissen, in Treue und unerschütterlicher Ergebenheit hinter meinem Führer Adolf Hitler stehe." Papier, Abschiedsworte ohne Bedeutung.

Die fränkischen Parteigenossen sind beunruhigt, ihre Enttäuschung drückt die Stimmung auf den Tiefpunkt. Sie werden ungeduldig, die Proteste lauter: Was nützt es, immer nur die stärkste Partei zu sein, wenn man das Ruder nicht in die Hand bekommt? Allzu sehr haben sie sich darauf verlassen, daß 1932 die „Machtergreifung" bringe. Und nun? Wieder nichts! Da verlieren alle Erfolge an Wert. Wie schon im Sommer, überwiegen Resignation und Skepsis. Parteiaustritte häufen sich wieder. Von Oktober bis Dezember kehren in Mittelfranken 407 Parteigenossen der NSDAP den Rücken. Die Kasse ist auch leer, die Finanznot in Nürnberg besonders drastisch. Das sogenannte „Hitler-Haus", Imponiertempel der Nürnberger Nazis in der Marienstraße, hat schmerzhafte Löcher gerissen. Streichers Größenwahn hat 250.000 Mark Schulden aufgeworfen, und niemand weiß, wo die gesammelten Gelder hingekommen sind. Nachfragen der SA, die sogenannte „Bausteine" für das braune Haus verkauft hat, bleiben unbeantwortet. Zu allem Überfluß bauen die Kulmbacher auch ein „Braunes Haus". Noch mehr Schulden sind die Folge.

Zur Beruhigung der Gemüter schwebt Hitler, am 19. Dezember 1932, aus Breslau kommend, mitten in der Nacht in Nürnberg ein und spielt Christkind bei der SA-Weihnachtsfeier im „Deutschen Hof". Mit Engelszungen spricht er um Mitternacht zu seinen nicht mehr ganz nüchternen „braunen Soldaten". Er hoffe, der Bruderkampf werde bald zuende sein, sagt er, und er glaube fest daran, daß „die nationalsozialistische Volksgemeinschaft auch im kommenden Jahr, durch nichts erschüttert, weiter fortschreitet." Hitler will den sprachlos gewordenen SA-Männern die Sprache wieder geben. Er kittet Risse mit dem Pattex seiner Inspiration, er träufelt den Ungläubigen mit dem Nürnberger Trichter den alten Geist und eine neue Gläubigkeit ein. Am nächsten Morgen trifft Hitler sich mit Stegmann. Der „Führer" beschwört seinen fränkischen SA-Chef, sich mit Streicher zu vertragen, schließlich sei er, Stegmann, der jüngere. Damit bezieht Hitler Partei für Streicher. Tatsächlich kommt es am Silvesterabend 1932, auf Vermittlung von Hans Schemm, zu einem Gespräch der Kontrahenten. Sie scheinen zum Frieden bereit, sprechen von „Versöhnung", aber der Waffenstillstand wird nicht lange Bestand haben.

Hitlers Weihnachts-Beschwörung zeigt nur zum Teil Wirkung, wenn auch die Männer eifrig applaudieren. Hitler sucht den Weg der kleinen Schritte. Eine eigene Fraktionsgeschäftstelle der Partei wird in Nürnberg eingerichtet, ein „Kampfbund des gewerblichen Mittelstands" gegründet, und ein Erfolg bei den Wahlen zur Industrie- und Handelskammer Mittelfrankens soll das Selbstvertrauen stärken. Sechs Nationalsozialisten können dort von nun an ihren Einfluß geltend machen.

Aber die immer deutlicher aufbrechende Zwietracht zwischen Parteiorganisation und SA ist nur mühsam zu überdecken. Sie kann zu Auflösungserscheinungen in der sonst so treuen fränkischen NSDAP führen, die Mitglieder könnten endgültig auseinanderlaufen.

Deshalb ist Streicher auch stocksauer, daß Hitler diesmal die Konkurrenz der SA bevorzugt, daß er ausgerechnet dort die Weihnachtskerzen anzündet und nicht bei der Nürnberger NSDAP-Ortsgruppe des „Frankenführers". Aber selbst diese, seine „leibeigene" Ortsgruppe, muckt auf gegen Streicher. Der NS-Fraktionsführer im Nürnberger Stadtrat, Studienrat Ertl, beschwert sich bitter über Streicher. Dem Trouble-Shooter der Partei in München, Kommunalbändiger Fiehler, offiziell Leiter des „Amtes für Kommunalpolitik bei der Obersten Parteileitung", schreibt Ertl: „In Nürnberg geht es statt vorwärts seit Jahren rückwärts, weil Streicher eifersüchtig darüber wacht, daß ja niemand neben ihm aufkommt." Seit 1927 sei er, so berichtet Ertl, bei Streicher „untendurch", weil er sich geweigert habe, bei einem „Schwindelmanöver" des Gauleiters mitzuspielen; um fingierte Rechnungen sei es damals gegangen. Die von Ertl erfundene und von Hitler gelobte „Wirtschaftsstelle" der Ortsgruppe, die in einem Jahr 10.000 RM gebracht habe, sei von Streicher zerschlagen worden, aus Angst, Ertl könnte mehr Einfluß gewinnen. „Ich weiß, wie trostlos es in einer Fraktion aussehen würde, in der nur Leute von Streichers Gnaden sitzen", schließt Ertl seinen Brief.

Fiehler zeigt Hitler dieses Schreiben. Er liest und schweigt. Erst nach einer Weile meint er, er wolle sich nicht in örtliche Verhältnisse einmischen und läßt – wie immer, wenn es um Streicher geht – die Sache auf sich beruhen. Später sagt Fiehler, er habe den Eindruck gewonnen, daß Hitler Ertls Brief dem Streicher zugespielt hat.

1932: Der „Nazi-Spiegel" enthüllt

Ende 1932 bekommt auch die breite Öffentlichkeit Wind von den bedrohlichen Querelen. Nun kann es jedermann schwarz auf weiß nachlesen, wie übel hinter den Parteikulissen gezündelt wird. Der ehemalige NS-Sektionsleiter Hans Sauer aus der Wetzendorfer Straße 20 in Nürnberg, 36 Jahre alt, von Beruf kaufmännischer Beamter, gibt ein aggressives Wochenblatt heraus, den „Nazi-Spiegel – Das Nürnberger Wochenblatt zum Kampf um die Wahrheit", eine gefährliche Kampfpostille. Angeblich wird sie von Kommunisten finanziert, Beweise dafür gibt es nicht. Sauer will mit seinem „Nazi-Spiegel" den fränkischen Nazis das Licht der Hoffnung ausblasen. Als Kenner der NS-Szene breitet er aus, was er weiß oder zu wissen vorgibt.

Sauer hat sich als Erzfeind den „Frankenführer" ausgesucht, und der haßt Sauer genauso. 1931 hat Streicher ihn wegen angeblicher Unterschlagung aus der Partei hinausgeworfen, ohne ihm jemals Gelegenheit zur Rechtfertigung gegeben zu haben. Sauer dreht nun den Spieß um. In seinem „Nazi-Spiegel" wirft er Streicher Ungeheuerlichkeiten vor: Betrug, Ehebruch, Anstiftung zum Meineid, Unterschlagungen, Korruption und so weiter. Wenn Sauer den Streicher angreift, meint er auch Hitler, der die Ferkeleien des „Frankenführers" decke und damit an der Bonzen- und Mißwirtschaft der fränkischen NSDAP mitschuldig sei.

Der „Nazi-Spiegel" imitiert den „Stürmer". Der schmückt sich seit Jahren mit der ständigen Schlagzeile: „Die Juden sind unser Unglück." Sauer setzt dagegen, seine Fußleiste auf Seite 3 lautet in jeder Ausgabe: „Die Bonzen sind unser Unglück." Die Bonzen, das sind Streicher und Genossen. Aber auch Hitler.

In seiner ersten Nummer im Dezember 1932 hält der „Nazi-Spiegel" Hitler den Spiegel vor. Sauer erinnert ihn an seine emphatischen Worte vom 9. Januar 1927, die jedem NS-Mitgliedsbuch zur stetigen Mahnung als Vorwort beigegeben sind: „Gib den anderen ein Vorbild von Kühnheit, Opferwilligkeit und Disziplin", heißt es dort, „sei als Mensch, fleißig, arbeits- und genügsam ... hilfreich und gut zu Deinen Untergebenen ... groß im Erkennen der Bedürfnisse anderer und bescheiden in Deinen eigenen. Betrinke Dich nie!"

Sauer kommentiert diese aphoristischen Sprüche mit der Feststellung: „Wie grenzenlos enttäuscht muß jeder sein, wenn er ‚Führer' sehen muß, die den Idealismus von unzähligen Scharen in der schamlosesten Weise ausbeuten und ihren eigenen, zum Teil niedrigsten Instinkten frönen, dabei es aber gleichzeitig fertigbringen, sich Jahr um Jahr vor dem Forum breitester Öffentlichkeit des Predigens höchster nationaler, sittlicher und moralischer Werte zu befleißigen. Ein Schulbeispiel dieser Art ‚Führer' steht hier in Nürnberg bzw. Mittelfranken seit Jahr und Tag an der Spitze der NSDAP."

Jeder weiß, daß der „Frankenführer" Julius Streicher gemeint ist. Sauer bezieht in seinen Katalog handfester Anschuldigungen auch Ortsgruppenleiter Gradl und Stadtrat Liebel ein. Sauer informiert den sogenannten „Reichsuntersuchungs- und Schlichtungsausschuß der NSDAP", die höchste Parteiinstanz, und knüpft daran die Hoffnung, „daß es Herrn Hitler nicht schwer fallen könnte, bezüglich der von mir angegriffenen Personen eine klare Entscheidung zu treffen."

Herrn Hitler scheint dies doch schwer zu fallen. Er schweigt. Er greift nicht ein, er trifft keine „klare Entscheidung", er springt auch dem Ankläger Sauer nicht an die Gurgel, wie er dies in solchen Fällen zu tun pflegt.

Die Liste der von Sauer ans Tageslicht geförderten Skandale aus vergangenen Tagen ist lang, und er kann sie, nach seinen Worten, beweiskräftig untermauern:

- Streicher hat die NSDAP-Reichsleitung nach dem Reichsparteitag 1927 in Nürnberg durch Urkundenfälschung um „große Summen" betrogen.
- Streicher hat Prozeßkosten seines „Stürmers" aus der Parteikasse bezahlt.
- Streicher führt seit langer Zeit die der fränkischen SA zustehenden Gelder nicht ab. Laut Hitlers Verfügung hat die SA, unter anderem, ein Recht auf 50 Prozent aller Erträge aus Sammlungen und Spenden sowie im Monat 3.720 Mark aus dem Fond der Mitgliedsbeiträge. Deshalb verweigerte Gruppenführer Stegmann sowohl Streicher als auch Holz die Teilnahme an der SA-Führertagung am 3. Dezember 1932 in Ansbach.
- Streichers Judenkampf ist ein Schwindel, er wird zur Farce, sobald es um seinen eigenen Vorteil geht. Er und sein Kumpan Holz haben sich am 21. Oktober 1927 bei einem Zechgelage in den Münchner Etablissements „Cafe Exelsior" und „Cabaret Benz" von dem – schon erwähnten – Juden Jonas Wolk alias Fritz Brandt, eine

Gefängnis-Bekanntschaft, der für 9.000 RM im Jahr noch immer widerliche, perverse judenfeindliche Porno-Artikel für den antisemitischen „Stürmer" schreibt, eine Nacht lang aushalten lassen. Streicher betatschte Wolks „schöne arische Frau" und sagte, schon reichlich benebelt: „Dem Wolk und seiner Frau würde ich bei einem Judenpogrom nichts tun können. Überhaupt: Die Juden sind nun einmal da und sie werden aus Deutschland niemals vertrieben werden!" Der „Hofjude" des Gauleiters dankt es Streicher. Wolk-Brandt tritt überall als „Edel-Arier" auf, schreit pausenlos „Heil Hitler" und hängt am liebsten schon frühmorgens die Hakenkreuzfahne zum Fenster raus – was Streicher nicht davon abhält, ihn als seinen potentiellen Mörder zu bezeichnen.

• Streicher hat das Beweismaterial seiner Frau, die sich scheiden lassen wollte, vernichtet und ihren Anwalt unter Druck gesetzt.

• Streicher hat die Ehen mehrerer Freunde „in gemeiner Weise" zerstört und die Existenz von Geschäftsleuten ruiniert, die sich ihm widersetzten.

• Streicher hat das von dem jüdischen Kommerzienrat Guckenheim angeblich vergewaltigte „schöne, blonde, deutsche Mädchen", Erzieherin von Guckenheims Kindern, mit in seine Wohnung genommen. Als Streichers Frau am nächsten Morgen unverhofft auftauchte, hat die Kleine „infolge fluchtartigen Verschwindens" ihren seidenen Slip vergessen. Fürths Ortsgruppenleiter Albert Forster holte das Höschen heimlich aus Streichers Wohnung und steckte es ihm zu. Streicher zwang das Mädchen und mehrere Belastungszeugen zum Meineid, und deshalb wurde Guckenheim zu 14 Monaten Gefängnis verurteilt.

• Streicher hat für seine Vorträge unberechtigt Honorare eingesackt, freie Fahrt und Verpflegung obendrein kassiert und sich dann noch über die „geringe" Entschädigung mokiert.

• Streicher hat beim Bau des „Hitler-Hauses" in der Marienstraße die Maklerin Frieda Jordis um ihre Provision geprellt und nach der Hitler-Versammlung vom 30. Juli 1932 nur 23.000 verkaufte Eintrittskarten abgerechnet, obwohl 70.000 Menschen gekommen waren.

• Streicher ist oft an der Schweizer Grenze gesehen worden, „um Gelder aus dem Ausland in Empfang zu nehmen".

• Streicher ist aus dem Haus eines Fabrikbesitzers in Behringersdorf hochkantig hinausgeflogen, weil er mit der Frau des Hauses unbedingt nackt zu essen wünschte.

• Streicher bleibt den Stadtratssitzungen monatelang fern, behält aber die Anwesenheitsgelder.

- Streicher, der Juden- und Freimaurer-Feind, hat NS-Wahlplakate bei dem Freimaurer Gregorius drucken und sich von dem Freimaurer und Bankier Dettling in dessen Auto spazierenfahren lassen.
- Streicher hat die Versicherungssumme für einen angeblich tödlich verunglückten SA-Mann einbehalten.
- Streicher hat einem Landesleiter der NSDAP eine berüchtigte Halbweltdame zu verkuppeln versucht, um ihn später erpressen zu können.
- Streicher hat zu der inzwischen geschiedenen Ehefrau seines Münchner Parteifreundes Hermann Esser ein intimes Verhältnis unterhalten.

Soweit das Sündenregister des „Frankenführers" allein in der ersten Nummer des „Nazi-Spiegels". Natürlich ist so eine ‚Chronique scandaleuse' mit großer Vorsicht zu behandeln, und niemand wird dafür seine Hand ins Feuer legen wollen. Gewisse Zweifel sind erlaubt, aber sicher ist mehr als nur ein Körnchen Wahrheit daran. Dafür spricht, daß Streicher nicht reagiert, er läßt sich alles gefallen. Das schlechte Gewissen scheint tief zu sitzen.

Hans Sauer fordert Streicher auf, ihn zu verklagen. Er schreibt am 22. Dezember 1932 in einem offenen Brief „an den Frankenführer Julius Streicher":

„Was ich geschworen habe, ist die restlose Zertrümmerung Ihres tönernen Podests und die Aufklärung all derer, die heute noch Ihrer seelischen Folter sich aussetzen, ohne zu wissen, wer Sie in Wirklichkeit sind ... Sollten Sie noch irgend einen Funken Charakter in Ihrem Inneren aufstöbern, so können Sie Ihren Anhängern und der Allgemeinheit keine größere Weihnachtsfreude bereiten, als sofort und möglichst ungesehen für immer aus dem öffentlichen Leben zu verschwinden."

Streicher verzichtet auf eine Verleumdungsklage. Streicher dementiert nicht. Streicher verteidigt sich nicht. Streicher unternimmt überhaupt nichts gegen Hans Sauer und seinen „Nazi-Spiegel". Bei einer Versammlung im „Kolosseum" am 3. Januar 1933 sagt er gerade mal, wie beiläufig, das seien doch alles alte Geschichten und längst erledigt. Mehr nicht.

Eigentlich müßte Streicher längst erledigt sein, aber sein großer „Führer", National- und Moralapostel Adolf Hitler läßt ihn nicht fallen. Er schweigt ebenso. Er kennt den „Nazi-Spiegel", er weiß, was drin steht. Aber Konsequenzen zieht er nicht.

Auch der Stegmann-Streit kocht wieder hoch. Der SA-Führer aus Schillingsfürst hat die Nase voll. Er stellt 1932 seinen Posten zur

Verfügung. Er will sich nicht mehr mit einem Julius Streicher auf eine Stufe stellen, begründet er seinen Schritt. Die NS-Parteizentrale nimmt die Abdankung nicht an, trennt aber, auf Geheiß Hitlers, den SA-Bezirk Mittelfranken, Streichers Einflußgebiet, von Stegmanns Befehlsbereich. Entmachtung auf kaltem Weg – Hitlers hinterhältige Quittung dafür, daß Stegmann die Partei von dem zwielichtigen Streicher befreien will.

Mit dieser Entscheidung hat Hitler auf Umwegen, ohne selbst Stellung zu nehmen zu den unglaublichen Anwürfen, ohne irgendeine Erklärung abzugeben, sich wieder auf Streichers Seite gestellt. Er läßt ihn gewähren, er greift nicht ein, er kriecht selbst unter Streichers Decke, und das gewiß nicht grundlos.

Das läßt nur einen Schluß zu: Hitler sind die Hände gebunden, wenn er sie gegen Streicher erheben sollte. Er steckt selbst im Sumpf, der hinter der Kulisse der Partei brodelt. Streicher weiß zuviel. Vielleicht von Hitlers Homoerotik? Vielleicht kennt er Hitlers Abstammung etwas genauer? Vielleicht weiß er, was Hitler im August 1918 in Nürnberg wirklich getrieben hat?

Tatsache bleibt: Wer Streicher angreift, greift auch Hitler an. Wer Streichers Feind ist, der ist auch Hitlers Feind. Die Abrechnung mit diesen Gegnern hebt Hitler sich für 1933 auf. Dann, so hofft er, wird er sein Ziel erreichen, Deutschland in die Hand bekommen und seine Gegner zerquetschen.

1927/1928

August 1927, erster Reichsparteitag in Nürnberg: Der „Führer" mit seinem Stellvertreter Rudolf Heß vor dem Hauptbahnhof...

... und auf dem Hauptmarkt, mit Blumen beworfen, von Julius Streicher (vorn links mit Glatze) flankiert

In jeder Lage zum Sprücheklopfen bereit: Hitler schwört seine Gefolgschaft (Amann, Streicher, Heß, Graf, Fiehler, Pfeffer und Gregor Strasser) auf den Reichsparteitag 1927 ein

Juli 1928: Der „Frankenführer" Julius Streicher spricht auf dem Hesselberg, dem „heiligen Berg" der Franken

1929/1930

August 1929, Reichsparteitag in Nürnberg: Hitler, etwas ungeduldig, wird im noblen Mercedes vom Hauptbahnhof abgeholt...

... und nimmt mit ungewohnter SA-Mütze samt Sturmriemen den Vorbeimarsch auf dem Hauptmarkt ab

Nürnberg: „Tempelstadt der Bewegung"

1929: Propaganda-Vernebler Dr. Joseph Goebbels. Behindert durch einen „Klumpfuß", findet er in der Macht eine Kompensation

Nürnberg, Oktober 1930: Begeisterte Nazis empfangen Streicher am Gefängnistor nach seiner Entlassung

1927/1932

Drei Frauen um Hitler: Maria Reiter aus Berchtesgaden will sich 1927 das Leben nehmen...

... Geli Raubal, die Nichte des „Führers" (daneben) macht 1931 Ernst und richtet sich mit der Pistole...

... Eva Braun (hier neunzehnjährig) übernimmt die Rolle der Dauergeliebten bis zum bitteren Ende

Herbst 1932: Picknick in der Fränkischen Schweiz. Hitler schwadroniert auch hier inmitten seines „Hofstaats"

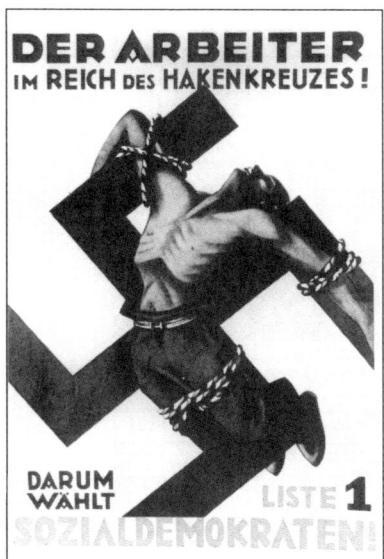

Plakate zur Reichstagswahl 1932: Die Sozialdemokraten sehen den Arbeiter hilflos ans Nazi-Hakenkreuz gekettet ...

... die Nationalsozialisten werben um die Stimmen der sechs Millionen Arbeitslosen: Hitler – „die letzte Hoffnung"

1926 / 1932

Spült Millionen in Streichers Privatkasse: Das Schandblatt „Der Stürmer"...

... und der vergebliche Versuch, den „Frankenführer" zu entlarven: Sauers „Nazi-Spiegel"

Nürnberg: „Tempelstadt der Bewegung"

Otto Strasser

Gregor Strasser

Walter Buch

Dr. Hermann Luppe

Hans Sauer

Paul Schwede-Coburg

Wilhelm Stegmann

Hans Schemm

Willi Liebel

Joseph Goebbels

Kurt von Schleicher

IV
1933 – 1939
Der Vollstrecker und seine Helfer

Der Kampf um Franken tritt in ein Stadium ein, das die Existenz der „Nationalsozialistischen Deutschen Arbeiterpartei" ernsthaft bedroht. Nach dem gemeinsamen Silvesterpunsch der Herren Streicher und Stegmann kommt der Kater. Die Absprachen entpuppen sich als bloße Salbaderei, die „Versöhnung" hält nicht von zwölf bis mittag. Der „Frankenführer", am letzten Tag des alten Jahres noch vollmundig mit dem Versprechen zu Diensten, vor den SA-Führern eine Ehrenerklärung für Stegmann abzugeben, hat dies ernsthaft nie vor.

Was schert mich mein Geschwätz von gestern, denkt Streicher in seiner bekannt hinterfotzigen Art, drehen wir den Spieß einfach um. Er und Fraktionskollege Gradl laden Nürnbergs SA-Führer zum Essen ins „Hitler-Haus" ein, knusprig gebratene Koteletts aus der Pfanne, Bier frisch vom Faß. Er will die SA auf seine Seite ziehen, ihre Häupter benebeln. Aber die braunen Männer wollen keine Koteletts essen. Sie verlangen schwarzen Kaffee und Kommissbrot, was einfache SA-Leute auch essen, und gehen wieder. Streicher ist blamiert, und das macht ihn noch wilder.

1933: Stegmanns SA muckt auf

In den ersten Januartagen 1933 spritzt er wieder Gift und Galle. Stegmann habe 6.000 Mark unterschlagen, wiederholt Streicher seine alte Verleumdung, um Stegmann vor seinen Leuten als korrupten und unredlichen Anführer anzuschwärzen. Nur so, glaubt der „Frankenführer", kann er seinen Widersacher ausheben. Doch auch diesmal geht die Intrige in die Hose. Sechs Wochen später, in einem Beleidigungsverfahren vor der 4. Zivilkammer beim Landgericht Nürnberg/Fürth, läßt Streicher seine Beschuldigung durch bestochene Zeugen bestreiten, nachdem Stegmann eine Quittung von Reichsschatzmeister Schwarz über die umstrittenen 6.000 RM vorgelegt hat. Der SA-Führer gewinnt den Prozeß, und sein Anwalt Dr. Zilcher sagt: „Man kann zwei ausgespannte Kuhhäute vollschreiben, soviel hat Streicher schon verleumdet und zurücknehmen lassen."

Jetzt geht Stegmann in die Offensive. Er bittet die NSDAP-Reichsleitung um eine Entscheidung in dem leidigen Streit. Vergeblich. Das „Braune Haus", in dem Hitler residiert, schweigt beharrlich. Keine Einmischung, verlautet unter der Hand. Am 9. Januar, bei einer SA-Führertagung in Nürnberg, läßt Stegmann seine Gefolgsmänner ein Treuegelöbnis unterschreiben und übernimmt eigenmächtig das Kommando über die SA-Untergruppe Mittelfranken. Damit alle Welt davon erfährt, verfaßt Stegmann einen Aufruf: „Die gesamte SA Mittelfrankens steht, geschlossen unter meiner Führung, unserem obersten SA-Führer stündlich zur Verfügung. Vorwärts für Adolf Hitler!"

Dieser Schwur unverbrüchlicher Treue zum „Führer" verfängt nicht. Der oberste SA-Führer Adolf Hitler verschließt noch immer die Ohren. Er greift auch nicht ein, als Stegmann den Kampf gegen „gewissenlose Bonzen in der Gauleitung Mittelfrankens" ansagt und sich für Recht und Sauberkeit ausspricht. Hitlers Devise bleibt: Bloß den alten Spießgesellen Streicher nicht beschädigen, und sei er noch so ein Lump. Da muß noch viel mehr passieren, ehe Hitler sich einmischt. Und es passiert noch viel mehr:

Stegmann- und Streicher-Anhänger prügeln sich öffentlich, die Polizei muß sie mit Gewalt trennen. Am 10. Januar stürmen die „Rebellen" die Geschäftsstelle einer Streicher-ergebenen SA-Einheit in Nürnberg, setzen ihre Gegner fest und beschlagnahmen Akten. Zwei Tage später demonstrieren sie gegen eine Führertagung Streichers, ebenfalls in Nürnberg, mit dem Sprechchor: „Bonzen heraus!" Die Opposition gegen den „Frankenführer" zieht immer weitere Kreise, die Gauleitung Franken verliert jede Autorität, und die SPD-Zeitung „Fränkische Tagespost" jubelt schon: „Die Auflösung beginnt."

Hitler schickt seinen Stabschef Röhm ins Gefecht, doch der ist sich zu schade für die fränkische Gauklamotte. Er beordert seinen Stellvertreter Adolf Hühnlein, einen Oberfranken aus Neustädtlein bei Kulmbach und späteren Chef des NS-Kraftfahrwesens, nach Nürnberg. Das bringt Öl ins Feuer. Hühnlein zeigt nicht mehr als die Hühnerbrust und versucht's mit einem hinterlistigen Trick. Er löst die SA-Gruppe Franken kurzerhand auf, unterstellt die drei Bezirke Mittel-, Ober- und Unterfranken dem Streicher ergebenen SA-Obergruppenführer Hofmann und entläßt SA-Führer, die zu Stegmann stehen. So will er den Saubermann aus Schillingsfürst isolieren.

Auch dieser Streich trifft ins Leere, und alle weiteren Versuche, Stegmanns SA zu spalten, bleiben ebenfalls vergeblich. Selbst als

die Gauleitung in ohnmächtiger Wut den „Meuterern" ein Redeverbot auferlegen und sie aus der Partei auszuschließen droht, denkt Stegmann nicht daran, seine Entmachtung hinzunehmen. Hitler bleibt keine Wahl, jetzt muß er aus der Deckung kommen. Doch statt persönlich in Nürnberg für reinen Tisch zu sorgen, schwingt er die Keule in sicherer Entfernung. Er schickt Stegmann ein Telegramm, stellt die Tatsachen auf den Kopf und übernimmt Streichers Sprachregelung von einer „Meuterei":
„Da Sie trotz meiner ... Verwarnung sich abermals in schwerster Weise gegen die Parteiinteressen vergangen haben, bestätige ich nicht nur die vom Stabschef Röhm bereits ausgesprochene Enthebung von Ihrer Dienststelle, sondern nehme Ihnen auch strafweise Ihren Dienstrang ab."

So einfach macht es sich Hitler: Wer gegen Streicher und seine verfilzte Bonzokratie rebelliert, der gehört als „Meuterer" gegen die Parteidisziplin an die Wand gestellt – obwohl er seine Hitlertreue nicht aufgibt. Wie groß muß Hitlers Angst vor Streicher sein? Selbst Warnungen aus Streichers engstem Umfeld will Hitler nicht wahrhaben.

Goebbels schreibt am 18. Januar 1933 in sein Tagebuch: „Streicher plagt der Größenwahn". Esser in München, früher Streichers Intimus, spricht von „trostlosen Zuständen bei Streicher in Nürnberg". Der Unterabteilungsleiter in der Münchner Reichsleitung, Hugo Finken, beschwert sich bitter über den braunen Zar aus Nürnberg, weil der nach einer Versammlung in Rothenburg/Tauber widerrechtlich „Rednerspesen" verlangt. Es kommt zu einem peinlichen Auftritt in Finkens Büro. Er berichtet: „Die Beschimpfung meiner Person erfolgte in einer so absolut gemeinen Form und in einem derart lauten Ton, daß das gesamte Personal Gelegenheit hatte, Zeuge dieser Insultierung zu sein. Gauleiter Streicher benahm sich wie ein Stallknecht und nicht wie ein Gauleiter. Er schrie und tobte mit seiner Hundepeitsche."

Ähnlichen Verdruß gibt's auch anderswo. Mit Streicher kommt Ärger. Die Ortsgruppe Dresden der NSDAP beklagt einen „skandalösen, parteischädigenden Auftritt Streichers." Bei einer Versammlung beleidigt er Parteigenossen, greift einen SA-Mann an, brüllt im Schulmeisterton, übernimmt unaufgefordert die Versammlungsleitung und redet drei Stunden ohne Punkt und Komma.

Es ist nicht nur die Angst vor Streicher, die Hitler so empfindsam und in scheinbarer Verkennung der Tatsachen reagieren läßt. Auch nicht die dauernd hervorgekramte „Gefährdung der Parteidisziplin" durch Stegmann. Wenn er diesem ihm treu ergebenen fränkischen SA-Führer behandelt wie einen Abtrünnigen, dann ist es in Wahrheit die Sorge, er könnte den verlogenen Heiligenschein seiner sogenannten Legalität verlieren, den er seinen neuen Freunden aus Hochfinanz, Landjunker-Kreisen und Reichswehr-Führung zuliebe aufgesetzt hat. Leute wie Stegmann, die – mit einer militärisch organisierten SA im Rücken – auch den Bürgerkrieg nicht scheuen, um die Partei an die Macht zu putschen, früher seine wichtigsten Trabanten, sie kann er heute nicht mehr gebrauchen. Sie könnten seinen Griff nach der Macht gefährden. Der Fall Stegmann – der „fränkische Vorgeschmack" auf die Röhm-Affäre ein Jahr später.

Die feinen Leute mit Frack und Zylinder, die den „Führer" auf den Kanzler-Stuhl hieven sollen (und werden), lieben keine Landsknechte. Sie schlagen nicht zu. Sie kungeln. Sie töten nicht, sie meucheln. Ihr Handwerkszeug ist nicht die Pistole, ihre Waffe ist die stille Intrige, das Machtspiel der Interessen. Ihnen hat Hitler sich verschrieben. Die Haudegen seiner SA, die für ihn jahrelang die Haut zu Markte getragen haben, schiebt er ins zweite Glied. Sie stören ihn auf dem Weg nach oben. Den neuen Bundesgenossen im Gehrock muß er sich botmäßig zeigen – so lange er sie braucht. Hitler, das taktische Chamäleon. Das bekommt der fränkische SA-Führer zu spüren.

Aber so leicht ist einem Stegmann nicht beizukommen. Er schaut zwar nicht hinter die Kulissen, aber per Telegramm läßt er sich nicht absetzen. Das will er selbst von Hitler hören, denn er kämpft ja für den Sieg des „Führers". Er verehrt ihn und er glaubt an ihn. Also reist Stegmann am 14. Januar 1933 zu einer Besprechung mit Hitler nach Grevenburg, einer kleinen Stadt im Lippischen. Ein persönliches, versöhnliches Gespräch soll es werden. Es wird ein Monolog des „Führers", der immer recht hat. Er redet und redet, und Stegmann kommt überhaupt nicht zu Wort. Anfangs bietet Hitler dem störrischen SA-Riesen aus Franken einen Posten in seinem Stab an. Dann beginnt er plötzlich zu brüllen, will Stegmann am liebsten gleich eliminieren, schäumt vor Wut, ergeht sich wiederum in Selbstmitleid („der von Treulosen Verlassene") und stößt finstere Drohungen aus.

Stegmann, stets der Folgsame, läßt sich erweichen. Dem Parteifrieden zuliebe unterschreibt er eine wahrheitswidrige Erklärung: „Ich war heute bei meinem Führer. Da ich einsehe, daß mein Verhalten von ihm mit Recht getadelt wurde, habe ich aus eigenem Antrieb mein Reichstagsmandat zur Verfügung gestellt und ihm

versprochen, als Parteigenosse in Treue und Gehorsam meine Pflicht zu tun."
Diese Worte kommen ihm schwer aus der Feder, aber er meint sie ernst. Zurück in Nürnberg, zieht er die Fahne auf seinem Hauptquartier ein, schickt seine SA-Männer, die schon zu einer großen Versammlung angetreten sind, nach Hause und läßt sich feiern als „nationalsozialistischen Charakter, der sich noch im Gefühl bitteren Unrechts" loyal verhalte. Aber er macht die Rechnung ohne seine SA-Männer auf der einen, ohne Hitler und Streicher auf der anderen Seite.

Instinktlos belobigt der „Führer" den Streicher-Lakai, SA-Standartenführer Wurzbacher, „für die Wiederherstellung der Parteidisziplin in Franken." Das kränkt Stegmann, nicht nur, weil es die Unwahrheit ist. So hat er nicht gespielt mit seinem „Führer". Streicher, an einer Einigung mit Stegmann sowieso nicht interessiert, stichelt weiter. Weil Stegmann in Ansbach eine kurze Abschiedsrede an seine SA-Leute hält, verpetzt er ihn bei Hitler. Ein „Abgedankter" habe dazu kein Recht mehr.

Die „Stegmänner" sind verbittert und nicht zu beruhigen, so sehr ihr Anführer sie zu mäßigen versucht. Sie wollen die Fehde gegen die korrupte Gauleitung, gegen „Schmutz und Sumpf" nicht aufgeben. Sie sind nicht bereit, Hitlers Entscheidung zu akzeptieren, denn sie ist eine Entscheidung für Streicher. „In treuer Ergebenheit zu Stegmann", fordern die mittelfränkischen SA-Führer ihre Genossen auf, keine Beiträge mehr in die Parteikasse zu bezahlen und „in Massen" aus der Partei auszutreten. Die Ober- und Unterfranken halten sich raus, Stegmann hält sich zurück.

Der Streit kommt Hitler ungelegen. Eben erst hat er sich einen anderen Ärger per Gerichtsurteil vom Hals geschafft. Zwei ehemalige Kriegskameraden vom 16. Infanterie-Regiment haben ihm Übles nachgesagt. Hitler sei nie im Schützengraben gewesen, behauptet der einstige Leutnant und Zugführer R. Rutz aus Polling in Oberbayern; er habe sich mehr als vier Jahre lang als Ordonnanz beim Regimentsstab herumgedrückt. Ein anderer Regiments-Gefährte will nachweisen, daß Hitler im ganzen Krieg nicht länger als zehn Tage an vorderster Front war. Statt eines 40jährigen Familienvaters, Senior der Gruppe, der sich geweigert habe, als Meldegänger in die rückwärtige Linie zum Regimentsstab abzutauchen, sei der Hitler freiwillig „nach hinten" gegangen, in den sicheren Keller des Regimentsstabs unter der Kirche von Messines. Die schweren Kämpfe bei Neuve-Chapesse habe Hitler überhaupt nicht mitgemacht, und dann sei er mit dem Stab noch weiter in die

Etappe gerückt. Im Schützengraben habe man ihn nicht mehr gesehen, deshalb sei er auch nach vier Jahren immer noch Gefreiter geblieben. Und die Sache mit dem EK I, na ja, das sei ja auch nicht mit rechten Dingen zugegangen. Hitler ist wütend. Empört verklagt er seine ehemaligen Regimentskameraden und bekommt Recht. Beiden wird untersagt, die Behauptungen zu wiederholen, dies sei „Verächtlichmachung eines Frontsoldaten."

Der Frontsoldat Hitler gerät nun auch in seinem Kampf mit SA-Führer Stegmann in Bedrängnis. Die Erklärung von Grevenburg scheint das Papier nicht mehr wert, auf dem sie verfaßt wurde. Einen zweiten Zusammenprall mit dem hünenhaften Schillingsfürster scheint der „Führer" zu scheuen. Wieder schickt er einen anderen nach Nürnberg, diesmal den SS-Gruppenführer Sepp Dietrich, selbst ein alter Haudrauf und späterer Kommandeur der berüchtigten „SS-Leibstandarte Adolf Hitler". Stegmann bleibt dabei, er will Frieden mit der Partei. Er verspricht, seinen Männern den Parteiaustritt auszureden unter der Voraussetzung, daß die wegen ihm geschaßten SA-Unterführer in Ehren in ihre Ämter zurückkehren dürfen. Dietrich findet das in Ordnung, Streicher nicht. Er lehnt das Angebot ab, er will mit Stegmann nicht die Friedenspfeife rauchen. Damit ist die mittelfränkische SA, und damit teilweise auch die NSDAP, endgültig gespalten, und das geht nicht auf Stegmanns Kappe.

Er fühlt sich verschaukelt. Hitler hat sein Versprechen nicht gehalten, ihn vor den Verleumdungen der Gauleitung zu schützen, sagt Stegmann, und Streicher hat die Hand zur Versöhnung zurückgewiesen. Stegmann sieht keinen Grund mehr, sich an das Versprechen von Grevenburg zu halten. Er tritt aus der Partei aus und schlägt sich auf die Seite seiner Unterführer. Sie gründen das „Freikorps Franken", unabhängig von der NSDAP, „um die SA für ihren Führer Adolf Hitler für den bevorstehenden Endkampf rein vom Bonzentum und frei von Unsauberkeit zu erhalten."

Der „Führer" scheint diese Hilfe seiner fränkischen SA-Männer zu fürchten, und dem Zwei-Meter-Mann aus Schillingsfürst weicht er fortan aus. Von Streicher kann er in dieser Situation keine Hilfe erwarten. Der „Frankenführer" wankt, er ist nicht mehr Herr der Lage, er drückt sich vor Aufrufen zu Versammlungen und Aufmärschen, und in den fränkischen Ortsgruppen gärt es immer gefährlicher. Später wird Streicher zugeben, daß der Januar 1933 „die schwerste Zeit der NSDAP in diesem Gau war". Er und seine Gauleitung drohen zu kippen, und ohne Hitlers „Machtübernahme" keine zwei Wochen später wäre Streicher wohl tatsächlich gestürzt. Hitlers Franken hätte anders ausgesehen, läßt sich rückwirkend sagen, und ein Franken ohne Streicher womöglich kein so sicheres Faustpfand mehr in der Hand des „Führers".

Was aber macht Hitler in dieser Situation? Er kneift und überläßt Sepp Dietrich, der noch immer brav in Nürnberg ausharrt, das Schmutzgeschäft, schickt ihm – nicht Stegmann – am 20. Januar wieder ein Telegramm, in dem er, wie gewohnt, die Wahrheit verdreht: „Stegmann hat mich auf das Niederträchtigste belogen ... dieses veranlaßt mich nunmehr, Stegmann aus der Partei auszuschließen. Wer sich zu diesem Mann bekennt, wird damit ebenfalls aus der NSDAP ausgeschlossen. Ich erkläre weiter, daß eine Wiederaufnahme ... niemals mehr meine Genehmigung erhalten wird." Daß Stegmann die Partei längst selbst verlassen hat, übersieht der „Führer".

Aber es wird nichts so heiß gegessen, wie bei Hitler gekocht, wenn er „niemals" sagt. Gerade mal 150 SA-Männer werden bis Februar „entfernt", nahezu 500 gehen freiwillig. Im Reich horcht man auf, die Signale aus Franken werden sorgfältig beobachtet.

Mit Ansbach und Rothenburg/Tauber als Zentrum, wächst das „Freikorps Franken" auf annähernd 3.000 Kämpfer an, gut ausgebildet und diszipliniert. „SA-Kameraden", appelliert Wilhelm Stegmann an seine Recken, „es ist die schwerste und härteste Aufgabe der SA, zu warten ... bis alle Bedenken bei unseren führenden Männern gefallen sind und bis endlich die erlösende Parole im Reich hörbar wird ... das Freikorps Franken konzentriert sich auf den Wehrgedanken und die Wehrhaftmachung der SA, für die bisher von der NSDAP so gut wie nichts getan wurde."

Gegen Hitler wolle man nicht aufstehen, ihm sei man trotz allem treu. Gegen seinen Mythos anzukämpfen, hält selbst das „Freikorps Franken" für aussichtslos. Aber der „Führer" wisse nicht mehr, was in seinen Gauen vorgehe, betont Stegmann bei einer überfüllten Massenversammlung am 24. Januar im Nürnberger „Herkules-Saalbau", über dem ein Plakat schwebt mit dem Aufdruck: „Nieder mit Streicher und seinen Bonzen." Der Kampf müsse brutaler und revolutionärer geführt werden. „Die Partei braucht keine braunen Häuser und auch keine Acht-Zylinder-Autos, sondern Stahlhelme und Waffen ... In Franken einmal den Besen ansetzen, der von der Parteileitung in München längst hätte gebraucht werden müssen." Und Stegmann deklamiert pathetisch: „Ich kann der Partei wohl mein Leben geben, aber nicht meine Ehre." Die Menge tobt.

Stegmann bleibt nicht allein mit seinen fränkischen Streitern. Ein „Freikorps Ruhr" unterstellt sich seinem Kommando, ein „Frei-

korps Oberrhein", eine nationalsozialistische Notgemeinschaft in Baden, oppositionelle Nazis in Bonn und Halle schließen sich an. In Ansbach marschiert Stegmann mit 1.200 braunen Kämpfern auf, eine eigene Geschäftstelle soll gegründet werden, ein „Hilfswerk" und eine „Frauenarbeitsgemeinschaft" entstehen, als Sprachrohr die Wochenschrift „Das Freikorps".
Um Stegmann wird es einsam, die Entwicklung überrollt ihn. Hitler ist nicht mehr auf seine SA-Straßenkämpfer angewiesen. Er streckt die Hand nach der Macht aus, und er hat sie fast schon erreicht. Einflußreiche Freunde führen ihm diese gierige Hand: Neben den schon erwähnten Friedrich Thyssen, Carl Bechstein, Hugo Bruckmann und Emil Kirdorf, dessen Syndikat seit 1931 pro geförderter Tonne Kohle 5 Pfennig an die NSDAP abführt, weitere führende Großindustrielle und Bankiers, mit Reichsbank-Präsident Dr. Hjalmar Schacht an der Spitze. Drei Männer erweisen sich schließlich als Königsmacher: Franz von Papen, erst am 17. November als Kanzler gescheitert und mit Hitler noch im letzten Jahr höchstens als „Vize" einverstanden, der Vorsitzende der „Deutschnationalen Volkspartei", Medienherrscher und Meinungsmacher Alfred Hugenberg, und der Kölner Bankier Kurt Freiherr von Schröder. Wochenlang verhandelt Hitler mit ihnen, immer wieder drohen die Beratungen zu scheitern. Hitler schwankt zwischen Anmaßung und Anpassung. Aber als am 28. Januar Reichskanzler Schleicher schon nach sieben Wochen das Handtuch wirft, sind die Würfel gefallen.

Weil nach wie vor nur mit Hilfe der NSDAP, stärkste Fraktion im Reichstag, eine parlamentarische Mehrheit für eine neue Regierung erreicht werden kann, ist der bislang hartnäckig gebliebene Widerstand des 86jährigen Reichspräsidenten Hindenburg gebrochen. Er stimmt zu, daß die konservativen Nationalisten den „böhmischen Gefreiten" Hitler, den er höchstens zum Postminister ernennen wollte, auf den Schild heben. Am 30. Januar 1933 wird er Kanzler, „auf legalem Weg", von Papen Vizekanzler. Der Reichstag wird aufgelöst, Neuwahl für den 5. März angesetzt. „Wie im Märchen", jubelt Goebbels.

Selbst der streng nationale „Stahlhelm"-Führer Theodor Düsterberg warnt vor der Kanzlerschaft des „unehrlichen Hitler". Papen aber, der Hitler noch am 12. Oktober 1932 zugerufen hat: „Herr Hitler, Sie sind nur da, weil die Not da ist!", dieser Papen scheint im Januar 1933 die Not immer noch für groß genug zu halten, daß er den „Herrn Hitler" braucht. Nur vorübergehend, glaubt er, und meint geringschätzig: „Wir haben ihn uns engagiert." Hugenberg

tröstet: „Wir rahmen Hitler ein." Ein verhängnisvoller Irrtum, Hitler hat diesen Rahmen rasch gesprengt.
Nach der Vereidigung in Hindenburgs Berliner Amtsräumen gelobt Hitler feierlich, seinen Verpflichtungen „ohne Rücksicht auf Parteiinteressen" und zum Wohl der ganzen Nation nachzukommen. Er werde sich für den Erhalt der Verfassung einsetzen, die Rechte des Reichspräsidenten achten und nach der nächsten Wahl zur parlamentarischen Regierung zurückkehren.
Eine von tausend Lügen in Hitlers Leben, aber wohl eine der unverfrorensten und folgenschwersten. Er denkt nicht im Traum daran, diese Versprechen einzulösen. Schon die nächsten Monate werden dies erschreckend beweisen. Am 1. März 1933 hat seine Partei bereits 1.471.114 Mitglieder.

1933: Hitler rettet Streicher

Streicher kann durchatmen. Jetzt ist er gerettet, jetzt ist „sein" Gau gesichert, jetzt hat er seinen „Führer" voll im Rücken und sämtliche „Stegmänner" im Sack. Noch am Tag von Hitlers „Machtergreifung" überschüttet er seinen nun machtlos gewordenen Angstgegner im „Stürmer" mit übelsten Beschimpfungen und Verleumdungen, und diesmal zeigen die Unterstellungen Wirkung. Viele SA-Einheiten fallen um, und der ewige Trittbrettfahrer Karl Holz erklärt den Kampf der vergangenen Wochen ganz einfach so: „Das war alles nur ein furchtbares Komplott der Juden gegen Streicher."
Als sei dies jetzt noch wichtig, wollen die Männer vom „Freikorps Franken" der Welt beweisen, daß Hitlers Tag auch ihr Tag ist. Durch Streichers Racheakt ausgeschlossen von allen Veranstaltungen der Nationalen und Völkischen, marschieren sie trotzdem selbst später noch, am 4. März, während des Wahlkampfes, mit 1.200 Mann durch Nürnberg, und am 8. März, nach Hitlers Wahlerfolg, hissen sie als erste die Hakenkreuzfahne auf der Nürnberger Burg. Am 13. März wird Stegmanns „Freikorps Franken" aufgelöst.
Nicht Gottes Mantel weht von nun an durch die Geschichte, wie Bismarck es formuliert hat, es ist des Teufels Rock, der Deutschland einhüllt. Mit Hitler bricht die Zeit des großen „Aufräumens" an.
Die wenigsten wollen daran glauben, daß die Herrschaft der Nationalsozialisten lange dauert, nirgendwo wird die politische Entwicklung dramatisch eingeschätzt. „Wir sehen den Dingen in aller Ruhe entgegen, wir wissen, daß der Katzenjammer bei den Nazis nicht ausbleiben wird", schreibt die „Fränkische Tagespost" zuver-

sichtlich. Nürnbergs SPD-Bürgermeister Martin Treu meint arglos: „Wir haben 1918 mehrere Wochen unter der roten Fahne gearbeitet, nun arbeiten wir eben einige Wochen unter der Hakenkreuzfahne, bis der Spuk wieder verflogen ist."
Selbst der jüdische Rechtsanwalt Dr. Fred Blum aus Nürnberg stellt beruhigt fest, als er aus dem Skiurlaub zurückkehrt: „Ich fand zunächst das Bild in Nürnberg unverändert. Meine Sprechstunden waren überladen und die meisten Mandanten nicht jüdisch." Auch die Geschäfte der Juden bleiben anfangs weitgehend unbehelligt. Der „Verband nationaldeutscher Juden" begrüßt die „nationale Erhebung, selbst wenn sie für uns Härten bringt, denn wir sehen in ihr das einzige Mittel, den in vierzehn Unglücksjahren von undeutschen Elementen angerichteten Schaden zu beheben."

Die noch immer starke SPD zögert. Zwar organisiert der Tagespost-Redakteur und Führer der „Eisernen Front", Wilhelm Riepekohl, aus Thüringen Waffen, 80 Infanteriegewehre und 200 Revolver. Sie werden in der Gartenstadt in einer Drehwalze versteckt. Zwar üben die Reichsbanner-Leute sich auf ihrem Schießplatz an der Pfinzingstrasse im Kleinkaliber-Geballer. Aber während die Nazis am 30. Januar 1933 auf Nürnbergs Strassen ihren Sieg feiern, streitet die SPD auf ihrer Unterbezirksversammlung darum, ob der Vorsitzende einer sogenannten „Kinderfreundebewegung" in den Vorstand gewählt werden soll oder nicht.

Ein Aufruf von SPD-Vorstand und Reichstagsfraktion in der „Fränkischen Tagespost" bleibt ein wertloses Stück Papier. „Äußerste Einsatzbereitschaft" wird gefordert, „äußerster Widerstand der Arbeiterklasse und aller freiheitlich gesinnten Volkskreise". Aber es geschieht nichts. Man wolle „den Kampf auf dem Boden der Verfassung führen", werden die „freiheitlich gesinnten Volkskreise" vertröstet. Doch auf diesem Boden ist gegen Hitler kein Blumentopf mehr zu gewinnen. Ein nazistisches Erdbeben wird „den Boden der Verfassung" hinwegfegen.

Auch ein „großes Aufbäumen" der Hitler-Gegner am 12. Februar bleibt wirkungslose Beschwörung. Auf dem Hauptmarkt versammeln sich 60.000 Menschen, eine der letzten großen Kundgebungen der Nürnberger SPD. Der stellvertretende Vorsitzende Hans Vogel spricht, und die „Fränkische Tagespost" bejubelt „die gewaltigste Massenkundgebung für die Republik". Wieder ist die Rede von der „unbedingten Kampfbereitschaft der Partei", aber der Bereitschaft fehlt der Wille. Wenn die Parteiführung der SPD darauf vertraut, daß nun das „rote Nürnberg marschiert", dann vergißt sie, daß man einen Hitler nicht „wegmarschieren" kann. Ebenso verpufft eine Kundgebung am 2. März auf der Deutschherrnwiese. Diesmal sind es 30.000 SPD-Parteigänger, die zur "letzten Mobilmachung aller Freiheitskämpfer" antreten – es aber bei der Mobilmachung belassen. So soll es wirklich die "letzte Mobilmachung" der Nürnberger SPD bleiben.

Nürnberg zählt in diesen Tagen mehr als 410.000 Einwohner, davon 56.936 Arbeitslose. Etwa 17.000 von ihnen beziehen nur noch sogenannte "Krisenunterstützung", 24.000 öffentliche Fürsorge, und 16.000 bekommen überhaupt nichts. Im Reichsgebiet hat die Arbeitslosenzahl die Sechs-Millionen-Grenze überschritten. Im gesamten Nürnberger Arbeitsamtsbezirk haben 85.590 Menschen keine Beschäftigung. In der Stadt herrscht gespannte Erwartung. Noch scheint der Alltag seine gewohnten Bahnen nicht zu verlassen. Es ist wie vorher auch, sieht man ab von der nationalsozialistischen Siegesparade auf dem Hauptmarkt, die seltsamerweise erst zwei Tage nach Hitlers Ernennung stattfindet und mit knapp 1.600 Marschierern nur sehr schwach besucht ist.

Die Halbe Bier bei "abendlicher Unterhaltung" im "Weißen Rößl" kostet Anfang 1933 ganze 36 Pfennig, im Café Wanner gibt's Wunschkonzert mit Tanz. Mit 24 Pfennigen pro Kilo ist das Brot billiger als in 34 anderen deutschen Städten. In den Anzeigenspalten der Tageszeitungen häufen sich die "spottbilligen" Notverkäufe: Schlafzimmer für 180 Mark, Chaiselongue 15 Mark, Netzradio 20 Mark, Couch 68 Mark, Klubsessel 39 Mark, Rauchtisch mit echter Messingplatte 8.50 Mark und ein Pelzmantel für ganze 25 Mark. In ihrer Not machen die Menschen alles zu Geld, was sie entbehren können.

Die Stadtverwaltung pfeift finanziell auf dem letzten Loch. Die Mittel für Arbeitsbeschaffungsmaßnahmen sind ausgeschöpft. 750.880 Mark Reichswohlfahrtshilfe im Januar reichen nicht aus, Fürth bekommt nur 251.000 Mark. 25 arbeitslose Jugendliche karren 12.000 Zentner Erde auf Lastwagen zum Luitpoldhain, um Boden für die Grünanlagen aufzuschütten. Sie arbeiten 36 Stunden in der Woche, bekommen dafür 1.15 Mark täglich, freies Essen von der Nothilfe, eine Übermontur und Schuhe, beides dürfen sie behalten. Der Ortslohn für "gewöhnliche Tagesarbeiten" beträgt 4.50 Mark für Männer und 3.45 Mark für Frauen.

Eine Grippewelle erfaßt Nürnbergs Schulen, ein Zivilingenieur Fichtner von der "Technischen Nothilfe" hält mitten im Frieden Vorträge "über aktiven Schutz vor Luftgefahren wie Gas-, Brand-, Spreng- und Brisanzbomben" mit dem Hinweis, daß andere Staaten große Luftflotten unterhalten, und da könne man nie wissen.

1933

Auf fünf Lastwagen der Reichswehr werden vom 13. Februar bis zum 17. März alte Kleider für das „Nürnberger Hilfswerk" eingesammelt. In jedem Wagen sitzt ein Hornist, der von Straße zu Straße das Signal bläst: „Kleider raus!" In der Zeitung steht, der Herr Hitler verzichtet auf sein Kanzlergehalt, „da er sich als Schriftsteller sein Einkommen selbst verdient".

Es hat sich also äußerlich nicht viel verändert im Alltagsgetriebe, seit Hitler Reichskanzler geworden ist. Aber die Ruhe, die Not und Elend nur unzugänglich bedecken kann, sie trügt; die Nazis warten die Wahl am 5. März 1933 ab, erst dann können sie sich sicher fühlen. Unter der Oberfläche freilich brodelt es. Im Wahlkampf tobt der Terror. Die Nazis gebärden sich, als haben sie das Land schon in der Tasche. In Berlin gewährt Ministerpräsident Hermann Göring der preußischen Polizei großzügig Straffreiheit, wenn sie auf „Staatsfeinde" schießt. SA, SS und „Stahlhelm" dürfen jede legale Grenze überschreiten, wenn es dem Staat „nutzt". Ganze NS-Ortsgruppen halten es nicht mehr für nötig, bei Geschäftsleuten Schulden zu bezahlen. Die Ortsgruppe Ansbach verlangt vom Stadtkommissar für ihre Wahlkundgebung „am Tag der erwachenden Nation" völlige Bewegungsfreiheit auf den Straßen, dazu kostenlose Lautsprecher auf allen öffentlichen Strassen und Plätzen und die Unterdrückung jeglicher gegnerischen Propaganda. Die Ortsgruppe Lichtenfels schlägt im Umgang mit dem Bezirksamt rüde Töne an. Einen simplen Aktenvorgang versieht der NS-Amtswalter mit dem Befehl an's Bezirksamt: „Erwarten Vollzugsbericht!"

Versammlungen der Sozis und Kommunisten werden überfallen, sie stehen im Verdacht, Putsch und Aufstand zu planen. Politische Abweichler werden verprügelt und mißhandelt. Mit einer „Verordnung zum Schutz von Volk und Staat" werden demokratische Grundrechte aufgehoben: Die Freiheit der Person, Meinungs-, Presse-, Vereins- und Versammlungsfreiheit, das Post- und Fernmeldegeheimnis, die Unverletzlichkeit von Eigentum und Wohnung. Der Bürger wird vogelfrei. Am 22. Februar wird in Dachau das erste KZ eingerichtet, die „Schutzhaft"-Willkür beginnt.

Am Hauptmarkt schreit ein Mann: „Heil Stegmann!", als Streichers Auto vorbeifährt. Der Adjutant des „Frankenführers", Hanns König, und ein Begleiter springen aus dem Wagen und schlagen den Mann blutig. Der Herausgeber des oppositionellen „Nazis-Siegels", Hans Sauer, wird am 5. Februar bei einer Verhandlung im Gerichtsgebäude von König und dem SA-Führer Wurzbacher mit Fäusten traktiert.

Sauer läßt sich verprügeln, aber er gibt nicht auf. In der Februar-Ausgabe, der letzten seines „Nazi-Spiegels", schreibt er „Offene Briefe" an Hitler und Papen.

„Sie sind vom Herrn Reichspräsident zum höchsten deutschen Amt berufen worden", wendet er sich an Hitler. „In diesem Augenblick geht die Reinheit, Sauberkeit und Ehre der NSDAP das gesamte deutsche Volk an. Diesem kann es nicht einerlei sein, ob Männer, die so schwer belastet sind, etwa in der Amtlichkeit steigen oder ob dies durch den Chef der Regierung des deutschen Reichs verhindert werden wird ... Wie ein Schlag ins Gesicht jedes anständigen Menschen hat es aber gewirkt, daß bei Ihrer Antrittsrede ... ein Julius Streicher zwei Meter hinter Ihrem Stuhl und neben Ihren Kabinettskollegen stehen durfte. Wollen Sie damit, Herr Hitler, dokumentieren, daß Sie diesem Mann auch in Ihrer amtlichen Eigenschaft als Kanzler des deutschen Volkes Treue und Freundschaft halten ... Was wollen Sie tun, Herr Hitler?"

Und an den neuen Vizekanzler Papen: „Ist Ihnen bekannt, daß der ... der verschiedensten Vergehen und sittlichen Verfehlungen beschuldigte Gauleiter der NSDAP, Mitglied des Landtags und Mitglied des Reichstags, Julius Streicher, sich der Duzfreundschaft des Führers der NSDAP rühmt? Ist Ihnen bekannt, daß ... Julius Streicher ... den Führer der NSDAP ... der schwersten Verfehlungen in finanzieller und sittlicher Beziehung beschuldigt hat? Zum Beispiel der versuchten unsittlichen Annäherung an die Frau eines Parteigenossen, des Umgangs mit der 17jährigen Tochter eines links eingestellten Arbeiters, welche infolge ... dieses Umgangs sich das Leben nehmen wollte ... des Aushalten eines Mädchens in München, noch weiterer Zudringlichkeiten angesehenen verheirateten Frauen gegenüber, der Verschwendung von Geldern bei Sektgelagen etc.? Haben Sie sich ... mit der Persönlichkeit der von Ihnen vorgeschlagenen Männer, mit der Adolf Hitlers im besonderen, befaßt?"

Sauer hat im Februar 1932 zwar die peinliche Behauptung nicht wiederholt, Hitler habe selbst von jüdischen Bankhäusern Geld genommen für seine NSDAP und sogar den Liebeslohn einer Dirne eingesackt. Aber schon mit dem hier Gesagten begibt sich Sauer auf lebensgefährliches Terrain. Eine Antwort auf seine „offenen Briefe" erwartet er sicher nicht; er bekommt auch keine. Der Herr Reichskanzler hat jetzt anderes zu tun, und den Herrn von Papen kümmert ein Hans Sauer aus der Schnieglinger Strasse in Nürnberg keinen Deut. Jetzt geht's um Höheres, jetzt wird große Politik gemacht – mit dem lästigen Hans Sauer aber kurzer Prozeß. Nach bewährter Streicher-Methode hängt man ihm ein erdichtetes Betrugsverfahren an, und das willfährige Amtsgericht Nürnberg verurteilt Sauer am 31. Juli prompt zu sechs Monaten Gefängnis, abzusitzen in Sankt Georgen bei Bayreuth. Noch ist die Strafzeit nicht abgelaufen, zieht Streicher einen „Fall von Untreue" aus dem Hut. Ergebnis: Wieder Knast, diesmal neun Monate, wieder ausgesprochen vom Amtsgericht Nürnberg, zu dem Streicher einen bemerkenswert kurzen Draht hat. Sauer wird das Licht der Freiheit nicht mehr sehen. Als „politisch gefährlich" eingestuft, verschwindet er anschließend übergangslos im KZ Dachau, wo er am 11. Dezember 1937 laut Mitteilung der Gemeinde Prittelsbach, der zuständigen Meldebehörde für das KZ Dachau, als tot gemeldet wird. Hans Sauer, der unbequeme Nazi-Kritiker, wird „leise" umgebracht, erschlagen im KZ Dachau, gerade mal 43 Jahre alt geworden. So verschwinden sie alle, wenn sie den Nazi-Bonzen gefährlich werden.

Zurück zum Februar 1933. Die Nazis warten auf den 5. März. Sie trommeln, und jetzt brauchen sie keine Rücksicht mehr auf andere zu nehmen. Ihr „Führer" hat die Macht, und die nutzt er rigoros.

Am 25. Februar 1933, einem Samstag, besucht er seine Freunde in Nürnberg. Nach dem unerquicklichen Streit zwischen Streicher und Stegmann, der den stolzen Gau ins Wanken gebracht hat, ist es höchste Zeit, die Männer auf Vordermann zu bringen, sie auf die entscheidende Wahl einzustimmen.

Um 17. 15 Uhr trifft sein Flugzeug, von München kommend, auf dem Fürther Flughafen Atzenhof ein. Es ist bitter kalt. Das Begrüßungskomitee vertritt sich frierend die Füße, Streicher immer einen Schritt vor den anderen. Dahinter sein Sekretär Holz und Polizeipräsident Gareis. Die Stadtverwaltung, noch von den Demokraten und Sozialdemokraten geleitet, hält sich bedeckt. Niemand kommt zur Begrüßung des Reichskanzlers. Der Samstag sei kein Arbeitstag, läßt die städtische Administration wissen, und Begrüßung sei nun mal eine Arbeit. Ein kleines Mädchen füllt die städtische Lücke. Es überreicht Blumen. Hitler spielt den Gerührten, die Kleine weint vor Aufregung.

An den Straßen jubeln Menschen, obwohl es schon dunkel ist. Am Plärrer trifft Hitlers Wagentroß auf eine braune Kolonne, die sich auf den Weg gemacht hat zum Luitpoldhain, etwa 3.000 SA- und SS-Männer, Hitlerjungen und eine Abteilung des Reichsarbeitsdienstes. Die Männer erkennen ihren „Führer". Sie reißen die Arme hoch, und die Begeisterung macht ihr „Heil" zum ohrenbetäubenden Massengeschrei. Am nächsten Tag steht in der Zeitung: „Der neu eingeführte nationalsozialistische Arbeitsdienst fällt durch seine außerordentlich schmucke Uniform auf. Lauter außerordentlich kräftige und herrliche militärische Erscheinungen."

Am Abend füllen 20.000, vielleicht sogar noch mehr Menschen die Kongresshalle am Luitpoldhain. Es überrascht, daß nur etwa 2.400 uniformierte SA-Männer dabei sind, wo es doch fast 10.000 gibt in Franken. Sind sie zuhause geblieben? Hitler erscheint in brauner SA-Uniform. Will er damit den Frieden zwischen SA und Partei in Franken wieder herstellen? Will er demonstrieren, daß auch – oder gerade – in Franken SA und Partei eine Einheit sind? Stegmanns Geist ist noch nicht tot, aber der Mythos Hitler ist stärker. Hitler ist längst zum Symbol geworden, er schwebt spätestens seit dem 30. Januar erhaben über den Niederungen von Zwist und Hader.

Ohne Übertreibung darf der nationalsozialistische Fraktionsführer im Nürnberger Stadtrat und baldige Oberbürgermeister, Parteigenosse Willy Liebel, diese Wahlversammlung der NSDAP „die größte Versammlung" nennen, „die dieser Festsaal je gesehen hat". Streicher stärkt den 20.000 das braun eingefärbte Bewußtsein, auf daß sie sich den Glauben bewahren an die hehren Ideale ihres „Führers". Der „Frankenführer" stellt sich auf die Zehenspitzen und brüllt: „Franken ist deutsch bis in die Knochen", was die aufgeheizte Menge mit einem einzigen Aufschrei innigster Zustimmung quittiert.

Und dann tritt Hitler in Feldherrnpose ans Rednerpult. „Zum ersten Mal seit Gründung des deutschen Reiches", sagt er, „wurde einem Mann aus bayerischem Stamm die Würde der Kanzlerschaft angeboten. Ich fühle mich als der Repräsentant dieser süddeutschen Stämme." Daß er, der Oberösterreicher, sich für einen Angehörigen des bayerischen Stammes hält, überrascht die Zuhörer. Ob er in diesem Augenblick daran denkt, daß er – laut der unbewiesenen Behauptung des eingangs erwähnten österreichischen Kapuzinerpaters – womöglich doch in Simbach und nicht in Braunau geboren wurde, kann man nur vermuten.

Dann geht er die Franken frontal an: „Ihr, meine Franken (meine, sagt er!), Ihr seid verpflichtet, in diesem Kampf um die Einheit des Reichs hinter den Kanzler zu treten und nicht zu dulden, daß unverantwortliche Reden im übrigen Deutschland den Eindruck erwecken, als würden wir vielleicht weniger an Deutschland hängen als irgendein anderer deutscher Stamm." Schließlich spricht er von dem „herrlichen historischen Nürnberg" und den Nürnbergern. „Auch du mußt hinaustreten, Volk dieser Stadt, und mußt entscheiden über das, was war und was werden soll. Du mußt aus deinem Herzen, aus deinem unverdorbenen Sinn und deinem Gemüt ein Urteil finden, mußt prüfen und mußt dich dann entscheiden, und ich weiß, es kann nicht anders sein: Das deutsche Volk wird und muß wieder einstimmen in den großen Choral, der heute durch Deutschland geht, es naht die Tat."

Wirr geredet, aber es sitzt. Ohne, ausnahmsweise, von einem Seitenhieb gegen die Juden getrübt, trifft der Österreicher die Süddeutschen, die Franken, die Nürnberger direkt ins Herz. Alle sind sie angesprochen, und alle wollen sie einstimmen in den Choral, von dem ihr „Führer" spricht.

1933: Der „Hitler-Tag" von Nürnberg

Glaubt man dem „Völkischen Beobachter", der diesen 25. Februar 1933 zum „Hitlertag von Nürnberg" erklärt, dann sind die Menschen im Saal tatsächlich hingerissen. „Durch die Menschenmassen hindurch, die entblößten Hauptes in tiefster Ergriffenheit das Deutschlandlied singen, bahnen sich der Führer und seine Begleitung den Weg ins Freie. Der stolze Tag von Nürnberg ist mit goldenen Lettern in die Geschichte der deutschen Freiheitsbewegung eingetragen ... Wir reißen die Fahnen hoch! Der Sieg wird unser!"

Hitler hat es wieder einmal geschafft. Er hat offene und versteckte Emotionen geweckt, und da will sich wohl kaum ein Nürnberger nachsagen lassen, sein Herz, sein unverdorbener Sinn und sein Gemüt seien nicht rein deutsch. Hitler kann beruhigt zurückfahren in den „Deutschen Hof" und weiterfliegen am nächsten Tag in die nächste Stadt. Nürnberg, ganz Franken hat er auf seiner Seite.

Aber es gibt noch Menschen, die sich nicht benebeln lassen, die sich weigern, in dem Nazi-Choral mitzusingen. Sie ahnen, was passiert, wenn dieser Hitler am 5. März als Sieger von der Wahlurne geht.

Oberbürgermeister Dr. Hermann Luppe, der sich stets für die Verständigung unter den Völkern eingesetzt und in den USA dutzende Vorträge über Nürnberg gehalten hat, Luppe kandidiert für die Wahl am 5. März auf der Reichsliste seiner Demokratischen Partei. Am Abend des 27. Februar, einem Montag, als in Berlin der Reichstag brennt, tanzt er mit seiner Frau auf einem Faschingsball im „Apollo-Theater".

Zwei Tage später, am 1. März 1933, leitet er zum letzten Mal eine Sitzung des Nürnberger Stadtrats. Zum letzten Mal muß er sich mit den Nazis auseinandersetzen. Zum letzten Mal kommt es zum Eklat. NS-Fraktionsvorsitzender Liebel beharkt den OB mit dem Vorwurf, der „anständige Teil der Nürnberger Bevölkerung" sei empört, daß Luppe sich nicht schäme, auf der „Liste der Marxisten" zu kandidieren. Ein grotesker Auftritt: Erstens sind Luppes Demokraten alles andere als Marxisten und zweitens maßt der Nazi-Fraktionsführer sich an, im Namen aller „anständigen Nürnberger" zu sprechen.

Deshalb ruft der OB den zänkischen Liebel zur Ordnung, aber der pöbelt weiter. Provozieren gehört zur Taktik der NS-Fraktion. Jetzt geht Liebel auf die Sozialdemokraten los. Er nennt sie „Brandstifter". Luppe weist dem Nazi-Chef die Tür, er soll den Saal sofort verlassen, bedeutet er ihm.

Liebel geht nicht, die Polizei muß ihn abführen. Auch jetzt hält er den Mund nicht. Er beschimpft die Polizisten. Er habe ja nur sehen wollen, ob die „Luppe-Polizei" (die in Wirklichkeit staatlich ist) noch den Mut habe, gegen die siegreichen Nationalsozialisten vorzugehen. Sie hat, aber auch dies zum letzten Mal. Ein paar Tage später kann solcher Mut Polizisten geradewegs ins KZ führen.

Der 5. März bringt die wahre „Machtergreifung" und das Ende der Demokratie in Deutschland. Die Nazis gewinnen die Wahl. Die Menschen lassen sich von den eingängigen Schlagworten Arbeit, Ruhe, Ordnung, Vaterland fangen. In den 53 Stimmkreisen des neugeschaffenen Regierungsbezirks Mittel- und Oberfranken erreicht die NSDAP mit mehr als 50 Prozent die absolute Mehrheit. Im Reich sind es „nur" 43.9 Prozent. Gemeinsam mit den acht Prozent des Koalitionspartners, dem aus der „Deutschnationalen Volkspartei" und dem Bund „Stahlhelm" entstandenen „Kampfbund Schwarz-Weiß-Rot", reicht es auch hier für die Mehrheit. Die SPD muß sich mit 18.3, die KPD mit 12.3, das Zentrum mit 11.2 Prozent bescheiden.

In Nürnberg bleiben die Nazis mit 41.7 Prozent überraschend unter dem Franken-Durchschnitt und selbst unter dem Ergebnis im Reich, aber die 114.915 Stimmen auf Hitlers Liste in Nürnberg verbuchen sie als großen Erfolg, zumal die linke Konkurrenz zurückhängt: SPD 32.7 und KPD 8.9 Prozent, bei den Bürgerlichen (Zentrum und Bayerische Volkspartei) sieht's noch trauriger aus. In Fürth bekennen sich 44.8 Prozent zu Hitler, 33.5 Prozent zur SPD und zehn Prozent zu den Kommunisten. In Bamberg kommt nur die „Bayerische Volkspartei" den Nazis nahe, in Forchheim übertrifft sie mit

2.436 Stimmen gar die 1.483 der NSDAP, und auch die SPD schlägt sich mit 1.423 Wählern recht wacker. Im Verwaltungsbezirk Erlangen geben sich die Sozis ebenfalls nur knapp geschlagen (34.9 zu 42.6 Prozent für die NSDAP). In Schwabach ein ähnliches Bild: 35.9 Prozent SPD, 40.2 NSDAP. In Würzburg siegt die „Bayerische Volkspartei" mit einem Votum von 20.999 Stimmen haushoch über die NSDAP mit 10.903 Wählern, und in Eichstätt entscheiden sich 2.620 Wähler für die „Bayernliste", aber nur 943 für die Braunen. In Schweinfurt schlägt sich die SPD mit 29 Prozent gegenüber den 34 Prozent für die Nazis beachtlich. In den anderen fränkischen Städten wie Ansbach (53 Prozent), Bayreuth (50.9), Coburg, Hof, Kulmbach, Rothenburg und Weißenburg dominieren die Braunen eindeutig.

Natürlich sitzt Streicher wieder im Reichstag, mit ihm sein untertäniger SA-Führer Wurzbacher und sein Stadtrats-Kumpan Gradl, dazu, unter anderem, wieder Hans Schemm aus Bayreuth und Albert Forster aus Fürth.

Adolf Hitler verlegt seinen „Dankgottesdienst" in die Berliner Staatsoper, berauscht sich an Wagners „Walküre". Goebbels hebt ab: „In Wagners berückend schöne Musik klingen von draußen die Marschrhythmen vorbeiziehender Stahlhelmkolonnen", schreibt er in sein Tagebuch.

Nun können die Nazis wüten, die Dämme sind gebrochen, kaum jemand wagt es noch, sich der Brutalität in den Weg zu stellen. Überall wird jetzt „gleichgeschaltet". Über den Rathäusern weht die schwarz-weiß-rote Fahne mit dem Hakenkreuz, in Bayreuth und Hof tragen selbst die Polizisten Hakenkreuz-Armbinden. Im SPD-lastigen Schwabach jedoch stehen die Zeichen noch auf Rot. Landpolizisten und bewaffnete SA-Männer müssen die „Flagge der nationalen Bewegung" mit Gewalt auf's Rathausdach pflanzen. Sozis und Kommunisten wehren sich mit Händen und Füßen.

In Fürth stößt Streicher-Adlatus und „Stürmer"-Schriftleiter Karl Holz wüste Drohungen aus: „Jetzt beginnt in Bayern das Saubermachen." Viele SA- und SS-Führer spielen auf eigene Faust Revolution. Sie verhaften nach Gutdünken, sie durchsuchen ungestört fremde Häuser, sie mißhandeln politische Gegner.

In der Nacht zum 10. März stürmt die SA Gewerkschaftshäuser und Parteigebäude der SPD, zertrümmert die Einrichtungen und verbrennt rote Fahnen. Die Polizei sieht tatenlos zu. In Kulmbach verjagt der frisch gewählte Reichstagsabgeordnete Schuberth den Bürgermeister und setzt sich auf dessen Stuhl. Die Polizeigeschäfte übernimmt kurzerhand ein SS-Abschnittsführer. Die Gefängnisse füllen sich. Erst werden Kommunisten verhaftet, dann Sozialdemokraten und jüdische Geschäftsleute. Oberbürgermeister Luppe wird rüde aus dem Amt gedrängt. Ohne Anmeldung, ohne an die Tür zu klopfen, erscheint Liebel mit drei NS-Stadträten am Freitag, 10. März, in Luppes Büro und verkündet, daß er, Liebel, nun Stadtkommissar sei, der OB nicht mehr gebraucht werde, Bürgermeister Treu von der SPD schleunigst seine Pensionierung beantragen soll, und daß am Sonntag alle Amtsgebäude schwarz-weiß-rot zu beflaggen seien.

Luppe zieht die Konsequenzen. Am Samstag spricht er – seine letzte Amtshandlung – auf dem jüdischen Friedhof zur Beerdigung seines langjährigen Stadtratskollegen Dr. Süßheim, der einem Schlaganfall erlegen ist, und am Sonntag läßt er sich telefonisch von Regierungspräsident Dr. Rohmer beurlauben. Die Geschäfte übergibt er dem Stadtrat Merkel. Als der schon zwei Tage später den Bettel hinwirft, weil die Nazis ihm das Leben zur Hölle machen, übernimmt Willy Liebel am 16. März die Leitung der Stadtverwaltung, kommissarisch zunächst. „Parteifremde" Bezirksamtsvorstände, alle berufsmäßigen SPD-Bürgermeister und Stadträte und fast alle fränkischen Arbeitsamtsdirektoren werden „zwangsbeurlaubt".

Daß Luppe es gewagt hat, auf dem jüdischen Friedhof eine Rede zu halten, zahlen ihm die Nazis heim. Eine Woche danach, am Samstag, 18. März, nachmittags halb vier Uhr, läuten SA- und SS-Männer an seiner Wohnungstür Sturm und verhaften ihn „zu seinem Schutz". Bei einem Fluchtversuch werde er sofort erschossen, ist eine der wenigen Erklärungen, die er bekommt. Noch in der selben Nacht stellen sie seine Wohnung auf den Kopf. Streichers Spießgesellen Karl Holz und Hanns König, sein zwielichtiger Adjutant, führen die Horde an.

Frau Luppe schreibt einen Brief an Hitler. Sie bittet, ihren Mann frei zu lassen. Hitler antwortet nicht. Irgendeine Vorzimmer-Schranze läßt mitteilen, daß der Brief an die zuständige Stelle in München weitergeleitet werde. Tatsächlich: Nach mehr als einem Monat Haft, am 22. April, entschließt sich die „zuständige Stelle", Luppe laufen zu lassen. Er wird in Zwangspension geschickt und muß Nürnberg umgehend verlassen. Bayern darf er, ohne Genehmigung der politischen Polizei, nicht mehr betreten. Dr. Luppe reist mit seiner Frau nach Berlin, ein Kriminalbeamter begleitet sie bis zur Stadtgrenze.

Die Verfolgungen enden noch lange nicht. Luppe ist „politisch unzuverlässig", und solche Menschen läßt man nicht aus den Augen.

Streicher will Rache. Er rügt die Justiz, daß sie „diesen Luppe" nicht „endgültig hochnehme". Solche Dinge, kündigt Streicher an, müssen in Zukunft strenger gehandhabt werden. Diese Drohung hat Folgen: Bayerns Justizminister Frank entblödet sich nicht, den Nürnberger Oberlandesgerichtspräsidenten nachhaltig aufzufordern, in Zukunft bei politischen Prozessen vorher die Gauleitung zu fragen.

Dr. Luppe wird ständig überwacht, jahrelang mit fragwürdigen Straf- und Diziplinarverfahren überzogen. Hitler hat ihm nie verziehen, daß er 1930 und 1931 in Nürnberg keine Parteitage abhalten durfte. Luppes Sohn Gustav wird, auf Veranlassung der Nürnberger Gauleitung, als Marine-Offiziersanwärter nicht angenommen, sein Schwiegersohn Dr. Heinsen als Studienrat von der Bauschule entfernt.

Am 27. März 1933 wird Willy Liebel endgültig zum neuen Oberbürgermeister Nürnbergs gewählt, wenn man diese Posse eine „Wahl" nennen will. Im Stadtrat sitzen jetzt 21 Nationalsozialisten, 16 Sozialdemokraten, von denen zur OB-Wahl 14 erscheinen, vier Vertreter der „Bayerischen Volkspartei" und drei von der „Kampffront Schwarz-Weiß-Rot". Streicher droht: „Der künftige Rat der Stadt Nürnberg wird nicht mehr Vertreter der sozialistischen Internationale sein, und an jenem Tag, wo noch einmal das Wort Marxismus oder Sozialdemokratie fällt, bricht ein Sturm los, der nicht mehr zurückzuhalten ist." Dann die „Abstimmung". Den 14 Sozis wird jede Äußerung verboten. Sie geben ihre Stimmzettel leer ab.

Jetzt tobt Streicher: „Man will unser Feind sein! ... Ihr werdet noch empfinden, was ihr in diesem Augenblick versäumt habt." Eine Schlägerei schließt sich an. Ein NS-Stadtrat zieht dem sozialdemokratischen Kollegen Karl Bröger ein Stuhlbein über den Schädel.

Zur nächsten Sitzung des Ältesten-Ausschusses kommen die SPD-Stadträte nicht mehr, am 10. Juni verzichten sie auf ihr Mandat, zwölf Tage später wird die SPD im ganzen Reich verboten. Im Juli sind die Nazis im Stadtrat unter sich, auch die anderen Parteien müssen das politische Schlachtfeld räumen. Liebel sagt: „Wer ein leitendes Amt im Staate Adolf Hitlers versieht, muß es zuerst und vor allem bewußt als Nationalsozialist führen können."

Liebel ist seinem „Führer" bedingungslos zu Diensten. Er bietet Hitler die Nürnberger Burg als ständiges Quartier an, hier kann er wohnen, wann immer er die Stadt besucht. Er beantragt beim bayerischen Innenministerium, die Burg als „Führerhotel" umzubauen und eine Heizungsanlage zu installieren. Hitler lehnt ab. Er

Der Vollstrecker und seine Helfer

will im Hotel „Deutscher Hof" bleiben, und er schlägt auch das Angebot aus, die Burg als Geschenk anzunehmen.

Hitler wird diese Episode später so erzählen:
„Siebert (seit April 1932 bayerischer Ministerpräsident und Finanzminister, von 1908 bis 1919 Oberbürgermeister in Rothenburg/Tauber) läßt die Nürnberger Burg herrichten, Liebel hält sich mäuschenstill und redet Siebert ein, die Burg müsse doch eigentlich dem Führer zum Geschenk gemacht werden; er wußte, daß ich das Geschenk nie annehmen werde. Siebert kam mit einer feierlichen Adresse zu mir. Am nächsten Tag Liebel: Er hätte gehört, und es würde ihn wahnsinnig freuen, daß ich die Burg übernähme. Ich: Da haben Sie sich geirrt! Er: Dann kann ich nur die Bitte aussprechen, daß Sie die Burg der urehrwürdigen Stadt Nürnberg übergeben. Darauf kam Siebert zu mir, der ein kolossal ehrbarer Mann ist: Er fände das Verhalten Liebels für moralisch nicht richtig, er, Siebert, habe das ganze Geld (des bayerischen Staates) dafür hergegeben ..."

Über Liebel, den er sehr schätzt, wird Hitler sagen: „Liebel ist eine Persönlichkeit ... Die Fürther bezeichnet er als Schmarotzer und findet tausend Gründe dafür, daß die Fürther die Stadt Nürnberg betrügen. Wenn es auf ihn ankäme, würde die Stadt mindestens eingemeindet, wenn nicht ausgerottet."

Streicher möchte am liebsten alles niederreißen, was Luppe aufgebaut hat. Das neue Planetarium am Laufer Torgraben, zum Beispiel. Dieser „synagogale" Bau gehöre abgerissen, er passe nicht in das Bild der Altstadt, fordert er, und der Stadtrat pariert. An seine Stelle kommt, ein Jahr später, eine moderne Umform-Station der Stadtwerke, und die paßt nun überhaupt nicht ins Altstadtbild. Darüber regt sich sogar Hitler auf. „Kulturbarbarei" nennt er sowas. Sehr einverstanden dagegen ist er damit, daß vor dem Opernhaus ein Denkmal seines Abgottes Richard Wagner aufgestellt wird. Der Beethoven, der dort lange versteinert herumstand, kommt auf die Hallerwiese.

Nun gehen die Nazis verstärkt auf Ämterjagd, sie wollen alle Schlüsselstellungen in die Hand bekommen. Denn: In ihrer Philosophie ist Staat gleich Partei, das hat Hitler oft genug gepredigt. Wer ihnen nicht in den Kram paßt, wird abgesetzt, zwangspensioniert, in die Wüste geschickt oder gleich eingesperrt. Regierungspräsident Dr. Rohmer taucht ab in den Ruhestand. Seinen Posten übernimmt ein SA-Obergruppenführer. Auch die Nürnberger Polizei hat über Nacht keine Leitung mehr. Präsident Heinrich Gareis wird nach München „hoch- und wegbefördert". Gareis, zwar stets

ein Nazi-Sympathisant, aber dennoch nicht bereit, Ungesetzlichkeiten zu decken, wie Streicher sie bald tagtäglich anordnet, findet sich als Ministerialdirektor im bayerischen Innenministerium wieder.
Für ein paar Tage, vom 26. bis 31. März, übernimmt Münchens Polizeichef, Reichsführer SS und oberster KZ-Wächter, Heinrich Himmler, kommissarisch die Leitung der Polizeidirektion Nürnberg-Fürth.
Fachleute sind rar geworden, und deshalb greift Himmler bei der Suche nach einem Nachfolger total daneben. Er ernennt einen alten Bekannten aus der Zeit seines Landwirtschaftsstudiums, Johann Erasmus Freiherr von Malsen-Ponickau, zum polizeilichen Dienstherrn in Nürnberg, als „Kommissar z. b . V." zwar, aber immerhin mit Vollmachten versehen, die er nie ausfüllen kann. Der 38jährige Freiherr, schon 1922 in die NSDAP eingetreten und im Rang eines SS-Oberführers, hat schon als Oberhaupt der Münchner Hilfspolizei seine Unfähigkeit bewiesen. Eigentlich Verwalter des mütterlichen Guts bei Krumbach in Schwaben, ist er in Partei- und Polizeikreisen verschrien als dumm und arrogant. Erzogen in Kadettenanstalten, sieht er aus wie eine Karikatur aus dem Adelslexikon, als sei er mit dem Monokel zur Welt gekommen.
Das Blaublut – eine komplette Fehlbesetzung in Nürnberg. Der Ärger mit Streicher ist programmiert: Hier der ordinäre „Frankenführer", dort der hochwohlgeborene, noble Freiherr. Streicher ist ohnehin angesäuert: Sein Bayreuther Konkurrent Schemm hat es zum bayerischen Kultusminister gebracht, er, Streicher, bleibt auch nach der Regierungsübernahme durch seinen Duzfreund Hitler ohne Staatsamt. Er hat sich eingebildet, Oberkommissar von Mittel- und Oberfranken zu werden, aber da haben die NS-Oberen in München etwas dagegen, besonders Reichsstatthalter von Epp und Innenminister und Gauleiter Adolf Wagner.
Der „Führer" hat anderes im Sinn. Er ruft Streicher am 26. März auf seinen Berghof bei Berchtesgaden, um ihm persönlich sein ungebrochenes Wohlwollen zu versichern. Streicher kommt erwartungsvoll, doch Hitler bietet nur ein Trostpflaster, kein Amt. Er speist ihn ab mit einem Posten, der zwar voll Streichers Intentionen entspricht, aber weder Rang noch Titel beschert. Hitler gibt dem fanatischen Judenhasser die einmalige Okkasion, seinen Haß auszutoben: Der „Frankenführer" wird zum Leiter des „Zentralkomitees zur Abwehr der jüdischen Greuel- und Boykotthetze" bestellt. Goebbels hat dieses zweifelhafte Komitee erfunden, und allein sein Name verbreitet Angst und Schrecken.

Für die Realisation aller Maßnahmen dieses Komitees zur Beseitigung der Juden werden schon jetzt die Voraussetzungen geschaffen.

Das „Ermächtigungsgesetz" vom 23. März 1933, „Gesetz zur Behebung der Not von Volk und Reich" genannt, gibt der Regierung sämtliche Vollmachten ohne Kontrolle des Parlaments. Sie kann Gesetze ganz nach ihrem Willen erlassen, Hitler braucht sie nur auszufertigen, auch der Reichspräsident hat nichts mehr zu sagen. Dann das „Gesetz über Verhängung und Vollzug der Todesstrafe", das bei Verbrechen gegen die Öffentliche Sicherheit auch den Strick als Vollzug der Todestrafe vorsieht. Solche „Gesetze", die Gesetzlosigkeit zur legalen Norm erheben, ebnen den Nazis den Weg. Sie erlauben Streicher und Konsorten den Zugang zu ungeahnten Gemeinheiten.

Goebbels, am 13. März von Hitler zum „Reichsminister für Volksaufklärung und Propaganda" ernannt, hat sich seine Ranküne gegen die Juden teuflisch schlau ausgedacht, und darin findet er in Streicher einen ebenso diabolischen Exekutor. Das Volk muß vorbereitet werden auf die Exzesse gegen die Juden, es muß sie für unumgänglich halten, weil nur der „international wirkende Jude" der Alleinschuldige sein kann an allem Übel. Da kommt Goebbels und Streicher die kritische Haltung der englischen und amerikanischen Presse gerade recht. Alles, was gegen Hitlers Alleinherrschaft geschrieben wird, münzen sie um in „Greuelhetze", in ein Komplott des „zersetzenden Judentums", gegen das Deutschland sich wehren müsse.

In Goebbels' Boykott-Aufruf vom 28. März 1933, dem ersten großen Angriff auf jüdische Unternehmen, heißt es: „Grundsätzlich ist immer zu betonen, daß es sich um eine uns aufgezwungene Abwehrmaßnahme handelt. Der Boykott sollte damit den Charakter einer entschlossen durchgeführten, aber defensiven Aktion zum Schutz des Reiches erhalten ... Samstag, Schlag 10 Uhr, wird das Judentum wissen, wem es den Kampf angesagt hat."

Mit einer fadenscheinigen „Abwehrmaßnahme" fängt es an, mit dem Holocaust wird es enden.

Solche Worte liebt Streicher, sie wird er mit seiner Handschrift in den Granit von tausend Jahren meißeln. Aufmunternde Schlagzeilen in den Zeitungen wie „Schluß mit der Greuelhetze", „Der Kampf gegen die Greuelpropaganda" und „Angriff gegen die Lügenjuden" sind die erwünschten Vorbereitungen. Der Psychopath Streicher kann ungestraft toben und rasen, niemand hält ihn auf. Sein „Führer" sanktioniert so ziemlich alles. Er bleibt zwar meist im Hintergrund, um den Anschein zu erwecken, „über den Dingen zu stehen", aber er gibt die Befehle, er toleriert alle Aktionen. Sie sind Teil seines Programms.

1933: Terror und „Juden-Boykott"

Streicher und Liebel stellen sich an die Spitze des ersten Juden-Boykotts in Nürnberg. Am Freitag, 31. März 1933, abends um halb neun, sprechen sie auf dem Hauptmarkt, der jetzt – Ehre dem „Führer" – Adolf-Hitler-Platz heißt. SA, SS, „Stahlhelm", Kriegervereine, HJ und Abordnungen von Sportvereinen marschieren auf. Fahnen wehen, Fackeln flackern, Kapellen blasen Marschmusik – ein vertrautes Bild, das nun zwölf Jahre lang zum Alltag gehören wird.

Der stellvertretende NS-Gaupropagandaleiter Hans Zimmermann, Ingenieur, 27 Jahre alt, geborener Nürnberger, gibt bekannt, daß die städtischen Wohlfahrtsstellen keine Kranken-Überweisungsscheine mehr für jüdische Ärzte ausstellen werden. Überhaupt dürfe es „von dieser Stunde an" keinen Deutschen mehr geben, der in ein jüdisches Geschäft, zu einem jüdischen Arzt oder Rechtsanwalt gehe, sagt Zimmermann. Liebel ergänzt, daß „Verräter", die das trotzdem tun, fotografiert werden.

In der Nacht kleben 900 SA- und 100 SS-Männer Plakate an jede Ecke der Stadt: „Boykottiert alle jüdischen Geschäfte", „Kauft nicht in jüdischen Warenhäusern", „Geht nicht zu jüdischen Rechtsanwälten", „Meidet jüdische Ärzte", „Die Juden sind unser Unglück". Am Morgen fahren Lastautos und Möbelwagen mit riesenhaften Vergrößerungen dieser Plakate durch die Stadt.

Viele jüdische Läden bleiben geschlossen, „arische" Geschäfte hängen, zur besseren Unterscheidung, Hakenkreuzfahnen an die Türen. SA-Posten ziehen auf und beschmieren die Schaufenster der „Judengeschäfte" mit Haßparolen. Nürnberger, die sich durch keine Hetze abschrecken lassen und trotzdem bei Juden einkaufen, werden – besonders vor großen Kaufhäusern – als „Boykottbrecher" angepöbelt und mit Pfuirufen empfangen. Wer auch nur annähernd jüdisch aussieht, bleibt am besten zuhause oder verzieht sich ins nächste Gäßchen, sobald ein Trupp SA-Männer oder Hitlerjungen auftaucht.

In allen Stadtteilen kommt es zu Übergriffen, Steine werden geworfen, jüdische Passanten geschlagen und verletzt. Die NS-Gauleitung fordert die israelitischen Kultusgemeinden in Nürnberg und Fürth auf, die Zeche zu bezahlen. Kosten für Verpflegung und sonstige Aufwendungen der SA-Posten während des vom Zaun gebrochenen Boykotts gehen zu Lasten der Juden. Die Opfer bezahlen ihre Schinder für die Prügel.

Streichers Komitee verrichtet seine Arbeit zu Hitlers vollster Zufriedenheit. Als nächstes werden die jüdischen Beamten aus ihren Ämtern geworfen. Das „Gesetz zur Wiederherstellung des Berufsbeamtentums" vom 7. April gibt die notwendige Hilfestellung. Die Stadtverwaltung Nürnberg ist schneller als das Gesetz. Sie setzt ihre jüdischen Mitarbeiter schon gleich nach dem 5. März auf die Straße.

Prominentestes Opfer wird Dr. Nathan, Vorstand der Dermatologischen Abteilung des städtischen Krankenhauses. Er „darf" sich von heute auf morgen als „zwangspensioniert" betrachten. Dr. Mainzer, Stadtschularzt, Stadtmedizinal- und sanitätsrat, verliert auch sein Amt. Er geht nach Frankfurt, wo er sich ein paar Jahre später das Leben nimmt. Weitere acht jüdische Schul- und Theaterärzte werden kurzerhand „weggeräumt". Die stellvertretende Chefin des Jugendamts bekommt einen Anruf: „Verlassen sie unverzüglich das Amt, lassen sie sich nicht mehr blicken, sonst können wir für nichts garantieren." Die Jüdin resigniert und geht.

Selbst Nichtjuden, die dem Regime unbequem sind, können sich nicht halten. Stadtschulrat Medizinalrat Dr. Oster, für die evangelische soziale Hilfe tätig, muß seinen Hut nehmen, weil es zu Spannungen zwischen Kirche und NS-Stadtverwaltung kommt. Der „arische" Direktor des städtischen Knabenheims wird in den Ruhestand geschickt, weil seine Frau Jüdin ist.

Den Beamten folgen die freiberuflichen jüdischen Rechtsanwälte und Ärzte. Jüdische Anwälte dürfen das Justizgebäude nicht mehr betreten, die Gauleitung verbietet es ihnen. Nur jene können noch praktizieren, die im ersten Weltkrieg Soldaten waren, den Vater oder den Sohn im Krieg verloren haben. Aber auch solche Ausnahmen wird es bald nicht mehr geben. Am 1. Juli erklären die kassenärztlichen Vereinigungen die Zulassungen „nichtarischer" Ärzte und Zahnärzte für beendet.

Rechtsanwalt Albert Rosenfelder, erfolgreich in Beleidigungs- und Verleumdungsprozessen gegen Streicher, büßt die Rache des „Frankenführers" mit dem Leben. Im KZ Dachau wird er umgebracht. Dr. Theodor Katz, praktischer Arzt in Nürnberg, im ersten Weltkrieg mit dem Eisernen Kreuz I. Klasse ausgezeichnet, verschwindet genauso in Dachau. Für eine Weile kann er als Lagerarzt arbeiten, dann wird er von der SS erschlagen.

Der Sekretär der israelitischen Kultusgemeinde in Nürnberg, Bernhard Kolb, muß die Leichen ermordeter Nürnberger Juden in

Dachau abholen, um sie auf dem jüdischen Friedhof ihrer Heimatstadt zu begraben. Öffnet er die Särge, um die Toten zu identifizieren, stellt er an den Leichen immer wieder Kopfschüsse fest.

Auch Hitlers einstiger Leutnant, der ihm zum EK I verholfen hat, der jüdische Geschäftsmann Hugo Gutmann, bekommt den vom einstigen Günstling in Auftrag gegebenen Boykott zu spüren. Seiner Großhandelsfirma für Büromaschinen und Büroeinrichtung in der Vorderen Sterngasse 3 werden Firmenvertretungen entzogen, Gutmann verliert alle Behördenaufträge.

SA- und SS-Trupps verwüsten das Metallarbeiterheim in der Kartäusergasse, sie überfallen das Gebäude der „Fränkischen Tagespost" – an der Spitze Julius Streicher persönlich, in Ledermantel, Gamaschen und mit Reitpeitsche. Nach einer Schießerei auf der Straße zertrümmern sie mit Vorschlaghämmern und Sauerstoffgebläsen in sinnloser Wut Setzerei und Druckerei, werfen Möbel, Zeitungen und Papiere aus den Fenstern, plündern die Buchhaltung. Das Gewerkschaftshaus in der Breiten Gasse sieht kurz danach nicht besser aus. Wo die Nazis „aufräumen", hinterlassen sie verbrannte Erde.

Das „Gesetz gegen die Überfüllung deutscher Schulen und Hochschulen", auch dies ein Alibi-Gesetz, liefert den Vorwand, den Anteil der Juden, aber auch von Frauen, zu reduzieren. Die Gewerkschaften werden liquidiert, Streiks und Aussperrungen untersagt und am 14. Juli 1933 wird auch die letzte Partei verboten. Die NSDAP herrscht nun endgültig allein. Selbst Konzertprogramme werden auf ihren arischen Ursprung überprüft. Schlimme Folgen hat das „Gesetz zur Verhütung erbkranken Nachwuches". Es erlaubt Zwangssterilisierungen. Per Verordnung werden alle Straftaten der SA und SS „zur Durchsetzung des nationalsozialistischen Staates" amnestiert.

„Gleichgeschaltet" wird nun beschleunigt, vom Kleingartenverein bis zur Stadtverwaltung. Dort tummeln sich bald nur noch Parteigenossen, Altparteigenossen und sogar 115 „Träger des Goldenen Parteiabzeichens", Nazis der „Stunde Null". Im ersten Schub werden 108 unbequeme städtische Beamte, Angestellte und Arbeiter entlassen, die drei SPD-Referenten sofort abserviert, die restlichen acht Berufsstadträte aber bleiben auf ihren Sesseln, sie sind anerkannte Fachleute, Liebel braucht sie. Die Industrie- und Handelskammer sowie die Handwerkskammer sind fest in Nazi-Hand.

Den Arbeitern zu schmeicheln und ihren Organisationen die Butter vom Brot zu nehmen, machen die Nazis den 1. Mai zu ihrem

"Tag der Arbeit", lösen die Gewerkschaften auf und ersetzen sie durch die "Deutsche Arbeitsfront" (DAF). In Nürnberg wird ein riesiger Aufmarsch organisiert. Schon am frühen Morgen ziehen Zehntausende durch die Stadt zur Deutschherrnwiese: SA, SS, HJ, 2.000 Mitglieder des "Fränkischen Sängerbundes", der NS-Studentenbund, Sportvereine, der freiwillige Arbeitsdienst, die Handwerksinnung, Ehrenkompanien der Reichswehr, der Landespolizei und des "Stahlhelm"-Bundes. Nach der Kundgebung erfaßt ein verordnetes "Feierprogramm" den ganzen Tag lang jeden Winkel der Stadt. Musikveranstaltungen, "Fahnenweihen", Totenehrungen, Ansprachen von NS-Größen reihen sich nahtlos aneinander. Am Abend wird im Stadion die Großveranstaltung aus Berlin übertragen, Hitler und Goebbels sprechen. Zum Schluß der organisierten Volksbelustigung gibt es ein Feuerwerk "mit dem Bild unseres Führers, umrahmt von leuchtenden Hakenkreuzen".

Seit dem 1. Juni 1933 hat Frankens NSDAP sogar ihre eigene Tageszeitung. Streicher gründet die "Fränkische Tageszeitung", das offizielle Organ der Partei, und verdient sich auch damit eine goldene Nase. In den Spalten dieser Zeitung geht es rüde zu. Jede Meldung ist braun eingefärbt, unliebsame Bürger, die nicht nach der Parteipfeife tanzen, werden an den Pranger gestellt. Wer nicht mit "Heil Hitler" grüßt, die Hakenkreuzfahne nicht rechtzeitig zum Fenster heraushängt oder gar beim Juden einkauft, dem kann es passieren, daß sein Name samt Adresse in der Zeitung steht. Dann deuten die Nachbarn mit langen Fingern auf ihn, denn Denunziation ist zum beliebten Gesellschaftsspiel der Angepaßten geworden. Bald hat die "Fränkische Tageszeitung" die höchste Auflage aller Zeitungen in Nürnberg und in ganz Franken.

Am 10. Mai 1933 lodern Flammen auf dem Adolf-Hitler-Platz. In ihrem Zerstörungswahn verbrennen Nazi-Funktionäre "jüdisch - marxistische, volkszersetzende und undeutsche Bücher" aus den städtischen Bibliotheken. Der "lautere Geist soll erneuert werden". Was "undeutsch" ist, bestimmt der Gauleiter. Auch die städtischen Kunstsammlungen werden "gereinigt". Ihr neuer Direktor versammelt die Werke moderner Kunst, die nicht dem "gesunden Volksempfinden" entsprechen, in einer Sonderausstellung, die er "Nürnberger Schreckenskammer" nennt.

Im Juli werden auf Befehl des besonders rabiaten, 34jährigen SA-Oberführers Hanns Günther von Obernitz, seit März 1933 oberster SA-Häuptling und Sonderkommissar für Franken, 300 Mitglieder der jüdischen Logen in Nürnberg aus ihren Häusern geholt, durch die Straßen gejagt und auf einem SA-Sportplatz verprügelt. Es sind viele alte Männer über 70 dabei. Auch sie müssen mit den Zähnen Gras rupfen. Von den 8.266 Juden, die am 1. Februar 1933 in Nürnberg gelebt haben, sind bis zum 16. Juni schon 1.764 weggezogen, verhaftet oder ganz einfach verschwunden.

Was auch immer seit dem 5. März 1933 an Ungesetzlichkeiten in Nürnberg passiert, die Polizei schaut weg. Unter dem unfähigen Polizeichef Malsen-Ponickau hat sie sowieso nichts zu melden, die Partei ist übermächtig. Der Freiherr ist mehr mit seinen Pferden beschäftigt als im Büro. Seine Beamten kennen ihn kaum, die meisten gar nicht.

Sein größter Fehler: Schon nach einem Monat legt er sich mit Streicher an, obwohl er wissen sollte, daß ohne oder gar gegen den „Frankenführer" in Nürnberg nichts geht. Er und seine Spießgesellen in der Gauleitung beherrschen Nürnberg und Franken bis in den letzten Winkel. Streicher und die Bewegung, das ist ein und dasselbe, was er anordnet, ist unantastbar. Sein Duzfreund Hitler hat ihm dieses Recht eingeräumt, und Streicher nutzt es. Überall hat er seine Hände im Spiel, und wer ihm in die Quere kommt, der wird seines Lebens nicht mehr froh.

Malsen wagt es, er kommt Streicher ganz massiv in die Quere. Er ordnet an, daß politische Leiter, Funktionäre der Partei also, der Polizei und der SS keine Befehle zu erteilen haben. Eine Abschrift dieser Order schickt er ausgerechnet an die Gauleitung. Dann läßt er wissen, daß er jeden, der als Vertrauensmann Streichers den Posten des Polizeipräsidenten anstrebe, rücksichtslos bekämpfen werde.

Auch Streichers Intimus Holz nimmt der Adelsmann aufs Korn. Holz habe ihn beleidigt, sagt er, eigentlich müßte er ihm „eine runterhauen". Dann bekommt Streichers Adjutant Hanns König sein Fett weg. Der „wildere" gern unter den Schauspielerinnen des Stadttheaters. Es gehöre offenbar zum guten Ton, daß Nürnbergs höhere Parteiführer sich eine Komödiantin zur Gespielin wählen. So etwas sei degoutant, urteilt das Blaublut. Hier hat Malsen Recht. König fühlt sich auf den Schlips getreten, prompt schreibt er dem „sehr geehrten Herrn Baron" einen unverschämten Brief, das gehe ihn rein gar nichts an.

Schließlich gerät der Freiherr auch dem Fürther Oberbürgermeister und Kreisleiter Jakob ins Gehege. Diesen „verdienten alten Kämpfer der Bewegung" hat eine Kaschemmenwirtin beschuldigt, er sei ein Exhibitionist. Jakob habe sich in ihrem Lokal „unsittlich entblößt". Wenn er sich auch sonst um nichts kümmert, diese Anzeige will Malsen verfolgen und dem Fürther Partei-

häuptling ans Leder. Aber Streicher deckt seinen Kumpel, Malsen erreicht nichts.
Etwas zwischen den Stühlen sitzt der Regierungsrat Dr. jur. Benno Franz Theodor Martin, 40 Jahre alt, 1923 aus Kaiserslautern nach Nürnberg gekommen, erst seit 1. Mai 1933 NS-Parteimitglied und seit Juli 1933 Leiter der politischen Abteilung im Polizeipräsidium Nürnberg-Fürth. Ein schillernder Techniker der Macht, hochintelligent, geschliffen und aalglatt, sehr diplomatisch und sehr anpassungsfähig. Er weiß in jeder Situation, auf welche Seite er sich schlagen muß. Zur Zeit ist es Streichers Lager.
Nachdem der kommissarische Polizeichef Malsen glücklich die gesamte fränkische Nazi-Clique gegen sich aufgebracht hat, kommt es am 11. August 1933 im Beisein des „Führers" zum Eklat.
Hitler will sich über die Vorbereitungen zum Reichsparteitag informieren. An der Besprechung des sogenannten Aufmarschstabs, zunächst im „Deutschen Hof", später im Luitpoldhain, nehmen auch Streicher und Malsen teil. Mit Streicher aber erscheint Dr. Martin, auf dem Weg zum Luitpoldhain sitzt er im Wagen des Gauleiters. Das paßt Malsen überhaupt nicht. Vor hunderten Menschen, die Hitler auf dem künftigen Parteitagsgelände mit Heil-Rufen bejubeln, putzt der adlige Polizeichef seinen bürgerlichen Regierungsrat grob herunter. Er habe hier gar nichts zu suchen, es genüge, wenn er, Malsen, als Vertreter des Polizeipräsidiums dabei sei. Martin möge sich schleunigst in sein Büro verziehen. Hitler steht daneben und sagt nichts.
Diese Gelegenheit nutzt der „Frankenführer", der bekanntlich über keinerlei Toleranz- und Anstandsbremsen verfügt. Jetzt platzt ihm der Kragen am fetten Hals. Wütend brüllt er den verhaßten Aristokraten an:
„Sie degenerierter Schweinehund", bellt er, „ich werde ihnen meine Reitpeitsche um die Ohren hauen... Die Polizeidirektion ist für mich Dr. Martin, nicht Sie. Wenn ich Dr. Martin zu sprechen wünsche, dann haben Sie keine Gegenbefehle zu geben. Sie sind der gemeinste Bursche, der mir je in Uniform begegnet ist. Was haben sie eigentlich hier verloren, gehen Sie heim und bewirtschaften sie Ihr Gut."
Streicher ist ganz in seinem Element. Der Nobelmann ist schockiert, zur Antwort fehlen ihm die Worte, er macht sich Notizen. Streicher krakeelt weiter: „Sie brauchen nicht erst aufzuschreiben. Ich stehe Ihnen mit dem, was ich sagte, jederzeit zur Verfügung. Sie wollen ein Adliger sein? Ein feiger Hund sind Sie!"

Hitler hört alles mit an, er versteht jedes Wort, aber er verzieht keine Miene. Auch diesmal stärkt er seinem fränkischen Radaubruder den Rücken. Hitler greift auch nicht ein, als Streicher wenig später im „Deutschen Hof" den Stellvertreter des „Führers", Rudolf Heß, respektlos mit der Anrede „Sie junger Mann" abblitzen läßt. Heß hat dem „Frankenführer" wegen seines kruden Benehmens Vorwürfe gemacht.

Der bis ins Mark empörte Aristokrat Malsen beschwert sich schriftlich bei Himmler: „Die Beschimpfungen Streichers bedeuten für mich das Tollste und Entehrendste, was ich je erlebt habe. Nur die Rücksicht auf den Führer hat mich davon abgehalten, Streicher sofort niederzuschlagen." Abschriften seiner Beschwerde schickt Malsen an Heß, Epp und Wagner. Das bayerische Innenministerium bittet er, Dr. Martin zu suspendieren, und vom sogenannten „Untersuchungs- und Schlichtungsausschuß der Partei", dem höchsten juristischen Gremium der NSDAP, genannt „Uschla", verlangt er eine Untersuchung.

Malsens Aktion wird zu einem Schuß in den Ofen. Weder Himmler noch Heß, Epp oder Wagner wollen sich mit Streicher anlegen. Sie wissen, daß der Gauleiter bei Hitler einen dicken Stein im Brett hat. Wer dem „Frankenführer" an den Karren fährt, kriegt es mit Hitler zu tun.

Der sogenannte „Uschla" greift den Vorfall nur halbherzig auf. Er bittet Streicher um eine schriftliche Stellungnahme und macht damit alles nur noch schlimmer. Denn Streicher bürstet den adligen Polizeimann nun vollends ab. Der sei charakterlos, unfähig und für eine gedeihliche Zusammenarbeit mit den Parteiorganen nicht geeignet. Die parteiamtlichen Gerichtsherren in München lassen die Affäre ins Groteske abgleiten. „Unverständlich ist, daß der SS-Oberführer von Malsen nicht gleich nach dem Vorfall ... sich persönlich oder durch einen Sekundanten wegen der Wiederherstellung seiner Ehre in Verbindung gesetzt hat."

Das kann nichts anderes heißen als: Malsen hätte blank ziehen und das Duell suchen müssen. Ein höchst ungewöhnliches Urteil aus der Feder eines Parteirichters, der doch alte Zöpfe abschneiden und sich von Duellen weit entfernen sollte. So bleibt es bei einer sanften Mißbilligung des Streicherschen Verhaltens, doch er braucht sich nicht mal zu entschuldigen.

Himmler, Malsens oberster Dienstherr, findet eine elegante Lösung: Er befördert Malsen am 25. August mit sofortiger Wirkung zum Brigadeführer und versetzt ihn in die Reichsleitung der SS. Damit ist der unfähige Adelsmann nach seinem kurzen Gastspiel in Nürnberg aus dem Verkehr gezogen. Franken sieht ihn nie wieder und Streicher hat das Spiel gewonnen – mit gütiger Mitwirkung seines „Führers". Diesmal hat allein sein Schweigen genügt. Zur Belohnung darf der fränkische Gauleiter zu Hitler nach Berlin reisen. Wichtige Gespräche stehen an. Hitler unterstreicht seine Sympathie für Streicher und seine fränkische Gauleitung durch eine persönliche, sehr warmherzige Widmung seines Bildes für Streicher-Adjutant König.

Nächster Polizeichef in Nürnberg-Fürth wird der schon unrühmlich erwähnte Judenschinder SA-Oberführer Hanns Günther von Obernitz, auch ein „von", aber aus ganz anderem Holz, aus viel gröberem schnitzt. Mit dem Menschenverächter Obernitz, dem jede intellektuelle Überlegung und jedweder Moralismus fremd sind, verrohen die Sitten im Polizeipräsidium. Auch er hat keine blasse Ahnung von Polizeiarbeit. Gesetze und Vorschriften kümmern ihn überhaupt nicht. Er rühmt sich, daß es in seinem Büro kein einziges Gesetzbuch gebe. Sowas brauche er nicht. Der Name Obernitz steht für Unterdrückung, für Judenpogrome, für Mißhandlungen.

Ein Beispiel: In der Nacht zum 17.August werden auf der SA-Wache am Hallplatz die Kommunisten Ludwig Göhring und Oskar Pflaumer gefoltert. Häscher haben die beiden Ende Juli erwischt, als sie in einer Höhle in der Nähe von Königstein im Fränkischen Jura eine Untergrund-Zeitung drucken. Mit ihnen fliegen 40 Männer der illegalen KPD Nordbayerns auf. Geständnisse werden aus Göhring und Pflaumer bestialisch herausgeprügelt. Die SA-Schergen binden ihre Opfer mit Stricken an Tragbahren fest und schlagen blindwütig mit Gummiknüppeln und Ochsensehnen auf sie ein, bis beide bewußtlos sind. „Im Sinne einer orientalischen Bastonade", stellt ein Landgerichtsarzt fest.

Göhring übersteht die Peinigung mit schweren Blessuren, er wird zu zwei Jahren Gefängnis verurteilt, aber nie wieder freigelassen. Bis zum Kriegsende 1945 wird er durch mehrere Konzentrationslager geschleppt. Pflaumer stirbt kurz nach seiner Einlieferung ins Polizeipräsidium, „in grausamster, qualvoller Weise mit stumpfen Gegenständen zu Tode geprügelt", befindet der selbe Landgerichtsarzt. Das Verbrechen bleibt ungesühnt. Dafür sorgt Obernitz, und Regierungrat Dr. Martin schweigt.

Hitlers Aktivismus in diesem ersten Jahr seiner Herrschaft verblüfft die Gegner, und die Freunde werden immer mehr. Sie wollen ohnehin nur Erfolge akzeptieren, vor dem Terror verschließen sie die Augen. Mit einem „Gesetz zur Minderung der Arbeitslosigkeit"

1933

gibt es eine Milliarde Mark für öffentliche Baumaßnahmen, Zuschüsse für private Bauten und bis zu tausend Mark Ehestandsdarlehen. Schon Ende April sinkt die Zahl der Arbeitslosen in Deutschland um 700.000, am Ende des Jahres 1933 von sechs Millionen auf 2.7 Millionen. Am 1. Mai muß Hitler seiner Partei eine Aufnahmesperre verordnen, denn seit dem 30. Januar haben sich fast 1.6 Millionen neue Mitglieder in die Partei gedrängt, jetzt sind es mehr als 2.5 Millionen Deutsche.

Hitler kündigt ein großes Arbeitsbeschaffungsprogramm an, zuerst kommt die Autobahn dran. Auf der 10. Deutschen Funkausstellung im August in Berlin wird der Radioapparat für alle, der neue „Volksempfänger" vorgestellt, produziert im Auftrag des Reichspropagandaministers Dr. Goebbels von 28 deutschen Unternehmen gleichzeitig. Die Absicht ist klar, und sie wird auch gar nicht verschleiert. Auf einem Werbeplakat ist es ganz deutlich zu lesen: „Ganz Deutschland hört den Führer." Der Apparat für 76 Mark ist das beste Medium, um die NS-Idelogie ins letzte Wohnzimmer zu transportieren. Über Nacht werden 100.000 Stück auf den Markt geworfen.

Die Regierung verbietet Preissteigerungen, und um Solidarität von oben nach unten augenfällig zu machen, wird für die Bedürftigen das „Winterhilfswerk" (WHW) eingeführt, angeblich „zum Kampf gegen Hunger und Kälte." Auf öffentlichen Plätzen treffen sich Kreisleiter und Maurer zum gemeinsamen „Eintopfessen" für 50 Pfennig. Streicher löffelt seine Suppe neben dem Schienenritzenreiniger aus Schweinau, und Holz klopft dem Müllmann aus Gostenhof kumpelhaft auf die Schulter. Daß mit dem WHW Lohnabgaben, Konsumeinschränkungen und freiwillige Arbeitsleistungen verbunden sind, daß die Millionen Fünf- und Zehnpfennig-Spenden zum größeren Teil in die Rüstung fließen, das ahnt zu diesem Zeitpunkt noch niemand.

Es gibt zum ersten Mal ein Tierschutz-Gesetz, und das trifft die tierlieben Deutschen an einer empfindsamen Stelle. Man weiß: Auch der „Führer" liebt Tiere, Hunde besonders – freilich nur solange sie unterwürfige und ergebene Hunde sind. Schon sein Abgott Richard Wagner war ein Hundenarr. Sein Grab in Bayreuth ist von kleinen Hundegedenksteinen umrahmt. Und was Hitler von Wagner übernimmt, das kann leicht zum Gesetz werden.

Bei aller Zeitnot, die es Hitler jetzt verbietet, seine Freunde in Franken öfter zu besuchen, die Bayreuther Festspiele läßt er nie aus, und wegen der Parteitage schaut er regelmäßig in Nürnberg nach, wie weit seine maßlosen Pläne gediehen.

Der Vollstrecker und seine Helfer

Bei den Wagners fühlt Hitler sich zuhause, sie sind seine einzige Familien-Anbindung. Sie haben auf ihrem Haus Wahnfried mit zweieinhalb auf sieben Meter die größte Hakenkreuzfahne Oberfrankens gehisst. Hitler läßt im Festspielhaus eine Entlüftungsanlage einbauen und verspricht, den Grals-Tempel immens zu erweitern. Er wünscht sich eine Neuinszenierung des „Parsifal", und bezahlt sie auch gleich.

Bei den Festspielen im Juli 1933 nimmt er die Strapaze auf sich, zwischen zwei Aufführungen nach Berlin und München zu reisen und pünktlich wieder in Bayreuth zu erscheinen, wenn der Vorhang hochgeht. Am 24. Juli sieht er „Rheingold", am 25. „Walküre", dann empfängt er in München 500 italienische Jungfaschisten, nimmt in Berlin an der Beerdigung des Admirals von Schröder teil, um am nächsten Tag schon in Bayreuth sich den stundenlangen „Siegfried" anzutun. Für Wagner und Bayreuth ist ihm nichts zuviel.

Goebbels begleitet seinen „Führer". Er kritisiert, aber das sagt er Hitler nicht, das steht nur in seinem Tagebuch: „Siegfried mäßige Leistung, Szenerie ist nicht vom Besten. Das ist alles in Berlin viel besser."

Aber ein gemeinsamer Ausflug ins Fichtelgebirge, zur Luisenburg und nach Wunsiedel entschädigt den Reichspropagandaminister. Die Landschaft reißt ihn zu wahren Begeisterungsstürmen hin, und Hitler läßt sich mit den Wagners zum Picknick unter Tannen nieder. Goebbels schwärmt: „Vier Stunden im Grünen gelegen. Hitler ganz glücklich, wenn er unter Menschen. Heimfahrt ein einziger Triumphzug. Die ganze Bevölkerung auf den Beinen."

1933: Hitler – der „Volkskanzler"

Bayreuth, neben dem Obersalzberg und dem Nürnberger Hotel „Deutscher Hof", Fluchtpunkt des „Führers", die Stätte innerer Einkehr, die selbst ein Hitler ab und an braucht. Hier trifft er gern Entscheidungen. Für einen „Volksentscheid", wie Wahlen jetzt heißen, entschließt er sich bei einem Spaziergang im oberfränkischen Wald. Im November will er „sein" Volk befragen, ob es mit seiner Politik einverstanden ist. Das hört sich gut an, ist aber nichts weiter als eine Farce. Wer „Nein" sagt und sich erwischen läßt, der wird sowieso „ausgemustert". Und warum sollte er NEIN sagen? Es sieht doch ganz danach aus, als könnte der „Volkskanzler", wie er inzwischen landauf landab genannt wird, alles wieder richten und dem Volk nur Gutes tun.

Zum Abschluß der Festspiele sieht sich Hitler noch die „Götterdämmerung" an, dann besucht er das Grab seines Ersatzgottes

Richard Wagner. Mit gebührender Ehrfurcht legt er schwarz-weiß-rot beschleifte Kränze nieder; auch Ehefrau Cosima und Sohn Siegfried liegen hier begraben. Gräber besucht Hitler ohnehin gern. Tote mag er, Tote widersprechen nicht.

In der fränkischen Abgeschiedenheit findet Hitler sogar Zeit und Muße, eine Jugenderinnerung aufzufrischen. Hier wird ihm die Post vorgelegt, die er schon lange erledigen will. Hier antwortet er seinem Freund aus Kindheitstagen, August Kubizek, auf dessen Brief vom 2. Februar.

Kubizek, inzwischen Stadtamtsleiter im oberösterreichischen Eferding, hat in einer Illustrierten das Foto des „bekannten Massenredners der Nationalsozialisten" gesehen und seinen Freund Adolf Hitler erkannt. Er erinnert sich an die Nacht auf dem Freinberg bei Linz, als Adolf 1906 davon geträumt hat, wie Rienzi zum Volkstribun aufzusteigen. Er hat es tatsächlich geschafft, wundert Kubizek sich, und als Hitler am 30. Januar Reichskanzler wird, setzt Kubizek sich hin und schreibt einen Brief „an den Reichskanzler Adolf Hitler in Berlin".

Nun antwortet Hitler: „...umso größer war meine Freude, zum ersten Mal nach so vielen Jahren eine Nachricht über Dein Leben und Deine Adresse zu erhalten. Ich würde sehr gerne – wenn die Zeit meiner schwersten Kämpfe vorüber ist – einmal persönlich die Erinnerung an diese schönsten Jahre meines Lebens wieder wachrufen. Vielleicht wäre es möglich, daß Du mich besuchst. Dir und Deiner Mutter alles Gute wünschend bin ich in Erinnerung an unsere alte Freundschaft Dein Adolf Hitler."

Auch die Pläne für den ersten Reichsparteitag des „3.Reichs" reifen in Bayreuth. Reichlich spät, es bleiben gerade mal noch sechs Wochen Zeit. Stadträte aus Nürnberg kommen angereist in die Wagnerstadt, um ihrem „Führer" Entwürfe für die improvisierten Bauten vorzulegen. Hitler lockt die Stadtverwaltung mit dem schon 1927 und 1929 postulierten Versprechen, Nürnberg werde „für immer" Austragungsort der Reichsparteitage sein. Allerdings, so setzt er voraus, müsse am Luitpoldhain noch viel getan werden. Hitler, der verhinderte Baumeister, fertigt Skizzen an.

Liebel, inzwischen nicht nur kommissarischer, sondern „echter", mit Hitlers Segen installierter Oberbürgermeister, legt sich sofort ins Zeug. Der Stadtrat richtet eilends eine „Zentralstelle für den Reichs-Parteitag" ein und ordnet sie – ahnungslos, welch gigantisches Ausmaß diese Veranstaltungen annehmen werden – dem Referat „Schule und Bildungswesen, Abteilung Feste und Feiern" zu, geleitet von einem kleinen, katzbuckelnden Beamten niederer

Der Vollstrecker und seine Helfer

Gehaltsstufe, aber direkt unterstellt dem Oberbürgermeister. Die Gesamtvorbereitung liegt in den Händen eines „Reichsinspektors" von der Reichsorganisationsleitung der NSDAP. Die Herrschaften quartieren sich im Frauentor-Schulhaus ein, wo Hitler ein Jahr zuvor gewählt hat. Die SA-Führung macht sich im „Grand-Hotel" am Hauptbahnhof breit.

Es soll ein bombastisches Fest werden. Macht wollen die Nazis demonstrieren und Pracht entfalten. Nationalsozialisten aus 32 Gauen werden erwartet, 250.000 Quartiere organisiert, und die Reichsbahn wird 350.000 Männer in Sonderzügen transportieren. Jetzt kann kein Luppe mehr in die Suppe spucken und kein Stadtrat sich querlegen.

Die Organisatoren in Nürnberg haben Wind davon bekommen, daß ein Mannheimer Architekt namens Albert Speer in Berlin zur großen Zufriedenheit des Reichspropagandaministers Dr. Joseph Goebbels dessen Ministerium, seine Wohung und das Gauhaus gebaut oder umgebaut habe. Und, was noch wichtiger ist, er soll, ebenfalls in Berlin, eine Aufmarsch-Tribüne für die 1. Mai-Feier auf dem Tempelhofer Feld entworfen haben. Hitler habe Speers Arbeit sehr gelobt. Grund genug für die Nürnberger, es auch mit diesem Mann zu versuchen.

Er wird per Flugzeug von Berlin nach Nürnberg geholt. Sein Vorschlag: Wir stellen über der großen hölzernen Tribüne auf dem Zeppelinfeld einen riesigen Adler von 30 Meter Spannweite auf und befestigen ihn an einem Fachwerkgerüst. Die Nürnberger sind etwas erschrocken. Ein solches Monstrum aufzubauen, darüber können sie nicht allein entscheiden, und deshalb schicken sie Speer mit seinem Entwurf zur Reichsleitung nach München.

Im „Braunen Haus" landet der Architekt mit seiner Zeichenmappe bei Hitlers Stellvertreter Rudolf Heß. Der kennt seinen „Führer", läßt sich deshalb auf keine Diskussion ein, sondern sagt sofort: „So etwas kann nur der Führer selbst entscheiden." Er telefoniert, wendet sich wieder an Speer: „Der Führer ist in seiner Wohnung. Ich werde Sie hinfahren lassen".

Speer, der Hitler schon 1931 bei Versammlungen in Berlin erlebt hat, von ihm beeindruckt war und deshalb noch im selben Jahr in die Partei eingetreten ist, schildert seine erste persönliche Begegnung mit dem „Führer" in dessen Wohnung am Prinzregentenplatz so:

„Die Wohnung Hitlers lag zwei Treppen hoch. Ich wurde zunächst in einen Vorraum eingelassen, der mit Andenken oder Geschenken niedrigen Niveaus vollgestellt war. Auch die Möblierung zeugte von schlechtem Geschmack. Ein Adjutant kam, öffnete eine Tür, sagte formlos ‚Bitte', und ich stand vor Hitler, dem mächtigen Reichskanzler. Vor ihm auf einem Tisch lag eine auseinandergenommene Pistole, mit deren Reinigung er anscheinend beschäftigt gewesen war. ‚Legen Sie Ihre Zeichnungen hier drauf', meinte er knapp. Ohne mich anzusehen, schob er die Pistolenteile auf die Seite, betrachtete interessiert, aber wortlos meinen Entwurf: ‚Einverstanden'. Nichts weiter. Da er sich wieder seiner Pistole zuwandte, verließ ich etwas verwirrt den Raum." Von Hitlers verschüttetem architektonischen Schaffensdrang weiß Speer noch nichts.

In Nürnberg sind die ängstlich wartenden Organisatoren nicht minder verwirrt, doch gleichzeitig sehr erleichtert, als Speer zurückkehrt und berichtet, der „Führer" persönlich habe den Entwurf mit einem einzigen Blick genehmigt. Der Riesenadler wird gebaut.

Die Vorbereitungen auf den Parteitag können Streicher und Obernitz nicht von ihren üblen Diffamierungen Nürnberger Juden abhalten. Die parteiamtliche „Fränkische Tageszeitung" hetzt täglich in ihrer Rubrik „Randbemerkungen". Menschen werden angeprangert, wenn sie sich nicht genügend von Juden distanzieren. Wirte, die Juden nicht aus ihren Gaststätten oder Cafés hinauswerfen, werden gebrandmarkt. Im Juni nehmen die braunen „Schriftleiter" sich das Stadtpark-Café vor. „Unter der wohlwollenden Förderung des rötlichen Herrn Lutz", steht in der Zeitung, „haben sich sämtliche Nürnberger Hebräer hier breit gemacht und fühlen sich anscheinend außerordentlich wohl." Dem Besitzer des Cafés „Astoria" wird nahegelegt, einem jüdischen Stammgast Hausverbot zu erteilen.

Auch das Umland bleibt nicht verschont. „... hat sich die Mischpoke in gewisse Ausflugsorte in der Fränkischen Schweiz zurückgezogen, z.B. in das Dorf Unterachtel ... es scheint, daß man dort einmal ganz gehörig nach dem rechten sehen muß", stichelt die „Fränkische Tageszeitung". Wenige Tage danach hängt am Kurhaus Unterachtel das Schild „Juden unerwünscht". Dieses „Warnschild" findet sich nach solchen Veröffentlichungen immer häufiger in Wirtschaften, Cafés und Hotels. Auf den Tischen liegen Bierfilze mit Parolen wie „Jude, Du bist erkannt" oder „Juden sind hier unerwünscht". Selbst Stammtische und Kartelrunden werden angeprangert. Die „arischen" Kartler einer Nürnberger Schafkopfrunde sollten sich möglichst bald von ihrem jüdischen Stammtischbruder trennen, fordert das Blatt. Noch werden Namen nicht immer genannt, doch der Hinweis: „... wir hoffen, daß diese zarte Anspielung genügt, um in Zukunft der Judendienerei ein Ende zu bereiten" läßt Schlimmes befürchten.

Der NS-„Schriftleitung" sind auch alle Badeanstalten suspekt, die Juden im Wasser planschen lassen. Das „Naturgarten-Bad" in Erlenstegen, zum Beispiel. „... man könnte bei seinem Besuch nur Genuß empfinden, wenn nicht auch dort sich das Judengeschmeiß ... breit machte", moniert das Blatt. Die Folge: Eine Woche später hängt das traurig bekannte Schild „Den Juden ist der Zutritt verboten" am Eingang. Daneben flattert die Hakenkreuzfahne. Im Juli verbieten alle Schwimmbäder Nürnbergs Juden den Zutritt.

Der Ruf Nürnbergs bekommt auch im Ausland peinliche Kratzer. Am 21. Juli 1933 schreibt die englische Zeitung „Manchester Guardian": „Die alte Stadt Nürnberg war heute (gemeint ist der 20. Juli 1933) der Schauplatz einer unerhörten Treibjagd auf Juden. Heute früh gegen 9 Uhr wurden 200 bis 300 jüdische Kaufleute und Geschäftsinhaber von den Nazis verhaftet und gezwungen, durch die Stadt zu marschieren ... Nach Mitteilung Nürnberger Nazis war das Ganze als ‚ein Schlag gegen die jüdische Gesellschaft' gedacht, aber es ist unbekannt, ob dieser Schlag von den oberen Stellen genehmigt war oder ob die Sturmtruppen die ‚Rechtspflege' selbst in die Hand genommen haben ... Ferner wird gemeldet, daß eine Versammlung von Juden in einer Nürnberger Synagoge gestern Nacht aufgelöst und ihre Teilnehmer verhaftet wurden."

Natürlich haben „obere Stellen" diese Ausschreitungen nicht nur genehmigt, sondern angeordnet. Es ist das Werk des Oberführers von Obernitz und seines „Frankenführers".

Am 9. August berichtet die Londoner „Times", was englische Touristen in Nürnberg erlebt haben: „Die Engländer besuchten am Sonntag ein Kabarett und waren dort Zeugen der barbarischen Behandlung eines jungen Mädchens, das in Gesellschaft eines Juden getroffen worden war."

1933: „Reichsparteitag des Sieges"

Elf Tage später, am 30. August 1933, einem Mittwoch, beginnt der „Reichsparteitag des Sieges", der fünfte der NSDAP, der dritte in Nürnberg. 180.000 politische Leiter, sogenannte Amtswalter, 100.000 SA- und SS-Männer, 60.000 Hitlerjungen und 12.000 weibliche Komparserie vom „Bund Deutscher Mädchen" (BDM) und der NS-Frauenschaft sind versammelt. Den Veranstaltern genügt das noch nicht, die Stadtverwaltung hofft darauf, daß „die ganze Bevölkerung an diesem gewaltigen Aufmarsch Anteil nimmt."

Häuser werden herausgeputzt, Fassaden geschmückt, tausende schwarz-weiß-rote Hakenkreuzfahnen wehen, die ganze Stadt ein einziger Hakenkreuz-Jahrmarkt. Nürnberg im braunen Gedünst. Am Mittwochabend läuten die Kirchenglocken, Hitler hat es so gewünscht. Im alten Rathaussaal empfangen die Nürnberger Obernazis ihren „Führer". Fanfarenbläser begleiten seinen Einzug, Herren in Braunhemden verbeugen sich, Lakaien springen, Orden blinken. Bei Kaiser Karl IV. kann es Anno 1356 nicht erhebender gewesen sein, als er in der Goldenen Bulle bestimmte, daß jeder neugewählte König seinen ersten Reichstag in Nürnberg abhalten soll. Hitler, allmächtig wie ein König, tut, fast 600 Jahre später, was Königen geheißen. Er fühlt sich in ihrer Nachfolge. Es folgt – was sonst? – der „Wach-Auf-Chor" aus Wagners „Meistersingern von Nürnberg".

Oberbürgermeister Liebel im durchgestylten Parteiornat und mit imponierender Amtskette sagt, was Hitler besonders gern hört, denn solche Vergleiche verleihen seinen Reichsparteitagen historische Würde und Größe:

„Nürnberg, die Stadt, in der einst Dürers Kraft gewaltet, Hans Sachs gesungen hat, erlebt in diesen Tagen den Höhepunkt ihrer vielhundertjährigen Geschichte und ist sich dessen voll bewußt ... Mein Führer, herzlich willkommen in dieser urdeutschen Stadt."

Als der Oberbürgermeister dieser urdeutschen Stadt seinem „Führer" den Originaldruck von Dürers Kupferstich „Ritter, Tod und Teufel" überreicht, biedert er sich an mit schwülstig gedrechselten Versen: „Er sei geweiht dem Ritter ohne Furcht und Tadel, der als Führer in dem neuen deutschen Reich der alten Reichstadt Nürnberg Ruhm aufs neu in alle Welt getragen und gemehret."

Der Donnerstag verstreicht, wie auf den Parteitagen üblich, mit sogenannten Sondertagungen in der Kongreßhalle am Luitpoldhain, im „Deutschen Hof", im Kulturvereinshaus am Frauentorgraben und im Rathaus. In den Zeitungen ist darüber nur wenig zu lesen.

Von Freitag bis Sonntag rüsten die Braunen zu ihren großen pseudoreligiösen Spektakeln. Das „Reichssinfonieorchester", eine musikalische Erfindung der NS-Kultur-Bonzen, die zurückgeht auf einen jugendlichen Wunschtraum Hitlers, verbreitet mit der Ouvertüre zu Wagners „Meistersingern" die erforderliche festliche Stimmung für den Parteikongreß am Freitagvormittag vor mehr als 14.000 geladenen Bonzen und Gästen in der Kongreßhalle. Mit dem „Niederländischen Dankgebet" erhält die Totenehrung den notwendigen düster-,,weihevollen" Rahmen.

Rudolf Heß hebt seinen „Führer" auf den Schild des Unbesiegbaren: „Mein Führer! Sie waren uns als Führer der Partei der

Garant des Sieges. Wenn andere wankten, blieben Sie aufrecht (An dieser Stelle könnte Streicher die Erinnerung an den Vorabend des 9. November 1923 gekommen sein, da der „Führer" als erster wankte) ... Und wieder tragen Sie die Fahne voran! Als Führer der Nation sind Sie uns Garant des Endsieges. Wir grüßen den Führer und in ihm den Führer der Nation ... Adolf Hitler und Deutschlands Zukunft Sieg Heil!" Das Volk soll es verinnerlichen: Deutschland und Hitler, das ist eine Einheit.

Julius Streicher begrüßt die Parteigenossen, da er sich für den Hausherrn hält. Bayerns Innenminister Gauleiter Adolf Wagner verliest, gewohnt gebetsmühlenartig, die „Proklamation des Führers", weil er doch – wie man weiß – ein bißchen Hitlers Akzent spricht und in seinem Namen den Nürnbergern zum soundsovielsten Mal die Garantie des tausendjährigen Parteitags-Schauplatzes besonders salbungsvoll abzuliefern vermag.

Am späten Nachmittag erklimmt der „Führer" selbst zum ersten Mal das Rednerpult. Laut Programmheft ist seine Ansprache eine „Kulturrede". Doch was er an diesem Tag unter Kultur versteht, kommt aus einer der unteren Schubladen seines verquasten Gedankenguts. Er breitet seine unheilvolle Lehre vom nationalsozialistischen Rassegedanken aus und kanzelt seine Gegner ab als „Repräsentanten des Verfalls", als „Ausgeburten" und als „Gefahr für den gesunden Sinn unseres Volkes, die in ärztliche Verwahrung .. (oder) in eine dafür geeignete Anstalt" gehörten.

Der Sonntag gehört der Masse. Auf dem Zeppelinfeld, unter Speers Riesenadler am Holzgerüst, treten die Politischen Leiter an, das sind die in sattes Braun gekleideten Herren, die als Korsettstangen der Partei das Organisationsgestrüpp des Millionenvereins zusammenhalten sollen. Sie kommen angestiefelt in Zwölferreihen und mit 9.000 Fahnen über die Allersberger- und Regensburger Straße. Hitler gibt den etwas vernachlässigten Amtswaltern, denen die aggressiven Dauerrevoluzzer der SA in den letzten Jahren den Rang abgelaufen haben, Trost und Aufwertung:

„Sie sind ... verpflichtet, jene Führer-Hierarchie zu bilden, die wie ein Fels unerschütterlich im Getriebe des Lebens unseres Volkes steht. Es ist Ihre Pflicht, dafür zu sorgen, daß jeder Deutsche, gleich welchen Stammes und welcher Herkunft er sein mag, durch diese weltanschauliche Schule, deren Repräsentanten Sie sind, hindurchgeführt wird." Damit erhebt Hitler die Block-, Zellen- und Ortsgruppenleiter zu „Erziehern der Nation".

Am Nachmittag sammeln sich im nahen Stadion Hitlerjungen und BDM-Mädchen. Reichsjugendführer Baldur von Schirach meldet seinem „Führer", und der spricht hehre Worte: „Ihr müßt in euere jungen Herzen nicht Eigendünkel, Überheblichkeit, Klassenauffassung, Unterschiede von reich und arm hereinlassen. Ihr müßt Euch vielmehr in Euerer Jugend bewahren, was Ihr besitzt, das große Gefühl der Kameradschaft und Zusammengehörigkeit." Die ahnungslosen, gläubigen Jungen und Mädchen klammern sich an diese verführerische Sprache, sowas kann junge Menschen begeistern, das schweißt sie zusammen.

Ein Volksfest mit viel Marschmusik und dem „gewaltigsten Feuerwerk der Welt" am Samstagabend macht mächtigen Eindruck. 30 Pyrotechniker und 30 Helfer zaubern 70.000 Explosionen und 40 Zentner bengalischen Rotfeuers in den Nachthimmel.

Schon ein paar Stunden später machen sich 100.000 SA- und SS-Männer auf den Weg zum Luitpoldhain, angeführt von Ernst Röhm, ihrem Stabschef. Totenehrung, wie gehabt, und Fahnenweihe, wie gehabt, stehen auf dem Programm. Mucksmäuschenstill stramm stehen die kaum überschaubaren Massen, wenn Hitler und Röhm einsam durch ihre Reihen hindurchschreiten und am Ehrenmal Kränze niederlegen. Nur der Trauerchor aus Richard Wagners „Götterdämmerung" (was sonst?) wabert durch die Morgenluft. Trommelwirbel soll die Braunhemden erschauern lassen, mystische Trauer der Gewißheit weichen, daß tote Nationalsozialisten niemals tot sind. Braune Schwaden überall.

Bitterernst-feierliche Mienen müssen die 5.600 Fahnenträger bewahren, wenn Hitler mit seinem geheiligten Ritual beginnt: Die Weihe der Fahnen und Standarten mit Hilfe der unverzichtbaren „Blutfahne" – „heilig und in Ehren, eine lebendige Verpflichtung." Zu jeder Weihehandlung krachen Schüsse, und im Hintergrund versucht eine Kapelle, mit Hitlers Lieblingsmarsch, dem „Badenweiler", die tröge Stimmung aufzuhellen. Der Choral „Nun danket alle Gott" erlöst die 100.000.

Dann marschieren sie, wieder in Zwölferreihen, dröhnend durch die ganze Stadt, bis sie, über die Fleischbrücke kommend, am Adolf-Hitler-Platz dem neuen Namensgeber dieser historischen Stätte wieder in die blauen Augen blicken dürfen. Er steht, nicht weit entfernt vom Schönen Brunnen, wo er 1923 beim „Deutschen Tag", 1927 und 1929 bei den vorherigen Parteitagen auch schon stand, aufrecht in seinem Auto und nimmt stundenlang den Vorbeimarsch ab – wieder stundenlang unter dem Zwang der physischen Großtat, den rechten Arm zum „Deutschen Gruß" erheben zu müssen. Noch vor kurzem „Hitlergruß" genannt, wird diese römisch-altgotisch-faschistische Begrüßung zum „Deutschen Gruß" geadelt und damit verbindlich für alle Deutschen, wenn sie grüßen wollen. Halb Nürnberg, oder mehr, steht Spalier an den Straßen. An diesem „Herbstmarsch 1933" dürfen nur „körperlich und rassisch einwandfreie Männer" teilnehmen, und zwar „mit militärisch kurz geschnittenem Haar und gut rasiert". Die HJ darf sich hier nicht einreihen, solche Vorbeimärsche seien „beinahe gesundheitsgefährdend" für junge Menschen, und man wolle sie nicht dafür mißbrauchen. Es dürfe nicht mehr vorkommen, daß „eine HJ-Kapelle von kleinen Pimpfen über eine halbe Stunde lang Märsche blasen muß", schreibt Führeradjutant Brückner in Hitlers Auftrag an Reichsjugendführer Baldur von Schirach. Auch soll hier ein „strenger militärischer Geist" herrschen, und den traut man diesen begeisterungsfähigen Jungen merkwürdigerweise noch nicht zu. Dabei hätten sie „militärisch streng" bestimmt besser ausgesehen, als die bierbäuchigen Amtswalter. Die haben ihre Schwierigkeiten, die vorgeschriebenen Zwölferreihen linealgerade zu halten, stattdessen machen sie aus jedem Links- oder Rechtsschwenk eine unansehnliche Kurve, bald spöttisch „Amtswalter-Kurve" genannt.

Die Umbenennung des Parade-Standorts Hauptmarkt zum Adolf-Hitler-Platz hat übrigens nicht überall Beifall gefunden. Ein Dr. J. F. Leistner, Organisationsleiter des Gaues Franken der „Deutschvölkischen-Freiheitsbewegung", schreibt an Hitler, damit sei „ein Stück geschichtlicher Erinnerung der Stadt Nürnberg aus seiner historischen Erhabenheit herausgenommen und unmittelbar in das Geschehen dieser Zeit einbezogen worden". Leistner bittet den „Führer", er möge dahin wirken, daß „der historische Hauptmarkt ... diesen seinen unantastbaren, altehrwürdigen Namen zurückerhält." Er, Hitler, selbst habe ja oft zum Ausdruck gebracht, „daß jede Zeit nur das nach ihren Führern zu nennen berechtigt ist, was unter diesem geschaffen wurde." Der Deutschvölkische blitzt ab. Aus der Reichskanzlei antwortet Minister Lammers höflich, der Herr Reichskanzler habe die vom Nürnberger Stadtrat beschlossene Umbenennung genehmigt und es sei ihm daher zu seinem Bedauern nicht möglich, die Nürnberger zu ersuchen, die Umbenennung rückgängig zu machen.

Beim abschließenden Kongreß, wieder in der Kongreßhalle, wird viel geredet: über den „Geist des Arbeitsdienstes", über „Rassenfrage und Weltpropaganda", über „Bevölkerungspolitische Probleme" und über „Rassische Bedingtheit der Außenpolitik". Referent Goebbels hat, nach eigenen Angaben, seine Ansprache „in der Judenfrage abgemildert. Aus außenpolitischen Gründen." Tagsüber Masse, abends Rasse an diesem letzten Tag, immer wieder

Rasse – dieser Ausdruck eines dumpfen Fanatismus, der Millionen auslöschen wird. Hitler sagt auch noch etwas dazu, es ist nichts Neues, und schließlich brüllt Rudolf Heß zum Ende des „Parteitags des Sieges" ein „Sieg Heil"auf den Reichskanzler und „Führer". Tausende brüllen mit in der gläubigen Hoffnung, daß dieser Mann mit dem komischen Schnurrbart sie nach Jahren der Enttäuschung zu lichten Zeiten führen wird.

„Der Jubel in Nürnberg war unbeschreiblich. Man wurde fast davon erdrückt", beschreibt Goebbels seinen Eindruck von der Stimmung auf dem Reichsparteitag.

Wenig Grund zur Freude hat ein paar Tage später Nürnbergs Bürgermeister Dr. Eickemeyer. Er prüft den Stadtsäckel und kommt zu einem deprimierenden Ergebnis: Den Löwenanteil der Parteitags-Kosten von 1.436.050 Reichsmark muß die Stadt übernehmen, dazu nochmals 100.000 Reichsmark Zuschuß an die Partei, die sich mit der bescheidenen Summe von 196.944 Reichsmark aus der aufwendigen Affäre stiehlt, die eigentlich die ihre ist. Die Stadt muß einen Kredit aus dem Arbeitsbeschaffungsprogramm aufnehmen, eine Belastung für die nächsten 20 Jahre. Jährlich werden etwa 60.000 RM für Tilgung und Zinsen fällig, jammert der Bürgermeister in einem Brief an den Reichsschatzmeister Schwarz. Doch das läßt den kalt, und Nürnbergs OB Liebel geht der Stolz, die Reichsparteitage in den Mauern der Stadt zu wissen, über die Schuldenlast, die diese Protzenveranstaltung seiner Heimatstadt aufbürdet.

Die NSDAP bucht nicht nur den „Reichsparteitag des Sieges" als großen Sieg, Hitler sieht das ganze Jahr 1933 rosig. Deshalb riskiert er frohen Mutes, was er im Sommer in Bayreuth beschlossen hat: Eine Volksabstimmung. „Gebt uns vier Jahre Zeit", hat er am 30. Januar 1933 gesagt. Noch ist nicht einmal ein Jahr vergangen, aber Hitler glaubt – zu Recht – schon jetzt die Zeit gekommen, das Volk zu fragen, ob es ihn auch wirklich haben möchte.

Das Bekenntnis einer „national gesinnten Frau", der Marie D. aus der Wilhelm-Spaeth-Straße 28 in Nürnberg, drückt die „Volksmeinung" dieser Tage aus. Sie gratuliert Hitler herzlich zu seinen Erfolgen: „Als begeisterte Anhängerin Ihrer sehr verehrten Persönlichkeit ... wünsche ich Ihnen: Möge Gott, der Allmächtige, Ihnen ein langes, ersprießliches Leben zum Nutzen des deutschen Volkes angedeihen lassen." Marie D. erzählt dem „Führer" in ihrem Brief, daß sie jahrelang Not gelitten und keine Arbeit gefunden hat. „Durch falsche Führung der langen Jahre sind wir alle in Not geraten." Mit 38 RM Wohlfahrtsunterstützung hat sie seit 1931 auskommen müssen. Zieht sie Miete, Licht, Gas und Heizung ab, sind ihr acht Mark in der Woche geblieben. Aber jetzt sei ja alles besser geworden, jetzt habe sie wieder Arbeit und Hoffnung – „dank Ihnen, Adolf Hitler", schreibt Marie D.

Geschickt verbindet der „Führer" die Frage nach der Zustimmung zu seiner Politik mit einer neuerlichen „Wahl" des erst am 5. März gewählten Reichstags, der nun – anders als am 5. März – nur noch aus den Abgeordneten der NSDAP besteht, und außerdem mit der Sanktionierung seines Austritts aus dem Völkerbund. Die „Wahl" ist keine Wahl. „Abstimmung" heißt das jetzt, und Zustimmung wird erwartet. Die suggestive Frage, die zu beantworten ist, gleicht einem Glaubensbekenntnis: „Billigst du, deutscher Mann, und du, deutsche Frau, diese Politik deiner Reichsregierung und bist du bereit, sie als den Ausdruck deiner eigenen Auffassung und deines eigenen Willens zu erklären und dich feierlich zu ihr zu bekennen?"

Erstaunlich, daß die Nazis jetzt, wo die Würfel doch längst gefallen sind, sich nochmals, mit all den feinen Künsten Goebbelscher Propaganda, um völkische Einheit bemühen. Und dazu treiben sie einen gewaltigen Aufwand. Fast täglich finden im Vorfeld der Abstimmung Groß-, Riesen- und Massenkundgebungen statt. Nürnbergs Häuser, Straßen, Straßenbahnen und Busse sind mit Spruchbändern bepflastert: „Mit Hitler für einen Frieden der Ehre und der Gleichberechtigung", „Wer kein Landesverräter ist, stimmt mit Ja", „Vater, Mutter, denkt an euere Kinder, stimmt mit Ja!" Am 10. November spricht der „Volkskanzler" zu seinen Volksgenossen und Volksgenossinnen und beschwört die Volksgemeinschaft. Dank des Volksempfängers können Millionen ihn hören. Das Volk – in jedem Satz wird es beschworen: „Einig Volk".

Daß diese Millionen an ihn glauben, bestätigen sie am 12. November 1933: 95 Prozent des deutschen Volkes stimmen mit Ja, 92.4 Prozent geben bei der Reichstagswahl der „Liste des Führers" ihre Zustimmung. Eine andere Wahl gibt es ja auch nicht. Leute mit anderer Meinung können höchstens einen ungültigen Stimmzettel abgeben. In Nürnberg sollen es 22.000 gewesen sein, am 5. März waren noch weit mehr Nürnberger nicht mit Hitler einverstanden.

Es entspricht der Wahrheit, was die Nürnberger Polizei in einem geheimen Lagebericht am 18. Dezember 1933 schreibt: „Die Stimmung der Bevölkerung in Franken, soweit wirtschaftliche Fragen in Betracht kommen, kann als zunehmend zuversichtlich und hoffnungsfreudig bezeichnet werden. Die Erfolge und Leistungen der nationalsozialistischen Regierung werden rückhaltlos auch von den Gegnern anerkannt."

Jetzt kann Hitler, der große und erfolgreiche Populist, beruhigt da weitermachen, wo er am 5. März angefangen hat, jetzt kann er seinen autoritären Staat endgültig in eine totalitäre, gleichgeschaltete Nation verwandeln. Solange „wirtschaftliche Fragen in Betracht kommen", solange die Leute Arbeit und Brot haben, wollen sie gar keinen Blick hinter die Kulissen werfen. Sie glauben dem Schauspiel, das ihnen täglich geboten wird. Sie glauben vor allem dem Regisseur. Ihnen genügt, was auf dem Mittagstisch steht, und das ist, nach Jahren der Entbehrung, endlich ausreichend.

Schon in einigen Monaten macht Hitler sich an die nächste „Reinigung" der Nation, und es wird im wahrsten Sinn des Wortes darum gehen, das eigene Haus „keimfrei" zu machen. Nun müssen die eigenen Leute um ihren Kragen fürchten.

Gestern Stegmann in Franken, morgen Röhm im Reich. Die Dimension erweitert sich, und jetzt hat Hitler ganz andere Mittel in der Hand, sich seiner Gegner zu entledigen.

Diese Gegner nisten weiterhin in den Führungsetagen der SA. Hitlers alte Schlachtrösser, die „braunen Soldaten der Bewegung", haben ihre Reihen noch immer „dicht geschlossen". Noch immer hoffen sie auf eine „zweite Revolution". Ihr Korpsgeist ist ungebrochen. Wie schon vor der „Machtergreifung", wollen sie von Hitlers Legalitätskurs auch jetzt nichts wissen. Daß dieser Kurs ihn an die Macht gebracht, er das Land nun fest im Griff und der Nationalsozialismus überall gesiegt hat, das genügt ihnen nicht. Sie halten diesen Sieg erst dann für gesichert, wenn eine starke, bewaffnete SA für ihn bürgt und die schlaffen Bürgerlich-Konservativen ausgeschaltet sind. Der Gegensatz zur Reichswehr ist nicht ausgeräumt, er ist eher größer geworden. SA-Führer fühlen sich benachteiligt und verkauft, viele nennen ihren „Führer" öffentlich einen Verräter an der Idee.

Mit Wilhelm Stegmann ist nur eine lokale fränkische Größe verschwunden. Aber seine Anhänger halten nach wie vor enge Tuchfühlung. Es ist nicht damit getan, daß Streicher ihnen ewige Rache schwört: „Die Verräter werden verfolgt bis an ihr Lebensende. Sie finden keine Ruhe mehr." Es bleibt auch nur von regionaler Bedeutung, daß er diese Drohung wahr macht. Dutzende Stegmann-Leute in Franken werden aus ihren Ämtern entfernt, brotlos gemacht, eingesperrt, mißhandelt, manche krankenhausreif geprügelt, daß sie ein Leben lang Invaliden bleiben, andere aus Franken ausgewiesen oder strafversetzt.

Ein Beispiel ist der Fürther Kriminalbeamte Fritz Köpplinger. Der Zweimeter-Mann, gutgläubig und gutmütig bis naiv, hat sich der NSDAP und SA früh angeschlossen, weil er fest daran glaubt, daß die Idee gut und Hitler ein ehrenhafter Deutscher sei, der auch tut, was er verspricht. Aber so politisch blind ist Fritz Köpplinger auch wieder nicht, daß er auf Streichers falsches Spiel hereinfallen würde. Er ist Polizeibeamter, und da erfährt er aus erster Hand, wozu Streicher fähig ist. Er kennt die kriminellen Machenschaften des „Frankenführers", und er hat sich fest vorgenommen, „dieses Schwein" zu stürzen. Fritz Köpplinger schließt sich Stegmann an, auf diesem Weg hofft er sein Ziel zu erreichen.

Natürlich irritiert es ihn, wie die meisten SA-Männer auch, die sich ihren anfänglichen Idealismus bewahrt haben, daß Hitler den „Frankenführer" nicht in die Wüste schickt. Als der „Führer" auch noch Front gegen Stegmann macht, versteht der Fürther Fritz Köpplinger die Welt nicht mehr. Er glaubt, und auch da ist er vielen seiner Kameraden gleich, der „Führer" kenne die Wahrheit nicht. Fritz Köpplinger unterliegt dem gleichen Irrtum wie Millionen Deutsche, die mit dem selbsttrügerischen Satz: „Wenn das der Führer wüßte!" alles Übel im neuen Staat blindgläubig zu erklären versuchen. Sie halten ihren „Führer" für einen Halbgott, und Götter sind nun mal frei von Sünde. Fritz Köpplinger will eine „Akte Streicher" anlegen, um „denen da oben" die Augen zu öffnen. Haut der anscheinend ahnungslose Hitler dem Streicher schon nicht auf die Schmutzfinger, werde ich ihn entlarven, glaubt der Kripo-Beamte aus Fürth allen Ernstes. Er will die Partei vor Streicher retten. Aber dazu bleibt ihm keine Zeit mehr, mit dem 30. Januar 1933 kann er seine Pläne an den Nagel hängen. Hitler ist Kanzler des Reiches, Streicher wieder König von Franken.

Über Nacht ist der Streiter für Recht und Sauberkeit Fritz Köpplinger ein Rebell und Meuterer. Er gehört ja zu den „Stegmännern", über die hat Hitler den Stab gebrochen, und Streicher ist sein Vollstrecker. Fritz Köpplinger wird strafversetzt nach Ludwigshafen. Er ist am Ende aller Illusionen, und jetzt zweifelt er auch an seinem „Führer": Der hat ihn bestraft, wo er ihm doch helfen wollte.

Dabei ist Fritz Köpplinger noch glimpflich davon gekommen, andere finden sich im Gefängnis wieder oder im Konzentrationslager. Aber er zerbricht an seinem zerbrochenen Glauben. An einem frühen Junimorgen 1934, gegen 5 Uhr, nimmt er seine Pistole, geht auf die Toilette (um die Wohnung nicht zu besudeln), hält die Waffe an die Schläfe und drückt ab. Er fällt mit dem Kopf auf den Knopf der Spülung. Der Schuß und das Rauschen des Wassers, das nicht aufhören will, schrecken seine Frau aus dem Schlaf.

1934

Fritz Köpplinger ist tot. Vor einem Jahr erst hat er geheiratet, seine Tochter Ilse ist gerade vier Monate alt. Fritz Köpplinger – ein Opfer Streichers, ein unbekanntes Opfer Hitlers, an den er so fest geglaubt hat. Fritz Köpplinger – ein deutsches Schicksal der frühen Nazijahre wie Hans Sauer, der Mann mit dem „Nazi-Spiegel". Beide wollten sie dem Nationalsozialismus das Böse entziehen, und sie ahnten nicht, daß er das Böse ist. Daran sind sie gescheitert, es hat sie das Leben gekostet.

Der Nürnberger Steuerbeamte Ludwig F., Schwager des Fritz Köpplinger und aus beruflichen Gründen ab und zu unausweichlich mit Streichers Gesellschaft bestraft, wird von diesem Tag an dem „Frankenführer" aus dem Weg gehen. Setzt der sich an den Tisch des Ludwig F., steht er auf und geht an einen anderen Tisch.

Eines Tages fragt Streicher den Steuerbeamten, der ihm fortwährend die kalte Schulter zeigt: „Herr F., ich glaube, Sie mögen mich nicht." Die Antwort: „Richtig, und Sie wissen auch genau, warum." Ludwig F., von dem noch die Rede sein wird, muß um Karriere und Familie bangen, womöglich um seine Freiheit. Aber es passiert nichts. Aus Gründen, die niemand erklären kann, läßt Streicher die Finger von dem unbequemen Mann. Als dessen Sohn, begeisterter Pimpf, eines Tages nach Hause kommt und stolz erzählt, der „Frankenführer" habe ihm mit der Hand über's Haar gestrichen, sagt Ludwig F. nur: „Du wäscht dir sofort die Haare!"

In diesen Junitagen 1934 bereitet Hitler seine erste Bartholomäusnacht vor. Stegmann hat Glück, ihn hat Hitler abgeschrieben und aus den Augen verloren, er ist in Streichers Händen. Stegmann ist für Hitler kein Gegner mehr. Trotzdem hätte womöglich auch ihn das Fallbeil getroffen, wäre nicht der Reichsführer SS und Chef der Politischen Polizei in Bayern, Heinrich Himmler, dem rachedürstigen „Frankenführer" zuvor gekommen. Er rettet Stegmann vor der Liquidation, kann aber nicht verhindern, daß der Schillingsfürster zu 18 Monaten Gefängnis verurteilt wird. Streichers längst widerlegte Beschuldigungen, Stegmann habe Parteigelder unterschlagen, tragen dazu bei. Diesmal glauben die Richter dem Lügner Streicher, jetzt ist er ja der „Frankenführer".

Nachdem Stegmann seine Strafe in einem Nürnberger Gefängnis, im Zuchthaus Ebrach und in Gestapohaft abgesessen hat, sorgt Streicher dafür, daß Stegmann im KZ Buchenwald verschwindet. Wieder setzt Himmler sich für ihn ein, holt Stegmann 1938 aus dem KZ und besorgt ihm eine Anstellung als Pächter einer Staatsdomäne in Braunschweig. Obgleich Stegmann nie der SS angehört hat, wird man ihn 1944 als SS-Obersturmführer (Oberleutnant) zur berüchtigten SS-Sturmbrigade Dirlewanger stecken, einem verlorenen Haufen ehemaliger Strafgefangener. Am 5. Dezember 1944 wird er an der Front vermißt, und es findet sich nie mehr eine Spur von ihm.

1934: Röhm und 77 Morde

Mit der Bartholomäusnacht vom 30. Juni 1934 schafft Hitler den alten Dualismus zwischen SA und Partei mit Mord und Totschlag aus der Welt. In Franken hat sich dieser Konflikt durch die Person Stegmanns manifestiert, 1930 in Berlin durch den SA-Führer Walter Stennes, der auch gegen den Nazi-Stachel zu löcken gewagt hat. Aber Hitler ist es nicht gelungen, den latenten Zwiespalt zu beenden. Seine Beschwichtigungsversuche sind Stückwerk geblieben. Jetzt entzündet sich der Streit an Ernst Röhm, und jetzt will der „Führer" endgültig aufräumen.

Der narbengesichtige oberste SA-Stabschef, wie Streicher einer der wenigen Duzfreunde Hitlers, hat sich nie damit zufrieden gegeben, daß die SA nur eine „Hilfstruppe" der Partei sein soll. Nach Röhms Verständnis und dem seiner SA-Männer sind sie die Träger der Revolution, der „Sturmvogel der Bewegung". Dem Befehl der „Amtswalter" wollen sie sich nicht unterwerfen. Statt einer starken Reichswehr verlangt Röhm, schon aus Gründen der nationalsozialistischen Weltanschauung und der völkischen Berufung, ein starkes braunes NS-Volksheer, eine Art Miliz, die aus der SA hervorgehen soll. Ein Gedanke, den Hitler nie akzeptiert.

Am 28. Februar 1934 hat Hitler die Befehlshaber der Reichswehr und die höheren SA-Führer zu einer Besprechung in Berlin versammelt. Ein Milizsystem nach Röhm'scher Vorstellung, sagt er, sei ungeeignet für die geplante Wiederaufrüstung, die Reichswehr bleibe der einzige Waffenträger der Nation. Die SA soll sich auf die vormilitärische Ausbildung, auf die Pflege der Wehrfähigkeit und auf die Unterstützung des Grenzschutzes im Osten beschränken. Reichswehrminister von Blomberg und Röhm unterzeichnen ein Abkommen, aber der SA-Führer ist nicht zufrieden. Er treibt die revolutionäre Entwicklung weiter, notfalls ohne oder gegen Hitler.

In Franken entpuppt sich der berüchtigte SA-Oberführer und kommissarische Polizeipräsident von Nürnberg-Fürth, Hanns Günther von Obernitz, als Röhm-Anhänger und Verfechter der zweiten, der SA-Revolution. Zwar beteuert er jederzeit seine Treue zu Hitler, aber er schwimmt ebenso auf der Stimmungswelle der SA und ihrer Ressentiments gegen Hitler. Seine fränkischen SA-Männer und ihrer Gesinnung braucht er, ohne sie kann er sich als

Polizeichef nicht behaupten. Ihren Frust, um die Früchte des jahrelangen Kampfes gebracht zu werden, nutzt Obernitz. Die SA-Männer sind verärgert darüber, daß Hitler noch immer „Vertreter des alten Systems" aus der Zeit vor 1933 in ihren Ämtern beläßt. Obernitz schürt diesen Haß, wirft eigenmächtig Leute aus ihren Stellungen und besorgt seinen Männern Posten, die sie meist gar nicht ausfüllen können.

In Bamberg läßt Obernitz den Oberbürgermeister Weegmann kurzerhand festnehmen, weil der sich abfällig über den „Stürmer" geäußert hat. Eine Verbeugung des Obernitz' vor Streicher. Weegmann kommt erst wieder frei, als er sich zum Rücktritt bereit erklärt und in Urlaub fährt. Obernitz beleidigt Bayerns Ministerpräsident Siebert, klaut bei einem Empfang des Reichsstatthalters Ritter von Epp einen bronzenen Kerzenleuchter, setzt den NS-Fraktionsführer im Bamberger Stadtrat als SA-Sturmbannführer willkürlich ab, läßt widerrechtlich einen bayerischen Grenzstein niederlegen und überschreitet auch sonst seine Kompetenzen.

Wenn Obernitz sich noch Mitte Juni aufplustert, in „seinem" Polizeipräsidium geschehe nur, was er wolle, „da könne kommen, wer will, da kann sogar der Hitler kommen, und ich tue doch, was ich will", dann ist das schon mehr als „Aufmucken". Es klingt nach „zweiter Revolution", und die will Hitler nun gar nicht.

Daß Obernitz den 30. Juni 1934 überlebt, ist fast ein Wunder – und ein paar schützenden Händen zu verdanken. Ehe es zu dem Massaker kommt, das als „Röhm-Putsch" in die Geschichte eingeht, überschlagen sich die Ereignisse.

SA-Stabschef Röhm kritisiert auch noch Kirchen- und Judenpolitik seines Freundes Hitler, die Behandlung der Gewerkschaften, die Unterdrückung der Meinungsfreiheit, und er spricht gar von „Polizeistaat". Dann beurlaubt er seine SA für den Juli.

Hitler kocht. Göring, Heß, Goebbels, Himmler und Reinhard Heydrich, SS-Gruppenführer und neuer Leiter des SS-Sicherheitsdienstes, sowie der Chef des Wehrmachtsamtes, Oberst von Reichenau, bringen das Faß zum Überlaufen. Als dann auch noch Vizekanzler von Papen sich recht hintergründig zu Wort meldet, läuten bei Hitler sämtliche Alarmglocken. Papen verurteilt am 17. Juni in einer Rede an der Universität Marburg „gewisse Pläne der SA", mißbilligt die „totale Umformung des Lebens", die „Verachtung des Geistes", brandmarkt, daß „das geachtete Werk der deutschen Revolution übertrieben und geschändet" werde, kritisiert die „Unterdrückung der Kritik", einen „widernatürlichen Totalitätsanspruch" und die „Verhärtung des Einparteiensystems".

Der Vollstrecker und seine Helfer

Hitler spürt Feuer von zwei Seiten: Hier Papen, dort Röhm. Er fürchtet, hinter Papens Rede könnten sich weitreichende Pläne bürgerlich-konservativer Kreise und eine Verschwörung mit der Reichswehr verbergen. Er will jedem Versuch zuvorkommen. Die Gelegenheit ist günstig, die SA in Urlaubsstimmung. Himmler und Heydrich setzen noch einen drauf, sprechen wahrheitswidrig von einem „bevorstehenden Putsch der SA" und ziehen die Reichswehr auf die Seite der SS, die eigentlich der SA untersteht.

Jetzt handelt Hitler. Bevor die SA-Herren in Urlaub abdampfen können, ordnet er für den 30. Juni, einem Samstag, eine SA-Führer-Besprechung in Bad Wiessee an. Er fliegt zunächst zur Hochzeit des Gauleiters Terboven nach Essen, wo er mit Göring und Himmler die Aktion gegen Röhm abspricht. Dann reist er mit einem Kommando seiner „Leibstandarte" unter Sepp Dietrich nach Bad Wiessee, stürmt das Hotel Hanselmayer, läßt Röhm und die schlafenden SA-Führer aus ihren Betten heraus verhaften, ins Münchner Gefängnis Stadelheim transportieren und, zum großen Teil noch in der Nacht, ohne irgendein Verfahren erschießen. Röhm weigert sich, Selbstmord zu begehen, ein SS-Führer exekutiert ihn am 1. Juli. Am Münchner Hauptbahnhof werden weitere SA-Häuptlinge auf dem Weg nach Wiessee verhaftet. Gleichzeitig läßt Göring in der SS-Kaserne Berlin-Lichterfelde Berliner SA-Führer hinrichten.

Die Nazis nutzen die einmalige Gelegenheit, sie räumen auch gleich unter anderen mißliebigen Gegnern auf, die mit Röhm und der SA überhaupt nichts zu tun haben: Ex-Reichskanzler General von Schleicher und seine Frau, Hitlers einstiger enger Vertrauter Gregor Strasser, Bayerns ehemaliger Staatskommissar von Kahr, der Hitlers Münchner Putsch am 9. November 1923 vereitelt hat, und andere, die Hitler im Weg stehen, darunter ein Reichswehr-General, werden kaltblütig erschossen. Der unglückliche Vizekanzler von Papen wird unter Hausarrest gestellt, aber von Reichspräsident Hindenburg gerettet und bald als Botschafter nach Wien abgeschoben.

Auch gänzlich Unbeteiligte fallen dem Tötungswahn zum Opfer. Zum Beispiel Pfarrer Stempfle, der in Landsberg Hitlers Manuskript zu „Mein Kampf" redigiert hat. Darüber wird Hitler später nur sagen: „Diese Schweine haben mir doch meinen guten Pfarrer Stempfle umgebracht." Mehr Bedauern bringt er nicht auf.

Als Sepp Dietrich nach Berlin zurückkommt, berichtet er Hitler, daß in Stadelheim sechs Erschießungen, wie befohlen, „stattgefunden haben". Hitler verzieht keine Miene. Er fragt nur, ob die Kompanie wieder zurück sei. Dabei ist unter den Ermordeten immerhin sein ehemaliger Duzfreund Ernst Röhm.

Am 13. Juli 1934 räumt Hitler vor dem Reichstag ein, daß es 77 Erschießungen gegeben habe. In Wirklichkeit waren es viel mehr. Das Volk wird beruhigt: Durch das rasche Zugreifen des „Führers", so die Erklärung, durch seine „schützende Hand", sei Deutschland vor schlimmen Folgen bewahrt worden, gefährliche Putschisten und Umstürzler haben das große nationale Werk in Gefahr gebracht und die nationale Regierung zu stürzen versucht.

Bewußt läßt man durchsickern, daß Röhm homosexuell war, und viele seiner SA-Führer auch. Sowas könnte die Mordaktion in den Augen des Volkes vielleicht verständlicher und entschuldbarer machen. Hitler behauptet, er habe sich geekelt, als er SA-Führer mit Lustknaben im Bett vorgefunden habe. Doch wer von der homoerotischen Veranlagung Hitlers weiß, nimmt ihm seinen Ekel nicht ab. Hat er damit nicht eher homosexuelle Spuren aus seiner Vergangenheit getilgt?

Noch in den ersten Julitagen zeigt Hitler sich seiner Umgebung in Berlin sehr erregt. Immer wieder betont er die Gefahr, in der er schwebte, hebt seinen Mut hervor, als er ins Hotel Hanselmayer eingedrungen ist: „Wir waren ohne Waffen und wußten nicht, ob die Schweine uns bewaffnete Wachen entgegenstellen konnten ... nur ich konnte das lösen, niemand sonst."

Daß seine stets gut bewaffnete „Leibstandarte" weder Pistole noch Karabiner dabei gehabt haben soll, ist völlig unglaubwürdig. Und: Womit wohl haben die SS-Leute ihre SA-Kameraden erschossen?

Seine Hofschranzen bescheinigen Hitler, daß er richtig gehandelt habe. Adjutant Brückner zeigt Hitler Speisekarten von Gelagen höherer SA-Führer mit Röhm. Froschschenkel, Vogelzungen, Haifischflossen und Möweneier habe es da gegeben, alles für viel Geld importiert, teurer französischer Wein und Champagner seien geflossen. Hitler sieht sich bestätigt: „Hier haben wir die Revolutionäre", sagt er, „und denen war unsere Revolution zu lahm."

Im Eiltempo wird ein Gesetz erlassen, das solche gesetzlosen Bluttaten legalisiert und eine zweite „Entweihung" unmöglich macht. Schon am 3. Juli besagt dieses „Gesetz über Maßnahmen der Staatsnotwehr", daß „die Niederschlagung hoch- und landesverräterischer Angriffe ... als Staatsnotwehr rechtens" ist. Dazu Göring: „Das Recht und der Wille des Führers sind eins". Damit ist der Rechtsstaat endgültig begraben.

Der greise Reichspräsident von Hindenburg, dem Tagesgeschehen offenbar schon etwas abgewandt und leicht geistesumnebelt, beglückwünscht Hitler zu seiner Entschlossenheit. Reichsjustizminister Gürtner, der eigentlich für Recht sorgen soll, findet die durch kein Recht gedeckte Bluttat rechtens, und das ganze Kabinett, die Parteiführung sowieso. Endlich haben sie diesen „linken" SA-Klüngel vom Hals.

Reichswehrminister von Blomberg überbringt Hitler Glückwünsche und verspricht dem Kanzler in einem Tagesbefehl an die Truppe „Treue und Ergebenheit der Reichswehr." Die Ermordung von zwei Generälen wird stillschweigend in Kauf genommen.

Damit hat Hitler die Reichswehr sich zum Komplizen gemacht. Ohne diese Reaktion der Generalität auf das sadistische Geschehen des 30. Juni 1934 läßt sich die spätere Unterwerfung der Armee unter Hitlers persönliches, diktatorisches Kommando und die Duldung seiner Pläne kaum erklären.

Erstaunlich, daß an der fränkischen SA-Hautevolee der Kelch vorübergeht. Polizeichef und SA-Oberführer von Obernitz sollte ganz oben auf der Liste stehen. Er hat sich deutlich zur zweiten Revolution bekannt und Hitler als Verräter bezeichnet. Aber hier greift wieder mal eines jener unerklärlichen Phänomene ins Räderwerk eines unerklärlichen Systems; Naziführer zaubern gern Überraschungen aus dem Ärmel. Der Hexer heißt Streicher, in seiner Beziehung zu Röhm auch nicht ganz lupenrein, aber einflußreich und listig.

Am 12. Mai erst hat er dem Stabschef warmherzig die Hände geschüttelt und ihn in seiner Residenz Nürnberg mit allen Ehren empfangen, und noch am 28. Juni nahm der „Frankenführer" stolz und freudestrahlend von Röhm den SA-Ehrendolch entgegen. Verwunderlich, daß ihm dieser Lapsus passiert, denn gewöhnlich riecht Streicher jede Gefahr wie eine Hyäne das Aas. Diesmal hat seine Spürnase ihn offenbar verlassen, aber der Fauxpas bleibt ohne Folgen. Hitler hat nichts gemerkt oder er will nichts merken. So bleibt Streicher für seinen „Führer" sauber, und er kann sich für andere stark machen. In der „Fränkischen Tageszeitung" ist das schmierige Ergebenheitstelegramm des Gauleiters an den „Führer" nach dem 30. Juni nachzulesen: „Treue ist etwas Selbstverständliches. Es geht mir gegen das Gefühl, Dir das Selbstverständliche in diesem Augenblick im Besonderen zu versichern. In meinem Gau ist alles wie es sein muß. Das Volk freut sich über die erlösende Tat. Jetzt gehen wir in eine glückliche Zukunft hinein."

Obernitz erfährt, daß die Häscher vor der Tür stehen. Den Rüpel, der sich sonst so hartgesotten gibt, überkommt nackte Angst. Er überschlägt sich in ekelhafter Anbiederung. „In Liebe, Treue und Gehorsamkeit steht Frankens SA zu ihrem Führer, und sie wird ihre Aufgaben nach seinen Befehlen erfüllen", sagt er in einem ersten Aufruf nach der Mordnacht an seine Männer. Und dann, in einem sogenannten Gruppenbefehl, empört er sich über „SA-Führer, die ruchlose Pläne gegen die Bewegung geschmiedet haben." Er dankt seinem „Führer" von ganzem Herzen, „daß er durch seinen unerbittlichen Zugriff Führer von uns genommen hat, die in ihrem Herzen nicht rein und nicht treu waren." Er, Obernitz, freilich wolle seinen SA-Leuten „Vorbild sein in unerschütterlicher Treue zu unserem geliebten Führer, dem wir unser Leben gewidmet haben."

Dicker geht's nimmer, aber schließlich bangt Obernitz ja um dieses dem Führer gewidmete Leben – sein eigenes Leben. Deshalb setzt er gleich noch einen obendrauf, ganz diskret, ohne daß seine angeschmierten SA-Männer davon erfahren. Obernitz ruft Dr. Martin an, seinen Untergebenen, dessen Einfluß auf Streicher er kennt, und er bettelt: „Streicher weiß doch, wie stark ich zu Hitler stehe. Kann denn Streicher nichts tun für mich?"

Martin verspricht zu helfen. Er fährt nach Windsheim, wo Streicher sich gerade von seinen Anhängern bejubeln läßt. Solche Ausflüge unternimmt er öfter, er liebt es, Lobpreisungen einzuheimsen. Damit hat er in Kleinstädten mehr Glück als in Nürnberg.

Martin trifft den „Frankenführer" in blendender Stimmung an, und deshalb hat er auch rasch Erfolg mit seiner Mission. Eloquent, wie er nun mal ist, überzeugt er Streicher, daß Obernitz mit der Röhm-Affäre nichts zu tun habe. Das stimmt zwar nicht, und Streicher sollte es wissen, aber er schluckt die Kröte. Er will sie schlucken, sonst könnte ja der Obernitz oder sonstwer auf die Idee kommen, an das herzliche Verhältnis zu erinnern, das zwischen ihm, Streicher, und Röhm bestanden hat.

Streicher bläht sich auf wie eine Kröte. Jetzt will er seinen Einfluß herauskehren, der bis „ganz nach oben" reiche. Auch dort höre man auf sein Wort. Er schickt ein Fernschreiben an Göring in Berlin, den „Sonderbeauftragten" für das Schlachtfest vom 30. Juni: „Ich trete für Obernitz ein und komme sofort nach Berlin." Tatsächlich: Am nächsten Morgen fliegt er nach Berlin und dringt bis zu Göring vor. Der kann Streicher nicht leiden. Er will nichts entscheiden und nichts versprechen. Noch hängt Obernitz' Hals in der Schlinge.

Da stiefelt der „Frankenführer" zu seinem Duzfreund Adolf, dem Herrn über Leben und Tod, und er hat Glück. Hitler, eben damit beschäftigt, seine Mordbuben aus Gründen der außenpolitischen Raison zurückzupfeifen, nun habe man ja alle erwischt, es reiche jetzt, dieser Hitler in zufriedener Stimmung wie ein sattes Raubtier, glaubt seinem alten Kumpan und Rabulistiker aus Nürnberg. Streichers Ohrenbläserei wird erhört, Obernitz bleibt ungeschoren. Wer Streicher kennt, weiß, daß er Obernitz nicht aus purer Menschenliebe vor dem Galgen bewahrt hat. Nicht nur seine Sorge, selbst in den Strudel zu geraten, hat ihn dazu bewogen. Mit diesem Schachzug hat er die fränkische SA, seit Stegmanns Tagen noch immer in weiten Teilen gegen ihn eingestellt, auf seine Seite gezogen. Jetzt sind auch die letzten Feinde in Franken abgeräumt, jetzt ist er Alleinherrscher. So unrecht hat er nicht: Mit diesem Tag ist die SA Frankens reichlich macht- und bedeutungslos geworden. Alles hört auf den Befehl des „Frankenführers" Julius Streicher.

Obernitz, gestern noch ein halbtoter Mann, nimmt sofort wieder den Mund voll. Eine Untersuchung gegen seine Person durch die Gestapo, sagt er, habe „die völlige Unhaltbarkeit" jeglicher Anschuldigungen im Zusammenhang mit dem Röhm-Putsch „klar erwiesen". Hitler habe ihm befohlen, dies der fränkischen SA mitzuteilen. Diese „Weisung" führt er aus mit einem SA-Befehl vom 4. Juli. Schon erstaunlich, diese Dreistigkeit des SA-Oberführers: Weder eine Gestapo-Untersuchung noch ein „Führer"-Befehl sind aktenkundig geworden. Alles glatt erfunden.

Schon einen Tag darauf trifft es Obernitz trotzdem, diesmal von anderer Seite. Seinen Kopf kann er retten, seine Haut nicht. Dafür sorgt Reichsstatthalter Ritter von Epp. In einem handschriftlichen Aktenvermerk über die Ereignisse des 30. Juni an Reichsinnenminister Dr. Frick verlangt er, daß die Säuberungsaktion auch auf andere „unsaubere und undisziplinierte politische Leiter" ausgedehnt werden soll. Aus seiner Formulierung geht klar hervor, wer in Franken damit gemeint ist: der SA-Oberführer und kommissarische Polizeipräsident von Nürnberg-Fürth, Hanns Günther von Obernitz.

Frick reagiert sofort. Dieser Obernitz war ihm schon immer ein Dorn im Auge, charakterlich und fachlich, denn von Polizeiarbeit hat der sowieso keine Ahnung. Noch am selben Tag, Donnerstag, 5. Juli, verfügt Frick, daß Obernitz mit sofortiger Wirkung seines Postens als Nürnberg-Fürther Polizeichef enthoben wird. Er bleibt zwar SA-Führer, wird am 9. November 1937 sogar zum Obergruppenführer ernannt, verliert aber an Einfluß. Nur noch einmal, im November 1938, in der sogenannten „Reichskristallnacht", wird er durch sein brutales Vorgehen gegen Nürnberger Juden auffallen. Mit Kriegsbeginn 1939 zur Luftwaffe eingezogen, kommt im Januar 1944 die Nachricht, daß er gefallen ist.

Sein Nachfolger im Polizeipräsidium wird – nicht zuletzt durch Streichers hilfreiche Hand – am 1. Oktober 1934 der 41-jährige, inzwischen zum Oberregierungsrat beförderte Dr. Benno Franz Theodor Martin, dritter Nürnberger Polizeichef in eineinhalb Jahren. Der gebürtige Kaiserslauterer und studierte Jurist sticht nicht nur durch seine imposante Körpergröße von 1.98 m hervor, er hat sich indes durch fachliche Kompetenz und ebenso intelligente wie schlaue Führung des Polizeiapparats einen guten Namen erworben. Ein Karrierist, im April 1934 auch in die SS eingetreten, der am liebsten auf drei Schultern tragen würde, aber auch ein Mann mit Augenmaß, der – wenn möglich – den Ausgleich sucht.

Mit Martin verschafft sich die Polizei in Nürnberg-Fürth eine starke Position und einen gewissen Freiraum, in den auch die Partei kaum einzudringen vermag. Selbst Streichers Allmacht wird hier eine unsichtbare Grenze gesetzt.

Martin und Streicher kennen sich seit dem 10. November 1923. Der damalige Polizeireferent Martin muß den am 9. November gescheiterten Putschisten in Nürnberg vernehmen. Streicher, in einer Arrestzelle des alten Rathauses festgesetzt, beklagt sich, daß es dort sehr kalt sei. Er bittet um eine zweite Decke. Martin gibt sie ihm, ohne daraus einen bürokratischen Akt zu machen. Eine Lappalie, aber Streicher wird Martin dies nie vergessen. Diese zweite Decke von 1923 hüllt Streicher und Martin auf Jahre hinaus in eine trügerische Gemeinsamkeit. Sie gibt dem Polizeipräsidenten Schutz vor der unberechenbaren Psyche des „Frankenführers". Sie verschafft ihm Wohlwollen, das der kluge Martin sich durch geschicktes Taktieren erhält. Diese Konstellation bekommt Martins Karriere, sie nutzt aber auch der oft sehr prekären politischen Atmosphäre in Nürnberg: Mäßigend in vielen Situationen, kann mitunter Schlimmes gemildert und noch Schlimmeres verhindert werden.

Martin schmeichelt, ohne sein Zutun, Streichers Eitelkeit. Selbst alles andere als eine „arische Erscheinung", gefällt der „Frankenführer" sich in der Begleitung des „nordischen Hünen" Martin. Seine Wertschätzung hat Streicher dem Polizeimann ja bei dem peinlichen Zwischenfall mit dem Adelsmann Malsen im Luitpoldhain überdeutlich bekundet.

Schon kurz nach seiner Ernennung kann der neue Polizeipräsident sich nützlich machen. Es gelingt ihm, den Konflikt zwischen der evangelischen Kirche und der Partei zu entschärfen. Am 21. Oktober 1934 geraten sich in der Nürnberger Lutherkapelle der rechtmäßige Pfarrer der evangelischen Landeskirche und der Pfarrer der „Deutschen Christen" heftig in die Haare. Einer fordert den anderen auf, die Kirche zu verlassen. Der „Deutsche Christ" verliert, er geht. Daß er einen – ausgerechnet katholischen – SS-Führer zu Hilfe ruft, nutzt ihm nichts. Die „Deutschen Christen" stehen konträr zur evangelischen wie zur katholischen Kirche, sie repräsentieren die neue, von den Nazis geförderte „nationale Reichskirche", die viel von „arischer Rasse" und „deutschem Volkstum" predigt. Schon im Juli 1933 haben sie mit einer Kundgebung auf dem Adolf-Hitler-Platz ihren ersten Auftritt gehabt. In Nürnberg-Fürth zählen sie in 19 sogenannten Ortsgruppen etwa 5.000 bis 6.000 Mitglieder, ihre stärkste Gemeinde haben sie in Eibach.

Martin verhandelt mit der Gauleitung und der evangelischen Kirche so geschickt, daß jeder den Polizeipräsident für seinen Freund halten muß. So bleibt auch das Extrablatt der nationalsozialistischen „Fränkischen Tageszeitung" mit dem Titel „Fort mit Landesbischof D. Meiser! Er ist treulos und wortbrüchig. Er handelt volksverräterisch. Er bringt die evangelische Kirche in Verruf" ohne Folgen. Martin erreicht, daß während des sogenannten „Kirchenkampfes", der in Nürnberg dank Streicher eine besonders scharfe Sprache findet, kein einziger Pfarrer verhaftet wird.

1934: Erste „Sondergerichte" wüten

Martins Einfluß reicht aber nicht so weit, daß er ungerechtfertigte Urteile der neu eingesetzten „Sondergerichte" verhindern kann. Hier hat das Regime durch eine nach Gutdünken vereinfachte Strafprozeßordnung der Willkür sämtliche Schleusen geöffnet. Richter mit einwandfreier nationalsozialistischer Gesinnung, die sich „unabhängig" nennen, können auf diesem Feld juristischen Wildwuchses „Volksschädlinge ausmerzen", wie sie gerade Lust haben.

Sie verurteilen, zum Beispiel, einen Nürnberger Malergehilfen zu drei Jahren Gefängnis, weil er eine kommunistische Propagandaschrift für 10 Pfennig verkauft hat, und einen Schuster aus Gostenhof zu zwei Jahren Gefängnis, weil er ein politisches Flugblatt weitergegeben und eine kommunistische Stadtteilzeitung aufbewahrt hat. Noch schlimmer: Die Abgeurteilten müssen damit rechnen, daß sie nach Verbüßung ihrer Strafen in einem KZ landen.

Solche Urteile tragen dazu bei, daß jeglicher Widerstand gegen das NS-Regime schon im Keim erstickt.

Kommunisten und Sozialdemokraten, die im Untergrund zu arbeiten versuchen, werden regelmäßig schon nach kurzer Zeit ausgehoben. Unterstützung von der Bevölkerung brauchen sie nicht zu erwarten. Der überwiegende Teil der Bevölkerung in Franken ist – wie überall im Reich – von den Erfolgen der Nazis so fasziniert, daß häufig jedes Gefühl für Gerechtigkeit und maßvolle Vernunft verschüttet wird oder zumindest zugunsten des eigenen Wohlstands in den Hintergrund tritt. Der Rest fürchtet den Terror und schweigt. Nürnberg hat 1934 nur noch 36.000 Arbeitslose und die Zahl sinkt weiter. Es ist eine Binsenweisheit und obendrein verständlich: Wer endlich Arbeit und Brot und ein sicheres Dach über dem Kopf hat, begehrt nicht auf.

Von der weit verbreiteten blinden Begeisterung für ihren „Führer", den viele für einen unfehlbaren Heros und Wunderheiler halten, zeugen Briefe an Hitler, die ihn wohl nie erreichen. Die „Stahlbogen Schützengesellschaft Schneppergraben Nürnberg e.V." „bittet Herrn Reichskanzler ergebenst, über unsere altehrwürdige traditionsreiche Stahlbogen-Schützengesellschaft ... von 1506 ... die Schirmherrschaft hochgeneigtest übernehmen zu wollen." Die Schützen unterzeichnen ihr Bittschreiben, indem sie sich – wörtlich – „in deutscher Treue ... Hochihrer Gewogenheit empfehlen."

Aus Bamberg möchte ein Herr A. Quellmalz den „Führer" mit einem selbst komponierten „äußerst schneidigen Marsch (6/8 Takt), für ein 20-Mann-Orchester blendend instrumentiert", erfreuen. Der Titel: „Siegreiche Sonne". Der Text vergleicht Hitler mit dem Himmelskörper: „Wie eine Sonne steht unser Führer, weit leuchtend über alle Not; und siegreich wie er wird unser Deutschland leuchten. Und alle, alle Deutschen jubeln der Sonne Deutschlands zu!"

Auch die Kleinen müssen schon rechtzeitig erfahren, wie es in dem neuen Deutschland zugeht. Seit Herbst 1933 gilt in allen Nürnberger und bayerischen Schulen der „Deutsche Gruß". In einem Erlaß des Staatsministeriums für Unterricht und Kultus heißt es: „Künftig haben sich in allen Schulen Lehrer und Schüler des deutschen Grußes zu bedienen. Der deutsche Gruß wird durch Heben des rechten Arms erwiesen. Bei Beginn und Ende der Unterrichtsstunden grüßen die Schüler den Lehrer durch Aufstehen, Einnehmen aufrechter Haltung und Heben des rechten Armes. Die Lehrer erwidern den Gruß der Schüler und der anderen Lehrer auch ihrerseits mit dem deutschen Gruß ... Dieser Gruß ist im gesamten Schulbereich anzuwenden."

Ein ehemaliger SPD-Funktionär bekennt resigniert: „... wohl kaum in einer zweiten Stadt hat sich das Hitler-Regime so vollkommen ausgewirkt wie in Nürnberg." Die Folge: Der Widerstand flüchtet sich in kleine Gruppen, tarnt sich als Wander- oder Sportverein, als Stammtisch oder Gesangsgruppe.

Streichers „Fränkische Tageszeitung" und der „Stürmer" tragen den Schrecken ins Wohnzimmer. Der „Stürmer" öffnet seine Spalten den Denunzianten besonders weit. Unter der Rubrik „Kleine Nachrichten – Was das Volk nicht verstehen kann" oder „Was man dem Stürmer schreibt" werden „Judenknechte" mit Namen und Adresse genannt. Zum Beispiel ist hier zu lesen: „Der Deutsche Automobilclub in Kulmbach hält seine Versammlungen im ‚Hotel zur Post' ab. Der Besitzer des Hotels ist mit einer Volljüdin verheiratet, unter deren Aufsicht die Speisen ... angerichtet werden. Auch der Baumeister Wilhelm Pittroff aus Kulmbach ist täglich Gast in diesem Hotel."

Oder: „Der Käsehändler Weisemann in der Martin-Richter-Straße 42 zu Nürnberg zählt nicht nur heute noch die Juden zu seinen guten Kunden, sondern unterhält sich auch auf der Straße längere Zeit mit Juden, nimmt vor ihnen den Hut ab und schüttelt ihnen herzlich die Hände."

Die „Judenfrage" wird zu einem Pressestreit in Nürnberg, die „Fränkische Tageszeitung" legt sich mit dem „Fränkischen Kurier" an, der Zeitung des national gesinnten Bürgertums. Der „Fränkische Kurier" berichtet über den Tod einer 86jährigen ehemaligen Nürnbergerin, Ehrenbürgerin und Wohltäterin einer fränkischen Gemeinde. Daß die Frau eine Jüdin war, läßt „der Kurier" vorsichtshalber unter den Tisch fallen, um schlafende Hunde nicht zu wecken. Aber die „Hunde" bei der „Tageszeitung" schlafen nicht. Sie erfahren davon und schlagen mit großen Lettern auf die bürgerlich-nationale Konkurrenz ein. Das sei ein „widerliches Geschmus" und ein „Ausschleimen, eine Jüdin auch noch zu loben", schreibt die NS-Zeitung.

Sie drucken eigens ein Sonderblatt und sprechen dem „Kurier", der „saubere Waffen im Kampf für das nationalsozialistische Deutschland" fordert, das Recht ab, sich „national" und „deutsch" zu nennen. Die bürgerliche Konkurrenz sei „gesinnungslos", „unanständig", betreibe „Rassenverrat" und nehme Inserate jüdischer Geschäfte an.

Wie sehr Streicher den Gau Franken im Würgegriff hält, dafür liefert der Alltag ungezählte Beispiele. Etwa: Den sogenannten Kreisamtsleitern der NSDAP wird es untersagt, ohne vorherige Genehmigung des Hauptamtes für Kommunalpolitik politische Artikel und Aufsätze grundsätzlicher Art eigenmächtig in die Presse zu bringen. So etwas gehöre zur „Durchschulung aller Kreisamtsleiter".

Oder: Der zweite Bürgermeister von Nürnberg berichtet an die Oberste Parteileitung in München, die überraschend hohe Zahl von

1934

Eheschließungen in Schwabach lasse darauf schließen, daß „junge Männer sich der Arbeitsdienstpflicht entziehen wollen." Die Frage bleibt unbeantwortet, was den zweiten Bürgermeister von Nürnberg die Stadt Schwabach angeht. Man kann dies nur unter der Rubrik „Denunziation" ablegen.

Oder: In Rollhofen bei Lauf entscheidet der Kreisleiter allein, wer das Amt des Bezirksobmanns übernehmen darf. In allen städtischen Behörden und Betrieben Frankens werden sogenannte „Vertrauensräte" bestimmt. Sie haben darüber zu wachen, daß nationalsozialistische Weltanschauung sich auch noch am hintersten Schreibtisch breit macht. Denunziation am Arbeitsplatz, befohlen durch das „Gesetz zur Ordnung der Arbeit in öffentlichen Verwaltungen und Betrieben". Eine Flut von Gesetzen und Verordnungen dient nur dem einen Ziel, die „Volksgenossen" bis ins letzte Glied zu kontrollieren und zu gängeln, die Persönlichkeit zu zerstören.

Auf Drängen des Gauleiters beginnt der Nürnberger Stadtrat damit, den Viehmarkt von Juden zu „reinigen". Jüdischen Viehhändlern werden abgetrennte Plätze zugewiesen. Ihre Zahl verringert sich rasch, neue jüdische Agenten dürfen nicht mehr arbeiten, und schon bald ist auch der Viehhof „judenfrei". Früher haben jüdische Händler 70 Prozent des Fleisches in Nürnberg umgesetzt.

Einen Musterfall für die Einmischung der Partei in jeden Lebensbereich liefert die Stadt Wunsiedel in Oberfranken. Hilfesuchend wendet sich der zweite Bürgermeister, Dr. Gottfried Droscher, Träger des „Goldenen Parteiabzeichens" der NSDAP, an den Reichsleiter für Kommunalfragen, Oberbürgermeister Fiehler in München. Beim Bau des Sparkassengebäudes gibt es ein Kompetenzgerangel um die Baupläne, jammert Drescher. Die Behörde will Lösung A, die Partei Lösung B. Gutachten steht gegen Gutachten. Droscher ist ratlos, er sitzt zwischen allen Stühlen. Einmal ist er als zweiter Bürgermeister der Behörde verpflichtet, dann aber wieder, als alter Parteigenosse, der Gauleitung. Fiehlers Antwort ist klar: „Es ist höchst unratsam, gegen den ausdrücklichen Willen des Gauleiters zu handeln ... Dieser letzte Grundsatz ist für die Gesamtbewegung maßgebend und entspricht dem straffen Führerprinzip. In Ihrem konkreten Fall also ist gegen den Willen des Gauleiters nichts zu machen ... Sofern der Leiter der betreffenden Staats- oder Gemeindebehörde Parteigenosse ist, wird er als Nationalsozialist stets den Wünschen seines Gauleiters entsprechen müssen."

Hitler hat sich für die Wagner-Festspiele 1934 in Bayreuth, das schönste Ereignis des Jahres, wie er sagt, besonders hingebungsvoll präpariert. Drei Wochen lang habe er, nach seinen eigenen Worten, Nacht für Nacht über den Entwürfen für sämtliche Szenen der Nibelungendramen gebrütet. Winifred Wagner schickt er sein Porträt, wofür die sonst so resolute Erbin des Festpiel-Unternehmens sich überschwenglich wie eine Lyzeumsschülerin bedankt. Den „lieben, lieben Freund und Führer" läßt sie wissen, daß sie „rein aus dem Häuschen ist vor Freude und Glück und Dankbarkeit ... und Du mußt dieses Gestammel statt eines vernünftigen Briefes gelten lassen". Das „Wundergeschenk" aus Hitlers Hand „hat nun mein Häuschen mit der Weihe Deiner ständigen Gegenwart beschenkt. Hab' unendlichen Dank, Du Spender solch' namenloser Freude."

Der ob solcher Dankes-Elogen gerührte „Führer" bleibt jedoch völlig ungerührt, als ihm am 25. Juli 1934 in Bayreuth nach der „Rheingold"-Premiere die Nachricht zugeflüstert wird, Nazis haben den österreichischen Bundeskanzler Dollfuß erschossen. Hitler löffelt, ohne ein Zeichen der Betroffenheit, seine Leberknödelsuppe weiter. Diese Suppe ist übrigens das äußerste Zugeständnis des Vegetariers Hitler an die Küche.

Am 1. August 1934 holt der „Führer" sich einen Franken ins Haus, und zwar in seine allernächste Umgebung. Er selbst stellt Karl Krause aus Michelau, gelernter Tischler, früherer Matrose und fast 1.90 m groß, als Diener ein. Hitler hat sich einen Matrosen in seiner Dienerschaft gewünscht. Krause wird zwei Monate lang in der Hotelfachschule München-Pasing zum Diener ausgebildet und kurz darauf zum Leibdiener auf dem Obersalzberg ernannt. Vier Jahre später allerdings muß der gute Krause Leine ziehen. Im September 1939, während des Polen-Feldzugs, fällt er bei seinem Herrn in Ungnade – durch eine läppische Nichtigkeit. Hitler verlangt ein Glas Fachinger, aber Krause hat die Flasche vergessen. Er lügt Hitler an und schenkt ihm Leitungswasser ein. Der „Führer" merkt's, ist beleidigt und schickt seinen Diener weg. Der gemaßregelte Franke Krause landet wieder bei der Marine, später bei der „Leibstandarte Adolf Hitler", dann als SS-Untersturmführer (Leutnant) bei der 12. SS-Panzerdivision „Hitlerjugend". Er wird hoch dekoriert und überlebt den Krieg.

Der 2. August 1934 bringt Hitler die totale Macht über Deutschland. Reichspräsident Hindenburg stirbt, der „böhmische Gefreite" wird seine Nachfolge übernehmen. Damit hat Hitler es besonders eilig. Schon am Vortag hat die Reichsregierung, die Hindenburgs Tod offenbar nicht abwarten kann, die Vereinigung der Ämter des Reichspräsidenten und des Reichskanzlers beschlossen. Mit Hindenburgs Tod gehen alle Befugnisse auf Hitler über, und die Wehrmacht wird noch am selben Tag auf Hitler vereidigt – nicht mehr auf die Verfassung, nicht mehr auf Volk und Vaterland. Nun vereinigt Hitler alles in seiner Person: „Führer", Reichskanzler und Reichspräsident. Diesen letzten Titel wird er nie führen. Am 19. August gibt's wieder mal eine Volksabstimmung. Hitler will wissen, ob das sonst wenig befragte Volk dieser Zusammenlegung der Staatsführung zustimmt. Das Ergebnis: 38 Millionen Deutsche (89,93 Prozent) erklären sich mit Hitlers Allmachts-Position einverstanden, 4,3 Millionen stimmen mit „Nein", 874.000 geben ungültige Stimmzettel ab. In Nürnberg votieren 250.000 Bürger mit Ja, 20.000 mit Nein.

1934: Deutschlands größte Baustelle

Mit ungetrübter Freude kann Hitler nun seinen sechsten Reichsparteitag vorbereiten, den vierten in Nürnberg. Er nennt ihn „Parteitag der Einheit und Stärke" und bestimmt die Tage vom 5. bis 10. September. Diesmal wird nicht improvisiert wie noch im letzten Jahr, von nun an nimmt Hitler die Planung selbst in die Hand. Im Luitpoldhain, auf dem Zeppelinfeld, rund um den Dutzendteich, entsteht in den folgenden Jahren das Reichsparteitagsgelände, die größte Baustelle Deutschlands. Nürnberg wird in die Reihe der fünf sogenannten „Führerstädte" aufgenommen, neben Berlin, München, Hamburg und Linz. Das bedeutet: Nur diese fünf Städte dürfen auf staatliche Zuschüsse oder Darlehen „zur Finanzierung ihrer städtebaulichen Maßnahmen" hoffen und auf Hitlers persönliche Hilfe. Alle anderen Städte, sagt er, müssen sich selbst helfen. Der „Führer" bestimmt die Konzeption, er liefert Entwürfe und Skizzen, er kümmert sich um jede Kleinigkeit – der Reichsparteitag ist „Führersache". Adolf Hitler baut mit, und deshalb wird er häufig in die „Stadt der Reichsparteitage" kommen, ohne daß die Nürnberger davon erfahren. Sein Erscheinen wird nie angekündigt, seine öffentlichen Auftritte, Versammlungen und Reden beschränken sich jetzt auf die Reichsparteitage.

Schon am 25. April 1934 hat Hitler bei einer Besprechung im „Deutschen Hof" die Entwürfe der Stadt gebilligt, am 1. Juni sich mit dem Vorschlag des Nürnberger Architektur-Professors Ludwig Ruff für eine neue Kongreßhalle am Dutzendteich einverstanden erklärt. Ruff wird auch mit der Ausführung beauftragt. Die Umgestaltung des Luitpoldhains bleibt der Stadt Nürnberg überlassen. Am 20. und 21. August segnet Hitler die Planungen der Architekten Albert Speer und Ludwig Ruff für den Reichsparteitag 1934 ab.

Der Vollstrecker und seine Helfer

Damit beginnt der steile Aufstieg Speers, nachdem er beim Reichsparteitag 1933 mit seinem 30-Meter-Reichsadler ausgeholfen und noch in diesem August die Hindenburg-Beerdigung im ostpreußischen Tannenberg-Denkmal organisiert hat. Bald gehört er zum Hofstaat Hitlers. Goebbels übergibt dem 29jährigen Architekt zunächst die „Leitung der technischen und künstlerischen Bauten zum diesjährigen Reichsparteitag."
Da ist erstmal die Treppenanlage zu der 390 Meter langen und 24 Meter hohen Steintribüne auf dem Zeppelinfeld, das 70.000 Besucher und 250.000 Teilnehmer aufnehmen soll. Natursteine aus 34 Steinbrüchen im ganzen Reich müssen herangekarrt werden. Am 4. Oktober gibt Hitler in Nürnberg seinem Lieblingskünstler Speer den Befehl, als Hauptarchitekt einen Gesamtplan für das Reichsparteitagsgelände zu entwickeln, „die größte künstlerische Bauaufgabe des neuen Reiches." Speer nennt sich selbst „Chefdekorateur des 3. Reichs."
Als er Hitler das Gipsmodell der neuen Anlage auf dem Zeppelinfeld zeigt, erlebt Speer die selbe Überraschung wie ein Jahr zuvor. Wieder bleibt der sonst zu langatmigen Erklärungen neigende Hitler wortkarg, wieder schaut er sich schweigend Modell und Zeichnungen an, sodaß Speer schon glaubt, Hitler gefalle das alles nicht. Und wieder kommt nichts weiter als ein knappes „Einverstanden" über Hitlers schmale Lippen. Dann dreht er sich um und geht. Aber von diesem Tag an akzeptiert und respektiert er Speer.
Schmunzelnd moniert Hitler in Nürnberg, daß Speer als einer der ganz wenigen in seiner Begleitung noch immer in Zivil herumlaufe. Selbst Leibfotograf Hoffmann, die begleitenden Ärzte und den Mercedes-Direktor Werlin hat er schon in Uniformen gesteckt. Aber auch Speer wird dem Uniformzwang der Nazis nicht entgehen.
Gesprächiger wird Hitler erst später. Er klärt Speer auf, warum er sich die Reichsparteitags-Bauten so monumental und überdimensional wünsche. „Ich tue es, um dem einzelnen Deutschen wieder das Selbstbewußtsein zurückzugeben", sagt er, „um dem Einzelnen zu sagen: Wir sind gar nicht unterlegen, sondern im Gegenteil, wir sind jedem anderen Volk absolut ebenbürtig." Hitler spricht von „Denkmälern nationaler Größe", die in Nürnberg entstehen sollen. Er will mit diesen Bauwerken „seine Zeit und ihren Geist der Nachwelt überliefern" – wie die Monumente des römischen Imperiums noch heute von der Größe Roms künden.
Sechs Tage lang bestimmt der Reichsparteitag 1934 das Bild der Stadt, mehr Fremde als Nürnberger bevölkern die Straßen. Für

1934

eine knappe Woche ist Nürnberg nach Berlin und Hamburg die drittgrößte Stadt des Reichs. Fahnen über Fahnen mit dem Hakenkreuz, Girlanden, Transparente, Illuminationen, Willkommensschilder an der Stadtgrenze, gesperrte Straßen, umgeleitete Verkehrswege – alles wie gehabt und doch noch viel mehr und viel größer als 1933.

Hitler residiert, wie immer, im Hotel „Deutscher Hof", der nur von „hochgestellten Persönlichkeiten" mit Sonderausweis betreten werden darf und von Frauen überhaupt nicht. Es sei denn, sie kommen nur zu Besuch. So will es Hitler. Hier werden die Zimmer in hierarchischer Ordnung vergeben, und wer näher dran ist an Hitler, der gilt auch mehr. Ganz oben darf sich fühlen, wer von Hitler zum Tee geladen wird. Der „Führer" hält Hof wie ein Potentat.

Das Fußvolk haust in Massenquartieren, in Zelten, Sälen und Schulhäusern. Die Mittelschicht darf sich in bequemen Privatbetten ausruhen.

Auf den Tribünen gilt das selbe Diadochen-System. Der Kampf um die besten Plätze beginnt schon Wochen vorher, hier wird mit Klauen und Zähnen um die Nähe zum „Führer" gestritten, Minister gegen Gauleiter. General gegen Admiral, SA-Führer gegen Reichsleiter. Die Bonzen zanken wie die Kesselflicker.

Die große Selbstdarstellung der Nazis bekommt 1934 feste Konturen, das Riesenprogrammm verläuft für die nächsten tausend Jahre, so Hitlers Zeitrechnung, nach dem gleichen Schema. Für jede Gruppierung ein Tag: SA, SS, Wehrmacht, Reichsarbeitsdienst, Hitlerjugend, Amtswalter und so weiter. Bei den Sondertagungen kommen die „Untergruppen" zu Wort, richtiger gesagt: Sie hören auf's Wort. Frauenschaft, Deutsche Arbeitsfront, Bauern, Berufe jeder Art, NSV (Nationalsozialistische Volkswohlfahrt), die NS-Freizeitorganisation „Kraft durch Freude" (KdF) – ein jeder darf mitspielen, aber nicht widersprechen, nur Befehle soll er empfangen. Hitler liebt seine Riten, Veränderungen sind ihm verhaßt. Der völkische Hort gehorcht auf's Wort.

Zu den ersten Vorboten des Parteitags gehört der Reichsarbeitsdienst. Die jungen Männer planieren schon Wochen vor Beginn des Parteitags draußen in Langwasser Wiesen und Felder für riesige Zeltstädte, rüsten Schulhäuser, Säle und Turnhallen um.

Am 5. September kommt Hitler. Das ist der offizielle Beginn. Er gleitet in seinem offenen schwarzen Kompressor-Mercedes durch die Straßen, steht aufrecht neben seinem Fahrer, den rechten Arm abgewinkelt zum Gruß erhoben, Dank für den stürmischen Jubel, das Gesicht feierlich ernst. Freudvoller gibt er sich beim Empfang

Der Vollstrecker und seine Helfer

im städtischen Rathaus, gänzlich gelockert genießt er abends im Opernhaus Richard Wagners „Meistersinger von Nürnberg." Leider geht's nicht ohne Ärger ab. Der „Führer" wird zornig, weil die Ränge nicht vorschriftsmäßig gefüllt sind. Das Publikum ist nicht so vollzählig erschienen, wie Meister Wagner dies verdient und Hitler, schon aus Respekt vor seiner Person, erwartet hat. Ganz schlimm war's im Jahr zuvor: Hitler kam, und das Theater war fast leer. Die meisten der hohen Partei-Würdenträger haben die Freikarten ignoriert und sich lieber im nächstbesten Wirtshaus ein paar halbe Bier genehmigt. Hitler fühlte sich persönlich beleidigt und schickte Streifen aus, die Kunstbanausen vom Bierkrug zu Wagner's Festwiese zu schleppen.

Danach gab's ein Donnerwetter und die „Meistersinger" wurden zur Pflichtübung erklärt. Geholfen hat's nicht viel, auch diesmal klaffen wieder bedenkliche Lücken im Parkett. Nicht alle braunen Herren teilen eben die Wagner-orientierte Opernbegeisterung ihres „Führers". Die Kneipe ist ihnen näher als das Gesamtkunstwerk des völkischen Bayreuthers.

Am nächsten Morgen aber glänzen Hitlers Augen. Bevor er zum Eröffnungskongreß in die Luitpoldhalle fährt, marschieren die ersten Kolonnen „seiner" Jungen, der „Hitlerjugend", in kurzen Hosen und mit wehenden Fahnen an seinem Hotel vorbei. In wochenlangen, sogenannten „Sternmärschen" sind die armen Buben aus dem ganzen Reich gen Nürnberg gepilgert, nur um ihren „Führer" zu sehen. Vor lauter Begeisterung haben sie die Blasen an den Füßen nicht mehr gezählt. Untergebracht sind sie in großen Zeltlagern auf den Wiesen von Langwasser. Für die Jungen ist's ein einziges Abenteuer mit Lagerfeuer-Romantik, und besonders stolz sind sie, wenn sie sich beim großen HJ-Aufmarsch im Stadion in ihrer ganzen Begeisterung vor Adolf Hitler präsentieren dürfen. 50.000 sind sie dort. Fanfaren, Landsknechtstrommeln, Bekenntnislieder – alles für ihren „Führer", der ihnen goldene Berge verspricht: „In Euch wird Deutschland weiterleben".

In der überfüllten Luitpoldhalle das Übliche: Auch hier laute Fanfaren, schmetternder Badenweiler-Marsch, brausende Heilrufe. 20.000 rechte Arme schnellen hoch zum Hitlergruß für die „Blutfahne", die, wie hunderte Male schon, und immer wieder, wie ein Heiligtum herumgetragen wird und allein durch ihre bloße Berührung Dutzende von SA-Standarten „weihen", ihnen tausendjährige Haltbarkeit verleihen soll. Alle starren sie die blutbefleckte 23er Fahne an, aber den Namen des bedauernswerten Hutmachers Bauriedl, der sie getragen hat, kennt keiner mehr.

1934

Hitlers Adlatus Heß bringt die Veranstaltung auf den Punkt: „Das politische Konzil von Nürnberg ist ein kraftvoller Beweis für die Macht, die die politische Vertretung des deutschen Volkes darstellt ... Dieses Bekenntnis zum Nationalsozialismus ist zuerst das Bekenntnis zu Adolf Hitler."
Abends die sogenannte Kulturtagung im Kulturverein, die sich – auch das kennt man vom Vorjahr – mehr mit Rassenfragen beschäftigt als mit Kultur. Hier wird die rechte und richtige Weltanschauung verkündet und möglichen Zweiflern ins Hirn gebrannt: „Das kommende Reich wird die Züge derer tragen, die es schufen."
Am Rand der zahlreichen Sondertagungen finden sich zum ersten Mal die braunen Damen der NS-Frauenschaft ein. Hitler weiß nicht so recht, wie er mit ihnen umgehen soll, aber letztlich schwingt er sich doch auf zu einer kurzen Rede. Emanzen, sagt er, mag er nicht, in ihnen sieht er eine „Gefahr für die Männer". „Das Wort von der Frauen-Emanzipation ist nur vom jüdischen Intellekt erfunden, und der Inhalt ist von dem selben Geist geprägt. Wir empfinden es als nicht richtig, wenn das Weib in die Welt des Mannes eindringt ... wir empfinden es als natürlich, wenn diese beiden Welten geschieden bleiben."
Das hat die adrett herausgeputzten Frauen in ihren gestärkten weißen Blusen und braunen Jäckchen ein wenig verwirrt. Sie sind ja keine Emanzen, sie wollen auch keine sein, und in die Welt des Mannes einzudringen, fällt ihnen im Traum nicht ein. Sie lieben nur ihren „Führer" und wünschen sich nichts mehr, als von ihm wieder geliebt zu werden.
Am „Tag des Arbeitsdienstes" treten 52.000 Männer in Erdbraun, zackig, militärisch-diszipliniert, die blitzblank geputzten Spaten geschultert, auf dem Zeppelinfeld vor ihren „Führer". An der Spitze des Feldes, abgesondert von der Masse, Hitler zugewandt, baut sich eine Handvoll knackiger Arbeitsmänner mit nacktem Oberkörper auf, den Spaten in die Erde gerammt – ein Anblick, der dem „Führer" sicher gefällt. Er ruft ihnen zu: „Durch eure Schule wird die ganze Nation gehen!" Nachmittags ziehen die Männer im Gleichschritt durch die Stadt. Wenn sie singen, wackeln die Mauern der Mauthalle. Gut organisiert: Als die Kolonnen den „Deutschen Hof" erreichen, steht Hitler schon wieder auf seinem Balkon und verabschiedet die „jungen Kameraden".
Das zertrampelte Zeppelinfeld muß noch viel mehr Menschen ertragen. Am nächsten Tag sammeln sich dort fast 200.000 Amtswalter, Parteifunktionäre und Politische Leiter mit ungezählten Hakenkreuzfahnen zur abendlichen Weihestunde. Beim Schein der

Fackeln werden sie mental gesalbt, auf daß sie nicht glauben mögen, man habe sie in der Eile der Revolution vergessen. „Nicht der Staat befiehlt uns, sondern wir befehlen den Staat."

1934: Über 400.000 Braunhemden in Nürnberg

Der letzte Sonntag, diesmal der 9. September, gehört dem „Braunen Heer", der seit dem 30. Juni arg gebeutelten SA. Es ist der Höhepunkt des Parteitags. Die Prozedur weicht von der des Vorjahres nicht ab, sie ist nur besser organisiert und noch mehr bevölkert. Am Morgen der Appell von 105.000 SA- und SS-Männern im Luitpoldhain, wieder mit Toten- und Gefallenen-Ehrung und der unvermeidlichen Fahnenweihe. Hitler im Braunhemd der SA und mit versteinerter Miene: „Wenn jemand sich am Geist und Sinn unserer Bewegung versündigt, dann trifft das nur denjenigen selbst, der es wagt, sich an ihr zu versündigen." Daß auf den Tafeln des Ehrenmals, wie auf allen Gedenksteinen im Reich, die Namen jüdischer Gefallener getilgt werden müssen, hat er erst kürzlich verfügt. Dann eine Neuerung im Programm: Ein neuer Herr hat die Ehre, den „Führer" auf seinem einsamen Weg von der Tribüne zum Ehrenmal entlang der 18 Meter breiten Schneise zwischen den Blöcken der stumm verharrenden Masse zu begleiten. Es ist der frisch gekürte Stabschef der SA, Viktor Lutze. Im letzten Jahr war es noch Ernst Röhm, aber den hat ja sein Duzfreund erschießen lassen. Dann wird, den ganzen Tag über, nur noch marschiert, durch die ganze Stadt bis zum Adolf-Hitler-Platz, vorbei am „Führer" und seinem stundenlang erhobenen Arm.

Zum ersten Mal ist die Wehrmacht dabei. Das muß sie wohl, hat sie doch erst vor kurzem ihren Eid auf den Mann geschworen, der hier den Ton angibt. Tornisterbepackte Infanteristen stürmen, wie im echten Krieg, ein eigens aufgebautes Dorf, Matrosen präsentieren das Gewehr, und obendrüber donnert die neue Luftwaffe mit alten Maschinen. Noch gibt man sich zufrieden mit der guten Tante Ju 52, mit Doppeldeckern und ähnlich altbekanntem Fluggerät. Fürs erste soll die Schaustellung genügen, den zahlreich erschienen ausländischen Gästen zu zeigen, daß Deutschland auf dem besten Weg ist, wieder sehr wehrhaft zu werden.

Am Abend sagt Hitler in seiner Schlußansprache in der Kongreßhalle: „Die nationalsozialistische Revolution hat den Bestand und den Verlauf unserer nationalen Existenz für die Zukunft gesichert." Am Ende der „Große Zapfenstreich" um Mitternacht vor dem „Deutschen Hof": Militärisch korrekt das Trompetensignal zum Abschied, Fackeln (die Lieblingsbeleuchtung der Nazis) werfen gespenstisches Licht auf Hitlers zufriedenes, doch demonstrativ ernstes Gesicht. Auch „Nürnbergs stolzeste Tage" haben mal ein Ende. Die Organisatoren zählen 412.500 Teilnehmer und 4.436.288 Reichsmark Ausgaben. Nur 831.637 RM Einnahmen stehen dem gegenüber. Der „Rest" wird irgendwie „zugeschossen", am wenigstens allerdings durch die von den Gauleitungen organisierten Sammlungen, die bis 1934 erlaubt sind, später durch sogenannte „Reichsparteitags-Umlagen" ersetzt werden.

Resümee des Reichsparteitags 1934: Vom ersten Marschtritt bis zum letzten Trompetenstoß ist Hitler allgegenwärtig. Der seit Hindenburgs Tod nun unumschränkt herrschende „oberste und alleinige Führer aller Deutschen" dominiert das größte Propaganda-Spektakel, die wirksamste Werbeveranstaltung der NSDAP von Anfang bis Ende. Er erfindet die Liturgie dieses nationalsozialistischen „Gottesdienstes". Er führt Regie, und er weiß, wie man die Massen hinführen kann zur befohlenen „Volksgemeinschaft". Er ist der Hohepriester der Bewegung, wie Houston Stewart Chamberlain ihm das 1923 in Bayreuth vorausgesagt hat. Mit jedem Parteitag verfestigt sich der Führerkult.

Hitler will diesen Reichsparteitag 1934 unvergeßlich machen. Die junge, begabte Regisseurin Leni Riefenstahl dreht den Parteitagsfilm, und Hitler steuert gleich den Titel dazu bei: „Triumph des Willens". Die Riefenstahl wird zur „Sonderbevollmächtigten der Reichsleitung der NSDAP" ernannt, bekommt 300.000 RM Etat, eine Verleihgarantie der Ufa, eine „Geschäftstelle für den Reichsparteitagsfilm" und einen Stab von 170 Leuten, darunter 18 Kameramänner. Sie hat alle Freiheiten, und sie nutzt sie weidlich für geradezu geniale Einfälle. Für Aufnahmen aus ungewöhnlichen Perspektiven bringt sie an einem 38 Meter hohen Fahnenmast einen Fahrstuhl an, von dem aus gefilmt wird, verlegt für die Kameras extra Fahrbahnen und Schienen und läßt selbst in Hitlers unmittelbarer Nähe Kräne und Hebebühnen aufstellen. Ihre Angst, Hitler könnte sich gestört fühlen, ist unbegründet; der „Führer" zeigt sich völlig unbeeindruckt. Er nimmt viel in Kauf, wenn er nur gut fotografiert wird. Am Ende kommt ein künstlerisch hervorragend gemachter Zwei-Stunden-Kinofilm heraus. Natürlich beansprucht der „Führer" die ganze Leinwand, in einem Drittel des Films geht es allein um ihn.

Recht peinlich liest sich der von NS-Kultur-Funktionären geschriebene Begleittext:

„Einem phantastischen Aar gleich durchrast ein Flugzeug die Luft ... es ist das Flugzeug, das den Führer jener Stadt entgegenträgt, in der sich das große, stolze, herzenerhebende Schauspiel eines neuen Deutschlands vollziehen wird ... Der dröhnende Rhythmus der Motoren ruft in die Winde: ‚Nürnberg, Nürnberg, Nürnberg' ... Der Führer kommt! ... Auf den Gesichtern derer, die sich hier einfinden konnten, liegt das Leuchten dankbarer Gläubigkeit. Die Strassen erbeben von den Rufen der Treue, der Liebe, des Glaubens ... Der milde Schein der Morgensonne ... flirrt um die jahrhundertealten Türme dieser deutschesten der deutschen Städte: Nürnberg ... Mit welch herzlicher Güte tritt der Führer zu den ... Bäuerinnen, ergreift die nur scheu und zaghaft gereckten Hände, lacht, lächelt ... welche feierliche Kraft, welcher männliche Ernst spricht aus seinen Zügen ... Und immer wieder spüren wir es mit einer beinahe mythisch zu nennenden Gewalt: Wie sehr gehört dieses Volk zu seinem Führer, wie sehr gehört der Führer zu ihm. Aus jedem Blick ... spricht das Bekennen und das Gelöbnis: Wir gehören zusammen. In ewiger Treue zusammen."

Wie immer nach einem großen Schauspiel der Partei, fühlt sich Streicher auch diesmal als Gewinner. Er ist der Hausherr, der in seinem Haus machen kann, was er will, sobald Hitler und seine Gefolgschaft abgezogen sind und die Welt nicht mehr auf Nürnberg schaut. Er setzt seinen Privatfeldzug gegen die Juden in Nürnberg und Franken fort. In der Vorweihnachtszeit organisiert er einen ausgedehnten „Weihnachtsgeschäfts-Boykott" gegen jüdische Geschäfte, bleut den Menschen ein, ihre Geschenke bloß nicht beim Juden zu kaufen. Auch eine strikte Anweisung des Reichswirtschaftsministers, solche Ausfälle zu unterlassen, kann Streicher nicht aufhalten. Er nimmt Konflikte mit den Behörden gern in Kauf. Sein Führer hat ihm beim Reichsparteitag doch wieder gesagt, wie sehr er ihm vertraut, und das heißt für Streicher: Narrenfreiheit.

Diese Freiheit benutzt der gefährliche Narr, und Hitler rügt ihn auch nicht für seinen unerlaubten Boykott. Offenbar mißt auch er den Anweisungen seines Reichswirtschaftsministers keine ernsthafte Bedeutung bei. Stattdessen ehrt Hitler seinen fränkischen Spießgesellen.

Streicher hat am Dienstag, 12. Februar 1935, seinen 50. Geburtstag. Hitler kommt schon einen Tag vorher nach Nürnberg, angeblich unangemeldet, und angeblich weiß auch Streicher nichts davon. Gegen 13 Uhr trifft der Führer mit einem FD-Zug aus München ein. Seine Adjutanten Brückner und Schaub sind dabei, auch Reichspressechef Otto Dietrich. Sie fahren zu Streichers Wohnung, Hitler in bester Laune. Das Ergebnis einer Abstimmung im Saarland vom 13. Januar, wo 90,8 Prozent der Bevölkerung sich für Deutschland und damit für seine Regierung ausgesprochen haben, beflügelt ihn. Er überreicht Streicher sein Porträt mit einer „herzlichen, persönlichen Widmung", wie die „Fränkische Tageszeitung" am nächsten Tag schreibt. Nachmittags schaut Hitler sich „sein" Haus an, das sogenannte „Hitler-Haus" in der Marienstrasse. Es gefällt ihm gut, besonders die „klare, gediegene und einfache Inneneinrichtung", sagt er.

Abends gegen 18 Uhr im sogenannten Baumgärtner-Zimmer des „Deutschen Hofs": Streicher hat 150 alte Parteigenossen auf Kosten der Gauleitung zum Essen eingeladen. Dabei sein Stellvertreter und „Stürmer"-Schriftleiter (das Wort Redakteur ist im NS-Jargon verpönt) Karl Holz, sein Adjutant, SA- Standartenführer Hanns König, Nürnbergs Polizeipräsident Dr. Benno Martin und der kurioserweise zum „Gaurichter" aufgestiegene Streicher-Intimus und Allzweckparteigenosse, der zu allem einsetzbare Stadtrat Georg Gradl.

Die 150 „alten Kämpfer" springen wie elektrisiert auf hinter den langen, weiß gedeckten Tischen, als sie Hitler sehen. „Schier unendlich ist der Jubel, und die Heilrufe wollen kein Ende nehmen", steht am nächsten Tag in der NS-Presse, „froh bewegte, glückliche Stimmung hat alle ergriffen ... der Führer mit Julius Streicher inmitten der treuesten Männer und Frauen Nürnbergs." Hitlers ergebene Franken.

Streicher spricht von der Zeit, „als manche schon glaubten, daß ich abgesetzt worden sei. Ihr habt zu mir gehalten." Er meint wohl die Stegmann-Affäre. Sie muß ihm sehr zugesetzt haben, denn er wärmt diese Erinnerung bei jeder Gelegenheit auf. Dann wendet er sich Hitler zu: „In seiner schlichten Einfachheit ist er der große Mann, der uns ... immer beglückt hat", sagt er mit Schmelz in der Stimme, und wieder springen die 150 Genossen vor lauter Verzückung auf und schreien „Heil".

Hitler fühlt sich sichtlich wohl „in der Stadt seiner kampfgehärteten nationalsozialistischen Gemeinschaft", wie er dies formuliert, „in diesem Kreis der Fahnenträger der nationalsozialistischen Bewegung durch viele Jahre hindurch." Er nennt Streicher seinen „alten Freund und Kampfgefährten, der alle Zeit treu zu mir gestanden hat." Und dann reiht er diesen alten Freund ein ins große Weltgeschehen, er benutzt seine Zeitrechnung: „Lieber Streicher", sagt Hitler, nicht „Julius", obgleich sie doch Duzfreunde sind, der Name „Julius" hat Hitler noch nie gefallen, „lieber Streicher, heute, da Dein 50. Lebensjahr beginnt (in Wirklichkeit beginnt das 51te), heute ist das nicht nur die Wende eines halben Jahrhunderts, sondern eines Jahrtausends deutscher Geschichte. Dieses Jahr wird in der deutschen Geschichte weiterleben als das Jahr der deutschen Freiheit ... Wenn einmal schwere Stunden über uns kommen würden, dann weiß ich, hier in Nürnberg steht ein Stier, der keine Sekunde wanken wird."

Der „Stier" grinst von einer Backe zur andern, und die Glatze glänzt in vielen kleinen Schweißperlen: Da hat der Hitler es wieder mal allen gesagt, daß er Streichers Freund ist! Hitlers Franken und ihr Bester.

Hitler drückt ausgerechnet Streichers blind ergebenem SA-Oberführer Wurzbacher besonders lang die Hand, als er sich von seinen Genossen verabschiedet. „... hat der Mann, der den Anbruch eines neuen Jahrtausends deutscher Geschichte einleitete, sein wunderbares Treueverhältnis und seine enge Verbundenheit zu seinen alten Kampfgefährten bekundet", steht tags darauf in der „Fränkischen Tageszeitung".

Abends besuchen der „Führer" und sein „alter Kampfgefährte" mit einem erlauchten Kreis weniger Auserwählter – natürlich wieder Holz, König und Martin, aber auch Fürths Oberbürgermeister Jakob – im Fürther Stadttheater die Operette „Wenn die Liebe befiehlt", vor einigen Tagen erst hier uraufgeführt und von der NS-Presse enthusiastisch begrüßt: „Natürlicher Frohsinn, köstliche Stimmung, Reinheit und ursprüngliche Frische werden dieser Musik bald zur Volkstümlichkeit verhelfen." Hitler will seinen Beitrag leisten, daß „diese Reinheit und diese ursprüngliche Frische" jüdische Dekadenz aus deutschen Theatersälen hinwegfegt. Durch seine Anwesenheit ehrt er den weithin unbekannten Komponist Joseph Snaga aus Schlesien.

Dieser „volkstümliche Komponist" hat es seiner vaterländischen Gesinnung zu verdanken, daß er im fränkischen Fürth vor Hitler aufgeführt wird. Hier flicht man ihm einen besonders dicken Lorbeerkranz: „Während des vergangenen Jahrzehnts durch die bekannten jüdischen Machenschaften einer auf schlechte und seichte Instinkte spekulierenden Operettenfabrikation ausgeschaltet, hat er treu zu dem als richtig erkannten Weg gehalten, und das sei ihm zu hohem Lobe angerechnet. Diese Ausdauer erntet nun im Dritten Reich den verdienten Lohn."

Auch Hitler beweist Ausdauer und sieht sich die NS-Volksoperette bis zum Ende an. Ob sie ihm gefallen hat, will er nicht sagen. Bis zur Abfahrt seines Zuges um Mitternacht sitzt er mit Streicher und ein paar handverlesenen „alten Kämpfern" zusammen.

Am nächsten Tag, dem eigentlichen Geburtstag, überschlägt sich die NS-Presse zu Streichers Fünfzigstem. Die Glückwunschadressen gedeihen in ihrem teils lächerlichen, teils widerwärtigen Byzantinismus zu einer Götzenanbetung der besonderen Art.

1935: Streicher – „der gute Geist Frankens"

Natürlich tut die „Fränkische Tageszeitung", Streichers leibeigenes Blatt, sich besonders hervor. Sie räumt ihre Titelseite frei von jeglicher Tagesnachricht, plaziert dort stattdessen die Abbildung einer übergroßen Streicher-Büste und umrankt dieses Bildnis eines häßlichen Mannes mit ekstatischen Ergüssen:

„... der dem Führer dieses herrliche, alte deutsche Land eroberte, wurde er der Vater, der gute Geist Frankens, der Frankenführer, wie ihn heute Kinder, Erwachsene, Männer und Frauen, wie ihn seine Franken voller Achtung und Liebe, voller Treue und Dankbarkeit nennen ... Julius Streicher ist einer der Großen unserer Zeit ... nur ein wahrhaft nordischer Mensch, ein innerlich reicher und weltanschaulich geschlossener Mensch vermag ein so hohes Maß an Opfer und Hingabe aufzubringen ... die Kinder auf der Strasse eilen zu ihm, schmiegen sich an ihn und sehen vertrauend mit glücklichen Augen zu ihm empor."

Wie hat der Maler Max Liebermann gesagt, als er am 30. Januar 1933 in Berlin die braunen Kolonnen vor Hitler marschieren sah: „Ich kann gar nicht so viel essen, wie ich kotzen möchte."

Streicher ein „nordischer Mensch" – da kann jeder, der nicht mit völliger Blindheit geschlagen ist, nur mitleidig lächeln.

Bezeichnend eine ganzseitige Anzeige des „Stürmer" in der „Fränkischen Tageszeitung", dem Bruderblatt, zu Streichers 50. Geburtstag. Geschmückt mit einer Federzeichnung, die den stolzen „Frankenführer" zeigt, trägt sie den fast täglich wiederkehrenden Text: „Wer beim Juden kauft, ist ein Volksverräter" und „Die Juden sind unser Unglück". So feiert Streicher seinen Geburtstag am liebsten.

Noch einer hat Geburtstag, am selben Tag wie Streicher: Polizeipräsident Dr. Benno Martin wird 42. Die NS-Publizisten widmen auch ihm rosige Worte, die sich gut anfügen an die Elogen für den „Frankenführer": „So beglückwünschen wir ... auch den treuen Gefolgsmann und nimmermüden Begleiter Julius Streichers, Polizeipräsident Dr. Martin, als einen der Unsrigen, als einen Mann der Pflicht, der nach der Losung lebt: Alles für Deutschland!" Nur die halbe Wahrheit, wie Insider wissen.

Streichers Hetze wird noch aggressiver. Die Spalten seiner „Fränkischen Tageszeitung" füllen sich mehr und mehr mit Schmähungen und Rufmord. Feige Souffleure werden eingeladen, jeden zu „verpfeifen", der den Pfad der Partei verläßt. Da steht zu lesen, daß der „Abzahlungsjude" Bucki aus der Landgrabenstraße 83, der „Schrecken der Geschäftswelt", der sich „frech und unverschämt" benehme, wie das „eben nur ein Jude kann", von einem Geschäftsinhaber aus dem Laden geworfen wurde. Der Kommentar: „So ist es richtig!" Und daß es in Stein Volksgenossen gebe, die frühmorgens um 5 Uhr mit Juden Geschäfte machen: „Sie brauchen dies nicht heimlich zu tun, wir kennen ihre Namen..."

Diese üble Zuträgerei geht so weit, daß die Metzger-Innung ihre eigenen Kollegen in der Zeitung an den Pranger stellt: „Von den Einnahmen anläßlich des letzten Reichsparteitags haben bisher folgende Metzgermeister keine Abgaben geleistet..." Es folgen elf Namen. „Wir hoffen", so droht die Metzger-Innung und fordert die mit der Partei vereinbarte Umsatzbeteiligung ein, „daß es nur dieses Hinweises bedarf, um auch die anderen säumigen Berufsmitglieder an ihre Pflicht zu erinnern, da sonst unnachsichtlich weitere Namensnennungen erfolgen".

Die beliebte Erpressermethode, unbequeme Leute öffentlich beim Namen zu nennen, um sie auf diesem Weg klein zu kriegen und kalt zu stellen, wenden die Nazis bei jeder Kleinigkeit an. Im Fürther Teil der „Fränkischen Tageszeitung" findet sich die Nachricht, daß der ledige Simon Turbanisch, 21 Jahre alt, aus der Königstraße 7 in Fürth, für sechs Monate im KZ Dachau „untergebracht" wird. Der junge Mann sei „infolge seines sittlichen Verschuldens" der öffentlichen Fürsorge zur Last gefallen und habe sich niemals ernsthaft um Arbeit bemüht. Simon Turbanisch kann sich wohl kaum noch in Fürth sehen lassen, falls er nach sechs Monaten aus Dachau zurückkehren sollte. Doch damit ist nicht zu rechnen.

Der noch immer nicht bewältigte „Kirchenkampf" liegt den Nazis schwer im Magen, sie haben die Reaktion der Bevölkerung falsch eingeschätzt. Auch begeisterte Hitler-Anhänger lassen sich ihre Kirche nicht schlecht reden. Die Partei in Nürnberg sieht sich zum Rückzug gezwungen. Viele evangelische Pfarrer legen sich, zum Teil recht erfolgreich, mit der Gauleitung an, füllen die Kirchen mit Bittgottesdiensten, ziehen – wie am 16. Oktober 1934 – mit singenden Chorälen von der Lorenzkirche zum Adolf-Hitler-Platz und bringen die NS-geförderte Kirche der „Deutschen Christen" ernsthaft in Bedrängnis. Eine von der Gauleitung in Nürnberg neu gegründete Landesgruppe der „Reichskirchenbewegung Deutscher Christen" bekommt keinen Fuß auf den Boden, gerade mal in den Gemeinden Maxfeld, St. Peter und Eibach kann sie sich mühsam halten.

Nun ziehen die Parteiredner durchs fränkische Land und bitten um „Gut Wetter" bei ihren christlichen Nachbarn. In Dinkelsbühl beteuert Holz: „Es ist eine lächerliche Behauptung, daß der Nationalsozialismus eine neue Religion bringen wolle ... solche Lügen sollen nur Mißgunst und Zwietracht säen, sie dienen nur dem internationalen Judentum ... im Deutschland Adolf Hitlers ist die Religion geschützt, so lange die Hakenkreuzfahne weht." Solche Sprüche können nicht darüber hinwegtäuschen, daß die Kirche den fränkischen Nazis Paroli geboten hat. Sie läßt sich nicht vereinnahmen, aber der Kontrolle des Regimes wird sie nie entgehen. An die unter der wehenden Hakenkreuzfahne geschützte Kirche mag keiner so recht glauben.

Die absolute Kontrolle hat die fränkischen Kommunen inzwischen bis zur letzten Einöde voll erfaßt, alles ist „vereinheitlicht". Mit der neuen „Deutschen Gemeindeordnung" vom 30. Januar 1935 ist das „Führerprinzip" auch in Städten und Gemeinden eingezogen. Wozu noch einen Stadtrat? Kontroverse Diskussionen und ausgewogene Beschlüsse gibt es nicht mehr, die Stadt- und Gemeinderäte – alle von einer einzigen Partei, der NSDAP – haben sowieso nichts zu sagen, der Bürgermeister oder Oberbürgermeister führt aus, was der Kreisleiter oder Gauleiter befiehlt, und damit basta.

Folgerichtig tritt der Nürnberger Stadtrat am 19. März 1935 zum letzten Mal zusammen. Zu diesem Zeitpunkt hat Nürnberg nur noch 24.618 Arbeitslose. Draußen im Osten der Stadt und im Landkreis Hilpoltstein hat der Autobahnbau begonnen, 1.500 Männer sind beschäftigt, darunter viele ehemalige Arbeitslose aus Nürnberg, Weißenburg, Neumarkt und Aschaffenburg. Im Luitpoldhain und am Dutzendteich wird unter Hochdruck geschuftet, die Bauten der Reichsparteitage müssen gigantisch werden. Im Oktober werden neue, sogenannte Ratsherrn für den Nürnberger Stadtrat „berufen", nicht gewählt. „Ratsherrn", weil das in alten Zeiten so geheißen hat, denn die Nazis wollen ja Traditionen hoch halten. Doch diese Herren sitzen nur zur Dekoration und als Claqueure auf ihren Stühlen. Nürnberg wird in 25 NS-Ortsgruppen aufgeteilt; in sogenannten „Sprechabenden", meist abgehalten im braunen Dunst von Wirtshaus-Nebenzimmern, sollen die Parteigenossen „neuen Glauben, neuen Mut, neue Kraft ... und das Rüstzeug ... für unseren täglichen Daseinskampf" empfangen.

Die Gauleitung Franken läßt sich nicht lang bitten, die neue Gemeindeordnung in ihrem Sinn auszulegen. Nur der Gauleiter oder das Gauamt dürfen fortan leitende Stellen in der Kommunalverwaltung besetzen. Vorschläge sind zwar erlaubt, aber die Entscheidung liegt bei Streicher, dem „Frankenführer" von Hitlers Gnaden und alleinigem Herrscher zwischen Main und Donau. Kreisleiter sind die Beauftragten der NSDAP, ihr Wort gilt. Gefällt dem Kreisleiter die Nase des Bürgermeisters nicht, geht der besser freiwillig.

So etwas passiert dem Bürgermeister Schamel von Baiersdorf bei Erlangen. Das „Gauamt für Kommunalpolitik Franken" teilt ihm mit, daß seine Bestätigung zum Bürgermeister widerrufen werde, weil er „das zur Amtsführung benötigte Vertrauen der Bewegung, insbesondere der Gauleitung Franken, nicht mehr besitzt." Dem verunsicherten Bürgermeister legt die Gauleitung einen Fragebogen vor. Die Obernazis in Nürnberg wollen Antwort auf Fragen wie: „Durch Vermittlung welcher politischen Partei sind Sie Stadtrat in Baiersdorf geworden? Welche politische Zusammensetzung hat jene Mehrheit aufgewiesen, die Sie vor sechs Jahren zum Bürgermeister erwählte? Trifft es zu, daß Sie a) im Jahr 1934 bei der jüdischen Firma Katz in Erlangen Ihre Paßbilder haben anfertigen lassen und b) trotz mehrmaliger Aufforderung und entgegen Ihrer Zusage keine Judentafeln in Baiersdorf haben anbringen lassen?"

Der Baiersdorfer, ein Bürgermeister aus der Zeit vor 1933, den die Nazis los werden wollen, wehrt sich so gut er kann, protestiert – mit wechselndem Erfolg – bei der Reichsleitung in München, aber viele frohe Stunden wird er nicht mehr haben. Die Lawine, von der Gauleitung losgetreten wegen seiner „Vergehen in der Judenfrage", wird ihn eines Tages verschütten.

Die Einmischung der Partei steigert sich mitunter bis zur Lächerlichkeit. In ihrem Tätigkeitsbericht vom Januar 1935 nimmt die Gauleitung eine Anregung aus Schwabach auf, die Friseure sollen „nach dem Haarschnitt die Haare nicht achtlos wegwerfen, denn Haare stellen ein ausgezeichnetes Düngemittel dar." Die etwa 11.000 Nürnberger Kleingärtner, nach Ansicht der Partei „marxistisch verseucht", werden verstärkt überwacht. Übernachtungen in den Schrebergärten müssen beim „Führer" der Anlage gemeldet werden. „Wer sich nach 9 Uhr abends ... noch in den Kolonien aufhält oder auch tagsüber in verdächtigen Gruppen sammelt, muß mit einer Kontrolle rechnen. Widerstand ... ist zwecklos."

Mit Genugtuung wird im Juni 1935 vermerkt, daß „seit Beginn des Jahres aus Nürnberg-Fürth 13 Personen, die ihre Angehörigen schuldhaft der öffentlichen Fürsorge zur Last fallen lassen, Trinker und hartnäckig Arbeitsscheue in das KZ Dachau oder in ein Arbeitshaus verbracht wurden."

Eiferer, wie die SA-Gruppe Franken, sammeln zum Geburtstag ihres „Führers" 180.354 RM und stehen damit weit an der Spitze aller deutschen SA-Gruppen. Die Spenden für das „Winterhilfswerk" in der abgelaufenen Saison schießen auch mächtig ins Kraut: 4.027.807 RM und 96 Pfennige kommen im Gau Franken zusammen. Wenn das der „Führer" hört, wird er sich freuen. Er ist seinen Franken in diesem Jahr besonders nah und in seiner „Stadt der Reichsparteitage" sehr häufig zu Gast. Neunmal wird er 1935 in Nürnberg gesehen, zählt man seine Anwesenheit beim Parteitag nicht dazu. Im Februar ordnet er an, daß das Opernhaus innen umgebaut wird, der Jugendstil von 1904 gefällt ihm nicht mehr, er will alles in Neubarock, vom Foyer über den Zuschauerraum bis zur Bühne. Nur so sei die Nürnberger Kunststätte eines Richard Wagner und seiner „Meistersinger" würdig. Die eiligst angeleierte Schönheitskur kostet weit mehr als eine Million, in den dreißiger Jahren enorm viel Geld. Doch bis zum unguten Ende soll der Opernhaus-Umbau dem „Führer" noch manche schlaflose Nacht bereiten.

Zum beschleunigten und kontrollierten Aufbau des Reichsparteitagsgeländes erläßt Hitler am 25. März 1935 ein „Gesetz über den Zweckverband Reichsparteitage Nürnberg". Es wird sofort umgesetzt. Am 6. April tagt der Verwaltungsrat im Prunksaal des Rathauses zum ersten Mal. Dem Zweckverband gehören die Partei an, das Reich, das Land Bayern und die Stadt Nürnberg. In erster Linie soll er sich um die Finanzierung der Momumentalbauten durch Spenden und Beiträge kümmern, fordert Hitler. Die Stadt Nürnberg kann aufatmen: Die Millionenlast ist ihr von den Schultern genommen, jetzt müssen das Reich und die Partei die Zeche bezahlen, und damit sind hauptsächlich die Parteigenossen gemeint.

Hitler hat einen verrückten Einfall: Zum Vorsitzenden des kommerziellen Zweckverbands ernennt er den Reichsminister für Kirchenfragen, Hanns Kerrl. Es läßt sich nur vermuten, was ihn zu dieser Entscheidung bewogen hat: Hier werden Kultstätten des Nationalsozialismus gebaut, Altäre für das Hochamt der Partei, hier wird eine neue Religion gepredigt. Warum diese Aufgabe nicht dem Kirchenminister zuschanzen? Abwegig ist diese Überlegung nicht. Kerrls Stellvertreter wird der oberbayerische Gauleiter und bayerische Innenminister Adolf Wagner, zu den Verwaltungsräten gehören Bayerns Ministerpräsident Ludwig Siebert, einst Oberbürgermeister von Rothenburg ob der Tauber, und Nürnbergs Oberbürgermeister Liebel, der die Geschäfte betreut. Streicher ist nicht dabei.

Für eine kurze Weile ist Hitler abgelenkt. Der Hypochonder hat Angst um seine Stimme. Er entdeckt Knötchen an den Stimmbändern und denkt sofort an Krebs. Seine Mutter ist an Brustkrebs gestorben. Das Schicksal Kaiser Friedrich III., 1888 einem Kehlkopfkrebs-Leiden erlegen, läßt ihn nicht los. Auch bei dem Kaiser hat es mit solchen Knötchen angefangen. Nicht auszudenken, der „Führer" könnte keine Reden mehr halten. Ein Reichsparteitag ohne seine Ansprachen – undenkbar. Hitler redet aus Leidenschaft. Er kann stundenlang reden, und wenn die Menge tobt, verliert er Maß und Zeit. Er schwitzt ein Hemd durch und verliert drei Kilo. Orgasmus nach Art des Führers, einen anderen kennt er ganz offensichtlich nicht.

Aber Professor Eicken, ein „echt deutscher Arzt", wie Goebbels erleichtert feststellt, kann den „Führer" beruhigen: Die Knötchen an den Stimmbändern sind harmlos. Keine Gefahr.

Damit wendet sich Hitler wieder seinen Granitbauten auf dem Reichsparteitags-Gelände zu. Mit Speer will er im Sommer 1935 auf dem Weg von Weimar nach Nürnberg über die Skizzen für die gesamte Anlage sprechen, die sich auf eine Fläche von 16,5 qkm erstrecken, vermutlich zwischen 700 und 800 Millionen Reichsmark kosten und mindestens acht Jahre Bauzeit beanspruchen wird.

Aber die beiden „Baumeister" finden keine Zeit für dieses Gespräch, Hitler ist nicht bei der Sache. Überall stehen Menschen am Strassenrand und jubeln ihm zu, in dem Städtchen Hildburghausen, nahe der Grenze zwischen Thüringen und Oberfranken, will er zu Mittag essen, aber die Wirtin der kleinen Gastwirtschaft ist so aufgeregt, daß sie die Spaghetti verkocht. Schließlich führt Winifred Wagner im Bayreuther Haus Wahnfried den „Führer" an den gedeckten Tisch, und Hitler studiert erst nachts Speers Skizzen. Am nächsten Morgen, noch vor der Abfahrt, läßt er seinen Lieblingsarchitekten rufen. „Mit Ihrem Plan bin ich einverstanden", sagt er, „wir werden noch heute mit Liebel darüber sprechen."

In Nürnberg redet Hitler eine Stunde lang weitschweifig um das Projekt herum, bis er endlich Speers Plan auf den Tisch legt. Liebel, an Befehle gewöhnt, findet den Entwurf „ausgezeichnet". Wieder zögert Hitler eine Weile, dann sagt er, beinahe entschuldigend: „Den Plänen muß der Tiergarten geopfert werden, dort werden die neue Kongreßhalle und die Aufmarschstraße gebaut. Können wir das den Nürnbergern zumuten? Sie hängen doch so sehr daran, wie ich weiß. Wir bezahlen natürlich einen neuen, viel schöneren Tiergarten." Hitlers Blick streift Liebel. Ungewöhnlich, diese Rücksicht des „Führers", so ist er doch sonst nicht. Liebel verbirgt sein Erstaunen und beeilt sich, vorzuschlagen, man müsse halt den Aktionären ihre Anteile abkaufen. Hitler ist mit allem einverstanden, er scheint richtig erleichtert, keinen Widerstand zu finden. Liebel erkennt sofort die große Chance. So billig kommt er nie wieder zu einem neuen Tiergarten. Später sagt er zu seinen Mitarbeitern: „Warum hat der Führer eigentlich so lange auf uns eingeredet? Natürlich bekommt er den alten Tiergarten. Der alte war sowieso nix mehr wert."

Am 17. August taucht Hitler wieder in Nürnberg auf. Als erstes geht er vom „Deutschen Hof" gleich nach nebenan ins Opernhaus, das er ja so gern in Neubarock sehen will. Er ist arg enttäuscht. Der Architekt Professor Schultze-Naumburg, früher Direktor der Kunsthochschule in Weimar und mit der Ausführung betraut, habe alles verkorkst, meint Hitler, „ich hab's ja vorausgesehen." Nun habe dieser Mann, beim „Kampfbund Deutscher Kultur" eine große Nummer, zum zweiten Mal Mist abgeliefert. Erst ein mißlungener Entwurf zu einem sogenannten „Parteiforum", das Ding habe ausgesehen wie der „übergroße Marktplatz einer Provinzstadt", urteilt „Baumeister" Hitler. Und jetzt diese Pleite. Hitler entläßt Schultze-Naumburg auf der Stelle und verbannt ihn aus Nürnberg. Nun hofft er auf die Einfälle der Frau Professor Troost, Witwe des von ihm verehrten und im Januar 1934 verstorbenen Architektur-Professors Paul Ludwig Troost. Versöhnt ist Hitler erst, als er den Luitpoldhain und das Zeppelinfeld besichtigt. Es gefällt ihm, was er hier sieht. „Da kann Nürnberg stolz und glücklich sein", sagt er.

Am 5. September schickt Hitler seinen Reichspropagandaminister Goebbels wieder nach Nürnberg. Er soll die Kongreßhalle am Luitpoldhain besichtigen, die Speer umgestaltet und mit einem Vorbau aus Muschelkalkstein versehen hat. Das „Nationalsozialistische Sinfonieorchester" muß vorspielen, damit Goebbels und seine Mitarbeiter die Akustik prüfen können. Der promovierte Germanist Goebbels versteht nicht viel davon, der Buchdrucker Liebel noch weniger und der mitgereiste Landwirt Martin Bormann, Reichsleiter und Hitlers böser Geist, schon gar nichts. Aber alle drei nicken zustimmend mit dem Kopf, der Kapellmeister ist glücklich. Dann fliegt Goebbels mit Streicher zu Hitler nach München.

Der Reichsparteitag 1935 ist für die Tage vom 10. bis 16. September angesetzt. „Parteitag der Freiheit" soll er heißen, besonders bedeutungsvoll für das Regime werden – und der Stadt Nürnberg einen traurigen Ruhm einbringen, der ihr länger als die tausend Nazi-Jahre anhängen wird.

Am Freitag, 6. September, rollt der erste Sonderzug mit 1.200 Berliner Hitlerjungen an, uniformierte Buben aus Duisburg, Minden, Flensburg und Gleiwitz folgen. Der 60jährige SA-Mann Max Schreiber fährt in 14 Tagen auf einem Hochrad, Baujahr 1886, von Berlin nach Nürnberg, ein 71jähriger Fanatiker im Braunhemd marschiert von der Nordsee bis zum Dutzendteich. Polizeipräsident Martin verlängert die Sperrstunde für Nürnberg-Fürth auf 5 Uhr morgens, und seine eifrigen Schutzleute beschlagnahmen im Lager der Firma Erlenbach in der Kaiserstraße eine Ladung Hakenkreuzfahnen. Hat doch diese jüdische Firma sich erdreistet, Nazifahnen zu verkaufen. „Eine Verunglimpfung der Symbole des Reiches und eine ganz geschmacklose jüdische Geschäftemacherei", empört sich die Gauleitung, und Streicher sagt zu Arbeitsmännern, die zwei Tage vor Beginn des Festivals in der Königstraße aufmarschieren: „Leute, die die Bewegung ablehnen, wollten am Reichsparteitag Geschäfte machen."

Seinen Judenhaß kann der „Frankenführer" auch am Parteitag nicht zügeln. In seinem Geleitwort zur Eröffnung schreibt er: „Daß sich der Reichsparteitag 1935 vollzieht inmitten einer von Juden gehetzten Welt, läßt uns die Größe der Aufgabe erkennen, zu deren Lösung das Schicksal den Nationalsozialismus auersah."

Bald wird diese Lösung „Endlösung" heißen.

Die Gauleitung appelliert an die Nürnberger: „Es ist eine Selbstverständlichkeit, daß Nationalsozialisten und selbstbewußte Deutsche ihre Käufe nur in deutschen Geschäften tätigen. Um den vielen Fremden das Auffinden der für sie allein in Betracht kommenden deutschen Geschäfte zu erleichtern, ... werden diese durch das Arbeitsfront-Abzeichen (Hakenkreuz mit Zahnrad umgeben) kenntlich gemacht."

Wohl die wenigsten der angereisten über 438.000 Volksgenossen von Partei, SA, SS, NS-Kraftfahrkorps (NSKK), NS-Fliegerkorps (NSFK), Wehrmacht, Reichsarbeitsdienst (RAD), Hitlerjugend (HJ), Werkscharen und NS-Frauenschaft werden Streichers Gekeife zur Kenntnis nehmen. 165.383 sind untergebracht in Massenquartieren wie Schulen, Turnhallen und Sälen, 234.700 in Biwaks auf dem Langwasser-Gelände und 38.000 in Privatquartieren.

Wie viele von diesen 38.000 Parteigenossen auch wirklich zu den endlosen Kundgebungen und Aufmärschen pilgern, bleibt, zum Glück, ein Geheimnis. Viele haben es wohl gehalten wie der Senatspräsident Z. aus Rostock. Kaum angekommen, fragt er seinen Gastgeber: „Können Sie Skatspielen? Haben Sie einen dritten Mann?" Der Nürnberger Quartierherr beantwortet beide Fragen mit ja. Er weiß auch, wo es die besten Bratwürste mit Sauerkraut gibt. Nur deshalb sei er gekommen, sagt der Senatspräsident. Eine Woche lang verbringen die drei Herren jeden Abend bei Skatspiel und Bratwurst. Tagsüber geht der Gast in der Sonne spazieren. Eine Veranstaltung sieht er nicht, keine einzige. Er will auch keinen Nazi sehen – weder Hitler noch Göring oder Goebbels, den Streicher schon gar nicht. Der Gastgeber fragt ihn am Tag der Abreise: „Was erzählen Sie denn ihren Kollegen und Freunden zuhause, wie es war in Nürnberg?" Die verschmitzte Antwort: „Ich hab' mir die Zeitungen aufgehoben, da steht ja alles drin."

In einer dieser Zeitungen, dem NS-Blatt „Fränkische Tageszeitung", schreibt der Hauptschriftleiter am 10. September: „Nürnberg ist in diesen Tagen Deutschland ... Der Name Nürnberg wurde zum hehren Begriff der in unsere Zeit hineinragenden alten deutschen Städteherrlichkeit. Nürnberg – wahrhaft steingewordener Ausdruck des Deutschtums."

Ein Blick ins Programm des Reichsparteitags macht Hitlers Angst verständlich, seine Stimmbänder könnten versagen. Siebzehnmal muß er sprechen. Bösartige Knötchen hätten ihm all dies versagt:

Dienstag, 10. September: 18 Uhr Empfang im Rathaus. Der Führer spricht. Er bekommt eine Nachbildung des deutschen Reichsschwerts überreicht. Abends im Opernhaus, Furtwängler dirigiert die „Meistersinger". Hitler bestimmt, daß das Schlußbild der Festwiese dem ausgeflaggten Zeppelinfeld ähnlich zu sehen habe.

Mittwoch, 11. September, 16.30 Uhr: Grundsteinlegung zur neuen Kongreßhalle am Dutzendteich. Der Führer spricht. 20 Uhr, Kulturtagung im Opernhaus. Der Führer spricht.

Donnerstag, 12. September: 10 Uhr Appell von 54.000 Männern des Reichsarbeitsdienstes. Der Führer spricht. (Sitzplatz 2 RM, Stehplatz 30 Pfennig).

Freitag, 13. September: 17 Uhr, Appell der 180.000 Politischen Leiter auf der Zeppelinwiese. Der Führer spricht: „Für mich seid Ihr die politischen Offiziere der deutschen Nation, mit mir verbunden auf Gedeih und Verderb."

Samstag, 14. September: 10 Uhr, Appell der 50.000 Hitlerjungen im Stadion. Der Führer spricht: „In unseren Augen, da muß der deutsche Junge der Zukunft schlank und rank sein, flink wie Windhunde, zäh wie Leder und hart wie Kruppstahl. Wir müssen einen neuen Menschen erziehen." Die „Fränkische Tageszeitung" erkennt „tiefe Freude und Güte, die aus dem Antlitz Adolf Hitlers leuchtet, als er seiner ihm zujubelnden HJ dankt." 11.30 Uhr, dritte Jahrestagung der „Deutschen Arbeitsfront", in der Kongreßhalle. Der Führer spricht. Sonntag, 15. September: 8 Uhr, Appell von 116.500 braun und schwarz gekleideten NS-Marschierern in der Luitpoldarena. Der Führer spricht. (Sitzplatz von 1 RM bis 10 RM). Abends vor dem Reichstag im Kulturverein. Der Führer spricht. Montag, 16. September: Tag der Wehrmacht. 16 Uhr, der Führer spricht zur Truppe, in Paradeaufstellung angetreten. (Sitzplatz 3 RM, Stehplatz 30 Pfennig). 18.30 Uhr Fortsetzung und Schluß des Reichsparteitags in der Kongreßhalle: „Die Partei ist die politische Auslese der Nation ... Sie muß den Grundsatz vertreten, daß alle Deutschen weltanschaulich zu Nationalsozialisten zu erziehen sind, daß weiter die besten Nationalsozialisten Parteigenossen werden und daß endlich die besten Parteigenossen die Führung des Staates übernehmen. Was der Staat seinem Wesen nach nicht lösen kann, wird durch die Bewegung gelöst."

Mit diesem Satz erklärt Hitler nur unzureichend das Unfaßbare, das auf diesem Parteitag geschieht. Die „Judenfrage" in seinem Sinn zu lösen, dazu ist der Staat nicht geeignet, das kann nur die Bewegung, nur der Nationalsozialismus ist fähig dazu. Er macht sich den Staat zum Lakai, die Justiz zum Knecht, „Recht" gesprochen wird nach dem Dogma der Nazis.

1935: „Judengesetze" und die „Freiheit"

Hitler nutzt diesen Parteitag, um vor dem „Forum der Bewegung" zwei seiner scheußlichsten Gesetze, die jegliche Menschenwürde in den Staub ziehen und den Weg nach Auschwitz weisen, mit einem Paukenschlag zu verkünden: das sogenannte „Blutschutzgesetz" und das „Reichsbürgergesetz". Beide werden als „Nürnberger Gesetze" in die Geschichte eingehen und den Namen der Stadt beschädigen, die Nürnberger freilich haben damit nicht das geringste zu tun.

Die Verfolgung und Diskriminierung der Juden ist seit 1933 durch zahlreiche Gesetzeswerke auf allen möglichen Gebieten scheinlegalisiert. Das genügt Hitler nicht. Es geht ihm nicht nur um „Säuberung" im Beruf, im kulturellen Leben, im Alltag überhaupt. Er will die Juden vom deutschen Volk gänzlich trennen, sie ausschalten und ächten. Denn dies – so Hitler – ist eine Rassenfrage, und die kann nur durch strafrechtliche Bestimmungen zur „Reinerhaltung der Rasse" geklärt werden, durch ein grundsätzliches „Judengesetz". Hitler will einen der Kernpunkte seines Parteiprogramms zum Strafrecht erheben.

Noch 1934 hat die Justiz Verbote der „Mischehe" und des Geschlechtsverkehrs zwischen „Arieren" und Juden abgelehnt oder die Augen verschlossen, wenn Parteibüttel dies trotzdem anordneten. Dafür gebe es keine juristische Handhabe. Die führt nun die Partei herbei, und dabei hilft ihr Streichers „Stürmer". Er bereitet den Nährboden und setzt die Justiz durch seine perfiden Lügen unter Druck, indem er fortwährend über sogenannte „Schändungen arischer Mädchen durch Juden" schreibt. Diese systematisch betriebene Hetze Streichers ist ganz im Sinn Hitlers, er liest jede Ausgabe dieses rassenpornographischen Blattes. Im Innen- und Justizministerium werden, an der Kandare der Partei, Gesetzesentwürfe ausgearbeitet, aber nie zu Ende geführt.

Diese „Halbheiten" will Hitler jetzt beenden, er befiehlt ein umfassendes „Judengesetz", und zwar über Nacht. Keine bessere Bühne als der Reichsparteitag in Nürnberg. Am Freitag, 13. September, ergeht die Weisung, am Sonntag, 15. September, soll das Gesetz vollendet sein und verkündet werden. Ein Versatzstück, das sich Gesetz nennt, ein Werk des Teufels, im Höllentempo gebastelt.

Eiligst zusammengetrommelte, einige erst eingeflogene Beamte des Innen- und Justizministeriums sitzen einen Tag und eine Nacht lang zusammen, in der Polizeidirektion an der Ludwigstraße und im Quartier des Reichsinnenministers in Erlenstegen. Sie formulieren, artikulieren, feilen, verdrehen, verwerfen. Heraus kommt zwangsläufig ein Gestöpsel, zusammengezimmert zwischen Kaffeesatz und Aschenbecher. Von Feinschliff keine Spur.

Reichsinnenminister Frick bringt die Entwürfe zu Hitler in den „Deutschen Hof". Der erste gefällt ihm nicht, der zweite auch nicht, dann wünscht er neue Änderungen und andere Zusätze. Darüber wird es Sonntagmorgen. Endlich ist Hitler einverstanden, verlangt aber zur „Abrundung" noch ein Gesetz, das „Reichsbürgergesetz". Die Beamten sind verzweifelt und der Erschöpfung nahe – aber Hitler bekommt auch dieses Gesetz noch am Sonntagvormittag.

Am Abend des selben Tags im Kulturverein. Die Abgeordneten des Reichstags sind versammelt. Hitler hält sich zurück, er sagt nicht viel. Er erweckt den Eindruck, den er seit seiner „Machtübernahme" in der Öffentlichkeit stets zu erwecken versucht: daß die Radikalisierung in der Judenfrage gar nicht von ihm ausgehe, sondern zwangsläufig geschehe, gewissermaßen eine Eigendynamik entwickelt habe. Diese Taktik wählt Hitler aus außenpolitischen Gründen. In Wahrheit ist er die treibende Kraft. Das hat er in dieser Nacht vom 14. zum 15. September 1935 wieder bewiesen.

Das erbärmliche Ergebnis zu verkünden, überläßt er einem andern, dafür ist der Reichstagspräsident Hermann Göring zuständig. Der „Dicke" ist überrascht, als die Texte der mit heißer Nadel gestrickten Gesetze ihm vorgelegt werden. Niemand hat ihn darauf vorbereitet. Geplant war nur die Verkündung des „Reichsflaggen-Gesetzes", das Schwarz-Weiß-Rot zu den Reichsfarben und die Hakenkreuzfahne zur Reichs- und Nationalflagge erklärt. Damit wird das Symbol des Nationalsozialismus zum offiziellen Wahrzeichen des Staates.

Aber nun muß Göring noch zwei Gesetze verlesen. Ob diese Texte der Würdelosigkeit ihm leicht über die Lippen kommen, läßt er sich nicht anmerken, und ob er wirklich meint, was er anschließend dazu sagen wird, weiß auch niemand.

Das „Gesetz zum Schutze des deutschen Blutes und der deutschen Ehre" hat gerade mal zwei Seiten DIN A 4, und es wird eingeleitet durch eine Präambel: „Durchdrungen von der Erkenntnis, daß die Reinheit des deutschen Blutes die Voraussetzung für den Fortbestand des deutschen Volkes ist, und beseelt von dem unbeugsamen Willen, die Deutsche Nation für alle Zukunft zu sichern, hat der Reichstag einstimmig das folgende Gesetz beschlossen ..." Das ist Hitlers Wortwahl, und die „Einstimmigkeit" seiner Reichstagsmarionetten hat er vorweggenommen – ist ja selbstverständlich: Der Führer hat nicht nur Recht, er ist das Recht. Das hat Göring voriges Jahr schon gesagt.

Paragraph 1: „Eheschließungen zwischen Juden und Staatsangehörigen deutschen oder artverwandten Blutes sind verboten, trotzdem geschlossene Ehen nichtig". Paragraph 2: „Außerehelicher Verkehr zwischen Juden und Staatsangehörigen deutschen oder artverwandten Blutes ist verboten." Paragraph 4: „Juden ist das Hissen der Reichs- und Nationalflagge und das Zeigen der Reichsfarben verboten." Wer sich nicht fügt, wird mit hohen Gefängnis- oder Zuchthausstrafen bedroht. Das Schandwerk unterzeichnen Hitler, Reichsinnenminister Dr. Frick, Reichsjustizminister Dr. Gürtner und der Stellvertreter des „Führers", Rudolf Heß.

In Paragraph 2 des „Reichsbürgergesetzes" wird verfügt: „Reichsbürger ist nur der Staatsbürger deutschen oder artverwandten Blutes, der durch sein Verhalten beweist, daß er gewillt und geeignet ist, in Treue dem deutschen Volk und Reich zu dienen." Juden kennen ja keine Treue zu Volk und Reich, sagen die Nazis, sie sind deshalb ausgeschlossen, sie dürfen keine deutschen Staatsbürger mehr sein. Mit diesem Tag sind sie Menschen zweiter Klasse.

Göring kommentiert die „heutigen Gesetze". Er nennt sie „Marksteine am Abschluß einer ersten Aufbauperiode des nationalsozialistischen Staates." „Wir wissen, daß die Blutsünde die Erbsünde eines Volkes ist ... Es ist fürwahr die Rettung in letzter Stunde gewesen, und hätte uns Gott und die Vorsehung den Führer nicht geschenkt, so wäre aus der Erbsünde, aus dem Verfall, Deutschland nie wieder aufgestiegen." Die „Vorsehung", schon wieder...
Während der Rede Görings wird der Rundfunk abgeschaltet. Man befürchtet „Unruhe im Volk", bemerkt Goebbels später.
Die Abgeordneten des Reichstags erheben sich artig und geschlossen von ihren Sitzen. Das bedeutet, daß sie die Gesetze annehmen. Anderes bleibt ihnen gar nicht übrig, in der Präambel hat Hitler diese „Einstimmigkeit" ja längst beschlossen. Er begründet die Gesetze damit, daß der Staat „in erster Linie die Ehe aus dem Niveau einer dauernden Rassenschande herauszuheben habe."
Goebbels bescheinigt seinem Führer, daß er „in glänzender Stimmung" und gerührt sei, als auslandsdeutsche Mädchen beim Abschied vor Ergriffenheit weinen. „Dieser Tag war von besonderer Bedeutung", schreibt er, „das Judentum ist schwer geschlagen. Wir haben seit vielen hundert Jahren als erste wieder den Mut gehabt, es auf die Hörner zu nehmen."
Streicher ist gar nicht zufrieden, er hat sich ein noch schärferes Gesetz gewünscht, das auch Mischlinge und „Achteljuden" einbezieht, Todesstrafe für „Blutschänder" und Sterilisierung der Juden und Halbjuden vorsieht. Auf einer Tagung der NS-Auslandsorganisation in Erlangen, bei der die hysterische und dauernd selbstmordgefährdete englische Faschistin Unity-Mitford am Präsidiumstisch sitzt, jammert er, daß die Judenfrage noch nicht gelöst sei.
Am Abend der Gesetzesverkündung zitiert der „Führer" den Gauleiter in sein Zimmer im „Deutschen Hof". Hitler, Kenner des „Stürmer", verlangt plötzlich, was ihn jahrelang nicht gestört hat: daß der „erotische Schmutz" aus dem Blatt zu entfernen sei. Der „Stürmer" brauche mehr „wissenschaftliches Niveau und NS-Ideologie". Streichers Einwände fegt Hitler vom Tisch, aber der „Stürmer" wird sich nicht ändern.
Der monatliche Tätigkeitsbericht der Gauleitung verhüllt die Enttäuschung des „Frankenführers", er zollt ihm scheinheilig hohes Lob: „Die Nürnberger Gesetze, die Bestätigung der langjährigen Arbeit des unermüdlichen und unerbittlichen Vorkämpfers in der Judenfrage, unseres Gauleiters Julius Streicher, bedeuten, haben besonders im Gau Franken helle Begeisterung ausgelöst." Bei der Nürnberger Stadtverwaltung, so der Bericht, gehen täglich Schrei-

ben von Parteigenossen aus dem ganzen Reich ein, „in denen Begeisterung über den Erlaß der Nürnberger Gesetze zum Ausdruck kommt."

Streicher legt sich jetzt mit Schacht an, weil der Reichsbankpräsident den „Führer" davon zu überzeugen versucht, daß die Nürnberger Judengesetze der Wirtschaft schaden. Die Welt blicke kritisch auf Deutschland, und da sollten wir vorsichtiger zu Werke gehen. Streicher beschimpft den ihm haushoch überlegenen Schacht in seiner bekannt üblen Art.

In dem Vorsitzenden des Nürnberger Sondergerichts, Oswald Rothaug, findet der „Frankenführer" einen Gesinnungsfreund und Seelenverwandten. Rothaug vollstreckt weniger das Recht als den Vernichtungswillen Streichers.

Vor dem Nürnberger Landgericht werden als Folge der Gesetze vom 15. September harte Urteile gefällt. Wegen angeblicher „Rassenschande" gibt es bis zu zehn Jahren Zuchthaus. Meist sind die Beweise dürftig, reichen sie nicht aus, werden sie konstruiert. Der Nürnberger jüdische Bürger D. L., zum Beispiel, muß für vier Jahre ins Zuchthaus, weil er eine „arische" Frau geküßt und ihr an den Busen gegriffen habe. Sogar die Betroffene selbst sagt unter Eid aus, es sei alles gelogen. Aber das Gericht läßt sich nicht beeindrucken, es beugt sich Streichers Forderung.

„Arische" und jüdische Ehepaare, die sich seit vielen Jahren kennen, werden bespitzelt. Man will ihnen „unerlaubte Beziehungen" unterschieben, obwohl nicht der geringste Anlaß dazu besteht. Läßt die Ehefrau sich von einem jüdischen Rechtsanwalt vertreten, kann dies schon ein Scheidungsgrund sein.

Zum Abschluß des Nürnberger Partei-Festivals setzt die „Fränkische Tageszeitung" ihrem Meister ein Denkmal: „Wenn man vom Reichsparteitag und damit von Nürnberg und Franken spricht, dann wird man immer auch den Namen Julius Streicher nennen müssen. Dieser Name ist und bleibt für alle Zeiten mit Nürnberg ... verbunden. Es ist sein Verdienst, daß diese Stadt die größte Auszeichnung erhielt, die der Führer je einer Stadt hat zuteil werden lassen."

Zu einer Hitler-internen Familien-Dissonanz kommt es am Rand des Parteitags 1935. Die Damen Angela Raubal, Hitlers sechs Jahre ältere Halbschwester und Hausdame auf dem Obersalzberg, und Eva Braun, Hitlers unberührte Dauerfreundin, können sich schon lange nicht leiden. Die Stichelei geht von der Raubal aus. Sie hat es nie verwunden, daß ihre Tochter Geli sich wegen Hitler erschossen und er sich zur Nachfolgerin diese Eva Braun ausgesucht hat. Schon deshalb findet sie die Freundschaft ihres Halbbruders zu der unscheinbaren Eva Braun unpassend, und sie lauert nur auf eine Gelegenheit, die beiden auseinander zu bringen.

Die Damen haben auf einer Ehrentribüne Platz genommen, Eva inmitten ihrer Freundinnen. Jetzt glaubt die Raubal, den gesuchten Anlaß gefunden zu haben. Die Eva benehme sich viel zu auffällig, sagt sie, sie sei unangemessen laut und vorwitzig, spiele sich dauernd in den Vordergrund und prahle vor den Freundinnen mit ihrem Verhältnis zu Hitler. Das plaudert die Raubal überall herum, hetzt die anderen Damen auf gegen die Braun und beklagt sich schließlich bei ihrem Halbbruder. Sie weiß, daß Adolf solche Attitüde haßt, und deshalb ist sie überzeugt, daß er die Eva sofort rauswerfen wird. Aber die hat vorgesorgt, schon als sie die Feindschaft der Raubal spürt, und einen – kaum ernst gemeinten – Selbstmordversuch mit Veronal inszeniert. Ein bemitleidenswertes „Tschapperl" kommt bei Hitler besser an.

Die Raubal hat Pech. Hitler, der ihr die Ehe mit dem – inzwischen verstorbenen – „Erbsenzähler" und „kleinen Steueradjunkt" Leo Raubal nie so recht verziehen hat, weil der ständig besoffen war und ihm Vorschriften machte, Hitler nimmt seiner Halbschwester das Getuschel über Eva übel. Zudem mag er es überhaupt nicht, wenn die Ältere ihn bevormunden will. Statt von Eva Braun trennt er sich von Angela Raubal. Er entläßt seine Halbschwester, obwohl sie ausgezeichnet kocht und seinen Haushalt sehr umsichtig führt. Im Februar 1936 verläßt sie den Berghof, heiratet noch im selben Jahr den Dresdner Professor Hammitzsch. Ihren Halbbruder sieht sie nur noch zu seinen Geburtstagen. Mit ihrem Intrigenspiel auf dem Reichsparteitag 1935 hat die Raubal sich einen Bärendienst erwiesen.

Eva bleibt. Der Zwischenfall von Nürnberg stärkt ihre Position in Hitlers Hofstaat. Sie bezieht ein Appartement neben seinem Schlafzimmer und nistet sich nun, mit des Führers wohlwollender Erlaubnis, endgültig ein auf dem Obersalzberg. Offiziell jedoch wird sie nie vorgestellt, bei großen Empfängen oder Staatsbesuchen sieht man sie nicht. Hitler bezieht sie in politische Gespräche kaum ein, und so beklagt sie sich: „Ich weiß überhaupt nichts, vor mir wird alles geheim gehalten."

Am Ende des Parteitags 1935 zieht Reichsschatzmeister Schwarz Bilanz. Gekostet hat der ganze Staatszirkus diesmal 7.369.589 RM. Dagegen stehen Einnahmen von 1.110.473 RM und Zuschüsse über 6.344.137 RM. Das bedeutet: Es bleiben 85.021 RM übrig. Dieses Plus freilich hat der kleine Parteigenosse berappt durch einen

Der Vollstrecker und seine Helfer

zusätzlichen Monatsbeitrag, die sogenannte „Reichsparteitags-Umlage".

Beschwerden werden intern behandelt. Die Organisationsleitung moniert in ihrem Bericht: „Das Betragen der Politischen Leiter aus manchen Gauen war geradezu widerlich. Man konnte nachts Politische Leiter in voller Uniform feststellen, die in besoffenem Zustand, Zigarre im Mund, mit zweifelhaften Weibern durch die Straßen zogen und sich in der übelsten Art und Weise aufführten. Bei den Gauleitern herrscht nicht genügend Disziplin." Viele Quartiere in Schulen und Sälen seien in „saumäßigem Zustand" hinterlassen worden.

Bemängelt wird auch die Aufdringlichkeit vieler Händler, die minderwertige Ware zu hohen Preisen verkauft hätten. Ein Besucher macht sich Sorgen um den guten Ruf der Nürnberger Lebkuchen. Häufig seien schier ungenießbare Stücke angeboten worden. Daher das Urteil der Nürnberger über eine alte, harte Breze: „Die stammt ja noch vom letzten Reichsparteitag."

Um für alle Zeiten zu seinem Partei-Jubelfest eine gesicherte Bleibe zu haben, befiehlt Hitler der Partei, das ihm liebgewordene Hotel „Deutscher Hof" am Frauentorgraben 29 zu kaufen. Hier will er für die nächsten tausend Jahre sein Bett aufstellen. Von alten Gewohnheiten kann er sich nicht trennen.

Wie die Braunen solche Geschäfte eben anzugehen pflegen, fallen sie gleich mit der Tür ins Haus. Ende 1935 torkelt ein leicht angetrunkener Haufen braun Uniformierter ins Café des „Deutschen Hofs", Bayerns Innenminister und Gauleiter von Oberbayern, Adolf Wagner, führt sie an. Es ist der Mann mit dem Hitler-ähnlichen Akzent, der jedes Jahr beim Reichsparteitag die Proklamation seines „Führers" vorlesen darf.

Die angeheiterten Polit-Leiter lassen sich in einer ruhigen Ecke nieder, bestellen Bier und Schnaps. Wagner kippt zu jeder Halben einen Kurzen. In einer anderen Ecke sitzen der Schulrat Mambar und zwei Kollegen vom Lehrerverein. Wagner ruft sie an seinen Tisch und sagt kumpelhaft: „Jetzt rücken Sie mal weit nach hinten, damit Sie nicht umfallen, wenn ich Ihnen jetzt etwas sage: Der Führer will das Haus hier haben."

Die Herren Lehrer sind einigermaßen überrumpelt, aber überrascht sind sie nicht, denn der Hitler verkehrt ja schon seit 15 Jahren in diesem Hotel, und er kann befehlen, wie es ihm beliebt. Aber daß er gleich das ganze Haus haben will, das ist neu. Noch gehört das Hotel dem 1891 gegründeten „Verein Lehrerheim Nürnberg e. V." Er hat es 1912/13 gebaut und aus lauter Vaterlandsliebe

„Deutscher Hof" genannt. Gleich neben dem Opernhaus gelegen, gehört dieses Lehrer-Vereinshaus längst zum Stadtbild. Den „Deutschen Hof" einfach verkaufen, nein, das können die Lehrer sich nur schwer vorstellen.
Aber die Zeiten haben sich geändert. Ein Mitglied des Vereins heißt heute Julius Streicher, Volksschullehrer von Beruf, jetzt Gauleiter und „Frankenführer" und damit mächtiger als der ganze Lehrerverein.
Wir erinnern uns: Hitler hat sich wegen des langjährigen Pächters Johannes Klein für dieses Hotel entschieden. Klein war U-Bootfahrer im Weltkrieg und schon sehr früh sehr rechts orientiert. Als ehemaliger Frontkämpfer hat er an Hitlers erster Nürnberger Kundgebung, der Frontkämpfer-Versammlung am 1. August 1920 in der Rosenau, teilgenommen und ihn dort kennengelernt. Hitler steigt am 1. August 1920 zum ersten Mal im „Deutschen Hof" ab. Klein wird NSDAP-Abgeordneter im Nürnberger Stadtrat, er gehört zu den ersten, kaum bekannten „Franken Hitlers". Als der Hotelier 1934 stirbt, läßt der Lehrerverein verlauten, es sei das bleibende Verdienst des Pächters Klein gewesen, „daß unser Haus das ‚Hotel des Führers' in der ‚Stadt der Reichsparteitage' wurde." An Kleins Grab spricht Reichsleiter Martin Bormann als Vertreter Hitlers. Beste Werbung für das Hotel.
Für Hitler hat man einen eigenen Konferenzraum eingerichtet und das sogenannte „Baumgärtner-Zimmer", so benannt nach dem langjährigen Vereinsvorsitzenden Ludwig Baumgärtner, zu seinem Speisezimmer umgestaltet. Der Dank: Ein Bild des Reichskanzlers mit Widmung. Der Stolz, Hitler im Haus zu haben, quillt aus allen Protokollen.
Im Jahresbericht des Lehrervereins 1934 steht: „... sei der großen Freude und aufrichtigen Dankbarkeit darüber Ausdruck gegeben, daß der Führer des neuen Deutschlands, Adolf Hitler, ... bei jedem Besuch in Nürnberg in unserem Haus absteigt und mit ihm alle seine Getreuen ..."
Und 1935: „ ... gedenken wir mit aufrichtiger Freude und größter Dankbarkeit der Tatsache, daß wir unseren ‚Deutschen Hof' ‚Hotel des Führers' nennen dürfen. Wir wissen diese hohe Ehre und Auszeichnung wohl zu schätzen ... Wir dürfen dies wohl als Beweis der Treue deuten ... Darum geloben wir Treue um Treue."
Diese Treue wird jetzt auf eine harte Probe gestellt. Was Wagner und Genossen leicht angesoffen dahingesabbelt haben, wird rasch zur Realität. Reichsschatzmeister Schwarz kommt nach Nürnberg und eröffnet dem Vorsitzenden des Vereins, Ludwig Walter, der seit

der allgemeinen Gleichschaltung jetzt „Vereinsführer" heißt, daß dies kein Gerücht sei, sondern der ausdrückliche Wunsch des Führers. Er will tatsächlich das Hotel für die NSDAP kaufen, das angrenzende Siemens-Schuckert-Verwaltungsgebäude dazu und daraus ein Großhotel machen.

Sollen die Lehrer nun stolz sein oder traurig? Sie sind beides. Natürlich fällt es ihnen schwer, das lange Jahre sorgsam gehegte Heim zu verlieren, aber wenn der „Führer" es so wünscht, was bleibt da schon übrig?

„... braucht nicht verschwiegen zu werden, und es wäre menschlich nicht schön, wenn es anders wäre, daß wir nur schweren Herzens und in dem Bewußtsein, ein großes Opfer zu bringen, uns von dem so lieb gewordenen Vereinshaus trennten ... Es war für uns eine Selbstverständlichkeit, diesem Wunsch und Willen des Führers zu entsprechen." So umschreibt der Vorstand seine Gefühle, und wenn man weiß, daß schon 1935 jeder dritte Lehrer Parteimitglied ist, kann diese Einstellung der Nürnberger Lehrer nicht verwundern. Zum Vergleich: Nur jeder zwanzigste Arbeiter gehört der NSDAP an.

1936: „Deutscher Hof" wird „Führer-Hotel"

Es wird nicht lang verhandelt. Die Hardliner in der Partei lassen durchblicken, „daß die NSDAP immer Mittel und Wege finden werde, das Haus an sich zu bringen", und daß durch die „besondere Situation Nürnbergs als Stadt der Reichsparteitage" auch eine Zwangsenteignung möglich wäre. Immerhin gelingt es den Lehrern, das erste schäbige Angebot von 500.000 RM auf 700.000 RM zu verbessern. Auch das ist noch viel zu wenig, der Verkehrswert wird auf 1,5 Millionen geschätzt – aber es ist der Wunsch des Führers ...

Die Partei läßt sich auf einen halbwegs akzeptablen Kompromiß ein: Der Lehrerverein wird nicht gänzlich aus seinem Haus vertrieben, er darf acht Räume und den kleinen Saal jederzeit benutzen, ohne dafür etwas bezahlen zu müssen. Heizung, Licht, Reinigung, Reparaturen und was sonst noch anfällt, alles reguliert die Partei. Die Lehrer müssen ihr Haus mit dem Führer teilen, nur am Reichsparteitag, da braucht er es allein für sich und seine Partei.

Freitag, 17. Januar 1936, Generalversammlung des „Vereins Lehrerheim" im „Deutschen Hof". Nur 298 Mitglieder von 1.429 sind gekommen. Schwarz als Bevollmächtigter des Führers, Liebel und Streicher vertreten die Partei. Der Frankenführer in einer Doppelrolle, denn er ist ja auch Mitglied des Vereins. Dieses Spiel genießt er. Die Lehrer begrüßen ihn als einen der ihren, dazu erheben sie sich feierlich von den Sitzen. Dann stellt Streicher den formellen Antrag, das Lehrerhaus und damit das Hotel „Deutscher Hof" an die NSDAP zu verkaufen. Seine anschließende Rede dauert fast den ganzen Abend. „Wenn einer fragt", sagt er pathetisch, „sollen wir das unter Opfern erbaute Haus dem Führer übergeben? dann muß ich sagen: ‚Tun Sie es nicht!' Aber das wäre materiell gedacht. Es geht hier nicht um Geld, es geht um Höheres ... Der Reichsschatzmeister Schwarz hätte natürlich am liebsten überhaupt nichts bezahlt, das ist begreiflich."

Die Versammlung ist einstimmig dafür, anderes hat sowieso niemand erwartet. Streicher gibt ein Zuckerl. Er sagt, er werde den „Führer" bitten, „einmal in Ihrer Mitte zu erscheinen." 298 Lehrer klatschen begeistert Beifall. Dann verfaßt Streicher in ihrem Namen ein Telegramm an den „Führer": „Im Beisein des Gauleiters Julius Streicher hat heute abend der Verein Lehrerheim einstimmig und mit freudigem Herzen beschlossen, das Lehrerhaus in Nürnberg zu den von Reichsschatzmeister Schwarz vorgeschlagenen Bedingungen dem Führer zu übergeben."

Eine irreführende Formulierung, denn so einfach „übergeben" oder gar verschenkt, wie das klingen mag, wird hier nichts. Die Partei kauft den „Deutschen Hof" für lumpige 700.000 RM. Aber einem „Führer" verkauft man nichts für schnödes Geld, einem „Führer" übergibt man es. Auf den Terminus kommt es an. Hitlers Franken haben Lebensart, Lehrer ganz besonders.

Die Partei bezahlt 500.000 RM sofort, 200.000 RM nach „vollständiger Übergabe des Inventars und Löschung der Hypotheken." Damit gibt's keine Schwierigkeiten. Nach Rückzahlung aller Schulden – Hypothek und Mitgliederdarlehen – bleiben dem Verein 377.259 Reichsmark. 375.000 RM gewährt er der Stadt Nürnberg als kurzfristiges Darlehen zu 5 Prozent, damit sie die „Verkehrsverhältnisse Hauptbahnhof-Steubenbrücke" in Ordnung bringen kann.

Der Verein behält die Spendierhosen gleich an und überweist der NSDAP auch noch 2.000 RM für den Bau des neuen Gauhauses in der Marienstraße. „Zum Dank für die außerordentlich tatkräftige Unterstützung, die wir bei den Verkaufs-Verhandlungen durch den Frankenführer erhalten haben ..." Das ist glatt gelogen, Streicher hätte Heim und Hotel dem „Führer" am liebsten geschenkt, denn es ging ja um „Höheres", und einen besseren Preis als die windigen 700.000 RM hat er auch nicht ausgehandelt.

Aber schließlich sind alle zufrieden, zumindest halbwegs: Der Hitler hat in Nürnberg sein eigenes Hotel, der Lehrerverein sämtliche Schulden vom Hals und sein Heim nicht ganz aus den Augen verloren, er darf es ja kostenlos benützen, und die zum 1. Februar gekündigte Pächterin Clara Klein, Witwe des Hitler-Freundes Johannes Klein, kann sich über die Abfindung nicht beklagen, weil die „nach dem ausdrücklichen Willen des Führers und Reichskanzlers ... in loyalster Weise geschieht." Über die Höhe der Summe schweigen Witwe und Partei.

Hitler genießt „sein" Hotel so sehr, daß er es weiter großzügig aus- und umbauen läßt, das ehemalige Siemens-Gebäude eingeschlossen. Er liebt es, Hof zu halten im „Deutschen Hof", Staatsgäste zu empfangen und mit Leuten, die er zu seinem Hofstaat zählt, in einer abgeschirmten Ecke Tee zu trinken. Niemand stört hier seine Monologe. In den Nischen des Hotels ist es fast so intim wie auf dem Berghof. In der geschäftigen Betriebsamkeit des Regierungsapparats in Berlin bleibt ihm persönlicher Luxus dieser Art versagt.

Bei solchen Gelegenheiten scheint sein verhärtetes Gemüt für eine kurze Weile „aufzutauen" und seltene Wahrheiten zuzulassen. Zu Speer, Bormann und Liebel sagt er, als sie sich über Deutschlands Oberbürgermeister unterhalten, daß er diesen starrköpfigen Konrad Adenauer in Köln eigentlich bewundere und er geradezu bedauere, ihn „wegen seiner politischen Unvernunft" nicht zur Mitarbeit gewinnen zu können. Dieser Mann (später der erste Kanzler der Bundesrepublik Deutschland) habe durch seinen vorausschauenden Eigensinn in Köln kühne städtebauliche Konzepte verwirklicht, auch wenn er dabei die Stadt in Schulden stürzte. Was bedeuten dabei schon ein paar lächerliche Millionen, sagt Hitler und schaut Speer und Liebel dabei an, als wolle er sagen: In Nürnberg ist es ja auch nicht anders, hier bauen wir auch Großes für die Reichsparteitage, ohne auf's Geld zu schauen.

Einen anderen Oberbürgermeister will er möglichst bald absägen, gibt er bei einem vertraulichen Gespräch im „Deutschen Hof" zu verstehen. Er meint Leipzigs OB Carl Goerdeler, weil der sich gegen ein neues Nationaldenkmal für Richard Wagner sträube. Wer immer sich auflehnt, wenn es um Hitlers Halbgott Richard Wagner geht, der ist beim „Führer" sofort unten durch. Der Wagner ist in Leipzig geboren, und deshalb gehöre „dieses Riesenrelief aus bestem Untersberger Marmor" hierhin. Professor Hipp hat das Monstrum in Hitlers Auftrag entworfen, und nun stellt der Oberbürgermeister sich quer. „Wenn dieser Goerdeler nicht bald Einsicht zeigt, kann er ... nicht länger Oberbürgermeister bleiben. Erinnern sie mich in einem halben Jahr daran, Bormann." Tatsächlich wird Goerdeler 1937 sämtlicher Ämter enthoben. Daß er weitere sieben

1936

Jahre später, am 20. Juli 1944, zu den Verschwörern gegen Hitler zählen wird, kann zu dieser Stunde niemand ahnen.

Spricht Hitler von Wagner, sinniert er über Bayreuth, dann sind dies erlauchte Momente der Entspannung. Er könne es sich sogar vorstellen, plaudert er in einer dieser wenigen „verträumten" Stunden im „Deutschen Hof", seinen Lebensabend auch in dem schönen, alten fränkischen Städtchen zu verbringen. Freilich gerät er da in Widerspruch zu seiner pompösen Totenplanung in Linz, wo er sich ein großartiges Grabmal bestellt hat, eine Ruhmeshalle ähnlich der Walhalla bei Regenstauf, auch an der Donau.

Wenn Hitler solchen Gedanken ausgerechnet beim Tee im „Deutschen Hof" Lauf läßt, die ihm sonst höchstens nächtens auf dem Berghof über die Lippen kommen, dann beweist dies, wie sehr er sich hier in Nürnberg in „seinem" Hotel wohl fühlt. Seine Gesellschaft selektiert er hier sorgfältig.

Bei einer Ankunft 1936 auf dem Nürnberger Hauptbahnhof begrüßt Hitler weder den wartenden Gauleiter noch seine braunen Genossen zuerst, sondern geht spontan auf den im hinteren Glied plazierten, wegen seiner Größe von fast zwei Metern unübersehbaren Martin zu und drückt ihm die Hand. Der „nordische Mensch" imponiert ihm.

Der Duzfreund Streicher ist nun mal kein „nordischer Mensch", er wird auch nie einer werden, so sehr seine „Fränkische Tageszeitung" dies behaupten mag. Als Gesprächspartner scheint er seinem „Führer" trotz ihrer antisemitischen Seelengleichheit und anderer unappetitlicher Gemeinsamkeiten nicht immer zu behagen. Es kommt vor, daß Hitler im „Deutschen Hof" absteigt, ohne daß Streicher davon erfährt. Lieber lädt er Polizeipräsident Martin oder Oberbürgermeister Liebel ein. Das Chamäleon Hitler, der Mann mit tausend Gesichtern, spricht zwar mit Vorliebe über seine braune Ideologie, über den „Weltverderber Juda", über seine wahnsinnig-wirren Pläne, die die ganze Welt durcheinander bringen, aber er möchte sich privat auch mal über Architektur, über Theater, Kunst und Geschichte (wie er sie sieht) unterhalten, und da ist mit Streicher nicht viel anzufangen. Er hat nur ein Gesicht, die häßliche Fratze des Judenhassers. Sein Themenkreis ist eher kleinkariert. Sein krankhafter Antisemitismus überlagert jeden anderen Gesprächsstoff. Und dann beschäftigt ihn noch die kleine Welt seines Königreichs Franken, das er bis in die letzte Gemeinde beherrschen will. Die Fäden zieht er jetzt vom Cramer-Klett-Palais aus, das die Stadt ihm im Dezember 1935 zur Verfügung gestellt hat.

So erfüllt es Streicher mit Genugtuung, daß der Nürnberger Stadtschulrat Fink 1936 alle städtischen Schulen „judenfrei" meldet und daß von 36.100 Schülern gerade mal 600 in Konfessionsschulen gehen; daß 99 Prozent aller Volksschüler freiwillig Pimpfe beim Jungvolk sind und fast alle Volksschulen Nürnbergs das ehrenvolle Recht genießen, die HJ-Fahne hissen zu dürfen. Zur Pflicht wird die Staatsjugend erst drei Jahre später, aber schon jetzt gilt: Franken voran, Frankens Jugend für den „Führer".

Wenn beim Faschingszug 1936 das Thema KZ zur Volksbelustigung beiträgt, findet Streicher das witzig. Auf einem von zwei Pferden gezogenen Wagen mit der Aufschrift „Ab nach Dachau" stehen, dicht gedrängt, abstoßend verkleidete „Häftlinge" – Juden, Kommunisten, „Asoziale", „Rassenschänder" – und nebenher treiben zwei Polizisten mit Pickelhaube einen eben gekaschten Häftling hinein ins „fröhliche" Konzentrationslager.

Solch makabren „Späße" sind der Wirklichkeit gut abgeschaut. Die Gauleitung fordert, „man sollte sittlich verkommene, mehrfach vorbestrafte Männer sterilisieren und auch Frauen unfruchtbar machen, wenn sie sich aufführen wie Dirnen", denn: „Die Kinder werden auch nicht besser." Derartige Maßnahmen seien „im Interesse des Volksganzen" erwünscht.

Das Gauamt hält eine „Abteilung zur Asylierung asozialer Erbkranker oder anderer asozialer Kranker" für durchaus berechtigt. Man könne auch zu einer „Inhaftierung asozialer Kranker" übergehen. Unverhüllter Aufruf zur beschleunigten Euthanasie. Man weiß ja, was Nazis unter „asozialen Kranken" verstehen.

Auch in die „ganz liederliche Wander- und Bettlerfrage" sollte „kräftig hineingefunkt werden". Besonders im Kreis Schwabach gebe es da häufig Beschwerden. Und im Kreis nebenan, in Hilpoltstein, sollen Bauern noch immer mit Juden Viehhandel treiben. Die Ortsbauernführer müssen solche „Entgleisungen" sofort abstellen.

Oberbürgermeister Liebel achtet darauf, daß sein Personal in der Nürnberger Stadtverwaltung stramm nationalsozialistisch ausgerichtet ist und die „Durchdringung mit nationalsozialistischem Gedankengut" nicht vernachlässigt wird. Dafür sorgen sogenannte „Bewußtseinskurse" und Broschüren. Seit 1933 sind 486 „alte Parteigenossen" neu eingestellt worden, Männer, die schon vor dem 30. Januar 1933 zur Partei gehört haben. Der augenblickliche Stand kann sich sehen lassen: 1936 hat die Stadtverwaltung 1.177 SA- und 122 SS-Männer in ihren Diensten, ganz vornedran 83 Nazis mit dem „Goldenen Ehrenzeichen", sogenannte „Alte Kämpfer". Daß sie bevorzugt beschäftigt werden, ist selbstverständlich.

Wer da nicht mitzieht, wird unnachsichtlich aussortiert, ist er nicht „arisch", geht's besonders schnell. Die Gauleitung fordert, daß die Väter unehelicher Kinder ihre „arische Abstammung" nachweisen, damit sich später nicht unkontrolliert „Bastarde" dazwischen mogeln. Der Gemeinderat einer kleinen Gemeinde im Bezirk Rothenburg/Tauber sieht sich unversehens außerhalb der Volksgemeinschaft, weil er nicht ordentlich sammeln will für's Winterhilfswerk. „Sabotage am WHW", heißt das, und der Gemeinderat ist gebrandmarkt.

Jeder wird reglementiert und vereinnahmt, der kleinste Ausrutscher bestraft. Unentwegt fordert die Partei Opfer vom kleinen Volksgenossen, doch Streichers Unterlassungssünden seiner eigenen Partei gegenüber bleiben unter Verschluß. Am 27. Mai 1936 mahnt die Reichsleitung den Gauleiter von Franken. „... daß Sie mit Ihrer Beitragszahlung zur NSDAP sowie mit der Bezahlung der Hilfskassenbeiträge seit 1. 1. 36 im Rückstand sind."

Auch Hitler bekommt eine Mahnung. Die „Fachschaft Deutsche Schäferhunde", zu deren Mitgliedern auch der „Führer" zählt, schreibt an die Führer-Adjutantur: „Wir gestatten uns, darauf aufmerksam zu machen, daß der Mitgliedsbeitrag für das Jahr 1936 zur Zahlung fällig geworden ist und bitten, den Betrag von RM 12.- überweisen zu wollen."

Es kann nicht an der brenzlichen politischen Konstellation im Frühjahr 1936 liegen, daß Hitler wegen zwölf Mark zur Vergeßlichkeit neigt. Er hat jetzt andere Sorgen. Zur „Herstellung der nationalen Souveränität" läßt er am 7. März 1936 eine Hand voll deutscher Soldaten in das entmilitarisierte Rheinland einmarschieren. Damit macht er den Locarno-Vertrag von 1925 zur Makulatur, der diesen Landstrich für militärfrei erklärt, das unglückselige Diktat von Versailles sowieso. Hitler hat Glück: Die Westmächte reagieren nur mit lauen Protesten gegen die „Verletzung internationaler Rechtsverhältnisse". Mehr nicht.

Ob „seinem" Volk das denn recht, ob es mit seiner Politik einverstanden sei, will Hitler im März 1936 schon wieder wissen. Er fordert „die nachträgliche Zustimmung ... zu alledem, was ich in diesem Jahr an oft scheinbar eigenwilligen Entschlüssen, an harten Maßnahmen durchführen und an großen Opfern fordern mußte." Raffiniert: Es ist ja alles gut gegangen, wer sollte da noch etwas dagegen haben?

Hitler löst dafür den Reichstag auf und setzt für den 29. März 1936 eine „Reichstagswahl" an. Eine Posse, denn von einer „Wahl" kann auch diesmal, wie immer im „Dritten Reich", keine Rede sein.

Zu wählen gibt es nichts, keine Partei, keine Kandidaten, nur ein Kreuz wird verlangt neben einem JA oder einem NEIN. Von jedem „anständigen Deutschen" wird erwartet, daß er sein Kreuz neben das Wörtchen JA setzt, das ist nationale Pflicht. Eine Täuschung obendrein, denn der Reichstag ist so überflüssig wie ein Kropf. Die einzige Aufgabe der Abgeordneten besteht darin, ihrem Führer gut zuzuhören und mit dem Kopf zu nicken, zu applaudieren und laut Heil zu schreien. Wozu also eine „Reichstagswahl"?

Trotzdem entfachen die Nazis auch jetzt wieder einen unglaublichen Propagandarummel um diese Scheinwahl. Am Sonntag, 22. März, schickt Hitler seinen Propaganda-Schreihals Goebbels nach Nürnberg. Er spricht in der Kongreßhalle. „Beispielloser Empfang. Tolle Begeisterung. Publikum rast. Dieses fränkische Volk ist wunderbar. Abends ein großer Fackelzug. Lange noch mit Streicher unterhalten. Er ist ein toller Kerl", schreibt Goebbels in sein Tagebuch.

Man kann sich nur wundern: Noch vor zwei Wochen, am 6. März, hat er Streicher einen „Quatschkopf" genannt, bei anderer Gelegenheit ein „enfant terrible" und seine Reden eine Burleske. Er hat Holz wegen des ordinären Tons im „Stürmer" abgewatscht und notiert: „Ich werde den ‚Stürmer' schon noch klein kriegen". Jeder Vorwurf an Holz gilt Streicher – jetzt plötzlich ein „toller Kerl".

1936: 99 Prozent für den „Führer"

Die „Wahl" verläuft nach Plan. In den fränkischen Stimmbezirken entscheiden sich – bei einer Beteiligung von 99.7 Prozent – 99.4 Prozent mit JA für Hitler, 0.6 Prozent der Stimmen sind ungültig – vermutlich die zaghaften NEIN-Stimmen. Das heißt: Von 1.752.639 Wählern sind 1.742.997 mit Hitlers Politik einverstanden. Im Reich kommt die NSDAP auf 99 Prozent.

Ein Grund mehr für Hitler, sich zu seinem 47. Geburtstag – am 20. April 1936 – gebührend feiern zu lassen. Wie sehr der Führerkult zur Götzenanbetung geworden ist, macht ein Lied deutlich, das verführte Kinder ihm zu Ehren singen: „Lieber guter Führer, wie haben wir Dich lieb, mit unseren kleinen Händen woll'n wir Dir Blumen schenken. Hab' Du auch uns dann lieb ... in unseren kleinen Herzchen hast Du das schönste Plätzchen ..."

Nachdem an einem verregneten 4. Juli wieder mal ein „erster Spatenstich" irgendwo auf der Riesenbaustelle Reichsparteitagsgelände gefeiert worden ist, äugen beflissene Nazis gen Bayreuth. Bald gibt es dort wieder die alljährlichen Wagner-Festspiele, und da wird der „Führer", wie gewöhnlich, vom heiligen Gral aus regieren, seine Mitarbeiter stets in greifbarer Nähe.

1936

Bayreuth wird – wie jedes Jahr – für ein paar Tage zu einer Art Regierungshauptstadt, das Haus Wahnfried Zentrum des Reichs. Hitler wohnt im Anbau, dort geht es zu wie in einem Heerlager. Minister, Staatssekretäre, Diplomaten, Parteibonzen, Generäle, Boten und Sekretärinnen gehen ein und aus. Die Mahlzeiten für Hitler und sein Gefolge werden am Tisch von Frau Winifred serviert. Hier im fränkischen Bayreuth trifft Hitler am 25. und 26. Juli 1936 eine Entscheidung, die das politische Gleichgewicht in Europa verändert. Er mischt sich ein in den spanischen Bürgerkrieg. Der nationalspanische General und Führer der faschistischen Falange, Francisco Franco, am 18. Juli mit seinen Truppen in deutschen Ju 52-Transportflugzeugen von Marokko auf's spanische Festland übergesetzt, um die linke Volksfront-Regierung in Madrid hinweg zu fegen, bittet Hitler um Hilfe. Das Auswärtige Amt ist dagegen, die Partei dafür. Nach der „Siegfried"-Aufführung bespricht Hitler sich mit Göring und dem gerade anwesenden Heeres-General Walther von Brauchitsch. Dann schickt der „Führer" dem Franco die „Legion Condor", eine 6.000 Mann starke Luftwaffen-Truppe, und 500 Millionen Reichsmark – günstige Gelegenheit, neue Waffen zu erproben, Kampferfahrung zu sammeln und nicht nur ideologisch, sondern auch militärisch Front gegen den Kommunismus zu beziehen. Auch der Zeitpunkt paßt, denn Hitler wird ab Sommer 1936 die deutsche Politik noch stärker antisowjetisch ausrichten.

Zum ersten Mal dürfen deutsche Soldaten für den „Führer" und seine Wahnideen sterben, und dies gewissermaßen unter Ausschluß der Öffentlichkeit, denn das militärische Engagement wird lange verheimlicht.

Erst die Nürnberger Gesetze und ihre Folgen, dann die Rheinlandbesetzung, schließlich die Einmischung in Spanien und der aggressive Kurs gegen die Sowjets: Der Reichsparteitag 1936, angesetzt vom 8. bis 14. September und der „Ehre" gewidmet, verspricht Sprengstoff. Die Welt erwartet ihn mit großer Spannung.

Vorher noch, vom 1. bis 16. August bei den Olympischen Spielen in Berlin, muß Hitler sich dieser Welt freundlich und versöhnlich zeigen. Die hartnäckigsten Falken unter den Nazis werden zu Friedenstauben umdressiert, ausländische Diplomaten in Watte gepackt, Berichte über „Rassenschande-Prozesse" aus den Zeitungsspalten verbannt, alles Erdenkliche wird getan, damit bloß keine falschen Töne aufkommen. Tatsächlich feiert das nationalsozialistische Deutschland einen grandiosen politischen und sportlichen Erfolg. Selbst die kritische englische und amerikanische Presse

schaut nicht hinter die dünnen Wände der „Potemkinschen Dörfer" und zollt höchstes Lob. Auch in Nürnberg gibt's einen sportlichen Sieg zu bejubeln: Der Club wird mit einem 2:1 über Fortuna Düsseldorf zum sechsten Mal deutscher Fußballmeister.
Dem Fest der Völker in Berlin folgt das Fest der deutschen Nation in Nürnberg. Die Stadt darf sich jetzt, laut Erlaß des Reichsinnenministeriums vom 7. Juli 1936 – auch offiziell „Stadt der Reichsparteitage" nennen, und sie bekommt dazu einen eigenen Poststempel. Die Töne werden wieder schärfer, die Masken fallen mit den Massenaufmärschen, jetzt wird das blanke Schwert gezogen. Statt weißer Friedenstauben steigen wieder braune Falken auf.

Hitler wird am Dienstag, 8. September, nachmittags, von einer Ehrenkompanie seiner „Leibstandarte" am Nürnberger Hauptbahnhof empfangen und anschließend mit Glockengeläut zum Rathaus gefahren. Er ist wild entschlossen, auf diesem „Parteitag der Ehre" den entscheidenden „Weltkampf gegen den Bolschewismus" anzuzetteln. Deutschland stehe nun am Anfang der großen historischen Auseinandersetzung, sagt Goebbels, das Ziel vom deutschen Lebensraum im Osten werde in Angriff genommen.

Goebbels hält im Auftrag Hitlers eine zweistündige, scharfe Rede gegen den „jüdischen Bolschewismus in Theorie und Praxis", 64 Manuskriptseiten gegen den Weltfeind, der vernichtet werden müsse, wenn Europa wieder gesunden soll. Die Claqueure rasen. Hitler ist begeistert. Das Beste, was er seit zwei Jahren von Goebbels gehört habe, meint er, und er will mit dieser Rede die Sowjets zum Abbruch der diplomatischen Beziehungen provozieren. „Deutschland ist wieder wehrhaft, die Ketten von Versailles sind abgestreift."

Auf diesem Parteitag 1936 wird gefährlich gezündelt, aber noch brennt nichts an. Mehr als in den Jahren zuvor täuscht das nationalsozialistische Deutschland eine militärische Stärke vor, die es in Wahrheit noch gar nicht besitzt. Hitler spielt wieder einmal Vabanque, er reizt hoch – und er gewinnt. Mit dem neuen Vierjahresplan werde alles noch besser, protzt er, er werde uns „von allen jenen Stoffen gänzlich unabhängig machen, die irgendwie durch die deutsche Fähigkeit, durch unsere Chemie und die Maschinenbauindustrie, sowie durch unseren Bergbau selbst beschafft werden können." Er denkt, unter anderem, an die synthetische Herstellung von Benzin und Gummi, hausgemachte Antriebsquelle für den angekündigten Volkswagen, „das Auto für jedermann zu einem erschwinglichen Preis." Und für schwere Panzermotoren.

All diese Erfolge habe er nur erzielt, sagt Hitler am 14. September 1936 in Nürnberg, „weil ich mich niemals durch Schwächlinge von einer mir einmal gewordenen Erkenntnis wegschwätzen oder wegbringen ließ." Und wie ein Auszug aus dem Evangelium hört sich die Beschwörung des selbsternannten Messias an: „Das ist das Wunder, daß Ihr mich gefunden habt unter so vielen Millionen! Und daß ich Euch gefunden habe, das ist Deutschlands Glück!"

Seine Ziele zu vollenden, dazu braucht er die Jugend, und deshalb vereinnahmt er Deutschlands Kinder als sein Eigentum. Den halb verschreckten, halb verklärten Damen der NS-Frauenschaft ruft er auf einer Sondertagung des Parteitags zu: „ Wenn ich so durch Deutschland fahre, dann sehe ich in all den Millionen Kindern nichts anderes als das, was diese Arbeit erst sinnvoll werden läßt. Ich sehe in ihnen die Kinder, die den Müttern genauso gehören wie im selben Augenblick auch mir." Erschreckende Zukunftsaussichten. Daß er diese Drohung schon wenige Jahre später auf grausame Art wahrmachen wird, daran wagen die Mütter der deutschen Frauenschaft nicht zu denken.

Da spenden auch die milden, aber falschen Töne seines Stellvertreters Rudolf Hess wenig Trost: „Wir danken dem Führer, daß er Deutschland zum Friedenshort gemacht hat ... Sein Name ist der stärkste Einsatz für den Frieden ..." Mehr als Ablenkung ist das nicht, sieht man die martialischen, waffenklirrenden Aufmärsche der braunen und grauen Massen und hört man Hitlers Mahnung, daß unbegrenzte Freiheit in der Demokratie zur Anarchie führe, der nur eine autoritär gelenkte Gemeinschaft entgegengesetzt werden könne.

Höhepunkt ist eine Erfindung Speers, die am Freitagabend, 11. September, mehr als 210.000 Partei-Menschen und Zuschauer auf dem Zeppelinfeld tief beeindruckt: Der sogenannte „Lichtdom", ein von 151 Flakscheinwerfern senkrecht in den Nachthimmel projizierter Lichterwall, der sich in großer Höhe zu einer Spitze vereint. „Die erste Lichtarchitektur dieser Art", nennt Speer seine „Raumschöpfung", eine „Kathedrale aus Eis", und der englische Botschafter, Sir Neville Henderson, ist hingerissen von der „unirdischen Wirkung." Die Nazis wissen genau, wie sie Freund und Feind imponieren können. Der Reichsparteitag ist die ideale Bühne für solches Blendwerk und Massentheater.

Wenn am Samstag, 12. September, im Stadion – wie jedes Jahr – die Hitlerjugend ihrem „Führer" Auge in Auge gegenübersteht und die Jungen den pathetischen Satz in sich aufnehmen: „... über all dem wächst ein neuer deutscher Mensch heran"; wenn am nächsten Tag – wie jedes Jahr – im Luitpoldhain das braun uniformierte Riesenheer vom dumpfen Trommelwirbel der Totenehrung gerührt wird, um anschließend – wie jedes Jahr – in Zwölferreihen durch die Stadt zu marschieren und beim Schönen Brunnen seinem „Führer" zu huldigen; wenn – wie jedes Jahr – am Montag 18.000 Soldaten mit Panzern, Feldhaubitzen, Flakgeschützen und Maschinengewehren auf dem Zeppelinfeld die Kraft der Wehrmacht demonstrieren, der Zeppelin darüber schwebt, und sie schließlich alle gemeinsam – wie jedes Jahr – mit einem „Großen Zapfenstreich" vor dem „Deutschen Hof" sich von Adolf Hitler verabschieden, dann kommt – wie jedes Jahr – ein Gefühl von Blutsbrüderschaft, von Kampf- und Opferbereitschaft auf, von der großen Gemeinschaft, die Hitler braucht.

Aber wenn im zweiten Stock eines Hauses an der Kaiserstraße mit Blick über die Fleischbrücke hinunter zum alten Hauptmarkt, wo ihr Henker steht, die jüdische Frau des Nürnberger Arztes Dr. Franz R. verängstigt sich verbergen muß, damit die da unten sie nicht entdecken, deren durchorganisiertem Aufmarsch sie mit beklommener Bewunderung zusieht, denn organisieren, das können diese Nazis, organisieren bis zum letzten fahrplanmäßigen Zug in die Gaskammer – dann kommt ein Gefühl der Ohnmacht vor der Macht des Bösen auf, dann erst weiß man um die ganze grausame Wahrheit.

Der Reichsparteitag ist längst zum großen Medienereignis geworden. Der deutsche Reichsrundfunk läßt keine Minute aus. Die Reichssendeleitung hat die Programmgestaltung fest im Griff, und zum ersten Mal kann das Fernsehen sich einschalten, wenn auch noch sehr anfängerhaft. Seit der TV-Premiere bei den Olympischen Spielen in Berlin steht der NS-Propaganda auf dem Reichsparteitag auch dieses Medium zur Verfügung.

Ein kleiner Ausschnitt des Programms von zwei Tagen samt Regieanweisung gibt die große Agitationsflut, die zum „Reichsparteitag der Ehre" 1936 über das deutsche Volk hereinbricht, nur unvollständig wieder:

Dienstag, 8. September, 15.30 Uhr. Wachsaufnahme (Schallplatte). Empfang der Presse durch Reichspressechef Dr. Dietrich. Kulturvereinshaus. 16 Uhr Fernsehtonfilmtrupp. Einholung der Fahnen der alten Armee und Marine zum Wehrmachtslager Rothenburger Straße durch Fahnenkompanien. 17.45 Uhr Direkte Reichssendung für alle Sender. Rathaussaal. Alle Sender werden auf Nürnberg geschaltet. Erstklassige Schallplatten, klassische Musik. Glockenläuten St. Sebaldus und Frauenkirche. Im Rathaussaal Mikrofone auf Fanfare vom Balkon. Egmont-Overtüre, Wachet-Auf-Chor aus „Meistersinger". Ansprache Liebel. Ansprache des Führers. Deutschland-

und Horst-Wessel-Lied. Bei Ankunft des Führers vor dem Rathaus Geräusch-Mikrofone aufblenden. Dann Redner-Mikrofon. Nach der Rede Liebels sofortiges Aufblenden des Sprecher-Mikrofons, um Aushändigung des Geschenks an den Führer zu schildern. 19.30 Uhr Direktsendung oder Wachsaufnahme für den deutschen Kurzwellensender aus dem Opernhaus. Festaufführung der Oper von Richard Wagner: „Die Meistersinger von Nürnberg."
Mittwoch, 9. September, 9.30 Uhr Schulfunk. Vorbeimarsch der HJ-Bannfahnen vor dem „Deutschen Hof". 10.50 Uhr Eröffnung des Parteikongresses in der Luitpoldhalle. Schallplatte: Marsch aus „Rienzi" von Richard Wagner. 11 Uhr Eintreffen des Führers. Einmarsch der Standarten und Feldzeichen mit Musik. Eröffnung Heß. Totenehrung durch SA-Stabschef Lutze. Begrüßung durch Streicher. Verlesung der Proklamation des Führers durch Gauleiter Adolf Wagner. – Die Ton- und Bildaufnahmen müssen bis spätestens 13.30 Uhr auf dem Flugplatz sein. 16 bis 18 Uhr während Unterhaltungskonzert aus München 20 Minuten Kurzbericht der Ausstellung „Das politische Deutschland". 19 bis 22 Uhr Kulturtagung Kulturverein.

1936: Goebbels' Liebesaffäre in Nürnberg

Bei aller propagandistischen Leistung bereitet Goebbels seinem „Führer" Sorgenfalten. Der Reichspropagandaminister läßt seine Frau Magda zuhause in Berlin und die tschechische Filmschauspielerin Lida Baarova nach Nürnberg kommen. Sie macht gerade eine Kur in Franzensbad, und das ist ja nicht weit. Goebbels kann sogar einen offiziellen Grund für die Anwesenheit der Baarova angeben: Am 9. September wird ihr Film „Der Verräter" in Nürnberg uraufgeführt, und den will Hitler sehen. Deshalb hat er nach anfänglichen Bedenken letztlich auch nichts einzuwenden, wenn ausgerechnet eine tschechische Schauspielerin beim Parteitag in Nürnberg herumgereicht wird. Er kann ja nicht ahnen, was Goebbels bezweckt: Der will die Dame zur Geliebten haben. Und es gelingt ihm. In Nürnberg beginnt die berüchtigte Liebesaffäre zwischen dem Klumpfuß Goebbels und der Schönen aus Prag.

Der Film wird ein Erfolg, auch die beiden anderen Hauptdarsteller zeigen sich im Ufa-Palast am Königstor: Irene von Meyendorff und Willy Birgel. Hitler ist froh, daß sie dabei sind, zwei deutsche Schauspieler, nicht nur diese Tschechin.

Die bleibt zunächst mal in Nürnberg, Goebbels hat sie eingeladen, sich den Parteitag anzusehen. Die Baarova lauscht gebannt der flammenden Goebbels-Rede gegen den Bolschewismus, und es entgeht ihr nicht, daß der wortgewaltige Minister doch tatsächlich versucht, ihr vom Rednerpult herab kleine persönliche Zeichen zu geben. Hitler scheint dies nicht aufzufallen, sonst hätte er gewiß schon hier in Nürnberg eingegriffen.

Die Baarova sitzt bereits wieder im Zug nach Franzensbad, da überreicht ihr ein Adjutant des Ministers im Nürnberger Hauptbahnhof rote Rosen von seinem Meister und ein Bild mit dem Wunsch, sie bald wiederzusehen. Dieser Wunsch geht in Erfüllung, und es kommt zwei Jahre lang zu recht leidenschaftlichen Wiedersehen. Hitler ist wütend, als er davon erfährt, aber ein Machtwort wird er erst 1938 sprechen. Sein Propagandaminister und eine Tschechin, das ist allein schon „rassenpolitisch" eine Unmöglichkeit, das Techtelmechtel eines verheirateten Ministers ohnehin ein Skandal, nicht nur, weil seine Frau Magda eine glühende Nationalsozialistin und eigentlich, wenn auch heimlich, mehr in Hitler verliebt ist als in ihren Mann. Sie hat den kleinwüchsigen Goebbels auch deshalb geheiratet, um Hitler möglichst oft möglichst nah zu sein.

Reichsführer SS Heinrich Himmler eckt gleichfalls an bei diesem Reichsparteitag. Er hat einen Sonderwunsch. Ein Sonnensegel will er haben für sein Gästezelt. Zwar hat Reichsschatzmeister Schwarz nichts dagegen, aber der gestrenge und nach einer ausgedehnten, vierstündigen Sitzung schon ziemlich stark besoffene Parteigenosse Schmeer von der Organisationsleitung lehnt ab. Der Führer, der auf dem Reichsparteitag über alle Details „bis ins kleinste" persönlich entscheide, begründet Schmeer seine Ablehnung, behalte sich auch jede Änderung persönlich vor. Extrawürste sind da nicht drin, auch ein Sonnensegel nicht. Der Reichsschatzmeister ist sauer auf Schmeer, und Himmler muß seine Gäste ungeschützt der Sonne aussetzen – ohne Segel.

Der Reichsparteitag 1936 hat noch andere Auswirkungen. Ein neues „Gesetz gegen Wirtschaftssabotage" vom 1. Dezember steht im engen Zusammenhang mit dem von Hitler auf dem Parteitag in Nürnberg verkündeten zweiten Vierjahresplan, und dessen Beauftragter für die Durchführung in Franken wird Nürnbergs zweiter Bürgermeister, Dr. Eickemeyer. Wer, laut Vierjahresplan, möglichst alles im eigenen Land produzieren will, der trachtet jedem Saboteur nach dem Kopf: Todesstrafe und Vermögenseinziehung droht allen, „welche der deutschen Wirtschaft durch Verschiebung von Vermögen nach dem Auslande schweren Schaden zufügen".

Diese Schärfe liegt auf der Linie der aggressiven nationalsozialistischen Politik am Ende eines zeitweilig versöhnlich erscheinenden Olympia-Jahres. Der kalte Wind, der mit dem Nürnberger

Parteitag zurückkehrt, ist ganz nach dem Geschmack des „Frankenführers". Dieser Mann kennt nur Extreme. Vor Weihnachten läßt er seine Beziehungen spielen, holt ehemalige Kommunisten aus dem KZ und lädt sie, wie der gute Onkel, zu sich in die Gauleitung ein. Schweinsbraten, Knödel und viel Bier gibt's. Von Linksaußen nach Rechtsaußen will er sie wenden, und für diesen offensichtlich erfolgreichen Versuch bedient er sich seiner alten, primitiven Masche.

Die Juden allein sind schuld an ihrem Unglück, trichtert er den Ex-Kommunisten ein. Sie haben die Arbeiter verführt, und nur die NSDAP könne sie zurückgeleiten auf den rechten Pfad. Er spielt die Rolle des Retters perfekt und besorgt den bekehrten Alt-Roten und Neu-Braunen wieder eine Arbeit.

Streicher weiß sich da einig mit seinem Führer, der solche Wandlung mit Freuden sieht. Er will eine Arbeiterschaft, die geschlossen dem Nationalsozialismus gehört.

Bei einer anderen Weihnachtsfeier entblödet der „Frankenführer" sich nicht, unschuldige Kinder zu fragen, wer denn der Teufel sei. Die Antwort im Chor: „Der Jud, der Jud". Streicher, der Kinderverführer, gibt zum Jahreswechsel die Parole für 1937 aus: „Die Menschheit wird erst dann zu Glück und Frieden kommen, wenn der Teufel niedergerungen ist, der Jud!"

Ein paar Wochen später: Der Millionär Streicher, der sich so gern volkstümlich und sozialistisch gibt, bei jeder Gelegenheit den „niederen Instinkt jüdischer Profitsucht" verdammt, er kauft das ansehnliche Gut Pleikertshof bei Cadolzburg – der bescheidene Landsitz des „Frankenführers". Der saubere Profit, den der schmuddelige „Stürmer" Monat für Monat abwirft, macht es möglich. Streicher ist längst ein reicher Mann.

Mit dieser unappetitlichen Milchkuh „Stürmer" leistet Streicher sich den Aberwitz, die Bibel umzuschreiben. In einem Werbeblatt für die Sondernummer zu Ostern 1937 verwandelt er – wie weiland sein „Führer" – Jesus in einen Arier und Judenfeind. „Vor 2.000 Jahren", steht da geschrieben, „hetzten an allen Orten des römischen Westreichs jüdische Propagandisten ... zur Weltrevolution auf. Sie verkündeten, nun würden die Juden die Herrschaft über die Erde antreten. Dieser jüdischen Volksverhetzung und Revolutionspropaganda trat Christus mit seinen Lehren entgegen. Er lud dadurch den ganzen Haß und die Wut des Juden auf sich. Die Juden ... brachten es schließlich fertig, daß er am Kreuz von Golgatha sein Leben lassen mußte." Mit dieser Narrenposse will Streicher alte christliche Ressentiments wecken und Christus parteiamtlich „arisieren".

Streicher steht damit nicht allein. Der fränkische Jungenschaftsführer Fritz B. schreibt dem Reichsführer SS, Heinrich Himmler, auf einem sogenannten „Sippenabend" der SA sei Jesus als Jude bezeichnet worden. Das habe ihn irritiert, und nun wolle er wissen: War Jesus Jude oder nicht? Himmlers persönlicher Referent Brandt antwortet im Namen seines Chefs: „Der Reichsführer SS ... läßt dir mitteilen, daß er der Überzeugung ist, daß Jesus kein Jude war."

Dank der gründlichen, brutalen Arbeit der Gestapo, seit 1. Oktober 1936 führt die politische Polizei im ganzen Reich einheitlich die amtliche Bezeichnung „Geheime Staatspolizei", kann der Frankenführer seinen Gau nicht nur „judenfrei" melden, auch die Regimegegner sind beseitigt, der Widerstand gegen die Nazis in Franken so gut wie ausgeschaltet. Letzte noch im Verborgenen vorhandene Kommunisten beschränken sich darauf, Parolen an die Wände zu malen, die meisten Illegalen sitzen längst hinter Gittern.

In der Nacht zum 5. Januar 1937 schreiben Unbekannte an ein Haus in der Nürnberger Karolinenstraße mit Kreide „Rot Front lebt", im April an die Wände der Toiletten bei Siemens-Schuckert und im Schlachthof ähnliche kommunistische Losungen. Im August wird in Fürth eine Anschlagsäule mit Hammer und Sichel beschmiert, ein paar Tage danach in Nürnberg ein öffentliches Pissoir mit dem Sowjetstern samt Hammer und Sichel und den Worten „Rot Front" und „KPD". Vereinzelte, wirkungslose Versuche, die Nazis durch Nadelstiche zu reizen.

Die Strafen stehen in keinem Verhältnis zu diesen Taten. Im Januar 1937 werden vier ehemalige KPD-Mitglieder aus Nürnberg verhaftet und zu Zuchthausstrafen von mehr als zwei Jahren verurteilt, weil sie den Sender Moskau gehört haben. Zwei der Angeklagten verüben Selbstmord. Das Abhören des Moskauer Senders gilt als „Vorbereitung zum Hochverrat". Im Februar werden drei Fürther Arbeiter aus dem selben Grund eingesperrt, im Juni ein Erlanger Handwerker und ein Nürnberger Schuster. Drei Arbeiter, ein Rentner, ein Bauhilfsarbeiter und ein 63jähriger Werkmeister aus Nürnberg bekommen wegen Verbreitung kommunistischer Bücher und Broschüren sowie kommunistischer Mundpropaganda bis zu vier Jahren Zuchthaus. Begründung auch hier: „Vorbereitung zum Hochverrat."

Die Nürnberger und fränkischen Sozialdemokraten versuchen jahrelang, mit ihrem Emigrationsvorstand in Prag Kontakt zu halten und über die nahe tschechische Grenze bei Flossenbürg, Furth im Wald und Waldmünchen Propagandamaterial und Untergrundzeitungen einzuschmuggeln. Gelingt es ihnen, werden Vertrauensleute in den Stadtteilen Loher Moos, Gibitzenhof, Johannis und in der Gartenstadt zum Verteilen eingesetzt. Doch diese Strukturen sind schon 1935 und 1936 weitgehend zerschlagen, die illegalen Genossen in ganz Franken zu Dutzenden verhaftet und bis zu sechs Jahren ins Zuchthaus geschickt, am Ende im KZ „untergebracht". Prophetisch, aber nutzlos die mutige Bemerkung des SPD-Mannes Andreas Umrath, als die Staatsanwaltschaft zehn Jahre Zuchthaus gegen ihn fordert: Er habe nichts einzuwenden, so lange werde er sowieso nicht einsitzen, denn bis dahin sei das NS-Regime längst verschwunden. Am Ende bekommt er fünf Jahre Zuchthaus.

Als im Herbst 1937 die Gestapo nochmals 21 Widerständler der SPD erwischt, ist auch die letzte aktive sozialdemokratische Auflehnung beseitigt. Sie erschöpft sich fortan in Stammtischrunden, etwa in der Wirtschaft von Fritz Simon, dem Bruder des ehemaligen Vorsitzenden des Internationalen Schuhmacherverbandes, oder auf kleinere Treffen im Tabakladen des früheren (und späteren) SPD-Stadtrats August Meier, den die Nazis 1934 aus dem KZ Dachau entlassen haben.

Am längsten kann sich eine aus dem völkischen „Bund Oberland" hervorgegangene „bürgerliche" Widerstandsgruppe um den Lehrer und Schriftsteller Ernst Niekisch halten. Sie ist über das ganze Reichsgebiet verbreitet, gibt seit 1926 die Zeitschrift „Widerstand" heraus, und wird in Nürnberg von Karl Tröger und Dr. Joseph E. Drexel, dem späteren Herausgeber der „Nürnberger Nachrichten", geleitet. Man trifft sich in Nürnberger Gastwirtschaften, meist im Mautkeller, getarnt als Skatabend, Stammtisch oder Fotoclub. Aber auch die Niekisch-Gruppe wird im März 1937 aufgegriffen, nachdem die Gestapo schon einen Spitzel eingeschleust hat. Am 21. März greifen die Häscher zu. Drexel, Tröger, die gesamte Nürnberger Widerstandsgruppe wird verhaftet, Niekisch einen Tag später in seiner Berliner Wohnung und nach Nürnberg ins Polizeigefängnis zu seinen Freunden gebracht. Dort herrscht Streicher, dort urteilt Richter Rothaug, dort wird unnachsichtig bestraft.

1937: Gestern Gönner – heute Häftling

Auch Hitlers einstiger „Wohltäter", der ihm 19 Jahre vorher, im August 1918, an der Westfront zum Eisernen Kreuz I. Klasse verholfen hat, sitzt im Juli 1937 im Gefängnis: der ehemalige Leutnant Hugo Gutmann aus der Hebelstraße im Nürnberger Stadtteil Erlenstegen. Hier hat er mit seinem Bruder Ludwig ein Haus

Der Vollstrecker und seine Helfer

gebaut, das von ihnen übernommene väterliche Büromaschinengeschäft hat noch immer seine Zentrale in der Vorderen Sterngasse 3, Niederlassungen auch in anderen deutschen Städten.

Als Jude schon gleich nach der Machtübernahme durch Hitler schikaniert und, wie erwähnt, in seiner geschäftlichen Tätigkeit stark eingeengt, klopfen jetzt in früher Morgenstunde drei Gestapomänner an seine Tür. Sie jagen Gutmann aus dem Bett, durchsuchen seine Wohnung und schleppen ihn ins Polizeigefängnis. Er findet sich auf dem kratzigen Strohsack einer kalten Kellerzelle ohne Waschgelegenheit wieder. Allein die Tatsache, daß er jüdischer Geschäftsmann ist, hat ihn – wenn er auch in Streichers Franken lebt – nicht hierher gebracht. Grund ist seine Bekanntschaft zu Dr. Drexel, die Gestapo vermutet, daß auch Gutmann dem Widerstandskreis angehört hat oder zumindest etwas darüber weiß.

Quälende Vernehmungen beginnen. Es werde ihm nichts geschehen, lockt der Gestapomann Geng, wenn er auspacke, was er über Drexel weiß. Es kann unmöglich sein, sagt sich Gutmann, daß die Gestapo von seinem vergeblichen Telefonanruf in Drexels Büro bei der Nürnberger Lebensversicherung etwas erfahren hat. Gutmann rief aus einer Telefonzelle an, um Drexel zu warnen, aber den hatte die Gestapo schon abgeholt.

Geng behauptet, in dem Tagebuch von Niekisch fänden sich Mitteilungen von Gutmann, und in dem Tagebuch von Frau Drexel sei festgehalten, wie oft die Drexels die Gutmanns besucht haben. Gutmann kann dies erklären: Er und Drexel kennen sich aus Kriegszeiten, über Politik haben sie kaum gesprochen. Sonst habe er nichts zu sagen.

„Na ja, Sie werden ja Zeit haben in Dachau, darüber nachzudenken. Wenn Ihnen etwas einfällt zu Drexel, lassen Sie's mich wissen", droht Geng und läßt Gutmann allein.

Aber der kommt nicht nach Dachau, er bleibt in der Nürnberger Polizeizelle und läßt sich von dem eintönigen Gefängnisalltag nicht zermürben: Morgens zwischen 5 und 6 Uhr den Strohsack aus der Zelle schaffen, Waschen in der Toilette, Warten auf die nächste Vernehmung. Gutmann hat Glück. Unter den Wachleuten sind ehemalige Soldaten seines Regiments, und auch der Polizeihauptwachtmeister Nikolaus Rieger vom Rennweg 38, gebürtiger Oberpfälzer. Er kümmert sich um Gutmann. Als gläubiger Katholik, sagt Rieger, hasse er die Nazis, man habe ihn zu diesem Kommando befohlen. Rieger bringt Gutmann Essen von draußen, hält Kontakt zu Gutmanns Ehefrau und zu seinem Anwalt Dr. Leopold Landenberger aus der Karolinenstraße 13. Er bringt den Mut auf, nachts ins

Gestapo-Büro einzubrechen und in Gutmanns Akten zu stöbern. Er kann ihn beruhigen: Die Gestapo blufft, sie hat nichts gegen Gutmann in der Hand. Nur, daß er Jude ist.

Nach sechs Wochen kommt Geng wieder, und mit ihm noch ein Gestapo-Beamter mit goldenem Parteiabzeichen, ein ganz alter Nazi also. „Otto", stellt er sich vor, und nun vernimmt er Gutmann. Es beginnt das selbe Spiel, doch diesmal wollen sie Gutmann mit einem angeblichen Haftbefehl einschüchtern. „Der Angeklagte Gutmann hat verächtliche, herabwürdigende und unwahre Äußerungen über den Führer gemacht. Gutmann ist eine Gefahr für die öffentliche Sicherheit und Ordnung", wird darin behauptet. Und wieder der alte Erpressungsversuch: „Wenn Sie aussagen, läßt sich alles regeln."

Himmler persönlich sei an Gutmanns Aussage interessiert, er wolle auch etwas über Hitlers EK I erfahren. Gutmann weiß nichts über Drexel, und er sagt nichts. Zum wiederholten Mal die Drohung: „Jetzt kommen Sie wirklich nach Dachau. Wenn Sie die Wahrheit über Drexel sagen wollen, melden Sie sich."

Polizeihauptwachtmeister Rieger steckt Gutmann, daß die Akten tatsächlich zu Himmler gehen und daß Richter Freisler, der gerade in Nürnberg weile, sie eingesehen habe. Es ist der selbe Roland Freisler, der sieben Jahre später, am 20. Juli 1944, als Präsident des Volksgerichtshofs zum grausamen Rächer an den Männern des Widerstands, zum Blutrichter, werden soll.

Das auffallend große Interesse Himmlers an dem für ihn unbedeutenden jüdischen Geschäftsmann Gutmann aus Nürnberg ist ungewöhnlich. Hat es mit der ungeklärten Beziehung zwischen Gutmann und Hitler zu tun? Will Himmler für sein persönliches Dossier Material sammeln? Es ist kein Geheimnis, daß Nazibonzen Informationen übereinander und gegeneinander sammeln, um sie – wenn's mal hilfreich sein sollte – als Munition aus dem Köcher zu ziehen. Oder will Himmler verhindern, daß es zu Aussagen kommt, die ungünstig für Hitler sein könnten? Beides ist denkbar.

Gutmanns Frau setzt alles in Bewegung, ihren Mann frei zu bekommen. Sie sucht in München einen seiner Kriegskameraden auf, den Joseph Meyerhofer. Der geht schnurstracks in die Reichsleitung, bittet den Offiziersfreund aus gemeinsamen Tagen beim 16. Infanterie-Regiment, Friedrich Wiedemann, damals Oberleutnant, jetzt persönlicher Führeradjutant bei Hitler, um Hilfe für Gutmann. Wiedemann ist nicht abweisend, aber er benimmt sich merkwürdig. Meyerhofer soll hier in der Reichsleitung nicht über den Fall Gutmann reden, es gebe „Wanzen", die alles abhören. Meyerhofer möge ihm einen schriftlichen Bericht geben.

Der Vollstrecker und seine Helfer

Im September – Gutmanns Anwalt Dr. Landenberger dringt inzwischen bis ins Gestapo-Hauptquartier in Berlin vor – holt Gestapo-Scherge Otto den eingekerkerten Hugo Gutmann aus seiner Zelle, droht ihm nochmals, er soll sich die Sache mit Drexel überlegen, und läßt ihn laufen. Dachau ist Gutmann erspart geblieben. Vermutlich hat Wiedemann sich eingemischt.

Daß Hitler von diesem Geschehen in Nürnberg etwas mitbekommen hat, ist äußerst unwahrscheinlich. Kommt er nach Nürnberg, und das ist 1937 – außerhalb des Parteitags – fünfmal der Fall, dann fährt er von seinem Lieblings-Hotel „Deutscher Hof" auf schnellstem Weg hinaus zum Reichsparteitagsgelände. Der verhinderte Baumeister fühlt sich hier in seinem Element. Seine Partei alljährlich nach innen und nach außen in bester Pose zu präsentieren, das ist Teil seiner Regierungsarbeit, und dabei spielt die Staffage eine wesentliche Rolle: die NS-Monumente am Dutzendteich, die Kathedralen des NS-Zentralmassivs. Sie sind eine Art Visitenkarte der Partei und des Reichs.

Daß es in seiner „Stadt der Reichsparteitage", unter „seinen" Franken, recht unangenehm zu stinken beginnt, bleibt ihm – vorerst – verborgen. Der Fisch stinkt vom Kopf, und so ist es auch hier. Der Stinker ist Streichers Adjutant Johann Karl Aaron König, genannt Hanns König, geboren am 8. August 1904 in Nürnberg, früher mal als Käseausfahrer und seit 1928 als Streichers Chauffeur unterwegs, im August 1925 in die Partei eingetreten, seit Oktober 1930 hauptamtlich in der Gauleitung tätig, seit 1933 im Nürnberger Stadtrat und seit 1935 „Pfleger" für die Städtischen Bühnen – womit der Bock zum Gärtner gemacht wird.

König, der auf seinen jüdischen Vornamen Aaron gern verzichtet, ist bekannt als reichlich dümmlicher, ganovenschlauer Intrigant, aber doch gewieft genug, sein Patronat über die Damen vom Theater auszukosten.

Da es bei Nürnbergs Polit-Prominenz durchaus üblich ist, Damen des Stadttheaters zu „protegieren", was niemand stört und Streicher sowieso überall wildert, greift auch Hanns König in die Vollen. Die Dame heißt Else Balster und ist Sängerin. Hält man die Liebesglut auf kleiner Flamme, fällt so eine intime Begehrlichkeit gar nicht weiter auf. Aber im Fall König/Balster wird aus dem Flämmchen ein Flächenbrand.

Auch Polizeipräsident Dr. Martin leistet sich eine kleine Theaterromanze, sie heißt Lola Grahl. Nun beschwert der Polizeichef sich bei Nürnbergs Presse, daß Fräulein Balster ständig, Fräulein Grahl aber kaum erwähnt werde in der Theater-Berichterstattung. Selbst das ließe sich noch vertraulich regeln, aber dann platzt die Bombe: Anfang 1937 wird Else Balster schwanger. Jetzt läßt sich nichts mehr verheimlichen. Die Sünde wird öffentlich. Theaterkollegen und Parteigenossen reden sich die Mäuler fransig.

„Wir wissen alles", steht auf einer anynomen Postkarte, die bei Else Balster im Briefkasten liegt. „Lang dauert's nimmer, dann bist Du hi, Du Lump", auf einer anderen, die König zugespielt wird. Da hilft nur eines, beschließt das Liebespaar, bevor ganz Nürnberg mit Fingern auf sie deutet: Abtreibung. Ein Dr. Simon nimmt den Eingriff vor – im „Dritten Reich" ein Staatsverbrechen, das, so schreibt's der „Stürmer", „sittenverwahrlosten Juden" vorbehalten bleibe.

König beichtet seinem Herrn und Gaumeister Streicher den Sündenfall. Der beweist Großmut, in solchen Fällen ist er nicht kleinlich, und er zieht keine Konsequenzen – noch nicht. König behält Posten und Job, er bleibt SA-Oberführer, was etwa einem Oberst in der Wehrmacht gleichkommt, und er darf weiterhin als Streichers Adjutant den allgewaltigen „Frankenführer" chauffieren. Streicher geißelt bei der Maifeier des Nürnberger Theaters nur sehr allgemein die Schreiber anonymer Postkarten, aber sonst passiert erstmal gar nichts. Die Folgen lassen noch zwei Jahre auf sich warten.

Der prüde Hitler bleibt nach wie vor verschont von solchen Ferkeleien. Er sieht sein Nürnberg nicht als Sodom und Gomorrha, sondern als saubere „Führerstadt", ernennt sie am 1. Oktober zum Sitz des Wehrkreises XIII und heftet die erfreuliche Tatsache, daß es hier nur noch 8.634 Arbeitslose gibt, als Verdienst an seine Fahne.

Der „Führer" hat im Augenblick anderen Kummer, seine Gesundheit beunruhigt ihn wiedermal. Die dauernden Magenkrämpfe und Ekzeme am linken Bein läßt er von dem stets übel riechenden Scharlatan Professor Theodor Morell behandeln. Der meint, diese Leiden haben keine hysterische Ursache, sie seien eher die Folge der Diät, und er pumpt Hitler voll mit Kolikapseln, mit riesigen Mengen an Vitaminen, Herz- und Leberextrakten. Hitler vertraut dem feisten Doktor und lädt ihn ein als Ehrengast zum Reichsparteitag 1937.

Das „Hochamt" der Partei wird in diesem Jahr 1937, vom 6. bis 13. September, unter dem schlichten, aber verpflichtenden Titel „Reichsparteitag der Arbeit" zelebriert. Warum Hitler sich gerade jetzt für dieses Attribut entschieden hat, ist nicht ersichtlich. Daß zum ersten Mal auch die in schickes Braun gewandeten Arbeitsmaiden zugelassen sind, das weibliche Pendant zu den kraftstrotzenden Arbeitsmännern, kann wohl nicht der Grund sein für die Wahl des Wortes „Arbeit".

Im Mittelpunkt steht, und dies zum dritten Mal, der immer schärfer akzentuierte Kampf gegen den „jüdischen Bolschewismus", dann die Vorbereitung zur Übernahme Österreichs und die Vervollkommnung der „Weihestätten der Nation" auf dem Reichsparteitagsgelände. Sie sollen fast die gesamte europäische Granitproduktion verschlingen. Bei der Eröffnung des Parteitags sagt Hitler markig: „Ein Gigantenforum ist im Entstehen begriffen. Seine Aufmarschplätze sind die größten der Welt ... es wird der Grundstein gelegt zum Bau eines Stadions, wie es die Welt noch nicht gesehen hat."

Solche Taten freilich kann nur ein Genie vollbringen. Bei der Kulturtagung am 7. September stellt Hitler sich auf das Podest des Auserwählten: „Es wird ... immer nur das Werk eines einzelnen Begnadeten, der übrigen Menschheit seherisch vorauseilenden Mannes sein und niemals das Ergebnis einer allgemeinen durchschnittlichen Kollektivleistung." Hitler, der Begnadete von eigenen Gnaden.

Der Chefbaumeister des Reichs, Adolf Hitler, der „Erste Arbeiter der Nation", der noch nie eine Schaufel zum Zweck der Arbeit in die Hand genommen hat, weiß genau, wie dieses Gigantenforum aussehen wird. Fast hundert Meter hoch das hufeisenförmige „Deutsche Stadion", 550 Meter lang und 460 Meter breit, das Spielfeld auf 380 mal 150 Meter bemessen, 405.000 Menschen soll es fassen, mit 264 Aufzügen ausgestattet werden, die Zuschauertribünen mit weißem, die Außenseiten mit hellrotem Granit verkleidet, dazwischen ausreichend Marmor. Kosten darf das Ganze 250 Millionen Reichsmark, nach späterer Währung mehr als eine Milliarde Deutsche Mark. Eine imposante Eingangshalle mit Vorhof und riesigen Hakenkreuzadlern auf 130 Meter hohen Türmen, Monumentalfiguren und Pylonen sollen dem Besucher schon beim Eintreten Ehrfurcht einflößen.

Die Kosten interessieren den „Führer" nicht, Unmäßigkeit bei „höheren städtebaulichen Konzepten" hat er ja schon seinem politischen Gegner Adenauer zugebilligt. „Das ist weniger als zwei Schlachtschiffe vom Typ Bismarck kosten, und wie schnell wird ein Schlachtschiff zerstört ... Aber dieser Bau, der steht noch in Jahrhunderten", sagt Hitler leichthin und läßt eilig für ein paar Millionen Reichsmark Granit bestellen. „Bauen, bauen", rät Goebbels, „es wird schon bezahlt. Friedrich der Große hat auch nicht nach Geld gefragt, als er Sanssouci baute."

In diesem Stadion werden die nationalsozialistischen Kampfspiele stattfinden und, für alle Zeiten, die Olympischen Spiele,

prophezeit Hitler. Als Speer ihn darauf hinweist, daß das „Deutsche Stadion" nicht die vorgeschriebenen olympischen Maße habe, wehrt er diesen lächerlichen Einwand mit nachsichtigem Lächeln ab: „Ganz unwichtig. Wie das Sportfeld zu bemessen ist, das bestimmen dann wir."
Der Grundstein wird gelegt, in Speers Büro ergötzt Hitler sich an dem zwei Meter hohen Modell, das starke Filmscheinwefer ins rechte Licht rücken. Im Hirschbachtal in der Fränkischen Schweiz überzeugt er sich an einem naturgetreu aufgebauten, 83 Meter hohen und zehn Meter breiten, hölzernen Tribünen-Ausschnitt, ob man denn vom obersten der fünf Ränge überhaupt noch erkennen kann, was unten passiert. Dazu müssen 60 Arbeiter sich ganz oben plazieren. Speer ist von dem Ergebnis positiv überrascht: „Man sieht." Dabei haben parteiamtliche Optiker schon Spezialbrillen entworfen, die das Geschehen näher rücken sollen.

Später wird die Baugrube ausgehoben. Mehr geschieht nicht mehr. 1945 soll das Stadion fertig sein und mit ihm das ganze Aufmarschgelände. 1945 aber wird es dieses Nürnberg des „Dritten Reichs" nicht mehr geben.

Derart apokalyptische Visionen plagen die Manager der Bewegung 1937 nicht, schon gar nicht, wenn sie mit dem Reichsparteitag den alljährlichen „Appell des deutschen Volkes" feiern. Am 11. September ruft Hitler seiner HJ in schlechtem Deutsch zu: „So wie Ihr heute vor mir steht, so wird einmal in Jahrhunderten Jahr für Jahr die kommende Generation vor den dann kommenden Führern stehen."

Zu Speer, zu hohen Parteichargen und Militärs sagt er: „Wir werden ein großes Reich schaffen. Alle germanischen Völker werden darin zusammengefaßt sein. Das fängt in Norwegen an und geht bis Norditalien. Ich selbst muß das noch durchführen. Wenn ich nur gesund bleibe." Daß Feldmarschall von Blomberg bei diesen Worten die Tränen kommen, bewertet Hitler als Einverständnis selbst hoher Militärkreise.

1937: „Deutschland ist frei"

Klar, daß es den Stehkragen-Offizieren gefällt, und nicht nur ihnen, wenn Hitler in seiner Proklamation am 7. September, dick unterstrichen, diesmal von seinem Stellvertreter Rudolf Heß verkünden läßt: „Drei Tatsachen möchte ich heute als Abschluß eines Kapitels der deutschen Geschichte feststellen: 1. Der Vertrag von Versailles ist tot. 2. Deutschland ist frei. 3. Der Garant unserer Freiheit ist unsere eigene Wehrmacht." Worte, die das ganze Volk mitreißen, hier kann er auf Zustimmung und Unterstützung von allen Seiten rechnen. Den Vertrag von Versailles haben schon vor ihm, quer durch die Parteien, alle Deutschen als ungerecht empfunden. Und wer sollte gegen ein freies Deutschland etwas einzuwenden haben? Wozu er diese Wehrmacht braucht, sagt Hitler in Nürnberg von Parteitag zu Parteitag deutlicher: „... zur Abwehr der jüdisch-bolschewistischen Bedrohung." Er beschwört die „Größe dieser Weltgefahr" als einen „gigantischen weltpolitischen Vorgang", „die größte Gefahr, die der Kultur und Zivilisation der Menschheit seit dem Zusammenbruch der antiken Staaten jemals gedroht hat." Dem Verbreiter dieser Weltvergiftung, dem Judentum, sei es in Moskau gelungen, „die bisherige gesellschaftliche und staatliche Führung nicht nur aus ihrer Stellung zu verdrängen, sondern kurzerhand auszurotten." Deutschland sei ihr nächstes Ziel. „Wir begreifen diese Kampfansage, und wir nehmen sie auf."

Sein Paladin und Schatten Goebbels nimmt das Thema wörtlich auf und verbreitet in einer geharnischten Parteitagsrede die „Wahrheit über Spanien", vergreift sich aber im Ton. Weil er, laut Manuskript, sagen will, Deutschland stehe an der Spitze einer europäischen Abwehrfront gegen den Bolschewismus und Adolf Hitler habe eine „Weltmission" übernommen, um den „Weltfeind" endgültig zu Boden zu werfen. Dies könnte Freund Mussolini in Italien verkrätzen. Der eitle „Duce", der italienische „Führer", will nicht im zweiten Glied hinter Hitler stehen, sondern – ebenbürtig – auch eine „Weltmission" übernehmen und auch den „Weltfeind" zu Boden werfen.

Deshalb streicht der „Führer" seinem Propaganda-Joseph diese Passage aus dem Manuskript, mit Rücksicht auf Mussolini. Den braucht er nämlich jetzt als Bundesgenossen, weil er in Österreich einmarschieren will. Er wird seine Heimat dem Reich anschließen, und sei es mit Gewalt, erklärt er Goebbels mit dem geschichtsträchtigen Zitat: „Da wird die Weltgeschichte auch das Weltgericht sein." Einen Feind im Rücken kann er sich da nicht leisten, der „Duce" jenseits des Brenners muß einverstanden sein. Mit diesem taktischen Schachzug hat Hitler sich auf dem Reichsparteitag 1937 den Weg nach Österreich geebnet. Daß er, im Gegenzug, auf Südtirol verzichtet, sagt er nicht.

Goebbels akzeptiert die Kastration seines Manuskripts ohne Murren, zumal da er während des Nürnberger Festivals unter angereiste österreichische Nazis gerät. „Da spielen sich unbeschreibliche, ergreifende Szenen ab. Frauen und Männer weinen und schluchzen, Mädchen umarmen und küssen mich. Die Tränen fließen nicht umsonst", erinnert er sich und ergänzt verklärt: „O, du wunderbares Volk. Wir werden einmal kommen."

Dank einer – von ihm nur selten angewandten – verbalen Behutsamkeit kann Hitler schon knapp zwei Wochen später sich den Freifahrtschein nach Wien abholen. Bei einem Staatsbesuch in Deutschland zollt der kleine Mussolini dem kleinen Goebbels höchstes Lob für seine Spanien-Rede von Nürnberg (er kennt ja die Originalversion nicht), übernimmt dessen Parteitags-Parole: „Europa erwache", versichert Hitler in einem Abschiedstelegramm seine „unabänderliche Freundschaft" und schließt mit Deutschland den sogenannten „Stahlpakt", der, schon nach ein paar Jahren, kein Stück Blech mehr wert sein wird.

Hitler läßt seinen Reichsparteitag nicht ohne kulturelle Verbeugung verstreichen. Zum ersten Mal verleiht er den mit 100.000 RM dotierten „Deutschen Nationalpreis für Kunst und Wissenschaft", der von nun an jedes Jahr an „verdiente Deutsche" gehen soll. Diesmal sind dies der NS-Ideologe Alfred Rosenberg, weil er „in hervorragendem Maße die Weltanschauung des Nationalsozialismus wissenschaftlich und intuitiv begründen und festigen geholfen hat"; die Mediziner Professor Dr. Ferdinand Sauerbruch und Geheimrat Professor Dr. August Bier; der Forschungsreisende Dr. Wilhelm Filchner und – posthum – Hitlers Lieblingsbaumeister (vor Speer) und ursprüngliche Schöpfer aller Parteibauten, Professor Ludwig Troost. Für ihn nimmt seine Frau den Preis entgegen. Diese „höchste Ehrung in Kunst und Wissenschaft, die das nationalsozialistische Deutschland zu vergeben hat", geht auf einen „Führer-Erlaß" vom 30. Januar 1937 zurück, in dem er Deutschen die Annahme des Nobelpreises „für alle Zukunft" verbietet und an dessen Stelle seinen Nationalpreis setzt.

Der Nürnberger Baurat und neu ernannte Professor Ralf Brugmann wird bescheidener abgefunden. Auf Anweisung Hitlers bekommt er zum Geburtstag einen Scheck über 10.000 RM, weil er sich – laut Speer – „um die Fertigstellung verschiedener Bauvorhaben der Partei" verdient gemacht habe. Brugmann bedankt sich artig und überschwänglich. Die Stadt kommt mit der Ausstellung „Nürnberg, die deutsche Stadt" gebührend zu Ehren.

Seinen „General-Appell des deutschen Volkes", „das schönste Fest des ganzen Jahres", das diesmal 494.400 Teilnehmer angezogen hat, läßt Hitler ausklingen mit einem Essen zu Ehren des japanischen Prinzen Chichibu auf der Burg. Vorher hat er 20.000 angereisten NS-Frauen die Beruhigung mitgegeben, daß sie eigentlich ihm „den deutschen Mann" zu verdanken haben, und den Auslandsjournalisten die Drohung, daß Deutschland seine alten Kolonien zurückfordert. Darüber ist Goebbels ganz glücklich, und er bemerkt stolz: „Was wir jetzt schon wieder für eine Sprache führen können!" Geht's um Zahlen, dann kommt Reichsschatzmeister Schwarz bei einem Gesamtaufwand von 9.580.220 RM für den 37er Parteitag zu der tröstlichen Feststellung, daß die Festplaketten diesmal immerhin 2.376.196 RM und die sogenannten „Anerkennungsgebühren" 234.464 RM eingebracht haben. Diese „Gebühren" sind nichts anderes als Erpressungsgelder, abgeführt von Nürnberger Geschäftsleuten dafür, daß sie am Reichsparteitag mitverdienen dürfen.

Der Reichsorganisationsleiter und zeitweilige Vollalkoholiker Dr. Robert Ley erteilt in einer Nachbetrachtung noch einige Ratschläge für die Zukunft. Auf dem Zeppelinfeld, so empfiehlt er, sollen während des Aufmarsches der Politischen Leiter Männerchöre singen, „daß es nur so dröhnt." Dem deutschen Volk müsse „derartig Hohes und Schönes" für alle Ewigkeit geboten werden, „daß die Teilnehmer in immer neuen Massen zu diesen Feiern und Festlichkeiten strömen und sie allmählich von selbst aus den Kirchen wegbleiben und aus dem gewonnenen Erlebnis heraus zur Überzeugung kommen, daß der Nationalsozialismus viel höhere Erlebnisse vermittle als die Predigten der Pfaffen in der Kirche." Das entspricht genau Hitlers Wunschtraum.

Ganz Profanes hat der Reichsorganisationsleiter auch noch anzumerken: In Zukunft werde die Verteilung der Eintrittskarten für die Festaufführung der „Meistersinger" straffer organisiert, nachdem der bisher damit beauftragte Parteigenosse frustriert erklärt habe, es sei ausgeschlossen, das politische Führerkorps zu bändigen und in die Vorstellung hineinzuprügeln, damit der „Führer" sich nicht ständig über leere Plätze ärgern muß. Und noch etwas: Es dürfe nicht mehr vorkommen, daß Nürnbergs Gastwirte sich weigern, Mittagessen zu den jahresüblichen Preisen zu servieren, sondern den Gästen am Parteitag mehr Geld abnehmen wollen. Das schade dem Ansehen der Partei.

Am Ende der Reichsparteitags kommt es hinter der großartigen Fassade zum kleinlichen Gezänk zwischen SA, Reichsschatzamt und Organisationsleitung. Höhere SA-Führer der Gruppe Franken haben – so die Gegenseite – schon wiederholt berechtigten Grund zum Mißtrauen gegeben. Ein Sanitätsstandartenführer, womit ein Nürnberger Arzt und Apotheker aus Johannis gemeint ist, habe nagelneue Wäsche nicht zurückgegeben, und ein SA-Obersturmbannführer eine Schreibmaschine verschwinden lassen. „Ehrkränkung höherer SA-Führer", wettert SA-Führer von Obernitz. Davon erfährt die Öffentlichkeit natürlich nichts, ihr werden nur die guten Nachrichten serviert. Vom allgemeinen Kompetenzgerangel kein Wort. Solcher Streit ist ganz im Sinn des „Führers". Je mehr die da unten sich in die Haare kriegen, umso mächtiger sitzt er obendrüber. Gewolltes Chaos nach Art des „Führers".

Wohl unter dem Eindruck der Reichsparteitage entschließt sich die Stadt Lauf dazu, „jedem Jungen, der durch einen ‚Hoheitsträger' der NSDAP für den Besuch einer Adolf-Hitler-Schule auserwählt wird", eine erstmalige Ausstattungsbeihilfe von 200 RM, für die folgenden Schuljahre eine Beihilfe von je 100 RM zu gewähren. Lauf führt eine NS-Gemeindestation mit drei „Braunen Schwestern" ein, von denen jede 120 RM im Monat bekommt.

Mehrere fränkische Städte und Landkreise wollen sich als „Pioniere" bei der Einführung des jetzt zur Pflicht gewordenen Reichsarbeitsdienstes hervortun. Sie gründen Fördervereine und sammeln Geld zum Bau von Lagern.

Kaum hat der Wirbel um den Reichsparteitag sich gelegt, dringt das Geflüster über die Kungeleien und Exzesse der lokalen Parteigrößen wieder in die fränkischen Wohnzimmer. Streichers unbeliebter Adjutant und nun auch „Stabsleiter des Gauleiters", Hanns König, reißt sich in Forchheim ein ganzes Dampfziegelwerk mit 1,176 Hektar großem Grundstück samt Wohnhaus, Werkstätte, Lagerräumen und Stall unter den Nagel, angeblich ersteigert für 147.000 RM. Dazu kommen 38 Äcker und Wiesen in Grott, Granspach und Breitenloh. Wer in der Schule nur einigermaßen Rechnen gelernt hat, fragt sich mit Recht: Woher hat dieser Kerl bloß das Geld? Hitlers Franken vollbringen manchmal wahre Wunder, und der „Führer" schaut nicht hin.

Streicher, der vom Reichsschatzmeister frech fordert, den sogenannten Gauleiter-Dispositionsfond von 2.000 RM schleunigst auf 2.500 RM zu erhöhen, und auf einen Spendeneingang von 21.321.36 RM für den Gau innerhalb von nur vier Monaten verweisen kann, klemmt seine schmutzigen Finger wieder mal in fremde Angelegenheiten in einem fremden Gau. Es geht ihn zwar nichts an, was in Berlin passiert, aber er bläst dem Reichsminister und Chef der Reichskanzlei, Hans Heinrich Lammers, während einer internen Besprechung in der Münchner Reichsleitung ins Ohr, seine Frau habe doch tatsächlich bei der jüdischen Firma Grünfeld in Berlin eingekauft und sich auch noch mit einer jüdischen Verkäuferin länger unterhalten. „Zuverlässige Gewährsleute" hätten dies beobachtet und gemeldet.

Lammers antwortet postwendend. Auf einem hochoffiziellen Briefbogen mit dem hochoffiziellen Reichsadler im Kopf weist er jeden Vorwurf zurück. Seine Frau habe diesen Laden nie betreten. Er bittet um Namen und Adressen der „Gewährsleute." Nun bekommt Streicher kalte Füße, diesmal hat er wohl zu hoch gepokert. Eilig und kleinlaut meldet der „Frankenführer" auf Gauleiter-Briefpapier, „daß auf Grund Ihrer Zuschrift die Angaben der Gewährsmänner als gegenstandslos betrachtet werden müssen." Feige, wie der Streicher nun mal ist, sobald er sich als Verlierer fühlt, versteckt er sich hinter einem der beiden angeblichen Zeugen, und der sei ja nicht irgendwer: „Es handelt sich um einen Teppichhändler, der auch Teppiche für den Führer geliefert hat."

Und er verrät den Namen. Der „Zeuge" macht einen Rückzieher, dann werde es sich wohl um eine Verwechslung handeln, und die Akte wird geschlossen.

Das lebhafte Weihnachtsgeschäft in Nürnberg gibt dem „Frankenführer" Gelegenheit, seine Schlappe wett zu machen und sich an den Juden zu rächen. Er inszeniert wieder einen Privatfeldzug gegen jüdische Geschäfte und Warenhäuser. Am „Kupfernen Sonntag" muß er erleben, daß die Nürnberger sich nicht vorschreiben lassen, wo sie einkaufen. Jüdische Geschäfte verbuchen glänzende Umsätze, jüdische Warenhäuser sind überfüllt, die Polizei muß sie stundenweise schließen.

Streicher ist wütend. Am 16. Dezember 1937 ruft er in seiner „Fränkischen Tageszeitung" – alle Jahre wieder – zum Boykott der jüdischen Geschäfte auf. Einen Anlaß hat er auch schon: Eine jüdische Zeitung in Bukarest habe ihn bedroht. Ein lächerlicher Vorwand.

Schon am nächsten Tag stehen vor den jüdischen Geschäften zwei Meter hohe Plakate in knallroter Farbe. „Kein Deutscher kauft bei Juden", steht darauf, die alte, boshafte Leier. Die Nürnberger werden aufgeklärt, warum dies alles geschehe: „Wir Nationalsozialisten haben den Juden bisher Gastrecht gewährt, aber jetzt wird die unverschämte Drohung aus Bukarest beantwortet."

Posten ziehen auf vor jüdischen Geschäften und verwehren Kunden den Zutritt. Wer trotzdem kauft, wird beschimpft, angespuckt und geschlagen, wenn er sich wehrt. Vor dem Kaufhaus Schocken, bisher eine jüdische Firma und jetzt in eine Aktiengesellschaft umgewandelt, an der auch englische Investoren beteiligt sind, werden Plakate mit einem blödsinnigen Text angebracht: „64 Prozent des Aktienkapitals der Firma Schocken befindet sich in englischen Händen, der Rest ist in jüdischem Besitz. Deshalb bekämpfen wir dieses jüdische Geschäft." Kampf gegen 36 Prozent von Schocken.

Die Betriebsleitung ruft die Polizei zu Hilfe. Sie kommt nicht, weigert sich auch, bei anderen Alarmen einzugreifen. Am 21. Dezember wenden die boykottierten Geschäftsleute sich an die Gauleitung. Die Antwort: „Gauleiter Streicher hat bis zum 11. Januar 1938 keine Sprechstunde mehr." Beschwerden bei der NSDAP-Reichsleitung in München bleiben ohne Antwort. Obgleich Streichers Aktion von keiner höheren Dienststelle gut geheißen oder gar veranlaßt wurde, letzten Endes lassen sie ihn gewähren, alle haben Angst vor Hitlers Duzfreund.

Es paßt ins Bild, wenn die Lebensmittelpolizei, um Streicher zu gefallen, einem jüdischen Weinhändler in Nürnberg als angebliches „Ergebnis eingehender Kontrollen" wegen „Unzuverlässigkeit" den „Handel mit Gegenständen des täglichen Bedarfs" verbietet und das Geschäft schließt.

Auch Freimaurer werden geächtet und aus allen Ämtern gedrängt. Die Gauamtsleitung Franken meldet dem NSDAP-Hauptamt in München stolz, daß es unter den Gemeindeleitern und Personalsachbearbeitern der fränkischen Kommunen keinen Freimaurer mehr gibt.

Das Oberste Parteigericht beschließt, daß ein Fritz Schwarz aus Fürth, Finkenstraße 2, die Fähigkeit zur Bekleidung eines Parteiamtes auf Lebenszeit aberkannt wird. Schwarz gehörte einer Loge an, wird der Beschluß motiviert, sei zwar ausgetreten und habe dort auch kein Amt bekleidet. Trotzdem müsse er von Parteiämtern fern gehalten werden. Die törichte „Begründung": „Die Aberkennung der Ämterfähigkeit ehemaliger Freimaurer ist keine Strafe, sondern eine Schutzmaßnahme gegen etwaiges Eindringen freimaurerischer Ideen in die NSDAP."

Zum Ende 1937 besucht Hitler nochmals seine „Stadt der Reichsparteitage". Nach der üblichen Besichtigungstour rund um den Dutzendteich sieht er sich abends im Opernhaus die Operette „Die lustige Witwe" an, neben dem „Vogelhändler", der „Fledermaus" und dem „Zigeunerbaron" seine Lieblings-Operette. Er mag eben nicht nur schwerbrüstige Walküren sehen, auch fröhliche Weiber gefallen ihm – solang sie auf Distanz bleiben. Und neben Wagner ist er auch Franz Lehár sehr zugetan. Er verehrt den Meister der leichten Muse, er nennt ihn „einen der größten Komponisten der Musikgeschichte." Außerdem führt an diesem Abend einer seiner bevorzugten Künstler, Rudolf Hartmann aus München, als Gast die Regie. Am liebsten hätten die Nürnberger ihn gleich hier behalten, besonders für ihre Theater-Aufführungen während der Parteitage, aber Hitler ist dagegen. Er will ihn in München haben.

Überhaupt ist Hitler der heiteren Kunst nicht abgeneigt, dem Ballett auch nicht. Bloß kein Tanz in eng anliegenden Trikots darf es sein. Das mag er nicht, sowas hält er für anstößig. Modernen Ausdruckstanz der Mary Wigman etwa oder der Palucca, das lehnt er ab. Solch Tanzerei sei eine Kulturschande, befindet er. Die hüpfenden deutsch-blonden Ballett-Geschwister Höpfner vom Berliner Theater dagegen, sie sind der Inbegriff der Schönheit für ihn. Gern lädt er die Schwestern privat zum Tee ein, plaziert sie stolz neben sich auf's Sofa, eine links, die andere rechts.

1938: „Onkel Wolf" will nicht heiraten

Jedoch: Kommen die Damen ihm zu nahe oder werden womöglich handgreiflich, dann wird der „Führer" ungemütlich. Die Soubrette Gretl Slezak, Tochter des berühmten Tenors Leo Slezak, von Hitler als „Wiener Madl" am Münchner Gärtnerplatz-Theater bewundert und zu seinem Bekanntenkreis zählend, spürt schmerzlich, wie standhaft ein Homoerotiker sein kann. Von seiner Sekretärin Christa Schröder geschickt eingefädelt, läßt er sich Anfang 1938 auf ein verschwiegenes Plauderstündchen mit der Slezak ein. Sie hat sich sehr viel vorgenommen. Das Zimmer durch Kerzenschein romantisch illuminiert, setzt sie sich neben Hitler auf's englische Sofa und will seine Hände streicheln. Aber Hitler geht sofort in Abwehrstellung und sagt so sanft er kann: „Gretl, Sie wissen doch, das mag ich nicht." Dann läßt er sich von einem Diener abholen.

Zu Leni Riefenstahl meint er, seine Gefühle seien so national, daß er nur eine deutsche Frau lieben könne. Dies dürfte aber nicht der Grund dafür sein, weshalb er sich einer Heirat mit der Schwiegertochter seines Leitbilds Richard Wagner, der ihm sehr zugetanen Winifred entzieht. Durch ihren Geburtsnamen Williams weist sie sich zwar als gebürtige Engländerin aus, ist aber, wie schon erwähnt, von dem Ehepaar Klindworth in Berlin erzogen worden, und die haben einen deutschen Paß. Tochter Friedelind bemerkt dazu in reinem Fränkisch: „Mei Mudder mecht scho, aber der Onkel Wolf mecht halt net."

Der zuchtvolle Onkel Wolf, besser bekannt als der „Führer" Adolf Hitler, „mecht" was anderes. Jetzt, 1938, da er unbehindert seinem politischen Höhepunkt zustrebt, kann er keine Frau gebrauchen. Er braucht ein Volk, das ihm hörig ist. Er hat es. Millionen sind ihm untertan. Millionen Frauen himmeln ihn an. Alle gehorchen, lassen ihr Leben reglementieren vom Wecken bis zum Schlafengehen. Seine „Bewegung" hat es fertiggebracht, die Deutschen in Reih und

Glied aufzustellen. Seine vielen kleinen Hitlers führen aus, was er diktiert. Und sie reichen die Befehle weiter, bis sie ganz unten ankommen.

Er ist aufgebracht, daß sich bei den Reichsparteitagen braune „Würdenträger" recht würdelos aufgeführt haben, schlampig angezogen obendrein. Das soll nicht mehr vorkommen. Nun, seit dem 24. Januar 1938, herrscht mehr Kleiderzucht. Es gibt eine strenge Ausbildungsanordnung des NSDAP-Hauptorganisationsamts mit angeschlossener Kleiderordnung für Politische Leiter. Nun wird ihnen beigebracht, vom Sturmmann bis zum Standartenführer, was sie anzuziehen und wie sie zu grüßen haben. Gar streng sind da die Sitten: „Bei umgeschnalltem Koppel", heißt es, „greift die linke Hand derart in das Koppel, daß der Daumen hinter der Koppelschnalle liegt. Die übrigen Finger liegen gestreckt geschlossen auf der Koppelschnalle." Alles klar?

Getragen wird, laut Organisationsbuch Seite 24/25: „Dienstrock und Breecheshose mit Umlegekragen. Leibriemen breit, hellhavanabraun. Mütze Wehrmachtsschnitt. Handschuhe dunkelbraun. Marschstiefel schwarz. Mantel zweireihig, braunmelange mit hellbraunem Kragen und Aufschlag. Der Mantel wird beim Dienstrock oben drei Knöpfe offen getragen, bei der Dienstbluse hoch geschlossen." Verstanden?

Daß diese Uniformen vielleicht schon bald aus Kartoffelkraut geschneidert werden, ist noch geheim. Gauleiter Saukel hat dem „Führer" gemeldet, es sei möglich, Spinnfaser aus Kartoffelkraut zu gewinnen und damit der totalen wirtschaftlichen Unabhängigkeit des Reiches wieder einen Schritt näher zu kommen – wie der Vierjahresplan dies vorsehe.

Jetzt braucht der braune Mann nur noch stramm zu stehen, den rechten Arm im rechten Winkel vorschriftsmäßig auszustrecken und „Heil Hitler" zu rufen, schon ist der Staatsbürger des neuen nationalsozialistischen Deutschlands perfekt.

Der vorbildliche Nazi darf nicht zu plump vertraulich werden beim Reichsparteitag, auch den Umgangston regelt die Vorschrift. Den Vorschlag eines Kreisleiters aus dem Siegerland, die Politischen Leiter sollten bei dem Parteitagsfest sich gegenseitig mit dem kumpelhaften Du anreden, lehnt die Hauptorganisationsleitung schroff ab: „Der Führer sagt ja auch nicht zu jedem Du."

Der Rechenschaftsbericht der Stadtverwaltung Nürnberg gibt nach fünf Jahren Arbeit die Gemütslage in diesem disziplinierten und vorbildlichen Landstrich unmißverständlich wieder: „All das haben wir einzig und allein dem Manne zu verdanken, dem Deutschland und damit auch Nürnberg seinen Aufstieg verdankt: Adolf Hitler. Die Stadt der Reichsparteitage wird für ewige Zeiten ein lebendiges und erhabenes Denkmal dieses größten Deutschen und der von ihm geschaffenen und zum Siege geführten nationalsozialistischen Bewegung bleiben."

Anerkennung und Bewunderung bis ins letzte Glied, denn: Der Adolf Hitler kümmert sich ja wirklich um alles, glaubt das zur kritiklosen Huldigung erzogene, desinformiert gehaltene Volk. Im Februar schnüffelt er im Leben zweier seiner obersten Wehrmachts-Befehlshaber. Den Generalfeldmarschall Werner von Blomberg setzt er unsanft vor die Tür, weil er eine Dame aus dem gehobenen Rotlicht-Milieu geheiratet hat, den Oberbefehlshaber des Heeres, Generaloberst Werner Freiherr von Fritsch, weil er angeblich schwul sei und damit auch aus dem falschen Milieu komme. Daß zumindest diese Behauptung eine bestellte Intrige ist und der „Zeuge" ein übler Zuchthäusler, wird nicht registriert und erst später offenkundig. Zu spät, um den gedemütigten Offizier zu rehabilitieren: Fritsch fällt in den ersten Kriegstagen, im September 1939, in Polen. Vermutlich hat er den Tod gesucht.

Kaum hat Hitler die Wehrmacht „gesäubert" von unbequemen Offizieren, bereichert er das Reich um die „Ostmark": Am 13. März 1938 holt Hitler seine Heimat Österreich „heim ins Reich", was die Österreicher mit frenetischem Beifall begrüßen und – einen Monat später bei einer perfekt inszenierten „Volksbefragung" – alle Deutschen zu mehr als 99 Prozent gutheißen. In Nürnberg sind es fast 100 Prozent, genau 99,6.

Es ist die letzte sogenannte „Volksabstimmung" im Dritten Reich. Die Volksgenossen werden gefragt: „Bist Du mit der am 13. März 1938 vollzogenen Wiedervereinigung Österreichs mit dem Deutschen Reich einverstanden und stimmst Du für die Liste unseres Führers Adolf Hitler?" Eine sehr suggestive Frage, die von einem erfolgsgeblendeten Volk, dem der Blick hinter die Kulissen verwehrt bleibt, schwer mit Nein beantwortet werden kann. Daß hier das vertrauliche Du benutzt wird, scheint die Partei-Knigges nicht zu stören.

Streicher nutzt den Augenblick, seinen „Führer" hochleben zu lassen. Er schickt ihm ein Huldigungstelegramm nach Wien und versichert – weil ihm immer nur dasselbe einfällt – deplaziert und am Thema vorbei, „daß Nürnberg das Bollwerk im Kampf gegen den Weltfeind All-Juda" sei.

Jetzt, da er auch Österreich hat, kommen wieder die alten Gerüchte über seine wahre Herkunft auf, Spuren seiner Vergangenheit, die er – wie vieles andere – so gern verschweigt. Weil Hitlers Großmutter Maria Anna Schicklgruber womöglich von dem jüdischen Metzgermeister Leopold Frankenreiter geschwängert wurde, könnte sein Vater Alois ein Halb-, Adolf Hitler ein Vierteljude sein. Gerüchte nur, aber sie werden lauter, als Hitler den Ort seiner Ahnen und die Geburtsstätte des Vaters, Döllersheim, dem Erdboden gleichmachen und in einen Truppenübungsplatz verwandeln läßt. Die Folge: Die kirchlichen Urkunden samt Geburtspapieren sind plötzlich unvollständig oder überhaupt nicht mehr aufzufinden. Dumm gelaufen...

Bei einem Besuch seiner Großbaustellen am Nürnberger Dutzendteich muß wohl auch etwas schief gelaufen sein. Hitler ärgert sich, weil seine Wagenkolonne nicht so fährt, wie er das will. Also spielt er hier wieder den Erbsenzähler und erläßt, noch in Nürnberg, folgenden „persönlichen Befehl":

„Für alle Fahrten in Kraftwagen gilt folgendes: Meinem Wagen folgen zunächst die Wagen meines Begleitkommandos und meiner Adjutanten. Reichsbildberichterstatter Hoffmann sitzt neben dem Fahrer des zweiten Begleitwagens. Erst hinter diesen Wagen kommen dann die Fahrzeuge der sonst noch zugeteilten oder mich begleitenden Personen." Wie gesagt: Der Führer kümmert sich um jedes Staubkorn – bloß nicht darum, was sein „Frankenführer" treibt.

Hitler fährt gern in seinem Mercedes. Zu Speer sagt er einmal auf der Fahrt nach Bayreuth: „Im Auto fühle ich mich vor Attentätern noch am sichersten. Selbst die Polizei erfährt nicht, wann ich abfahre und welches Ziel ich habe. Ein Attentat muß von langer Hand vorgeplant werden, Fahrzeit und Strecke müssen bekannt sein. Deshalb fürchte ich auch, eines Tages bei der Anfahrt zu einer Kundgebung von einem Scharfschützen erledigt zu werden. Dagegen ist kein Kraut gewachsen. Der beste Schutz ist und bleibt aber immer noch die Begeisterung der Menschenmenge. Wenn einer nur wagen würde, eine Schußwaffe zu erheben, würden sie ihn augenblicklich niederschlagen und zu Tode trampeln."

Der „Führer" Adolf Hitler scheint sich der grenzenlosen Liebe seines Volkes sehr sicher zu sein.

Bei einer dieser Fahrten durch Franken ordnet Hitler einen Umweg über Kloster Banz an. Niemand weiß, warum, und die Mönche sind sehr erstaunt, aus heiterem Himmel den „Führer" vor ihrer Tür zu sehen. Er bewundert die weite Anlage des Klosters und bittet um ein Gespräch mit dem Abt. Das dauert sehr lange, und Hitler verliert zunächst kein Wort darüber, was gesprochen wurde. Das bleibt sein Geheimnis. Kurz vor Bamberg läßt er anhalten und einen Picknickplatz in einer Lichtung suchen. Sie breiten Decken aus und setzen sich im Kreis.

Jetzt fängt Hitler an zu reden, über den Inhalt des Gesprächs aber schweigt er. Er spricht mit großer Ehrfurcht von dem Abt. Der Mann hat ihm imponiert. Und dann holt er aus zu einer grundsätzlichen, parteiphilosophischen Betrachtung – auf einer Waldlichtung bei Bamberg:

„Da haben wir wieder einmal ein Beispiel für die gute Auswahl der katholischen Kirche bei ihren Würdenträgern ... Bauernjungen wurden Päpste ... in der Kirche gab es keine soziale Voreingenommenheit. Das hat sich gelohnt ... Nur noch bei uns in der Bewegung hat der Mann aus den untersten Schichten die Möglichkeit, so hoch zu steigen. Aus den Methoden der katholischen Kirche ... ihrer Menschenkenntnis müssen wir lernen. Aber wir dürfen sie nicht kopieren oder sie zu ersetzen versuchen ... Die Partei als eine neue Religion gründen zu wollen, ist lächerlich ... Die Kirche wird sich angleichen. Wir müssen sie unter Druck setzen. Und unsere großen Kulturbauten in Berlin und Nürnberg werden die heutigen Dome in den Dimensionen lächerlich machen. Lassen Sie nur so einen kleinen Bauern in unsere großen Hallen treten, da bleibt ihm nicht nur der Atem weg. Der Mann weiß dann, wohin er gehört."

Dann wendet Hitler sich an Speer: „Das sage ich Ihnen, diese Bauten sind das Wichtigste! Sie müssen alles daran setzen, sie noch zu meinen Lebzeiten fertigzustellen. Nur wenn ich selber noch in ihnen gesprochen und regiert habe, bekommen sie die Weihe, die sie für meinen Nachfolger brauchen."

Der Messias, der dem „Dom zu Nürnberg" seine Weihe geben will, hat gesprochen. Der Messias lügt, zumindest widerspricht er sich. Seine Partei erhebe keinen Anspruch darauf, eine Religion zu sein, sagt er jetzt auf einer fränkischen Wiese. Das Gegenteil hat er schon mehr als einmal betont, und alljährlich beweist er es mit den pseudoreligiösen Riten der Nürnberger Reichsparteitage. Sie sollen „Gottesdienst" sein, das „Hochamt der Partei" und „Pfaffen in der Kirche ersetzen". So hat es Goebbels gesagt, Ley und Rosenberg ebenso, so hat auch Hitler sich immer wieder ausgedrückt.

Es trifft sich gut, daß das andere gottbefohlene Weihestück, der Wagnersche Opernzyklus, jedes Jahr nur wenige Wochen vor dem Reichsparteitag über die Bayreuther Bühne geht. Beste Gelegenheit, sich einzustimmen, ganz nahe der urdeutschen Reichsparteitagsstadt. Die Tage in Bayreuth können Hitler aufbauen, seelisch ins Gleichgewicht bringen. Hier in Franken wird seine Politik göttlich bestrahlt von der Aura altgermanischen Ahnenkults, der Geist

Wahnfrieds umgibt ihn und hilft der „Vorsehung" auf die Sprünge. In Winifreds Villa „enthält die Spannung gleichzeitig eine ungeheuere, überlegene Ruhe", umschreibt ein gewisser Carl Schlottmann aus Erfurt, Erster Heldenbariton und Zweiter Gralsritter in Bayreuth, die Atmosphäre, in der er einen verwandelten Hitler erleben darf.

„Eine große Güte, ein unendlicher Glaube, eine restlose eigene Bescheidenheit ... erfüllen ihn", schildert Schlottmann ergriffen seinen Eindruck, „das Auge des Führers erfaßt den ganzen Menschen ... geht durch ihn hindurch. Sein Blick kommt dann nicht körperlich aus ihm, sondern aus seinem ganzen Wesen, das körperlich nicht begrenzt zu sein scheint", fabuliert der hypnotisierte Heldentenor. Nun wisse er, daß Hitler nicht in Jahren, sondern in Jahrhunderten denke.

So oder ähnlich ergeht es vielen, die Hitler in Bayreuth begegnen. Der „Führer", perfekter Schauspieler auf der geheiligten Wagner-Bühne und begnadeter Hypnotiseur.

1938: Hitler und sein Adjutant

Seiner homoerotischen Neigung läßt er hier mitunter die Zügel schießen. Nur um zwei Ernennungsurkunden zu unterschreiben muß sein schlanker Luftwaffenadjutant Nicolaus von Below nach Bayreuth einfliegen. Er empfängt ihn in der Wohnhalle der Villa Wahnfried und lädt ihn ein, in Bayreuth zu bleiben, sich den „Parsifal" anzusehen. Auch in den folgenden Jahren verlangt Hitler nach der Nähe seines Adjutanten von Below. Will der sich zu seiner Truppe zurückmelden, wird der „Führer" ungehalten und sagt: „Wie lange Sie bei mir bleiben, bestimme ich." Diese seelische Bindung und Zuneigung erklärt Hitler mit Belows Opern- und Musikinteresse.

Im Juli 1938 „steckt der Führer ganz voll Sorgen und Plänen", schildert Goebbels die Festspieltage in der fränkischen Stadt. Zwischen „Tristan" und „Parsifal" sagt Hitler zu seinem PR-Strategen: „Die Frage der Sudetendeutschen muß mit Gewalt gelöst werden ... Die Befestigungen im Westen sind noch nicht fertig. Unsere Generale ... haben natürlich wieder die Hosen voll..."

Kommentar Goebbels: „Den Krieg will der Führer vermeiden. Darum bereitet er sich mit allen Mitteln darauf vor. Unten stehen Tausende von Sudetendeutschen und rufen nach dem Führer. Es ist ganz ergreifend." Hitler habe ihm auch hier wieder gesagt, daß die Juden in spätestens zehn Jahren aus Deutschland entfernt sein müssen, vorläufig will er sie als „Faustpfand" behalten.

In Bayreuth und auf dem Obersalzberg bereitet Hitler gewöhnlich seine Parteitagsreden vor. Hier überkommen ihn auch Eingebungen, die in Berlin verschüttet bleiben. Hitler ist verstimmt, daß noch immer allzu viele Richter Recht sprechen, Gesetze beachten und obendrein ihrem Gewissen folgen. Er verlangt nach Richtern wie Rothaug in Nürnberg, glühende Nazis, die jeden Abweichler und „Volksschädling" schon auf Erden in die Hölle oder ins KZ schicken – besonders wenn er Jude ist.

Bei abendlichen Unterhaltungen in Bayreuth im Juli 1938 spricht sich Hitler dafür aus, die richterliche Unabhängigkeit abzuschaffen oder zumindest soweit einzuschränken, daß Urteile im Sinn der Partei gefällt werden. Er fordert seinen Justizminister auf, Vorschläge auszuarbeiten, wie das Beamtengesetz zu ändern sei. „Richter, die nationalsozialistische Weltanschauung ablehnen", urteilt Hitler, „oder durch die Art ihrer Amtstätigkeit, durch ihre Entscheidung oder durch dienstliche und außerdienstliche Führung gefühls- oder standesgemäß ihr fremd gegenüber stehen, sitzen im NS-Staat auf dem falschen Stuhl". Neue Paragraphen im Deutschen Beamtengesetz sollen „Wind in gestrige Richterroben blasen". Fränkische Stille und Wagnerscher Theaterdonner beflügeln Hitler, Justitias Waage anders zu gewichten.

Wenn Siegfried, Rienzi oder Parsifal Pause haben, der Tag also spielfrei bleibt, fährt Hitler rasch nach Nürnberg. An so einem Julitag 1938 versucht Organisationschef Ley ihm einzureden, daß zur Eröffnung des Parteitags zeitgenössische Komponisten „die nationalsozialistische Weltanschauung ausdrücken sollten". Er habe schon ein paar Kompositionen in Auftrag gegeben. Hitler bleibt skeptisch, Winifred auch. Wo kämen wir denn da hin, würde der Reichsparteitag nicht mit Wagners „Rienzi"-Ouvertüre und dem „Meistersinger"-Chor eingeleitet! Schließlich leben die Reichsparteitage von und mit Wagner.

In der leeren Luitpoldhalle hören sie sich die von Ley bestellten und gepriesenen Werke an, die Organisationsleitung hat ein großes Symphonieorchester aufgeboten. Hitler, Speer, Ley und einige Parteifunktionäre, die von Musik keine Ahnung haben, lassen zwei Stunden lang die zeitgenössische NS-Musik über sich ergehen. Ley schaut seinen „Führer" gespannt an. Der schweigt lang, dann sagt er ganz freundlich: „Gestern erst habe ich den Wunsch geäußert, auch dieses Jahr wieder die Rienzi-Ouvertüre zu hören."

Ley wird verlegen, Hitler amüsiert sich über ihn. Plötzlich wird er ernst und doziert wie ein Oberlehrer: „Wissen Sie, Ley, ich lasse die Parteitage nicht zufällig mit der Ouvertüre zu Rienzi eröffnen.

Das ist nicht nur eine musikalische Frage. Dieser Sohn eines kleinen Gastwirts hat mit 24 Jahren das römische Volk dazu gebracht, den korrupten Senat zu vertreiben, indem er die großartige Vergangenheit des Imperiums beschwor. Bei dieser gottbegnadeten Musik hatte ich als junger Mensch im Linzer Theater die Eingebung, daß es auch mir gelingen müsse, das Deutsche Reich zu einen und groß zu machen."

Da haben wir es wieder: 1906, Freinberg, „die Nacht, als alles begann". Hitler hat es nie vergessen: Wagners „Rienzi" hat er's zu verdanken, daß er zum „Führer" geworden ist. Wagners Musik, der Klang aus Bayreuth, hat den 17jährigen verführt. Da ist seine Liebe zu Franken entstanden.

Liebe schlägt ihm auch aus den Herzen prominenter Franken entgegen. Konsul Willy Sachs aus Schweinfurt schreibt, nach einem Besuch zu „Führers" Geburtstag, dankbar an die SS-Führeradjutantur in der Reichskanzlei: „Wie ich gehört habe, ist unser guter Führer schon wieder in seine geliebten Berge gereist und wird wohl, wenn er zurückkommt, das Motorfahrrädchen an jemand, der gute Verwendung dafür hat, verschenken ... wäre Ihnen sehr dankbar, wenn Sie sich etwas darum kümmern würden, daß das Rädchen mit der Saxonette, die ja von unserem Führer auf der Automobil-Ausstellung schon so bewundert wurde, nach seiner Rückkehr auch in Schuß ist ... Ich glaube doch, daß ich mit dem Rädchen, nachdem es ja 18 Millionen Radfahrer in Deutschland gibt und ich den Ehrgeiz besitze, in den nächsten zehn bis zwölf Jahren fünf bis sechs Millionen Räder zu motorisieren, eine kleine Freude bereitet habe ... Beiliegend gestatte ich mir, Ihnen ... einen F&S-Ehrendolch sowie eine Brieftasche zu übersenden." Mit „Saxonette" meint Willy Sachs seinen Fahrrad-Hilfsmotor.

Ein fränkischer Fabrikant denkt in den Kategorien kleiner Alltagsfreuden, des „Führers" fränkischer Statthalter Julius Streicher bewegt sich mit seinen Plänen in der freudlosen Dunkelheit rassenpolitischer Gewaltvorstellung.

Ein Beschluß der Nürnberger Stadtverwaltung vom 3. August, das Grundstück am Hans-Sachs-Platz zu enteignen, auf dem die jüdische Hauptsynagoge steht, gibt Streicher den Impuls zu einer „historischen Tat": Am 10. August befiehlt er bei einer Kundgebung, zu der Tausende zusammengetrommelt werden, den Abbruch des Gebäudes, das schon 1877 das Mißfallen Richard Wagners erregt hat. Oberbürgermeister Liebel meint, die Zeit sei reif, diesen „alten, staubigen, orientalischen Bau, diesen Schandfleck" zu beseitigen, damit Nürnberg, das Schatzkästlein des Reiches, die deutscheste aller Städte, wieder seinen wahren Charakter erhalte. 550.000 RM läßt die Stadt sich die Beseitigung des „Wahrzeichens der Judenherrschaft in Nürnberg" kosten.

„Es kommt die Zeit, in der einmal die Judenfrage in der ganzen Welt radikal gelöst werden wird", sagt der Hellseher des Grauens, Julius Streicher. „Heute brechen wir hier eine Synagoge ab, und niemals wieder wird sie errichtet werden. In dieser Stadt wollen wir arbeiten und darüber wachen, daß das deutsche Blut und die deutsche Seele rein erhalten bleiben ... Wir leben in einer großen Zeit ... Die Saat, die wir gesät haben, geht auf", geifert der fränkische Gauleiter haßerfüllt in einer halbstündigen „grundlegenden und richtungweisenden Ansprache". Nürnberg sei eine Stadt des Führers, und da habe eine Synagoge nichts verloren.

Tatsächlich ist die Synagoge in wenigen Wochen verschwunden. Um das Zerstörungswerk bis zum Beginn des Reichsparteitags rechtzeitig zu beenden, muß ein Pionier-Sprengkommando anrücken. Die Luftdruckhämmer der Baufirma schaffen es nicht allein, das massive Bauwerk hält stand.

Drei Wochen nach dieser schandvollen Kundgebung, die Gauleiter und Oberbürgermeister in scheinbarer Eintracht sieht, wird die innere Feindschaft zwischen Streicher und Liebel offenkundig: Der „Frankenführer" schenkt dem OB zum Geburtstag am 31. August 1938 einen großen Distelstrauß, überreicht durch seinen persönlichen Adjutanten Hanns König. Eine Woche vor dem Beginn des für die Tage vom 5. bis 12. September anberaumten „Reichsparteitags Großdeutschlands", nach Österreichs Anschluß ein stilgerechtes Attribut, eskaliert der Streit der fränkischen Parteigiganten. Polizeipräsident Dr. Martin mischt auf Liebels Seite kräftig mit. Der Öffentlichkeit verborgen, haben Streichers Feinde sorgfältig Buch geführt über seine Entgleisungen, und da gibt's viel zu notieren:

Bei einer Gerichtsverhandlung in Nürnberg beschimpft und bedroht er einen als Zuhörer erschienenen polnischen Professor, was zu politischen Komplikationen führt. Den Oberstleutnant Wilhelm Graf von Schlieffen empfängt er zuhause am Cramer-Klett-Park in der Badehose. Schlieffen hat Streicher wegen eines abfälligen Berichts über den deutschen Adel im „Stürmer" zum „Duell auf Pistolen bis zur Kampfunfähigkeit" herausgefordert, aber nie eine Antwort erhalten. Jetzt verlangt er eine Ehrenerklärung. Streicher beleidigt Schlieffen in seiner berühmt ordinären Art und läßt von einem Polizeibeamten die Personalien notieren. Erst der kommandierende General von Weichs kann die peinliche Szene beenden. In der Badehose bittet er auch den bayerischen Ministerpräsidenten Siebert und seine Frau zur Kaffeetafel. Den betagten ungarischen Außenminister schockt er bei einem Empfang für den sehr auf Etikette bedachten ungarischen Reichsverweser Horthy im Nürnberger Rathaussaal mit schlüpfrigen Bemerkungen. Er fragt den pikierten Magyaren, ob er nicht Lust hätte auf die hübschen Serviererinnen. Die Gäste schauen betreten zu Boden, Ministerpräsident Siebert lenkt das Gespräch krampfhaft auf ein anderes Thema.

Hitler bleiben Streichers peinliche Auftritte sicher nicht verborgen – aber ohne Folgen. Göring und Heß jedoch nehmen Streicher ins Visier. Göring sagt laut, was er über Streichers Herrschaft in Franken denkt: „Ein wahrer Saustall. Da ist jedes Wort der Kritik zu mild. Ich bin entsetzt über soviel Unrat."

Zum Reichsparteitag 1938 flattert Ministern, Generälen, Reichsleitern, Gauleitern und ausländischen Diplomaten ein Flugblatt zu mit dem Titel „Die Heilige und ihr Narr". Die Abtreibungsaffäre des SA-Oberführers und Streicher-Adjutanten Hanns König wird darin publik gemacht – aber wer König sagt, meint Streicher, der seinen Adlatus deckt. Von den hundert verschickten Exemplaren fängt der sogenannte „Führer-Schutzdienst" die Hälfte ab, die andere Hälfte erfüllt ihren Zweck.

Wütend, aber vergeblich versuchen Streicher und König, den Absender herauszufinden. Sie verdächtigen Liebel zu Unrecht, Polizeipräsident Dr. Martin vermutlich zu Recht.

Die Sudetenkrise schwelt im September 1938. Die Radiomeldungen über die Verfolgung der Sudetendeutschen durch Tschechen werden immer zahlreicher und drastischer. Solidarität wird geschürt mit „den Deutschen unter fremdem Joch in einem vergewaltigten Land, das eigentlich ihnen gehört". Von „wehrloser Sudetenjugend unter rotem Terror" ist die Rede, von „tschechischem Haß, der sich überschlägt", von „Prag, das mit dem Feuer spielt". Im „Deutschen Hof" erscheinen Generäle und Befehlshaber bei ihrem „Führer" zum Rapport. Die Wehrmacht mobilisiert, Reservisten werden einberufen, über Nürnberg Luftsperren verhängt, rund um die Stadt Flakgeschütze aufgestellt, die Zeitungen veröffentlichen Luftschutzanordnungen, Züge mit Soldaten rollen zur tschechischen Grenze. Die Angst vor einem Krieg überschattet das „Weihefest der Nation". Schon spricht man von Lebensmittelrationierung. Helle Aufregung am Hauptbahnhof: Dort verkaufen Zeitungshändler für 10 Pfennig Pläne der Nürnberger Altstadt und eine Übersicht des Parteitagsgeländes. Darf das sein angesichts der Kriegsgefahr, das hilft doch feindlicher Spionage? Gestapo und Wehrmacht verbieten den Verkauf. Aber 60.000 bis 70.000 Stück sind schon weg.

Die Organisatoren tun alles, um die Stimmung aufzuhellen, und darin sind die Nazis geschult. Mit Brot und Spielen, dem uralten Zauberrezept, werden die Menschen abgelenkt und beruhigt. Der „Reichsparteitag Großdeutschlands" bietet dafür beste Voraussetzungen. Er gibt das Bild vollendeter Einheit ab: „Ein Volk, ein Reich, ein Führer." Ein imposantes Bild, die Zahl der Teilnehmer erreicht neue Rekordhöhen, und zum ersten Mal sind die Österreicher dabei, die Kameraden aus der „Ostmark", wie Österreich nach neuer NS-Sprachregelung jetzt heißt.

Zum letzten Mal marschieren sie auf zu einem Reichsparteitag der NSDAP in Nürnberg: 547.000 braune und graue Soldaten darunter mehr als 140.000 Politische Leiter, 80.000 SA-, 40.000 SS- und 16.000 Männer vom NS-Kraftfahr- und Fliegerkorps, 56.000 Hitlerjungen und BDM-Mädchen, 46.000 Arbeitsmänner und -maiden, 50.000 NS-Frauenschaftsmitglieder, 6.000 Männer der Werkscharen, 3.000 Polizisten, 20.000 Soldaten sowie 90.000 Teilnehmer beim Hitlerjugend-Sportfest in Erlangen. 1,6 Millionen Menschen treffen sich in Nürnberg, aktive Teilnehmer und Zuschauer aus ganz Deutschland, in immer neuen Sonderzügen transportiert die Reichsbahn über 2,5 Millionen Menschen hin und her. 26.000 Fahnen wehen. Beim ersten Parteitag in Nürnberg 1927 hat die Partei gerademal 30.000 Besucher gezählt.

Arbeitsmänner in nacktem Oberkörper demonstrieren zur Freude des „Führers" die „Körperschule des deutschen Mannes". Zu einer eigens dafür komponierten Musik werfen sie mit mächtigen Baumstämmen um sich. „Eine begeisternde Symphonie des Leibes", schreibt die Presse. Diese Massenvorführung ist der Mittelpunkt der von Hitler gewünschten „NS-Kampfspiele". Den sogenannten „Wehrmannschaftskampf" gewinnt die Standarte 14 der fränkischen SA.

Goebbels überreicht dem Generalinspekteur für das deutsche Straßenwesen, Dr. Fritz Todt, dem VW-Erbauer Ferdinand Porsche und den Flugzeugkonstrukteuren Ernst Heinkel und Willi Messerschmitt, übrigens ein geborener Bamberger, den „Deutschen Nationalpreis".

In der sogenannten KDF-Stadt (Kraft durch Freude, die NS-Freizeitorganisation) am Valznerweiher, dem Deutschen Volksfest, überbieten die Musikkapellen sich mit dem „Egerländer Marsch". Sie spielen ihn wieder und wieder und heizen die ohnehin gereizte Stimmung an. Unter den Nürnbergern grassiert der ironisierte Text: „Egerländer halt mer z'amm, weil mer nix zum Fress'n ham." 500 Musiker, 700 Trachtler, 200 Artisten und 800 Sportler bemühen sich

um ein „frohes Fest der Nation" in den fünf Hallen – die größte natürlich die „Frankenhalle".
Auch sonst wird zum „Reichsparteitag Großdeutschlands" allerhand geboten. Auf der Hallerwiese zeigt ein sogenanntes „Freimaurer-Museum" die „einzigartige Schau des jüdischen, weltzersetzenden Geistes", auf der Burg wird die Jugendherberge „Luginsland" eröffnet, eine Behörde mit dem endlosen Namen „Dienststelle des Beauftragten des Führers für die gesamte geistige und weltanschauliche Erziehung der NSDAP" hat die zukunftsweisende Ausstellung „Europas Schicksalskampf im Osten" zusammengetragen. Bei einem 150 Meter hohen Feuerwerk am Dutzendteich werden Hunderte von 3 mal 5 Meter großen Hakenkreuzfahnen mit Bomben in die Luft geschossen und, sobald sie sich entfaltet haben, von Scheinwerfern angestrahlt. Diese Scheinwerfer müssen auch wieder ihren Dienst verrichten, um den „Lichtdom" wie in den vergangenen Jahr in den Nachthimmel zu zaubern.
Die Spannung steigt von Tag zu Tag: Wie wird Hitler reagieren? Wird er zum Reichsparteitag eine Entscheidung in der „Tschechenfrage" erzwingen? „Er hält nun unser aller Schicksal in der Hand", schreibt Goebbels.
Zunächst bleibt Hitlers Hand ruhig, noch gibt er sich gelassen. Er plaudert beim Mittagessen im „Deutschen Hof" mit seinen alten Kumpanen über die „Kampfzeit", er setzt sich nach der „Meistersinger"-Aufführung mit den Künstlern zusammen, er sieht sich interessiert das eigens nach Nürnberg gerollte neue KDF-Auto an, den zukünftigen Volkswagen („... für den deutschen Arbeiter eines der schönsten Instrumente der Energie Arbeit und Freude"), er gibt die aus Wien geholten „Reichskleinodien" (kaiserliche Krone, Zepter, Reichsapfel, Handschuh und Schwert aus den Jahren 1000 bis 1220) zurück an die Stadt Nürnberg, und er genießt es, daß Botschafter, Gesandte und Geschäftsträger aus 43 Staaten der NSDAP und damit ihm zum „Reichsparteitag Großdeutschlands" in Nürnberg die Ehre erweisen.
Besondere Ehre genießt Hitlers nun dem Reich angeschlossene Heimat Österreich. Er läßt die SA-Männer aus diesen neuen Gauen an der Spitze der Kolonnen marschieren. Die Wiener Philharmoniker spielen auf, von dem Stardirigenten Furtwängler durch Wagners Welt geleitet, und auf den Straßen der Stadt tanzen Gruppen aus der Steiermark und dem Zillertal.
Von der Sudetenkrise noch immer kein Wort. Hitler klopft – etwas modifiziert – seine alten Sprüche.

In seiner Proklamation sagt er: „Tiefer bewegt als jemals zuvor zogen wir dieses Mal nach Nürnberg ... Nun wird das Reich der Deutschen nur noch Großdeutschland sein." Zur Verleihung der Nationalpreise: „Unsere Kultur heißt Pflege des Natürlichen und damit auch des Göttlich Gewollten..." Beim Parteikongreß: „Wir sind entschlossen, vor niemandem zu kapitulieren." Zu seiner Jugend: „Ich baue auf Euch, blind und zuversichtlich. Wenn mich einmal die Vorsehung von meinem Volke wegnehmen wird, dann werde ich dem kommenden Führer ein Volk hinterlassen, das fest zusammengefügt und eisern zusammengeschlossen ist ... glücklich in Freudenzeiten und trotzig im Leid." Beim großen Appell im Luitpoldhain: „Wir sind entschlossen, den Nationalsozialismus und des Reiches Stellung unter allen Umständen zu halten ... Die Synthese der NS-Erziehung ist: Stärkster Geist des Glaubens und des Willens, der Zuversicht und der Beharrlichkeit, verbunden mit starkem Körper."

Übersteigerte Begriffe in einem pathetischen Kauderwelsch, das ist die Botschaft des ehemaligen „Schriftstellers", derzeitigen „Führers" und „größten Deutschen aller Zeiten" an sein gläubiges, ahnungsloses Volk.

Es spricht auch sonst noch, wem Sprache gegeben, an diesem letzten „Hochamt" der NSDAP, dem „Reichsparteitag Großdeutschlands". Kaum ein NS-„Würdenträger", der seine zweifelhafte Würde nicht mit größtmöglicher Wichtigkeit vor sich herträgt und das Blaue vom Himmel schwafelt. Sprechblasen, die ein, zwei Jahre später zu Makulatur werden.

Hermann Göring: „Die Grenzen des Reiches sind gesichert, die Kornkammern bis unters Dach gefüllt, und wir besitzen die stärkste Luftwaffe der Welt ... unsere Wirtschaft ist gefestigter denn je ... Niemals, meine Volksgenossen, sollt Ihr belogen, niemals getäuscht werden..."

Von „gesicherten Grenzen" wird schon bald keine Rede mehr sein, von gefüllten Kornkammern auch nicht, Bomberströme werden deutsche Städte in Schutt und Asche legen, weil die stärkste Luftwaffe der Welt keinen Sprit mehr hat, und gelogen wird täglich.

Joseph Goebbels: „Wir wollen keine Welt erobern, wir wollen unser Land verteidigen ... Es spielt sich heute ein Kampf zwischen Moskau und Nürnberg ab."

Drei Jahre später werden deutsche Soldaten, viele Nürnberger dabei, beim Vormarsch auf Moskau elend erfrieren. Deutsche Panzer werden vor Ägypten, wo sie keinen Grund haben, ihr Land zu verteidigen, im Wüstensand verglühen.

Die NS-Frauenschaftsführerin Gertrud Scholtz-Klink, angetreten in trachtenartiger Uniform: „... ein Bild, wie wir's ... mit wachsender Freude schauen: Deutschlands treueste Frauen ..., mein Führer ..., das Ihnen gegebene Ja für alle Verpflichtungen im Dienst an Deutschland zu erfüllen."

Diese treuesten Frauen werden ihre Männer, Väter und Brüder für den „Führer" opfern – „im Dienst an Deutschland."

Dr. Alfred Rosenberg: „Der Nationalsozialismus hat die Ernte eines ganzen Jahrtausends nach Hause gebracht..."

Diese Ernte wird Tod heißen, Millionen werden nicht mehr nach Hause gebracht.

Dr. Robert Ley: „... daß es des Führers größte Tat war, dem Volk alles Häßliche wegzunehmen und ihm dafür das Schöne zu geben."

Dieses Volk wird die häßliche Fratze des Krieges sehen – des Führers größte Tat.

Julius Streicher: „Ihr geht am Juden zugrunde, wenn Ihr Euch nicht erhebt gegen Schande und Entartung..."

Männer seiner Gesinnung werden Entartung und Schande über das ganze Volk bringen.

Endlich, am letzten Tag, kommt Hitlers Machtwort zur Sudetenkrise. Am 12. September 1938 rasselt der „Führer" in Nürnberg mit dem Säbel.

1938: Der „Führer" löst die Sudeten-Krise

„Dreieinhalb Millionen Deutsche werden unterdrückt in der Tschechoslowakei ... durch die Versailler Staatskonstruktion einer fremden, ihnen verhaßten Gewalt ausgeliefert ... unerträgliche Zustände. Aber wir schauen nicht mehr zu! Wir wahren unsere Interessen. Ich habe sehr schwere Maßnahmen getroffen, Heer und Luftwaffe verstärkt, auch den Ausbau der Festungsanlagen im Westen. Wenn die Demokratien mit allen Mitteln die Unterdrückung der Deutschen beschirmen wollen, dann wird dies schwere Folgen haben."

Hitler verspricht den Sudetendeutschen feierlich den Schutz des Reiches: „Die Gerechtigkeit wird siegen!" Die Zuhörer springen hoch von ihren Sitzen, und die NS-Presse schreibt: „Der heißeste und dramatischste Parteitag ist zu Ende". Es soll der letzte sein.

Hitlers Drohung – es ist der Fehdehandschuh. Englands Premierminister Sir Neville Chamberlain (nicht zu verwechseln mit Hitlers „Wegbereiter" von 1923, dem Philosophen Houston Stewart Chamberlain) nimmt ihn auf und bietet, schon drei Tage später, Verhandlungen an, um den Frieden zu retten. Der „Sunday Express"

Der Vollstrecker und seine Helfer

in London schreibt: „Deutschland ist unbesiegbar." Und die französische Zeitung „Information" richtet ihre ganze Hoffnung auf Hitlers Entscheidung beim Parteitag: „Aus Nürnberg soll die Erleuchtung kommen."

Sie kommt nicht aus Nürnberg. Es wird auch keine Erleuchtung sein. Pure Vernunft und Angst vor dem Krieg werden die Staatsmänner aus Großbritannien, Frankreich und Italien zu Hitler an den Verhandlungstisch zwingen. Chamberlain und der französische Ministerpräsident Daladier gestehen den Sudetendeutschen das Selbstbestimmungsrecht zu, geben schließlich – nach Mussolinis Vermittlung – Hitlers Forderung nach, das Sudetenland dem Deutschen Reich einzugliedern. Am 29. September 1938 wird der Vertrag in München unterzeichnet – 17 Tage nach Hitlers Kampfansage in Nürnberg.

Er hat wieder einmal Glück gehabt, der „Führer". Er hat die Sudetendeutschen, wie vorher die Österreicher, „heimgeholt" ins gemeinsame Reich, er hat Deutschlands Ehre gerettet – und den Frieden. Die perfekt-raffinierte NS-Propaganda serviert das Weltgeschehen zwar spiegelverkehrt, aber wohlfeil und überzeugend. Warum daran zweifeln? Es ist doch alles wieder gut gegangen! Hat der „Führer" nicht recht behalten mit seinen Worten von Nürnberg?

Die Welt schrammt an einem Krieg vorbei. Zum letzten Mal – aber das will niemand wissen.

Die Worte Hitlers, vom deutschen Kurzwellensender in alle Welt getragen, hinterlassen tiefen Eindruck. Auslandsdeutsche melden sich mit enthusiastischen Briefen: „Im Geiste war ich auf der Zeppelinwiese in Nürnberg ... und sah den Führer mit seinen Getreuen", schreibt ein ehemaliger Nürnberger aus Jersey City/USA. Ein anderer aus Rochelle im Staat New York: „Hörte Rede des Führers an die HJ. Das alles großartig, überwältigend ... dem Führer ein Sieg Heil aus Amerika von einer treudeutschen Familie." Aus Corrientes/Argentinien: „Die Übertragungen haben uns alle tief ergriffen ... wir konnten feststellen, daß die suggestive Kraft bis zu uns hier ...ausstrahlte und auch uns die neue herrliche Zeit miterleben ließ. Heil Hitler." Aus Windhuk/Südwest-Afrika: „Ja, was sind das für Tage für uns! Wir freuen uns mit Ihnen." Aus Guatemala: „Die Rede von Dr. Goebbels war einfach glänzend und uns aus dem Herzen gesprochen." Aus Bandoeng/Java: „Das große Geschehen in Nürnberg war für uns ein Gottesdienst, weil aus allem deutlich sprach: Der Glaube an unseren Führer Adolf Hitler und die Liebe zu unserem großen Vaterland und unserem Volk. Es ist wieder eine Ehre, Deutscher zu sein."

1938

Die Kehrseite der glanzvollen Parteitags- Aufführungen, die Querelen, Korruptionen, Betrügereien und Verfehlungen, sie werden tunlichst nicht an die große Glocke gehängt. Den „Hilfszug Bayern", betraut mit der Verpflegung der Massen, treffen böse Vorwürfe. Die Süddeutschen Lebensmittelwerke aus der Fürther Karolinenstraße mahnen Rechnungen an, die seit 1936 und 1937 offenstehen. 75.323 RM für Wurst, Fett und Speck und 115.932 RM für Schweine-, Ochsen- und Kalbfleisch sind kein Pappenstiel. Der Butter- und Käsehändler Fritz Lösch und der Wurstfabrikant Willibald Förster aus Nürnberg sollen den bestechlichen Funktionären des „Hilfszugs" unerlaubt Provisionen bezahlt haben, damit sie Aufträge bekommen. Förster habe damit am Stammtisch im „Weizenstüblein" geprahlt, behaupten Ohrenzeugen. Aber die Wirtin kann sich nicht mehr erinnern, als die Partei-Ermittler sie fragen.

Der Nürnberger Lebensmittelhändler Hermann Greiner klagt, daß die Parteitags-Versorger ihm 43.000 Kilo bestellter Erbsen nicht abgenommen haben und er nun auf der verderblichen Ware sitzengeblieben sei. Darüber kommt es später zum Prozeß vor dem Landgericht Nürnberg. Erster Verhandlungstag ist ausgerechnet der 20. April 1939, Hitlers 50. Geburtstag. Die beklagten Parteigenossen vom „Hilfszug Bayern" bitten um Verlegung „wegen der Feststimmung des Tages und der Militärparade", die vor dem Gerichtssaal lautstark abgehalten wird. Die Richter lehnen ab, der Dreiklang von Pauken, Trompeten und genagelten Knobelbechern kann sie nicht stören, der Geburtstag des „Führers" schon gar nicht. „Parteischädigend" sei diese Haltung des Gerichts, sagt der Kreisleiter, kann's aber nicht verhindern, weil Hitler die (relative) Unabhängigkeit der Richter noch immer nicht abgeschafft hat.

Dem Gau XXVIII des Reichsarbeitsdienstes in Würzburg wird angekreidet, allerlei „Gegenstände" mitgenommen zu haben. Einer klagt über den andern, die Streitigkeiten ziehen sich über Jahre hin. Im Dezember 1938 trifft es auch den Reichsparteitags-Hauptdienstleiter und Vieltrinker Schmeer, der 1936 dem Reichsführer SS den Wunsch nach einem Sonnensegel ausgeschlagen hat. Schmeer wird „jede weitere Tätigkeit in Sachen der Reichsparteitage" untersagt. Der Reichsorganisationsleiter und Vieltrinker Dr. Ley nimmt „die Sachen" selbst in die Hand, womit die Verantwortung von einem Alkoholiker auf einen anderen übergeht. Begründung: „Untergrabung der Autorität des Herrn Reichsschatzmeisters Schwarz." Es gehe nicht an, daß Schmeer dem Reichsführer SS Heinrich Himmler ein Sonnensegel verweigere, das Schwarz schon genehmigt hatte. Späte Rache Himmlers, daß er und seine Gäste in der Sonne schwitzen mußten.

Ein Treppenwitz, daß sich ausgerechnet in Hitlers „rassengereinigtem" Hotel „Deutscher Hof" die zwar zahlenmäßig kleine, aber recht aktive Nürnberger Jazz-Gemeinde um diese Zeit niederläßt: „Nigger-Musik" im nordisch-braunen Tempel – eine „Rassenschande". Freilich packen die jugendlichen Jazzer sofort ihre Instrumente ein, wenn NS-Goldfasane nahen.

Während die Nazis bemüht sind, möglichst keinen Schatten auf die Nürnberger Parteitage fallen zu lassen, während der Kelch des Krieges gerade noch einmal vorübergeht, wird es dunkel über Deutschland. Die Nazis schrecken bei der Verfolgung der Juden vor nichts mehr zurück, bedenkenlos überschreiten sie den Rubikon. Die Lage verschärft sich in Franken nicht erst mit der „Reichskristallnacht" vom 9. zum 10. November 1938. Schon am 15. Oktober zerbrechen in Leutershausen bei Ansbach die Fenster jüdischer Häuser, wo doch die dortige Ortsgruppe ihr Städtchen schon vor Jahren „judenfrei" gemeldet hat. SA-Männer aus dem Ort und aus Nachbargemeinden stürmen Wohnungen von Juden, plündern die Synagoge und legen Feuer. Die Polizei greift nicht ein. Die Israelitische Kultusgemeinde Nürnberg holt die jüdischen Einwohner von Leutershausen daraufhin nach Nürnberg. Aber hier geraten die evakuierten Juden vom Regen in die Traufe, Leutershausen war nur die „Generalprobe".

1938: „Kristallnacht" und Arisierungsverbrechen

Die Ermordung des deutschen Diplomaten Ernst vom Rath in Paris am 7. November 1938 wird zum Vorwand, eine hetzerische Hitler-Rede bei der Gedenkfeier der „Alten Kämpfer" am 9. November in München zum Fanal für die schlimmsten Ausschreitungen seit 1933. Des Teufels Brunnenvergifter, Dr. Joseph Goebbels, erfindet den „Volkszorn". Gierig nimmt er die Worte seines Meisters auf und organisiert den allgemeinen Pogrom. „Die berechtigte Wut des Volkes" wird aus dem Hut gezaubert, der Jude zur Jagd freigegeben. Weil die Nacht erfüllt ist vom Bersten des zerbrochenen Glases, nennt der Volksmund die Schandaktion „Kristallnacht". So harmlos dieser Name klingen mag, es ist eine Nacht des Grauens, es ist der Beginn der entsetzlichsten Judenverfolgung in Europa.

„Franken voran!" predigt Streicher seit Jahren, und in dieser Nacht wird sein provozierendes Motto auf schreckliche Weise befolgt. Der berüchtigte SA-Oberführer von Obernitz nimmt – zum wievielten Male schon? – das Unternehmen in seine grobschlächtigen Hände, er führt die brutalen Ausschreitungen persönlich an. Um Mitternacht befiehlt er seine SA-Männer zum Appell auf den Hauptmarkt bzw. Adolf-Hitler-Platz. Nicht alle folgen dem Mordbefehl, viele verschwinden heimlich, um nicht mitmachen zu müssen.

Es ist bezeichnend, daß wieder einmal die SA die Drecksarbeit verrichten muß. In der „Kampfzeit" die „braunen Bataillone" und Straßenkämpfer, die der NSDAP und ihrem „Führer" die Wege frei prügeln, am 30. Juni 1934 von dem selben „Führer" gedemütigt, in Ungnade gefallen und der Partei unterstellt, besinnt die Nazi-Führung sich erneut der Qualitäten ihrer alten Landsknechte, deren Kampfesweise keine Gnade kennt und es ihren Führern und Verführern erlaubt, in Deckung zu bleiben.

Zuerst nehmen sie sich die Ladengeschäfte der Juden vor, zerschlagen die Schaufenster und sehen seelenruhig zu, wie der nachfolgende Pöbel plündert. Dann stürmen sie die von Juden bewohnten Häuser und dringen mit Gewalt in die Wohnungen ein. Wer immer ihnen als erster in die Quere kommt, Mann, Frau oder Kind, wird erbarmungslos niedergeschlagen und mißhandelt.

Der 81jährige Nürnberger Jude Sigmund Oppenheimer bricht mit gespaltener Kopfhaut zusammen; ein Albert Heimann erhält so lange Schläge auf den Kopf, bis sein Gesicht sich schwarz färbt; ein Fritz Lorch, erst tags zuvor im Krankenhaus operiert, wird aus dem Bett gezerrt und bewußtlos geprügelt, daß er kurz darauf stirbt; einen Paul Astruck verschleppen sie in einen Wald vor der Stadt, wo er halbtot aufgefunden wird; der Jude Paul Lebrecht aus der Mittleren Pirckheimer Straße 20 wird erschlagen und zum Fenster hinausgeworfen, dabei bleibt er mit seinen Kleidern am Balkon hängen; der Nathan Langstadt aus der Rankestraße 47 wird mit durchschnittener Kehle im Badezimmer seiner Wohnung gefunden; der jüdische Nürnberger Bürger Jakob Spaeth aus der Hochstraße 33 stirbt, als ein SA-Mann ihn die Treppe hinunterstößt. Diese Reihe ließe sich fortsetzen.

In der Essenweinstraße wird die Synagoge niedergebrannt. Die Feuerwehr darf nicht löschen, nur ein Übergreifen auf angrenzende Gebäude soll sie verhindern. Ganz in der Nähe ist ein Lager mit hochgiftigen und explosiven Lacken untergebracht. Juden aus der Nachbarschaft werden zusammengetrieben, sie müssen zusehen, wie ihre Synagoge in den Flammen versinkt. In den Wohnungen werden Geld, Schmuck und andere Wertgegenstände geraubt, Bilder, Spiegel, Porzellan und Geschirr zerschlagen, Polstermöbel und Betten aufgeschlitzt, Einrichtungen verwüstet, in der Rankestraße 10 zerschneidet ein SA-Mann ein Gemälde im Wert von 80.000 RM.

Der Vollstrecker und seine Helfer

Die Schreckensbilanz: Neun tote jüdische Bürger in Nürnberg, umgebracht bei den Ausschreitungen; zehn, die sich selbst das Leben nehmen, darunter die Witwe des früheren Stadtrats Dr. Max Süßheim, Hedwig Süßheim. Sie werden auf dem israelitischen Friedhof begraben. Ihre Angehörigen dürfen keine Todesanzeigen aufgeben. Vermutlich ist die Zahl der Toten höher, aber es läßt sich nicht feststellen, wer von den kurz darauf verstorbenen Juden in Nürnberg zum indirekten Opfer der „Kristallnacht" geworden ist. Oberbürgermeister Liebel erklärt vor den Ratsherrn, daß 26 Juden die Pogromnacht nicht überlebt haben. Bei 91 getöteten Juden im ganzen Reich bewahrheitet sich Streichers Motto „Franken voran!" auf schreckliche Weise. 160 Juden werden ins Polizeigefängnis eingeliefert, Männer unter 60 nach Dachau ins KZ gebracht.

Zum Glück können einige, aber nur wenige Juden sich mit Hilfe von Nachbarn verstecken, sie werden rechtzeitig gewarnt. Auch Hitlers Weltkriegs-Leutnant Hugo Gutmann findet Unterschlupf. „Ich wurde einige Minuten, bevor die Nazihorden in meine Wohnung eindrangen, gewarnt und entkam mit meiner Frau und meinen Kindern in letzter Sekunde", notiert er, „wir hatten das Glück, ein Taxi zu bekommen und flüchteten in das katholische Theresien-Krankenhaus, wo ich bekannt war. Dort wurden wir von den fabelhaften Schwestern mehrere Tage verborgen. Dann fanden wir einen anderen Unterschlupf bei einer verwandten Familie. Ich war dann noch einige Zeit in der Wohnung eines Beamten des belgischen Konsulats in Köln. In meiner Wohnung wurde alles zusammengeschlagen, die Lumpen wollten mich haben und bedrohten unsere Hausangestellte Pühl auf das Schwerste. Diese treue und mutige Frau, eine überzeugte und gottvertrauende Katholikin, hat den Horden soviel entgegengesetzt, daß mich wundert, daß sie nicht erschlagen wurde." Gutmann kann seine Tochter und seinen Sohn noch Ende 1938 nach Brüssel in Sicherheit bringen.

Wo bleibt der Judenhasser Streicher in der Nacht der großen Judenjagd vom 9. zum 10. November 1938? Er liegt zuhause im Bett. Obernitz fährt in seine Wohnung, er will die Genehmigung des Gauleiters für den Einsatz der SA einholen. Streicher spielt den Ahnungslosen – oder er ist es tatsächlich. Gut möglich, daß Goebbels' Geheimbefehl noch nicht bis in Streichers Schlafzimmer gedrungen ist. Aber auch gut möglich, daß er von seinem „Führer" gelernt hat. Hitler setzt zwar, durch seine Münchner Rede, das Fanal, er selbst aber hält sich – wie bisher auch – raus aus dem scheußlichen Pogrom. Natürlich billigt er alles, was geschieht in dieser Nacht, aber er, Staatsoberhaupt und Parteiführer, er muß nach außen unschuldig und mit möglichst unbefleckter Weste dastehen. Die Hände sollen andere sich schmutzig machen.

Streicher hört kaum zu, als Obernitz ihm berichtet, Goebbels habe das Unternehmen gegen die Juden angeordnet. Er grunzt verschlafen: „Wenn es der Goebbels so befohlen hat, soll es mir recht sein. Aber laßt mich in Ruhe." Dann dreht er sich um und schläft weiter. SA und Pöbel läßt er wüten. Die Zerstörung jüdischen Eigentums ist ihm freilich so nicht recht. Er hat andere Pläne und Methoden. Er spekuliert darauf, daß die „Arisierungs-Maßnahmen" sich profitabel erweisen für ihn ganz persönlich – jüdische Häuser, Grundstücke und Guthaben werden frei zur Ausplünderung.

Die Berichterstattung in der Presse entspricht der offiziellen Version. „Die Nachricht von dem Tode des deutschen Gesandtschaftsrates vom Rath, der den Kugeln eines jüdischen Verbrechers zum Opfer fiel, löste in Nürnberg und Fürth, wie im ganzen Reiche, die stärkste Erregung der gesamten Bevölkerung aus. Diese Empörung steigerte sich im Laufe des Abends und der Nacht zu Aktionen gegen die in Nürnberg und Fürth wohnenden Juden", schreibt der „Fränkische Kurier", „die Aktionen des fränkischen Volkes waren die Antwort auf die Schüsse des jüdischen Verbrechers, die nicht nur den Gesandtschaftsrat, sondern mit ihm das ganze deutsche Volk trafen."

Die Geheimberichte der Gestapo, die den Leuten wohl aufs Maul schaut, aber das Ergebnis des Gehörten nur der Führung meldet, diese „Lauschangriffe" kommen zu einem anderen Ergebnis: „Die brutalen Maßnahmen gegen die Juden haben große Entrüstung in der Bevölkerung ausgelöst, im ganzen Gebiet herrscht große Empörung über diesen Vandalismus ... die Gewaltakte ließen in Stadt und Land Mitleid mit den Juden aufkommen ... aber im Volke bewirkte diese Aktion doch eine große Einschüchterung."

Neunzehn oder auch sechsundzwanzig Opfer, Morde und Selbstmorde in einer Nacht, allein in Nürnberg, und Mord ist 1938 offiziell noch nicht an der nationalsozialistischen Tagesordnung – doch Hitler schweigt. Er deckt sein Regime, er vertuscht die Untaten seiner Partei, die er verursacht hat, denn hier geht es um eine „Glaubensfrage", um ein „rassenhygienisches Problem". Der Brandstifter in Berlin deckt aber auch, und dies nicht zuletzt, seinen Duzfreund und Brandstifter in Nürnberg, Julius Streicher, der genauso in scheinbarer Untätigkeit verharrt wie sein „Führer".

Bei passender Gelegenheit jedoch kommt Streicher aus dem Bett gekrochen. Nürnbergs SA nutzt den geheiligten 9. November zu einer Gedenkstunde auf fränkisch, um den Münchnern die Ehrung der „Blutzeugen der Bewegung" von der Feldherrnhalle 1923 nicht allein zu überlassen. Schließlich haben auch sie der „Bewegung" Opfer gebracht. Am 2. Mai 1928 ist in der Gibitzenhofer Volprechtstraße einer der ihren ermordet worden, der SA-Mann Heinrich Wölfel. Zu seinem Gedächtnis erscheint jetzt, zehn Jahre danach, Frankens oberste SA-Garde an der „Mordstelle", zwei Uniformierte bewachen das Grab im Südfriedhof und ein Nürnberger SA-Sturm bekommt den Namen Heinrich-Wölfel-Sturm. So eine Gelegenheit kann der „Frankenführer" sich natürlich nicht entgehen lassen. Am nächsten Abend, 10. November 1938, spricht er bei einer sogenannten „Massenversammlung" auf dem Adolf-Hitler-Platz, um den „spontanen Zorn der Bevölkerung gegen die Judenherrschaft" zu teilen. Natürlich kommen sie alle wieder ganz „spontan". „Spontan", wie die berechtigte Empörung des Volkes über den feigen Meuchelmord an dem deutschen Diplomaten, „spontan", wie die „Vergeltungsmaßnahmen". In Wirklichkeit werden die Nürnberger durch penetrante Aufrufe zusammengetrommelt: „Nürnberger – heraus zur Massenkundgebung!" Wer nicht kommt, stellt sich außerhalb der Volksgemeinschaft. Auch in den Stadtparksälen, im „Kolosseum" am Maxtor, in der nahegelegenen Gaststätte „Weiße Rose" und in dem durch die Parteitagsveranstaltungen so berühmt gewordenen Kulturvereinssaal kommt es zu „spontanen Kundgebungen". Dabei redet auch der offensichtlich genauso „spontan" nach Nürnberg gekommene, nicht gerade gut beleumundete norddeutsche NS-Pfarrer Münchmeyer. Das gibt dem Ganzen einen Hauch von Religiosität.

Der „Kristallnacht" folgt die totale Ausschaltung der deutschen Juden nicht nur aus dem Wirtschaftsgefüge, sie verlieren jegliche Existenzberechtigung im Leben des deutschen Volks. Sie dürfen bestimmte Plätze und Straßen nicht mehr betreten und kein Kraftfahrzeug mehr lenken. Als „Vergeltung" müssen sie eine Milliarde Reichsmark an den Staat bezahlen.

Die „Nürnberger Gesetze" zeigen Wirkung. In der Stadt leben nur noch knapp 2.700 Juden; als Hitler kam, im Januar 1933, sind es 8.266 gewesen. 1.030 haben sich in die USA abgesetzt, 572 nach England und 226 nach Palästina. Den großen Rest hat es in alle Winde zerschlagen, er sitzt im Gefängnis, im KZ, oder er wurde umgebracht. Dabei hat die Zeit der großen Judenvernichtung noch längst nicht begonnen.

Nach Palästina verschlägt es den Fürther Juden Max Adler. Von 1914 bis 1918 deutscher Offizier an der Westfront, zurückgekehrt als

Oberleutnant und Träger des Eisernen Kreuzes Erster Klasse, fühlt Adler sich als nationalbewußter Deutscher, dem auch Hitler nichts anhaben werde. „Ich war Frontoffizier und habe meine Pflicht getan. Das werde ich auch weiterhin tun", sagt er zu seinem Freund Ludwig F., Schwager des 1934 bei der Affäre Streicher/Stegmann aus dem Leben geschiedenen Fritz Köpplinger und seitdem auf Kriegsfuß mit Streicher. Er ist skeptisch, und als Finanzbeamter rät er Adler: „Es ist sicherer, Du haust ab. Ich besorge Dir Deine Steuerpapiere, damit Du rauskommst." So geschieht es. Adler wandert aus nach Palästina. Was tut er dort? Er gründet eine Vertretung der Nürnberger Zündapp-Werke, verkauft deren Motorräder im Nahen Osten und bringt dem deutschen NS-Staat Devisen.

Beinahe wird diese Hilfestellung dem Nürnberger Finanzbeamten zum Verhängnis. In jüdischen Kreisen Nürnbergs und Fürths spricht es sich herum, daß bei der Finanzbehörde einer sitze, der Juden helfe. Nur ein paar Wochen nach Adlers Abreise platzt eine alte jüdische Dame in F.'s Büro. Sie ist schwerhörig, hält ein Hörrohr ans Ohr und ruft überlaut, wie Schwerhörige dies so an sich haben: „Sind Sie der Herr F.? Ich hab' gehört, Sie sind so gut zu die Jiddn." Sie sagt wirklich ‚Jiddn', nicht Juden, sie ist eine alte Jüdin, die manchmal noch jiddisch spricht.

Nun will es der teuflische Zufall, daß just in diesem Augenblick der Kreisamtsleiter Reich neben dem Schreibtisch von Ludwig F. steht. Reich ist auch Finanzbeamter, ein Kollege von F., ehrenamtlich arbeitet er in der Kreisleitung.

Ludwig F. bittet die alte Dame, draußen zu warten, er werde sich gleich um sie kümmern. Er will verhindern, daß sie – im Beisein des Kreisamtsleiters – noch mehr ausplaudert. Aber er hat nicht mit der Hartnäckigkeit der alten Dame gerechnet. Sie weicht nicht, sie wird noch lauter, stellt die gleiche Frage nochmal.

Reich schaut, etwas verlegen, seinen Kollegen und „Judenhelfer" an, sagt: „Ludwig, ich habe nichts gehört", und verläßt das Zimmer. Ludwig F. atmet erleichtert durch und hört sich den Wunsch der alten Jüdin an. F. war Marineoffizier im Ersten Weltkrieg und hat sich von dort die Ethik bewahrt: „Wer am Boden liegt, den tritt man nicht". Und der Kreisamtsleiter hält Wort. Er schweigt.

Diese kleine Begebenheit ist ein Spiegelbild des Lebens in Franken unter Hitler. Fälle wie diesen gibt es jeden Tag, selten werden sie bekannt. Wer daran beteiligt ist, tut gut daran, zu schweigen. Es könnte ihn die Freiheit kosten – oder mehr. Aber es gibt sie überall: Den kleinen Finanzbeamten, der Juden hilft, und den Nazi, der ihn nicht verpfeift.

Die großen Nazis aber, die alle Macht in ihren Händen halten, sie betreiben das schmutzige Geschäft der „Arisierung" ungeniert.

Dem Besitzer des Kaufhauses „Weißer Turm" in der Ludwigstraße, Theo Hartner, wird bereits Anfang 1938 ein Geschäftsführer aufgezwungen, der von der Leitung eines Kaufhauses keine Ahnung hat, dafür aber ein alter Nazi ist. Begründung: Hartners Frau ist Jüdin. Schon nach kurzer Zeit hat der Geschäftsführer, mit Unterstützung der Gauleitung, Hartner „abgeschossen" und sich das Unternehmen unter den Nagel gerissen.

Die Nürnberger Lederwerke Cromwell, Verkehrswert 4,9 Millionen RM, werden für 1,5 Millionen zwangsverkauft, die Dampfwattefabrik M. Stern mit einem Wert von 161.250 RM für lächerliche 1.244 RM und die Transformatoren- und Apparatefabrik Magnus, Verkehrswert 65.500 RM, für ganze 5.000 RM.

Was aus jüdischem Besitz in „arische" Hände übergeht – weshalb dieser beschämende Vorgang „Arisierung" heißt –, landet selbstredend in den klebrigen Händen einzelner Nazibonzen, obgleich eigentlich der Staat die Beute kassieren möchte. Als Käufer, Vermittler oder Berater erscheinen stets „verläßliche" Nationalsozialisten, wie Streicher-Adjutant König, SA-Brigadeführer Wurzbacher und diverse sogenannte Gau- und Kreiswirtschaftsberater. Jeder schneidet sich erstmal eine ordentliche Scheibe ab, dann wird die „Sore" mit sattem Profit weiterverkauft. Ein risikoloses Spiel mit mehrfachen Gewinnchancen. Nur die bestohlenen Juden gehen leer aus, sie sehen von dem minimalen Verkaufserlös keinen Pfennig, Spottpreise nur, aber wenigstens dieses Geld würde ihnen laut Vertrag zustehen. Was die NS-Hyänen nicht selbst behalten, landet auf einem den Juden unzugänglichen Sperrkonto, das der Staat, die Gau- oder Kreisleitung leer räumen.

Jetzt, nach der „Kristallnacht", beginnt der ganz große Fischzug. Füchsisch, wie er nun einmal ist, versteckt Streicher sich hinter anderen. Er übergibt die Abwicklung der „Arisierung" seinem Stellvertreter Karl Holz, die Filetstücke schnappt er sich heimlich. Seinen Namen will er möglichst aus der ganzen Affäre heraushalten. Aber diesmal wird er sich die Finger verbrennen, so sehr sein „Führer" ihn auch beschützt.

Es ist immer der gleiche Vorgang: Nürnbergs Juden werden ins Haus der „Deutschen Arbeitsfront" an der Essenweinstraße bestellt und dort im Keller brutal „behandelt". Man zwingt sie zur Unterschrift unter hanebüchene Verkaufsverträge. Grundstücke, Häuser, Autos, wertvolle Möbel und Gemälde werden ihnen, scheinbar legal, zu einem Bruchteil des Wertes rücksichtslos abgenommen. Juden in Nürnberg und Fürth müssen bei der Verkehrspolizei ihre Kraftfahrzeugbriefe vorlegen, sonst werden ihre Autos oder Motorräder gleich „eingezogen". Wer sich weigert, riskiert sein Leben. Der jüdische Rechtsanwalt Dr. Schloß, zum Beispiel, der hartnäckig bleibt, verschwindet im KZ Buchenwald; im Frühjahr 1940 wird er umgebracht.

Teure Pianos, die tausende Mark wert sind, werden für 60 und 80 RM eingesackt. Der Hauptschriftleiter der Streicher-eigenen „Fränkischen Tageszeitung", SA-Obersturmbannführer Liebscher, erschleicht sich für 130 RM ein Auto, das einen Schätzwert von etwa 1.250 RM hat. Streichers Chauffeur, persönlicher Diener und Privatsekretär, SS-Unterscharführer Fritz Herrwerth, der im Palais des „Frankenführers" an der Äußeren Cramer-Klett-Straße 8 wohnen darf, bezahlt hundert Mark für einen Fiat, der mindestens 1.200 Mark wert ist. Herrwerth ist vorsichtig, er fragt erst seinen Chef, ob er das Auto kaufen darf. Natürlich darf er. Mehr als 60 Personenwagen werden auf diese Weise an „zuverlässige" Parteigenossen verhökert.

Streicher gibt sich mit solchen Kleinigkeiten nicht ab. Es soll schon etwas mehr sein. Er luchst dem jüdischen Rechtsanwalt Dr. Fred Blum ein Grundstück für ein Zehntel seines Wertes ab, und das ist erst der Anfang. Alle Juden, die noch über Grundbesitz verfügen, werden gezwungen, dem Gauleiter ein „Angebot" zu machen. Natürlich greift er dann sofort zu. Sein Finanzberater „besorgt" ihm von einem vermögenden Juden für 5.600 RM Aktien der Marswerke, die 112.500 RM wert sind. Der Gauleiter braucht das Geld für seine Besitzungen in Nonnenhof und Pleickertshof.

Am Ende werden in Franken 779 Grundstücke und 38 Hypotheken zwangsweise „arisiert". Die Räuber setzen bei bebauten Grundstücken etwa 29 Prozent des Verkehrswerts, bei unbebauten gerade mal acht Prozent als „Verkaufspreis" an. Der Gewinn durch Weiterverkäufe in Franken wird auf 12 bis 15 Millionen Reichsmark geschätzt. Wieviel davon bei der Gauleitung und bei Streicher selbst hängenbleibt, wird so genau nie ermittelt. Bekannt geworden sind notariell verbriefte Verkaufsvollmachten für 240 Häuser und Grundstücke zugunsten der Gauleitung. Die damit betrauten Notare schieben mehr als 91.000 RM Gebühren ein, natürlich zu Lasten der betrogenen Juden.

„Franken voran!" Der von seinem Chef domestizierte „Arisierungsleiter" Holz hat diese Losung auch hier beflissen befolgt. Nirgendwo im Reich werden die Juden so rigoros und gründlich ausgeplündert wie in Streichers Franken. Und Hitler schweigt. Er interessiert sich für eine andere klebrige Masse: Der „Führer" will allen Ernstes wissen, wie Kunsthonig gemacht wird. „Im Auftrag des Führers", schreibt sein Adjutant Brückner am 28. November 1938 an das Reichswirtschaftsministerium, „bitte ich um Auskunft über die Herstellungsart von Kunsthonig, aus welchen Zutaten er gemacht ist, welche Fabriken sich mit der Herstellung befassen, und welche Mengen jährlich produziert werden." Kunsthonig zwischen Sudetenkrise und Kristallnacht, aber vielleicht eine Erklärung dafür, weshalb Millionen deutsche Soldaten im folgenden Krieg mit Kunsthonig vollgestopft werden.

Indes braut sich in Franken Schlimmes zusammen. Streicher hat es zu toll getrieben. Seine Untaten füllen neue Aktenstöße, wo doch die alten noch auf Bearbeitung warten, es entwickelt sich der „Fall Streicher". Die sonst übermächtigen NS-Bonzen, deren Wort gewöhnlich Macht ist, zieren sich zwar noch, wenn es um Streicher geht. Sie wagen sich auch jetzt noch nicht heran an den „Frankenführer", selbst der einflußreiche Reichsführer SS, Heinrich Himmler, nicht. Hitlers Duzfreund scheint unangreifbar. Nur Nürnbergs Polizeipräsident Dr. Benno Martin sägt ausdauernd an Streichers Stuhl. Inzwischen aus dem Schatten des Gauleiters herausgetreten, hat er sich zu seinem einzig ernsthaften Gegner entpuppt. Er will den „Frankenführer" zur Strecke bringen. Martin weiß, wie schwierig dieses Vorhaben ist, er geht vorsichtig und mit der gebotenen Schläue zu Werk. Sein erster Erfolg: Trotz „oberster" Anweisung an die Staatsanwaltschaften, im Zusammenhang mit den Verbrechen der „Kristallnacht" keine Anklagen zu erheben, gelingt es Martin, daß ein Günstling Streichers, der SA-Sturmführer und NSDAP-Ehrenzeichenträger Hering, wegen Plünderung zu fünf Jahren Zuchthaus verurteilt wird. Zunächst bleibt dies das einzige Verfahren als Folge des 9. November 1938 in Franken.

Geduldig sammelt Martin weiter belastendes Material gegen Streicher und seine Kumpane. Er sucht Verbündete. Himmler verweist feige auf den Reichsjustizminister Dr. Gürtner, der sei für Gesetzesverstöße verantwortlich. Wenn Gürtner gegen Streicher etwas unternehme, werde auch er, Himmler, dabei sein. Sonst hat er nur billige Ratschläge übrig für Martin. Er möge in Nürnberg ausharren, empfiehlt er ihm, denn er als Polizeipräsident sei der einzige, der mit „diesem Narren Streicher" fertig werde. Martin kann auch nicht mit der Nürnberger Justiz rechnen. Sie hat Angst oder ist Streicher soweit hörig, daß sie Urteile in seinem Sinn fällt.

Martin versucht es bei dem dicken Göring. Als Beauftragter des Vierjahresplans ist der auch für die „Arisierung" verantwortlich und dabei sehr darauf bedacht, daß die Beute dem Reich zufällt und nicht irgendwelchen Provinzfürsten, schon gar nicht Streicher. Daß Göring den fränkischen Gauleiter haßt, weiß Martin. Er kennt den General Bodenschatz, Adjutant des Dicken, und verschafft sich so einen direkten Draht. Über Bodenschatz landet Streichers Sündenregister auf Görings Schreibtisch. Die Sache kommt ins Rollen. Es zeichnet sich ab, daß die „Kristallnacht" und ihre „Arisierungsfolgen" dem „Frankenführer" endlich zum Verhängnis werden. Welche Eisen auch immer sie schmieden gegen Streicher, die Pfeile werden heimlich geschärft. Hitler darf nichts erfahren, er hält die Hand über seinen Duzfreund. Zum Jahreswechsel 1938/39 erweist Streicher seinem „Führer" nochmals respektvolle Ehrerbietung. Eine Stunde vor dem Silvester-Glockenschlag erreicht Hitler auf dem Obersalzberg das Telegramm seines Freundes: „Auch im neuen Jahr ergeben in alter Treue. Streicher."

Vielleicht sucht der Gauleiter schon Rückendeckung. Er spürt Gefahr. Verzweifelt rudert er gegen den Strom. Er befiehlt, daß der „Verkauf" von zwei jüdischen Einfamilienhäusern an „verdiente" Ehrenzeichenträger und die skandalösen Autogeschäfte rückgängig gemacht werden. Aber es geschieht wenig oder gar nichts. Streicher meint es nicht ernst mit seiner „Wiedergutmachung". Er will nur ablenken. Aber jetzt hat er Göring im Nacken.

Der haut mit der Faust auf den Tisch, verspricht, den „Saustall in Franken" zu säubern. Aber auch er taktiert bedachtsam, weil er nicht weiß, wie Hitler reagiert. Da Nürnbergs Polizeibeamten wegen der Repressalien, die sie von der Gauleitung zu befürchten haben, allein nichts ausrichten können gegen Streicher, bildet Göring eine Untersuchungskommission aus Beamten des Reichsfinanz- und des Reichswirtschaftsministeriums unter der Leitung des Oberregierungsrats und SS-Obersturmbannführers Meisinger von der Gestapo. Ende Januar 1939 erfährt Streicher davon.

In Berlin vernimmt die Kommission erstmal Streichers „Arisierungs"-Häuptling Karl Holz. Schon dabei fliegen die Fetzen. Holz verstrickt sich in tausend Ausreden, versucht, die Übergriffe in Nürnberg herunter zu spielen. Meisinger, ein Vertreter wirksamer kriminalistischer Holzhammer-Methoden, wird wütend. Er springt auf und brüllt Holz an. „Was Sie hier erzählen, ist von vorn bis hinten erlogen!"

Nun schaltet sich auch Reichsschatzmeister Schwarz ein. Er schreibt Streicher scheinheilig, was denn schief gelaufen sei bei der „Arisierung" in Nürnberg. In seinem Antwortbrief lügt Streicher wie gedruckt. Er behauptet allen Ernstes, daß er mit der „Arisierung" überhaupt nichts zu tun habe; Holz sei der „Treuhänder", und für eventuelle „Fehlleistungen" die Industrie- und Handelskammer verantwortlich. Jetzt hat Schwarz Lunte gerochen. Es wird eng für Streicher, aber der hat sich inzwischen einen Nebenkriegsschauplatz ausgesucht.

Sein Adjutant Hanns König ist ins Fadenkreuz des Obersten Parteigerichts geraten. Grund ist der ungeklärte Kauf und der äußerst gewinnbringende Wiederverkauf von Königs Ziegelei in Forchheim. Die Parteirichter wittern auch hier ein „Arisierungs-Vergehen." Es kommt noch dicker: Die Affäre König/Balster wird wieder aufgegriffen, die heimliche Abtreibung zum Thema. Der verhaftete Abtreibungsarzt Dr. Simon hat alles gestanden, das Oberste Parteigericht wird aktiv, und Hitler aufmerksam – ob er will oder nicht.

Diese Entwicklung läßt bei Streicher sämtliche Alarmglocken läuten. Hat er schon Göring und Schwarz am Hals, wächst sich jetzt die scheinbar vergessene, höchst peinliche Geschichte mit König auch noch zum Skandal aus. Das Malheur ist vollkommen, denn der Führer selbst befiehlt, daß König sich am Sonntag, 5. Februar 1939, vormittag im Amt der Geheimen Staatspolizei in Nürnberg zu melden habe. Erst am Abend vorher erreicht Streicher dieser Führer-Befehl. Zwar geht es, so hat es den Anschein, nur um König. Aber der Draht zu ihm, Streicher, ist kurz. Hitler könnte bei dieser Gelegenheit auch seinem Duzfreund peinliche Fragen stellen. Es wird brenzlig für den Gauleiter.

1939: Der befohlene Tod des Hanns König

Als sich auch noch der gefürchtete Gestapo-Meisinger für den 5. Februar in Nürnberg ansagt, um König zu verhaften, verfällt Streicher in hektische Betriebsamkeit. Er fährt zu König in die Wohnung und sagt eiskalt: „König, es ist soweit. Sie müssen jetzt alles gestehen!" Er meint damit: Sie müssen verschwinden! Daß er selbst auch eine Menge zu gestehen hat, das fällt Streicher nicht ein. Er muß jetzt dafür sorgen, daß König vor der Gestapo nicht auspackt. Ein Zeuge König könnte lebensgefährlich werden für Streicher. Ohne mit der Wimper zu zucken, gibt er schließlich seinem Adjutant den dringenden Rat, sich zu erschießen.

SA-Oberführer Hanns König gehorcht. Noch in der selben Nacht nimmt er pflichtgemäß seine Pistole.

Streicher hat kaltblütig seinen ihm hündisch ergebenen Handlanger in den Tod geschickt und sich damit eines Zeugen entledigt. Als Gestapo-Meisinger in Nürnberg eintrifft, spielt Streicher den trauernden, väterlichen Freund. Der Gestapo-Mann fliegt zurück nach Berlin, der Fall König ist abgeschlossen. Aber der hartnäckige Meisinger kündigt an, daß er am 9. Februar wiederkommt, und mit ihm die Untersuchungskommission. Dann geht es um den Fall Streicher/Holz.

Und Hitler? Er pflegt weiter sein bewährtes Schweigen. Er läßt den seltsamen Selbstmord Königs nicht untersuchen, er nimmt sich Streicher nicht zur Brust. Er fragt ihn nicht mal nach dem Hintergrund – den er sicher kennt. Nichts geschieht. Der Freund in Nürnberg bleibt auch diesmal unbehelligt. Auch bei der Beerdigung seines „lieben Parteigenossen Hanns König", wie er ihm doch persönlich auf sein Bild geschrieben hat, auch bei dieser perfekt inszenierten Schauveranstaltung, ist vom „Führer" nichts zu sehen und nichts zu hören. Dafür überbietet die Gauleitung sich am Mittwoch, 8. Februar 1939, auf dem Nürnberger Westfriedhof in unerträglicher Heuchelei. Sie wartet auf mit der gesammelten Theatralik eines nationalsozialistischen „Heldenbegräbnisses", die ganze düstere Trauerzeremonie wird abgespult.

Vor dem Friedhof sammeln sich die NSDAP-Ehrenzeichenträger des Gaus, auch König gehörte mit seiner Mitgliedsnummer 13082 zu dieser auserwählten Garde. Im Krematorium dumpfer Trommelwirbel, ein Streichorchester spielt Wagners Weh- und Schwermuts-Musik, ausgerechnet ein Stück aus „Siegfrieds Tod". Der „Führer" könnte sich's nicht besser wünschen. Dann mimt Streicher den tief betroffenen Chef und drückt der Witwe Elisabeth König ergriffen die Hand. Gestern noch heimliche „Schande für die Partei", denn „Abtreibung ist ein Verbrechen wider die völkische Gemeinschaft", heute gehört der tote Hanns König zu den Helden von Walhall, „eingegangen mit 34 Jahren in die Standarte Horst Wessels." Der ermordete Berliner SA-Führer Horst Wessel, Erfinder des zur zweiten Nationalhymne erhobenen SA-Horst-Wessel-Lieds „Die Fahne hoch..." wird bei solchen Gelegenheiten gern als vorausschwebender Heroen-Geist im braunen Himmel bemüht.

„Einer der treuesten Mitarbeiter und guter Kamerad ... in der Geschichte der Partei wird sein Name ewig weiterleben", deklamiert Streicher, der König in den Selbstmord getrieben hat. Mit dem zitierten Horst-Wessel- und dem Frankenlied „Im Frankenland marschieren wir" verabschiedet die braune Gemeinde den Gauamtsleiter und SA-Oberführer Hanns König. Auf seinem Grab liegen 98 Kränze.

Seiner Frau und seinen zwei Kindern hinterläßt er 91.192 Reichsmark und 59 Pfennige persönliche Schulden und 155.000 RM Verpflichtungen aus einer Firmenbeteiligung, dazu eine nicht gar so traurige Freundin. Und die Partei, für deren „guten Ruf" König sterben mußte, hilft der Witwe nicht. Bei Selbstmord sei ein Griff in die Hilfskasse der NSDAP nicht vorgesehen. Erst am 1. Juni gesteht man ihr eine vorläufige Witwen- und Waisenrente von 215,30 RM brutto zu. Dies hat Reichsschatzmeister Schwarz genehmigt, mehr nicht. Von Hitler kommt keine Zeile, Hilfe schon gar nicht. Der „Führer" bleibt weiterhin stumm. Für Hitler ist es wichtiger, daß – dank Streicher – im Gau Franken von 17 Kreisamtsleitern zehn verläßliche Altparteigenossen sind und vier sogenannte Ehrenzeichenträger, lauter „Hundertprozentige". Nur sowas zählt. Der „Führer" will in Ruhe gelassen werden, Störungen liebt er nicht. Sein Chef der Reichskanzlei, Hans Heinrich Lammers, schreibt an die Herren Reichsminister, Reichsstatthalter und Gauleiter, daß der „Führer" sich über die unangemeldeten Besuche auf dem Obersalzberg und im Nürnberger Hotel „Deutscher Hof" beklage. „In Zukunft nur noch, wenn schriftlich beantragt und von ihm genehmigt."

Wie ernst es Hitler damit ist, erfährt der SS-Obergruppenführer und Chef des SS-Oberabschnitts Main, der Oberfranke Ernst Heinrich Schmauser, auf blamable Weise. Hitler steigt im „Deutschen Hof" ab, Schmauser, Polizeipräsident Dr. Martin und ein Führer vom Sicherheitsdienst der SS (SD) begrüßen ihn. Hitler gibt Schmauser und dem SD-Mann wortlos die Hand und wendet sich ab. Martin bittet er zum Mittagessen, die anderen bleiben stehen wie begossene Pudel. Nachmittags erscheinen sie wieder, diesmal auch noch der Oberbürgermeister Liebel und einige Herren der Stadtverwaltung. Der „Führer" bleibt unsichtbar. Durch seinen Adjutanten Schaub läßt er ausrichten, er wolle jetzt niemand mehr sehen. Der Obergruppenführer zieht beleidigt ab. Martin hält ihn sowieso für einen „kompletten Dummkopf".

Die Herren Aufklärer des knallhart operierenden Gestapo-Beamten Meisinger indes sondieren erstmal in Streichers Umfeld. Sie verhaften morgens um 5 Uhr zwei Grundstücksmakler und einen sogenannten Gaufachgruppenleiter der „Deutschen Arbeitsfront" aus ihren Betten heraus und besetzen das Büro der „Arisierungsstelle" des stellvertretenden Gauleiters Holz. Sie finden heraus, daß Fürths Oberbürgermeister Jakob ansehnliche Geldgeschenke angenommen, der inzwischen bei Horst Wessel's Geisterstandarte angekommene Streicher-Adjutant König sich schamlos bereichert und der „Frankenführer" dem Juden Kohn Aktien abgenommen hat. Holz können sie nicht greifen, er hat sich zu einer „dringenden Operation" bei einem Professor Karl Gebhard in der „Klinik für Sport- und Arbeitsschäden", einem späteren SS-Lazarett in Hohenlychen bei Fürstenberg im fernen Brandenburg abgesetzt. Wie sie mit dem Duzfreund umgehen sollen, müssen die Herren Ermittler erst mit Göring beraten.

Streicher spielt auf Zeit. Er tut, als gehe ihn das Ganze gar nichts an, und steckt – wie gewöhnlich – frech seine Nase in die Angelegenheiten anderer Leute. In Berlin tritt er bei der Volksgerichtsverhandlung gegen den Widerstandskreis um Niekisch und Drexel ohne Auftrag als „Beauftragter des Führers" auf und quittiert mit Genugtuung die hohen Strafen: Ernst Niekisch wird zu lebenslanger Haft verurteilt, Drexel zu vier Jahren Zuchthaus.

Erst Anfang Mai 1939 scheint Streicher zu spüren, daß die Luft dünn wird. Er muß – wie vorher sein Stellvertreter – plötzlich operiert werden, ein Skiunfall von 1937 bereite ihm Schmerzen. Jetzt taucht auch er ab zu diesem Professor Gebhard in Hohenlychen. Der ist nicht nur ein idealer Fluchtpunkt für alle gehobenen Nazis, die Dreck am Stecken haben, hier sucht die NS-Prominenz Heilung, 1935 ist auch Adolf Hitler schon in Hohenlychen behandelt worden. Es wird eine lange Operation, denn Streicher kommt erst am 4. Juli zurück nach Nürnberg, offensichtlich in der Hoffnung, der Rauch könnte sich verzogen haben. Hat er aber nicht, und dies wird Streicher bald zu spüren bekommen. Die „Fränkische Tageszeitung" meldet befehlsgemäß: „Frankens Bevölkerung ist glücklich darüber, den Gauleiter wieder in ihrer Mitte zu haben." Die Bevölkerung denkt da aber ganz anders.

Hitlers Ex-Leutnant vom 16. Regiment macht sich aus dem Nazi-Staub. Hugo Gutmann verläßt seine Heimatstadt Nürnberg für immer. Sogenannte gute Freunde prellen ihn um 5.000 RM, die er für den Fall der Auswanderung bei ihnen deponiert hat, und nur mit Hilfe eines mutigen Freundes in der Meldebehörde kann er verschwinden. Der steckt ihm heimlich und gegen alle Vorschriften die Reisepässe für ihn und seine Frau zu. Bei Nacht und Nebel fahren sie nach Köln, bekommen vom belgischen Konsul die Visa für Belgien und rasen im Auto des Konsulatsbeamten zum Flughafen, immer die Gefahr im Nacken, im letzten Augenblick doch noch erwischt zu werden. Sie entkommen mit dem Flugzeug nach Brüssel. Dort treffen sie ihre Kinder. Noch ein Jahr dauert ihre Flucht, bis sie endlich, am 28. August 1940, mit dem amerikanischen Dampfer „Excalibur" in Lissabon den brennenden Kontinent Europa verlassen können, und am 6. September in New York eintreffen – im letzten Augenblick dem ehemaligen devoten Gefreiten und nunmehrigen Peiniger entronnen.

Gutmann wird auch in den USA ein erfolgreicher Kaufmann, seine Tochter bekommt ein Stipendium an der Washington University von St. Louis, sein Sohn wird 1942 amerikanischer Soldat und kehrt als „Besatzer" zurück nach Deutschland. Für eine Weile stationiert in Frankfurt, kann er sich nicht überwinden, seine Heimatstadt Nürnberg zu besuchen. Die Erinnerung an die schreckliche Zeit der Verfolgung ist zu stark. Hugo Gutmann, der sich in Amerika Henry Grant nennt, stirbt im Juni 1963 in San Diego.

Seine Geheimnisse nimmt Gutmann/Grant mit ins Grab: Was hat ihn verbunden mit Hitler, was hat Hitler vom 23. bis zum 30. August 1918 in Nürnberg getan, warum hat der Nürnberger Emigrant seinen Namen Gutmann abgelegt? Hugo Gutmann erklärt diesen Schritt damit, daß er mit seinem Namen auch seine Vergangenheit hinter sich lassen will, soweit dies überhaupt möglich ist, nicht aber, um Spuren zu verwischen. Doch niemand wird je erfahren, was 1918 im Schützengraben an der Westfront und in Nürnberg wirklich geschehen ist.

Gutmanns Sohn, der – 2002 im Alter von 79 Jahren – als Howard Grant in einem Vorort von Chicago seinen Lebensabend verbringt, beteuert, sein Vater habe ihm nie etwas erzählt von Hitlers Reise nach Nürnberg im August 1918. So werden Gerüchte, die eine homoerotische Sympathie vermuten lassen könnten, nie verstummen. Bei Gutmanns einwandfreier Vita und Hitlers Lebenslauf, dem trotz aller Neigung keine echte homosexuelle Handlung zu entnehmen ist, eigentlich undenkbar. Aber eine endgültige Aufklärung bleibt der Nachwelt versagt.

Ebensowenig wird jemals die eigenartige Zuneigung des damaligen Majors Anton Freiherr von Tubeuf zu Hitler geklärt werden. Der Major hat den Gefreiten häufig in seinem Unterstand besucht, weil er sich mit ihm „so gut unterhalten konnte." Tubeuf hat es sich nicht nehmen lassen, Hitler persönlich das Eiserne Kreuz an die Brust zu heften, obgleich er bereits abkommandiert war und gar nicht mehr beim Regiment hätte bleiben müssen. Warum? Hitler schweigt.

1939: Hitlers „Wirtschaftswunder"

Dieser undurchschaubare Adolf Hitler steht 1939 als Reichskanzler des Großdeutschen Reichs auf dem Höhepunkt seiner Erfolge. Noch herrscht Frieden, noch ist sein Volk bereit, ihm den Willen zum Frieden zu glauben. Er hat – mit Terror, Zwang und unter der latenten Drohung seiner Konzentrationslager – in sechs Jahren zweifellos beachtliche Leistungen vorzuweisen, die ihm selbst seine ärgsten Feinde zugestehen. Es ist wohl unstritten, was der renommierte Journalist Sebastian Haffner, selbst Jude und einer der zuverlässigsten Hitler-Forscher, 1938 nach England emigriert und über jeden Verdacht erhaben, ein Sympathisant Hitlers zu sein, 1999 schreibt:

„Unter den positiven Leistungen Hitlers muß an erster Stelle ... sein Wirtschaftswunder genannt werden ... Im Januar 1933 ... gab es in Deutschland sechs Millionen Arbeitslose. Drei kurze Jahre später, 1936, herrschte Vollbeschäftigung. Aus schreiender Not und Massenelend war allgemein ein bescheiden-behaglicher Wohlstand geworden ... An die Stelle von Ratlosigkeit und Hoffnungslosigkeit waren Zuversicht und Selbstvertrauen getreten ... Der Übergang von Depression zur Wirtschaftsblüte war ohne Inflation erreicht worden, bei völlig stabilen Löhnen und Preisen ... Es war Hitler, der all die Ankurbelungspläne, die schon vor ihm existiert hatten, ...aus den Schubladen holen und ins Werk setzen ließ ... ebenso sensationell und unerwartet war die ... erfolgreich durchgeführte Wiederbewaffnung und Aufrüstung Deutschlands ... Im Militärischen wie im Wirtschaftlichen hatte Hitler sich als ein Wohltäter erwiesen, dem nur noch verbohrte Rechthaberei Dank und Gefolgschaft verweigern konnte."

Dieser „Rechthaberei" begegnet Hitler am 28. April 1939 mit einer Rede, die zwar trieft vor Selbstlob und Selbstverliebtheit, in ihrem Inhalt aber von den Massen so aufgefaßt wird, wie er sie meint:

„Ich habe das Chaos in Deutschland überwunden, die Ordnung wiederhergestellt, die Produktion auf allen Gebieten unserer nationalen Wirtschaft ungeheuer gehoben ... Es ist mir gelungen, die uns allen so zu Herzen gehenden sieben (!) Millionen Erwerbslosen restlos wieder in nützliche Produktionen einzubauen ... Ich habe das deutsche Volk nicht nur politisch geeint, sondern auch militärisch aufgerüstet ... Ich habe die uns 1919 geraubten Provinzen dem Reich wieder zurückgegeben, ich habe Millionen von uns weggerissene, tief unglückliche Deutsche wieder in die Heimat geführt, ich habe die tausendjährige historische Einheit des deutschen Lebensraums wiederhergestellt."

Zum Schluß rühmt Hitler sich, das alles „ohne Blutvergießen und ohne meinem Volk oder anderen ... das Leid des Krieges zuzufügen", erreicht zu haben. Millionen Deutsche, die sich im Schoß ewiger Sicherheit wiegen, die Arbeit und Brot haben, ein gemütliches Zuhause und eine zufriedene Familie, die nicht zu hungern braucht – diese Millionen geben dem „Wohltäter" Recht. Warum sollten sie es nicht? Sie können ja nur das beurteilen, was sie tagtäglich erfahren, der Blick hinter die glänzenden Kulissen bleibt ihnen versagt.

Daß der durch Abschottung erreichte, vordergründig blühende Binnenmarkt und damit das letztendlich trügerische „Wirtschaftswunder" zur wirtschaftlichen Isolation führen muß, weil der Außenhandel vernachlässigt wird, und die waffenstarrende Wehrmacht zum Krieg, das zeichnet sich ab, als der „Führer" vom erfolgreichen Gelegenheitsspieler zum pathologischen Hasardeur wird.

Mit seinem Einmarsch ins tschechische Prag und der Einverleibung von Böhmen und Mähren, der Rest-Tschechei, ins Deutsche Reich am 15. März 1939 verspielt Hitler international seinen letzten Kredit. Er wird vollends unglaubwürdig, die Stimmung in den westlichen Demokratien kippt. Er habe keine territorialen Ansprüche mehr, hat er nach der Sudetenkrise im Herbst 1938 noch beteuert, und nun das. Wie lange schon dieser Plan in seinem Gehirn spukt, hat er bereits bei einem Mittagessen am 14. November 1938 in Nürnberg verraten. Von den mächtigen Granitplatten wird bei Tisch gesprochen, die für den Bau der neuen, riesigen Kongreßhalle gebraucht werden. Einer seiner Tischgäste sagt, die ergiebigsten Steinbrüche gebe es in der Tschechei. Darauf Hitler lachend: „Ein Grund mehr."

Wieder spielt Franken als Aufmarschgebiet eine wichtige Rolle, wieder donnern Militärkolonnen durch Nürnberg, und wieder verharren die Menschen in angstvoller Spannung. Scheinbar geht auch diesmal alles gut. Aber der nächste Schritt wird in den Abgrund führen.

Hitler ist von diesem Schritt nicht weit entfernt, er pokert weiter. Er läßt am 23. März 1939 das Memelland besetzen und sich zu seinem 50. Geburtstag am 20. April feiern wie der Kaiser von China. Durch Berlin rollt eine monströse Militärparade, Industrielle beschenken ihn zu seinem Entzücken mit Originalpartituren Richard Wagners, darunter die vierbändige „Rienzi"-Handschrift, sein wegweisendes Revolutions-Standardwerk, Partituren von „Rheingold" und „Walküre" und die Orchesterskizze zur „Götterdämmerung"; der „Reichsverband der deutschen Automobilindustrie" und der „Deutsche Gemeindetag" spenden je eine Million Reichsmark.

Das städtische Wohlfahrtsamt Nürnberg verteilt als „Führerspende" 100.000 RM an Bedürftige, und eine Frau Martha K. aus Nürnberg himmelt Hitler postalisch „in grenzenloser Verehrung" mit einem hymnischen Gedicht an: „Voll Stolz können wir in die Zukunft schauen/und immer unserm Führer vertrauen./Wir wollen

1939

durch Treue unsere Dankbarkeit zeigen/und mit unserem Herzblut sind wir sein eigen."
Hitler pendelt zwischen Berlin und Berchtesgaden, er nutzt jede Gelegenheit zu einem Abstecher ins Fränkische. In Nürnberg treibt er den Bau der Parteitags-Weihestätten voran, in Bayreuth sucht er Familienanschluß bei den Wagners. Hitler pendelt auch in seiner Arbeit. Als Reichskanzler und Staatenlenker hält er die Welt in Atem mit immer neuen Machtansprüchen, als „Volksführer" und oberster Dienstherr auf allen Ebenen verliert er sich im Kleinkram der Provinz, verzettelt sich heillos im Gestrüpp lächerlicher Banalitäten nebensächlichster Art.
Mit Vorliebe verteilt Hitler Geld, und das nicht zu knapp. 25.000 RM für das Landestheater in Coburg und 10.000 RM für eine „Meistersinger"-Aufführung im Nürnberger Opernhaus sind auch dabei.
Er erläßt eine Anordnung, wonach es besser sei, Kraftfahrzeuge mit zwei Nebelleuchten auszurüsten als mit einer. Er denkt ernsthaft über die Anfrage seines Reichskanzlei-Chefs Lammers nach, ob kirchliche Morgenfeiern im Rundfunk noch zeitgemäß seien. Er verleiht Müttern mit acht oder mehr Kindern das „Mutterkreuz" in Gold, mit sechs oder sieben Kindern das Silberne und mit vier oder fünf Kindern das Kreuz in Bronze. Er bestimmt, daß Mütter mit diesem „Ehrenkreuz" auf der Brust von Hitlerjungen und BDM-Mädchen mit „Heil-Hitler" gegrüßt werden müssen und daß sie in der Straßenbahn einen Sitzplatz bekommen.
Hitler verfügt, daß 5.000 Exemplare der Zeitschrift „Die Kunst im 3. Reich", die freiwillig keiner lesen mag, an „führende Persönlichkeiten staatlicher Dienststellen" verteilt werden, und daß das Lesen dieser Broschüre fortan zur Pflicht gemacht wird. Hitler will den Beruf des Kellners abschaffen. Dies sei keine Arbeit für einen Mann, befindet er, „vielmehr die gegebene Arbeit für Frauen und Mädchen." Hitler will das Rauchen in der Straßenbahn verbieten. Hitler wünscht, daß Schi mit Sch und nicht mit Sk geschrieben wird und die „Kurzschrift" wieder „Stenografie" heißen soll. Hitler ruft die „Gesellschaft für Säugetierkunde" zur Ordnung, weil sie aus „Spitz"- und „Fledermäusen" von sofort an „Spitzer" und „Fleder" machen möchte. Für solch blödsinnige Umbenennungen droht der Führer höchstpersönlich den Säugetierkundlern die Versetzung zu einem Baubataillon an. Hitler möchte im Radio keinen Dialekt mehr hören; der Großdeutsche Rundfunk habe die Aufgabe, Luthers klare deutsche Schriftsprache zu übernehmen. Hitler kümmert sich persönlich darum, daß der Schauspieler Gustav Waldau, über des-

sen Filme er sich stets sehr amüsiert hat, ab 1. März 1939 eine Pension ausbezahlt bekommt.

Während der „Führer" im Juli 1939 seinen Blick gen Bayreuth und Nürnberg richtet, passiert dem fränkischen Vize-Gauleiter Karl Holz ein peinlicher Lapsus. Bei einer Italien-Reise besucht er Florenz, und eine Lokalzeitung berichtet stolz: „Der Vize-Gauleiter von Nürnberg, Karl Holz, und seine reizende Frau, befinden sich in unserer Stadt." Zu dumm: Die „reizende Frau" ist gar nicht die seine, es ist die 30jährige ledige Schneiderin Amrei Bartsch, mit der Holz seit zwei Jahren ein Verhältnis hat. Die echte Ehefrau hockt mit ihren zwei Kindern in Nürnberg und ist stocksauer.

In Bayreuth nimmt Hitler die Organisation der Festspiele selbst in die Hand. Für Absperrungs- und Sicherheitsmaßnahmen läßt er 10.000 RM an die örtliche SS überweisen. Auch über die Kartenvergabe befindet er persönlich. Er will wissen, wer in der Privat-, wer in der Mittelloge und wer auf der Fürstengalerie sitzt. Nur Leute, die ihm genehm sind, dürfen dort plaziert werden. Ungeliebte Gesichter würden ihm den Spaß verderben. Schließlich läßt er 754 Eintrittskarten für den „Fliegenden Holländer", für „Tristan und Isolde", „Parsifal" und für den „Ring der Nibelungen" verteilen. Kostenpunkt: 20.490 RM aus der Parteikasse.

Hitler wirkt auch in diesem spannungsgeladenen Juli 1939 entspannt und regelrecht heiter. Bei Wagners genießt er wie immer die familiäre Atmosphäre, die beschauliche Romantik der kleinen fränkischen Stadt Bayreuth gibt ihm das Gefühl von Geborgenheit. Hier verliert er vorübergehend sogar sein Machtgehabe, hier erfüllt sich jedesmal ein Jugendtraum. „Die zehn Tage Bayreuth sind immer meine schönste Zeit gewesen", wird er zweieinhalb Jahre später in seinem Hauptquartier „Wolfsschanze" sagen.

Hitler wohnt wieder im Anbau der Villa Wahnfried, mit ihm Speer, Goebbels und dessen Frau Magda. Die wenigen bevorzugten Gäste, in Bayreuth selektiert er besonders sorgfältig, werden in Privatquartieren in der Stadt untergebracht. Sie müssen Winifred Wagner gefallen.

Zu diesen Auserwählten gehört auch sein Jugendfreund August „Gustl" Kubizek. Ihn hat er 1939 zu den Festpielen nach Bayreuth eingeladen, Reise und Aufenthalt bezahlt und bei einer Familie Moschenbach in der Lisztstraße 10 einquartiert. Kubizek bedankt sich überschwänglich bei seinem Freund aus fernen Tagen, den er jetzt erfurchtsvoll mit „Sie" anspricht: „Sie werden sich vielleicht noch jener glühenden Jünglingsträume entsinnen, die Sie mir nach den gemeinsamen Besuchen der Wagner'schen Musikdramen ... so

oft aufgerollt haben, in welchen immer wieder Bayreuth als strahlender Stern am Himmel deutscher Kunstgestaltung aufleuchtete. Wie hat sich doch so groß und herrlich Ihre Sendung, deren sie sich schon damals voll bewußt gewesen sind, verwirklicht und erfüllt. Ich neige mich vor der unbegreiflichen Größe meines Führers."
Erinnert sich also auch Kubizek der Novembernacht 1906 auf dem Freinberg bei Linz. Nun ist er „wie verzaubert", wenn er – gespielt von einem für ihn unglaublichen 132-Mann-Orchester – Wagners Opern erleben darf.
So muß auch Hitler sich fühlen. Er läßt – in diesen letzten Friedenstagen eine unverzeihliche Nachlässigkeit – Generäle, Minister, Diplomaten und Parteifunktionäre einfach stehen, die jetzt ein- und ausgehen. Er zieht sich mit „Gustl" in sein Zimmer zurück, draußen bleiben schicksalsschwere Entscheidungen unerledigt. Sie können warten, wenn Hitler mit seinem Jugendfreund über Wagner spricht.
„Jetzt habe ich Sie als Zeugen hier in Bayreuth", sagt Hitler. Auch der große Kanzler des Deutschen Reichs sagt jetzt „Sie" zu dem kleinen Stadtschreiber August Kubizek aus Eferding, seinem Jugendfreund, mit dem er in Wien ein ärmliches Zimmer geteilt und den er 1933 noch mit „Du" angesprochen hat. „Sie sind der einzige, der dabei war, wie ich als armer, unbekannter Mensch diese Gedanken zum erstenmal entwickelt habe. Und jetzt können Sie sehen, was daraus geworden ist." Er spricht von seinen Plänen für Richard Wagners Bayreuth, aber Kubizek ahnt wohl, daß er seine Eroberungspläne damit verbindet, die Wagner und Chamberlain ihm auf den Weg gegeben haben, seine Mission, das deutsche Volk zu retten. Jetzt spricht der Messias wieder aus ihm. Daß „es damals begann", nach dem „Rienzi"-Erlebnis, diesen von ihm so oft benutzten Satz wiederholt er auch jetzt, als er Kubizek Winifred Wagner vorstellt.
Bereitwillig signiert er Kubizeks mitgebrachte „Führer-Postkarten", und dann nimmt er ihn an der Hand und führt ihn hinaus in den Garten zu Richard Wagners Grab. „Ich spürte, wie ergriffen er war", berichtet Kubizek, „still war es um uns beide. Niemand störte den weihevollen Frieden. Dann sagte Hitler: ‚Ich bin glücklich, daß wir uns an dieser Stätte, die für uns beide immer die heiligste war, wiedersehen können.'"
Der „Führer" geleitet seinen Jugendfreund durch das Haus Wahnfried, zeigt ihm das Musikzimmer, Wagners Flügel und die Bibliothek. Er habe Anweisung gegeben, daß Kubizek stets zur glei-

chen Zeit wie er nach Bayreuth kommen könne, sagt Hitler. „Ich möchte Sie hier immer in meiner Nähe haben", wünscht er zum Abschied und winkt seinem „Gustl" am Gartentor noch einmal zu.

1939: Ehedrama bei „Tristan und Isolde"

Dramatischer fällt der Auftritt des Ehepaars Goebbels in Bayreuth aus. Die zahlreichen Affären ihres Ehemanns, besonders der erst vor kurzem von Hitler zertrennte Liebesbund mit der tschechischen Filmschauspielerin Lida Baarova, haben Magda Goebbels aus der erotischen Reserve gelockt. Sie läßt sich auf ein Verhältnis mit dem viel jüngeren Staatssekretär ihres Mannes, Karl Hanke, ein. Sie wollen heiraten. Hitler verweigert seine Genehmigung. Schon aus Gründen der Staatsräson komme eine Scheidung seines Propagandaministers nicht infrage. Daraufhin zwingt Goebbels seine Frau, Hanke zu verlassen. Drei Tage lang redet er auf sie ein, droht ihr die Kinder wegzunehmen. Magda gibt nach, sie scheinen versöhnt, aber sie sind es nicht. Die Staatsräson verlangt es. Magda trauert Hanke nach.

In diesem gespaltenen Zustand kommt das Ehepaar Goebbels nach Bayreuth. Magda ist niedergeschlagen. Von der großen Mittelloge aus sehen sie „Tristan und Isolde" – ausgerechnet dies traurige Liebesdrama. Hitler, Speer und Winifred Wagner sitzen neben ihnen. Magda weint still vor sich hin, in der Pause flüchtet sie in einen Salon und heult. Ihr Ehemann zeigt sich derweil, neben Hitler, am Fenster und winkt dem jubelnden Volk zu. Wie's drinnen aussieht, geht niemanden etwas an.

Zumindest bei Magda sieht's drinnen, in ihrer gekränkten Seele, sehr traurig aus. Die schwülstige Legende von Liebe und Tod Tristan und Isoldes, die zueinander nicht kommen konnten, hat Magda Goebbels offenbar den Rest gegeben. Am liebsten wäre sie jetzt wohl auch den Liebestod gestorben und mit Hanke ins „Reich der ewigen Liebesnacht" entschwunden.

Aber da ist ja noch der Hitler, den sie heimlich noch mehr liebt und verehrt als ihren Mann und Hanke zusammen. Und der Hitler schüttelt nur den Kopf über Magdas theatralischen Ausraster. Er ist verärgert. Joseph und Magda Goebbels haben sich versöhnt, zumindest scheint das so, und damit ist doch alles in Butter. Räson und Ruf sind gerettet, der nationalsozialistische Staat leidet keinen Schaden, weshalb führt die Frau sich dann so auf – mitten in einer Wagner-Oper in Bayreuth?

Am nächsten Morgen zitiert Hitler seinen Propagandachef zu sich, wäscht ihm gründlich den Kopf und weist ihn samt Ehefrau aus dem Gralstempel. Bevor es hier zu weiteren Szenen komme, für die sich auch ein „Führer" schämen müsse, sei es wohl besser, das Ehepaar verlasse umgehend den heiligen Hügel. Den Hanke könne sie sich sowieso aus dem Kopf schlagen. Hitler reicht Goebbels nicht mal mehr die Hand zum Abschied. Das Ehepaar Goebbels gehorcht und reist noch am selben Tag ab.

Hat also das Goebbelsche Ehetheater in Nürnberg mit der Baarova begonnen, nun findet es im Fränkischen auch sein gewaltsames Ende. All dies geschieht im geheiligten Umfeld des Bayreuther Grals: Hitler bekommt feuchte Augen, wenn er sich still Wagners lauten, gemütsschweren Opern hingibt, er kehrt den Staatsmann heraus, um verhängnisvolle politische Entscheidungen aus dem Ärmel zu schütteln, und er zeigt die harte Hand, damit seine verlotterten Bonzokraten den Weg zurück ins Ehebett finden.

Es gibt im Juli 1939 noch einen Führer-Gast in Bayreuth: Hitlers Quacksalber, Professor Theo Morell, der Berliner Spezialarzt für des „Führers" Bauchschmerzen, Blähungen und sonstige Magen- und Darm-Beschwerden, der Hitler bekanntlich mit Hormon-, Aufputsch- und Beruhigungsmitteln bis zur Halskrause vollstopft, ist wieder dabei.

Dieser Morell, schon aus der Ferne ein unappetitlicher Anblick, ist feist, und die üblen Gerüche, die er gewöhnlich absondert, sind gefürchtet bei seinen Tischnachbarn. Beim Mittagessen läßt Verena Wagner, Winifreds Tochter, angeekelt ihr Essen stehen. Ob sie denn keinen Hunger habe, fragt Hitler. Verena verzieht das Gesicht und weist auf Morell. Der fläzt am Tisch, hält eine Orange in beiden Händen und schlürft schmatzend den Saft aus.

Spricht man Hitler auf den übelriechenden Morell an, antwortet er: „Ich halte mir Morell nicht, um an ihm zu riechen, sondern damit er mich bei Kräften hält."

Wie im Vorjahr nervt Robert Ley wieder mit einem musikalischen Vorschlag zum Reichsparteitag. Diesmal läßt er es nicht auf eine Live-Aufführung mit großem Orchester in Nürnberg ankommen. Er hat eine Schallplatte mitgebracht, auf der eine brandneue Melodie für die Fanfarenklänge zu hören ist. Sie könne die bisherigen „Aida"-Fanfaren ersetzen. Ley legt die Platte auf, Klänge wie aus einer verrosteten Posaune beleidigen die Ohren. Winifred Wagner möchte am liebsten die Hände über dem Kopf zusammenschlagen, Hitler sagt nur: „Wir bleiben bei Aida." Von weiteren musikalischen Schöpfungen sieht der Reichsorganisationsleiter Ley ab.

Die hervorstechende politische Entscheidung Hitlers in Bayreuth im Juli 1939 ist seine Weisung an Reichsaußenminister Ribbentrop,

Der Vollstrecker und seine Helfer

er möge dem sowjetischen Geschäftsträger klar machen, daß Deutschland und Rußland gemeinsam über die Zukunft Polens entscheiden sollten. Dies zu einem Zeitpunkt, da der Krieg mit Polen überhaupt noch nicht begonnen hat. Jetzt will das Chamäleon Hitler tatsächlich mit dem Erzfeind in Moskau paktieren, den er bei seinen Parteitagen in Nürnberg jahrelang zum leibhaftigen Teufel erklärt und zur totalen Vernichtung freigegeben hat. Aber noch quälen Hitler leise Bedenken, wie er diesen Gesinnungswandel seinen Parteigenossen beibringen soll.

Konstantin Freiherr von Neurath, gerade Reichsprotektor von Böhmen und Mähren geworden, meint zu dieser Frage speichelleckend: „Die Partei ist wie Wachs in Ihren Händen, mein Führer"

Auf dem Weg von Bayreuth nach München bleibt Hitler am 3. August 1939 für einen Tag in Nürnberg. Er besichtigt seine Parteitagsbauten. Es ist sein letzter offizieller Besuch in Nürnberg, spätere Visiten werden kurze Gastspiele bleiben und kaum noch amtlich registriert.

Am 8. August trifft er sich mit dem NSDAP-Gauleiter von Danzig, dem Fürther Albert Forster, auf dem Obersalzberg hinter verschlossenen Türen. Es geht um die Rolle Danzigs bei der bevorstehenden Auseinandersetzung mit Polen. Aber amtlich verlautet nichts. Der Völkerbundkommissar für Danzig, Carl Jacob Burckhardt, erklärt in völliger Verkennung der Absichten Hitlers, er sehe keine Gefährdung der Stadt, Danzig sei kein weltpolitisches Problem.

Indes bereitet Nürnberg sich auf den Reichsparteitag vor. Er soll vom 2. bis 11. September stattfinden und ausgerechnet „Reichsparteitag des Friedens" heißen. In den Massenquartieren stehen schon 150.000 Bettstellen bereit. Nun sucht die Organisationsleitung Privatquartiere, denn es werden 549.850 aktive Teilnehmer und weit mehr als eine Million Zuschauer erwartet. In der KDF-Stadt am Valznerweiher wird die Hebefeier für eine neue Sportarena gefeiert. 7.000 Sänger und 2.000 Musiker sind bereits engagiert für das Rahmenprogramm. 1.477.000 RM dürfen die NS-Kampfspiele kosten, 3.014.000 RM die Aufmärsche der SA, hat ein Kassenverwalter der SA errechnet. Aus dem Plaketten-Verkauf werden 5.299.000 RM erwartet. Schon brechen SA- und HJ-Kolonnen aus dem ganzen Reich auf zum Sternmarsch nach Nürnberg. Reichsjugendführer Baldur von Schirach will die Hitlerjugend nach Beendigung der Zelebration weitermarschieren lassen nach Landsberg, damit sie sich die ärmliche Zelle ansehen können, in der ihr „geliebter Führer" habe schmachten müssen. In Nürnberg fühlt

1939

man sich – nach einer zweijährigen „sippenkundlichen Bestandsaufnahme der Bevölkerung", festgehalten auf 250.000 Karteikarten – als erwiesenermaßen „arische Hochburg", wohlgerüstet für den „Reichsparteitag des Friedens".

Politische Spannungen scheinen die Nürnberger wenig zu beeindrucken. Sie bauen unverzagt, und dies nicht nur auf dem Reichsparteitagsgelände. 1939 entstehen 435 neue Gebäude, 1.570 Wohnungen und 1.208 sogenannte Kleinwohnungen. Allein die „Gemeinnützige Wohnungsbaugesellschaft Nürnberg" hat 515 Wohnungen im Bau und 900 geplant, staatliche und städtische Zuschüsse fließen reichlich. In der Herschel-, Brehm-, Leibnitz-, Hansa-, Schweinauer Haupt- und Max-von-Eythstraße sowie am Nordostbahnhof und in Ebensee entstehen 585 sogenannte „Volks- und Arbeiterwohnungen" mit zwei und drei Zimmern.

Die inzwischen auf 433.381 Einwohner angewachsene Stadt kennt so gut wie keine Arbeitslosigkeit mehr. Offiziell gibt es im Januar 1939 gerade mal 91, im Juni 25 und im Dezember einen einzigen Empfänger von Arbeitslosen-Unterstützung, und den Nürnbergern geht es auch sonst nicht schlecht. Sie vertilgen 1939 pro Kopf 55,87 Kilo Fleisch und trinken gemeinsam 4.999.954 Hektoliter Bier. Es gibt 25 Hotels in der Stadt und 1.500 Gaststätten und Wirtshäuser. Die Preise sind auch sehr moderat: eine Semmel kostet 4 Pfennig, ein Kilo Weizenbrot 21 Pfennig, ein Liter Milch 24 Pfennig, ein Pfund Butter 1,60 RM, ein Pfund Schweinefleisch 80 Pfennig, ein Herrenanzug 60 RM, ein Paar Damen-Halbschuhe zwischen 8,70 RM und 12,84 RM und ein Straßenbahn-Fahrschein 20 Pfennig. Der Stundenlohn liegt bei 3,90 RM. Versteckt in der Statistik finden sich auch andere Zahlen: 4.891 Personen werden „verschubt", 79 in Arbeitshäuser eingewiesen und 502 in „Schutzhaft" genommen. Von den Schicksalen, die sich hinter diesen Zahlen verbergen, ob sie aus politischen oder „rassischen" Gründen abtransportiert werden, erfährt man nichts.

International fliegt die „Deutsche Lufthansa" für den Frieden: Die neue viermotorige Focke-Wulf „Condor" braucht für die Strecke Berlin-New York und zurück 44 Stunden und 31 Minuten. Das nationalsozialistische Deutschland verbindet Kontinente, wird lauthals verkündet. Kann es da einen Krieg geben?

Doch ab Mitte August werden die Nachrichten immer bedrohlicher, die Krise um Polen spitzt sich zu. „London putscht Warschau auf", „Polen fordert: Danzig oder Krieg", „Polen macht mobil", titeln die Zeitungen. Am 23. August schließt das nationalsozialistische Deutschland mit der kommunistisch-bolschewistischen Sowjetunion, dem erklärten Todfeind, den von Hitler erwünschten Nichtangriffspakt ab. Die Menschen hoffen: Ist der Frieden gerettet? Diese Hoffnung trügt: Der Pakt macht den Krieg erst möglich. Hitler hat sich Rückendeckung verschafft.

Nürnbergs Vorzeige-Humorist Fritz Strebel, genannt „Strebala", hält am 25. August zur Volksfest-Bierprobe an der Fürther Straße eine Gaudi-Rede in gepflegter heimischer Mundart – vermutlich die letzte lustige Festansprache für lange Zeit, ein Abgesang an den Frieden.

Am 27. August bestätigen sich die düsteren Ahnungen: Der Reichsparteitag wird abgesagt. Der Führer des SA-Aufmarschstabes teilt mit: „Auf Anordnung des Führers findet der Reichsparteitag 1939 nicht zu der ursprünglich vorgesehenen Zeit statt; er wird vielmehr auf einen späteren, jetzt noch nicht bestimmbaren Termin verschoben." Nun gibt es keinen Zweifel mehr: Es wird wohl nichts mehr mit dem Frieden, dem dieser Parteitag seinen Namen geben sollte.

Doch ein bißchen Hoffnung bleibt noch. In einem nachfolgenden Schreiben erklärt der Aufmarschstab: „Abgesehen von der zeitlichen Änderung bleiben alle für den Reichsparteitag erlassenen Befehle und Anordnungen in Kraft, desgleichen behalten alle Vorarbeiten ... ihre Gültigkeit in der Weise, daß sie jederzeit und in kürzester Frist zur Ausführung gebracht werden können, wenn auf Befehl des Führers ein neuer Termin für Abhaltung des Reichsparteitages festgesetzt wird."

1939: Krieg statt „Parteitag des Friedens"

Vielleicht, wenn die Krise vorbei ist? Oder wenn wir den Krieg gewonnen haben – falls er kommt? Und nach Krieg sieht es jetzt allenthalben aus: Am Mittwoch, 29. August, melden die Nürnberger Zeitungen, daß in der Stadt Wirtschaftsämter mit 21 Lebensmittelkartenstellen eingerichtet werden. Zwei Tage später bekommen die Nürnberger, wie alle Deutschen, die ersten Rationierungskarten für Fleisch, Fett, Brot und andere Nahrung, sowie die ersten Bezugscheine für Kleider, Schuhe, Fahrräder, Benzin und sonstige Alltagsgüter. Das Städtische Ernährungsamt klärt die Bevölkerung auf, wie sie mit der Rationierung umzugehen hat. 15 Bezirksfürsorgestellen kümmern sich um die Bedürftigen. Festgelegte Erzeuger-Höchstpreise sollen keinen Wucher aufkommen lassen. Verstöße werden hart bestraft.

Am 1. September, einem Freitag, marschieren deutsche Truppen in Polen ein. Der Krieg beginnt. Hitler geht von einem örtlich begrenzten Konflikt aus. Seinen Wehrmachtschef Keitel beruhigt er:

1939

„Die Herren in London und Paris werden auch diesmal nichts unternehmen ... Ich werde dafür sorgen, daß aus diesem Polenkonflikt nie, nie ein europäischer Krieg entsteht." Der „Führer" irrt sich gründlich: Am 3. September erklären Großbritannien und Frankreich dem Deutschen Reich den Krieg – der europäische Krieg ist da, und bald wird es ein Weltkrieg sein. Hitler droht vor dem Reichstag: „Von jetzt an wird Bombe mit Bombe vergolten, die Wehrmacht übernimmt den aktiven Schutz Großdeutschlands."
Schutz – vor wem? Vergeltung - wofür? Noch hat niemand Bomben auf Deutschland geworfen. Aber: Hintergründe erfährt niemand. Es gilt immer nur die offizielle Version der NS-Regierung, die gleichgeschalteten Zeitungen und Rundfunksender berichten, was die Partei vorschreibt. Das sind die Menschen seit mehr als sechs Jahren nicht anders gewöhnt.

Die Nürnberger glauben sich vom Krieg schneller überrascht als ihnen lieb ist: Am ersten Kriegstag um 11 Uhr heulen die Luftschutzsirenen – noch bevor der Rundfunk die „Führerrede" aus dem Reichstag sendet, bevor die Leute überhaupt erfahren, was Sache ist. Der erste Fliegeralarm dauert 15 Minuten, und er entpuppt sich als Fehlalarm. Er stimmt die Nürnberger ein auf weitere 334 Fliegeralarme, 430 Luftwarnungen und 59 Luftangriffe, deren Ausmaß sich noch niemand vorstellen kann.

Jetzt wird die Bevölkerung, die in diesen Krieg ohne jede Begeisterung geht, noch mehr auf Verzicht getrimmt, auf Opferbereitschaft, Kampf und bedingungslosen Gehorsam. Die Fahne hoch, die Ärmel hoch! „Führer befiehl, wir folgen Dir". Dieser Satz steht über allem, wohin er das Volk auch führen mag. Ein Volk, das aus einer einzigen, unbedingt fügsamen, lenkbaren und solidarischen Volksgemeinschaft besteht, – von der Großstadt bis in die kleinste Gemeinde, vom Pimpf bis zur Oma. Bis zum letzten Atemzug.

In Scheinfeld sagt Bürgermeister Lax die Kirchweih ab, in Lauf führen die Wirtschaften fleischlose Tage ein, in Burgbernheim werden Luftschutzübungen angesetzt, in Rothenburg staatlich organisierte Jungmädel zur Flachsernte nach Schönbronn befohlen. Autofahrer bekommen die Order, „bei Überlandfahrten Verdunklungsgeräte mitzuführen". Die Beschaffung von sogenannten „Selbstschutzgeräten" für den Luftschutz dürfe keine Kostenfrage sein, meint die Partei, da müssen alle beisteuern. Auf jeden Dachboden gehören ein Eimer mit Wasser und eine Feuerpatsche. Eine höchst naive Vorstellung vom Luftkrieg.

Kriegslöhne und Kriegspreise werden eingeführt, 50 Prozent Kriegszuschlag auf die Einkommensteuer, 20 Prozent auf Bier und

Tabak erhoben, Arbeitszeitbeschränkungen abgeschafft, Urlaubsvereinbarungen außer Kraft gesetzt, Tanzlustbarkeiten bis auf weiteres verboten (die Konzerte im Tucherkeller aber nicht). Für Sonntags-, Feiertags- und Nachtarbeit gibt es keine Zuschläge mehr, Arbeitsverhältnisse von Männern, die zum Militär eingezogen werden, dürfen nicht gelöst werden, „Preise und Entgelte für Güter und Leistungen aller Art werden nach den Grundsätzen der kriegsverpflichteten Volkswirtschaft bemessen", steht in der Zeitung. Kriegsschädliches Verhalten wird in besonders schweren Fällen mit dem Tod bestraft.

„Jeder wird bis zum Äußersten seine Pflicht tun, jetzt sind wir alle Frontkämpfer", verkündet der dicke Feldmarschall Hermann Göring. „Alle Volksgenossen müssen Opfer bringen."

Der erste erfolgreiche fränkische Frontkämpfer kommt aus Weißenburg, ein 26jähriger Pilot. Er hat bei einem vergeblichen Angriff der Briten auf Cuxhaven und Wilhelmshaven ein englisches Flugzeug „vom Himmel geholt". „Ein Franke schoß den ersten Tommy ab", berichtet stolz die Zeitung.

Nun müssen die Franken mit den Folgen von Hitlers Taten leben und sterben, zu Gesicht bekommen sie ihren „Führer" nicht mehr. Daß seit seiner „Machtergreifung" 5.638 Juden Nürnberg „verlassen" haben, gehört zu seinen „Verdiensten".

Der mit allen Wassern gewaschene und von Görings Untersuchungskommission gejagte Streicher spielt noch immer den „Frankenführer". Jetzt tourt er durch fränkische Betriebe, markiert den volksnahen Gauleiter und versichert den Arbeitern kumpelhaft: „Wir kennen Euere Sorgen und Nöte." Kein Trost für das Volk. Wer die Zeitung genau liest, erkennt, daß Streichers Flügel schon beschnitten sind. Zum Reichsverteidigungskommissar für den Nürnberger Wehrkreis wird Münchens Gauleiter Wagner ernannt und Streicher übergangen. Eigentlich hätte ihm dieser Posten zugestanden.

Durch den Beginn des Krieges haben die Ermittler den amoklaufenden Streicher vorübergehend aus dem Fadenkreuz verloren. Erst im Oktober bekommen sie ihn wieder am Kanthaken. Göring hat die Telefonleitungen des Gauleiters anzapfen lassen. Polizeipräsident Dr. Martin, des Führers großgeratener Lieblingsarier, und Willy Liebel, unter Deutschlands Oberbürgermeistern einer der Favoriten Hitlers, sind fest entschlossen, diesen Julius Streicher, Duzbruder und Günstling des „Führers" Adolf Hitler, über die Klinge springen zu lassen. Der Polizeipräsident besucht keine Veranstaltung mehr, zu der auch Streicher eingeladen ist. Liebel ruft

einem mit Streicher befreundeten „Ratsherrn" zu: „Das eine kann ich Ihnen sagen, sobald der Führer ihn (Streicher) fallen läßt, dann mache ich ihn kaputt."
   Am 8. November 1939 mißlingt im Münchner Bürgerbräukeller ein Bomben-Attentat auf Hitler. Er hat, entgegen seiner Gewohnheit, die Versammlung früher verlassen; als die Bombe explodiert, sitzt Hitler schon im Zug. Wiedermal die „Vorsehung", auf die der „Führer" schwört.
   Kurz darauf ruft er Nürnbergs Oberbürgermeister zu sich nach München. Warum nicht Streicher? Liebel bringt eine Botschaft des „Führers" mit: „Der Führer ... hat mich beauftragt, der Stadt und allen Nürnbergern, die guten Willens sind, seine Grüße zu übermitteln." Streicher ist empört. Weshalb erfährt er, der „Frankenführer", diese Botschaft seines „Führers" durch Liebel? Und überhaupt, was soll das heißen: Wer ‚guten Willens' ist in Nürnberg? Hat Liebel diese Formulierung sich selbst ausgedacht oder soll dies eine versteckte Warnung Hitlers an Streicher sein? Es wäre die erste.
   Martin und Liebel vereinbaren per Ehrenwort, daß sie „im Fall einer Notwehr" Streicher niederschießen werden. Sollte Hitler seinen „Frankenführer" nicht bald absetzen, werden sie ihn abschießen, da wird ihnen schon etwas einfallen.
   Das ist nicht mehr notwendig. Streicher legt sich selbst den Strick um den Hals. Er macht zwei gravierende Fehler:
   Streicher beleidigt Göring und stellt Hitler bloß.
   Im Kreis leicht angetrunkener Kumpane behauptet er auf seiner häuslichen Kegelbahn grinsend, der Morphium-süchtige Göring sei zum Kindermachen gar nicht mehr fähig. Seine Tochter, die kleine Emmy, müsse wohl durch künstliche Befruchtung oder „sonstwie" zustande gekommen sein. Diesen Ausspruch steckt Liebel dem Feldmarschall Göring.
   Dann plaudert Streicher vor örtlichen Parteigenossen aus, was Hitler vier Tage vorher seinen Gauleitern vertraulich verraten hat. Es geht um die Pläne des „Führers" für den bevorstehenden Westfeldzug. Daß Hitler auch nicht davor zurückschrecken werde, in das neutrale Belgien einzumarschieren, versieht Streicher mit der strategischen Anmerkung: „Wir brauchen die Küste zum Angriff gegen England." Solches Ausplaudern geheimer Planungen bringt die Wehrmachtsführung in Harnisch. Sie nennt das Verhalten Streichers „fahrlässigen Landesverrat". Hitler wird hellhörig, aber er greift noch nicht ein.
   Schließlich zieht Streicher verächtlich über bewährte Weltkriegsgeneräle her, und er leistet sich einen seiner sexualpatholo-

gischen Ausfälle. Zu einer Schar BDM-Mädchen sagt er: „Wenn ein Mädchen einem, wenn auch verheirateten Mann gegenüber Liebe empfindet und von diesem sich ein Kind wünscht, so ist dies nach meiner Ansicht richtig. Die Frau oder Dame, die sich dagegen aufregt, ist in meinen Augen eine Sau."

Jetzt ist das Maß voll. Was eine ellenlange Liste von Schurkereien und Gemeinheiten nicht erreicht hat, die Verunglimpfung des Feldmarschalls Göring und die Brüskierung Hitlers bringen Streicher zur Strecke. Sein teils wütender, teils unterwürfiger Briefwechsel mit Göring und Heß bringt dem Gauleiter nichts mehr ein. An Göring schreibt Streicher: „Wer mich kennt, der weiß, daß es nicht meine Veranlagung ist, andere zu verleumden oder bewußt zu beleidigen ... wie sollte ich, der ich die Gemeinheit und Niedertracht der Beleidiger, Verleumder und Gerüchtemacher in so großem Maße erlebt habe und immer noch erlebe, es fertig bringen, selbst in den Bereich der Niedertracht herabzusteigen?" An Heß, der von Streicher eine Reihe von Fragen beantwortet haben will und ihm vorwirft, er habe einer Schauspielerin, die nicht in seine Privatwohnung kommen wollte, das Engagement gekündigt: „Daß ich in einer Zeit, in der es um das Schicksal des ganzen deutschen Volkes geht, mich gezwungen sehe, Fragen solcher Art zu beantworten, das kann weder ich, noch können es meine alten Kameraden begreifen."

Göring tobt, Hitler schweigt, Heß handelt. Im November wirft der Führer-Stellvertreter dem Gauleiter vor, seine Freundin Anni Seitz sei mit einem Dienstwagen von Stuttgart nach Nürnberg gefahren und wieder zurück und habe damit unnötig kriegswichtiges Benzin verbraucht. Dieser Anni Seitz habe er eine Goldkassette geschenkt, angefertigt aus eingeschmolzenen Eheringen, die er seinen Mitarbeitern mit der Bemerkung abgenötigt habe: „Im Krieg braucht ein Mann keinen Schmuck mehr. Der gehört dem Vaterland." Heß verlangt, Streicher soll diese Ringe sofort zurückgeben. Natürlich hat er sie nicht mehr. Der „Frankenführer" spielt auf Zeit, er hofft auf seinen Duzfreund. Aber seine Zeit ist abgelaufen.

Pracht, Macht und die Reichsparteitage

September 1933, „Reichsparteitag des Sieges" in Nürnberg: Hitler zum letzten Mal mit seinem SA-Stabschef Ernst Röhm

Steigbügelhalter zur Macht: Hjalmar Schacht, Konstantin von Neurath und Franz von Papen genießen das Spektakel der Nazis

Pracht, Macht und die Reichsparteitage

Den „Führer" in Lackschuhe gesteckt: Helene Bechstein (im Trauerkleid neben Hitler) 1934 bei einer Familien-Beerdigung

September 1934, „Reichsparteitag Triumph des Willens", auf dem Hauptmarkt: Der „Führer" wird nicht müde, stundenlang den rechten Arm gestreckt zu halten – „Hitler-Gruß" genannt

Pracht, Macht und die Reichsparteitage

1934, die alte Reichsstadt Nürnberg als Kulisse: Der Reichsarbeitsdienst marschiert, den Spaten stramm geschultert

Alljährliche sakrale „Weihe" im Luitpoldhain: Hitler berührt SA-Fahnen und Standarten mit der „Blutfahne" von 1923

Pracht, Macht und die Reichsparteitage

September 1935, „Reichsparteitag der Freiheit": Der große Freund des kleinen Mannes – so sieht Hitler sich am liebsten

1936, das Reichsschwert für den „Schöpfer des 3. Reichs": Oberbürgermeister Liebel erweist die Reverenz der Stadt Nürnberg. Hinter Hitler „Frankenführer" Julius Streicher und „Führer"-Stellvertreter Rudolf Heß

Pracht, Macht und die Reichsparteitage

1936, die Welt staunt und Hitlers Erfolg reicht in den Himmel: Der von Speer erfundene „Lichtdom" auf dem Zeppelinfeld

Stets wiederholter Höhepunkt der Nazi-Liturgie: Totenehrung mit Kranzniederlegung im Luitpolthain. Hitler und seine Führer von SA und SS ganz allein, isoliert von der braunen Masse

Pracht, Macht und die Reichsparteitage

September 1937, „Reichsparteitag der Arbeit": Allzweckmann Göring an der Spitze der SA-Wachstandarte wirft die Beine

Flughafen Nürnberg, 1937: Hitler mit Reichsführer SS Himmler. Auch der Stahlhelm macht sein Milchgesicht nicht männlich

Pracht, Macht und die Reichsparteitage

1937, Hitler hat die Wehrmacht im Sack: Generäle und Admirale im Gleichschritt. Blomberg, Reichenau, Raeder, Fritsch

1934, Hitler hofiert die Kirche: Reichsbischof Müller und Abt Schachtleitner schütteln beim Parteitag herzlich die Hände

1937, am Ziel: Hitler, unumschränkter Herrscher unter dem Hakenkreuz, verläßt die Tribüne auf dem Zeppelinfeld

September 1938, „Reichsparteitag Großdeutschlands": Jetzt hört auch Hitlers Heimat Österreich auf seinen Befehl

Alles sieht so friedlich aus: Sport und Trachten 1938 beim „Tag der Gemeinschaft" auf dem Zeppelinfeld

Deutscher National- statt internationaler Nobelpreis: Hitler und Goebbels ehren 1938 verdiente „Wirtschaftspioniere" des NS-Staates

Panzer, Pulverdampf und Sturmangriff: Aus der Übung zum „Tag der Wehrmacht" 1938 wird schon ein Jahr später tödlicher Ernst

Pracht, Macht und die Reichsparteitage

*September 1938, Ende des letzten „Weihefestes der Nation":
Hitlergruß, Heilrufe und gläubige Begeisterung begleiten den
„Führer" auf der Fahrt von der Nürnberger Burg zum Haupt-
markt, vorbei am alten Rathaus (Hintergrund rechts)*

Der „Baumeister"

„Erster Baumeister des Reichs": Lässig auf dem Oberschenkel entwirft Hitler 1935 Pläne für das Reichsparteitagsgelände, die sein Chefarchitekt Speer (rechts) auszuführen hat

Größenwahn macht Menschen winzig: Speer vor der Holzattrappe eines Tribünen-Ausschnitts des „Deutschen Stadions" 1938 im fränkischen Hirschbachtal.

1935: Auf dem Reißbrett greift der „Führer" beidhändig ein ins gigantische Szenario, die Vasallen staunen. Links Martin Bormann

Der „Baumeister"

Hitler (mit Speer und Streicher) will's ganz genau wissen:
Das Modell der neuen Kongreßhalle...

... und das maßgerechte Muster beim Dutzendteich muß 1937
„Führer"-Wünschen genügen. (In der Mitte Speer)

Die Wagners in Bayreuth, Hitlers Zuflucht, seine Familie: 1934 mit Friedelind und Verena, Enkelinnen des vergötterten Meisters

Man spielt Richard Wagners „Meistersinger von Nürnberg": Winifred Wagner neben Hitler in der „Führerloge" des Nürnberger Opernhauses zum Reichsparteitag 1935, flankiert von Oberbürgermeister Willy Liebel und Streicher

Hitler und Wagner

Inniger Blickkontakt: Hitler (im Smoking) läßt Hausherrin Winifred beim Festspiel in Bayreuth 1937 nicht aus den Augen. Vorn Görings breiter Rücken, rechts Goebbels

Galanter Kavalier: Hitler, Winifred und Söhne 1937. Links „Führer"-Adjutant Wilhelm Brückner

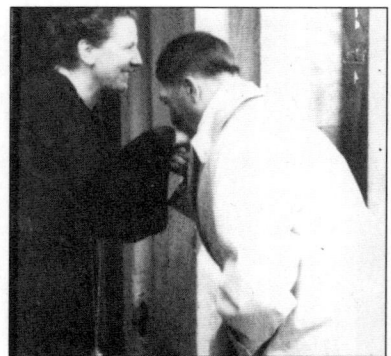

Bayreuth 1938: Hitler und sein bewährter altösterreichischer Handkuß für die Dame des Hauses, Winifred Wagner

Juli 1940, Abschied von Bayreuth: Hitlers letzter Festspielbesuch, von Tausenden umjubelt

Auch ein Wagner-Fest: Leipzig 1934, ein Denkmal des Meisters entsteht in seiner Geburtsstadt. Links Winifred mit Sohn, neben Hitler Leipzigs OB Carl Friedrich Goerdeler (zehn Jahre später als Widerständler mit dem Handbeil hingerichtet), daneben Sachsens Gauleiter Mutschmann und Goebbels

Hitler: Männerfreund und Frauenfeind

Hitler und die Homoerotik: Seine kniefreien Hitlerjungen (hier beim Reichsparteitag 1934) sieht der „Führer" gern

Fester Griff: Der beglückte „Führer" und ein gläubiger Hitlerjunge 1935 beim HJ-Aufmarsch in Nürnberg

Die kraftstrotzenden, halbnackten Arbeitsmänner beim Parteitag 1937 – ein Anblick, der Hitler erfreut

Hitler: Männerfreund und Frauenfeind

Scheuer, abweisender Blick: Der unnahbare Hitler, bedrängt von begeisterten österreichischen Mädchen beim Parteitag 1938

Hitler und die Riefenstahl: Der Dank an die Künstlerin für ihren Film zum Reichsparteitag 1934 könnte Zuneigung für das andere Geschlecht vortäuschen. Doch davon kann kaum die Rede sein

Hitler: Männerfreund und Frauenfeind

Von Hitler in die Wüste geschickt: Hausdame Angela Raubal mit ihrem Halbbruder Adolf auf dem Obersalzberg 1935

Von Hitler im Goldenen Käfig gehalten: Eva Braun (vierte von links) beim Parteitag 1938. Links daneben des Führers „Wunderdoktor" und Pillendreher Professor Morell mit Frau

Gefürchtet und verachtet, nicht nur in Franken: Gauleiter Julius Streicher in typischer Diktator-Pose. So gefällt er sich

Julius Streicher

Immer nah beim „Führer": Streicher (vorn links) bei der Eröffnung des Reichsparteitags 1934...

...und 1935 auf einer Baustelle am Nürnberger Dutzendteich: Streicher im Regenmantel, Hitler mit Schlapphut, rechts Speer

Falsches Lächeln, denn diese Drei mögen sich nicht: Goebbels, Göring, Streicher beim Reichsparteitag 1938

Scheinheiliger Zynismus: Streicher spricht 1939 zur Beerdigung seines Adjutanten König, den er in den Tod getrieben hat

Hitlers „Deutscher Hof"

Der „Führer" und sein Lieblingshotel in Nürnberg: Hitler auf dem Balkon des „Deutschen Hofs" 1934

Der neue, erweiterte „Deutsche Hof" nach dem Umbau 1936: Hitlerjugend marschiert zu Ehren ihres Namensgebers

„Großer Zapfenstreich" vor dem Hotel: Ende eines jeden Reichsparteitags

Deutschlands Juden und ihr Schicksal

Der Beginn des Völkermords: Reichstagssitzung 1935 in Nürnberg. Die „Rassengesetze" werden beschlossen, die Juden rechtlos gemacht. Hitler spricht

„Kristallnacht" 1938: Die zerstörte Synagoge in Nürnbergs Essenweinstraße

Deutschlands Juden und ihr Schicksal

Grausamer „Scherz" beim Faschingszug 1938 in Nürnberg

Geächtet: Fränkische Dörfer verwehren Juden den Zutritt

Mit solchen Schandplakaten werden jüdische Bürger verhöhnt

Hans Günther von Obernitz

Dr. Benno Franz Theodor Martin

Hermann Göring

Franz Ritter von Epp

1933/1939

Albert Forster

Prinz August Wilhelm

Fritz Köpplinger

Hugo Gutmann

V
1940 – 1945
Triumph und Götterdämmerung

Görings Geduld ist zu Ende. Er packt die gesammelte Akte Streicher unter den Arm und marschiert zu Hitler. Der „Führer" ziert sich, aber schließlich läßt er sich überreden. Schweren Herzens befiehlt er Streicher, Liebel und den Münchner Gauleiter Wagner zu einer gemeinsamen Besprechung. Der Nürnberger Oberbürgermeister schiebt die Beleidigung Görings in den Vordergrund, Wagner schlägt vor, ein Ehrengerichtsverfahren einzuleiten, Streicher ist einverstanden. Er hofft darauf, seinen „Führer" umzustimmen, denn er weiß genau, wie nah Hitler ihm steht. Auch mit Göring will er wieder ins Reine kommen. Am 10. Januar 1940 bittet er ihn um ein Gespräch. Göring lehnt ab.

Am 13. Februar lädt der Oberste Parteirichter und Bormanns Schwiegervater, Major Buch, zur Verhandlung vor dem Parteigericht. Sechs Gauleiter erscheinen, General Bodenschatz kommt als Vertreter Görings, Heß handelt im Auftrag des „Führers". In seinem Namen verliest der Stellvertreter eine ungewöhnliche Eidesformel: Zeugen, die falsch aussagen oder Außenstehende über das geheime Ehrengerichtsverfahren unterrichten, werden sofort erschossen. Der Herr über Leben und Tod bleibt auch hier gnadenlos. Es ist anzunehmen, daß er damit die Zeugen einschüchtern will. Vielleicht gehen sie dann mit Streicher etwas sanfter um. Rücksichtnahme gegenüber dem „Frankenführer" beweist auch seine Anordnung, daß dies kein Gerichtsverfahren sei, sondern nur eine Untersuchung, daß es weder einen Ankläger noch ein Urteil gebe. Die Kommission darf lediglich ein Gutachten erstellen, über das er selbst zu urteilen gedenke. Hitler erlaubt nur sieben Anklagepunkte aus der schier endlosen Reihe von Verfehlungen, darunter allerdings die kriminelle „Arisierung" in Franken.

Vier Tage lang wird verhandelt, gestritten und gebrüllt. Streicher schwankt zwischen ordinären Ausfällen, wie man sie von ihm kennt, und listigen Tricks, mit denen er zu vertuschen versucht. Er beschuldigt Polizeipräsident Martin, Urheber der anonymen Schreiben vom Reichsparteitag 1938 zu sein. Martin weist dies empört zurück. Schließlich greift er an seine Pistolentasche und will

Streicher auf der Stelle erschießen. Die Sitzung wird zum Tumult. Parteirichter Buch unterbricht. General Bodenschatz eilt zum Telefon und berichtet seinem Chef, daß Martin eben Streicher erschießen wollte. Göring bedauert: „Hätte er es doch getan."

1940: Streicher wird verbannt

Streicher trickst, lügt, beschönigt, bedauert, wenn er nicht mehr anders kann, aber er kommt nicht mehr aus. Die belastenden Dokumente sind erdrückend, und am Ende steht die vernichtende Erkenntnis: Frankens Gauleiter Julius Streicher ist zur Menschenführung nicht geeignet. Diese Beurteilung darf nicht verkündet werden, sie wird Hitler zugeleitet.

Der „Führer" entscheidet: Streicher wird jede politische Tätigkeit als Gauleiter untersagt, er muß Nürnberg verlassen und sich auf sein Gut Pleikertshof zurückziehen. Dort darf ihn kein Parteigenosse besuchen, und Streicher wird jeder Ausflug nach Nürnberg verboten – ein Befehl, den er später mehr als einmal unterlaufen wird. Wenn sein Chauffeur Herrwerth täglich zwischen Nürnberg und Pleikertshof pendelt, sitzt oft auch der „Frankenführer" heimlich im Auto.

Jedoch: Streicher wird nicht förmlich abgesetzt, auch nicht seines Postens als Gauleiter enthoben. Streicher ist erledigt, aber nicht tot. Ein einmaliger Vorgang in der Geschichte der NSDAP, nur zu erklären durch das unerklärbare Verhältnis zwischen Hitler und Streicher. Der Gauleiter wird weder gerichtlich belangt noch mit einer Buße belegt, er darf sogar seinen widerlichen „Stürmer" behalten. Hitler liest ihn ja so gern.

Den „Führer" schmerzt diese Entscheidung, die gleichbedeutend ist mit einer Trennung von Streicher. Er nennt Buch einen „starrköpfigen alten Offizier", der schon manches Fehlurteil gefällt habe, weil ihm der politische Verstand fehle. Er denkt sogar daran, Buch abzusetzen, doch Hitler-Einbläser Martin Bormann, die graue Eminenz im Hintergrund, stellt sich vor seinen Schwiegervater.

Hitler kommt nie darüber hinweg, seinen getreuen Paladin und Männerfreund in die Wüste geschickt zu haben. Innerlich wird er sich nie von Streicher absetzen. Der habe das rote Nürnberg und Franken für die NSDAP erobert, er sei ein konsequenter Antisemit, ein radikaler Judenfeind, wie er keinen besseren finden könne. Hitler baut ein Schuldgefühl auf, das ihn bis zu seinem Ende begleiten wird.

Aber die Affären fränkischer Nazi-Bonzen treten nun in den Hintergrund. Der Krieg macht sie unwichtig, die Menschen müssen ums

Überleben kämpfen. Sie registrieren mit Genugtuung, daß sie ihren brutalen braunen Zar Streicher losgeworden sind. Der sitzt auf seinem Gut Pleikertshof und lauert auf seine Chance. Die Nürnberger nehmen es auch kaum noch wahr, daß sie ihren „Führer" Adolf Hitler nicht mehr zu Gesicht bekommen. Der tritt Europa platt und nimmt – motorisch gestört, von der Parkinsonschen Krankheit und von neurotischen Übersteigerungen gezeichnet – in seinen wechselnden Hauptquartieren nur noch sporadisch Kenntnis von seinem einstigen „Mustergau" Franken, von seiner „Stadt der Reichsparteitage" Nürnberg, der „deutschesten aller deutschen Städte". Hitlers Franken geht einen letzten, bitteren Weg.

Momentaufnahmen sollen genügen, Stimmungsbilder dieser Endzeit einzufangen – Schlaglichter eines Abgesangs.

Für eine ganze Weile noch befassen Gerichte sich mit der Aburteilung von Streicher-Günstlingen, die der „Frankenführer" jahrelang vor der Justiz geschützt hat. Darunter Frankens ältester Kreisleiter, der Bürgermeister von Hersbruck, Georg Sperber. Er muß wegen Kindstötung für sechs Jahre ins Zuchthaus. Auch die Abtreibungsaffäre König/Balster wird wieder aus der Schublade geholt, drei Ärzte erhalten empfindliche Strafen, bis zu fünf Jahren Zuchthaus entscheiden die Richter, und selbst die Ex-König-Freundin Balster bekommt fünf Monate Gefängnis.

Der Streit um das Gauleiter-Palais in der Cramer-Klett-Straße, das der Stadt gehört, aber von Streicher nach seiner Verbannung hartnäckig beansprucht wird, geht weiter. Das nur als „Residenz des Gauleiters" überlassene Anwesen hat Streicher nach seinem Geschmack zweckentfremdet, eine Kegelbahn und ein Schwitzbad eingebaut, und sich im angrenzenden Park Rehböcke gehalten. Jetzt bleibt sein Chauffeur Fritz Herrwerth trotz ständiger Aufforderungen, endlich auszuziehen, beharrlich darin wohnen. Er benutzt das Gebäude als Hauptstadt-Stützpunkt seines Chefs und wickelt dort Geschäfte „im Namen des Gauleiters" ab. Wird er gefragt, wer denn nun in diesem Haus wohne, antwortet der renitente Chauffeur: „Der Gauleiter ist gerade im Urlaub." Als 152,65 RM Telefongebühren anfallen, läßt Oberbürgermeister Liebel den Fernsprechanschluß kündigen.

Streicher weist die Frau des Hausmeisters dreist an: „Ohne meine Erlaubnis darf niemand die Möglichkeit haben, meine Wohnung in der Cramer-Klett-Straße zu betreten ... Sie sind von mir beauftragt, darauf zu achten ..."

Wenigstens den Hausbesetzer Herrwerth werden die Nürnberger endlich los. Er dreht sich selbst den Strick. Nicht ohne Hintersinn und vermutlich im Auftrag seines Herrn behauptet er immer wieder in aller Öffentlichkeit, Streicher werde bald als Gauleiter zurückkehren. Die NSDAP sieht darin „wiederholte Verbreitung parteischädigender Gerüchte", schließt Herrwerth aus, kündigt sein Arbeitsverhältnis und setzt ihn vor die Tür.

An die Zukunft der Reichsparteitage in Nürnberg freilich glauben Hitler und seine Braunhemden mit unerschütterlicher Zuversicht. Der nächste soll entweder vom 6. bis 17. oder vom 13. bis 24. September 1940 stattfinden. Nach dem Sieg über Frankreich im Juni 1940 hofft Hitler inständig darauf, daß die Briten einlenken und sein „letztes Angebot", seinen „Appell an die Vernunft Englands" annehmen werden.

Am 4. Juni ist Ley „hundertprozentig" davon überzeugt, daß der Reichsparteitag in diesem Jahr stattfindet. In der Nürnberger Ernst-vom Rath-Allee 60 wird ein sogenanntes „Arisierungshaus", seinem jüdischen Besitzer geraubt, für 75.000 RM gekauft und darin die Finanzverwaltung der Reichsparteitage untergebracht. Am 24. Juni fragt Ley seinen „Führer": „Haben Sie etwas dagegen, wenn wir den Reichsparteitag 1940 vorbereiten?" Hitler: „Nein." Ley: „Dann werde ich mit den Vorbereitungen beginnen." Von nun an geht es Schlag auf Schlag, Heß treibt an, die Arbeiten beschleunigt aufzunehmen.

Zwei Tage danach erläßt Hitler eine Verfügung, daß die zum Reichsparteitag benötigten Mitarbeiter sofort telegraphisch aus dem Heeresdienst entlassen werden. Am 4. Juli kommt Reichsverteidigungskommissar Gauleiter Wagner aus dem Führerhauptquartier nach Nürnberg und trifft „die nötigen Maßnahmen zur Durchführung der Demobilmachung im Umkreis von 60 Kilometern um Nürnberg." Seltsamerweise schickt Hitler nach dem Frankreich-Feldzug Teile des Heeres nach Hause. Quartiere, inzwischen von der Wehrmacht übernommen, werden wieder geräumt, 511 Zelte zurückgegeben. Das HJ-Lager ist schon im Juni frei für den Parteitag, das Lager des Reichsarbeitsdienstes am 15. Juli. Die Wehrmacht stellt Feldküchen für 360.000 Liter Suppe oder Eintopf und für 250.000 erwartete Marschierer Tornister, Wolldecken, Zeltplanen, Brotbeutel, Feldflaschen, Kochgeschirre und Leibriemen, sowie 30.000 Strohsäcke zur Verfügung, der Generalbevollmächtigte für den Vierjahresplan 40.000 Eisenbettstellen.

Nach einer Sitzung von Vertretern des „Zweckverbands Reichsparteitage", der Stadt Nürnberg und des Reichsernährungsministeriums am 6. Juli in Berlin, am selben Tag, da Hitler nach dem Sieg im Westen seinen triumphalen Einzug in der Reichshauptstadt hält, wird für die Dauer des Parteitags großspurig die Zwangsbewirtschaftung in Nürnberg, Fürth, Erlangen und Stein aufgehoben. Auch die aufmarschierenden Braunhemden sollen nicht hungern. Für sie werden aus allen Teilen des Reichs Lebensmittel herangeschafft. Kochkessel, Speisebehälter und ähnliche Utensilien können ohne Bezugscheine gekauft werden. Aber schon einen Tag darauf kommt der große Rückzieher. Als sei man falsch verstanden worden, wird nach einer eiligst einberufenen zweiten Besprechung gewunden verkündet:

„Die Abmachung gilt für den Fall der Durchführung des Reichsparteitags 1940 nach Friedensschluß. Im Fall der Notwendigkeit der Durchführung des Reichsparteitags während der Kriegszeit wird die Freigabe der Lebensmittel für die Bevölkerung in Nürnberg nur eingeschränkt."

Die verantwortlichen Planer, die Referenten, Reichs-, Kreis- und Stabsleiter, die Gruppen- und Obergruppen-, HJ-Gebiets- und Obergebietsführer tagen permanent, auch die Wehrmacht ist diesmal dabei. Der Führerbefehl hat sie aufgeschreckt – mitten im Krieg, aber der ist ja bisher äußerst erfolgreich verlaufen und wird sicher bald zu Ende sein. Weil die Herren sich im „Deutschen Hof" schon auf die Füße treten, weichen sie auf das Hotel „Victoria" aus. Mit dem für 1939 vorgesehenen Etat müsse man auch 1940 auskommen, bestimmt die Dienststelle in der Guntherstraße 43-45, die jetzt den wohlklingenden Namen „NSDAP. Reichsschatzmeister. Verwaltung der Reichsparteitage" trägt und Schwarz persönlich unterstellt ist.

Die Marschblöcke sollen verkürzt werden, denn man rechne aus „Kriegsgründen" mit etwas weniger braunen Pilgern. Die meisten, 21.700, werden aus Hitlers Heimat Österreich, jetzt Ostmark, erwartet, dann 11.500 aus Berlin, 11.000 aus Franken, 10.900 aus Sachsen. Die Anmarschwege zum Parteitagsgelände werden länger sein, weil verschiedene Bahnhöfe wegen des Kriegs gesperrt bleiben. Selbst die Tagegelder liegen schon fest: 18,75 RM für verheiratete SA- und SS-Gruppen- und Obergruppenführer, Amtschefs der Partei, höhere HJ-Führer und Referenten der Organisationsleitung, 2,50 RM für den „einfachen" SA-Mann einschließlich Obertruppführer. Alles ist organisiert, nur etwas fehlt noch: Das Motto des Reichsparteitags 1940. Darüber muß Hitler allein entscheiden. Doch diese Sorge nehmen ihm die Engländer ab.

Die englische Regierung weist Hitlers Offerte zurück, er zieht die Konsequenzen. Von nun an sei „die ganze Kraft des Volkes auf den Kampf mit England eingestellt". Er habe die Briten vor der Vernichtung bewahren wollen, aber jetzt werden sie einer „furchtbaren Verwüstung" entgegengehen, droht er finster. Am 24. Juli ruft er seinen Reichsorganisationleiter Ley an und befiehlt, „unter diesen Umständen" den Reichsparteitag abzusagen.

Jetzt nimmt der „Führer" auch Abschied von Bayreuth. Im Juli 1940 kommt er zum letzten Mal zu Wagners Festspielen auf den Gralshügel. Gerade noch rechtzeitig zur „Götterdämmerung" schwebt sein Flugzeug aus dem Hauptquartier ein. Wieder hat er seinen, gleich ihm von Wagner-Sehnsucht durchdrungenen Freund Gustl Kubizek, für dessen drei Söhne er inzwischen die Ausbildung bezahlt, nach Bayreuth eingeladen. Der kleine Stadtschreiber und der „größte Feldherr aller Zeiten". Hitler trägt den feldgrauen Rock, und er spielt seinem Jugendfreund überzeugend ein lupenreines Theater vor. „Diese Aufführung ist heuer die einzige, die ich besuchen kann", sagt er wehmütig, „aber es geht nicht anders, es ist Krieg. Dieser Krieg wirft uns um viele Jahre in der Aufbauarbeit zurück. Es ist ein Jammer. Ich bin doch nicht Kanzler des Großdeutschen Reiches geworden, um Krieg zu führen ... dieser Krieg nimmt mir meine besten Jahre ... noch habe ich unerhört viel zu tun. Wer soll es machen? Ich möchte es selbst noch erleben ... Und da muß ich zusehen, wie mir der Krieg die wertvollsten Jahre nimmt."

Hitler zählt dem Jugendfreund „mit ... von Ungeduld bebender Stimme" all seine großen Zukunftspläne auf, und Kubizek verfällt in Ehrfurcht. Er glaubt „Adi" die Mär vom unerwünschten Krieg, der ihm alle Pläne verhagelt. Und er ist noch mehr gerührt, als der allmächtige Reichskanzler und Oberster Befehlshaber einer siegreichen Armee sich in aller Öffentlichkeit von ihm verabschiedet.

Kubizek postiert sich an der Auffahrtsallee, als Hitlers Wagenkolonne vorbeikommt. „Der Reichskanzler erkennt mich", erinnert er sich. „Er gibt dem Fahrer ein Zeichen. Die Kolonne steht, sein Wagen steuert auf mich zu. Hitler lacht mir entgegen, reicht mir die Hand aus dem Wagen, schüttelt sie herzlich und sagt: ‚Auf Wiedersehen!' Und als sich der Wagen wieder in Bewegung gesetzt hat, dreht sich der Reichskanzler noch einmal nach mir um und winkt zurück."

Aber es gibt kein Wiedersehen. An diesem Dienstag, 23. Juli 1940, sieht Gustl Kubizek seinen Jugendfreund Adolf Hitler zum letzten Mal. Auch Nürnberg und Franken werden ihn nicht mehr sehen. Nun ist der „Führer" wahrhaftig zum Siegfried entwachsen, jetzt muß er als Feldherr die Prophezeiungen Wagners erfüllen, den „Drachen des Weltdämons" in der großen Entscheidungsschlacht töten, „den geborenen Feind der reinen Menschheit" fällen, jetzt tauscht er die Bayreuther und Nürnberger Weihespiele ein gegen das große Kriegstheater, Gralshügel und Dutzendteich gegen die Weiten Rußlands und Nordafrikas.

Einen bescheidenen Vorgeschmack von diesem „Kriegstheater" bekommt Franken am Samstag, 17. August 1940, zu spüren. An diesem Tag fallen auf Burgfarrnbach bei Fürth die ersten Fliegerbomben made in England auf fränkischen Boden. Nürnberg wird zum ersten Mal am 21./22. Dezember 1940 von der britischen Royal Air Force angegriffen. Ausgerechnet das Parteitagsgelände, das Märzfeld, wird getroffen.

1941: Todeszüge rollen nach Osten

Hat der Wahnsinn schon Methode bei den Nazis, werden 1941 wieder Parteitags-Luftschlösser erdacht. Der Balkan-Feldzug abgeschlossen, die erfolg- und verlustreichen Kämpfe auf Kreta eben beendet, schreibt der Reichsorganisationsleiter Dr. Robert Ley am 19. Mai 1941 an den „sehr verehrten Parteigenossen Himmler":

„Auf Befehl des Führers habe ich die Vorarbeiten für den diesjährigen Reichsparteitag, dessen Termin demnächst bekanntgegeben wird, aufgenommen. Ich habe bestimmt, daß der jährlich zusammentretende Stab der Organisationsleitung der Reichsparteitage am 4. Juni 1941 in Nürnberg die Vorarbeiten aufnimmt. Ich bitte Sie deshalb, die ... notwendigen Mitarbeiter, soweit sie einberufen sind, freistellen zu lassen ... Die Tatsache der Aufnahme der vorbereitenden Arbeiten für den diesjährigen Reichsparteitag ist in jedem Fall streng vertraulich zu behandeln."

Wie ist es möglich, daß Hitler mitten in den letzten Vorbereitungen zum Rußlandfeldzug, einen Monat vor dem Angriff auf die Sowjetunion, sich ernsthaft damit beschäftigt, 1941 im September einen Reichsparteitag in Nürnberg abzuhalten? Hat der wahnsinnige „Führer" tatsächlich an einen Blitzkrieg im Osten geglaubt, der – nach ein paar kräftigen Schlägen – schon im September siegreich beendet sein wird?

Am 26. Mai stellt die SS tatsächlich einen Obersturmbannführer „zum Einsatz im Aufmarschstab" zur Verfügung. Ende Mai kommt es zu einem Streit, wie er zwischen NS-Bonzen üblich ist. Die Organisationsleitung in Nürnberg will von Himmler verbindlich wissen, wer für den Sicherungs- und Absperrdienst zuständig sei: Nürnbergs Polizeipräsident und seit 6. Mai gleichzeitig Führer des SS-Oberabschnitts Main, Dr. Benno Martin, oder – wie bisher – dessen Vorgänger, der Obergruppenführer Schmauser, den der „Führer" im „Deutschen Hof" eiskalt abserviert hat. Martin habe sich schon bitter beschwert, daß er nicht zur Besprechung am 4. Juni eingeladen worden sei. Martin und Schmauser – Todfeinde, wie jeder in SS-Kreisen weiß. Himmler entscheidet sich schon deshalb für Martin, weil er von Hitlers Abneigung gegen Schmauser weiß. Indes wird die für Mittwoch, 4. Juni, 11 Uhr, angesetzte Besprechung des Stabs im letzten Augenblick um sechs Wochen verschoben.

Von da an geschieht nichts mehr, Martin und sein Sicherheitsstab werden nicht mehr gebraucht. Am 1. Juli teilt die Organisationsleitung dem Herrn Reichsführer SS mit, „daß in diesem Jahr ein Reichsparteitag nicht mehr stattfinden werde". Der „Führer" hat gesprochen und sich nun doch anders entschieden. Dennoch werden am 18. November „alle Maßnahmen für zukünftige Parteitage festgelegt", auch die 25.000 RM-Prämie für die Haftpflichtversicherung der Gesamtveranstaltung wird brav überwiesen. Am 1. Juli eines jeden Jahres soll unter dem Vorsitz von Ley ein Stab von Referenten „zur ständigen Vorbereitung der Reichsparteitage" zusammentreten.

Das bedeutet: Die Herren vom Organisationskomitee in der Nürnberger Guntherstraße arbeiten artig und einfältig weiter, als gebe es keinen Krieg. Sie jagen hinter 72.669 Reichsmark und 45 Pfennigen her, die ihnen die Gauamtsleitung der NS-Volkswohlfahrt in Bayreuth für Matratzen schuldet. Sie wollen von der Wehrmacht 359 Matratzenschoner und 737 Kopfkeile wieder haben, die seit der „Besetzung" des Parteitagsgeländes durch die Soldaten verschwunden sind. Sie beschäftigen sich von früh bis spät mit unnützer Erbsenzählerei. Schließlich werden sie ja bezahlt. 1941 verschlingt das Büro 35.614,03 RM für Löhne und Gehälter. Dabei verdient ein Arbeiter im Parteitagsgelände in der Stunde gerade mal 70 bis 90 Pfennig. Das Unternehmen betrachtet sich als „dauernde eigene Dienststelle des Reichsschatzmeisters". Sie müsse für alle Zeiten fortbestehen, immer bereit, dem Führer zu folgen, wenn er zum Appell befiehlt.

Dafür werden andauernd neue Konzepte entwickelt. Mit örtlichen Wirtschaftsgruppen will die Partei kooperieren, mit dem Brauereiverband Süddeutschlands besondere finanzielle Vereinbarungen treffen, und die Reichsparteitags-Plakette darf in Zukunft nur aus „bestem Material, in gediegener Ausführung und so schön herausgebracht werden, daß sie von jedermann gern gekauft wird." Ein silbernes Erinnerungs-Abzeichen soll es geben, für 1,75 RM hergestellt und für 5 RM zugunsten des Parteitags verkauft werden. Es wird angestrebt, daß jeder Deutsche dem Führer zu seinem Reichsparteitag jährlich eine Mark spendet. Und so weiter. Die Herren haben ja sonst nichts zu tun. Daß in Rußland die Soldaten sterben, scheint in der Nürnberger Guntherstraße niemanden zu berühren. Im November 1941 verkündet Speer bei einem Besuch in Nürnberg, er rechne zuversichtlich 1942 mit einem Parteitag. Die Arbeiten im Parteitagsgelände müßten deshalb zügig vorangetrieben werden, und dazu seien neue Arbeiter-Unterkünfte notwendig. Bei einer Nürnberger Firma liegen immer noch elf Ballen mit 50.000 Eintrittskarten für das 1939 und 1940 ausgefallene Riesenfeuerwerk herum; man könnte sie ja 1942 brauchen. Lauter Luftblasen, um die Leute bei Laune zu halten.

Und draußen tobt der Krieg.

In der Nacht zum 13. Oktober 1941 erreicht er Nürnberg, diesmal schon etwas heftiger. In England starten 152 Bombenflugzeuge zum ersten größeren Angriff auf die Stadt und auf Schwabach. Neun Tote, davon allein acht in Schwabach, und 16 Verletzte sind die Folge, die Aluminiumwerke und Wohnbaracken an der Maiacher Straße und die Eisenbahnstrecke Nürnberg-Fürth werden getroffen, in Schwabach brennen 50 Häuser nieder. Von 20 Sprengbomben und zahlreichen Phosphorkanistern ist die Rede. Noch kann man sie leicht zählen.

Im Spätherbst und Winter 1941 werden die Judenverfolgungen immer grausamer. Ab 15. November müssen alle Juden über sechs Jahren den gelben Davidstern auf der linken Brust tragen. Sie dürfen in Straßenbahnen und Bussen nicht mehr fahren und keine Haustiere halten. Ihre Konten werden gesperrt, im Monat können sie nur 150 RM abheben.

Schon vorher hat man den Juden ihre Radiogeräte abgenommen, bei „Ariern" mitzuhören, wird ihnen verboten; ihre Fernsprechanschlüsse werden gekappt, Zeitungen dürfen sie nicht kaufen, Kriegsauszeichnungen nicht mehr tragen, zum Friseur nicht mehr gehen. Die „Kleiderkarte" zum Einkauf von Kleidung wird ihnen gestrichen. Sie werden zum Arbeitseinsatz zwangsverpflichtet, meist in der Rüstungsindustrie.

Am 25. und 26. November 1941 werden die ersten 512 Nürnberger Juden aus ihren Wohnungen geholt – zum Abtransport nach dem Osten. „Umgesiedelt" werden sie, erzählt man den noch ahnungslosen Nürnbergern. In Fürth, Bamberg, Würzburg und Bayreuth werden ebenfalls 500 jüdische Bürger zusammengetrieben. Drei Tage lang steckt man sie auf dem Reichsparteitagsgelände in fünf Baracken, 50 Kilo Gepäck dürfen sie mitnehmen, auch Matratzen, Töpfe, Kochgeschirr und Nähmaschinen, falls sie das tragen können. Ihr Bargeld wird ihnen abgenommen, 50 RM müssen sie über ihre Gemeinde bei der Gestapo einbezahlen; am Ort ihrer „Evakuierung" sollen sie angeblich das Geld in der Landeswährung zurückerhalten. Vor ihrer Abfahrt werden sie schikaniert, häufig geschlagen und immer wieder durchsucht. In Nürnberg beteiligen sich die Putzfrauen des Polizeipräsidiums mit Häme und Hohn an diesem menschenunwürdigen „Filzen". Was die Peiniger brauchen können, nehmen sie den Juden ab.

Am 29. November 1941 rollt der erste Transport mit Nürnberger Juden nach Osten. Nach drei Tagen und drei Nächten kommen sie auf dem Verschiebebahnhof Skirotava bei Riga an; man bringt sie ins Lager Jungfernhof. Etwa 5.000 Juden hat die SS dort versammelt. Sie hausen in sechsstöckigen Schlafstellen, hungern und frieren elend, und täglich sterben etwa 20 von ihnen. Am 26. März 1942 werden sie weiter verschleppt, erst nach Dünamünde, dann auf andere Lager verteilt, schließlich zu Massenerschießungen geführt. Von den 512 Nürnberger Juden des ersten Transports überleben nur 16. Die zweite große Gruppe mit 426 Männern, Frauen und Kindern wird in der Gegend von Lublin in Polen ermordet. Später landen Frankens Juden in Theresienstadt, Buchenwald, Dachau und in Auschwitz.

In den seltensten Fällen werden Angehörige – soweit überhaupt noch vorhanden – vom Tod im KZ benachrichtigt. Auf der Mitteilung („ ... gestorben an Herzschwäche") heißt es lapidar: „... wurde feuerbestattet. Ein Versand der Urne fand nicht statt. Die Sterbeurkunde kann gegen Voreinsendung von 0.72 RM bei dem Standesamt im KL ... angefordert werden." Mit KL ist das Konzentrationslager gemeint.

Hitler, der in seinem ganzen Leben eine erschreckende Gefühlskälte beweist, berühren weder solche Bilder des Grauens noch der Tod seiner eigenen Soldaten. Am 20. Dezember 1941 fährt er seinen Panzer-General Guderian an, als der auf den hohen Verlust an jungen Offizieren hinweist: „Sie lassen sich zu sehr von den Leiden der Soldaten beeindrucken. Sie haben zuviel Mitleid mit ihnen. Die Leute sind zum Sterben da." Passiert sein Sonderzug einen Verwundeten-Transport, läßt er die Rollos herabziehen. Eine zerstörte Stadt betritt er nicht, ein KZ sieht er nie von innen. Hitlers Leben verläuft nach einem emotionslosen Drehbuch, das er selbst verfaßt hat, abgeschaut und aufgesogen bei Richard Wagner und Karl May und aus seinen frühkindlichen Schlachtenbüchern.

Diesen Richard Wagner, den zu hören in Bayreuth ihm nicht mehr vergönnt ist, verordnet er 1941 wie zur Demütigung des geschlagenen Frankreich den Musikfreunden von Paris: Eine „Tristan- und Isolde"-Aufführung unter Herbert von Karajan im Kunsttempel der französischen Hauptstadt läßt er mit dem Horst-Wessel-Lied einleiten. Erst das Sturmlied der SA, dann der Klangsturm Wagners.

Böse ist er allerdings auf den jungen Wieland Wagner. Von dem muß er aus dem fernen Bayreuth erfahren, daß er sich für moderne Malerei begeistere und den Wunsch geäußert habe, er wolle auch so ein Maler werden. Für Hitler, der moderne Kunst „entartet" nennt, eine unmögliche Vorstellung; sie zeige den Verfall der Familie Wagner, zumindest der jüngeren Generation. Solchen Kummer hat der „Führer", während er Europa mit Krieg überzieht. Um Bayreuth und die Wagners aber sorgt er sich auch jetzt noch.

1942: Blutjustiz in Nürnberg

Auch seine glanzvollen Reichsparteitage, diese Zeiten seiner großen Auftritte, beschwört er immer wieder in stundenlangen Monologen. In der Nacht zum 25. Januar 1942 memoriert Hitler in seinem Hauptquartier „Wolfsschanze" an der Ostfront:

„Die Parteitage werden durch viele hundert Jahre Menschen aus aller Welt zusammenführen. Sie werden kommen und staunen vor diesen Bauwerken, neben denen das wunderbare alte Nürnberg steht. Der Tag nach der Beendigung der (Bayreuther) Festspiele und der Dienstag in Nürnberg, das ist für mich etwas so Trauriges, wie wenn vom Christbaum der Schmuck entfernt wird. Nürnberg bedeutet für mich ja eine furchtbare Anstrengung ... Wir wollen den Parteitag deshalb auch auf zehn Tage ausdehnen, damit ich nicht in einem fort sprechen muß. Am anstrengendsten ist das stundenlange Stehen beim Vorbeimarsch. Es ist mir doch schon schwindlig geworden ein paar Mal ... Die zehn Tage Bayreuth sind immer meine schönste Zeit gewesen, und wie freu' ich mich drauf, wenn wir zum ersten Mal wieder hinkommen."

Noch einer geht dem „Führer" nicht aus dem Sinn: Duzfreund und Seelenschwager Julius Streicher. Am 22. Februar 1942 lamentiert Hitler, wieder in seinem Hauptquartier, völlig zusammenhanglos, daß es nur Streicher mit seinem „Stürmer" zu verdanken sei, wenn den „gepeinigten arischen Dienstmädchen bei den Juden" geholfen wurde. „Wenn man heute die Juden sieht, wie sie wirklich sind, da kann man sagen, Streicher hat sie nicht verzerrt," sagt ein bedauernder Hitler.

Im Juni 1942 übermannt ihn wieder das Mitleid mit seinem fränkischen Rabauken. Zum bisherigen Gauleiter-Stellvertreter Holz, der nach zweieinhalb Jahren Fronteinsatz als Gefreiter der Wehrmacht sich das Eiserne Kreuz I. Klasse verdient hat und jetzt von Hitler mit der Führung des Gaus beauftragt wird, sagt er, es sei schade um „die außerordentlichen Verdienste und das Format der Persönlichkeit Streichers", daß er jetzt abgeschoben sei. Sobald sich eine Gelegenheit biete, werde er dem Gauleiter einen neuen Posten geben, allerdings nicht mehr in Franken. Immer häufiger spielt der „Führer" mit der Idee, den verbannten Kumpan aus der Versenkung zu holen. Das gebe einen Skandal, gibt sein Leibfotograf Hoffmann zu bedenken, alle Gauleiter würden Sturm laufen. Hitler schweigt, aber Streicher bleibt unvergessen.

Ein anderer Name aus der Nürnberger Vergangenheit taucht 1942 wieder auf: Heinrich Gareis, Nürnberger Polizeipräsident in den zwanziger Jahren. In einem Brief des Sicherheitsdienstes wird der jetzige SS-Oberführer und Regierungspräsident in München beschuldigt, er habe einen „schwarzen Fonds" eingerichtet, und statt Ordnungsstrafen zu verhängen, sich bestechen lassen. Was tun mit Gareis? Der Reichsführer SS Himmler weiß, daß der „Führer" diesen Gareis immer geschätzt hat, denn ohne seine Nachsicht und NS-Sympathie wären die Parteitage 1927 und 1929 gar nicht möglich gewesen. Deshalb sorgt er auf Befehl Hitlers dafür, daß dem einstigen Nürnberger Gönner Gareis nichts geschieht. Er wird still in den Ruhestand versetzt. Auch den Streit, ob Gareis den sogenannten, sehr begehrten SS-„Totenkopfring" bekommen soll, entscheidet Himmler zugunsten von Gareis. In der Urkunde zu diesem Ring finden sich übrigens solch schwülstig-hehre Sätze wie diese: „Ein Zeichen unserer Treue zum Führer ... Der Totenkopf ist die Mahnung, jederzeit bereit zu sein, das Leben unseres Ichs einzusetzen für das Leben der Gesamtheit ... Hakenkreuz und Hagall-Rune sollen uns den nicht zu erschütternden Glauben an den Sieg unserer Weltanschauung vor Augen halten."

Dieser Sieg ist derzeit nicht gerade in greifbarer Nähe, und Hitler sieht sein Franken nur noch aus der Luft oder aus dem Fenster seines Sonderzugs. Auf dem Weg von Berlin nach München fährt er Anfang November 1942 durchs Fränkische, hält kurz an in Bamberg, weil Ribbentrop dort zusteigt, findet aber keine Zeit zu einem Besuch in Nürnberg. Als der Zug durch Oberfranken rollt, erhält Hitler die Nachricht von der Landung amerikanischer Truppen in Nordafrika. Er tut so, als würde es ihn nicht beeindrucken.

Aus dem nahen Hof schickt ihm, wie zur Aufmunterung, eine Luise G. einen glühenden Liebesbrief: „Mein, unser aller Führer! Bitte lieber Führer, laß mich endlich zu Dir allein kommen. Ich bin heute Nacht bei Dir, mein Guter! Heil und viel Glück für uns alle."

Solche Briefe gehen an seinem Auge vorbei. Liebesbriefe von Frauen haben ihn noch nie sonderlich berührt.

Anderen Briefen schenkt Hitler mehr Beachtung. Rufmord-Schreiben, Denunziationen nimmt er begierig auf, sie läßt er durch die Gestapo unnachsichtlich verfolgen. Im August 1942 schreibt ein Obergefreiter Waldemar S. aus Würzburg, an den Chef der Reichskanzlei zur Vorlage beim „Führer":

„... daß es gerade in Würzburg ziemlich schlimm ist mit dem Meckern, denn in dieser Beziehung ist die Stadt ... bekannt. Am schlimmsten sind bei uns die Schwarzen, die früher die Macht hatten ... schlimmer wie die Juden ... Der Inhaber eines Geschäfts sagte: ‚Die braune Pest ... die braune Bande, die dauert sowieso nicht mehr lang ... der Bluthund von Berlin', womit er wahrscheinlich unseren Führer meinte, der alles für uns tut ... So etwas muß aufs Strengste bestraft werden und wenn am Tag hundert von diesen Elementen erschossen werden, dann ist das nicht zuviel."

Der Brief landet bei der Gestapo, Berlin, Prinz-Albrecht-Straße 8, „zum weiteren Befinden wegen der Äußerung eines Würzburger Geschäftsmannes". Ob der nach dem „Befinden" zu den Hundert zählen wird, die der Obergefreite aus Würzburg pro Tag erschießen will, wird nicht bekannt.

In Nürnberg wird der „Führer" 1942 nur noch durch ferne Befehle wahrgenommen. Im Mai erteilt er Goebbels und Liebel den Auftrag, Nürnbergs wertvolle Kunstschätze zu schützen. Ein „grandioses Germanisches Museum" wolle er bauen, läßt er wissen. In Bayreuth muß Goebbels nach den Planungen für die ins Monumentale gesteigerten Wagner-Neubauten sehen.

Die Stadtverwaltung in Nürnberg freut sich, daß sie – zwei Jahre nach dem Abgang des „Frankenführers" – endlich ihr von Streicher grob zweckentfremdetes Haus in der Cramer-Klett-Straße wieder bekommt. Reichsschatzmeister Schwarz hat den hartnäckigen Ex-Gauleiter endlich dazu bewegen können, auf das Palais, das längst das seine nicht mehr ist, zu verzichten. Mit einem diplomatisch-höflichen Brief klärt er die Fronten: „Ich möchte im Wege einer persönlichen Aussprache mit Gauleiter Julius Streicher eine für alle Beteiligten befriedigende Lösung zu erreichen versuchen." Streicher scheut die persönliche Aussprache und gibt auf.

Nicht nur Nürnbergs Stadtoberen, alle Behörden in Franken atmen auf, seitdem dieser Streicher nicht mehr da ist und sich in alles einmischt. Als Hitler den Karl Holz zum Gauleiter macht, übrigens die letzte Einflußnahme des „Führers" in Nürnberg, haben der Polizeipräsident und der Oberbürgermeister arge Bedenken. Sie befürchten, daß Franken wieder zum politischen Tollhaus entartet. Holz sei ja ein Streicher-Mann und habe einen ähnlichen

Charakter. Liebel beschwert sich bei Hitler-Sekretär Martin Bormann, handelt sich aber eine grobe Abfuhr ein. Die Antwort ist kühl: „Der Führer hat es so befohlen." Holz werde heute sicher manche Dinge anders sehen als noch vor Jahren. Aus Protest geht Liebel demonstrativ nicht zur ersten Massenversammlung des neuen Gauleiters, er schickt auch keinen Vertreter.

Aber die Sorgen sind grundlos. Holz hat sich in der Tat verändert, er ist kein Streicher. Er sucht engen Kontakt zu den Behörden, zur Stadtverwaltung, besonders zur SS. Himmler ordnet an, daß „von unserer Seite alles getan wird, um eine vernünftige Basis der Zusammenarbeit zu erreichen." Tatsächlich: Die erwünschte Partnerschaft funktioniert, Martin ist zufrieden und Liebel verläßt wenig später die Stadt sowieso, er geht, noch 1942, zu Speer, wird „Chef des Zentralamts im Reichsministerium für Bewaffnung und Munition".

Ein Mann jedoch, dessen Namen Terror und Blutjustiz bedeutet, bleibt Franken erhalten: Oswald Rothaug, Vorsitzender des Nürnberger Sondergerichts. Er verurteilt 1943, wider jedes Rechtsempfinden, den jüdischen Kaufmann und Vorsitzenden der Israelitischen Kultusgemeinde in Nürnberg, Leo Katzenberger, zum Tod. Der „Rassenschande" und anderer erfundenen Delikte, die sich von der sogenannten „Volksschädlingsverordnung" ableiten lassen, wird er fälschlich beschuldigt. Er soll intime Beziehungen zu einer Fotografin namens Seiler unterhalten haben. Katzenberger bestreitet dies, die Seiler ebenso. Sie und ihre Familie seien mit Katzenberger bekannt gewesen, mehr nicht. Von einer Annäherung Katzenbergers oder gar von Geschlechtsverkehr könne überhaupt keine Rede sein, sagt sie unter Eid aus.

Es nützt nichts, Rothaug verlangt Katzenbergers Kopf, ein Jude, der mit einer „Arierin" schläft, ist des Todes – selbst wenn die Behauptung nicht zu beweisen ist. Der sogenannte Richter will es so, er will ein Exempel statuieren. Als ein medizinischer Sachverständiger beantragt, den schon betagten Katzenberger zu untersuchen, meint Rothaug: „Der wird ohnehin geköpft." Dem Einwurf, der alte Mann Katzenberger sei zu einer „Blutschande" überhaupt nicht mehr in der Lage, entgegnet der Gerichtsvorsitzende: „Für mich reicht es aus, daß dieses Schwein gesagt hat, ein deutsches Mädchen hätte ihm auf dem Schoß gesessen."

So wird der Prozeß zu einer politischen Schauveranstaltung. Im Publikum sitzen NS-Bonzen in Uniform. Hat er schon keinen Wahrheitsnachweis zur Hand, steuert Rothaug das Verfahren durch subjektive Beeinflussung und dauerndes Einflechten seiner eigenen

Meinung, die er für gültig hält, ganz im Sinn der nationalsozialistischen Rassengesetze, die Juden zu verfolgen und auszurotten. Katzenberger wird verurteilt, weil er Jude ist. Streicher in seinem „Exil" reibt sich zufrieden die Hände. Der Vorsitzende der Israelitischen Kultusgemeinde in Nürnberg, der Nürnberger Kaufmann Leo Katzenberger, wird das Opfer der „Nürnberger Gesetze", von Hitler 1935 in einer Nacht durchgepeitscht. Vom 1. Oktober 1942 an bekommen Juden für Fleisch, Fisch, Geflügel, Obst, Eier, Milch und Konserven keine Lebensmittelkarten mehr; den kärglichen Rest dürfen sie nur zwischen 15 und 17 Uhr einkaufen. Ihre Wohnungen werden scharf überwacht, damit niemand ihnen Essen zustecken kann.

Am 29. August 1942, einem Samstag, erlebt Nürnberg den ersten wirklichen Großangriff aus der Luft. Von 1 Uhr bis 1.40 Uhr werfen 159 englische Flugzeuge, von denen aber nur 50 das eigentliche Stadtgebiet erreichen, zwölf Luftminen, 112 schwere Sprengbomben, etwa 9.700 Phosphor-Brand-, und 5.000 Stabbrandbomben ab. 136 Menschen werden getötet, 23.244 obdachlos, 142 Wohnhäuser total zerstört. Die Kongreßhalle am Dutzendteich, Hitlers Schauplatz glorioser Versammlungen, brennt vollständig nieder. Aber das ist erst der Anfang.

Die überflüssigen Herren der Reichsparteitagsverwaltung in der Guntherstraße bleiben verschont, aber es überkommt sie nun doch so langsam ein Gefühl von Lethargie. Auflösungserscheinungen machen sich bemerkbar. Im August 1942 gibt die Dienststelle eine Rotaprint-Druckmaschine und 50 Schreibmaschinen an die Reichsleitung der NSDAP in München ab. Kein Bedarf mehr. Statt des von Speer erhofften Reichsparteitags 1942 werden zur Jahreswende 1942/43 die Bauarbeiten endgültig eingestellt. Bis dahin haben die Kultbauten am Dutzendteich fast 300 Millionen RM gekostet, mehr als 20 Millionen allein das Zeppelinfeld und annähernd 33 Millionen das nicht vollendete Märzfeld. Die Fertigstellung des „Gesamtkunstwerks" hätte noch einmal 500 Millionen verschlungen. Da lesen sich die 2.2 Millionen RM, die 1934 veranschlagt worden waren, wie ein Witz.

Nun geht es fast nur noch um Abwicklungsarbeiten, kaum noch um die Erhaltung der Bauten. Daß im Monat noch immer 500 Stadtgespräche auf der Telefonrechnung stehen, mißbilligt der Schatzmeister. Da werden die Herrschaften sich wohl mehr privat unterhalten, um die Zeit totzuschlagen. Man zeigt guten Willen und will ein bißchen Geld machen. Beim Bierverkauf im Materiallager Moorenbrunn wird pro Flasche ein Pfennig Aufschlag verlangt, dann werden Bretter, Bohlen, Kanthölzer und Backsteine an die Stadt zum Bau von Luftschutzkellern und an die Flak zur Befestigung ihrer Stellungen verkauft. Die SS bekommt hundert weiße „Bedienungsjacken", auf dem Reichsparteitags-Gelände werden keine Kellner mehr gebraucht.

1943: „Ex-OB lenkt englische Bomber ..."

Daß seine Kongreßhalle, die ihm so viel Erfolg gebracht hat, in Trümmern versunken ist, läßt Hitler nicht ruhen. Am 18. Januar 1943 zitiert er seinen obersten Reichsarchitekten Speer zu einer Besprechung und vergattert ihn, „daß zur Durchführung des Parteitags (frühestens ein Jahr nach Kriegsende!) in Nürnberg unbedingt die Erstellung eines Ersatzbaues für die Kongreßhalle schon jetzt vorbereitet werden muß." Hitler verlangt eine Eisenkonstruktion, Fassungsvermögen der Halle mindesten 20.000 Menschen. Er geht weiter ins Detail: „An beiden Seiten soll die Halle amphitheatralisch aufsteigende Tribünenreihen erhalten." Interessant, daß der „Führer" nicht mit seinem riesigen, hufeisenförmigen Kongreßbau am Dutzendteich rechnet, der doch 1945 fertig sein soll.

Drei schwere Luftangriffe auf Nürnberg am 25./26.Februar, am 8./9. März und am 11. August 1943, als der Stadtteil Wörth im Bombenhagel versinkt, richten nicht nur beträchtliche Schäden in der Stadt an, sie haben noch ganz andere, zum Teil absurde Folgen.

Hitler erfährt von dem Angriff im März in seinem Hauptquartier im ukrainischen Winniza. Am 9. März platzt die Nachricht mitten in eine Besprechung mit seinem Propagandaminister. Hitler schickt Goebbels ans Telefon. Er soll fragen, wie es in der Altstadt aussehe, am Hauptmarkt, der seinen Namen trägt, wo er stundenlang die Paraden abgenommen hat, und draußen auf dem Parteitagsgelände. Nicht so schlimm, berichtet Goebbels, und Hitler ist zufrieden. Nach den Toten fragt er nicht. Er findet kein Wort des Bedauerns. Er läßt General Bodenschatz aus dem Bett holen und beschimpft ihn wegen der miserablen Luftverteidigung, der „unfähige Reichsmarschall Göring" wird gescholten. Menschen und zerbombte Häuser bleiben dabei links liegen, Hitler geht es nur um den Erfolg seiner Kriegsführung. Daß es diesmal wieder ein Mißerfolg ist, nur das macht ihn wütend.

Auf groteske Weise wird Nürnbergs ehemaliger Oberbürgermeister Dr. Luppe mit diesen Angriffen in Verbindung gebracht. Es ist wie ein Stück aus dem Tollhaus: Ein Gestapo-Mann im gepflegten Ledermantel sucht Luppe im August 1943 in seiner Wohnung in Kiel auf; er ist 1940 dorthin gezogen, Kiel ist seine Heimatstadt. Der Mann im Ledermantel fragt Luppe, ob er in letzter Zeit in Nürnberg gewesen sei. Luppe kann guten Gewissens nein sagen, denn er hat Nürnberg seit 1933 nicht mehr betreten. Er wird beschuldigt, die letzten englischen Luftangriffe auf Nürnberg gelenkt zu haben. Diese Behauptung, geboren in den kranken Gehirnen Nürnberger Braunköpfe, ist so absurd, daß selbst die Gestapo sie rasch wieder fallen läßt.

Luppe ist seit seiner Vertreibung aus Nürnberg nie aus dem Visier der Nazis geraten. 1935 und 1938 haben Gestapo-Beamte seine damalige Wohnung in Berlin auf den Kopf gestellt, ohne zu wissen, wonach sie eigentlich suchen. Reine Schikane. 1938 und 1939 sperren sie ihn grundlos für ein paar Monate ein – wieder weiß niemand, warum. 1940 will ein Schutzmann von Luppes Schwiegermutter, „im Auftrag des Nürnberger Stadtrats" wissen, ob ihr Schwiegersohn arischer Abstammung sei.

Am 3. April 1945 fällt Nürnbergs letzter frei gewählter Oberbürgermeister Dr. Hermann Luppe im 71. Lebensjahr einem englischen Luftangriff auf Kiel zum Opfer. Nur noch wenige Tage, und er hätte das Ende seiner Leidensjahre erlebt. Sein Schicksal – exemplarisch für den Terror unter den Nazis: Das Leben eines aufrechten Mannes, der sich standhaft geweigert hat, Hitler und seinen Kumpanen zu folgen.

Ein eher erträgliches Ergebnis halten die Luftangriffe von 1943 für Oberbürgermeister Liebel bereit. Ihm vermacht der „Führer" großzügig 50.000 RM, weil ein Bombentreffer seine Wohnung zerstört hat. Offiziell bekommt Liebel das Geld für „seine Verdienste als Chef des Zentralamtes des Reichsministeriums für Bewaffnung und Munition" – sonst hätten Millionen Ausgebombte, mit Recht, auch Geld verlangen können. So reagiert Hitler auf seine Franken, wenn er sie noch mag.

Unbekannt dagegen bleibt Hitlers Reaktion auf den Ausrutscher eines anderen fränkischen Vasallen. Empört teilt die Hausinspektion des Münchner Führerbaus mit, der Gauleiter Fritz Wächtler aus Bayreuth sei dort, „würde- und schamlos im 4. Kriegsjahr, kurz nach Stalingrad", sturzbetrunken herumgetorkelt, das Hemd aus der Hose, und in einem erbärmlichen Zustand aufgelesen worden. Ausgerechnet der Gauleiter aus der fränkischen Wagner-Stadt Bayreuth!

Nürnbergs Polizeipräsident Martin, mit der Führung seines SS-Oberabschnitts Main voll ausgelastet, findet seinen Nachfolger in dem 53jährigen Mecklenburger Otto Friedrich Karl Kuschow,

General der Polizei und SS-Brigadeführer, bisher Kommandeur der Schutzpolizei. Kuschow erweist sich als zurückhaltender Polizeichef, der Konflikten gern aus dem Weg geht.

1944: Hitler will Streicher wiederhaben

Keiner Vernunft zugänglich bleibt der Führer bis zum Ende seiner Tage. Unter diesem Aspekt vielleicht läßt sich sein verbohrtes Festhalten an dem selbst von den stursten Nazis verachteten Frankenführer einigermaßen erklären, falls da nicht doch ganz andere Faktoren eine Rolle spielen. Das Reich geht vor die Hunde, die Armeen weichen zurück, die Städte werden zerbombt – da unternimmt Hitler noch kurz vor Torschluß alle möglichen Anstrengungen, diesen Streicher aus seinem Exil zu holen, ihn wieder an seine Seite zu rufen.

Im Sommer 1944 setzt Hitler seinen Reichsorganisationsleiter Ley und seinen Reichspropagandaminister Goebbels in Marsch und mit allen Segenswünschen auf Streicher an. Erst fährt Ley zum Pleikertshof, wo Streicher residiert wie Gott in Frankreich, dann, am 4. Juni 1944, Goebbels. Beide kommen mit dem selben Auftrag Hitlers: Streicher soll Holz als Gauleiter von Franken anerkennen, dann gebe es für ihn eine anderweitige Verwendung, als Reichsleiter, zum Beispiel. Streicher lehnt entrüstet ab. Erstens hält er Holz für unfähig und zweitens wolle er nur auf seinen Posten als Gauleiter zurückkehren – oder gar nicht. Dann werde er eben weiter seiner Gesundheit leben.

Besorgte Stimmen in Nürnberg warnen vorsorglich: „In manchen Kreisen hat die Möglichkeit einer Wiederkehr Streichers eine geradezu lähmende Wirkung hervorgerufen, denn die Tyrannenzeit Streichers ist bei den meisten Menschen noch in unverwischter Erinnerung." Jetzt mengt auch der zögerliche Himmler sich wieder ein, um Streicher fernzuhalten.

Hitler beschäftigt sich sogar mit dem Gedanken, Streicher das Schmutzblatt „Stürmer" abzukaufen. Dem Geschäftsführer seines NSDAP-Zentralverlags, Max Amann, teilt er folgende Entscheidung mit: „Wenn der ‚Stürmer' tatsächlich von Herrn Gauleiter a.D. (!) Streicher verkauft werden soll, dann bin ich mit einem Ankauf durch den Zentralverlag einverstanden. Auf keinen Fall soll aus dem ‚Stürmer' eine wissenschaftliche Zeitung werden ... Auf jeden Fall muß der ‚Stürmer' als eine ganz volkstümliche Zeitung erhalten bleiben." Was der Führer sich wohl unter „wissenschaftlich" und unter „volkstümlich" vorstellt...

Goebbels, der bezeichnenderweise in seinem Tagebuch keine Zeile über seinen Besuch bei Streicher verliert, nutzt den Aufenthalt in der schon reichlich lädierten „Stadt der Reichsparteitage", um den Nürnbergen mit einer „Durchhalte-Rede" den Rücken zu stärken. Anlaß ist das Gemunkel um eine bevorstehende Invasion an der Atlantik-Küste, die zwei Tage später tatsächlich beginnt. „Wir können all diesen jüdischen Tricks und Einschüchterungsversuchen gegenüber nur feststellen: Wir sind bereit! Die deutsche Aktion hört nur auf ein einziges Kommando, und das ist das Kommando des Führers. Er ist der stärkste moralische Faktor unseres Sieges. Unter seiner Führung haben wir noch alle, auch die schwersten Krisen überwunden ... Voraussetzungen... sind die Tapferkeit unserer Herzen, die Standhaftigkeit unserer Seelen, der bedingungslose Gehorsam und die Treue zum Führer, dem wir heute aufs neue geloben: Befiehl, wir folgen!"

Steter Adressat der nie versiegenden Post aus Bayreuth bleibt Hitler auch in den Stunden des nahenden Untergangs. Wie wichtig diese Briefe von Frau Winifred und ihren Söhnen in Hitlers Umgebung genommen werden, beweist ein Vorfall Ende 1944. Private Briefe von der hohen Frau und Sohn Wolfgang aus Bayreuth, eingeschrieben geschickt und persönlich adressiert an „Den Führer Adolf Hitler" werden von einem kleinen Amtsrat versehentlich geöffnet, aber bei Gott nicht gelesen. Über den armen Mann bricht ein furchtbares Ungewitter herein, eine Staatsaffäre wird daraus, obgleich niemand von Winifreds innigen Worten an den „Führer" erfährt. Es ist erstaunlich, daß der geknickte Amtsrat seinen Kopf behält und nicht umgehend im KZ verschwindet. „Daß die ... Privatbriefe an den Führer geöffnet wurden, beruht auf einer nicht entschuldbaren Nachlässigkeit ...", mahnt, höchst erzürnt über derartigen Frevel, Hitlers Amtschef Lammers. „Mit Briefen, die an den ‚Führer' gerichtet sind, muß mit der größten und peinlichsten Sorgfalt verfahren werden."

In dem Absendeort dieser Briefe, in Bayreuth, gibt es noch immer „Kriegsfestspiele" für Soldaten, meist Verwundete; gespielt werden nur noch die „Meistersinger von Nürnberg". Im Dezember 1944 fragt Hitler Bayreuths künstlerischen Leiter, ob im Sommer 1945 wieder gespielt werden kann, er freue sich schon sehr darauf.

1945: Untergang im Bombenhagel

Die Götterdämmerung bricht an, und in Nürnberg gehen, wie überall im Reich, die Lichter aus. In den Abendstunden des zweiten Januar öffnet sich das Tor zur Hölle. Tausend englische Flugzeuge laden 2.304 Tonnen Bomben über der Stadt ab, darunter 100 überschwere Luftminen. Eine tödliche Mischung aus Spreng- und

Brandbomben wird gezielt und absichtlich über die Wohnviertel der Stadtmitte verstreut, um den Zerstörungseffekt zu verstärken und die Opferzahl unter der Zivilbevölkerung zu erhöhen. Pro Quadratmeile gehen dort hundert Tonnen Sprengstoff nieder, genau dorthin, wo sich kein militärisches oder irgendwie kriegswichtiges Ziel findet. 1.794 Tote werden registriert, darunter 173 Kinder und 869 Frauen. Die Sebalder Altstadt mit ihren 1910 Häusern und 24.091 Menschen ist ausradiert, insgesamt werden 4.553 Wohngebäude zerstört. Auch Hitlers Lieblingshotel „Deutscher Hof" ist darunter. Wo seine Braunhemden ihm noch vor sieben Jahren gehuldigt haben, bleiben Trümmer und versengte Mauern. Militärisch bleibt dieser Angriff wie viele andere vollkommen wirkungslos. Er richtet sich in erster Linie gegen Frauen, Kinder und alte Männer.

Die Herren Amtswalter in der Reichsparteitags-Dienststelle ficht sowas wenig an. Sie halten die Stellung, sie bekommen sogar noch eine zusätzliche Telefonanlage ins Büro gelegt, mit einer zweiten Nummer, die niemand braucht. Sie verwalten sorgfältig den Untergang, und sie ziehen am 20. Januar 1945 eine letzte Bilanz: In der Kasse klafft ein Soll von 27.084,86 RM. Niemand will in diesen letzten Stunden des Reichs noch nachzählen, die Stadt Nürnberg interessiert das Abschlußergebnis ihrer Reichsparteitage nicht – sie bekommt den Todesstoß.

In den Mittagsstunden des 20. und 21. Februar 1945 treffen die massivsten aller 59 Luftangriffe die längst zertrümmerte Stadt. 2.469 amerikanische Bomber und 1.044 Begleitjäger nehmen Kurs auf die „Stadt der Reichsparteitage". In immer neuen Wellen verwüsten sie die verwüstete Stadt, 17.418 Spreng- und 6.748 schwere Brandbomben zerpflügen die Ruinen. 1.356 Menschen sterben, darunter 503 Frauen und 138 Kinder. Im ganzen fränkischen Land jagen Tiefflieger Eisenbahnzüge, Autos, harmlose Bauern auf den Feldern, sie schießen wahllos auf alles, was sich bewegt. Terror kurz vor Torschluß, der tausende unschuldige Menschenleben kostet.

Am 16. März 1945 trifft ein ebenso verheerender wie blindwütiger Luftangriff die völlig unvorbereitete Stadt Würzburg. Dort steht keine einzige Flakkanone, es gibt weder ein militärisches noch ein industrielles Ziel. Mehr als 3.000 Menschen sterben, nach anderen Angaben bis zu 5.000, die meisten werden in einem Massengrab vor dem Zentralfriedhof verscharrt. Die Innenstadt von Rothenburg/Tauber wird am 31. März durch einen ebenso sinnlosen Angriff von 16 amerikanischen Flugzeugen zu 40 Prozent zerstört, Bamberg noch angegriffen, und am 5. April trifft es Bayreuth, das Haus Wahnfried erhält einen Bombentreffer. Schweinfurt ist durch zahlreiche schwere Luftangriffe schon seit 1943 schwer gezeichnet.

Ende März meldet Streicher sich bei seinem „Führer" zum letzten Mal. „In der höchsten Notlage des Vaterlandes" bewerbe er sich um eine Arbeit, da er es nicht mehr auf seinem Hof aushalten könne. Dazu bemerkt Goebbels in seinem Tagebuch:

„Der Führer fragt mich, wo man ihn vielleicht zum Einsatz bringen könne. Eventuell kann ich Streicher in der Werwolf- (Partisanen-) Arbeit brauchen; denn Streicher ist immerhin ein Mann, der große Energie besitzt. Er könnte dort Fünf-Minuten-Reden halten, die ich allerdings vorher genau überarbeiten muß. Ich werde mich mit Streicher in Verbindung setzen. Jedenfalls wäre der Führer glücklich, wenn ich Streicher eine Betätigung gäbe. Er verspürt ihm gegenüber eine gewisse innere Belastung, da Streicher ja doch ein Mann von Format ist, der nur einmal vom Weg abgeglitten ist."

Aber daraus wird nichts mehr. Streicher beteuert später, er habe in den letzten Kriegstagen seinen Verbannungsort verlassen und „an der Spitze seines Gaus" gekämpft. „Liebel, dieses Schwein, habe ich noch Stunden vor dem Einmarsch der Amerikaner um die Ecke bringen lassen", behauptet er.

Dies ist eine Lüge, vielleicht die letzte der ungezählten in Streichers Leben. Niemand mehr hat Streicher in Nürnberg gesehen. Seine damals 35-jährige Frau Adele, die er nach der Trennung von seiner ersten Frau noch kurz vor Kriegsende heiratet, gibt in späteren Vernehmungen zu, sie und ihr Mann Julius Streicher wollten gemeinsam „heroisch am Endkampf in Nürnberg teilnehmen", doch sei ihr Auto dummerweise auf dem Weg dorthin in Richtung Chiemsee (!) abgedrängt worden. Streicher wird in Waidring in Tirol von den Amerikanern gefangen genommen – wo er doch in Nürnberg heldenhaft gekämpft haben will.

Der jüdische US-Offizier Henry Plitt stöbert ihn auf. Streicher ist gerade damit beschäftigt, die Gebirgslandschaft zu malen. Er nennt sich Joseph Sailer, ein durch und durch unpolitischer Mensch, sagt er, und zeigt einen Ausweis auf den Namen „Joseph Sailer". Die Initialen stimmen überein: J.S. = Julius Streicher. Von Beruf sei er Kunstmaler, mit der Partei habe er nichts zu tun gehabt. Von einem Heinrich Himmler, zum Beispiel, will er nie etwas gehört haben. Erst als Plitt insistiert und ihn fragt, was er von dem Julius Streicher halte, der die Juden nicht mochte, da sagt er plötzlich: „Ja, der bin ich".

1940

Im Nürnberger Kriegsverbrecher-Prozeß wird Julius Streicher zum Tod verurteilt und am 16. Oktober 1946 gehängt.

Über seinen „Führer" und Duzfreund sagt er noch am 24. April 1946: „Adolf Hitler war nun einmal etwas Absonderliches in jeder Beziehung, und ich glaube sagen zu können, eine Freundschaft zwischen ihm und anderen Männern gab es nicht, eine Freundschaft, von der man hätte sagen können, das ist nun wirklich eine Herzensfreundschaft ... es war schwer, sich ihm zu nahen."

Nach einem letzten schweren Luftangriff am 11. April stehen die Amerikaner am 16. April am Stadtrand von Nürnberg, am 17. beginnen kurze, aber schwere Straßenkämpfe, am 18. funkt Gauleiter Holz, der sich als „Reichsverteidigungs- und nicht als Reichsunterwerfungskommissar" versteht, seinem „Führer" nach Berlin, er werde „in der deutschesten aller deutschen Städte bleiben, kämpfen und fallen" – wie es ihm befohlen.

An Hitlers Geburtstag, Freitag, 20. April 1945, ist in Nürnberg alles vorbei, Holz fällt bei einem Stoßtruppunternehmen, Polizeipräsident Kuschow nahe der Elisabethkirche. Liebel, aus Berlin zum Endkampf in seine Heimatstadt zurückgekehrt, erschießt sich im Palmenhofbunker hinter dem Polizeipräsidium. Er will, prophetisch, einem Schauprozeß der Sieger aus dem Weg gehen.

Der letzte Franke, dem Hitler mit Erfolg nach dem Leben trachtet, ist der Ansbacher Hermann Fegelein, um ein Haar noch zum Schwager des „Führers" avanciert, aber am 28. April 1945 auf dessen Befehl erschossen.

Der stramme SS-Führer und Frauenliebling, wegen seiner arroganten Angeberei allgemein unbeliebt, lernt als Verbindungsoffizier der Waffen-SS bei Hitler Eva Braun kennen. Sie verkuppelt ihn mit ihrer jüngeren Schwester Gretl. Am 3. Juni 1944 wird im Teehaus auf dem Kehlstein groß Hochzeit gefeiert. Knapp vier Wochen darauf ernennt Hitler seinen Beinahe-Schwager zum Generalleutnant der Waffen-SS.

Aber der Franke Fegelein ist kein leichtsinniger Held, der kurz vor Torschluß sterben will. Nach Hitlers Geburtstag verschwindet er aus dem Führer-Bunker. Am 26. April ruft er Eva Braun mitten in der Nacht an: „Eva, du mußt den Führer verlassen. Sei nicht so dumm, jetzt geht es um Leben und Tod."

Zwei Tage danach, am 28. April 1945, stöbert der stellvertretende Kommandeur des Führer-Begleitkommandos den betrunkenen SS-Generalleutnant samt einer rothaarigen Dame in seiner Berliner Wohnung auf. In seinem Koffer finden sich Schmuck, Devisen und Geheimdokumente, die beweisen, daß Himmler hinter Hitlers Rücken mit dem schwedischen Graf Bernadotte verhandelt hat, um den „Führer" abzusetzen und mit den Westalliierten Frieden zu schließen.

Fegelein wird in den Bunker zurückgebracht und ohne Verhandlung erschossen. Vergeblich bittet Eva den „Führer" um Gnade, ihrer Schwester zuliebe, die doch schwanger sei von Fegelein. Hitler bleibt hart. Nur ein Tag trennt den Franken Fegelein davon, Hitlers Schwager zu werden.

Am nächsten Tag heiratet der „Führer" Eva Braun, am übernächsten bringen beide sich um. Ein ungenannter Ohrenzeuge will an diesem 30. April im Führer-Bunker mitbekommen haben, daß Herr und Frau Hitler vor ihrem Selbstmord gebetet hätten. Das Gegenteil kann niemand beweisen.

*

Hitler ist Rienzis Weg gegangen: Im November 1906 auf dem Linzer Freinberg begonnen, am 30. April 1945 in Berlin vollendet, Wagners göttlichem Ruf aus Franken bis zum bitteren Ende gefolgt.

Dieses Franken ist nicht mehr das Franken, wie seine Menschen es gekannt und geliebt haben. Hitler hat ein Trümmerfeld daraus gemacht. Die „Stadt der Reichsparteitage" liegt in Schutt und Asche, die Menschen haben sich in Kellern verkrochen. Draußen auf dem Zeppelinfeld, wo der „Führer", von hunderttausenden gefeiert, den Beginn einer neuen Zeit verkündet hat, sprengen die Amerikaner Hitlers Hakenkreuz als Relikt einer schrecklichen Zeit in die Luft. Die alte Kongreßhalle ist abgebrannt, die neue ein Torso, im Luitpoldhain erinnert nur noch die Ehrenhalle an glorreiche Zeiten, das alte Stadion gehört wieder dem Sport, die Türme des Märzfelds lassen kaum noch ahnen, was hier hätte geschehen sollen; statt eines „Deutschen Stadions" plätschert, in einer riesigen Baugrube, ein See vor sich hin, auf der Großen Straße landen US-Militärflugzeuge und in die Baracken des Lagers Langwasser ziehen statt siegreicher SA-Männer internierte Nazis ein. In Franken werden 104.475 Häuser zerstört.

Hitlers Paradeplatz auf dem Hauptmarkt zu Nürnberg säumen bizarre Ruinen, schwarz vom Rauch des Untergangs.

Nürnberg beklagt 8.076 Luftkriegstote, 13.281 Verletzte, mehr als 351.000 Obdachlose und 1.626 deportierte und ermordete Juden. 11.068 Nürnberger kehren aus dem Krieg nicht mehr zurück. Von einst 423.000 Einwohnern leben nur noch 196.000 in der Stadt.

Adolf Hitlers Franken hat die Zeche bezahlt.

Wehmut am Freudentag: „Ferntrauung" 1941 in Nürnberg. Auf dem Stuhl des Bräutigams ein Stahlhelm. Der Ehemann kämpft an der Ostfront. Niemand weiß, ob er wiederkommt

Der Krieg kehrt zurück in die Heimat: Auf dem Nürnberger Südfriedhof werden die Opfer des englischen Luftangriffs vom 29. August 1942 beerdigt – die Särge mit Hakenkreuzfahnen bedeckt

Tapfer gekämpft, übel mißbraucht: Frankens neuer Gauleiter Holz zeichnet Nürnberger Hitlerjungen aus für ihren Einsatz im Bombenhagel vom August 1942

Hitlers letztes Opfer aus Franken: Der „Führer" bei der Hochzeit von Gretl Braun mit dem Ansbacher SS-Generalleutnant Hermann Fegelein, Juni 1944 im Teehaus auf dem Kehlstein

1945/1946

Letzter Tanz: Schwägerin Eva Braun schmiegt sich an Fegeleins Schulter. Am liebsten hätte sie ihn geheiratet

Triumph und Götterdämmerung

*Das Ende: Nürnbergs Hauptmarkt im Sommer 1945.
Trümmer auf Hitlers einstigem Paradeplatz*

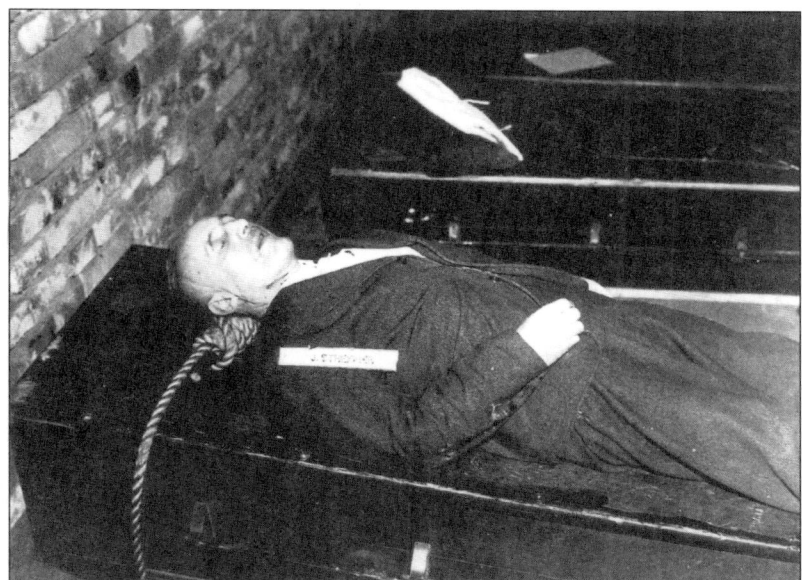

*Die Sühne: Die Leiche des „Frankenführers" Julius Streicher nach
seiner Hinrichtung am 16. Oktober 1946*

Register

I. Personen

Wegen der Häufigkeit ihrer Nennung werden die Namen Hitler, Adolf und Streicher, Julius in diesem Register nicht aufgeführt

A
Adler, Max 367, 368
Amann, Max 40, 41, 72, 86, 109, 225, 436
August, Wilhelm Prinz von Hohenzollern 152, 175, 183, 196, 417

B
Baarova, Lida 330, 383, 384
Bachmann; Anton 38, 43
Balster, Else 337, 338, 373, 421
Bechstein, Helene 104, 105, 135, 393
Bechstein, Carl 104, 105, 135, 202, 240
Beck, Friedrich Dr. 83
Beckh, Albert Ritter von 109
Below, Nicolaus von 352
Bier, August, Prof. Dr. 342
Blomberg, Werner von 279, 283, 340, 349, 398
Blum, Fred 242, 370
Bodenschatz, Karl Heinrich 372, 419, 420, 434
Bormann, Martin 92, 308, 318, 321, 402, 420, 432
Brandt, Fritz 162, 221
Brandmayer, Balthasar 41, 42, 43
Brauchitsch, Werner von 326
Braun, Eva 206, 228, 315, 316, 409, 440, 441, 444
Braun, Gretl 440, 443
Bröger, Karl 252
Bruckmann, Else 104, 105, 202
Bruckmann, Hugo 104, 105, 240
Brückner, Wilhelm 201, 216, 273, 282, 299, 371, 405
Brüning, Heinrich 212
Brugmann, Ralf 342
Buch, Walter 92, 108, 115, 143, 151, 231, 419, 420
Burckhardt, Carl Jacob 385
Buttmann, Rudolf Dr. 159

C
Chamberlain, Eva 105, 106
Chamberlain, Arthur Neville 360
Chamberlain, Houston Stewart 105, 106, 107, 144, 152, 382
Cramer-Klett, Theodor Freiherr von 126
Croneiß, Theo 108

D
Daladier, Edouard 361
Dickel, Otto Dr. 81, 83

Register

Dinter, Artur Dr. 122, 130, 159
Dietrich, Otto 299, 328
Dietrich, Sepp 238, 281
Dodd, Martha 203
Drexel, Josef E. Dr. 334, 335, 336, 376
Drexler, Anton 70, 71, 79, 81, 144
Düsterberg, Theodor 210, 240

E
Ebert, Friedrich 133
Eckart, Dietrich 70, 86, 96, 103, 104, 113, 116, 144
Eichelsdörfer, Georg 38, 39
Eickemeyer, Walter Dr. 274, 331
Engelhardt, Philipp 38, 39
Epp, Franz Ritter von 166, 173, 195, 213, 254, 262, 280, 285, 416
Ertl, Fritz Dr. 159, 169, 218, 219
Esser, Hermann 86, 89, 120, 122, 126, 130, 131, 171, 222, 235
Ewinger, Hermann Georg Dr. 54

F
Feder, Gottfried 68, 70, 130, 144, 147, 182, 212
Fegelein, Hermann 440, 441, 443, 444
Fiehler, Karl 143, 151, 218, 225, 290
Filchner, Wilhelm 342
Ford, Henry 118, 119
Forster, Albert 130, 150, 195, 213, 221, 250, 385, 417
Franco, Frencesco 326
Frankenreiter, Leopold 12, 350
Freisler, Roland 336
Frick, Wilhelm Dr. 130, 285, 312, 313
Fritsch, Werner Freiherr von 349, 398
Furtwängler, Wilhelm 310, 358

G
Gareis, Heinrich 74, 94, 99, 101, 109, 114. 246, 254, 430
Geßler, Otto Dr. 35, 109
Godin, Michael Freiherr von 45
Goebbels, Joseph Dr. 20, 123, 138, 145, 147, 148, 152, 159, 172, 175, 176, 185, 212, 216, 227, 232, 235, 240, 250, 255, 264, 265, 267, 273, 274, 275, 280, 293, 308, 314, 325, 327, 330, 339, 341, 342, 343, 351, 352, 358, 359, 361, 363, 365, 366, 381, 382, 383, 405, 406, 412, 415, 431, 436
Göring, Herman 89, 91, 92, 111, 114, 152, 210, 244, 280, 281, 282, 284, 313, 314, 326, 356, 359, 371, 372, 373, 376, 381, 389, 390, 391, 397, 405, 412, 416, 419, 420, 434
Goerdeler, Carl 321, 406
Gradl, Georg 151, 220, 233, 250, 300
Graf, Ulrich 86, 225
Grandel, Gottfried Dr. 73

Grant, Henry 51, 377
Grant, Howard 377
Greim, Robert Ritter von 73
Grunsky, Hans Alfred 136
Guderian, Heinz 428
Gürtner, Franz Dr. 127, 283, 371
Gutmann, Hugo 45, 46, 48-52, 59, 61, 258, 334-337, 365, 376, 377, 417, 434

H
Häusler, Rudolf 31, 32, 68
Haffner, Sebastian 377
Hanfstaengl, Ernst 104, 126, 144
Hanfstaengl, Helena 113, 114
Hanke, Karl 383
Harrer, Karl 72
Heer, Hermann 41, 56, 57
Heinkel, Ernst 357
Heydrich, Reinhard 280, 281
Held, Heinrich 126, 127
Herrwerth, Fritz 370, 420, 421, 422
Heß, Rudolf 186-189, 224, 225, 262, 267, 270, 274, 296, 313, 328, 330, 340, 356, 391, 395, 419
Himmler, Heinrich 49, 143, 178, 209, 254, 262, 278, 280, 281, 331, 333, 336, 371, 397, 425, 426, 430, 432, 436, 440
Hindenburg, Paul von Beneckendorf 134, 190, 210, 211, 213, 216, 240, 281, 283, 290
Hitler, Alois 11, 58, 350
Hitler, Klara 11, 12, 15, 58
Hitler, Paula 11, 31, 44
Hoffmann, Heinrich 126, 160, 187, 206, 293, 350, 430
Hoffmann, Johannes 63, 65
Hofmann, Hans Georg 234
Holz, Karl 91, 127, 128, 132, 145, 168, 182, 191, 196, 199, 211, 221, 241, 246, 250, 251, 260, 264, 300, 301, 304, 325, 369, 370, 372, 375, 380, 381, 430, 432, 436, 440, 443
Holzwarth, Wilhelm 98
Hühnlein, Adolf 234
Hugenberg, Alfred 173, 240

J
Jakob, Franz 211, 260, 301, 375
Josephtal, Fritz 161

K
Käfer, Ludwig 161, 162, 165
Kahr, Gustav Ritter von 80, 102, 111, 112, 115, 117, 281
Kapp, Wolfgang Dr. 73
Karajan, Herbert von 429

Katz, Theodor Dr. 257
Katzenberger, Leo 432, 433
Kellerbauer, Walter 90, 109
Kerrl, Hans 306
Kirdorf, Emil 167, 175, 206, 240
Klein, Johannes 79, 318
Klein, Klara 321
Klotz, Helmuth Dr. 91, 92, 109
Klingerhofer, Gustav 64
König, Johann Karl Aron 244, 251, 260, 263, 300, 301, 337, 338, 344, 355, 356, 369, 373, 374, 375, 413, 421
Königsberger, Kurt 68
Köpplinger, Fritz 276-278, 368, 417
Kolb, Bernhard 258
Krause, Karl 291
Kubizek, August 14, 15, 16, 21, 24, 26, 27, 28, 29, 31, 59, 68, 105, 266, 381, 382, 424, 425
Kuschow, Otto Friedrich Karl 435, 440

L
Lammers, Hans Heinrich 273, 344, 345, 375, 380, 437
Landenberger, Leopold 73, 336, 337
Ley, Robert Dr. 16, 343, 351, 353, 360, 362, 384, 422, 424, 425, 426, 436
Levien, Max 64
Liebel, Willy 137, 153, 169, 182, 202, 220, 232, 247, 248, 249, 250, 252, 253, 256, 258, 266, 270, 274, 307, 308, 319, 321, 322, 323, 330, 354, 355, 356, 365, 375, 389, 390, 395, 404, 421, 431, 432, 435, 439, 440
Liebenfels, Jörg Lanz von 12
Lippert, Karl 41
List, Julius 37, 38
Litzmann, Karl 190
Lloyd George 75
Löffelholz, Georg von Colberg 109
Lossow, Otto Hermann von 111, 112
Loeboeck, Fritz 89
Loeboeck, Theodor 89
Ludwig, Ferdinand Prinz von Bayern 99
Ludendorf, Erich von 73, 99, 111, 113, 114, 123, 125, 127, 130, 133
Ludwig II., König von Bayern 17, 18
Lüdecke, Kurt 118, 119
Lueger, Karl 29
Lugauer, Heinrich 56
Lüneschloß, Wilhelm von 49
Luppe, Hermann Dr. 74, 92, 109, 117, 127-129, 132, 156, 173, 186, 189, 201, 202, 231, 248-253, 267, 435
Lutze, Viktor 297, 330

M
Malsen, Ponickau, Johann Erasmus von 254, 260, 261, 286
Martin, Benno Franz Theodor Dr. 261, 262, 263, 284, 286, 287, 300, 301, 302, 322, 337, 355, 356, 371, 389, 390, 416, 419, 420, 426, 432, 436
Maurice, Emil 204
Mayr, Karl 67, 68, 69, 73
Marx, Wilhelm 134
Meier, August 334
Meier, Josef 95, 96
Meyerbeer, Giacomo 30
Meyerhofer, Joseph 31, 44, 336, 337
Messerschmitt, Willy 357
Mitford, Unity Valkyrie 203, 314
Morell, Theodor Prof. 338, 384, 409
Mücke, Hellmuth von 94
Müller, Hans 35
Müller, Karl Alexander von 67
Müller, Ludwig, Reichsbischof 398
Mussolini, Benito 341, 342, 361
Mutschmann, Martin 406

N
Neurath, Konstantin von 385, 392
Niekisch, Ernst 334, 376

O
Obernitz, Hans Günther von 259, 263, 268, 269, 279, 280, 283, 284, 285, 344, 363, 365, 416

P
Papen, Franz von 212, 213, 215, 216, 240, 245, 280, 281, 392
Petz, Friedrich 39
Pfeffer, Franz von Salomon Pöhner, Ernst Dr. 130, 171, 177, 178, 193, 225
Pöhner, Ernst Dr. 120, 127
Pötsch, Leopold Dr. 11, 12, 13
Popp, Anna 38, 41
Popp, Joseph 32, 38
Porsche, Ferdinand 357

R
Raab, Johann 56
Raeder, Erich 398
Raschbacher, Konrad 116
Rath, Ernst vom 363
Raubal, Angela 31, 44, 175, 315, 316, 409
Raubal, Geli 175, 204, 205, 206, 228
Raubal, Leo 11
Reichenau, Walter von 280, 398

Register

Reiter, Maria 153, 228
Reventlow, Ernst Graf von 73
Ribbentrop, Joachim von 384, 430
Richter, Stefanie 20, 21, 22, 58
Riefenstahl, Leni 298, 347, 408
Rieger, Nikolaus 335, 336
Riepekohl, Wilhelm 242
Röhm, Ernst 100, 123, 130, 200, 207, 234, 235, 272, 276, 279, 280, 281, 282, 283, 297, 392
Rohmer, Gustav Dr. 251, 254
Rosenberg, Alfred 86, 119, 120, 143, 342, 351, 360
Rosenfelder, Albert 357
Roth, Joseph 99
Rothaug, Oswald 315, 334, 353, 432, 433
Rummer, Karl 170
Ruff, Ludwig 292, 293
Ruthermere, Lord 197

S
Sachs, Willy 354
Sauer, Hans 219, 231, 244-246
Sauer, Daniel 93
Sauerbruch, Ferdinand Prof. Dr. 342
Sauerteig, Max 184
Saukel, Fritz 348
Schachinger, Friedrich 94
Schacht, Hjalmar 207, 240, 315, 392
Schachtleitner (Abt) 398
Schaub, Julius 187-189, 299, 375
Schemm, Hans 150, 152, 163, 166, 169, 170, 172, 184, 195, 207, 213, 218, 232, 250, 254
Scheubner-Richter, Max Erwin Dr. 113
Schicklgruber, Maria Anna 12, 350
Schirach, Baldur von 273, 385
Schleicher, Kurt von 216, 232, 240, 281
Schlieffen, Wilhelm Graf von 355
Schmauser, Ernst Heinrich 375, 426
Schmidt, Ernst 44, 57
Schneppenhorst, Ernst 54, 65
Schönerer, Georg Ritter von 12
Scholz-Klink, Gertrud 359
Schreck, Julius 86
Schröder, Christa 206, 347
Schröder, Kurt Freiherr von 240
Schuh, Georg W. C. von 83
Schwarz, Franz Xaver 143, 153, 171, 216, 274, 318, 319, 320, 331, 343, 362, 372, 373, 375, 431
Schwede-Coburg, Franz 170, 211, 231

Seißer, Hans Ritter von 111, 112
Siebert, Ludwig 253, 280, 306, 355, 356
Slezak, Gretl 203, 247
Speer, Albert 16, 267-269, 293, 307, 308, 321, 328, 340, 350, 351, 353, 381, 383, 402, 403, 411, 427, 432-434
Sperber, Georg 421
Sperl, Johann 39
Stegmann, Wilhelm Ferdinand 195, 199, 207-213, 215, 218, 221, 223, 232-234, 236, 237-241, 246, 247, 276, 278, 279, 285
Steinberger, Karl 122
Stennes, Walter 279
Stephanie, Prinzessin von Hohenlohe 203
Strasser, Gregor 123, 130, 137, 138, 143, 145, 147, 149, 152, 166, 171, 176, 185, 190, 217, 225, 231, 281
Strasser, Otto 123, 145, 152, 171, 185, 189, 190, 205, 217, 231
Stresemann, Gustav 181
Strebel, Fritz 374
Süßheim, Max Dr. 128, 251, 365

T
Thälmann, Ernst 210
Thyssen, Fritz 207
Todt, Fritz Dr. 357
Toller, Ernst 64
Treu, Martin 242, 251
Tröger, Karl 334
Troost, Paul Ludwig 308, 342
Tubeuf, Anton Freiherr von 39, 45, 377

U
Umlauf, Rudolf 130

V
Vogel, Hans 95, 242

W
Wächtler, Fritz 435
Wagener, Otto 186-189
Wagner, Adolf 157, 176, 254, 262, 271, 306, 317, 330, 389, 422
Wagner, Cosima 105
Wagner, Friedelind 111, 139, 175, 347, 404
Wagner, Richard 13-15, 17, 18, 20, 24, 30, 36, 58, 103, 106, 124, 125, 153, 172, 264, 321, 354, 379, 382, 429
Wagner Siegfried 105, 110, 111, 114, 118, 119, 124, 135, 139
Wagner, Verena 384, 404
Wagner, Wieland 139, 175
Wagner, Winifred 105, 110, 114, 118, 119, 125, 135, 139, 175, 177, 201, 212, 291, 307, 347, 353, 381-384, 404-406, 437

Wagner, Wolfgang 139
Waldau, Gustl 380
Walter, Ludwig 318
Weber, Christian 86
Weiß, Jakob 45
Wessel, Horst 158, 374, 429
Westenrieder, Ignaz 41
Wiedemann, Friedrich 40, 41, 43, 44, 46, 336
Wilhelm II. deutscher Kaiser 35, 75, 97, 183
Wölfel, Heinrich 67
Wolk, Jonas 162, 221
Wurzbacher, Philipp 165, 237, 244, 250, 301, 369

Z
Zackreys, Maria 31
Zimmermann, Hans 256
Zech, auf Neuhofen Julius Graf von 38

II. Orte

Wegen der Häufigkeit ihrer Nennung wird die Stadt Nürnberg in diesem Register nicht aufgeführt

A
Altdorf 150
Amberg 164
Ansbach 88, 90, 102, 117, 119, 120, 131, 134, 136, 137, 154, 165, 194, 196, 237, 239, 244, 250
Aschaffenburg 109, 304
Augsburg 81, 83
Auschwitz 428

B
Bad Berneck 150, 212
Bad Kissingen 66
Baiersdorf 305
Banz 350
Bamberg 66-68, 74, 96, 102-103, 109, 116, 119, 130, 131, 134, 136, 139, 145,
148-150, 164, 249, 280, 350, 427, 430, 439
Bayreuth 14, 16, 25, 88, 90, 102, 103, 105, 106, 109, 115-117, 119, 120, 125, 131, 135, 150, 152, 158, 164, 170, 182, 194, 199, 212, 215, 259, 264-266, 291, 307, 326, 351, 352, 380-384, 424-427, 429, 435, 437-439
Beelitz 43, 60
Berlin 44, 49, 93, 149, 181, 203, 206, 207, 212, 248, 263, 265, 267, 431
Braunschweig 207, 210
Braunau 10

Register

Buchenwald 428
Burgbernheim 150, 388
Burghaslach 109, 116

C
Coburg 86-88, 90, 109, 116, 117, 120, 130, 134, 170, 172, 182, 194, 199, 211, 216, 250, 380
Colmberg

D
Dachau 244, 246, 335-337, 428
Dachsbach 212
Deuerling 108
Dinkelsbühl 211, 304
Döbraberg 96, 172
Döllersheim 350
Dünamünde 428

E
Eichstätt 84, 90, 250
Erbendorf 164
Erlangen 66, 90, 101, 119, 130, 164, 165, 196, 205, 249, 305, 314, 333

F
Feucht 94-96, 182, 196, 199
Flossenbürg 334
Forchheim 84, 90, 130, 150, 193, 249, 344, 373
Fournes 60
Fröttmaning 91
Fürth 64, 68, 74, 88, 134, 136, 137, 150, 164, 165, 179, 196, 211, 249, 250, 301, 333, 369, 427
Furth im Wald 334

G
Grafenwöhr 66
Gunzenhausen 88, 149, 150, 196, 216

H
Hamburg 149, 206
Helmbrechts 149
Hersbruck 85, 96, 150, 167, 180, 196, 216
Hesselberg 168, 172, 183, 191
Hildburghausen 307
Hilpoldstein 323
Hirschbachtal 340
Hof 74, 84, 90, 102, 109, 116, 150, 216, 250, 431
Hoheneck 104, 127
Hohenlychen 376

455

Register

I
Ingolstadt 90
Ipsheim 83, 90, 119

K
Ketschendorf 87
Kitzingen 84
Kronach 117, 119, 120, 150
Kulmbach 88, 90, 96, 134, 150, 164, 170, 194, 250, 289

L
Lambach 11
Landsberg 114, 118, 123, 124
Langenzenn 196
Lauf 344, 388
Lechfeld 69
Leipzig 18
Leonding 10
Leutershausen 211, 363
Lichtenfels 88, 90, 117, 119, 244
Linz 10, 11, 17
Lubling 428

M
Mainbernheim 96
Markt Bibart 117
Marktbreit 96, 216
Marktredwitz 101
Münchberg 150
München 31, 32, 36, 37, 43, 63, 66, 80, 93, 119, 124, 160, 180, 202, 203, 212, 265

N
Neila 164, 179, 195
Neumarkt 101, 304
Neustadt/Aisch 83, 84, 90, 96, 97, 163, 166, 182, 195, 196, 216
Neustadt b. Coburg 117, 170, 199
Nördlingen 216

O
Oberdorf 83
Obersalzberg/Berghof 32, 175, 213, 254, 265, 315, 316, 372
Ottensoos 196

P
Pappenheim 117, 182
Pasewalk 56, 57
Pegnitz 101

Pleikertshof 332, 370, 420, 421, 436
Prag 332

R
Riencourt 59
Riga 428
Röthenbach/Pegnitz 199
Rollhofen 290
Roth 183
Rothenburg/Tauber 150, 195, 196, 211, 239, 250, 324, 388, 439

S
Salzburg 33, 79, 85
Scheinfeld 83, 88, 90, 98, 101, 109, 115-117, 120, 166, 195, 388
Schillingsfürst 150, 182, 195, 196, 208, 209
Schney 182
Schwabach 88, 101, 117, 196, 249, 250, 290, 305, 323, 427
Schwarzenbach a. Wald 170, 172
Schweinfurt 72, 101, 165, 168, 250, 354, 439
Selb 150, 216
Sickersheim 93
Simbach 10
Skirotava 428
Steyr 14
Sugenheim 116

T
Theresienstadt 428
Treuchtlingen 101

U
Uffenheim 83, 98, 119, 166
Unterachtel 268
Urfahr 15, 20, 23

W
Waldmünchen 334
Weiden 216
Weimar 61, 151, 201, 307
Weißenburg 88, 120, 165, 196, 199, 211, 250, 304, 389
Werfenstein 12
Wien 15, 23, 24, 26, 27, 29, 31
Windsbach 130
Windsheim 284
Wolfsschanze 16, 105, 381, 429
Wonsees 211
Würzburg 66, 109, 115, 134, 137, 192, 193, 199, 216, 249, 427, 431, 439
Wunsiedel 265, 290

Register

Z
Zeitz 80, 85
Zirndorf 119

III. Sachbegriffe

Wegen der Häufigkeit ihrer Nennung wird die Organisation NSDAP in diesem Register nicht aufgeführt

A
Alldeutsches Tageblatt 13
Alldeutscher Verband 66, 72
Allgemeiner Deutscher Gewerkschaftsbund 155, 216
Altreichsflagge 117, 137

B
Bayerische Volkspartei (BVP) 249, 252
Bayerisches Jägerkorps 66
Bayerisches Schützenkorps 65
Bund Deutscher Mädchen (BDM) 269, 271, 357
Bing Werke 53, 101
Bund Bayern und Reich 109
Bund deutscher Kriegsteilnehmer 77

C
Centralverein der Staatsbürger jüdischen Glaubens 83

D
Deutsche Arbeitsfront (DAF) 259, 311
Deutsche Arbeiter Partei (DAP) 69, 71, 79, 100, 117, 121, 122, 123
Deutsche Demokratische Partei (DDP) 64, 74-76, 132, 248
Deutsche Reklame 169
Deutsche Volkspartei (DVP) 76, 175
Deutsche Werkgemeinschaft (DW) 81-84, 109
Deutscher Hof (Hotel) 79, 155, 163, 167, 172, 186, 187, 189, 205, 215, 218, 248, 252, 261, 262, 265, 270, 292, 294, 296, 297, 300, 308, 312, 314, 317-322, 330, 337, 356, 358, 362, 375, 414, 423, 426, 438
Deutscher Sozialist 82
Deutscher Tag 85, 86, 96-99, 101-103
Deutscher Volkswille 82-84, 88
Deutscher Wille 90
Deutschnationale Volkspartei (DNVP) 76, 173, 175, 240, 249
Deutschsozialistische Partei (DSP) 72, 73, 76, 77, 79, 80, 82, 84, 85
Deutschvölkischer Schutz- und Trutzbund 72, 84, 117
Deutschvölkische Freiheitsbewegung 273

E
Ehemalige des 2. Bayr. Fußart. Reg. 66
Eiserne Front 242
Eiserne Schar – Bayr. Detachment Berthold 66

F
Flamme 182
Fortschrittliche Volkspartei 73
Fränkische Tagespost 54, 55, 63, 64, 78, 153, 234, 241, 242, 258
Fränkische Tageszeitung 259, 268, 283, 287, 289, 300-303, 310, 315, 322, 345, 376
Fränkischer Kurier 63, 77, 175, 289
Fränkischer Volksfreund 164
Fränkisches Volksblatt 179
Freikorps Epp 66
Freikorps Franken 238, 239, 241
Freikorps Ruhr 240
Freikorps Oberrhein 239, 240
Freiwilligen-Brigade Danner 66

G
Germanen Orden 103, 104
Gestapo 333, 334, 366, 372, 373, 428, 431, 435
Großdeutsche Volksgemeinschaft 119, 122, 131

H
Hitlerjugend (HJ) 151, 178, 211, 212, 256, 259, 269, 271, 273, 294, 295, 309, 310, 328, 340, 357, 361

J
Jungdeutscher Orden 117

K
Kampfbund/Kampffront Schwarz-Weiß-Rot 249, 252
Kommunistische Partei Deutschlands (KPD) 63, 64, 76, 94, 99, 179, 180, 202, 215, 216, 249, 263
Kraft durch Freude (KdF, NS-Freizeitorganisation) 294, 357

L
Landsturm 92
Linzer Fliegende Blätter 13

M
Mobiles Freikorps Bamberg 66
MAN 53, 101

N
Nationale Front 207
Nationalsozialistischer Deutscher Studentenbund 164, 197

Nationalsozialistische Freiheitspartei 130
Nationalsozialistische Volkswohlfahrt (NSV) 294, 426
Nazi-Spiegel 219-224, 230
Nürnberger 8-Uhr-Blatt 192
NS-Fliegerkorps (NSFK) 309, 357
NS-Frauenschaft 269, 296, 309, 328, 357
NS-Kraftfahrerkorps (NSKK) 309, 357
Nürnberger Volkszeitung 63
Nürnberger Zeitung 132, 155

O
Oberland (Bund/Freikorps) 65, 100, 115, 137, 334

R
Räterepublik 62, 64
Reichsarbeitsdienst (RAD) 246, 294, 296, 309, 310, 344, 357
Reichsbanner 242
Reichsflagge 89, 95, 100, 109, 137, 149
Reichsparteitage 17, 19, 153, 155-160, 168, 172-180, 185, 186,
266-274, 292-299, 308-317, 327-330, 313, 338-344, 348, 351, 357,
363, 419, 422-426, 429, 433, 438
Reichskriegsflagge 116, 117
Republikanische Schutztruppe 66
Revolutionäre Nationalsozialisten 190
Rote Armee 64, 66, 67

S
Scharlach Werke 111
Schlageterbund 121
Schutzstaffell der NSDAP (SS) 138, 155, 158, 162, 167, 175, 177,
191, 193, 199, 202, 208, 210, 211, 212, 244, 246, 250, 251, 256, 258-260,
262, 269, 272, 281, 282, 294, 297, 309, 323, 357, 425, 426, 428, 432, 440
SD (Sicherheitsdienst der SS) 375
Siemens Schuckert Werke 53, 101, 321, 333
Sozialdemokratische Partei Deutschlands (SPD) 55, 64, 65, 76, 84, 99,
132, 180, 193-195, 202, 215, 216, 242, 243, 249-252, 258, 288, 334
Spartakusbund 63
Stahlhelm 207, 210, 240, 244, 249, 259
Stürmer 88, 90, 95, 96, 103, 118, 127, 128, 133, 169, 170, 184, 200,
208, 216, 220, 221, 230, 241, 280, 289, 302, 312, 314, 325, 332, 338, 355, 420,
429, 436
Sturm Abteilung der NSDAP (SA) 85, 96, 98, 99, 100, 108, 109, 111,
112, 124, 138, 155, 157, 158, 162, 165-167, 175, 177, 180, 186, 191, 193, 200,
208-212, 214, 215, 217, 218, 233, 234, 244, 246, 247, 250, 251, 256, 258, 259, 263,
269,
272, 276, 279-285, 294, 297, 309, 323, 343, 344, 357, 358, 363, 365, 366
Süddeutsche Kabelwerke 53
Südmark-Kalender 13

Register

T
Thule-Gesellschaft 70, 103
Turnvater Jahn 117

U
Unabhängige Sozialdemokratische Partei Deutschlands (USPD) 53, 65, 76, 84

V
Verband Nationaldeutscher Juden 242
Vereinigte Sozialdemokratische Partei Deutschlands 84
Vereinigte Vaterländische Verbände 117
Versailles (Vertrag von) 75-78, 96, 173, 177, 324, 327, 341, 360
Völkische Brigade Ehrhardt 117
Völkischer Beobachter 102, 103, 117, 120, 145, 156, 160, 171, 248,
Völkischer Block 120, 170
Völkischer Bund Bayreuth 117

W
Wachenfeld (Haus) 152
Wahnfried (Villa) 14, 16, 103, 105, 265, 326, 352, 381, 382
Werkgemeinschaft des Abendländischen Bundes 81
Winterhilfswerk (WHW) 264, 306, 324

Z
Zentrum (Partei) 76, 214, 249
Zweckverband Reichsparteitage 306, 422

IV. Quellen

1. Archive, Bibliotheken, Sammlungen

Bayerisches Hauptstaatsarchiv, München
Bayerisches Hauptstaatsarchiv, Abt. Bayerisches Kriegsarchiv, München
Bayerisches Hauptstaatsarchiv, Geheimes Staatsarchiv, München
Bayerisches Statistisches Landesamt, München
Berlin Document Center, Berlin
Bundesarchiv, Berlin
Dokumentation des Auswärtigen Amtes 1933-1945, Berlin
Hauptarchiv der NSDAP, Berlin
Institut für Zeitgeschichte, München
Privatarchiv Fein, München
Staatsarchiv Nürnberg
Stadtarchiv/Stadtbibliothek, Nürnberg
Amt für Stadtforschung und Statistik, Nürnberg
Stiftung Topographie des Terrors, Berlin
Zeitgeschichtliche Forschungsstelle, Dunsdorf

2. Zeitungen, Zeitschriften

Acht-Uhr-Blatt, Nürnberg
Der Nazi-Spiegel, Nürnberg
Der Stürmer , Nürnberg
Fränkische Tagespost, Nürnberg
Fränkische Tageszeitung, Nürnberg
Fränkischer Kurier / Neuer Kurier, Nürnberg
Fränkischer Beobachter
Frankfurter Zeitung, Frankfurt
Generalanzeiger, Nürnberg
Nordbayerische Zeitung, Nürnberg
Nürnberger Zeitung
Vierteljahreshefte für Zeitgeschichte
Völkischer Beobachter, München

3. Bibliographie

Ach/Pentrop: Hitlers Religion, 1977
Andernach, Andreas: Hitler ohne Maske, 1932
Bedürftig, Friedemann: Lexikon des Dritten Reiches, 1997
Beck, Alfred: Deutsche Vollendung, 1941
Beer, Helmut: Widerstand gegen den Nationalsozialismus
in Nürnberg 1933-1945, 1976
Beuth, W. : Der Deutsche Hitler-Frühling, 1933
Boor, Wolfgang de: Hitler, Mensch, Übermensch, Untermensch, 1985
Bouhler, Philipp: Adolf Hitler. Das Werden einer Volksbewegung, 1933
Bullok, Allan: Hitler. Eine Studie über Tyrannei, 1957
Carmin, E. : Guru Hitler, 1985
Carr, William: Adolf Hitler. Persönlichkeit und politisches Handeln, 1980
Chamberlain, Houston Stewart: Die Grundlagen des 19. Jahrunderts, 1906
Chaussy/Püschner: Nachbar Hitler, 1997
Deuerlein, Ernst: Der Hitler-Putsch, 1962/Der Aufstieg der NSDAP 1919-1933, 1968
Dietrich, Otto: Mit Hitler an die Macht, 1944/Zwölf Jahre mit Hitler, 1955
Dokumente zur Geschichte der Arbeiterbewegung in Nürnberg, 1985
Eitner, Hans-Jürgen: Der Führer, 1981
Fest, Joachim C.: Hitler, 1991
Fishman, Sterling: The rise of Hitler as a beerhall dictator, 1964
Fritsch, Robert: Nürnberg unterm Hakenkreuz, 1983
Giesler, Hermann: Ein anderer Hitler, 1977
Gibbels, Ellen: Hitlers Parkinsonsche Krankheit, 1990/Hitlers Nervenkrankheiten, 1994
Goebbels, Joseph: Tagebücher 1924-1945
Grieser, Utho: Himmlers Mann in Nürnberg, 1974
Haffner, Sebastian: Anmerkungen zu Hitler, 1999

Register

Hambrecht, Rainer: Der Aufstieg der NSDAP in Mittel- und Oberfranken,1976
Hanfstaengl, Ernst: 15 Jahre mit Hitler, 1980
Heiber, Beatrice und Helmut: Die Rückseite des Hakenkreuzes, 1993
Heuß, Theodor: Hitlers Weg, 1932
Hitler, Adolf: Mein Kampf, 1925
Höper, Wilhelm: Adolf Hitler, der Erzieher der Deutschen, 1934
Hofer, Walther: Die Diktatur Hitlers bis zum Beginn des 2. Weltkriegs, 1961
Horn, Wolfgang: Hitler und die NSDAP, 1968 / Führerideologie und Parteiorganisation NSDAP, 1972
Irving, David: Göring, 1986/Führer und Reichskanzler, 1989
Joachimsthaler, Anton: Hitlers Weg begann in München, 2000
Jochmann, Werner: Adolf Hitler. Monologe im Hauptquartier, 2000
Jäckel, Eberhard: Hitlers Weltanschauung, 1981/Hitler. Biographisches und Pathologisches, 1964
Kern, Erich: Adolf Hitler und seine Bewegung, 1970
Kershaw, Jan: Hitler, 1998
Klein, Anton Albert: Hitlers dunkler Punkt in Graz? (Historisches Jahrbuch der Stadt Graz)
Koch-Hillebrecht, Manfred: Homo Hitler, 1999
Köhler, Joachim: Wagners Hitler, 1997
Körber von, Adolf Victor: Adolf Hitler. Sein Leben und seine Reden, 1923
Krokow, Martin: Deutschlands Zusammenbruch und Freiheitskampf, 1935
Kubizek, August: Adolf Hitler – mein Jugendfreund, 1995
Kusch, Eugen: Nürnberg – Lebensbild einer Stadt, 1966
Langer, Walter C.: Das Adolf-Hitler-Psychogramm, 1972
Lucas, John: Hitler, Geschichte und Geschichtsschreibung, 1997
Luppe, Hermann: Mein Leben, 1977
Maaß, Michael: Freizeitgestaltung und kulturelles Leben in Nürnberg 1930-1945, 1994
Maser, Werner: Adolf Hitler. Legende, Mythos, Wirklichkeit, 1974
Mettenleiter, Fritz: Adolf Hitler. Geschichten aus seinem Leben, 1933
Müller, Arnd: Geschichte der Juden in Nürnberg 1146-1945, 1968
Mosse, George L. : Der nationalsozialistische Alltag, 1978
Nederling, Rolf: Die Reichsparteitage der NSDAP, 1985
Niekisch, Ernst: Gewagtes Leben, 1958
Nolte, Ernst: Der europäische Bürgerkrieg 1917-1945, 1987
Pemsel, Richard: Hitler, 1986
Pfeiffer, Gerhard: Nürnberg. Geschichte einer europäischen Stadt, 1982
Phelps, Reginald: Hitler and the Deutsche Arbeiterpartei, 1968
Plümer, Friedrich: Die Wahrheit über Hitler und seinen Kreis, 1923
Preiß, Heinz: Adolf Hitler in Franken. Reden aus der Kampfzeit,1939
Reich, Wilhelm: Die Massenpsychologie des Faschismus, 1971
Reuth, Ralf Georg: Goebbels, 1990
Richardi, Hans Günter: Hitler und seine Hintermänner, 1991
Schenk, Ernst Günter: Patient Hitler, 1989
Riefenstahl, Leni: Memoiren, 1987
Schmahl, Eugen: Der Aufstieg der nationalsozialistischen Idee, 1933

Schneider, Wolfgang: Alltag unter Hitler, 2000
Schott, Georg: Chamberlain, der Seher des 3. Reichs, 1934
Schroeder, Christa: Er war mein Chef, 1985
Schramm, Georg Wolfgang: Bomben auf Nürnberg, 1988
Schwarz, Klaus Dieter: Weltkrieg und Revolution in Nürnberg, 1971
Schwend, Karl: Bayern zwischen Monarchie und Diktatur, 1954
Schwind-Waldeck, Peter: Wie deutsch war Hitler?, 1979
Solleder, Friedolin: Vier Jahre Westfront, Geschichte des Regiments List, 1932
Speer, Albert: Erinnerungen, 1969/Spandauer Tagebücher, 1975
Streicher, Julius: Ruf zur Tat
Tyrell, Albrecht: Führer befiehl. Selbstzeugnisse aus der Kampfzeit, 1969
Ueberschär/Vogel:Dienen und Verdienen, 2000
Ulshöfer, Helmut:Liebesbriefe an Adolf Hitler, 1994
Verein Lehrerheim Nürnberg: Geschichte des Vereins, 1999
Volz, Hans: Daten der Geschichte der NSDAP, 1943
Vortrag Hitlers vor westlichen Wirtschaftlern im Industrie-Club Düsseldorf, 1932
Wagener, Otto: Hitler aus nächster Nähe
Richard Wagner: Das Judentum in der Musik, 1850
Waldmann, Morris: The story of Adolf Hitler, 1962
Werner, Andrew: Geschichte der SA und NSDAP, 1964
Wiesemann, Falk: Die Vorgeschichte der NS-Machtergreifung in Bayern, 1975
Winning, August: Rund um Hitler, 1946
Zelnhefer, Siegfried: Die Reichsparteitage der NSDAP, 1991

V. Bildnachweise

Dokumentations- und Informationszentrum München SV-Bilderdienst
58 (3), 140 (1), 141 (1), 142 (1), 143 (2), 144 (5), 224 (1), 226 (1), 228 (1), 229 (2), 230 (1), 231 (4), 232 (3), 393 (1), 394 (1), 397 (2), 398 (1), 399 (1), 401 (1), 404 (1), 410 (1), 411 (1), 413 (2), 414 (1), 416 (2), 417 (2), 445 (1)

BSB Bayerische Staatsbibliothek, Abt. Karten und Bilder, München
58 (1), 59 (2), 60 (3), 139 (2), 140 (1), 141 (1), 142 (1), 224 (1), 225 (2), 226 (1), 227 (2), 228 (2), 229 (1), 231 (1), 232 (2), 392 (2), 393 (1), 394 (1), 395 (2), 396 (2), 398 (1), 399 (2), 400 (2), 402 (3), 403 (2), 405 (2), 406 (3), 407 (3), 408 (2), 409 (2), 412 (1), 413 (1), 417 (1), 443 (1), 444 (1)

Stadtarchiv Nürnberg, Bildstelle
231 (1), 232 (1), 404 (1), 412 (1), 414 (1), 415 (2), 416 (2), 417 (1), 442 (2), 443 (1)

Privatarchiv Fein
59 (1), 230 (1), 411 (1), 415 (1), 417 (1), 445 (1)